国家技术转移人才培养规划教材
上海市技术经纪人从业培训指定教材

JISHU JINGJIREN PEIXUN JIAOCHENG

技术经纪人培训教程

主 编 成晓建 主 审 刘光顺

同济大学出版社
TONGJI UNIVERSITY PRESS
·上海·

内 容 提 要

本书以《全国技术经纪人培训大纲》为依据，以全国技术市场发展需求为基点，以提高技术经纪人的综合素质、创新精神和实践能力以及促进技术经纪人的全面发展为目标，以上海地区为主并借鉴全国各地开展技术经纪人培养与管理工作的一些成功经验为基础，融合了新形势下技术经纪发展的新模式、新做法与新特点。本书注重理论与实际结合、国内与国际结合、广度与深度结合，力求结构合理、层次清晰，内容上突出了科学性、系统性、区域性、实用性、指导性、前瞻性等特点，深入浅出、通俗易懂。全书共分九个篇章和一个题库，主要内容包括技术经纪与技术经纪人，知识产权技术合同，无形资产评估，国际技术贸易，技术商品营销，技术经纪实务，科技法律制度，财务、金融与税收。

本书适合于全国各地开展技术经纪人从业培训使用，可以供科技管理部门、高等院校科研院所、科技服务机构相关工作者阅读。

图书在版编目(CIP)数据

技术经纪人培训教程 / 成晓建主编. -- 上海：同济大学出版社，2018.6（2023.8 重印）
ISBN 978-7-5608-7848-5

Ⅰ. ①技… Ⅱ. ①成… Ⅲ. ①技术贸易—经纪人—技术培训—教材 Ⅳ. ①F713.584

中国版本图书馆 CIP 数据核字(2018)第 093485 号

技术经纪人培训教程

主编 成晓建 主审 刘光顺

责任编辑 张 莉 蔡梦茜 **责任校对** 徐春莲 **封面设计** 潘向蓁

出版发行 同济大学出版社 www.tongjipress.com.cn
(地址:上海市四平路 1239 号 邮编:200092 电话:021-65985622)
经 销 全国各地新华书店
排 版 南京月叶图文制作有限公司
印 刷 常熟市华顺印刷有限公司
开 本 787 mm×1092 mm 1/16
印 张 24.5
字 数 612 000
印 数 11001—12100
版 次 2018 年 6 月第 1 版
印 次 2023 年 8 月第 7 次印刷
书 号 ISBN 978-7-5608-7848-5

定 价 72.00 元

《技术经纪人培训教程》

编写委员会

主　编　成晓建

主　审　刘光顺

编　委　（按姓氏笔画排序）

成晓建　庄　珺　刘群彦　李惟莊

杨立民　吴寿仁　吴　亮　张美灵

张　磊　程　铭　詹宏海

前　言

为贯彻《国家技术转移体系建设方案》《国务院关于促进科技成果转移转化行动方案》和《上海市促进科技成果转移转化行动方案》等文件精神，全面落实上海建设具有全球影响力的科技创新中心要求，不断深化上海技术转移人才培养品牌建设，完善技术转移人才培养体系，努力培养和造就一支懂技术、懂市场、懂管理的复合型高水平的技术经纪人队伍，活跃与繁荣技术市场，促进技术转移和科技成果转化，依据《上海市经纪人条例》有关规定，我们组织编写了《技术经纪人培训教程》。

2007 年，由长三角区域创新体系建设联席会议办公室组织编写的《技术经纪人培训教材》，多年来在上海、长三角及全国各地技术经纪人培训中广泛使用，累计培训学员 1 万余名，深受学员的欢迎。教材使用至今已有十年，十年来，国际国内科技与研究有了新的发展，新的政策和理论体系不断完善，教材中部分内容已明显陈旧。为适应新时期技术转移人才培养需要，由上海科学技术交流中心牵头，联合上海市技术转移协会、上海市执业经纪人协会技术经纪专业委员会成立了教材编写委员会，组织有关专家，以《技术经纪人培训教材》为基础，重新编写了《技术经纪人培训教程》。本教程是国家技术转移人才培养规划教材和上海市技术经纪人从业培训指定教材。

本教程共分九个篇章和一个题库。其中，第一篇技术经纪与技术经纪人由庄珺、刘群彦编写，第二篇知识产权由詹宏海编写，第三篇技术合同由吴亮编写，第四篇无形资产评估由李惟莊、张美灵编写，第五篇国际技术贸易由程铭编写，第六篇技术商品营销由杨立新编写，第七篇技术经纪实务由成晓建编写，第八篇科技法律制度由吴寿仁编写，第九篇金融、财会与税收由张磊编写，题库由各篇作者统一设计完成。任荣祥承担了教材的大量统稿和修订工作，成晓建负责书稿篇章节的策划制定及最终统稿任务，并做了大量的修订工作。本教程最后由刘光顺同志审阅。

教程以《全国技术经纪人培训大纲》为依据，以全国技术市场发展需求为基点，以提高技术经纪人的综合素质、创新精神和实践能力以及促进技术经纪人的全面发展为目标，以上海为主并借鉴全国各地开展技术经纪人培养与管理工作的一些成功经验，融合了新形势下技术经纪发展的新模式、新做法与新特点，注重理论与实际结合、国内与国际结合、广度与深度结合，力求结构合理、层次清晰。内容上突出了科学性、系统性、区域性、实用性、指导性、前瞻性等特点，深入浅出、通俗易懂，是一本适合于全国各地开展技术经纪人从业培训的基础教材。

在本书的编写、出版过程中，得到了有关部门和领导的大力支持和帮助，初稿还在2017年上海和全国各地技术经纪人培训班中进行先期试用，听取各方面的宝贵意见和建议，并根据建议进行了调整和修订。另外，在本书的编写过程中还参考借鉴了大量的相关书籍和文献资料。在此，向所有关心、支持和参与本书编写、出版的同志以及所有参阅过的文献资料的作者们表示深深的谢意。

本书的出版，得到了上海科学技术交流中心朱剑跃副主任、魏朝珍高级工程师和同济大学出版社党总支书记段存广、总编助理张莉等的大力支持和指导，在此一并表示感谢！

我们衷心祝愿有更多的有识之士加入到技术经纪人队伍中来，通过专业化学习培训，尽快成为技术转移领域中的骨干力量，为推动技术转移与科技成果转化，活跃与繁荣技术市场做出贡献！

系统的技术经纪人培训教材，目前国内仅此一本。由于编者水平有限，教材中难免有疏漏之处，恳请指正。

编写委员会

2018年5月

目　录

第一篇

技术经纪与技术经纪人

新科技革命和产业变革的浪潮正在世界范围内兴起，重大科技创新成果正在加快向现实生产力转移转化。传统意义上的基础研究、应用研究、技术开发和产业化边界日趋模糊，科技创新链条更加灵巧，强化科技创新全链条一体化发展的要求越来越高。我国在以习近平同志为核心的党中央带领下，正深化落实创新驱动发展战略，向着建设成为创新型国家和科技强国的目标奋勇前行。技术经纪作为构建专业化技术转移服务体系中的一支重要力量，直接承担着科技成果转化与产业化的基础性服务工作，是市场经济体制条件下不可或缺的职业。因此，了解和把握本篇的基本理论与基本要求，对于技术经纪人提高职业自觉性与职业素养，极为重要。

本篇主要介绍创新驱动发展战略、国家创新体系、科技服务业、技术市场、技术经纪业、技术经纪组织和技术经纪人等内容。

第一章　创新驱动发展战略与科技服务业

当今时代，创新驱动是世界大势所趋，一个国家要提升国家综合实力和国际竞争力必须要勇立世界科技创新潮头去赢得发展主动权。实施创新驱动战略需要壮大创新主体，其中，各类科技服务（包括专业化技术转移服务）的机构和人才队伍是联系与沟通政府、企业、高等院校、研究机构和市场等的重要力量。

第一节　创新驱动发展战略与国家创新体系

一、创新驱动发展战略

（一）创新驱动发展战略的背景与目标

我国经济进入新常态需要驱动发展新引擎，新一轮科技革命和产业变革提供了难得的重大机遇，实施创新驱动发展战略决定着中华民族前途命运，这三大背景决定了创新是引领发展的第一动力。正是这个原因，党的十九大提出："创新是引领发展的第一动力，是建设现代化经济体系的战略支撑。要瞄准世界科技前沿，强化基础研究，实现前瞻性基础研究、引领性原创成果重大突破。加强应用基础研究，拓展实施国家重大科技项目，突出关键共性技术、前沿引领技术、现代工程技术、颠覆性技术创新，为建设科技强国、质量强国、航天强国、网络强国、交通强国以及数字中国、智慧社会提供有力支撑。加强国家创新体系建设，强化战略科技力量。深化科技体制改革，建立以企业为主体、市场为导向、产学研深度融合的技术创新体系，加强对中小企业创新的支持，促进科技成果转化。倡导创新文化，强化知识产权创造、保护、运用。培养造就一大批具有国际水平的战略科技人才、科技领军人才、青年科技人才和高水平创新团队。"

当前，我国必须把发展基点放在创新上，塑造更多依靠创新驱动、更多发挥先发优势的引领型发展。早在党的十九大召开之前，2016 年 5 月，中共中央、国务院印发了《国家创新驱动发展战略纲要》，加快实施创新驱动发展战略。

《国家创新驱动发展战略纲要》提出的"三步走"的战略目标，与我国现代化建设"三步走"战略目标相互呼应、提供支撑：

第一步，到 2020 年进入创新型国家行列，基本建成中国特色国家创新体系，有力支撑全面建成小康社会目标的实现；

第二步，到 2030 年跻身创新型国家前列，发展驱动力实现根本转换，经济社会发展水平和国际竞争力大幅提升，为建成经济强国和共同富裕社会奠定坚实基础；

第三步，到 2050 年建成世界科技创新强国，成为世界主要科学中心和创新高地，为我国建成富强民主文明和谐的社会主义现代化国家、实现中华民族伟大复兴的中国梦提供强大支撑。

（二）创新驱动发展战略的总体部署

实现创新驱动是一个系统性的变革，构建新的发展动力系统要围绕以下三大战略部署。

首先，部署实施创新驱动发展战略要促进科技创新和体制机制创新的双轮驱动。一方面，要明确支撑发展的方向和重点，加强科学探索和技术攻关，形成持续创新的系统能力，不断提高自主创新能力，加快以科技创新为核心的全面创新，发挥好创新第一动力的作用。另一方面，要调整一切不适应创新驱动发展的生产关系，统筹推进科技、经济和政府治理等三方面体制机制改革，最大限度释放创新活力。创新目的是要发展生产力，改革目的是要调整生产关系。

其次，部署实施创新驱动发展战略要建设好国家创新体系。要建设各类创新主体协同互动、创新要素顺畅流动高效配置的生态系统，形成创新驱动发展的实践载体、制度安排和环境保障。明确企业、院所、高校、社会组织等各类创新主体功能定位，构建开放高效的创新网络；改进创新治理，进一步明确政府和市场分工，构建统筹配置创新资源的机制；完善激励创新的政策体系，保护创新的法律制度，构建鼓励创新的社会环境，激发全社会创新活力。

最后，部署实施创新驱动发展战略要推动发展动力系统的转变。发展动力系统的转变包括六个方面：发展方式从以规模扩张为主导的粗放式增长向以质量效益为主导的可持续发展转变；发展要素从传统要素主导发展向创新要素主导发展转变；产业分工从价值链中低端向价值链中高端转变；创新能力从“跟踪、并行、领跑”并存、“跟踪”为主向“并行”“领跑”为主转变；资源配置从以研发环节为主向产业链、创新链、资金链统筹配置转变；创新群体从以科技人员的小众为主向小众与大众创新创业互动转变。

（三）创新驱动发展战略的主要任务

《国家创新驱动发展战略纲要》提出要紧紧围绕经济竞争力提升的核心关键、社会发展的紧迫需求、国家安全的重大挑战，采取差异化策略和非对称路径，强化重点领域和关键环节的任务部署，主要有八大方面的任务。

1. 推动产业技术体系创新，创造发展新优势

加快工业化和信息化深度融合，把数字化、网络化、智能化、绿色化作为提升产业竞争力的技术基点，推进各领域新兴技术跨界创新，构建结构合理、先进管用、开放兼容、自主可控、具有国际竞争力的现代产业技术体系，以技术的群体性突破支撑引领新兴产业集群发展，推进产业质量升级。

2. 强化原始创新，增强源头供给

坚持国家战略需求和科学探索目标相结合，加强对关系全局的科学问题研究部署，增强原始创新能力，提升我国科学发现、技术发明和产品产业创新的整体水平，支撑产业变革和保障国家安全。加强面向国家战略需求的基础前沿和高技术研究，大力支持自由探索的基础研究，建设一批支撑高水平创新的基础设施和平台。

3. 优化区域创新布局，打造区域经济增长极

聚焦国家区域发展战略，以创新要素的集聚与流动促进产业合理分工，推动区域创新能力和竞争力整体提升。构建各具特色的区域创新发展格局，跨区域整合创新资源，打造区域创新示范引领高地。

4. 深化军民融合，促进创新互动

按照军民融合发展战略总体要求，发挥国防科技创新重要作用，加快建立健全军民融合的创新体系，形成全要素、多领域、高效益的军民科技深度融合发展新格局。

5. 壮大创新主体，引领创新发展

明确各类创新主体在创新链不同环节的功能定位，激发主体活力，系统提升各类主体创新能力，夯实创新发展的基础。培育世界一流创新型企业，建设世界一流大学和一流学科，建设世界一流科研院所，发展面向市场的新型研发机构，构建专业化技术转移服务体系。

6. 实施重大科技项目和工程，实现重点跨越

在关系国家安全和长远发展的重点领域，部署一批重大科技项目和工程。面向2020年的重大专项与面向2030年的重大科技项目和工程，形成梯次接续的系统布局，并根据国际科技发展的新进展和我国经济社会发展的新需求，及时进行滚动调整和优化。

7. 建设高水平人才队伍，筑牢创新根基

加快建设科技创新领军人才和高技能人才队伍。围绕重要学科领域和创新方向造就一批世界水平的科学家、科技领军人才、工程师和高水平创新团队，注重培养一线创新人才和青年科技人才，对青年人才开辟特殊支持渠道，支持高校、科研院所、企业面向全球招聘人才。倡导崇尚技能、精益求精的职业精神，在各行各业大规模培养高级技师、技术工人等高技能人才。优化人才成长环境，实施更加积极的创新创业人才激励和吸引政策，推行科技成果处置收益和股权期权激励制度，让各类主体、不同岗位的创新人才都能在科技成果产业化过程中得到合理回报。

8. 推动创新创业，激发全社会创造活力

建设和完善创新创业载体，发展创客经济，形成大众创业、万众创新的生动局面。发展众创空间，孵化培育创新型小微企业，鼓励人人创新。

二、国家创新体系的概念及其特征

实现创新驱动是一个系统性的变革，要按照"坚持双轮驱动、构建一个体系、推动六大转变"进行布局，构建新的发展动力系统。其中，构建一个体系就是建设国家创新体系。

(一) 国家创新体系的概念

国家创新体系作为一个特定的概念，是美国经济学家理查德·R. 纳尔逊和英国经济学家克里斯托弗·弗里曼于1987年在著作《技术进步与经济理论》中首先提出的。国际上较通用的一个定义是：国家创新体系是指由一个国家的公共和私有部门组成的组织和制度网络，其活动是为了创造、扩散和使用新的知识和技术。这一定义强调了创新体系的一体性和完整性，它是以制度性框架为前提的。

此外，经济合作与发展组织(DECD)认为，国家创新体系是由一系列公共机构(国家实验室、大学、国家研究机构等)和私营机构(主要是企业)组成的系统或网络，这些机构的活动和相互联系、作用与影响决定一个国家扩散知识的能力并影响国家的创新能力和表现。这一定义强调了创新体系的整合性与互动性。

我国学者对国家创新体系的定义也很多，其中较有代表性的一种是：国家创新体系是指一个国家内各有关部门和机构间相互作用而形成的推动创新的网络，是由经济和科技的组织机构组成的创新推动网络。这一定义强调竞争的层次已从企业上升到国家和政府一级系统的整合水平，反映了国家创新体系对创新活动的推动性。

由于各国的政治、经济制度不同，历史、文化发展的渊源各异，不同国家在创新各要素所起的作用、它们之间的相互联系等方面差异很大，这就决定了一个国家创新的绩效、开展创新的积极性、科技与经济的结合度、创新活动的难易度等也不同，从而构成了不同特色的国家创新体系。

综上所述，国家创新体系主要由企业、科研机构、大学、中介服务机构、相应的金融机构和政府部门等组成，体现了科技体制与经济体制的有机融合，是加速科技产业化的制度保证。

(二) 国家创新体系的特征

尽管不同国家的创新体系各有相同，但是任何国家创新体系的理论前提是一致的，即"系统失效"问题。其主要表现为：企业与科研机构、企业与大学以及企业与企业之间合作、联系和知识流动不足，国家资助的基础研究方向与产业界的应用和开发研究不匹配，高等学校不能培养企业迫切需要的具有强烈创新意识的人才，金融机构回避创新、创业风险，技术转移等中介机构在促进知识流动方面没有发挥应有的作用，企业技术创新的主体地位尚未真正确立，等等。这些都会产生影响一个国家创新活动的绩效。国家创新体系正是要将政策制定者的注意力集中或转移到“解决系统失效”问题上来。这个前提的一致性，决定了各国的创新体系具有一些共同特征。

1. 网络性

国家创新体系是一个网络化的组织结构，这种组织结构具有很强的适应性和灵活性，任何一个网络结点都能迅速将新的知识和创新扩散出去。网络化的决策使知识的流动更为便利，并且减少了决策失误和不确定性因素，大大降低了决策风险。其创新战略选择由强调多元化、相互依赖和双向交流的战略事业网络系统来承担，使新的知识和创新很容易在用户、合伙商、供应商、研究机构以及竞争对手之间流动，形成无所不在的知识网络。

2. 合作性

过去的创新战略着重强调竞争性，以取得竞争优势作为市场取胜并获取“潜在超额利润”的重要标准，这样就容易出现为了保持自己的某些优势而阻碍新的知识和创新的流动与扩散的局面。国家创新体系强调合作性战略，通过共生关系促进社会各方面加快创新的步伐，以提高整个社会的效益作为创新战略的衡量标准；通过合作，形成一个良好的知识创造、流动、扩散、应用体系，为创新提供更多的机会和信息来源。

3. 联系性

国家创新体系构建了一个广阔的联系网，参与者之间的联系是多种多样的，可以是合作研究开发，可以是人员交流，也可以是专利交叉授权，等等。联系无所不至。通过企业界、大学和研究界之间新知识、新创造的交流、比较、互动和融合，推动知识和创新的传播和扩散，建立起社会各界的广泛联系。所以，正如经济合作与发展组织研究国家创新体系的资深顾问爱德奎斯特所指出的，没有了联系也就不存在创新体系。

三、国家创新体系的基本框架

国家创新体系的制度安排和网络结构是一个国家创新活动的重要决定因素，通过影响知识的生产，进而影响经济的发展。这种结构是由政府、产业界、科学界和教育界在发展科学和技术的过程中相互联系与交往而形成的。企业、研究机构和教育与培训机构(含中介机构)是国家创新系统中的基本组成部分，或者说是它的几个主要的子系统。

(一) 企业

首先，创新是一项与市场密切相关的活动，企业会在市场机制的激励下从事创新。其次，创新是生产要素的一种重新组合，而这种组合只有企业家通过市场才能实现，这是其他组织和个人所无法替代的。再次，技术创新需要很多与产业有关的特定知识，它们是企业技术创新的基础。技术创新不是发明。发明在没有得到商业上的应用时，在经济上是不起作用的，新技术本身并不能保证经济繁荣和国家安全，只有将新技术更有效地应用于研制新型、高质、成本低且有竞争力的商品和工艺时，才能做出贡献。这一由知识到商品的转化，主要依靠制造产品和创造工艺的企业来完成，需要经过一个漫长的研究开发、试制和生产过程，这一过程主要为技术创新所涵盖。因此，发明家不一定是企业家，能使新技术产业化的，即技术创新的主要驱动力量，只能是企业家和企业。所以，企业在技术创新中具有关键性作用，是技术创新的主体。

企业是技术创新的主体，具体是指：

(1) 企业是创新选题的主体。由于企业处于市场竞争的最前沿和竞争的中心，对新技术、新产品的发展方向能保持最敏锐的洞察力，所以必须发挥企业在技术战略制定和市场分析基础上的创新选题的主导作用。

(2) 企业是创新决策的主体。由于当今时代科学技术迅速发展，新技术不断涌现，技术的相互渗透和广泛扩散，不仅使创新决策速度的快慢成了能否保持竞争优势的重要影响因素，而且也加大了创新决策的难度，唯有处于市场竞争风口浪尖的企业才能为了自身的生存与发展去适应这种变化，达到快速决策和科学决策的要求。

(3) 企业是创新融资的主体。一般地说，更多的研究与发展的投入意味着更多的技术创新产出。企业只有自觉地将资金投入到研究与发展活动中去，才有可能持久地保持自己的竞争力。当然，这里并不否定政府的政策支持与优惠措施的促进作用。

(4) 企业是创新集成和整合的主体。创新是一个从新思想到商业化的完整过程，是企业的研究开发、产品设计、工艺创新、制度创新、管理创新、市场开拓，以及企业与企业外部的研究机构、高等院校及其他企业相互作用的结果，也是与金融、法律、文化等因素相互影响的产物。因此，创新过程中各变量和要素有效地系统集成和整合，对创新效率的提高具有决定性意义。这个集成和整合，只能靠企业家通过企业来实现。

(5) 企业是创新风险承担的主体。由于创新过程内在的技术、市场、利益分配和政策环境等的不确定性，以及市场机制在激励创新中的不完善，使得技术创新过程的每个环节都充满了风险。但是，由于企业是以获取最大利润为目的的经营主体，往往能认识到技术创新未来的巨大潜力，或者说被“来自创新的利润”所鼓舞，因而具备了承担风险的心理和经济承受能力。

(6) 企业是创新受益的主体。技术创新有实用价值，可以为企业带来可观的经济效益，在企业制度规范和完善的前提下，企业对技术创新有很大的积极性。企业一旦实现了一项重大创新，将促使现存市场结构的不均衡，于是成功的创新便获得了额外的增长速度和创新利润，成为创新的受益者。而专利和版权等知识产权保护制度的建立，更利于激励企业创新的积极性，强化了企业创新受益的保障。

在技术创新中，科技型小企业与大企业同等重要。大企业具有较强大的资金和技术实力，使它们有能力从事产品创新与大规模的工艺创新，而科技型小企业因机制灵活，创新动力大，一旦有资金帮助，会更愿意从事创新。值得指出的是，我们所讲的作为创新主体的企业是指具有创新的动力和能力的现代企业制度意义上的企业。

(二) 科研机构和研究型高校

科研机构和研究型高校是重要的创新源和知识库。科研机构既包括政府设立的国立研究机构，也包括民间非营利性科研机构。一般说来，知识可分为科学知识和技术知识两类。科学知识的特征是增加人类对客观世界的认识，一般没有直接的、特定的实用意义，是“公共产品”，但它是技术知识发展的基础，对国家社会经济发展和国家竞争力有着深远的影响。由于科学知识与实际的生产应用往往有相当的距离，企业不能立即见到经济效益，因此，企业对科学知识的生产兴趣不大。为了使科学知识产生最大的公共利益，实现其社会目标，美国、日本等世界强国的政府普遍承担着本国大部分的科学知识研究与发展投入，投入主要应用于基础研究和应用研究中，由大学和国立科研机构来执行。另外，企业也不同程度的开展自己的基础研究，其目的并不仅仅是要生产多少科学知识，而是要掌握该领域的发展动态，以抓住新出现的商业机会。知识经济时代的来临强化了科研机构、高校在国家创新系统中的作用，因为企业的创新活动越来越依赖于它们所生产的知识。

(三) 教育培训和中介机构

教育与培训是知识生产、传播和应用的基础之一，是创新系统中的重要环节。其主要功能是培养出具备必要的技术技能、知识和创造力的人力资源。从根本上说，创新依赖于人的素质及创新思维能力的提高。没有一支高质量的人才队伍，新的知识难以产生，知识难以获得应用，技术成果也难以转化为现实生产力。况且，在知识不断更新的时代，只有对职工进行新技术知识的再培训，才能提高职工进行新产品开发和生产的能力。中介机构是促进知识流动、提供知识服务，尤其是加速科研部门与中小企业间知识流动的一个重要环节，各国都把这种中介机构的建设看作是政府推动知识和技术扩散的重要途径。

图 1-1 显示了国家创新体系各组成部分的相互关系及其在国家创新系统中开发与配置技术资源的具体作用。需要指出的是，无论是人力资源的开发还是技术积累、技术竞争力的形成，都不是某个子系统的专有职能，而是存在于各个子系统的“用中学”或“干中学”的过程。但是，对于每个子系统，又不可忽视其自身的基本职能。

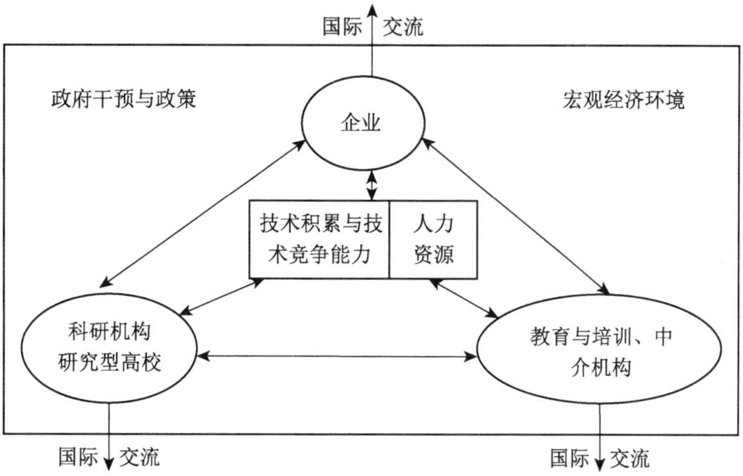

图 1-1 国家创新体系示意图

许多因素都会影响创新体系效率的提高。我们把这些因素分为两类：一类是内部效率，即各子系统内部管理过程的效率；另一类是外部联系效率，即子系统之间联系与合作等交易过程的效率，该种交易过程不是单向的，而常常是双向的相互作用。本国创新系统中的行为主体同其他国家创新系统中的行为主体之间的国际技术联系是一种很重要的外部联系，对于发展中国家而言更是如此。

创新主体所处的环境将直接影响创新系统的效率。创新系统是一个以市场为基础的资源配置系统，只有处在市场竞争中的企业才能做到。但由于创新过程存在种种不确定性，以及市场机制的不完善，需要政府一定程度的干预。其他国家的经验表明，最有效的制度环境是政府与市场的互补：凡是市场机制能够发挥作用的领域与方面，就由市场充分发挥作用，而在市场失效的方面，则通过政府干预加以补充。政府可为企业创新构筑良好的符合本国国情的政策法律环境和基础设施环境，通过政策、法规、计划、项目、采购、财政金融、服务等多种形式，影响、引导与干预创新活动中的作用与效率。总之，在创新系统中，要将企业、高校与科研机构，市场和政府，微观规范和宏观调控等结成紧密相联、相互交织、共同发展的网络或整体。

第二节 科技服务业与科技中介服务机构

一、科技服务业的概念

科技服务业是现代服务业的重要组成部分，具有人才智力密集、科技含量高、产业附加值大、辐射带动作用强等特点。加快科技服务业发展，是推动科技创新和科技成果转化、促进科技经济深度融合的客观要求，是调整优化产业结构、培育新经济增长点的重要举措，是实现科技创新引领产业升级、推动经济向中高端水平迈进的关键一环，对于深入实施创新驱动发展战略、推动经济提质增效升级具有重要意义。

《国务院关于加快科技服务业发展的若干意见》(国发〔2014〕49 号)指出，到 2020 年，我国要基本形成覆盖科技创新全链条的科技服务体系，服务科技创新能力大幅增强，科技服务市场化水平和国际竞争力明显提升，培育一批拥有知名品牌的科技服务机构和龙头企业，涌现一批新型科技服务业态，形成一批科技服务产业集群，科技服务业产业规模达到 8 万亿元，成为促进科技经济结合的关键环节和经济提质增效升级的重要引擎。

在加快发展我国科技服务业的进程中，将按照《国务院关于加快科技服务业发展的若干意见》，重点发展研究开发、技术转移、检验检测认证、创业孵化、知识产权、科技咨询、科技金融、科学技术普及等专业科技服务和综合科技服务，提升科技服务业对科技创新和产业发展的支撑能力。其中，技术转移服务重点发展多层次的技术(产权)交易市场体系，支持技术交易机构探索基于互联网的在线技术交易模式，推动技术交易市场做大做强；鼓励技术转移机构创新服务模式，为企业提供跨领域、跨区域、全过程的技术转移集成服务，促进科技成果加速转移转化；依法保障为科技成果转移转化做出重要贡献的人员、技术转移机构等相关方的收入或股权比例；充分发挥技术进出口交易会、高新技术成果交易会等展会在推动技术转移中的作用；推动高校、科研院所、产业联盟、工程中心等面向市场开展中试和技术熟化等集成服务；建立企业、科研院所、高校良性互动机制，促进技术转移转化。

二、“十三五”时期发展科技服务业的主要任务

2016 年 7 月 28 日，国务院印发《“十三五”国家科技创新规划》，对“十三五”期间全面提升科技服务业发展水平，提出了指导方向，要以满足科技创新需求和促进创新创业为导向，建立健全科技服务体系，全面提升科技服务业的专业化、网络化、规模化、国际化发展水平。

1. 提升全链条科技服务能力

围绕创新链完善服务链，大力发展专业科技服务和综合科技服务。重点发展研究开发、技术转移、检验检测认证、创业孵化、知识产权、科技咨询等业态，基本形成覆盖科技创新全链条的科技服务体系。充分运用现代信息和网络技术，依托各类科技创新载体，整合科技服务资源，推动技术集成创新和商业模式创新，积极培育科技服务新业态。优化科技服务业区域和行业布局，促进各类科技服务机构优势互补和信息共享，提升面向创新主体的协同服务能力。建立健全科技服务的标准体系，促进科技服务业规范化发展。壮大科技服务市场主体，培育一批拥有知名品牌的科技服务机构和龙头企业，形成一批科技服务产业集群。采取多种方式对符合条件的科技服务企业予以支持，以政府购买服务、后补助等方式支持公共科技服务发展，鼓励有条件的地方采用创业券、创新券等方式引导科技服务机构为创新创业企业和团队提供高质量服务。

2. 建立统一开放的技术交易市场体系

加强全国技术市场一体化布局，探索建立统一的技术交易规范和流程。发展多层次技术交易市场体系，推进国家技术转移区域中心建设，加快形成国家技术交易网络平台；鼓励地方完善区域技术交易服务平台，突出区域和产业发展特色，统筹区域技术交易平台资源。支持技术交易机构探索基于互联网的在线技术交易模式，加强各类创新资源集成，提供信息发布、融资并购、公开挂牌、竞价拍卖、咨询辅导等线上线下相结合的专业化服务。鼓励技术交易机构创新服务模式，发展技术交易信息增值服务，为企业提供跨领域、跨区域、全过程的集成服务。大力培育技术经纪人，引导技术交易机构向专业化、市场化、国际化发展。

3. 促进科技服务业国际化发展

强化科技服务机构全球资源链接能力，支持科技服务机构“走出去”，通过海外并购、联合经营、设立分支机构等方式开拓国际市场。推动科技服务机构牵头组建以技术、专利、标准为纽带的国际化科技服务联盟。支持科技服务机构开展技术、人才等方面的国际交流合作，积极吸引国际科技服务人才来华工作、短期交流或举办培训。鼓励国外知名科技服务机构在我国设立分支机构或开展科技服务合作。支持国内科技服务机构与国外同行开展深层次合作，形成信息共享、资源分享、互联互通的国际科技服务协作网络。

三、科技中介服务机构

（一）科技中介服务机构的内涵

中介主要是指在市场经济活动中，在需方和供方之间起沟通、联系、促进交易的个人、组织及其服务活动。

中介组织指的是专门为各类社会主体提供中介服务的组织、机构，包括科技咨询培训机构、科技孵化服务机构、技术创新服务机构、投融资服务机构等，它们是联系政府、企业和社会的桥梁与纽带，是保证现代市场经济能够运转的支持系统，其功能在于为交易双方提供中介服务，以便降低交易成本。

伴随着科技的发展，以技术为商品，推动技术流通、技术转移、转化和开发为目的的科技中介服务业逐渐兴起，为市场中介业注入新的活力，成为第三产业中最具活力和智力特征的服务产业。在 1989 年 4 月，关贸总协定秘书处开列的“服务部门参考清单”中，把科技中介服务机构列入重要位置。

我国科技部《关于大力发展科技中介机构的意见》中指出，面向社会开展技术扩散、成果转化、科技评估、创新资源配置、创新决策和管理咨询等专业化服务的科技中介机构，属于知识密集型服务业，是国家创新体系的重要组成部分。科技开发交流中心、生产力促进中心、科技企业孵化器、科技咨询和评估机构、技术交易机构、创业投资服务机构等，是科技中介服务机构的主要形式。

中共中央、国务院发布的《关于加强技术创新、发展高科技、实现产业化决定》第七条指出：科技服务中介机构属非政府机构，它是科技与应用、生产、消费不可缺少的服务纽带。国家鼓励某些性质相似的科研机构转制为企业性的科技服务中介机构，也鼓励科技人员创办这类机构。

（二）科技中介服务机构的划分

1. 按科技中介服务的内容划分

按照科技中介服务内容的不同，科技中介服务机构可分为信息咨询服务、成果转移服务、投融资服务、人才服务、法律服务、企业孵化等不同类型的中介服务机构。

（1）信息咨询服务机构

信息咨询服务是要求服务机构充当信息集散器和处理器，为社会提供有价值的科技信息服务，使需方获益。此外，也可以根据需方要求，利用自身的智力优势，提供战略规划、决策等服务。这类机构主要有科技情报研究所、技术信息咨询服务中心、工程技术咨询服务中心、农业信息咨询服务中心等。

（2）技术转移服务机构

技术转移服务是中介服务机构直接介入科技成果转化的实施过程，为科技资源的有效流动和合理配置提供服务。其专业性强、技术要求高，要求比较熟悉该领域的技术发展动态，能准确做出技术定位和技术评价，以合作和指导的方式，使技术供求双方实现有效对接。科技开发交流中心、生产力促进中心、技术交易所、科技示范服务中心、农业技术推广中心、工程研究中心等中介机构属于这一类型。

(3) 投融资服务机构

投融资服务机构主要是为高新技术产业化的起步和发展提供风险投资、投资咨询和担保等服务。这种服务的特点是高投入、高风险、高收益。高新技术产业的成长和发展,迫切需要投融资中介机构的支持,使科技企业从根本上解决发展中所面临的资金短缺问题。投融资服务机构包括科技投资信托公司、科技创业投资公司、科技风险投资咨询公司、科技创业投资担保公司等。

(4) 人才服务机构

人才服务机构的功能是为科技人才资源的优化配置和充分利用发挥桥梁作用。因此,它一方面应及时收集用人单位对科技人才的需求信息;另一方面应对科技人才进行专业、技能培训,以满足市场对科技人才的需求。如科技人才市场、科技人才交流中心、科技人才猎头公司、科技人才培训中心、技术培训中心等,均属于这一类型机构。

(5) 法律服务机构

技术信息的不对称,会导致技术交易的暗箱操作,导致交易成本上升,信息失真,行为不规范,知识产权、专利得不到有效保护,从而使技术交易的供需双方存在法律风险,因而必须建立健全法律服务机构,为技术交易行为提供法律服务,有效回避技术交易纠纷的产生,协调双方关系,保障交易双方的合法权益。这类机构主要有科技法律事务所、专利事务所、知识产权评估中心等。

(6) 企业孵化机构

高新技术创业服务中心、民营科技园、大学科技园等属于企业孵化机构。他们面向社会吸纳可转化的高新技术成果和有发展前景的小型科技企业,为其提供孵化场地和相应的物业管理、投融资、市场开拓与发展咨询、企业管理培训、财务管理、法律和政府政策等必要的服务,为科技成果转化和科技企业的培育提供良好条件。

2. 按科技中介服务在科技成果转化过程中的作用划分

按照科技中介服务在技术成果转化过程中的各个阶段所发挥的作用不同,科技中介服务机构可分为技术孵化型、技术代理型、技术扩散型三类机构。

(1) 技术孵化型机构

技术孵化型机构是指直接参与服务对象的技术创新过程的机构,如创业服务中心、工程技术研究中心等。

(2) 技术代理型机构

技术代理型机构是指主要为科技资源有效流动、合理配置提供服务的机构,如常设技术市场、人才中心市场、技术产权交易机构等。

(3) 技术扩散型机构

技术扩散型机构是指主要利用技术、管理和市场等方面的知识为创新主体提供咨询与培训活动的机构,如科技开发交流中心、生产力促进中心、技术交易所、科技评估中心、科技招投标机构、情报信息中心、知识产权事务中心和各类科技咨询机构等。

另外,科技中介服务机构按照其法律地位可分为具备法人资格、不具备法人资格,按中介的目的可分为营利型和非营利型,按承办主体可分为官办、半官办和民营,按服务对象的行业性质分为农业科技中介服务、工业科技中介服务、面向第三产业的科技中介服务等类型。实际上,目前社会上很多中介机构是多功能跨类型的,如科技服务公共平台等。

(三) 我国科技中介服务体系的发展历程

我国科技中介服务体系是随改革开放的逐步深入和经济结构的调整,特别是随科技体制改革、高新技术产业的兴起而逐步发展起来的。就全国而言,其发展历程大致可分为三个阶段。

1. 初始发展阶段(1978—1983年)

改革开放之后,由于"技术商品化"观念的确立,一些科技人员自发创建了一些科技中介服务机构,在此期间长三角地区较早出现政府扶持的科技开发交流中心等机构。此阶段的主要特点有:

(1) 首先诞生在处于改革前沿的北京和沿海地区,创办的科技中介组织以科技咨询和科技服务为主;

(2) 自下而上为主,多为科技人员自发建立,仅有政府的零散支持或政策扶持;

(3) 探索性和风险性,国内无现成模式可借鉴,也无法从国外获得先进的经验,只能从我国体制转轨、社会转型的实际去探索,一些科技人员为此付出巨大代价。

2. 持续发展阶段(1984—1997年)

以1984年中共中央《关于经济体制改革的决定》发布为标志,中央和地方政府出台了一系列政策法规,从改革思路、政策扶持、营造有利宏观发展环境等方面促进科技中介组织建立和发展,因而各类科技中介组织纷纷建立,数量、规模和类型都有了一定的发展,在促进技术创新方面发挥了一定的作用。技术交易所和技术经纪人事务所创立于这一阶段。此阶段的主要特点有:

(1) 自上而下,以政府主导为主。

(2) 在主体上,创新主体、金融机构、社会团体等多头介入;在性质上,事业法人、企业法人等多元并存。

(3) 运作方式较为单一,发展中无序状况比较严重。

3. 规范发展阶段(1997年至今)

以党的"十五大"召开为标志,通过一系列政策措施的制定实施,中介服务发展的市场空间越来越广阔,社会对科技中介组织的认识逐步提升,科技中介市场化进程不断加快,在发展中逐步趋于社会化、网络化、规范化、产业化,功能逐步趋于多元化。创新型的、实力雄厚的、经受住市场考验的,以及能起到典型示范、推动作用的大型骨干科技中介不断涌现。此阶段主要特点有:

(1) 注重在发展中规范;

(2) 政府监督与行业自律相结合;

(3) 发展倾向于自下而上,政府重在营造有利环境和创造需求,注重与中介组织关系的合理界定,大力促进其市场化;

(4) 在所有制结构、管理体制、运作机制、运作模式等方面力促多元化与创新;

(5) 日益注重技术创新的融合。

第二章 技术市场与技术经纪业

实行技术成果或知识的商品化，开放技术市场，是我国科技体制改革的重大突破，是深化科技体制改革和经济体制配套改革，开拓和解放科技第一生产力的重要举措。加快发展和完善技术市场，是推进国家创新体系建设的重要内容。其中，技术经纪作为技术市场的重要活动，伴随着技术市场的形成和发展，活动日趋频繁，规模不断扩大。技术经纪业应运而生。

第一节 中国技术市场

一、技术市场概述

（一）技术市场的含义

技术市场是重要的生产要素市场，是我国统一、开放市场体系的组成部分，是连接科研和生产的桥梁和纽带。

技术市场同其他商品市场一样，也有狭义和广义之分。狭义的技术市场是指进行技术商品交易的场所，如技术交易会、技术集市等。狭义的技术市场，是一种有形市场。广义的技术市场是指技术商品交换关系的总和，它包含了从技术商品的开发到技术商品应用的全过程，涉及与技术开发、技术转让、技术咨询、技术服务相关的技术交易活动及相关主体之间的关系。广义的技术市场，既包含了技术商品交换的具体场所，也包含了技术商品交换过程中所形成的买卖双方经济利益关系的总和。因此，广义的技术市场，是有形市场与无形市场共生的市场。

从业务范围讲，技术市场包括为科技成果向现实生产力转化、满足用户对技术商品的现实需求和潜在需求所进行的一系列业务活动。在我国目前设立的技术转移中心、技术交易机构、生产力促进中心、中小企业发展中心等机构，以及近年来兴起的技术产权交易机构，所从事的业务工作都是围绕促进科技成果向现实生产力转化而开展的，理论上属于技术市场的范畴。

（二）技术市场的类型

技术市场和其他商品市场一样，可以从各种不同的角度进行分类。科学地划分技术市场的类型，有助于技术经纪人认识各类技术市场的共性与个性，研究各类技术商品的特点和贸易特征，从而有效地发挥科研与生产的纽带和桥梁作用，促进技术市场的繁荣。

1. 按性质分类

按技术商品的性质，可将技术市场分为硬件技术市场、软件技术市场和技术劳务市场。

硬件技术市场上交换的是已经物化为实物的科技成果，如研制品、中试产品、新材料、新型元器件等。

软件技术市场上交换的是尚未物化为实物的科技成果，如新工艺、新设计、新配方、计算机软件和新的测试方法等，软件是技术商品的主要组成部分，软件技术市场的发展是我国技术市场繁荣的标志。

技术劳务市场主要是技术拥有者运用自己掌握的知识、经验、能力和信息，为用户提供技术咨询和技术服务等。

2. 按流通范围分类

按技术商品的流通范围，可将技术市场分为国际技术市场和国内技术市场。

国际技术市场是国际技术贸易关系的总和。对于一个国家来说，它包括技术引进和技术输出两部分。

国内技术市场以可分为全国性的技术市场和地方性的技术市场。全国性的技术市场主要由国家有关部门举办。地方性的技术市场，是指省级以下的技术市场，包括各级有关部门、科研单位、大专院校和各级技术经营机构为推动本地区或本行业的技术进步所开展的技术交易活动。

3. 按不同的技术行业分类

按不同的技术行业，可将技术市场分为农业技术市场和工业技术市场。

农业技术市场又可分为农、林、牧、副、渔等各专业技术市场。

工业技术市场又可分为机械、电工、仪器仪表、电子、化工等各专业技术市场。

4. 按交易形式分类

按交易形式，可将技术市场分为常设技术市场和临时性技术市场。

常设技术市场是指有固定机构、人员、经营场所和业务范围的技术交易服务机构。其主要特点是技术商品交易"商店化"。它既非买方，也非卖方，而是为技术商品流通服务的专业机构。

临时性技术市场类似城镇贸易集市会。一般没有固定场所，通常根据科技开发和经济发展的需要，定期或不定期开展技术交易活动。

5. 按经营方式分类

按经营方式，可将技术市场分为直接的技术市场和间接的技术市场。

直接的技术市场是指在市场上，供需双方见面，产销直接挂钩，进行技术商品交易，是没有技术中介方的技术市场。

间接的技术市场是指供需双方开始并不直接见面，而是由中介方牵线搭桥，待双方意向、条件基本一致后，再由中介方安排双方见面达成交易。

(三) 技术市场的构成

技术市场的构成必须具备三个要素：技术市场的主体，即技术商品的供方、需方和中介方；技术市场的客体，即可供交易的技术商品；技术市场的内容。三者相辅相成，缺一不可。

1. 技术市场的主体

技术市场的供方、需方和中介方是构成技术市场最基本的交易主体。

技术市场的供方（或卖方），也称技术商品的让与方，主要是各类科研机构、设计单位、高等院校以及持有技术商品的科技人员等。其基本作用是给技术市场提供技术商品，通过交易实现技术商品的价值和使用价值。

技术市场的需方（或买方），也称技术商品的受让方，主要是生产企业。其基本作用是购进技术商品并应用于生产，完成技术商品的流通，实现技术商品的生产目的。

技术市场的技术中介方，即技术中介服务机构和技术经纪人。其基本作用是为技术商品交易双方牵线搭桥，并对技术商品进行宣传、评估、鉴定，对技术交易过程进行组织、协调、监督。

2. 技术市场的客体

技术商品是构成技术市场的基础，是技术市场的客体。在技术市场上转让的技术商品，可以是硬件形态的样机、样品、机器设备等，也可以是软件形态的设计、工艺、配方以及劳动流动形态的技术服务和技术咨询等。科研生产联合体中实行技术入股、合资经营、联合开发、合作生产等，也属于广义的技术商品供给。

3. 技术市场的内容

技术市场的内容就是构成技术市场的硬件和软件。它包括技术市场的实物或虚拟设施(比如互联网上的技术市场)、规范技术市场的各种规则惯例、技术商品的价格以及关于技术商品的交易条件,等等。

二、技术市场的管理

(一) 技术市场管理的概念

技术市场作为现实经济生活中一种有效的技术流通方式,无疑对经济的发展、科学技术的进步起着重要的作用。但技术市场是否能发挥应有的积极作用,与相应的技术市场管理密切相关。技术市场管理有狭义和广义之分。狭义的技术市场管理是指政府有关部门对技术交易所进行的管理。其特点是把管理的概念完全局限于技术交易所的范围内来理解。广义的技术市场管理是指政府各有关部门,依照国家有关法律、法规和政策的规定,对技术商品的交易进行干预、调节、指导和控制,以规范和引导技术市场行为,保证技术商品交易顺利进行,促进技术市场健康发展。广义的技术市场管理泛指所有与技术交易有关的管理。其管理的行为可以是组织、监督、协调、控制、调节、指导等。其管理的范畴包括从生产、流通到使用技术商品的整个过程。其管理的对象是技术市场组成的要素及其活动,即技术市场上流通的技术商品,技术商品交易的买方、卖方和中介方,技术市场上的交易行为等。

(二) 技术市场管理的指导方针

一段时期内,国家对技术市场管理的指导方针是“放开、搞活、扶植、引导”。

所谓放开,是指不受地区、行业、部门和经济形式的限制,鼓励国家、集体、个人一起上,放开手脚开展技术贸易,大力解放科技生产力。除国家有特殊规定的领域外,进入技术市场的主体要大大放开。允许科技人员在不影响本职工作和不侵犯单位权益的前提下,进入技术市场。

所谓搞活,是指在科技成果商品化的各个环节上引入市场经济机制,公平竞争。搞活技术贸易的运行机制,多层次、多渠道、多种形式地开展技术贸易。各地区、各部门可以根据技术市场买、卖、中介各方的需要,设置各种类型的技术市场,举办各种类型的技术交易活动,组织多种形式的技工贸一体化经营,促进科技成果通过技术市场的流通领域,进入经济建设主战场。

所谓扶植,是指国家对技术市场从法律上支撑,从政策上倾斜,从经济上予以优惠,从组织上予以支持,大力推动技术市场快速发展和优化提升。

所谓引导,是指综合运用行政、经济、法律的手段,合理调节、积极引导技术市场活动沿着适应社会主义市场经济发展的需要、促进科学技术进步的方向健康发展,推动各类技术交易机构和技术交易活动按照国际规范和现代化制度管理和运行。

(三) 技术市场的管理机构

在我国,负责对国内技术市场进行布局筹划、发展规划和机制规范等管理的机构是科技部,具体职能部门是其下设的技术市场管理办公室。根据技术市场管理体系化的要求,各省、地、市一般也都设有相应的专门职能部门负责本地区的同部门职能相关的技术市场专业管理工作。

与此同时,各级工商行政管理部门、专利管理局以及银行、财政、物价、统计、审计等行政管理部门,运用法律、经济和行政手段,在其职能范围内,对技术市场进行监督和管理,保证技术市场健康、有序地运行和发展。

三、网上技术市场

(一) 网上技术交易——现代技术商品交易方式

现代技术商品交易方式,是将电子商务的模式应用于技术商品的交易,使技术商品的买卖双方通过架设在互联网上的无形技术市场——网上技术市场上建立的虚拟展览会、交易会等进行交易，以高效和经济的形式使信息在世界范围内传播并寻找合适的交易对象。它可以完成从寻找技术商品、交易洽谈、竞买竞卖、签订合同、付款结算及科技资源配置等一系列的技术商品交易。网上技术市场以无形及虚拟的方式进行技术交易(图 1-2)，它是技术交易方式一次新的转变与飞跃。

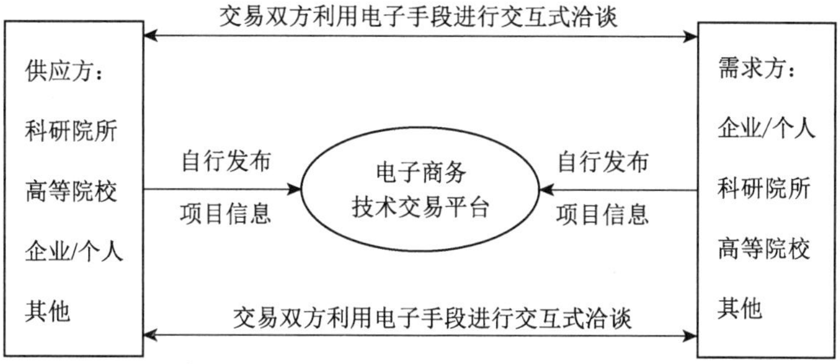

图 1-2 网上技术交易示意图

(二) 网上技术市场的特点

网上技术市场作为新的技术商品交易方式，与传统的技术交易方式有很大不同。

1. 交易过程电子化

网上技术市场的交易双方使整个技术商品的交易过程都在网上以电子文件的形式进行，结算使用的是电子货币，改变了传统技术交易的书面文件和转账结算方式。

2. 交易市场虚拟化

网上技术市场的交易是在虚拟市场上进行的。这个市场没有房屋、展台、销售人员，也没有实物商品，但它可以每天 24 小时、365 天不间断地营业。在整个技术交易过程中，技术商品的买卖双方不需直接见面，只要通过网络形式进行交流，就可以完成所有交易程序。

3. 交易对象特定化

网上技术市场的交易对象限定是互联网用户，技术商品的买卖双方都必须上网才能进行交易。由于互联网的用户遍布世界各地，因此网上的客户又是广泛的，比任何一个有形市场要大得多。

4. 交易方式高效化

网上技术市场技术商品交易的整个交易过程都是在网上进行，与传统的交易方式相比，极大地缩短了交易时间，降低了交易成本，实现了“足不出户，买卖兴旺”的愿望。

(三) 网上技术市场的作用

网上技术市场的作用主要有：

(1) 改变传播、拓宽信息。互联网时代使信息传递发生了革命性的变化，致使与其有直接或间接关系的一切产业都会不可避免地受其影响。网上技术市场与传统信息传播方式相比，不但实现了信息的实时传播，而且还可传播包括文字、声音、图像、数据等多种表现形式的信息。信息传递不仅可实现一对一的双向交互，还可以实现一对多及多对多的交互式传递。

网上技术市场还具有大幅度增加储存技术商品品种数量、增加配套服务功能、提高服务效率以及成效等作用。例如，国家级的“中国技术联播”“中国(深圳)高新技术成果交易会”、区域性的“北方技术市场”“江苏省科技成果网”及“中国浙江省网上技术市场”等网上技术市场，都存有几万条的各类技术信息，而且每年的更新量都在几千项以上。另外，网上技术市场还可提供项目展示、评估、咨询及检索等许多相关的技术服务。例如，中国浙江网上技术市场 2016 年达成的交易合同数量有 3 236 项，交易金额达 569 亿元。

(2) 节约费用、降低成本。网上技术市场将分散在各地的科技成果供求信息集中在网上展示，使在传统交易中要花费许多人力、财力才能获取的信息现在可以方便、便宜及快捷地获取。

由于所有的交易过程都可以在网上开展，交易双方不需亲自见面就可以进行商品的选择、洽谈和交易，这样就比传统交易要节约许多信息发布费、差旅费、谈判费、实施签约及履约等费用，不仅降低了技术商品的搜寻成本，交易对象的搜寻也变得快捷和便利，而且也可能降低技术商品的交易价格。例如，南京大地水刀科技有限公司，是一家生产高科技产品——水刀的企业。过去推广产品除了在传统媒体上投入广告费外，还要四处参加展览会、交易会。由于产品的体积大、重量重，每次参展、参会的费用少则几千，多达几万，一年就是几十万元的开支。而现在，企业一年只花几千元的网络使用费，同样可以得到产品订单。现在，企业参加展览会、交易会的次数比往年减少了1/3，但产品订单量却增加了20%以上。订单中不仅有国内的企业，而且还有来自海外的企业。

(3) 表现丰富、方便理解。传统的技术交易主要靠电话、电报、电传等商业文件形式进行信息传递，它传递的是声音、文字和静态图像，而在网上技术市场则可进行包括声音、文字、图像(静态、动态)、数据及虚拟空间表现的信息传递。此外，技术商品尤其是无形的科技成果，有时用传统的商业文件形式很难表现，常会影响人们对商品的了解，从而造成交易成功率低的现象。但利用网上技术市场的虚拟手段(如动态图像或三维动态图像)表现后，就可以生动、直观地表现科技成果(产品)的内涵，便于技术交易者了解交易标的，促成交易。

(4) 树立形象、增加机会。网上技术市场给科技成果的研发单位树立自身形象和提高知名度提供了空间。科研机构可以通过建立网站、网页及注册域名等方式宣传自己、推介项目和产品，使科研优势及产品知名度在大范围内迅速提升，在激烈的市场竞争中占领有利地位。例如，浙江省机电研究院通过"中国浙江省网上技术市场"宣传并介绍本院的科研条件和人员优势，使其知名度迅速上升，很快就有交易对象愿意与之洽谈。该院连续中标三个科研项目，获得的研发经费达680万元。

(5) 扩大合作、有利竞争。由于互联网信息传递的同步性和互动性带来的时间效益，以及其空间的柔性化，使人们可以充分利用分散在全球的科技资源(包括虚拟团队、无形共同体以及技术战略联盟等多种组织形式)共同开展科研，以此来增强科研机构的市场竞争力。

(6) 方便沟通、提升效益。普通商品一般为实物形态，通常付款提货后就结束了交易。技术商品交易较之普通商品具有交易复杂程度高、完成周期长等特点。它们的交易常伴随着一系列的设备安装、调试、试产、调整、正式投产等许多环节，而每个环节都需要交易双方互通情况，采取妥善方式共同解决问题。若按传统技术交易方式，交易双方沟通成本高、时效性差。而在网上进行技术交易，不仅可大幅度降低沟通成本，而且技术商品交易者可不受时间和空间限制，利用电子邮件、留言版、洽谈室、网上广告等手段，进行在线文字、语音及图像等方面的互动式交流，这对交易双方良好的沟通和完成整个交易过程都有帮助。

利用网上技术市场开展技术交易，还有助于克服因为市场信息的不对称和缺乏沟通而导致的交易逆向选择出现零趋向的"柠檬效应"现象，从而使科技与经济的结合更加紧密，并在促进科技成果向商品化和产业化转化的同时，使其交易形式向着更高级的商业形态发展，而且还可以"货比三家"，精挑细选。

(四) 网上技术市场案例

1. 南方某信息公司组建运营的网上技术市场

南方某信息公司通过网上技术市场以推动科技成果转化为主轴，凭借丰富的科技资源、强大的平台体系、专业的服务团队，为"有技术""要技术""能服务"的三个群体提供与之相关的各项服务，成为国家级的科技成果转化与科技服务门户网站，科技部认定的"国家技术转移示范机构""国家现代服务业示范企业"，国家奖励办批准建设的国家科技成果转化服务示范基地。

该网上技术市场的功能包括技术评估、市场测评、互动交流等，服务包括专业科技网站的建设和运营、基层经济科技配套、难题竞价、技术经纪、技术网店、帮助中心、支付中心等。

其中核心服务包括：

(1) 专门解决会员技术深入推广的问题

服务对象：技术发明人、研究所、高校等技术发明者和拥有者。

服务内容：会员制服务，它以技术为主轴，为会员提供技术推广、投资对接、课题承接、技术评估等与技术相关的核心服务。具体包括有接洽投资商、承接技术课题、技术价格免费评估、多站宣传、搜索引擎优化处理等专属权限。

(2) 搭建技术战略与竞争情报资源储备库

服务对象：地方政府、开发区、科技局；大中型企业、上市公司、风险投资商；高等院校；研究机构。

服务内容：经过人工确认、软件过滤和专家评定三道工序的精心筛选，为客户提供科技成果、投资商、技术课题、技术专家、技术情报信息、研究文献、技术标准等一系列核心信息资源。

(3) 难题竞价，为企业寻找最好的技术难题解决方案

服务对象：技术发明人、技术专家、生产型企业。

服务方式："难题竞价"采取启动金招投标模式，规范难题解决流程与做法，有效整合技术专家和技术难题资源，迅速有效地解决企业技术难题。

(4) 为技术项目需求者提供精选科技成果

服务对象：创业者、中小型企业、上市公司、风险投资商。

服务内容：根据客户对技术项目的具体需求，通过独具特色的项目精选程序，为客户推荐针对性的科技成果，并围绕意向项目提供行业动态、研究文献、技术标准等高价值配套情报。

(5) 基层经济科技配套，提供针对性强的综合性科技配套专属服务

服务对象：各县、乡、镇，各级开发区、各个重点行业部门。

服务内容：根据各县、乡、镇，以及各级开发区的产业布局或重点扶持行业，在其原有的硬件配套设施基础上，为政府、开发区招商引资、产业升级，为企业投资兴业、技术改造、难题解决建设科技软配套专属服务平台。

2. 华东某高校创业团队建设的网上技术市场

由华东某高校创业团队开发的网上技术市场，参加了首届中国"互联网＋"大学生创新创业大赛，并晋级全国总决赛。

该创业团队运营的网上技术市场，在2015年成立后的一年内已经有机电、化学、机械、能源环保等领域100多个项目进入操作流程，通过线上发展的项目专员1 000多个，所搜集的研发团队1 700多个。

在该创业团队的网上平台上，科研人员可以发帖子，将技术方案简介和心理价位挂在网上，其研究经费需求一般在25万元至50万元，研发周期约6个月；相应地，企业人员也可把技术需求、所遇困难和经费预算公布在平台上。就这样，网站通过产学研"连连看"，将技术供方和需方的"关键词"变为数字化标签，在线进行检索和匹配，最终把配对结果定向推送给双方。

四、技术产权交易

(一) 技术产权与技术产权交易的概念

1. 技术产权

技术产权是指科技成果所形成的自身知识产权、作价投资所形成的股份权利等。

2. 技术产权交易

技术产权交易是指法人、具有民事行为能力的自然人和其他经济组织，对其拥有的科技成果、

专利技术、专有技术和以科技成果投资、风险投资等形式形成的产权及科技企业的股权在不同地区、部门、所有制之间进行的有偿转让。

技术产权交易的主要服务对象是高新技术企业，高新技术企业的成长与一般企业的成长有诸多差异，其中最显著的是资金的融通方式。多数中小高新技术企业一般是在掌握核心技术而并无充足资金的情况下起步的，因此他们在银行的贷款融资必然会遇到诸如没有信用记录、没有担保能力等困难。同时，中小高新技术企业的成长是一个资金流不断放大的过程，这种放大一般不是靠自我积累，而是靠接力式的股权融资才能得以实现。与此过程相适应的天使投资、风险投资、产业投资的接力换手就形成了技术产权交易的核心内容。

技术产权交易的目的是构建技术与资本的桥梁，促进科技成果的产业化进程，推动社会经济的发展。技术产权交易应当遵循合法、自愿、诚实信用和公开、公平、公正的原则。

（二）技术产权交易的内容、方式与程序

1. 技术产权交易的内容

技术产权交易的内容包括科技成果转让、科技成果合作开发、科技成果委托开发、科技成果实施许可、科技成果技术入股、企业股权（产权）转让、企业增资扩股、专利技术、专有技术以及技术产权的其他合法交易内容。

2. 技术产权交易的方式

技术产权交易的方式既可以由交易双方直接协商达成交易，也可以通过招标、拍卖、竞投等集中竞价方式在多方当事人之间撮合达成交易。采取集中竞价方式的，应当保证两次相同类型的交易之间相隔合理的时间。集中竞价交易的规则，由技术产权交易机构在不违反法律法规的前提下自行制定，并须在每次交易之前公布。

随着 2015 年 10 月 1 日新修订《促进科技成果转化法》的实施，对于国家设立的高校、科研院所或国有企业的技术交易，协议定价将成为高校、科研院所等技术交易的主流方式。换而言之，招标、拍卖、竞价等交易方式将会退为技术交易的辅助形式。

3. 技术产权交易的程序

采用挂牌交易方式的，技术产权交易的程序一般应当按照申请、挂牌、上市交易、成交鉴证、结算交割的程序进行。技术产权项目挂牌时，应当明确交易的产权性质，必要时还应当具体说明交易的知识产权范围以及保留的知识产权内容。未明确说明的视为没有保留。

（三）技术产权交易机构

技术产权交易机构是指对技术产权交易提供集中交易场所和交易撮合等相关服务的法人。技术产权交易机构分为专营性技术产权交易机构和兼营性技术产权交易机构。设立专营性技术产权交易机构以及其他产权交易机构申请兼营技术产权交易，应当经有关主管部门批准。技术产权交易机构履行的职责主要包括：交易监管、鉴证、股权托管等。

技术产权交易机构应当具备以下条件：

（1）应有一定数量的注册资本金；

（2）高级管理人员和主要业务人员具备开展技术产权交易活动所要求的业务素质；

（3）有固定的经营场所和健全的交易设施；

（4）有完备的交易规则和监督管理制度；

（5）法律法规规定的其他条件。

技术产权交易机构应当向会员单位及交易双方提供的服务包括：挂牌推介，征集、筛选和推荐交易项目，设计和实施交易品种；根据交易品种的特点，制定相应的交易条件，为交易双方提供洽谈和交易场所，组织协调交易双方和中介机构开展交易活动，提供交易撮合、结算与交割服务，出

具成交凭据；交易过程中所需要的其他服务。

另外，技术产权交易机构应当对挂牌项目的交易活动进行监督检查，并有权依据交易规则对违法、违规行为予以处罚。可根据保障交易安全的实际需要，向参与交易的一方或各方收取保证金。

技术产权交易机构可以根据交易当事人的请求，对交易双方之间的违约纠纷进行调解。调解不成的，交易各方可以依法提起民事诉讼或者申请仲裁。

五、中国技术市场的发展和完善

20 年来，我国技术市场发展取得了巨大成就，市场规模迅速扩大，技术市场日趋活跃，交易形式不断创新，服务水平日益提高，已经成为社会主义市场经济体系和国家创新体系不可缺少的重要组成部分，为优化科技资源配置、加速科技成果向现实生产力转化、提高企业的技术竞争力、促进经济结构调整和经济发展，做出了卓越的贡献。

我国技术市场虽然取得了很大发展，但相对于我国科技进步和科技实力的迅速增长，其功能和效力远未得到充分发挥。特别是随着世界新科技革命的迅速发展和经济全球化进程的加快，资本、技术和劳动力等要素在全球范围内流动与配置更加普遍，科技创新能力已成为提升国家竞争力的决定性因素。因此，面对当今经济与科技发展已进入新阶段的新机遇和新挑战，加快中国技术市场的培育、完善和发展是势在必然。

加快发展技术市场的具体举措包括以下方面：

(1) 研究和完善持续激励自主创新和创新成果向现实生产力转化存在的障碍和问题；

(2) 研究制定技术市场繁荣发展的规划和进一步加快技术市场发展的具体措施；

(3) 研究多元化主体参与技术交易的条件和程序，鼓励相关主体以市场化的方式进行盈利；

(4) 研究科技中介机构开展技术咨询和技术服务的财政扶持政策；

(5) 逐步建立技术市场社会信用体系和有关科技中介服务机构的信誉评价体系；

(6) 加速完善技术转移机制，构建高效的技术转移通道，发挥技术市场的主渠道作用，促进企业、高校、研究院所之间的知识流动和技术转移；

(7) 加强科技计划项目成果通过技术市场实现技术转移、转化和产业化工作；

(8) 加强对技术转移国别政策的研究，积极利用国际技术规则，建立符合国际惯例的技术市场促进体系和管理服务体系；

(9) 支持国内科技中介机构同符合条件的境外技术转移机构的合作；

(10) 建立和完善科技投融资体系和风险投资机制，完善资产评估制度；

(11) 大力培育和发展各类科技中介服务机构，引导科技中介服务机构向专业化、规模化和规范化方向发展；

(12) 创建和发展技术市场协作服务机制，实现创新成果转化和商业化的全过程服务；

(13) 加强技术市场专业人才培养，提高技术市场经营管理队伍素质；

(14) 完善技术经纪人认证制度；

(15) 加强技术市场基础设施建设，建立技术交易服务平台，提高技术市场公共服务能力。

第二节 技术经纪业

一、技术经纪概述

(一) 技术经纪业的产生

技术商品的交易不同于一般商品的买卖。技术商品通常是以知识形态存在的，它可以是一项发明，一项新的工艺，新的配方或者技术诀窍等。技术商品的特殊性决定了技术交易具有不同于一般商品交易的特征。

1. 垄断性

技术交易的垄断性，既表现在技术商品的卖方，又表现在技术商品的买方。对技术商品的卖方而言，技术交易的垄断性是由其自然垄断性和法定垄断性决定的。一般来说，技术商品是唯一的，即同一种技术在市场上通常是独一无二的，没有竞争者；即使有时存在少数几个强有力的对手，但他们之间的竞争往往是买方垄断竞争，这就决定了技术交易的自然垄断性。从技术交易的过程看，大部分的技术商品是以专利形式进入市场的。专利权实质上是一种垄断权，这就决定了技术交易的法定垄断性。

对于技术商品的买方而言，也同样存在垄断性。一般商品，往往都有大量的消费者或用户，并有重复消费和消耗量大的特点。而技术商品的需求方往往只有少数几家，甚至最合适的买主只有一家，这就形成了买方的垄断性。

2. 渗透性

技术交易与合作具有相互渗透性。技术交易不是一手交钱、一手交货，在短时间内便告结束的纯粹买卖关系，而是一种长期合作。技术的买方为了尽快掌握技术，充分发挥技术商品的功能，尽早实现其使用价值，还需要卖方在整个交易过程中提供技术咨询、技术培训和其他技术服务。作为技术卖方，在技术买卖双方签订合同后，交易并不算完成，卖方要帮助买方实施应用该技术，直到该项技术价值在买方得到实现，达到合同规定的要求才算完成交易。技术交易合同短则3～5年，长则10年或更长的时间。有些技术交易还规定在相当长时间内，任何一方对该技术有所改进，相互仍然应有偿或无偿的进行交换。所以，技术交易双方是一种长期的经济技术合作关系，往往是交易中渗透着合作，合作中又渗透着交易。

3. 共享性

技术商品使用权具有共享性。在实物商品交易中，一件商品只能有一个买主，是商品的所有权和使用权同时转移。而技术商品的交易只是技术使用权的转移，技术商品的所有权始终是由技术持有人独占。一种技术商品的使用权可以同时有多个买主，这就出现了同一技术商品的共享性。

技术交易的特殊性，决定了技术商品的出售与购买，以及出售方和购买方二者技术经济效益的最终实现，是一项涉及诸多复杂、繁琐问题的技术贸易事务。因此，客观上需要社会上有一种专门为技术交易活动提供各种中介服务的职业。由此，技术经纪业应运而生。

(二) 技术经纪的概念

1. 一般经纪

通常所说的经纪活动，是指接受委托人委托，为促成他人交易提供居间、行纪、代理等服务，并收取佣金的经营行为。

2. 技术经纪

技术经纪，或称“技术中介”，是指中介方以知识、技术、经验和信息为另一方与第三方订立技术合同进行联系、介绍、组织工业化开发，并为履行合同提供服务的活动。技术经纪是科技服务业中的重要组成部分，是市场经济活跃而信息不对称的产物。它是一项为技术交易的洽谈、签约、履约等提供全程服务的活动。

由于技术交易的特殊性和不确定性，使技术经纪活动既需要知识、经验、信息和技巧的支撑，又使该工作显得极其复杂。它是在市场经济条件下合理调配科技资源、整合各类专业知识，在市场各主体之间、要素市场之间建立沟通桥梁，促进科学技术转化为生产力的一类重要的服务活动。

3. 技术经纪与一般经纪的区别

技术经纪与一般经纪服务有着显著区别：

(1) 技术经纪是为特定的目的进行，仅指中介方为技术供需双方订立和履行技术合同进行的服务；

(2) 技术经纪提供全程服务，即贯穿洽谈、签约、履约的全过程，不仅周期长，而且内容丰富、复杂，是一种“多角化”的服务；

(3) 技术经纪是以技术知识为基础提供的服务，它在本质上属于技术服务。

(三) 技术经纪的要素

1. 技术经纪的主体

技术经纪的主体，是从事技术经纪的技术经纪人以及技术经纪人所在的技术经纪机构等经过认定的技术经纪行为主体，同时也包括事实上在从事技术经纪活动的社会个人、组织机构和企业。技术经纪的主体是推动技术经纪发展的核心，具有不同于从事技术转移或技术交易的主体的独特性。

2. 技术经纪的客体

技术经纪的客体，是技术商品。技术商品的充裕、流通是技术经纪体系健康发展的根本。涉及到了技术本身、技术供方、技术需方等多个方面。虽然其对技术经纪体系具有根本性的意义，但不具有独特性，因为技术商品同时也是技术交易和技术转移中的客体。因此，更具针对性的技术经纪的客体实际上是指可被经纪或需被经纪的技术商品。

3. 技术经纪的媒介

技术经纪的媒介，是指技术经纪主体从事经纪技术经纪客体的过程中必需的载体，通常包括有形或无形的技术市场。

4. 技术经纪的环境

技术经纪的环境，是指对技术经纪活动的开展提供支撑、配套和规范约束的各种政策和服务。以法律服务、财税服务等为代表的服务是经纪服务的必要支撑；政策、法规则既对技术经纪起到了规范的作用，又对技术经纪的发展起到激励、促进作用。

二、技术经纪的地位和作用

从构建国家创新体系的角度看，新兴的科技体系由三个层次组成：第一个层次是以科研院所、高等院校为主体的科学研究体系；第二个层次是以企业为主体、产学研相结合的技术开发体系；第三个层次是以中介机构为主体的社会化科技服务体系。技术经纪作为社会化科技服务中介体系的一个重要组成部分，作为科技与经济结合的中间环节，在加快科技进步，特别是在高技术产业化方面，起到了重要的、不可替代的作用。

从宏观上讲，技术经纪业的作用包括：促进产学研的深入合作，提高企业的自主创新能力；有效地提升科技型中小企业的成长质量；通过高级的科技服务经纪活动，活化市场，强化企业的资本动力；引进和培育高素质人才，建设企业的人才高地等。

从微观上讲，技术经纪业的作用是促进科技成果转化和技术转移，具体可以归纳为下列几个方面：

(1) 沟通作用。技术经纪机构一方面受买方委托，在众多的专利和科技成果中，为买方选择成熟、先进和适用的科技成果，做买方的忠实顾问；另一方面，受卖方的委托，向客户推销其科技成果和专利，宣传介绍这些科技成果的性能特征、适用范围和经济效益等，使它们能在技术市场上迅速出售。

（2）调节作用。技术经纪机构掌握信息快，了解市场需求情况，通过对国内外技术市场的预测，能快速地将技术商品供求信息传递给供需双方，有利于避免科研和生产两大部门的盲目性，对技术商品的供求平衡起到了调节作用，缓解科研、生产双方的信息不对称。

（3）评估作用。技术成果的转让往往伴随着许多风险和不确定性，技术经纪人凭借其经验和专业知识对科技成果进行多方面的评估，如可靠性、成熟性、市场获利能力等，为交易双方提供一个合理的参考价格，使买卖双方心中有数。

（4）组织作用。技术经纪机构提供科技成果转让工作从谈判、签约到合同实施的全过程中介服务。例如，技术转让合同签订前，举办各种技术交易会、技术招标会等；技术合同有签约意向时，组织双方谈判；技术合同签订后，帮助用户培训职员、参与项目规划与筹建工作等。

（5）协调作用。技术经纪机构不仅把技术市场供需双方的信息传递给对方，而且还积极主动地参与到其中，在交易双方谈判过程中，疏通障碍，调解分歧，融洽关系，切实把科技成果供需双方联结起来，以合作的态度解决问题，使买卖双方由原来的不协调变为协调，由原来的对立或对抗转变为合作。

（6）经营作用。在科研单位经费不足，或生产企业技术开发资本投入短缺时，技术经纪机构通过风险投资，对技术成果进行二次开发、集成配套等，把技术经纪和技术经营结合起来，促进技术成果的成熟和完善，增强科技产品的竞争力，消除技术引进方的后顾之忧，既推动科学研究的进步，又促进生产力的提高。

三、技术经纪的分类

（一）按照业务类型分类

1. 一般中介

一般的技术中介是指居间中介，又称“简单中介”。技术经纪人居于委托人和第三者之间，介绍他们进行技术交易活动。对于当事人是否订立技术合同，是否履行技术合同，以及是否发生争议纠纷，不承担责任。技术经纪人仅起到牵线搭桥、居间介绍的作用，以“信息费”或“介绍费”的形式取得报酬。

2. 全程中介

全程中介，又称“深入中介”。技术经纪人参与技术交易的洽谈签约活动，督促协调交易主体履行技术合同，调解履行合同过程中发生的矛盾纠纷，甚至组织方方面面的力量促进技术项目的实施。

3. 代理中介

技术经纪人受技术卖方或技术持有人的委托，在技术市场里销售技术商品，寻求或选择技术买方，代表技术卖方从事技术交易活动；技术经纪人受技术需求方的委托，收集技术商品信息，寻求技术项目，选择技术卖方，进行技术交易洽谈，也可以代表技术需求方签订技术交易合同。

4. 其他业务

技术经纪人参与技术开发、技术服务、技术培训活动。技术经纪人组织技术交易、交流活动，从事商品市场调查、可行性研究论证、法律咨询、技术咨询等业务。技术经纪人在技术成果转移转化和技术服务等过程的具体步骤中，以及与此相关的要素到位组合的各个环节上发挥相应的作用。

（二）按所经纪的技术商品分类

1. 专利技术的经纪

专利技术的经纪是将受国家法律保护的技术公开向社会拍卖。因而技术经纪人必须对该项专利的技术前景、市场潜力，以及对可供选择的技术受让方进行调查研究，有针对性地进行有效宣传和联系工作。

2. 非专利技术的经纪

国际上一般把非专利技术称为“专有技术”，它一般是某种技术秘密。它的财产价值只具有使用权和转让权，而没有法律意义上的“所有权”属性。为此技术经纪人在营销这类技术时，既要使受让方了解其技术和市场的前景，又要有为委托人保守技术秘密的手段。

3. 技术开发项目的经纪

技术开发是一种获取新技术的创新工作，具有较大的技术风险。技术经纪人应把重点放在项目咨询和可行性论证方面，并根据委托开发或合作开发的法律特征以及买卖双方的交易动机，注意成果的权属和效益分配问题。

4. 技术招标与投标中的经纪

技术招投标是促进技术买卖的一种竞争形式，在竞争中，技术买卖方除了技术实力的较量外，策略的运用十分重要。技术经纪人主要是通过各种合法的手段，获取相关的信息，为投标方或招标方策划招投标策略。

5. 技术服务的经纪

技术服务量大面广，技术经纪人主要是在拓宽服务领域、论证技术可行性基础上，做好买方和卖方的介绍与协调工作。

6. 国际技术合作的经纪

国际技术合作通常要面对不同发达程度、不同民族文化的国家和地区，技术经纪人要在熟悉通用国际商法及惯例的同时注意相关技术的新的技术标准内涵，为委托者特别是国内的委托者把好先进性、无污染和高效益这一关，克服盲目性和重复引进。

7. 技术人才的经纪

作为技术载体的科技人才，也是市场的抢手货。因此，技术经纪人在经纪技术商品的同时，也进行技术商品有关的科技人才的经纪。

四、技术经纪业的国内外发展情况

(一) 国外技术经纪业发展逐步成熟

技术经纪在欧美等国是由于技术市场飞速发展的需求而产生的一种促进技术商业化的角色。据统计，目前国际技术市场的 80%集中在发达国家，其中美、德、英、法、日等五国在国际技术市场中占较大优势。

1. 政府大力扶持技术经纪业的发展

20 世纪 80 年代，欧洲涌现了许多提供技术经纪服务的组织。欧洲政府通过资助公共技术经纪服务机构、扶持私营技术经纪服务组织和鼓励企业使用技术经纪服务等措施，大大推动了技术经纪组织的发展。在瑞典，政府建立一个科技中介服务机构网络，使中小企业能够通过该网络非常方便地找到合适的科技成果，技术提供者也能够通过这个网络很快找到需要技术的企业。早期，欧盟还对技术经纪机构实行资助政策。正是由于政府的积极推进，使这些国家逐步建立起一个种类庞大齐全的技术经纪服务体系，促进了技术市场的高速发展。

除欧洲的德、英、法等国之外，在美、日等发达国家，政府对技术经纪组织、机构的培育和发展也都极为重视，制定了一系列的政策、法规来保障和促进其发展。

2. 技术经纪机构需要拓展业务范围来应对技术经纪长周期、高风险的特点

技术经纪活动耗时长，因而成本高，通常要到 2～5 年后才开始获利。欧盟委员会创新与技术转让战略计划(SPRINT)下设的欧盟创新监测系统项目(EIMS)于 20 世纪 90 年代初曾资助进行了欧盟各国技术经纪服务的调研。调研发现大多数的私营经纪机构等不了如此长的回报期，越来越不愿意冒等到客户公司技术应用成功后再获取报酬这种风险，而是越来越多地争取以固定收费为主的多种收费组合。

由于技术经纪行业收入的不稳定，从业机构或个人一般需要有补充性的收入来源，如提供补充性服务（信息服务、技术审计与技术指导、销售调查与服务、战略或管理咨询、法律咨询、人员培训等）、争取以援助企业发展为目的的政府补贴或合同、个人收入（退休金、证券投资红利）等。欧盟调查发现，没有任何一家技术经纪机构或个人仅专靠技术经纪为生。

技术经纪机构中，咨询服务所占的比重越来越大。技术经纪机构正在朝全球性技术管理咨询机构的方向发展。这可能是国外技术经纪机构对其利润低迷或不确定性所采取的一种对策。

（二）国内技术经纪业发展方兴未艾

技术经纪业在促进科技成果转化中居于特别重要的地位，是第三产业的重要组成部分。发展技术经纪业是培育和发展社会主义市场经济的重要环节和必然要求。目前我国多数企业的经营逐渐摆脱困境，吸纳科技成果的能力增加，对适于企业发展的有针对性的科技成果的需求增加；同时另一方面，广大科技人员创新、创业的积极性很高，科技成果层出不穷。因而，技术经纪业大有可为。据国家科技部统计，2016 年全国技术合同交易项数为 667 870 项，成交额为 23 549.78 亿元，其中单纯的技术交易额为 17 619.26 亿元。尽管十几年来技术交易数量和金额大幅上升，但总体来说，与科技成果的数量尚不匹配。其中一个重要的原因就是我国的技术经纪业目前还适应不了需求。

1. 我国技术经纪业发展经历了四个阶段

我国技术经纪活动是伴随着改革开放大潮悄然发展起来的。到目前，大致经历了兴起、发展、停滞、复苏四个阶段。20 世纪 80 年代末 90 年代初，在我国几个经济发达的城市首先兴起，出现了技术经纪人的雏形。1993—1998 年，在国家相关部门的重视下，陆续出台了关于技术经纪人的管理办法，社会各界也对技术经纪人予以关注，全国范围内不同层次、不同类型的技术经纪人和技术经纪机构得到发展。此后，由于各种环境不完善、不健全，技术经纪复杂、难度大，以及科技管理部门的变革、政策变化等原因，在全国，技术经纪人的发展几乎近于停顿。21 世纪初，技术经济活动进入复苏时期。2002 年 10 月，北京出台了《北京市技术经纪人管理暂行办法》率先破冰。2003 年 9 月，深圳出台《深圳市技术经纪人管理办法》，从培养人才的角度来探索技术经纪市场化运作的可行性之路。

2. 我国技术经纪业发展已开始步入制度化轨道

2006 年 3 月 15 日，科技部下发的《关于加快发展技术市场的意见》提出，“加强对技术经纪人资质制度的研究，逐步建立和完善技术经纪人认证制度。国家技术市场管理部门研究制定技术经纪人的资质认证标准和培训大纲，加强对技术经纪人的培训，大力提高技术经纪人的专业服务水平的职业道德”。

2007 年 1 月 29 日，科技部徐冠华部长在全国科技工作会议上的工作报告指出，要“加强技术创新支撑服务体系建设。实施技术转移促进行动，建立和完善区域技术产权交易系统，加强技术经纪人大体系建设”。

2007 年 9 月，科技部、教育部、中科院联合发布《国家技术转移促进行动方案》提出，要“进一步建立和完善技术转移相关职业和岗位资质认证制度，积极推进技术经纪人资质认证管理，努力培养一支由多层次技术经营人才及大量合格的技术经纪人构成的、专业化高水平的技术转移人才队伍，加快知识流动和技术转移，完善国家技术转移体系和技术转移有效运行机制，促进科技与经济的紧密结合与协调发展”。

2007年12月，第十届全国人大第三十一次修订的《中华人民共和国科学技术进步法》第二十七条提出，“国家培育和发展技术市场，引导建立社会化、专业化和网络化的技术交易服务体系，鼓励创办从事技术评估、技术经纪等活动的技术交易服务机构，推动科学技术成果转移和应用”。

至此，我国技术经纪业的发展和技术经纪人队伍建设已纳入制度化的发展轨道。仅2009年间，上海、山东、河南、重庆、黑龙江、福建等省市就都举办了技术经纪人培训。

3. 我国技术经纪业还面临四大问题

与发达国家相比，我国的技术经纪业仍处于起步阶段，还存在着一些问题。

(1) 对技术经纪业接受度不足。由于技术交易自身的复杂性，高校、科研院所、企业等对技术经纪业行业尚不了解。尽管国家采取各种措施推动科技服务业的发展，但技术经纪人的准入条件、业务定位及法律地位等尚未形成系统化的体系。

(2) 技术经纪业发展的自身动能不足。由于中介服务功能体系尚未形成，不少技术经纪机构无法为技术交易提供从价值评估、签约谈判，到合同实施的全程服务，其盈利模式尚不清晰，故技术经纪人业务收益尚不足以支撑行业的整体发展，这些都影响了行业发展的自身动能性。

(3) 技术经纪人尚未形成职业化和专业化的群体。由于技术经纪的专业面窄，职业化要求高，技术经纪人队伍中相当部分为兼职人员，技术成果信息少，一般仅限于本单位的职务技术成果，或非职务技术成果。具有职业化和专业化特点资质的技术经纪人尚未形成从“群体到共同体”的跨越，无法承担作为支撑科技创新中间力量的重任。

(4) 技术经纪业务范围分散。技术经济要想全面发展，与技术交易相关的专利检索、专利分析、价值评估、工商注册、税收缴纳、资本运作等业务均有涉及，在相关行发展尚有问题的前提下，信息渠道不畅，交易手段落后，技术交易的新方法、新手段不断涌现，如果仍沿用传统的思路、方法和手段去从事技术经纪活动，则无法适应“新常态”下科技经济发展的新形势。

(三) 中国技术经纪业的发展要求

为了解决中国技术经纪业发展中存在的诸多问题，提出如下发展要求。

1. 技术经纪要坚持“需求”的原则

市场经济是一种需求经济，但是目前市场上的科技项目虽然大都是科研机构、大学“关门”研究出来的很有学术价值的成果，但并不是企业真正需求的，这种科技项目很少能被市场接受。而市场需求的一些项目，技术供应方又缺乏完整的技术经验。技术经纪的职责是应当以市场需求为动力，以供应方的有效供给来适应需求方市场，要使供应方充分了解和掌握需求方究竟需要的是什么样的项目，包括它的技术先进性、成熟度、投资规模、投资回报率等，以及各种技术和质量难题等的具体信息。技术经纪是要让供方适应需方，而不是简单地让需方去适应供方。

2. 技术经纪要灵活掌握无形资产的入股问题

在市场经济体制下，人们对于科技成果转化的合作，往往选择的是技术作为股份入股的共担风险的形式。这种情况在具体操作时，因涉及工商行政管理有关法规的很多限制，具体执行中有不少问题，特别是对于中小型合作者而言，有实际的运作难度。

3. 技术经纪要充分重视保护知识产权

一项技术成果的合作，总要涉及到知识产权的问题，这里除了要有明确的专利证明文件能证明专利权人是其本人外，还需要特别注意成果的知识产权归属问题。如果权利归属不能明确，这样的技术经纪应尽量避免，以免日后引起权利纠纷。

由于目前市场的不规范，技术经纪要特别关注技术成果的成熟程度、市场前景等，以规避不必要的风险。如有的根本就是公知技术，却被当作高新技术来图利；有的还只是一种实验室的成果，还未列入单位成果，却作为成熟成果与他人合作，给需方带来莫大的潜在风险；有的甚至只是文献资料，却贸然与人合作，而又将知识产权独占其有。另外，还有申请专利的权属问题，以及后续成果的归属问题，等等。有关知识产权的问题，在技术经纪中尤其重要，必须严肃认真地加以妥善处理。

4. 技术经纪要掌握技术商品的循环过程

技术是商品，因此它同有形商品同样有着商品的生产、服务、流通和消费的循环过程。以前，我们一谈到商品，想到的就是贸易流通，一讲起技术市场，自然的反应也是在流通领域。因为在我们开放技术市场时，无论从政策上，还是具体的运作上，都侧重在流通领域。而对于技术交易中一些共担风险的合作形式，由于不能获得国家政策的扶持，加之有关法规对技术入股的限制，使技术经纪的运作总是处在收效甚微的境地中。之所以出现这些问题，主要原因还是在于我国对技术商品的理论问题还未根本解决。就目前而言，我们的技术经纪工作要注意研究技术商品的理论，避免将科技成果一转了之，要注重在产业化上下功夫，使技术商品能在流通、生产、消费等各个环节都得到有效的运行，这也是国际高新技术产业化的运作惯例。

5. 技术经纪要学会全过程服务

传统意义上的技术经纪是一种科技成果推销式的经纪，它很少研究市场，所以一项成果被说服成交了，技术经纪的使命也就完成了。至于成果实施后的成功率，最终的产品市场前景等一系列的问题，技术经纪人就很少去关心了。这种把技术商品与一般有形商品等同认识的经纪活动，确实给科技成果的产业化带来了很大的负面效应。我们应当认识到，技术商品有其特殊的商品特性，所以不能用一般有形商品的交易方式去实施技术商品的转化功能。

技术经纪要善于学会全过程服务，首先要为技术供方提供需求信息，对于技术需方的市场信息要进行客观科学的评估，使供需双方在产生技术商品之前就能获得较为可行的市场对接。在具体的转化过程中，应当为供需双方设计一整套“共同投资、共担风险”的科技成果产业化实施方案，包括公司的组建、各方出资的比例、投资的形式、分配的方式、股东与管理层的结构、投融资的方案、市场的策划，有可能还要为企业以后的上市作预先的考虑和设计等。

技术经纪的全过程服务，既是市场经济的客观要求，也是当前受企业普遍欢迎的一种服务方式，而且科技成果转化的成功率也比较高。但是，对于这样的技术经纪过程，要求技术经纪队伍有比较高的素质。因此，当前技术经纪面对的任务更加繁重，技术经纪对于人才的素质也产生了更高的要求。

6. 技术经纪要善于运用移动互联网

信息时代正在改变着人类的生活和生产方式，信息化带动工业现代化已成必然。因此，在信息时代，技术经纪原来那种“跑街式”的经纪方式也必将受到信息技术的强大冲击。在移动互联网高度发达的今天，技术供需双方的对接活动，完全可以通过移动互联网实现。我们需要的技术和项目，以及需要解决的技术难题，都可以在网上进行招标。我们拥有的科技成果也可以在网上发布信息供需方查询。

7. 技术经纪要促进国际国内信息的沟通和交流。

经济全球化是当今世界的一种趋势，在从事技术经纪的过程中，了解可以实施产业化的科技和市场信息就显得尤为重要。对于可以实施产业化的科技成果，经过检索能申请专利的要及时申请专利；对于不能申请专利的公知技术则特别需要掌握特有的市场渠道。特别是在申请专利的问题上，要制定科学合理的战略，根据市场需要，该向国外申请专利的，要在法定期限内办妥一切专利申请手续。对于国外向我国转让或投资的专利技术，必须经过检索，以确认其专利的有效性和专利权的有效期限，以及专利权的归属问题。对于专利的转让和投资的形式，因为涉及重大的价值问题，必须引起高度重视。对于在投资中出现的“技术诀窍”，需要慎重处置，注意不要对一般的公知技术或是过期的专利技术进行投资。

第三章　技术经纪人与技术经纪组织

技术经纪人和技术经纪组织是技术市场的主体之一，是促进科技成果转化和产业化、推动科技进步的重要力量。技术经纪人和技术经纪组织在明确自己的职责、义务和权利的同时，应该不断提高自身的职业素质，进一步规范相互之间的关系，逐步提升技术经纪的质量和水平。

第一节　技术经纪人概述

一、技术经纪人的概念

技术经纪人的概念有广义和狭义之分。广义的技术经纪人，是指是指依法取得经纪执业证书，并在经纪组织中从事经纪活动的执业人员和依法设立的具有经纪活动资格的公司、合伙企业、个人独资企业及其他经济组织，如技术经纪机构、技术信息咨询机构、常设技术市场等；狭义的技术经纪人，则是指依法取得执业证书并从事经纪活动的执业人员。

科技部关于《技术经纪资格认定暂行办法》指出，技术经纪人是指在技术市场中以促进成果转化为目的，为促成他人技术交易而从事居间、行纪或代理等经纪业务，并取得合理佣金的公民、法人和其他经济组织。

技术经纪人的概念包括以下四层含义：

(1) 技术经纪人可以是公民，也可以是法人和其他经济组织；

(2) 技术经纪人是为促成他人技术交易和科技成果商品化而进行服务活动的；

(3) 技术经纪人的活动形式主要包括居间、代理等，但技术经纪人并不完全等同于技术中介人和技术代理人；

(4) 技术经纪人以促进成果转化为目的并收取合理佣金。

技术经纪的出现是在生产力迅速发展的基础上，社会分工深化的必然产物。技术经纪人并不单纯被动受委托转让科技成果，而是以其丰富有效的信息和灵敏的分析判断，主动促销成熟适用的科技成果。技术经纪队伍是以信息为先导、服务为手段，推动科技与经济结合的一支生力军。

在我国，技术经纪人主要为以下两类对象服务：一类是技术的供给者，他们主要是科研院所和大学的科研机构及其技术研究人员，也有企业研发机构及其研究人员；一类是技术的接收者，主要是社会中需要技术并使之转化成人类可直接消费的商品的工商企业。技术经纪人则就技术开发、技术转让、技术咨询和技术服务等为技术交易双方提供居间或代理服务。

技术经纪人根据交易地点不同，可以分为在技术市场或其他技术经纪机构从事技术经纪服务的执业人员，这些技术经纪人是技术市场等经纪机构的工作人员；另一类是个人独立从事经纪服务的技术经纪个体。但不论哪类技术经纪人，均须依法持有经纪执业证书，取得经纪执业资格。

除特殊说明外，本章所指技术经纪人，均为狭义的技术经纪人。

二、技术经纪人的特征

技术经纪活动不同于一般商品经纪活动。技术经纪人一般具有如下特征：

(1) 技术特征。技术经纪人的经纪对象是技术商品，具备一定的科学技术知识是对技术经纪人的必需要求。

(2) 中介特征。技术经纪人在技术商品的买卖双方当事人之间处于中介地位，为技术商品的供需双方穿针引线、牵线搭桥，促成交易。

(3) 贸易特征。技术经纪人的职业性质是一种专门从事技术商品买卖或服务于供需双方之间交易的经营活动，其工作内容包括委托洽谈商务、代理签订合同或以市场主体的身份分别同委托人和第三人签订技术交易合同等，具有鲜明的贸易特征。

(4) 职业特征。技术经纪人是一项专门的事业，有相对独立的社会职业地位和功能。

(5) 服务特征。技术经纪人为技术交易主体提供技术商品供求信息、市场调查、技术评估、组织谈判、资金融通、人员培训等中介服务，具有服务特征。

三、技术经纪人与技术中介人、技术代理人的异同

技术中介人又称技术居间人，在技术交易当事人之间起媒介作用，促使意欲进行技术交易活动的双方达成协议。技术中介人只是把当事人一方的意思表示传递给对方，但无权在当事人之间独立地表示自己的意志。技术中介人可以接受双方委托，同时对双方负责，一般情况下，其报酬由双方负担。

技术代理人，是以委托人的名义，在委托人的授权范围内，独立地向第三方作意思表示，或接受第三方的意思表示，其法律后果直接归属于委托人的行为。其基本特征如下：

(1) 代理的行为是以被代理人的名义进行的。

(2) 代理行为必须是具有法律意义的行为。即技术代理人所进行的代理活动，能够产生某种法律后果，如联系买卖、专利申请、技术交易谈判和签约等。

(3) 代理人在委托人授权范围内独立地表达自己的意志，代理人的这一特点，是代理人与中介人活动的区别的实质所在。

(4) 代理行为所产生的法律后果直接由委托人负责。

技术经纪人同技术代理人有很多相似之处：其行为都是受人委托的，具有法律意义；在从事代理行为中，都可以独立地表示自己的意志。但他们在法律地位上又有所区别，这表现在：第一，技术经纪人是以主体的身份参与技术市场活动，是一种独立营业者的身份，而代理人在技术市场活动中不是主体；第二，技术经纪人作为技术市场主体，享有独立营业者的权利，但同时也承担着技术市场风险，而代理人一般不承担市场风险。

技术经纪人可以兼任技术代理人和技术中介人，无论从国外还是从我国目前的实际情况来看，一般不绝对限制技术经纪人的业务方式。只要取得了技术经纪资格，既可以从事技术经纪人活动，也可以充当技术代理人，还可以在某些项目上充当技术中介人。

第二节　技术经纪人的职责、权利与义务

一、执业技术经纪人的条件

执业技术经纪人应当取得执业资格和执业证书。目前，对执业技术经纪人的条件要求，全国各地不尽相同。以上海市为例，2000 年 12 月 25 日由上海市第十一届人民代表大会常务委员会第 24 次会议通过的《上海市经纪人条例》规定，上海市实行经纪执业资格考核制度，考试大纲和考核要求由市工商局会同有关行政管理部门审定。

在上海申请技术经纪执业注册的人员，需满足下列条件：

(1) 取得经纪执业资格考核合格证明；

(2) 在上海市有固定住所；

(3) 挂靠依法登记注册的、具有技术经纪经营资格的经纪组织；

(4) 有下列情形之一的，不予经纪执业注册：无民事行为能力或限制民事行为能力的；刑事处罚执行完毕未满三年的（但过失犯罪的除外）；吊销经纪执业证书未满三年的；存在法律、法规禁止经纪执业的其他情形的。

申请执业经纪注册，应当通过所在经纪组织向上海市工商局提交下列文件：申请书、相应的经纪执业资格考核证明、申请人上海市固定住所的证明材料、申请人有效身份证明的复印件、经纪组织的劳动合同（或者拟设立经纪组织的聘用意向书）、经纪组织的营业执照复印件（或者拟设立经纪组织的名称核准通知书）等。

经纪执业证书是执业经纪人的执业凭证，应当载明执业经纪人姓名、执业经纪人所在经纪组织的名称及地址、经注册的经纪业务范围等事项。

经纪执业证书不得涂改、出租、转借、转让。未取得经纪执业证书的人员，不得以执业经纪人的名义执业。

二、技术经纪人的职责

技术经纪人的主要职责包括：

(1) 收集技术的供求信息，并通过多种渠道，采取多种形式将其发布出去。例如举办多种技术信息发布会、技术交易会、科技成果展示及转让会等。

(2) 接受供求双方委托，为其寻找合适的技术交易对象。

(3) 对自己所经纪的技术成果的可靠性、成熟性进行鉴定。

(4) 审定卖方是否真正具备法律所承认的技术所有权。

(5) 了解买方的技术能力和管理水平，从而判断买方对该项技术的实施能力，帮助进行可行性分析。

(6) 在双方谈判进程中疏通障碍，协调分歧，促进成交。协调双方订立条款清晰的技术合同，监督双方履行自己的义务，调节合同执行过程中的分歧，参与纠纷仲裁。诉诸法律时，经纪人要出庭作证。

三、技术经纪人的权利

技术经纪人的权利，是指法律赋予其能够做出或者不能做出一定行为，以及要求他人相应做出或不能做出一定行为的责任。技术经纪人的权利包括：

(1) 有权根据自身的人力、物力、财力和掌握的市场技术信息，以及对市场的预测，制定和实施其各项计划，安排为社会提供各种技术经纪服务；

(2) 有权对委托者和他们的当事人进行选择，包括对主体的选择，以及对客体的选择；

(3) 有权与其他单位签订技术经纪合同、委托代理合同，有权依照国家规定与外商谈判并签订合同；

(4) 有权收取技术经纪服务的活动经费和合理的技术经纪服务报酬，委托人或第三者发生违约，技术经纪人有权追究；

(5) 有权以技术交易会、信息发布会、广告等技术经纪活动形式对外从事技术经纪活动；

(6) 有权要求对风险责任做出合理的规定。由于技术商品的特殊性，使得技术市场的风险性大大超过其他市场，这就意味着技术经纪人要承受比其他经纪人更大的风险。技术经纪人有权要求对风险责任做出合理的规定。如技术成熟性较差的项目，其责任主要由转让方和受让方承担；严格区分技术经纪人预测不准与提供情况不实的界限等；

(7) 享有其他经纪人所应享有的一般权利。

四、技术经纪人的义务

技术经纪人的基本义务主要有：

(1) 维护国家利益、社会公共利益，不得进行技术垄断和妨碍技术进步的非法活动，努力促进科学技术进步。对国家明确规定的一些技术不应参与中介，如国家尖端保密的技术、破坏生态环境的技术、违反涉外政策的技术等。

(2) 必须保证技术经纪服务质量，对委托方和第三方负责。经纪活动必须忠实于委托人的利益，严格遵守委托人的委托。若有损害委托人利益的行为，委托人有权要求赔偿由此造成的经济损失，并有权拒付报酬。

(3) 严格保密制度，不得以自己的名义向外转让他人技术，不得恶意串通，损害第三方的合法权益。技术经纪人应该对服务对象忠实守信，保守其技术秘密，不得将通过中介活动所获得的技术向他人转让。

(4) 在核准登记的技术经纪范围内从事技术经纪活动。

(5) 遵守国家法规规定的经纪人一般义务。

第三节　技术经纪人的素质要求

一、技术经纪人的职业道德

所谓职业道德，就是人们在履行本职工作过程中所应遵循的道德规范，以及与之相适应的道德观念、情操和品质。一名合格的技术经纪人应具备以下四个方面的基本职业道德：

(1) 诚实信用。良好的信誉是经纪人事业发展的源泉和其经营活动的立足之本。技术经纪人在进行经纪活动时，应当从促进社会、经济和科技发展的角度出发，以实事求是的精神和科学的态度，向客户介绍自己推销的科技成果情况，不隐瞒、不夸大，同时要考虑到受让方是否有接受的条件和能力；要保证技术经纪活动的技术质量和服务质量；不与他人恶意串通，损害第三方的合法权益。

(2) 忠于客户。技术经纪人在经纪活动中，必须忠于委托人的利益，恪守客户委托事项及有关的技术秘密。

(3) 维护知识产权。对于专利技术成果，因其受到国家法律保护，享有独占权，技术经纪人应严格遵守国家《专利法》，防止侵权行为的发生。技术经纪人在技术中介服务中，应清楚科技成果所有权的归属，即其属于职务技术成果还是非职务技术成果。职务技术成果的所有权属国家科研单位或大专院校、集体研究机构，该类技术的中介谈判直至成交，侵权问题不多，购买方亦较放心；非职务技术成果的所有权属科研个人，其转让容易造成所有权纠纷，因此，技术经纪人应注意有无侵权行为。

(4) 保守技术秘密。非专利技术成果的价值主要靠保密来维持，一旦泄露，技术拥有者对该项技术的任何实体权利都将丧失，技术经纪人在营销这类技术时，更要注意为客户保守秘密，不得擅自将技术秘密泄露或公开。

二、技术经纪人的知识结构

由于技术经纪人的业务范围横跨科技、经济两大领域诸多学科，因此应了解和掌握以下相关知识：

(1) 科学工程知识。有丰富扎实的科学基础知识;熟悉某一或多个技术领域,具有机械、电子、化工等技术专业的基本知识;有技术开发、中试、产品生产工艺过程等方面的知识,对所经纪的技术商品的内在质量,包括技术先进性、成熟度、适用性、技术寿命、竞争力乃至技术风险等方面都有较为清楚的认识。这是开展深层次中介活动的基本前提。

(2) 经济知识。掌握与业务有关的金融、财会、统计、管理等方面的知识,主要包括:经纪业的基础知识;项目的技术经济分析知识、科技成果转化中的管理知识、技术商品的营销知识、投融资知识等。

(3) 市场知识。能应用多种市场调查、预测等方法去分析现实的经济活动,对其做出比较恰当的评价和判断,从而把握技术商品的供求动态和发展趋势,为经纪活动的有效开展服务。

(4) 法律知识。了解法律的一般知识;熟悉《合同法》《专利法》《反不正当竞争法》及有关知识产权和技术交易方面的法律知识;掌握有关洽谈、签订合同、技术合同仲裁等法律和惯例的知识。例如在接受委托时,首先应当考察委托人的合法身份,技术商品的权属,专利技术法律状态,以保证技术交易的合法性。在经纪过程中,还要严格遵循有关法律法规的规定,依法签订合同。技术经纪人必须要了解法律的基本知识,熟悉并掌握各地的地方法规和政策性文件,时时刻刻宣传法律、解释法律、遵守法律和执行法律,才能保证经纪活动的有效性和交易活动的成功率。

技术经纪人的工作千差万别,要求的知识结构也不尽相同。从总体上说,其知识结构有这样一些共性的要求:第一,综合性。经纪人只有掌握广博及综合性的知识才能最大限度地发挥创造性。一般来讲,一个人的知识越广博,知识结构的韧性越好,对现代业务的适应能力就越强,成为出色经纪人的可能性也越大。第二,专业性。技术经纪业务要向高档次发展,技术经纪人不仅要具备较好的科技基础知识,而且要有相应的专业知识,对自己所从事的业务及中介的商品性能、特点以及市场情况了如指掌。第三,动态性。现代科技发展日新月异,日趋加速化。经纪人要保持知识结构的最佳状态,就要根据所选定的目标的需要,经常进行定向的知识调整,才能适应现代科技飞速发展的需要。

三、技术经纪人的职业能力

优秀的技术经纪人必须具有科学家的头脑、企业家的胆识、社会活动家的能力和超乎常人的勤奋和毅力。技术经纪人在实际工作中,应具备四项基本能力:

(1) 组织能力。技术商品交易是一个包括了解市场需求、洽谈业务、签订合同和合同实施等环节的完整过程,需要经纪人去组织、联系。同时,技术经纪人既要为单项技术转让服务,又要为多种技术综合配套服务。这就需要技术经纪人有较强的组织能力,能对各种复杂因素进行分析、综合、评价、判断,从而做出最佳决策,提高技术经纪的服务效能。

(2) 协调能力。在技术交易中,技术供方、技术需方和技术中介方三方的利益只要有一方不满足,科技成果的转让就不能顺利进行,甚至无法进行。因此,需要技术经纪人充分发挥其协调作用,融洽双方的关系,切实把科技成果供需双方联结起来,才能提高科技成果的转化成交率。

(3) 经营能力。技术转移往往伴随着很多风险和不确定性。对此,技术引进方不仅需要牵线搭桥,更要求技术经纪人、技术供方与其共担风险。技术经纪人应积极参与到对技术评估、资金融通、新产品鉴定、产品促销、技术人员培训、经营发展计划的制定乃至公共关系的拓展中去,降低技术转化的风险和不确定性,消除技术引进方的后顾之忧。

(4) 解决问题的综合能力。技术经纪工作涉及信息沟通、技术评估、市场评价、组织谈判、筹集资金、人员招募、产品鉴定、促销、人员培训等一系列问题,对此技术经纪人需要有综合分析的能力,以及驾驭复杂局面和解决复杂问题的综合能力。

此外，对技术、项目的鉴别、调研与市场预测能力，自身的学习与研究能力等也都是技术经纪人所应具备的基本能力之一。

第四节　技术经纪组织的分类及运行机制

一、技术经纪组织的概念

技术经纪组织，是指依法设立的具有经纪活动资格的公司、合伙企业、个人独资企业及其他经济组织。它属于广义的技术经纪人范畴。

二、技术经纪组织的分类及运行机制

严格来说，目前我国很多技术经纪组织的业务还属于“中介”或“代理”的范畴。鉴于这种状况目前还大量存在，为利于更好地了解技术经纪组织，我们依据技术经纪组织在技术转让链条上所处的客观位置，将其分为三类。

(一) 第一类技术经纪组织——靠近企业的技术中介

1. 组织类型

该类技术经纪组织具体包括：

(1) 企业的上级主管部门。例如，中央和各省市、部委、总会、工业总公司中的科技司局等机构的科技成果、推广部门等。

(2) 政府职能部门。例如，各级科技局、发改委、计经委、工业局、农业局、乡镇企业局、多种经营局等。

(3) 行业协会。

(4) 中央到地方的各种技术推广部门。例如，农业技术推广站、林业技术推广站、海产技术推广站、畜牧技术推广站等。

(5) 企业长期挂钩的科研机构、大专院校、咨询顾问单位和专家。

(6) 小型技术市场。绝大多数县市和部分地区级的技术市场，由于没有形成规模效益，其场所、人员属当地科技局，和技术市场管理办公室合署办公，经费则由政府拨款。这类技术市场通常有数十个或数百个相对固定的服务对象，形成服务网络。各种信息、咨询服务都是免费的。即使有少量收费，也多是象征性的。一部分小型技术市场工作活跃，卓有成效。

2. 运行特点

此类技术经纪组织具有的典型特点：

(1) 具有官方色彩和干预能力，不但能发挥重要的经纪作用，而且具有组织、计划、协调、调控和各种支持能力。

(2) 非盈利目的，其技术经纪作用不具有市场经济体制的规律特点，更接近于计划经济体制下的技术推广工作，即不签中介合同、不收费，为企业发展尽义务。

(3) 在技术经纪活动中，较多地代表企业和当地的利益。

(4) 存在着一些明显的不足和缺点。例如，政府经济抑制了社会中介机构的发育，与市场化趋势有某些逆动和摩擦；缺少激励因素，存在着责任心不强和积极性不高的现象；或存在经费匮乏、手段落后、信息不足、力不从心等问题。

3. 主要职能

该类技术经纪组织的主要职能有：

(1) 参加全国性技术交流活动、加入信息网络，根据地区、行业、企业的需求，收集信息，寻找项目，为企业提供信息服务。

(2) 组织专业性会议、专家洽谈，组织招商引资、技术推广和科技下乡活动，为供需双方提供接触机会。

(3) 向企业推荐具体项目，协助企业进行项目准备和项目实施工作。

(4) 协助企业参加技术交易洽谈，为技术交易双方提供中介服务和其他服务。

(5) 组织技术开发。

此类技术经纪组织，是企业引进技术的主心骨。无论在项目的洽谈阶段或建设阶段，都能为企业解决一些实际困难，甚至提供担保，提高成果成交和实施的成功率。我国经济发展的实践也已证明，在那些经济发展迅速的地区和行业中，必定有一个或多个技术中介群体，发挥了纽带和桥梁作用。

(二) 第二类经纪组织——靠近发明者的技术经纪

1. 组织类型

该类技术经纪组织包括：

(1) 科研单位和大专院校的技术开发办公室；

(2) 企业的技术处(技术中心)、设计处、中心试验室、开发办等；

(3) 一部分科技开发公司的推广部、协作部。近年来，科研机构和大专院校的科研工作的市场依存度越来越大，目前已达到55%～76%，市场需求成为研究开发事业发展的主导动力，因此科研机构和大专院校的开发办有不断增强的趋势，其职能也越来越明确。

2. 运行特点

此类技术经纪组织具有的典型特点：

(1) 有些单位的开发办具有独立法人或二级法人资格，有营业执照和独立账户，能够独立地与外界签署合同，开展技术服务和各种项目合作。

(2) 大部分单位的开发办，并不直接从事技术开发工作，对于技术开发的协调管理职能也逐渐弱化。因为各单位的技术开发作为科研工作的一部分，通常由科技处或科研处统筹管理。开发办的工作重点是对外技术推广与转让，它与本单位的技术开发和持有部门(研究室、教研室、课题组)形成了一种代理关系，有些开发办的主要经费来源就是技术转让费和服务费提成。

(3) 更多地代表了技术持有人的利益和态度。在签订技术合同时，该类经纪组织常常代表供方签约，因而也形成了“无中介”合同。只有在供方和需方直接洽谈成交时，才形成“有中介”合同。在履行合同时，需方与技术持有人打交道很多，此类经纪组织继续发挥协调、监督作用。

(4) 自身存在不少问题。例如，各单位的开发办虽然广泛深入地介入了技术市场的活动，但是内部管理并没有实行市场机制，技术成果转让的效果与开发办的个人利益没有挂钩或体现不明显；由于上述体制和机制的原因，干好干坏一个样，一部分开发办的人员积极性不高，责任心不强，影响转让；观念陈旧，投入不足，手段落后，科技成果缺少必要的包装和展示，严重影响了项目信息的传播和技术贸易的成交。

3. 主要职能

该类技术经纪组织的主要职能有：

(1) 收集了解本单位或外单位技术成果信息，编印项目简介或可行性分析报告；

(2) 参加各种交流和发布活动，作为委托代理人向社会发布科技成果信息；

(3) 进行各种洽谈、直接签订技术转让和技术服务合同，或者作为中介方，协助本单位或外单位技术成果持有人洽谈并签订技术合同；

(4) 向技术开发单位反馈项目需求信息,组织协调本单位技术开发工作。

第一类和第二类技术经纪组织在技术贸易的洽谈和实施过程中,发挥了重要的纽带和桥梁作用。目前我国技术市场上大量的经纪工作是由这两类经纪组织承担和完成的。第一类和第二类经纪组织的参与,是一种不规范的中介或"准市场"性质的中介。造成这种状况的原因是,他们和技术供方或需方除了有某种经济利益关系之外,还有其他关系或联系,例如隶属关系、同事关系等。第一类和第二类技术经纪组织的存在,的确为技术供求双方沟通了信息,撮合了洽谈和交易,促进了各种要素的组合,达到了科技成果转化为现实生产力的目的。

(三) 第三类技术经纪组织——专业技术经纪机构

1. 组织类型

目前,我国从事技术贸易、技术咨询服务和技术中介的组织包括:技术中介(经纪)公司、技术开发公司或开发交流中心、技术转移中心、常设技术市场、技术交易所、技术产权交易所、创业中心、各级各类学会、专利事务所等。

2. 运行特点

此类经纪组织具有的典型特点:

(1) 具有企事业法人资格,或者具有社团法人资格。

(2) 其中一部分常设技术市场和技术咨询服务公司是由科委或其他政府部门出面主办的,启动资金、办公条件和人员来自政府,至今还有政府的官员在其中兼职。中国科协系统是最早开展技术咨询和技术中介的社会团体,它在各省市、各区县都成立了科技咨询服务中心,形成了庞大的网络体系,开展卓有成效的工作。

(3) 它在受到技术供方和需方明确委托和承诺的前提下,才开展技术经纪工作;它在技术供求双方确保其经纪方的地位、作用和利益的前提下,才安排供需双方直接沟通或见面。在形成技术合同时有"中介条款",有经纪方的签章,因此是三方共同签署的协议。有时还会专门形成技术经纪合同,由两方或三方签署。

(4) 按技术贸易的规模和效益,以及经纪服务的质和量收取经纪服务费等。

3. 主要职能

该类技术经纪组织的主要职能有:

(1) 收集、整理、提供技术信息;

(2) 组织各种技术交易活动;

(3) 组织技术成果的二次开发(商品化、产业化);

(4) 协调并促成供需双方签订技术合同;

(5) 监督协调技术合同的全面履行,调解技术合同纠纷;

(6) 提供法律顾问、市场调查等咨询服务;

(7) 组织科技人员兼职等。

实际上,在我国技术成果向现实生产力转化的过程中,还有大量的非市场因素发挥着巨大甚至主导的作用。例如政府职能部门和政府官员,以及政府所执行的各种计划。政府行为对于技术成果的二次开发和推广应用是重要的和不可替代的。从广义上讲,这种政府行为也是属于"技术经纪"的范畴,而且是其中极其重要、举足轻重的组成部分。

这里需要特别说明的是,这种广义的认识,并不是把政府部门当成技术市场中的经纪机构,也不是把政府官员混同于技术经纪人,而是在研究技术转移规律性的同时,应注意到某些部门和政府官员起到的重要纽带和桥梁作用。

此外,技术经纪组织按所经纪的技术商品的来源不同,可分为科研单位自设的技术经纪组织和专门的技术经纪组织;按服务方式和水平的不同,可划分为信息沟通型、转移代理型和创新孵化型等。

第五节　技术经纪组织与技术经纪人

技术经纪组织与技术经纪人之间是聘用与被聘用关系,双方的利益互相联系。技术经纪组织为了开拓和实施组织的业务而聘用技术经纪人;技术经纪人则应当以经纪组织的名义执业,并且技术经纪组织可以为其业务开展提供服务,为其利益提供保护而应聘。

技术经纪组织应当依法登记注册,取得经纪活动的资格。

以上海市为例,《上海市经纪人条例》规定:经纪公司从事技术经纪活动,除应当符合《中华人民共和国公司法》规定的条件外,还应当有五名以上与其经营范围相适应的执业经纪人;合伙企业从事经纪活动,除应当符合《中华人民共和国合伙企业法》规定的条件外,还应当有两名以上与其经营范围相适应的执业经纪人;个人独资企业从事经纪活动,除应当符合《中华人民共和国个人独资企业法》规定的条件外,还应当有一名以上与其经营范围相适应的执业经纪人;非公司企业法人从事经纪活动,除应当符合《中华人民共和国企业法人登记管理条例》规定的条件外,还应当有五名以上与其经营范围相适应的执业经纪人。

技术经纪组织应当及时为执业经纪人办理经纪执业注册、变更和审验等手续,并如实提供有关材料。技术经纪组织可为技术经纪人提供技术需求信息、资信证明、账户管理、职称申报和奖励、业绩宣传等服务,同时可以公正地为技术经纪人处理有关民事纠纷,保护技术经纪人的合法权益。

在允许范围内,经纪组织可以设立从事经纪活动的非法人分支机构。设立分支机构应当有与其经营范围相适应的执业经纪人。

《上海市经纪人条例》还规定:执业经纪人因违反规定,给当事人造成损失的,由其所在的经纪组织依法承担相应的赔偿责任。经纪组织承担赔偿责任后,可以向执业经纪人追偿。

执业技术经纪人有权在其执业的经纪合同上签名。经纪组织签订经纪合同时,应当附有执行该项经纪业务的执业经纪人的签名。执业经纪人依法享有其承揽经纪业务的执行权,未经本人同意,经纪组织不得随意变更经纪业务执行人。

执业技术经纪人所持经纪执业证书中载明的经纪组织的名称发生变化的,执业经纪人应当在自发生变化之日起规定时间内通过所在经纪组织向主管部门申请变更,并提交相关文件。

执业技术经纪人应当以经纪组织的名义执业,不得同时在两个及以上经纪组织从事同一行业的经纪业务。

第二篇

知识产权

世界经济合作与发展组织(OECD)于1996年发布的《以知识为基础的经济》报告指出:“知识经济是指以知识资源的占有、配置、生产和使用为重要因素的经济。”报告中把对“知识资源的占有”作为知识经济表征的基点。知识的生产、应用和传播,其前提条件是要依法对知识的占有进行界定。如果不在法律上对知识的所有权加以界定,明晰知识产权的归属,既不能激励知识的生产者,也不能规范市场竞争,更不能最大限度地占领市场,由新技术、新产品所形成的市场核心竞争力也就无从谈起。因此,在知识经济社会,知识产权是核心问题。同样,建立和完善社会主义市场经济体制,也需要良好的法制环境和正常的市场秩序,知识产权制度正是维护知识要素市场正常运行和良好秩序的法律保障。产权交易是市场经济体系中的核心一环,知识要素进入市场,首先必须明晰知识要素的产权,即知识产权。在明晰知识产权的前提下,知识要素的权利人才可以进入市场,依法进行交易,实现知识要素向资本的转化,科学技术因而转化为现实生产力。技术经纪人从事技术商品的经纪,必须明晰技术商品的知识产权,只有在明晰权利人技术商品知识产权的前提下,从事有知识产权的技术商品经纪,才可以免于侵犯他人的知识产权和赔偿知识产权权利人损失的连带责任。因此,技术经纪人必须了解、熟悉和把握知识产权的法律制度和法律规定,才能规范技术经纪行为,维护知识产权权利人的权益,回避不必要的侵犯知识产权行为而产生的连带责任。

本篇主要介绍知识产权与知识产权制度,以及专利权、商业秘密权等有关知识产权的基本知识与法律规定。

第一章 知识产权概述

知识产权是一种特殊财产权。知识产权制度是市场经济体制条件下，规范市场竞争行为、保护人类智力劳动成果的重要法律制度。

第一节 知识产权概念和特征

一、知识产权概念

“知识产权”系对英文 Intellectual Property 的意译，最早倡导者为 17 世纪中叶法国学者卡普佐夫，他将一切来自知识活动的权利概括为“知识产权”。我国曾将其称为“智力成果权”，在台湾地区现将其称为“智慧财产权”。1967 年 7 月 14 日在斯德哥尔摩签订的《建立世界知识产权组织公约》第一次在公约中使用“知识产权”概念。此后，“知识产权”一词被国际社会广泛接受和普遍使用。

知识产权，概括地说，是指公民、法人或其他组织对其在科学技术和文学艺术等领域内，主要基于脑力劳动创造完成的智力成果所依法享有的专有权利。

二、知识产权特征

知识产权具有以下的特征：

(1) 知识产权具有无形性。知识产权的无形性是指知识产权客体的创造性智力成果，是一种不具有某种实体存在、也不占据任何空间的无形财产。这是知识产权首要的，也是最重要的特征。有形财产客观上可被其所有人实际占有、控制，而且在同一时间一般只能为一个民事主体占有与支配。而作为无形财产的知识产权，它能够为多个民事主体同时使用而不损耗，权利人只能依法行使权利控制他人对其创造性智力成果的有偿、合理使用。正因为如此，各国对知识产权采取有别于有形财产的法律保护。

(2) 知识产权具有法定性。由于知识产权客体的无形性及其可复制性，决定了对其保护的法定性。各国对知识产权的保护都由国家专门立法，并经国家主管机关依法授予或确认。例如，发明创造需由申请人申请，报经国家知识产权局专利局审查批准，授予专利证书后，方才取得了该发明创造的专利权。同样，商标须经注册登记，审核批准后方才取得了注册商标权。法律对知识产权的产生、管理、运用和保护相应都作了严格的规定。知识产权除了司法保护外，还有行政管理与保护。

(3) 知识产权具有双重性。知识产权既有人身权的性质，又有财产权的内容，大多数知识产权具有人身权和财产权的双重特性。例如，作者有在其作品上署名的权利，发明人有获得荣誉的权利，这种权利同知识产权权利人的人身不能分离，除法律另有规定的以外，不得以任何方式转让、赠与和继承。知识产权又包含财产权的内容，例如，作品发表后，作者可以获得稿费；专利实施、许可或转让后，专利权人可以取得收益。知识产权的这种财产权可以转让、赠与或继承。

(4) 知识产权具有专有性。知识产权的专有性主要表现在两个方面：第一，知识产权的权利人对其创造性的智力成果享有独占、垄断和排他的权利。权利人有依法自行实施、使用其知识产权和许可他人实施、使用其知识产权的权利。除法律另有规定的以外，未经权利人许可，任何人都不得擅自实施或使用权利人的创造性智力成果。第二，对同一项创造性智力成果，不允许有两个或两个以上同一属性的知识产权并存。例如，对于两个或者两个以上的申请人就同一发明创造申请专利的，专利权授予最先申请的人。最先申请人获得专利权后，其他的专利申请人和没有提出专利申请的同一发明创造的完成人，除了满足法律规定的“先用权”等条件可以在有限范围内使用外，未经专利权人许可，都不得擅自实施这一发明创造。

（5）知识产权具有地域性。知识产权的地域性是指依据特定国家或地区法律产生的知识产权，只能在该国境内或该地区内发生效力，除依据国际公约或双边条约外，知识产权不产生域外效力。如果要在其他国家保护自己的知识产权，权利人必须根据国际公约或双边条约对等保护原则获得保护，或者按照其他国家法律规定履行相关手续后取得知识产权。例如，要在其他国家取得受该国法律保护的专利权，必须要办理该国的专利申请手续并且获得批准。

（6）知识产权具有时间性。法律对知识产权的保护，都规定有一定的保护期限，知识产权只在法定期限内有效。但人身权的保护不受时间限制。知识产权的期限性不是由智力成果的生命周期来决定的，而是知识产权法律规范平衡知识产权权利人、使用者和社会公众之间的利益所做出的一种制度设计。其目的是合理保障智力成果创造者及其相关民事主体的合法权益，促进智力成果的有效传播和推广应用。

第二节　知识产权的范围和制度作用

一、知识产权范围

根据1967年缔结的世界知识产权组织（World Intellectual Property Organization，WIPO）颁布的《建立世界知识产权组织公约》第2条第8款的规定，知识产权包括有关下列项目的权利：

（1）文学、艺术和科学作品；

（2）表演艺术家的表演、录音和广播；

（3）人们努力在一切领域的发明；

（4）科学发现；

（5）工业品外观设计；

（6）商标、服务商标、厂商名称和标记；

（7）制止不正当竞争；

（8）在工业、科学、文学和艺术领域内由于智力活动而产生的一切其他权利。

由于公约第16条明文规定了“本公约不允许保留”，因此可以认为，世界上大多数国家都对上述知识产权的定义表示接受。

根据1994年缔结的作为世界贸易组织（WTO）一揽子协议重要组成部分的《与贸易有关的知识产权协议》（简称TRIPS协议）有关规定，知识产权包括下列权利：

（1）版权与邻接权；

（2）商标权；

（3）地理标志权；

（4）工业品外观设计权；

（5）专利权；

（6）集成电路布图设计权；

(7) 未披露过的信息专有权。

由于 TRIPS 协议与国际贸易制裁挂钩,具有相当的强制力,其对知识产权客体权利的规定,已经成为世界各国知识产权立法所认同和遵循的保护范围。

二、知识产权制度作用

知识产权制度是保护人类智力劳动成果的一种法律制度。它承认知识是一种财产,对其产权进行界定和保护,在此基础上促进知识的创造、传播和应用。知识产权制度在知识经济发展中的作用主要表现在以下三个方面:

(1) 对知识创造的激励作用。实物形态的物质财富的生产需要激励,需要有一种激励机制。而作为复杂的智力劳动产品即知识财富的创造更加需要激励,更加需要有效的激励机制。知识产权制度依法授予知识产品创造者以一定期限内的排他独占权,知识产权权利人就可以借此独占市场,从而取得丰厚的回报。一方面,这是对知识创造者莫大激励,激励其继续发明创造的积极性;另一方面,竞争对手为避免侵权,要在竞争中取得优势,就必须进行新的发明创造,进而推动了知识、技术进一步创新。此外,知识产权制度实行法律保护下的发明创造成果向全社会的充分公开,使人们及时了解各项技术、知识的发展现状,避免重复研究与开发,为人们在他人发明创造基础上进一步创新提供了有利条件,从而达到全社会不间断的技术创新。这种站在"巨人肩膀"上不断前进的循环往复,有力地激励了知识和技术的创新,促进了新的知识和技术不断涌现。

(2) 对知识生产资源优化配置作用。知识的创造同样需要投入人力、物力、财力等资源。知识产权制度可以合理配置知识生产资源。在知识产权保护法律制度下,发明创造成果以专利文献形式迅速向全社会公开,使社会广大公众及时了解最新技术发展动态,避免低水平重复研究或侵权,从而优化了知识生产资源配置。在科研立项前,进行专利文献检索,可以清楚地了解本领域技术发展现状及最新发展趋势,以便高起点确定研究开发方向,提高科研资源运用效率和水平。研究开发过程中进行专利文献跟踪检索,发现竞争对手已申请了专利,可以及时调整研究开发方向,避免科研资源的浪费。统计表明,在研究开发过程中,用好专利文献,可节约 40%的科研开发经费和 60%的研究开发时间。

(3) 对知识流通秩序规范和保障作用。知识经济是法治经济,知识和信息的流通是知识经济社会的一个主要特征,知识作为无形资产在社会上传播、流通和交换,需要相应的法律制度来规范和保障。知识产权制度以法律形式规范知识市场竞争,保护知识产权不受侵犯,使知识和信息在诚实信用、公平、公开的市场环境中创造、传播和推广应用。实践证明,知识产权法律保护制度是规范知识和信息流通最有效的法律制度,知识经济的发展离不开知识产权制度。

第二章　专利权及其管理

专利权是在法律规定的期限内，专利权人对其发明创造享有的独占权。专利权的获得，必须符合法律的规定，并按法定的程序申请。专利权被授予后，可以在法律规定的程序和条件下，许可他人实施与转让专利，并在法律规定的前提下解决侵权纠纷。

第一节　专利概述

一、专利的概念和特点

（一）专利的概念

1. 专利

“专利”在不同场合有不同的含义：

（1）专利权；

（2）取得了专利权的发明创造；

（3）专利文献。

从法律角度来说，“专利”通常指的是专利权。所谓专利权，就是专利权人在法律规定的期限内，对其发明创造享有的独占权。专利权不是在完成发明创造时自然而然产生的，而是需要申请人按照法律规定的手续进行申请，并经审查批准后才能获得，专利权只能由国家专利行政部门批准、授予。

2. 专利的种类

（1）发明专利。《中华人民共和国专利法》(以下简称《专利法》)第 2 条第 2 款规定，专利法所称发明是指对产品、方法或者其改进所提出的新的技术方案。

发明的保护范围较广，既包括具体的物品、物质，也包括特定的方法；既可以是发明人首创性的，也可以是发明人在现有技术方案或解决方法的基础上，对现有产品或现有方法的改进，并且这种改进与现有技术相比，是显而易见的，具有显著的进步。

（2）实用新型专利。《专利法》第 2 条第 3 款规定，专利法所称实用新型，是指对产品的形状、构造或者其结合所提出的适于实用的新的技术方案。

实用新型的保护对象必须是具有一定形状(空间形状或平面形状)的装置，而且该装置还必须在其构造或构造的结合方面，适于实用的新的技术方案，且能解决实际的技术问题。

（3）外观设计专利。《专利法》第 2 条第 4 款规定，专利法所称外观设计，是指对产品的形状、图案或者其结合以及色彩与形状、图案的结合所做出的富有美感并适于工业应用的新设计。

外观设计注重的是设计人对一项产品的外观(包括形状、图案或者这二者的组合，以及色彩与形状、色彩与图案的组合)所做出的富于艺术性、具有美感的创造，但这种具有艺术性的创造，不是单纯的工艺品，它还必须能够在企业中成批制造，也就是说具有能够为产业上所利用的实用性。

(二) 专利的特点

1. 独占性

独占性指的是对同一内容的发明创造,国家只授予一项专利权。被授予专利权的人享有独占权利,未经专利权人许可,任何单位或者个人都不得为生产经营目的制造、使用、许诺销售、销售、进口其专利产品,或者使用其专利方法以及使用、许诺销售、销售、进口依照该专利方法直接获得的产品。

《专利法》第 60 条规定,未经专利权人许可,实施其专利,即侵犯其专利权,引起纠纷的,由当事人协商解决;不愿协商或者协商不成的,专利权人或者利害关系人可以向人民法院起诉,也可以请求管理专利工作的部门处理。

2. 地域性

地域性是指一个国家或地区授予的专利权,仅在该国或该地区才有效,在其他国家或地区没有任何法律约束力。因此,一件发明若要在许多国家得到法律保护,必须分别在这些国家申请并取得专利权,除非有双边或多边保护知识产权的相关协定或国际公约。

3. 时间性

时间性是指专利权有一定的期限。《专利法》第 42 条规定,发明专利权的期限为 20 年,实用新型专利权和外观设计专利权的期限为 10 年,均自申请日起计算。

二、专利权的授予条件

(一) 授予专利权的实质条件

具备新颖性、创造性和实用性是取得专利权的实质条件。新颖性、创造性和实用性通常被称为专利“三性”。

1. 新颖性

新颖性指一项发明是前所未有的。《专利法》第 22 条第 2 款规定,新颖性,是指该发明或者实用新型不属于现有技术;也没有任何单位或者个人就同样的发明或者实用新型在申请日以前向国务院专利行政部门提出过申请,并记载在申请日以后公布的专利申请文件或者公告的专利文件中。

《专利法》第 23 条规定,授予专利权的外观设计,应当不属于现有设计;也没有任何单位或者个人就同样的外观设计在申请日以前向国务院专利行政部门提出过申请,并记载在申请日以后公告的专利文件中。授予专利权的外观设计与现有设计或者现有设计特征的组合相比,应当具有明显区别。授予专利权的外观设计不得与他人在申请日以前已经取得的合法权利相冲突。

这里所说的“他人在申请日以前已经取得的合法权利”指的是商标权和著作权等。

《专利法》中所述的新颖性包括 4 个方面的内容:

(1) 非公知。非公知是指未在国内外出版物上公开发表过的技术内容。出版物不仅指纸件印刷品,也包括光、电、照相等方法制成的信息载体。出版物主要有发明说明书、科技期刊、科技图书、技术报告、样本、光盘、磁带、唱片等。

凡公开发表的出版物具有公开性、公布性和情报性。它与实际出版的份数和流行的份数无关,只要有一份出版物是任何人都可以接触到的,就构成发明已被公开。具有保密义务的内部科技资料,尽管印数较多,由于它不属于公众所能获得的,因此在这样的资料上发表不算公开发表。

在出版物上公布的技术内容,必须清楚、完整地描述发明或者实用新型的技术问题的解决方案,以所属技术领域的普通技术人员能实施为准,否则不视为公开发表。没有透露发明具体技术内容的新闻报道不视为发明内容被公开。

(2) 非公用。非公用是指未在国内公开使用过的技术内容。所谓公开使用,是指一项发明或实用新型的产品已经制造、许诺销售、销售、使用或者发明方法已经使用。公开使用应当是在公众可以达到的地方进行。相反,如果一件发明在本单位或若干单位内部进行试验或使用,若试验者或使用者承担了保密义务,这种试验或使用就不视为公开使用。

(3) 非其他方式。非其他方式是指未在国内以其他方式为公众所知的技术内容。这里所讲的其他方式包括公开的口头报告、讲演、发言、展览、广播、电视等。

(4) 非抵触申请。非抵触申请是指未有他人在先申请的技术内容。这指的是在申请日或优先权日之前,没有他人就同一发明向国务院专利行政部门提出专利申请,并记载在申请日或优先权日以后公布的专利申请文件中。这种他人的在先申请,也叫抵触申请,因为在审查一件专利申请时,它的存在与后一申请是相抵触、相矛盾的。

在某些特定的情况下,已向公众公开的发明在一定的期限内向国务院专利行政部门提出专利申请不视为丧失新颖性。《专利法》第 24 条规定的不丧失新颖性宽限期为 6 个月,可享受新颖性宽限期的情况有三种:

(1) 在中国政府主办或者承认的国际展览会上首次展出的发明,如果有关单位或者个人在展出之日起 6 个月内提出专利申请,就不视为丧失新颖性。此项规定旨在鼓励人们在展览会上展出新的发明创造。

(2) 在国务院有关主管部门或者全国性学术团体组织召开的学术会议或者技术会议上首次发表的发明创造,只要发明人在发表之日起 6 个月内提出专利申请,就不视为丧失新颖性。此项规定旨在鼓励技术交流,促进技术进步。

(3) 他人未经申请人同意而泄漏了其发明内容的,如果申请人在他人泄漏之日起 6 个月以内提出专利申请,就不视为丧失新颖性。

值得注意的是,宽限期是指发明创造一经公开后已成为现有技术,但发明人在规定的 6 个月内提出专利申请,原先的公开不破坏发明人在后申请案的新颖性。但是,并不能把发明创造的公开日看作是专利申请的申请日。因而,一旦公开之后,在发明人提出专利申请之前,如果有他人就同一发明创造抢先提出专利申请,则第三人和发明人两者都不能取得专利权。

2. 创造性

创造性,也称为非显而易见性。它是指申请专利的发明或实用新型与现有技术相比,具有本质上的差异。这种差异对所属技术领域的普通技术人员来说是非显而易见的。

《专利法》第 22 条第 3 款规定,创造性,是指与现有技术相比,该发明具有突出的实质性特点和显著的进步,该实用新型具有实质性特点和进步。

所谓实质性特点,是指发明创造具有一个或几个技术特征,与现有技术相比较有本质的区别。

所谓显著的进步,是指发明与最接近的现有技术相比具有长足进步。这种进步表现在发明克服了现有技术中存在的缺点和不足。这种进步通常也反映在发明的有益效果之中。

3. 实用性

实用性是指发明能在工农业等各种产业中应用。凡不能在产业上应用的发明,就不具备实用性。《专利法》第 22 条第 4 款规定,实用性,是指该发明或者实用新型能够制造或者使用,并且能够产生积极效果。

所谓制造或者使用,是指发明如果是一种产品必须能够以工业方式加以制造。如果是一种方法发明,这种方法能够以工业方式加以实施、应用。

所谓产生积极效果,是指发明创造实施之后,在经济、技术和社会效果方面,表现出有益结果。

因此,凡是脱离社会需要的发明,严重浪费能源或资源的发明,降低产品性能或效益的发明,均被视为无实用性,不能获得专利权。

关于实用性还需注意的一个问题是，实用性并不要求发明已经在产业上制造或使用。它要求的是，根据对发明的客观分析，预计该发明能够在产业上制造或使用，就认为符合实用性要求。可见实用性与是否已经实施无关。

(二) 不授予专利权的发明创造

依据《专利法》与《专利法实施细则》的规定，对以下所列的各项不授予专利权：

(1) 科学理论、科学发现、智力活动的规则和方法、计算公式、管理方法等。这些抽象的发现不具备工业实用性，即不能用工业方法制造出来，直接转化为商品，因而不授予专利权。

(2) 违反公众利益和社会道德的发明。《专利法》第 5 条第 1 款规定，对违反国家法律、社会公德或者妨害公共利益的发明创造，不授予专利权。例如，赌博用具、走私工具、犯罪工具，伪造货币、有价证券或身份证的方法或装置等。《专利法》第 5 条第 2 款规定，对违反法律、行政法规的规定获取或者利用遗传资源，并依赖该遗传资源完成的发明创造，不授予专利权。

(3) 某些特定的技术主题。《专利法》第 25 条规定了 6 项技术主题不授予专利权：

① 科学发现；

② 智力活动的规则和方法；

③ 疾病的诊断和治疗方法；

④ 动物和植物品种；

⑤ 用原子核变换方法获得的物质；

⑥ 对平面印刷品的图案、色彩或者二者的结合做出的主要起标识作用的设计。

三、专利权内容与归属

(一) 专利权人的权利

1. 禁止他人未经许可实施其专利的权利

《专利法》第 11 条规定，发明和实用新型专利权被授予后，除本法另有规定的以外，任何单位或者个人未经专利权人许可，都不得实施其专利，即不得为生产经营目的制造、使用、许诺销售、销售、进口其专利产品，或者使用其专利方法以及使用、许诺销售、销售、进口依照该专利方法直接获得的产品。外观设计专利权被授予后，任何单位或者个人未经专利权人许可，都不得实施其专利，即不得为生产经营目的制造、销售、进口其外观设计专利产品。

所谓制造，如果产品中具有权利要求书中独立权利要求记载的全部技术特征，即认为该产品的生产者制造了专利产品。

所谓使用，包括对专利产品的使用和对专利方法的使用。

所谓许诺销售，是指明确表示愿意出售专利产品的行为，包括做广告、在商店橱窗中陈列或者在展览会上展出。

所谓销售，是指产品的首次销售，专利权人或者被许可人将其生产的专利产品或者依照其专利方法直接获得的产品售出后，专利权人对这些已经售出的专利产品就不再享有权利(专利权用尽)。

所谓进口，是指将专利产品或依照专利方法直接获得的产品从国外运进国内的行为。

2. 自行实施专利的权利

专利权人有自行实施其专利并获取收益的权利。

3. 许可他人实施其专利的权利

专利权人可以与他人签订专利许可合同，许可他人实施其专利并收取一定的费用。

4. 处分专利权的权利

专利权人可以将其专利无形财产转让给他人以获得收益。处分形式还有赠予、继承、放弃专利权等。

5. 标记权

发明人或者设计人有权在专利文件中写明自己是发明人或者设计人。专利权人有权在其专利产品或者产品的包装上标明专利标记和专利号。

(二)专利权归属

1. 职务发明创造

职务发明创造是指发明人或者设计人执行本单位的任务或者主要利用本单位的物质技术条件所完成的发明创造。职务发明创造申请专利的权利属于该单位;申请被批准后,该单位为专利权人。

所谓执行本单位的任务,是指履行本职工作,或者承担本单位交付的本职工作以外的任务,或者是在退休、退职或者调动工作后1年之内做出的与原本职工作有关、或者与原来承担本单位交付的原本职工作以外的任务有关的发明创造。

所谓主要利用本单位的物质技术条件,是指完成发明创造主要是依靠使用本单位的资金、设备、零部件、原材料或者不对外公开的技术资料等。

对完成职务发明创造的发明人或者设计人,应当在该职务发明创造被授予专利权后给予奖励,并且在自行实施或者许可他人实施或转让后给予相应的报酬,即"一奖两酬"。

2. 非职务发明创造

凡是不能被证明为职务发明创造的,即为非职务发明创造。非职务发明创造,申请专利的权利属于发明人或者设计人。申请被批准后,该发明人或者设计人为专利权人。

3. 合同约定权属的发明创造

利用本单位的物质技术条件所完成的发明创造,单位与发明人或者设计人订有合同,对申请专利的权利和专利的归属做出约定的,从其约定。即使主要是利用本单位物质技术条件所完成的发明创造,也适用约定优先。

4. 合作完成的发明创造

两个以上单位或者个人合作完成的发明创造,除另有合同约定的以外,申请专利的权利属于完成或者共同完成的单位或者个人;申请被批准后,申请的单位或者个人为专利权人。

所谓完成,是指对发明创造有创造性贡献。如果只有一个单位的发明人或个人做出了创造性贡献,申请专利的权利应属于该单位或个人。

5. 委托完成的发明创造

一个单位或者个人接受其他单位或者个人委托完成的发明创造,如果事先有合同约定的,申请专利的权利可以按照约定属于委托方、研究开发方或由双方共有。如果没有合同约定的,申请专利的权利属于研究开发方。申请被批准后,申请的单位或者个人为专利权人。研究开发方取得专利权的,委托方可以免费实施该专利。

四、优先权

优先权是《保护工业产权巴黎公约》规定的一种优惠权利,为巴黎公约缔约国之间相互承认,共同遵守。优先权指的是,任何缔约国的申请人,向一个缔约国提出专利申请后,在一定的期限内,若再向其他缔约国就同一专利提出专利申请,可享受优惠的权利,即将第一次提出申请的日期视为后来在其他缔约国提出申请的日期。

根据《专利法》第28条规定,国务院专利行政部门收到专利申请文件之日为申请日。如果申请文件是邮寄的,以寄出的邮戳日为申请日。

一项专利在一个缔约国提出专利申请之后，即使内容已经公开了，只要在法定的期限内向其他缔约国提出专利申请，完全不影响后一申请案的新颖性。一般说来，一项专利的第一次申请的日期称为申请日，如果要求优先权，则称其为优先权日。

(一) 外国优先权

《专利法》第 29 条第 1 款规定，申请人自发明或者实用新型在外国第一次提出专利申请之日起 12 个月内，或者自外观设计在外国第一次提出专利申请之日起 6 个月内，又在中国就相同主题提出专利申请的，依照该外国同中国签订的协议或者共同参加的国际条约，或者依照相互承认优先权的原则，可以享有优先权。

所谓相同的主题，指的是申请人前后提出的申请，其发明或实用新型的技术内容相同。

(二) 本国优先权

《专利法》第 29 条第 2 款规定，申请人自发明或实用新型在中国第一次提出专利申请之日起 12 个月内，又向国务院专利行政部门就相同主题提出申请的，可以享有优先权。

应用本国优先权时需注意的问题：

(1) 只有发明和实用新型专利申请才可要求本国优先权，外观设计专利申请不能要求本国优先权。

(2) 申请人必须就相同主题的发明创造在中国首次申请后又向国务院专利行政部门再次提出专利申请，才可享有本国优先权。

(3) 中国在后申请之日不得迟于中国首次申请之日起 12 个月内。

(4) 申请人在一件专利申请中可以要求多项优先权。要求多项优先权的，该申请的优先权期限从最早的优先权日起计算。

(5) 在先申请是发明专利申请的，可以提出实用新型专利申请；反之亦然。

(6) 已经要求外国优先权或者本国优先权的申请案，或已经被授予专利权的申请案，或属于按照规定提出分案申请的申请案不作为要求本国优先权的基础。

(7) 申请人要求本国优先权的，其在先申请自后一申请提出之日起视为撤回。

(8) 提出本国优先权时应当在请求书中“优先权项目”栏内写明第一次提出专利申请的申请日、申请号和受理该申请的国家。

本国优先权给专利申请人带来的好处：

(1) 有利于不断完善在先申请的发明创造。

(2) 有利于提出合案申请。在符合单一性的原则下，通过要求多项优先权，可以提出合案申请。

(3) 有利于发明专利申请和实用新型专利申请之间的任意转换。

(4) 有利于节省费用。

《专利法》第 30 条规定，申请人要求优先权的，应当在申请的时候提出书面声明，并且在三个月内提交第一次提出的专利申请文件的副本；未提出书面声明或者逾期未提交专利申请文件副本的，视为未要求优先权。

第二节 专利申请

一、专利申请的一般原则和筹划

(一) 专利申请的一般原则

1. 书面请求原则

书面请求原则指的是专利法和实施细则规定的各种手续应当以书面形式办理。《专利法实施细则》第 2 条还规定了专利申请可采取国家专利行政部门规定的其他形式办理，如网上申请。

2. 先申请原则

《专利法》第 9 条第 2 款规定，两个以上的申请人分别就同样的发明创造申请专利的，专利权授予最先申请的人。

3. 优先权原则

优先权原则是指申请人自其发明创造第一次提出专利申请之日起，在一定期限内，又就相同主题提出另一专利申请的，可享有优先权，即前一专利申请的申请日可作为后一专利申请的优先权日。

4. 单一性原则

一项专利申请只限于一项发明创造，即通常所说的"单一性原则"。

《专利法》第 31 条规定，一件发明或者实用新型专利申请应当限于一项发明或者实用新型。属于一个总的发明构思的两项以上的发明或者实用新型，可以作为一件申请提出。一件外观设计专利申请应当限于一项外观设计。同一产品两项以上的相似外观设计，或者用于同一类别并且成套出售或者使用的产品的两项以上的外观设计，可以作为一件申请提出。

下列情况是符合专利法规定的单一性原则，可以放在一件专利申请中提出的：

（1）一种产品及制造该产品的方法；

（2）一种产品及制造该产品的模具；

（3）两种必须相互配套才能使用的产品；

（4）属于总的技术构思下的几项技术上关联的产品或一种产品有不同的几个实施方案。

（二）专利申请的筹划

是否提出专利申请，需进行筹划和研究。

1. 专利性判断

（1）发明创造是否具有新颖性、创造性和实用性；

（2）发明创造是否属于专利法禁止授予专利权的范畴。

2. 市场预测

根据发明的使用范围、使用条件、技术要求和可靠性、材料、设备等，预测需求量及销售量的大小。

3. 发明保护方式的选择

如果一项发明构思巧妙，但结构简单，十分易于被仿造，而且估计需求量大，应及时申请专利。

有的发明，只要保密得当，他人难以获得该发明的内容，这类发明可以不申请专利，以"技术秘密"的方式加以保护。

4. 申请类型的选择

（1）有形产品。凡是具有形状、结构特征的产品，可申请发明专利或实用新型专利。

（2）方法、工艺、用途。凡是方法（例如制造方法、测试方法和加工方法等）、工艺、用途等只能申请发明专利。

（3）无形产品。凡是无形状、结构特征的产品，例如：液体、粉末和材料等，只能申请发明专利。

（4）产品的外观。凡是涉及以产品外观、图案和色彩为特征的产品，可申请外观设计专利。

5. 申请前的专利检索

专利检索的准确度直接影响着专利申请时的决策。专利检索的范围是：世界各主要国家的专利文献；有关技术领域的专利期刊和国内发明成果。其中，重点是查阅专利文献。专利检索最好由发明人本人进行，因为发明人对发明主题最为了解，能进行最有效地检索。未进行认真的专利检索，就有可能导致专利申请案被驳回。

二、专利申请文件的撰写原则

（一）专利申请文件

专利申请文件必须使用国务院专利行政部门制作的统一表格式样。

1. 发明专利申请文件

申请发明专利必用的文件包括：发明专利请求书、说明书、说明书摘要、权利要求书，有附图的还应该同时提交说明书附图和摘要附图。以上文件均要求提交一式两份。如果申请人要求减缓相关各种费用，应同时提交费用减缓请求书。此外，根据具体情况，还需提交专利代理委托书、要求提前公开声明、实质审查请求书等。

2. 实用新型专利申请文件

申请实用新型专利必用的文件包括：实用新型专利请求书、说明书、说明书摘要、权利要求书。实用新型必须提交说明书附图和摘要附图。如果实用新型申请人要求减缓相关各种费用，应同时提交费用减缓请求书。此外，根据具体情况，还需提交专利代理委托书。

3. 外观设计专利申请文件

申请外观设计专利的必用文件包括：外观设计专利请求书、外观设计的图片或者照片等文件，并且应当写明使用该外观设计的产品及其所属的类别。如果外观设计申请人要求减缓相关各种专利费用，应同时提交费用减缓请求书。此外，根据具体情况，还需提交专利代理委托书。

（二）专利申请文件的撰写原则

1. 发明或实用新型

(1) 请求书。请求书应当写明发明或者实用新型的名称、发明人或者设计人的姓名、申请人姓名或名称（如果申请人为法人单位则须写明申请人的名称，该名称应为法人单位的全称；如果申请人为自然人，则写明个人姓名）、申请人地址以及表格中规定的其他事项，例如申请人委托的专利代理机构的名称及其地址和代理人、要求优先权的有关事项、申请人或者专利代理机构的签字或签章、申请文件清单、附加文件清单以及其他需要注明的有关事项。

(2) 说明书。说明书中应当包括：发明或实用新型名称、所属技术领域、背景技术、发明内容、附图说明和具体实施方式。

说明书内容的撰写应当详尽，所描述的技术内容应以所属技术领域的普通技术人员阅读后能予以实现为准。

(3) 权利要求书。权利要求书应当说明发明或者实用新型的技术特征，清楚、简要地表述请求保护的范围。权利要求书分独立权利要求和从属权利要求。当有多项权利要求时，应以阿拉伯数字按顺序编号，一般情况下第一项权利要求即为独立权利要求，其他为从属权利要求。

(4) 说明书附图。实用新型专利必须要有附图；发明专利也常有附图，但如果仅用文字就足以清楚、完整地描述技术方案的，也可以没有附图。

针对不同技术领域的发明或实用新型，其附图可以采用多种形式：

① 对于机械领域的发明创造，采用各种视图反映产品的形状和结构；

② 对于电器领域的发明创造，采用电路图、框图；

③ 对于化学领域的发明创造，采用化学结构式作为附图；

④ 对于方法发明，采用该方法各步骤的工艺流程图。

(5) 说明书摘要。说明书摘要应写明发明或者实用新型的名称和所属技术领域，并清楚地反映发明要解决的技术问题、解决该问题的技术方案的要点以及主要用途。摘要文字部分不得超过

300字。

2. 外观设计

(1) 外观设计图片或照片。外观设计图片或照片一般应为产品外观的六面视图(主视图、仰视图、左视图、右视图、俯视图和后视图),必要时还应有剖视图、剖面图、使用状态参考图和立体图等。对于有要求保护色彩的外观设计,应当提交黑白或彩色图片或照片。

(2) 外观设计简要说明。必要时可以有外观设计简要说明。简要说明是对外观设计图片或照片进行的简要解释和补充,可写明使用该外观设计的产品的设计要点、请求保护色彩和省略视图等,但不得有商业性宣传性用语,也不能有用来说明产品用途和性能的语句。

第三节 专利纠纷与对策

一、专利纠纷案件

专利纠纷案件包括专利行政案件、专利民事案件和专利刑事案件。

(一) 专利行政案件

专利行政案件,是指当事人不服国务院专利行政部门或地方管理专利工作的部门所做出的决定,而起诉到人民法院的案件,包括:

(1) 专利申请人对专利复审委员会的复审决定不服的;

(2) 专利权人或者宣告专利权无效的请求人对专利复审委员会宣告专利权无效或者维持专利权的决定不服的;

(3) 专利权人对国务院专利行政部门关于对其专利权实施强制许可的决定,或者关于实施强制许可的使用费的裁决不服的;

(4) 侵权人对管理专利工作的部门有关专利侵权的裁定不服的。

(二) 专利民事案件

专利民事案件主要包括:

(1) 发明专利公布后专利权授予前使用费纠纷的案件;

(2) 专利侵权纠纷案件;

(3) 转让专利申请权或者专利权的合同纠纷案件;

(4) 专利申请权属的纠纷案件;

(5) 专利权属纠纷案件;

(6) 职务发明的发明人、设计人的奖励和报酬纠纷案件;

(7) 当事人对管理专利工作的部门做出的关于侵犯专利权的认定不服的案件。

(三) 专利刑事案件

专利刑事案件主要包括:

(1) 假冒他人专利,情节严重的案件;

(2) 违反《专利法》第20条规定的向外国申请专利,泄漏国家秘密,构成犯罪的;

(3) 国务院专利行政部门工作人员及有关国家工作人员玩忽职守、滥用职权、徇私舞弊,构成犯罪的。

二、专利侵权的判定

(一) 构成专利侵权的形式条件

构成专利侵权的形式条件有:

(1) 实施行为必须属于一项有效的专利;

(2) 实施行为必须属于一项中国专利;

(3) 实施行为必须是未经专利权人许可;

(4) 实施行为必须是为了生产经营的目的。

(二) 构成专利侵权的实质条件

构成专利侵权的实质条件,即技术条件,是指实施行为是否属于专利权的保护范围。《专利法》第 59 条规定了确定专利权保护范围的总原则:发明或者实用新型专利权的保护范围以其权利要求的内容为准,说明书及附图可以用于解释权利要求。外观设计专利权的保护范围以表示在图片或者照片中的该外观设计专利产品为准,简要说明可以用于解释图片或者照片所表示的该产品的外观设计。

在具体判断时,可以把实施行为和专利技术各自分解成若干技术特征(所谓技术特征,是指主要的技术特征,即一项发明创造得以实现的必不可少的技术特征,即独立权利要求项中的内容),然后对比分析:

(1) 实施行为的技术特征与专利的技术特征全部相同,则侵权成立;

(2) 实施行为的特征多于专利的技术特征,则侵权成立;

(3) 实施行为的技术特征少于专利的技术特征,则侵权不成立;

(4) 实施行为的某个技术特征属于等效替换的技术特征,则侵权成立。

实施行为与原专利的技术特征相比,有的相同,有的有差异,若差异之处属于"等效技术特征",则侵权成立;若差异之处并非"等效技术特征",则侵权不成立。

所谓等效技术特征,是指两种技术特征在本质上相同,所属技术领域的普通技术人员能够推断出某两种技术特征彼此替换之后,所产生的效果相同。

(三) 不视为专利侵权的实施行为

为了维护公众的利益,同时为了避免专利权人滥用法律赋予的独占实施权,《专利法》也规定了下列实施行为不视为侵权行为:

(1) 专利权用尽。专利权人制造、进口或者经专利权人许可而制造、进口的专利产品或者依照专利方法直接获得的产品售出后,使用、许诺销售或者销售该产品的行为。

(2) 先用权。先用权是指在专利申请日之前,他人已经制造出与专利技术相同的产品,使用了与专利技术相同的方法,或者已经作好制造、使用的必要准备,如果仅在原有范围内继续制造、使用的,这类实施行为不视为侵权。

(3) 临时过境的交通工具所使用的专利。临时通过中国领陆、领水、领空的外国运输工具,依照其所属国同中国签订的协议或者共同参加的国际条约,或者依照互惠原则,为运输工具自身需要而在其装置和设备中使用有关专利的,不视为侵权行为。

(4) 科研使用的专利。专为科学研究和实验而使用有关专利的,不视为侵权。

(5) 行政审批需要。为提供行政审批所需要的信息,制造、使用、进口专利药品或者专利医疗器械的,以及专门为其制造、进口专利药品或者专利医疗器械的。

(6) 非生产经营目的实施行为。

(7) 指定许可的实施行为。对国家利益或公共利益具有重大意义的发明专利,其专利权人是国有企事业单位、集体所有制单位和个人的,由国务院有关主管部门和省、自治区、直辖市人民政府报经国务院批准,在批准的范围内推广应用,允许指定的单位实施的,不视为侵权行为。

(8) 强制许可的实施行为。符合强制许可条件,提出强制许可申请,并经国务院专利行政部门批准,而实施某项发明或实用新型专利的,不视为侵权行为。

另外，为生产经营目的使用、许诺销售或者销售不知道是未经专利权人许可而制造并售出的专利侵权产品，能证明该产品合法来源的，不承担赔偿责任。

三、被侵权者与被告者的对策

(一) 被侵权者的对策

专利权人或者其他利害关系人在得知自己的专利权受到侵害后，可采取下列对策：

(1) 审查侵权是否超过法定诉讼时效。《专利法》第 68 条第 1 款规定：侵犯专利权的诉讼时效为 2 年，自专利权人或者利害关系人得知或者应当得知侵权行为之日起计算。

(2) 审查实施行为是否确实侵权。

(3) 对现有技术进行认真检查并调查、审查专利是否确有专利性。在我国，实用新型专利和外观设计专利申请未经实质审查(即对新颖性、创造性、实用性的审查)便授予了专利权，因而其专利性很可能是不可靠的。一旦专利权人控告他人侵权，被告往往会提出反诉，请求专利复审委员会宣告该专利权无效。因而，专利权人在提出侵权诉讼之前，应当认真检索并调查现有技术，确有把握之后再诉诸法律，以避免不必要的损失。

(4) 向侵权者发出专利侵权警告信。专利权人或者利害关系人在诉诸法律之前，最好先向侵权者发出侵权警告信，要求其停止侵权并赔偿损失。这样做有两个好处：一是听取侵权者的辩护词，有助于全面了解相关的信息；二是争取庭外和解，这往往对双方都较为有利。

(二) 被告者的对策

如果被控告侵犯了他人的专利权，一般可采用下列对策：

(1) 聘请专利专家。如果被人向法院起诉侵犯了他人的专利权，被告最好立即聘请专利代理人或专利律师，调阅原告的专利文件，了解案情，配合专利代理人收集材料，准备文件。如有必要，在 15 天的答辩期内向国务院专利行政部门复审委员会提出专利无效宣告请求。被告应该尽快研究起诉状内容和原告证据材料，配合代理人撰写答辩状，一方面提供专利无效请求证据，请求法院依法中止诉讼程序；另一方面，针对原告诉状中的请求和证据，提出答辩。

(2) 剖析双方技术特征是否相同。如果被告能找出有实质意义的区别特征，就有可能避免侵权。

(3) 对现有技术进行认真检索，寻找无效证据。检索的范围是，世界各主要国家的专利文献、有关技术领域的专业期刊等。检索工作最好请精通该技术的科技人员参加。

关于调查，主要是调查同类产品的说明书、广告、目录等。了解申请日之前是否有同类产品在市场上销售。此外，还可调查申请日之前原告的专利产品在市场上是否已经销售，是否通过某种方式公开了专利技术内容。

(4) 查阅专利申请案卷。到国务院专利行政部门查阅专利权人的专利申请案卷，看是否有可以利用的线索。

第三章　商业秘密及其管理

由于商业秘密不具有传统知识产权的公开性的特点，所以将其纳入知识产权的保护范围颇费了一番周折。各国在立法策略上仍有差异，包括我国在内的一些国家将商业秘密归入反不正当竞争法的保护范畴，美国等国家则制定了专门的商业秘密法来保护。

第一节　商业秘密概述

一、商业秘密的概念

《中华人民共和国反不正当竞争法》(以下简称《反不正当竞争法》)第 10 条第 3 款中规定，商业秘密，是指不为公众所知悉、能为权利人带来经济利益、具有实用性并经权利人采取保密措施的技术信息和经营信息。其中所指：

(1) 不为公众所知悉。所谓不为公众所知悉，是指技术信息或经营信息，即技术诀窍或经营诀窍所构成的商业秘密不为社会上的人所知道。

① 公众。所谓公众，是指任何人，即任何一个不特定的人。就是说商业秘密拥有人拥有的商业秘密，对于社会上的任何一个不特定的人来讲都是秘密的。通过自己努力或者破解商业秘密拥有人的商业秘密从而得知或掌握商业秘密的特定的人，互相不是对方的所谓公众。

② 不为公众所知。所谓不为公众所知，是指在商业秘密侵权人实施侵权行为前，没有在国内外出版物上公开发表过，也没有在国内以其他方式公开过。这一点是与《专利法》中的新颖性标准相一致的。

③ 知悉。所谓"悉"，是指尽、全的意思，也就是说不仅要知道，而且要知全、知尽。这一点与《专利法》中新颖性条件有所不同。

(2) 具有商业价值。具有商业价值，是商业秘密在市场经济中能够存在的一个必要条件。有了秘密却没能为权利人带来相应的商业价值，那么这个秘密就不是商业秘密。

① 商业秘密带来的商业价值是可实现的。

② 商业秘密受到侵犯使权利人商业利益损失。

③ 侵犯商业秘密导致侵权人或他人得到利益。

(3) 经权利人采取保密措施。商业秘密本身必须具有可保密性，权利人才可以采取保密措施来保护商业秘密。保密措施是商业秘密存在的必要条件，没有保密措施就没有商业秘密。

① 商业秘密具有秘密性。这其中包含两层意思，一是商业秘密本身是秘密的；二是保守秘密的行为是合法的、正当的。

② 保密措施。主要指是否制定保密规章制度；是否与工作人员签订保密协议并发给保密津贴；是否默契的保密情形。

(4) 技术信息和经营信息。商业秘密的实际内容就是技术信息和经营信息。技术信息简单地讲就是涉及技术的信息，包括设计方案、软件程序、产品结构、成分配方、工艺流程、制造方法、技术数据等，将技术信息作为商业秘密来对待的就是技术诀窍，也可以称为技术秘密或专有技术或

KNOW-HOW。经营信息就是筹划、组织和管理的信息，包括客户名单、货源情报、营销策略、招投标的标底及标书内容等。将经营信息作为商业秘密来对待的就是经营诀窍。

二、商业秘密的特征和归属

(一) 商业秘密的特征

商业秘密具有三个基本特征：秘密性、价值性、新颖性。

1. 秘密性

秘密性是指作为商业秘密的技术信息和经营信息是不为公众所知悉的。秘密性表现在客观上是指技术信息和经营信息处在秘密状态并经权利人采取保密措施的。处在秘密状态加采取保密措施是商业秘密之秘密性的存在条件，法律保护的商业秘密必须同时兼备这两点，缺一不可。判断信息是否具有秘密性的标准是，除特定人之外，没有人知道该信息的具体内容。特定人包括：信息的开发者、雇主、承担保密义务的人。如果一项技术信息或经营信息虽然处于秘密状态下，但其权利人未采取保密措施保持其秘密性，那么这项信息仅是事实上的秘密，还不是受法律保护的商业秘密。事实上秘密加保密措施，这才构成法律保护的商业秘密的秘密性条件。

2. 价值性

价值性是指作为商业秘密的技术信息和经营信息能够为权利人带来商业价值。即作为商业秘密的技术信息和经营信息通过权利人的实施或者利用能给权利人带来现实的或者潜在的商业利益或者竞争优势。或者该信息为竞争对手所实施或利用造成权利人现实的或潜在的商业利益损害或竞争优势丧失。

3. 新颖性

商业秘密必须具备最低限度的新颖性，即不能是同行业中现成的普通的信息。它不同于公有领域的“公知技术”或“公知信息”。任何人不得以商业秘密为借口，将属于公有领域的经济信息和技术信息据为己有。

(二) 技术秘密权利归属

技术秘密是商业秘密重要组成部分。处于秘密状态并且采取了保密措施的尚未申请专利或虽已申请专利但尚未公开的发明创造均属于技术秘密范畴。

1. 职务技术秘密的权利归属

职务技术秘密是指执行本单位的任务或者主要利用本单位的物质技术条件所完成的技术秘密。职务技术秘密的使用权和转让权属于该单位。单位应当从使用和转让该职务技术秘密所取得的收益中提取一定比例，用于对该职务技术秘密完成人的奖励和报酬。

2. 非职务技术秘密的权利归属

非职务技术秘密的使用权、转让权属于该技术秘密的完成人。

3. 合同约定的技术秘密权利归属

利用单位物质技术条件所完成的技术秘密的使用权、转让权，可以由当事人依法约定。当事人有约定的从其约定。

4. 合作开发完成的技术秘密权利归属

两个以上单位或个人合作开发完成的技术秘密的使用权、转让权，当事人有合同约定的，则约定优先。合同约定了共同共有或者约定了明确利益分配办法的，从其约定；合同仅约定共同共有且无明确的利益分配办法的，共有各方都可以自行使用该技术秘密。但任何共有一方向第三方转让(包括许可使用)该技术秘密，则必须征得共有各方一致同意，其转让收益按份分享。合同没有约定的，归属完成或共同完成的单位或个人。

5. 委托开发完成的技术秘密权利归属

一个单位或者个人接受其他单位或者个人委托开发完成的技术秘密使用权、转让权，当事人有合同约定的，则约定优先。没有约定或者约定不明确，又不能协调一致的，当事人均有使用和转让的权利，但受托开发方不得在向委托方交付之前，将相应的技术秘密转让给第三人。

第二节 商业秘密的管理

一、限制商业秘密的知悉范围

尽量控制知悉商业秘密的员工人数。因工作需要接触的，也尽可能实行分段或分部接触，即把商业秘密化整为零，各人手上掌握的只是不能独立发挥作用的局部秘密，即只有将每人手上的秘密都集中起来才能构成完整的具有实用性的商业秘密。

二、建立严格的保密规章制度

有无严格的保密措施，是界定商业秘密能否成立的重要标准，而且保密措施是否切实、有效，直接影响到商业秘密的"寿命"。首先，应设必要的隔离屏障。不仅要有公司与外界之间的硬隔离，还应有严格的限制人员流动的软隔离，如大门口设门卫值班，重点车间或科室放置警示牌并设立岗哨等。同时，需制订保密守则或员工守则，并与本企业内掌握和了解企业商业秘密的职工签订保密协议。告知员工应遵守的规章制度和负有怎样的保密义务。必须明确的内容有：

(1) 各人的工作区域、活动区域、限制区域和禁止区域；

(2) 各人对自己因工作掌握或了解的商业秘密负有保密义务，不打听与自己工作无关的业务情况或技术情况；

(3) 带公司物品、资料出外的限制；

(4) 文件密级、保密期限的确定及专人管理；

(5) 借用或借阅文件、资料的规定；

(6) 科技成果及科研论文对外发布、发表的管理；

(7) 文件资料销毁、弃置的程序及规定；

(8) 电子计算机防失密措施。

三、保密津贴

企业应当给予在企业内掌握和了解企业商业秘密的技术和管理人员以一定的保密津贴，从而换取他们对本企业商业秘密的保守。保密津贴是基本固定按月支付的。保密津贴的发放是一种企业要求本企业的职工保守企业商业秘密的明示。同样，接受保密津贴的职工也是明示愿意保守企业的商业秘密。不过，保密津贴的发放与保密协议的签订是一样的，即保密津贴的发放对象必须是本企业内掌握和了解企业商业秘密的职工，而不能把所有的职工都当成发放保密津贴的对象。

四、竞业限制

(一) 竞业限制的概念

所谓竞业限制，又称竞业避让，是指掌握和了解本企业商业秘密并负有保密责任的人才，要离开本企业到与本企业有竞争关系的企业工作必须等待一段时间，并在该段时间内得到本企业给予的一定的经济补偿的一种就业限制制度。

竞业限制的规定就是要避免人才流动到与其原企业有竞争关系的企业工作，从而在客观上可能会造成对人才原企业的商业秘密的保密状态的破坏，即可能被人才有意无意披露、使用或允许他人使用。

(二) 竞业限制实施的要求

1. 竞业限制的适用对象

竞业限制是针对掌握和了解企业商业秘密的人才。所谓"人才",这里指的是:

(1) 掌握原企业的技术信息和经营信息的人,包括企业主要领导,他们掌握原企业的研究、开发的技术,而这些正是商业秘密中的技术信息,即技术诀窍;掌握原企业的经营管理内容,而这些正是原企业商业秘密中的经营信息,即经营诀窍。这些人包括企业经理、技术研究人员、技术开发人员、生产技术人员、高级管理人员、销售人员,等等。

(2) 虽不掌握原企业的技术信息和经营信息,但由于他们的工作性质,使他们很容易了解和得到原企业的商业秘密。这些人包括企业主要领导的秘书、技术资料的档案管理人员、经营资料的档案管理人员等。

具体地说,竞业限制的适用对象是:

(1) 掌握商业秘密的职工;

(2) 了解商业秘密的职工;

(3) 负有保密义务的人才。

2. 竞业限制的程序

(1) 人才书面通知企业要求离开;

(2) 人才所在企业进行竞业限制的审查。

3. 竞业限制的内容

(1) 制止泄密可能性。人才离开原企业并不一定就是要到与原企业有竞争关系的企业,或一定会把原企业的商业秘密泄露给另一个企业,使其他企业受益,同时使原企业受损。但是,人才的流动只要有可能造成新的企业受益,同时原企业受损,对这种可能性就必须予以制止。

(2) 人才必须经常与原企业联系。

(3) 一定的经济补偿。在竞业限制期间,由于人才不能到与原企业有竞争关系的企业去工作,受益的是人才原企业而不是人才自己。因此,就要由人才原企业给予人才以一定的经济补偿,这是人才原企业的义务和责任,这是与权利、义务对等的。

4. 竞业限制的期限

竞业限制的期限,就是说人才要离开原企业到有竞争关系的其他企业就业必须要经过一定的合理期限,也叫避让期限。竞业限制期限一般规定两年为宜。

第三节　商业秘密的侵权诉讼

一、商业秘密的侵权判定

商业秘密的侵权诉讼的前提是必须进行可资鉴别的"侵权判定"。

(一) 商业秘密权客观存在

(1) 有符合法律规定的具备商业秘密基本法律特征的内容存在,并且该内容应当明确具体,以确定商业秘密的保护范围。

(2) 该商业秘密拥有人的真实性、合法性。拥有人其所拥有的商业秘密应当是合法取得。

(二) 损害事实的客观存在

侵权行为民事责任以财产遭受损害为前提。是否存在商业秘密侵权,要看该商业秘密是否被他人非法获取、披露、使用，并因此给该商业秘密拥有人带来损失，如营业额的下降；商业秘密因扩散而使其潜在的获利能力降低，评估价值随之降低。因此，客观存在的损害事实应当包括导致商业秘密本身无形资产价值下降的行为，如非法获取、披露等。

（三）行为人实施了违法行为

《反不正当竞争法》第9条规定，经营者不得实施下列侵犯商业秘密的行为：

（1）以盗窃、贿赂、欺诈、胁迫或者其他不正当手段获取权利人的商业秘密；

（2）披露、使用或者允许他人使用以前项手段获取的权利人的商业秘密；

（3）违反约定或者违反权利人有关保守商业秘密的要求，披露、使用或者允许他人使用其所掌握的商业秘密。

第三人明知或者应知商业秘密权利人的员工、前员工或其他单位、个人实施前款所列违法行为，仍获取、披露、使用或者允许他人使用该商业秘密的，视为侵犯商业秘密。

但通过独自研制、反向工程剖析、合法受让、通过公开报道推理分析而获取、使用该商业秘密；善意披露或为公共利益需要而披露商业秘密等不属于侵犯商业秘密行为。

（四）违法行为与损害事实存在因果关系

行为人不仅实施了违法行为，而且该行为引起了损害事实，二者之间有着必然的联系。

（五）行为人主观上有故意

故意，是指行为人预见到自己行为的结果，仍然希望或听任其发生。

二、商业秘密的诉讼策略

（一）原告的诉讼策略要点

（1）自查主体资格。一是原告的商业秘密来源必须合法；二是该商业秘密被侵权直接损害了原告的利益。

（2）自查诉讼客体。原告起诉前，有必要审核自己所主张的“商业秘密”是否符合法定的构成条件。

（3）明确诉讼目的。商业秘密被侵权往往会导致商业秘密内容扩散和造成拥有人经济损失，因此诉讼目的可以围绕着这两方面确定。

（4）选择诉讼时机。

（5）选择受理法院。

（6）申请保全措施。

（7）防止案件审理期间商业秘密继续扩散：

① 制止被告继续扩散；

② 原告注意自我保密；

③ 请求法院不公开审理商业秘密案。

（8）注意举证责任的转移。“谁主张、谁举证”是民事诉讼的基本原则之一，原告有义务向法院举出被告侵权的证据。但鉴于商业秘密的特殊性，要求原告能全面掌握被告侵权的事实和证据是不可能的。只要原告能够提供一些互相有关联，并且要证明的又是同一个基本事实的证据，原告就基本尽到了举证义务。被告如果对此持有异议，那就应当举出相反的证据予以反驳，举证责任因此发生转移。

（二）被告的应诉策略要点

（1）核实原告主体资格的合法性。

（2）分析原告所主张的“商业秘密”是否存在。

(3) 弄清原告商业秘密的具体范围及内容，并比较其与被告本身使用的技术信息、经营信息的异同，特别是注意找出不同点，以便为抗辩提供依据。

(4) 被告是否合法获取、披露、使用商业秘密。合法的途径包括：

① 独自研究、设计、构思而得；

② 从其他权利人那里合法受让、取得实施许可；

③ 通过反向工程解剖、研究推知而得。

(5) 被告是否善意获取、披露、使用商业秘密。善意是指：

① 不知道该技术信息、经营信息是他人的商业秘密，获取、披露、使用时主观上并无恶意；

② 客观上没有采取法律禁止的、不正当竞争手段获取、披露、使用该商业秘密。

(6) 被告是否为公共利益需要披露、使用商业秘密。

(三) 侵犯商业秘密权的法律责任

1. 民事责任

商业秘密侵权承担民事责任的方式有：

(1) 停止侵害。即停止非法获取、披露、使用该商业秘密，其中"使用"是一个持续性的行为，因此停止侵害的核心内容是要求侵权人停止使用。

(2) 消除危险。对商业秘密而言，最大的危险是秘密继续扩散。应该要求侵权人采取一切可能的措施防止商业秘密进一步泄露或扩散。

(3) 返还财产及恢复原状。指返还被侵权人窃取的文件或实物，并尽可能恢复原状。但由于商业秘密是一种无形财产，可以被多次复制、记录(记忆)而没有任何痕迹，因此，能返还的实际上只是该商业秘密的载体而非该商业秘密本身，尽管载体(文件或实物)看似"完璧归赵"，但实际上，已经印记在侵权人头脑里的商业秘密内容是无法返还的。

(4) 赔偿损失。赔偿损失是承担民事责任的一种重要方式，赔偿额的认定也是侵权人、拥有人双方争议的焦点之一。一般而言，赔偿额问题可以通过下列四种方式解决：

① 以侵权行为给商业秘密拥有人造成的实际损失为依据，如拥有人产品销售额的下降。

② 以侵权人的侵权行为所得为依据。由于取证的原因，采用本方式有一定难度，焦点问题是：能否取得证据；该证据的真实性如何。

③ 以该商业秘密的实施许可费为依据。前提是假设拥有人将该商业秘密许可给他人实施，计算其应收取的使用费，然后以不低于该使用费为原则，确定侵权人应赔偿的数额。

④ 当事人双方自愿协商确定赔偿数额。

2. 行政责任

《反不正当竞争法》第 4 条规定，县级以上人民政府履行工商行政管理职责的部门对不正当竞争行为进行查处；法律、行政法规规定由其他部门查处的，依照其规定。

对于侵犯商业秘密的，《反不正当竞争法》第 21 条规定：

(1) 监督检查部门责令停止违法行为，处 10 万以上 50 万元以下的罚款；

(2) 情节严重的，处 50 万元以上 300 万元以下的罚款。

3. 刑事责任

1999 年 3 月 14 日修订的《刑法》第 219 条规定：有下列侵犯商业秘密行为之一，给商业秘密的权利人造成重大损失的，处三年以下有期徒刑或者拘役，并处或者单处罚金；造成特别严重后果的，处三年以上七年以下有期徒刑，并处罚金：

(1) 以盗窃、利诱、胁迫或者其他不正当手段获取权利人的商业秘密的；

(2) 披露、使用或者允许他人使用以前项手段获取的权利人的商业秘密的；

(3) 违反约定或者违反权利人有关保守商业秘密的要求，披露、使用或者允许他人使用其所掌握的商业秘密的。

明知或者应知前款所列行为，获取、使用或者披露他人的商业秘密的，以侵犯商业秘密论。

《刑法》第220条规定了双罚制：单位犯本节第213条至第219条规定之罪的，对单位判处罚金，并对其直接负责的主管人员和其他直接责任人员，依照本节各该条的规定处罚。

2004年12月8日公布的《最高人民法院、最高人民检察院关于办理侵犯知识产权刑事案件具体应用法律若干问题的解释》(法释〔2004〕19号)第7条规定：

实施刑法第219条规定的行为之一，给商业秘密的权利人造成损失数额在50万元以上的，属于"给商业秘密的权利人造成重大损失"，应当以侵犯商业秘密罪判处三年以下有期徒刑或者拘役，并处或者单处罚金。

给商业秘密的权利人造成损失数额在250万元以上的，属于刑法第219条规定的"造成特别严重后果"，应当以侵犯商业秘密罪判处三年以上七年以下有期徒刑，并处罚金。

第15条规定：单位实施刑法第213条至第219条规定的行为，按照本解释规定的相应个人犯罪的定罪量刑标准的3倍定罪量刑。

第四章 商标权及其许可、转让

商标是依附于商品或者服务，并区别商品或者服务来源的标志。商标权是商标经国家依法授予后，权利人使用、收益和处分该商标的资格或者能力。商标法律制度是保护商标权的基本法律制度。商标权被授予后，商标权人可以依法对其进行许可和转让。

第一节 商标与商标权

一、商标的概念和种类

(一) 商标的概念

商标是区别商品或者服务来源的标志。《中华人民共和国商标法》(以下简称《商标法》)第 8 条规定：任何能够将自然人、法人或者其他组织的商品与他人的商品区别开的标志，包括文字、图形、字母、数字、三维标志、颜色组合和声音等，以及上述要素的组合，均可以作为商标申请注册。

TRIPS 协议第 15 条也规定：任何能够将一企业的商品或服务与另一企业的商品或服务加以区别的任何标志或任何标志组合，均能构成一项商标。

(二) 商标的种类

《商标法》第 3 条将商标分为商品商标、服务商标、集体商标和证明商标四大类。

1. 商品商标

商品商标是指商品的生产者或经营者使用在商品或商品的包装上，用来区别其生产、制造、加工、拣选或者经销商品的标志。

2. 服务商标

服务商标是指服务的提供者用来区别其所提供的服务而使用的标志。

3. 集体商标

集体商标是指以团体、协会或者其他组织名义注册，供该组织成员在商事活动中使用，以表明使用者在该组织中的成员资格的标志。

4. 证明商标

证明商标是指由对某种商品或者服务具有监督能力的组织所控制，而由该组织以外的单位或者个人使用于其商品或者服务，用以证明该商品或者服务的原产地、原料、制造方法、质量或者其他特定品质的标志。

二、商标权的概念和特征

(一) 商标权的概念

商标权是指一定的民事权利主体使用、收益和处分某个特定商标的资格或能力。由于我国是实行注册原则的国家，我们这里所说的商标权这个概念，是指“注册商标权专用权”。

1. 专用权

专用权又称“独占使用权”，是指商标权人有权在核定的商品或服务项目上使用其商标，未经许可，他人不得在相同或类似商品或服务项目上使用与该商标相同或近似的商标。

2. 转让权

转让权是指商标权人可以根据自己的意愿，有偿或无偿地将其注册商标转让给他人的权利。

3. 许可使用权

许可使用权是指商标权人在自愿协商、平等互利的基础上许可他人使用自己的注册商标的权利。

（二）商标权的特征

商标权是由国家确认的一种权利，是国家依法授予的。商标权作为一种知识产权，与其他财产权相比，具有专有性、地域性、时效性的特征。

1. 专有性

专有性又称“独占性”或“垄断性”，是指商标获准注册后，只有商标权人专用，未经许可，他人不得在同种、类似商品或服务上使用相同或相似的商标，否则构成侵犯商标权。

2. 地域性

地域性是指在某一国家或地区核准注册的商标只在该国或该地区领域内有效，受到这一地域范围法律的保护。

3. 时效性

时效性是指商标注册后只在一定时期内有效，这一时期即为商标的有效期。《商标法》规定商标的有效期为 10 年。有效期届满，如果注册人要继续使用该商标，必须依法办理商标续展注册手续，但续展次数不限。

商标权作为一种财产权，商标权人可以通过使用、许可、转让等形式获得一定的经济利益。商标的财产价值主要不是体现在创立、使用和维持一个商标所付出的成本，而是指商标所具有的收益能力。

第二节　商标权的保护

一、商标法律制度

（一）《商标法》的作用

《商标法》在市场经济中的作用有以下两点：

（1）有效地保护了商标专用权，有力地促进了公平竞争秩序的建立；

（2）切实维护了广大消费者的合法权益。

（二）《商标法》的基本原则

1. 注册原则

我国《商标法》采用的注册原则是指商标专用权必须通过在商标主管机关的注册取得。不管该商标是否使用，只要经商标主管机关核准注册之后，申请人即取得该商标的专用权，受到法律的保护。

2. 申请在先原则

申请在先原则是指以申请人提交申请书的时间先后来决定商标专用权归谁所有。根据该原则，一个商标即使已经使用多年，如果不及时申请注册，也会因别人申请在先而失去注册机会，得不到对该商标的专用权。

3. 诚实信用原则

诚实信用原则要求民事主体在民事活动中要维持当事人之间的利益平衡，以及当事人利益与社会利益之间的平衡。现行《商标法》虽然没有明确使用“诚实信用”这个概念，但其关于商标权的确立、行使和保护的诸多规定中都体现了诚实信用原则的基本精神。

4. 自愿注册原则

所谓“自愿注册原则”，是指企业使用商标注册与否，完全由企业自主决定。如果企业不需要或者暂时不打算取得商标专用权，则可以不注册。未注册的商标允许使用，但使用人没有专用权，不能禁止他人使用。我国除对极少数商品（如烟草制品、药品）的商标实行强制注册外，对绝大多数商品上的商标注册实行自愿注册原则。

5. 集中注册、分级管理原则

集中注册是指由商标局统一集中负责我国商标的审查、核准注册工作，其他任何机构都无权办理商标注册。分级管理则是指各级工商行政管理机关依据法律规定，负责本地区商标管理工作。

6. 行政保护与司法保护相并行的原则

《商标法》规定，对侵犯商标权行为，被侵权人可以选择由工商行政管理机关处理，也可以直接向人民法院起诉。如果当事人对工商行政管理机关所做出的处罚决定不服，还可以向人民法院起诉。并行保护的原则为当事人解决商标纠纷提供了便利，有利于商标专用权的保护。

二、商标权保护范围

（一）商标权的权利范围

《商标法》第 56 条规定：注册商标的专用权，以核准注册的商标和核定使用的商品为限。这是对商标专用权的权利范围的界定，具体表现在两个方面：

（1）以核准注册的商标为限；

（2）以核定使用的商品为限。

（二）商标权的保护范围

根据《商标法》第 57 条和《商标法实施条例》第 76 条的规定，商标专用权的权利保护范围除核定注册的商标和核定使用的商品外，还包括与注册商标相近似的商标和与该注册商标核定使用的商品相类似的商品和其他损害注册商标专用权的行为。

由此可以看出，商标专用权的权利范围与权利保护范围的内涵是不同的，前者是从使用权的角度出发的，后者是从保护的角度出发的。商标专用权的权利保护范围大于使用权利范围，是世界各国商标法律制度的通常做法，有利于消除因商品来源产生误认而导致的市场混淆现象，从而切实保护商标注册人的权益，保护广大消费者的利益，维护社会正常的经济秩序。

三、侵犯商标权的表现形式和法律责任

（一）侵犯商标权的概念

侵犯商标权是指未经商标权人许可，在与商标权人相同或者类似的商品上，使用与其相同或近似商标的行为。

（二）侵犯商标权的表现形式

《商标法》第 57 条规定了侵犯商标权的表现形式有以下几种：

（1）未经商标注册人的许可，在同一种商品上使用与其注册商标相同的商标的；

（2）未经商标注册人的许可，在同一种商品上使用与其注册商标近似的商标，或者在类似商品上使用与其注册商标相同或者近似的商标，容易导致混淆的；

（3）销售侵犯注册商标专用权的商品的；

(4) 伪造、擅自制造他人注册商标标识或者销售伪造、擅自制造的注册商标标识的；

(5) 未经商标注册人同意，更换其注册商标并将该更换商标的商品又投入市场的；

(6) 故意为侵犯他人商标专用权行为提供便利条件，帮助他人实施侵犯商标专用权行为的；

(7) 给他人的注册商标专用权造成其他损害的。

此外，最高人民法院《关于审理商标民事纠纷案件适用法律若干问题的解释》又规定了三种属于《商标法》第 57 条第 7 款所规定的"给他人的注册商标专用权造成其他损害的行为"：

(1) 将与他人注册商标相同或者相近似的文字作为企业的字号在相同或者类似商品上突出使用，容易使相关公众产生误认的；

(2) 复制、摹仿、翻译他人注册的驰名商标或其主要部分在不相同或者不相类似商品上作为商标使用，误导公众，致使该驰名商标注册人的利益可能受到损害的；

(3) 将与他人注册商标相同或者相近似的文字注册为域名，并且通过该域名进行相关商品交易的电子商务，容易使相关公众产生误认的。

(三) 侵犯商标权的法律责任

对侵犯商标专用权的行为，要求当事人承担相应的民事责任。同时，这种侵权行为造成了商品来源的误认，必然导致市场混淆的后果，从而损害了消费者利益，也破坏了商标管理秩序，因而必须承担相应的行政责任和刑事责任。

《商标法》第 60 条规定，有本法第 57 条所列侵犯注册商标专用权行为之一，引起纠纷的，由当事人协商解决；不愿协商或者协商不成的，商标注册人或者利害关系人可以向人民法院起诉，也可以请求工商行政管理部门处理。

工商行政管理部门处理时，认定侵权行为成立的，责令立即停止侵权行为，没收、销毁侵权商品和主要用于制造侵权商品、伪造注册商标标识的工具，违法经营额 5 万元以上的，可以处违法经营额五倍以下的罚款，没有违法经营额或者违法经营额不足 5 万元的，可以处 25 万元以下的罚款。对五年内实施两次以上商标侵权行为或者有其他严重情节的，应当从重处罚。销售不知道是侵犯注册商标专用权的商品，能证明该商品是自己合法取得并说明提供者的，由工商行政管理部门责令停止销售。

对侵犯商标专用权的赔偿数额的争议，当事人可以请求进行处理的工商行政管理部门调解，也可以依照《中华人民共和国民事诉讼法》向人民法院起诉。经工商行政管理部门调解，当事人未达成协议或者调解书生效后不履行的，当事人可以依照《中华人民共和国民事诉讼法》向人民法院起诉。

第三节　商标权的许可与转让

商标权作为一种无形财产权，商标权人可以依法对其注册商标进行许可和转让，以获取收益。

一、商标权的许可

(一) 商标权许可的含义

商标注册人可以通过签订商标使用许可合同，许可他人使用其注册商标。许可人应当监督被许可人使用其注册商标的商品质量。被许可人应当保证使用该注册商标的商品质量。经许可使用他人注册商标的，必须在使用该注册商标的商标上标明被许可人的名称和商品产地。

注册商标使用许可合同签订后，许可人和被许可人应当自许可合同签订之日起 3 个月内，将该许可合同副本交送其所在地县级工商行政管理机关存查；同时，许可人须将该许可合同报送商标局备案。

(二) 商标权许可的类型

1. 独占使用许可

独占使用许可,是指商标注册人在约定的期间、地域和以约定的方式,将该注册商标权许可一个被许可人使用,而且商标注册人依约定不得使用该注册商标。独占使用许可的被许可人取得该注册商标在合同约定的时间和地域范围内的独占使用权,同时也取得独立的诉讼权利,即在合同有效期间,在商标许可的地域范围内发现他人侵犯该注册商标,独占使用许可的被许可人有权请求工商行政管理部门处理,或单独向人民法院提出诉讼。

2. 排他使用许可

排他使用许可,是指商标注册人在约定的期间、地域和以约定的方式,将该注册商标仅许可一个被许可人使用,商标注册人依约定可以使用该注册商标,但不得另行许可他人使用该注册商标。作为该注册商标的利害关系人,被许可人在发现侵权行为时,可以单独或与商标权人一起请求工商行政管理部门处理,或者与商标权人共同起诉,但只有在商标权人不起诉的情况下,才能单独向人民法院提起诉讼。

3. 普通使用许可

普通使用许可,是指商标注册人在约定的期间、地域和以约定的方式,许可他人使用其注册商标,并可自行使用该注册商标和许可他人使用其注册商标。被许可人作为该注册商标的利害关系人,在发现侵权行为时,可以单独或与商标权人一起请求工商行政管理部门处理,但只有在经商标权人明确授权时,才能向人民法院提起诉讼。

对于商标权人来说,不管采用哪种方式将自己的注册商标许可给他人使用,都应对被许可人承担权利保证义务,保证被许可的商标是有效的注册商标,在许可合同有效期限内,商标权人应及时续展该注册商标,保证其为合法的商标权人;保证提供许可的范围在该被核准注册的商标和核定使用的商品或服务范围以内。

二、商标权的转让

商标权的转让是指注册商标所有人在法律允许的范围内,将其注册商标转让给他人所有。

转让注册商标的,转让人和受让人须签订书面合同,共同向国家商标局提出"转让注册商标申请书",经商标局审查通过,发给受让人相应证明,并予以公告,受让人自公告之日起享有商标专用权。

注册商标转让不影响转让前已经生效的商标使用许可合同的效力,受让人应继续履行转让前已经生效的商标使用许可合同,但商标许可使用合同另有约定的除外。

《商标法实施条例》第 31 条规定,转让注册商标的,商标注册人对其在同一种或者类似商品上注册的相同或者近似的商标,应当一并转让;受让人应当保证使用该注册商标的商品质量。

第五章　著作权及其保护

著作权是知识产权中重要的一部分。著作权的发展与科学技术的进步有密切关系，从印刷术、电子技术到网络技术，每一次巨大的科技进步都会催生出新的著作权客体和专有权利。

第一节　著作权制度

一、著作权与著作权法

著作权，也叫版权，它是指作者对其创作的文学、艺术和科学作品依法享有的专有权利。

著作权法又叫版权法，它是确认作者对其创作的文学、艺术和科学作品享有专有权利，调整著作权人及与著作权有关的权利人、作品使用者、传播者等因对作品著作权或邻接权的占有、使用、处分和收益等问题而产生的著作权法律关系的行为规范的总称。

《中华人民共和国著作权法》(以下简称《著作权法》)第1条规定，为保护文学、艺术和科学作品作者的著作权，以及与著作权有关的权益，鼓励有益于社会主义精神文明、物质文明建设的作品的创作和传播，促进社会主义文化和科学事业的发展与繁荣，根据宪法制定本法。

作者的作品创作是传播和使用的基础，是繁荣和发展社会主义文化和科学事业的源泉。只有确认和保护作者的权利，才能激发其创作的积极性。因此，著作权法在调整作者和使用者、传播者以及公众的关系中，将维护作者的权益置于首要核心的位置。

二、作者与作品

(一) 作者

《著作权法》第11条规定，创作作品的公民是作者。这一规定对作者的界定明确了两点：

(1) 只有公民(自然人)才能成为作者，其他无生命体的社会组织不具有直接创作能力而不能成为作者。

(2) 只有进行创作的人才能成为作者。《著作权法》上的创作，是指直接产生文学、艺术和科学作品的智力活动。仅为他人创作进行组织工作，提供咨询意见、物质条件，或者进行其他辅助活动的人，由于其行为不具有创作性而不能定为作者，也不能视为作者。

在实际生活中，通常以署名来认定作者。在作品上署名的公民、法人或者非法人单位为作者。如果出现非作者在作品上署名，则主张权利人必须举证，否则署名人即为作者。

(二) 作品

《著作权法》上所称的作品，是指文学、艺术和科学领域内，具有独创性并能以某种有形形式复制的智力创作成果。《著作权法》规定：

(1) 作品应当是思想或感情的表现。如果文字、符号等并不表达作者的思想或感情，仅仅是单纯的事实罗列，就不能视为作品。

(2) 作品应当具有独创性。所谓独创性是指：一是作者独立创作，而不是对他人作品进行抄袭或剽窃；二是作者独立创作仅指对作品表现形式的独创性，而不是指作品的内容；三是作品的独创性是在表达方式上的独创；四是作品的独创性与创作者的智力水平、年龄、性别等无关，不能以作品的水平来否定独创性。

(3) 作品能够被复制。

(4) 属于文学、艺术、科学领域的范围。

(三) 作品的保护范围

(1) 文字作品，是指小说、诗词、散文、剧本、教科书、论文等用文字或其他视为文字的各种符号来表现的作品；

(2) 口述作品，是指即兴的演说、授课、法庭辨认等以口头语言形式表现的作品；

(3) 音乐作品，是指歌曲、交响乐等能够演唱或演奏的带词或不带词的作品；

(4) 戏剧作品，是指话剧、歌剧、地方戏曲等供舞台演出的作品；

(5) 曲艺作品，是指相声、快板、快书、评书、弹词、大鼓等以说唱为主要形式表演的作品；

(6) 舞蹈作品，是指对舞蹈动作的设计和安排，通过连续的动作、姿势、表情等表演思想情感的作品；

(7) 杂技艺术作品，是指杂技、魔术、马戏等通过形体动作和技巧表现的作品；

(8) 美术作品，是指绘画、雕塑、书法等以线条、色彩或者其他方式构成的有审美意义的平面或立体的造型艺术作品；

(9) 建筑作品，是指以建筑物或者构筑物形式表现的有审美意义的作品；

(10) 摄影作品，是指借助器械，在感光材料或者其他介质上记录客观物体形象的艺术作品；

(11) 电影作品和以类似摄制电影方法创作的作品，是指摄制在一定物质上，由一系列有伴音或者无伴音的画面组成，并且借助适当装置放映或者以其他方式传播的作品；

(12) 图形作品，是指为施工和生产绘制的工程设计图、产品设计图以及反映地理现象，说明事物原理或者结构的地图、示意图等作品；

(13) 模型作品，是指为展示、试验或者观测等用途，根据物体的形状和结构，按照一定比例制成的立体作品；

(14) 计算机软件，是指计算机程序及有关文档；

(15) 民间艺术作品，是指民间流传较广、世代相传、非个别人所创作的文学、艺术领域内的作品；

(16) 表演，是指演奏乐曲、上演剧本、朗诵诗词等直接或者借助技术设备以声音、表情、动作公开再现作品；

(17) 录音制品，是指任何对表演的声音和其他声音的录制品；

(18) 录像制品，即电影作品和以类似摄制电影的方法创作的作品以外的任何有伴音或无伴音的连续相关形象、录像的录制品；

(19) 广播、电视节目，是指广播电台、电视台制作的广播、电视节目。

三、著作权与物权

一件物品，从物的所有权来说，当物的买卖成立，所有权就发生转移，卖方出让所有权，买方取得所有权。作为买方来说，除了占有、使用物品外，还可通过出租等方式获得收益或通过再转让的方式处分物品。但是，这仅限于该物的所有权，而不包括该物的知识产权。当知识产权作为对智力成果的财产权被法律所确认后，一件物品上就可能存在着两种既有区别又有联系的财产权，即作为物本身的财产所有权和物本身包含智力成果的知识产权。这两项权利中任何一项权利的转移对另一种权利不发生影响。如某画家将其创作的油画印制成贺年卡的复制权转让给某出版社时，并不意味着该油画的物的所有权归出版社享有，同时，当某人从画家处购买作为物的这幅油画时，并没有同时受让该作品的著作权(展览权除外)。若他未经画家许可将油画复制出售，则是对画家著作权的侵犯。

四、著作权与专利权、商标权的比较

(一) 著作权与专利权的比较

著作权与专利权同属于知识产权，因而具有知识产权的共同特点。但是，两者又有所不同。

1. 权利产生的方式

著作权一经创作完成即自动取得并受法律保护，无须经过登记、批准程序；而专利权并不会自动取得，须由申请人向专利管理部门提出申请，获批准后才获得专利权。

2. 保护的客体

著作权法保护智力成果的表现形式即作品，而不保护其内容，只要作品具有一定的独创性，不论其内容是否新颖，创作水平如何，均可获得著作权保护；而专利权仅保护智力成果的内容，不保护其形式。专利法保护的客体必须具有新颖性、创造性和实用性。

3. 保护的期限

著作权的保护期为作者有生之年加死亡后 50 年，保护期限较长；专利权保护期限为 10～20 年，保护期限较短。

(二) 著作权与商标权的比较

著作权与商标权同属于知识产权，因而具有知识产权的共同特点。但是，两者又有所不同。

1. 权利产生的方式

商标权同专利权一样，其权利的取得必须经过登记注册，而著作权是自动产生的。

2. 客体的作用

尽管著作权法和商标法都是对智力成果的表现形式予以保护，但由于在表现形式的创作目的上及使用上有所不同，而分别适用不同的法律。由于这种区别与联系，使一件作品可以受到双重的知识产权保护。如某一图案，当它作为区别不同商品的注册商标时，享有商标权，受商标法保护；而图案被视为艺术作品时，又获得著作权的保护。

3. 保护的期限

著作权与专利权在期限上有保护期限长与短之分，而商标与之不同的是其保护期可以续展，在 10 年保护期届满后，只要提出续展，就可以使商标权的保护得到延长，这是商标权保护的特殊性；而著作权和专利权到期即失去保护，不能延长。

第二节　著作权的主体及归属

一、著作权人

著作权人是依照法律规定享有著作权的主体。通常情况下，作者创作了作品，依法享有著作权的即为该作品著作权人。作者与著作权人是同一的。但是著作权还可以依其他法定原因而享有，不仅因转让、继承使原作者权利转移给作者以外的公民、法人、非法人单位享有，而且还会发生非作者享有著作权的情况。如电影、电视、录像作品中除导演、作词、作曲、摄影等作者享有署名权外，著作权的其他权利属于电影、电视和录像作品的制作人，这种情况，仅仅产生作者与著作权人

的部分分离。如以委托作品为例，作者与著作权人发生了完全的分离。根据委托合同的约定，委托人不是创作人却成为著作权人。

由于著作权是基于创做出智力成果这一事实依法产生的，所以著作权的享有并不受到行为能力和创作水平的限制，未成年人、限制行为能力人也可以成为作者和著作权人，如小作家、小画家、精神病创作者等。但是未成年人和限制行为能力人作为著作权人，其权利的行使，通常由其监护人等来完成。

二、著作权的归属

（一）一般的原则

根据《著作权法》的规定，一般情况下，著作权归作者享有。如前所述，作者与著作权人是两个统一和分离的主体，作品的著作权并非必然由作者享有，法律对不同的作品的著作权归属即归谁享有的问题作了不同的规定。

（二）特殊作品的著作权归属

1. 合作作品著作权

关于合作作品的著作权归属，《著作权法》规定，两人以上合作创作的作品著作权由合作作者共同享有。没有参加创作的人，不能成为合作作者。这一规定明确了合作作品的著作权关系是共有关系，任何合作者一方不能单独享有。另外，这一规定将非创作者也排除在合作者之外。

合作作品著作权的行使，根据共有关系的原则由合作者共同行使。任何一方在没有取得其他作者同意之前，不能擅自行使合作作品的著作权。如许可他人印刷出版、灌制唱片、制作录像等。

2. 匿名作品著作权

有些作者基于某种原因不愿以自己的真实姓名或笔名，有意隐瞒真实身份的，这并不妨碍其著作权的归属与行使。有些作品的原件无法判定作者身份，则由该作品原件合法持有人来行使作品的权利。当然，除作品的署名权之外，一旦匿名作品的作者身份确定之后，作品的著作权归作者本人，由其行使或者由其继承人行使著作权。

3. 影视作品著作权

《著作权法》的第 15 条规定，电影、电视、录像作品的导演、编剧、作词、作曲、摄影等作者享有署名权，著作权的其他权利由制作电影、电视、录像作品的制片人享有。根据该规定，影视作品署名权由创作影视作品的作者享有，著作权的其他权利如修改权、发表权、保护作品完整权、复制权、转让权等由制作电影、电视、录像作品的制片人享有。

4. 演绎作品的著作权

演绎作品是对已发表的作品通过演绎即改编、翻译、注释、整理而创做出来的新作品。《著作权法》规定，改编、翻译、注释、整理已有作品而产生的作品，其著作权由改编、翻译、注释、整理人享有。

5. 汇编作品的著作权

汇编作品是指根据特定要求选择若干作品或者作品的片断汇集编排形成的一部新作品，例如文稿、选集、辞书等。汇编作品存在双重著作权，即汇编人的著作权和作者的著作权，作者对自己创作的，可以单独使用的作品享有著作权，而汇编人对整个汇编作品享有著作权。

6. 职务作品的著作权

公民为完成法人或者非法人单位的工作任务所创作的作品，称之为职务作品。职务作品著作权的归属根据公民的创作条件，有以下三种情况：

（1）著作权归作者享有。但作者所在的法人或非法人单位有权在其业务范围内优先使用。

（2）作者享有署名权，著作权的其他权利由法人或非法人单位享有，法人或者非法人单位可以给予作者奖励。

(3) 由法人或其他组织主持,代表法人或其他组织意志,并由法人或其他组织承担责任进行创作时,所产出的作品的著作权就归法人或其他组织所有。法人或其他组织成为法律上拟制的“作者”。

7. 委托作品的著作权

受他人委托而创作的作品,《著作权法》上称之为委托作品。《著作权法》规定,委托作品的著作权的归属由委托人和受托人通过合同约定,合同未作明确约定或者没有订立合同的,著作权属于受托人。

第三节 著作权的内容

一、著作人身权

(一) 发表权

发表权,即决定作品是否公之于众的权利。发表权的行使,要满足两个条件:一是由作者自行决定是否发表,以及以什么方式发表;二是将作品公之于众,以满足公众的需求,由作者自行决定。这意味着,如果不是经作者许可,但事实上已经被公众知晓作品的情况,不构成作品的发表,作者的发表权依然存在。因为发表权具有首次公开的特点,如重印后发行的作品,已不存在发表的问题。发表的方式有很多,如出版、广播、展览、表演、放映、信息网络传输等,可见,发表权作为人身权,它的行使与著作财产权的行使是联系在一起的。

(二) 署名权

署名权,即表明作者的身份,在作品上署名的权利。署名权是一项重要的人身权利。从理论上讲,只有创作了作品的作者才能在作品上署名,署名实际上是表明作者与作品的身份关系。署名权如何行使应由作者决定,署真名、笔名或不署名都是作者自己的事情,合作作者的署名顺序应由合作作者自行约定。

(三) 修改权

修改权,即修改或授权他人修改作品的权利。修改权强调的是只有作者有权控制对其作品的改动。如果对作品提出修改意见,前提是必须经作者同意或授权。在报刊刊登作品的情况下,有时由于篇幅所限,作品的改动无法由作者自己完成,对此《著作权法》第 34 条规定:图书出版者经作者许可,可对作品修改、删节。报社、期刊社可以对作品作文字性修改、删节。对内容的修改,应当经作者许可。一般情况下,涉及修改权的问题,应在许可使用合同中明确约定。

(四) 保护作品完整权

保护作品完整权,即保护作品不受歪曲、篡改的权利。保护作品完整权与修改权的问题紧密相关。也就是说,作者以外的人修改作品,不能违背作者的意愿对作品进行歪曲或篡改。作者以外的人修改作品的条件是:第一,经作者许可;第二,不能违背作品的原意。

二、著作财产权

(一) 复制权

复制权是指以印刷、复印、拓印、录音、录像、翻录、翻拍等方式将作品制作一份或者多份的权利。复制权是著作财产权中最重要的一项权利,因为它是使用作品最为普遍的形式,也是作者实现其经济利益的主要途径。复制权需要与发行权、表演权或者广播权等相结合行使,否则复制权就失去了经济意义。如出版光盘,就包含了复制与发行两项权利。

(二) 发行权

发行权是指以出售或者赠与方式向公众提供作品的原件或者复制件的权利。发行权的构成,是指向公众提供并使公众能够获取作品的原件或复制件,作品原件或复制件的所有权从提供者转移到购买者或被赠与者,购买者或被赠与者享有对作品原件或复制件占有、处分的权利。

(三) 出租权

出租权是指有偿许可他人临时使用电影作品和以类似摄制电影的方法创作的作品、计算机软件的权利(计算机软件本身不是出租的主要标的的除外)。它包含以下两层意思:一是出租权与发行权是相互独立的,即发行权不包含出租权;二是出租权的范围仅仅适用于电影作品和计算机软件,并延伸至音像制品,除此以外的作品没有出租权存在。

(四) 展览权

展览权是指公开陈列美术作品、摄影作品的原件或者复制件的权利。应当注意:第一,公开陈列既包括在展览馆内的,也包括在各种公共场所的展示,如街道、地铁、公园、娱乐场所等。第二,展览权的行使权仅限于美术作品、摄影作品的原件或复制件,其他类型的作品不适用。第三,美术等作品的原件所有权转移后,著作权人不能再控制展览权的行使,也就是说展览权归作品原件的所有人享有。

(五) 表演权

表演权是指公开表演作品,以及用各种手段公开播送作品的表演的权利。表演权是指著作权人自己或者许可他人以及禁止他人未经许可借助技术设备以表情、声音、动作等来公开再现其作品的内容。表演包括演员对作品的活表演,也包括借助技术设备的机械表演。

(六) 放映权

放映权是指通过放映机、幻灯机等技术设备公开再现美术、摄影、电影和以类似摄制电影的方法创作的作品等的权利。放映权主要适用于美术、摄影和电影作品。尤其是对电影作品有特别重要的意义。

(七) 广播权

广播权是指以无线方式公开广播或者传播作品,以有线传播或者转播的方式向公众传播广播的作品,以及通过扩音器等传送符号、声音或者图像的工具向公众传播广播的作品的权利。广播权是作者授权广播组织(电台、电视台)进行广播作品的权利。

(八) 信息网络传播权

信息网络传播权是指以有线或者无线方式向公众提供作品,使公众可在其个人选定的时间和地点获得作品的权利。

(九) 摄制权

摄制权是指以摄制电影或者类似摄制电影的方法将作品固定在载体上的权利。摄制权属于已有作品的作者及其改编者。

(十) 改编权

改编权是指改编作品,创做出具有独创性的新作品的权利。改编是在原作的基础上的再创作。因此,改编权是原作作者的权利。无论以何种方式改编,改编者均应尊重原作作者的权利,应当取得授权并支付报酬。

(十一) 翻译权

翻译权是指将作品从一种语言文字转换成另一种语言文字的权利。翻译权是原作作者的权利,而不是翻译者的权利。

（十二）汇编权

汇编权是指将原作品或者作品的片段通过选择或者编排，汇集成新作品的权利。汇编作品是针对已经存在的作品，因此，汇编权属于已有作品的原作者。无论是汇编教科书、汇编百科全书、汇编文集、汇编影集、汇编音乐作品制作光盘等，均应经过原作作者授权并支付报酬。汇编者对汇编作品的整体拥有著作权，但不能禁止原作作者对自己作品的利用。

三、邻接权

（一）概念

邻接权一词来自英文 neighboring right，是指作品传播者对其传播作品过程中所做出的创造性劳动和投资所享有的权利。作品创做出来后，需在公众中传播，传播者在传播作品中有创造性劳动，这种劳动亦应受到法律保护。邻接权与著作权密切相关，又是独立于著作权之外的一种权利，包括表演者、录音录像制作者、广播组织和出版者因传播作品活动依法享有的权利。

（二）特征

邻接权相对于著作权，主要有以下几点区别：

（1）权利主体不同。著作权的主体是作者和其他著作权人，邻接权的主体是传播作品的表演者、录音录像制作者、广播电视组织者和出版者。

（2）保护对象不同。著作权保护的对象是由作者创作的文学、艺术和科学领域的作品。邻接权保护表演、录音录像制品、广播电视节目、书刊的版式设计和图书的专有出版等。

（3）权利义务的范围不同。著作权和邻接权两种权利的主体不同，使两种法律关系的权利义务范围也各不相同。前者权利范围包括著作人身权和著作财产权，形式、范围十分广泛；后者虽然也涉及某些人身权利，但一般仅为财产权，且范围小于著作财产权的范围。

（4）保护强度不同。由于著作权基于作者对作品的创造性劳动直接产生，权利的行使一般不受限制。因此，法律对著作权的保护比较直接，保护力度较强。作品传播者享有的邻接权受到传播作品的著作权的限制，其行使一般都要得到著作权人的许可并向著作权人支付报酬，且不得以任何方式侵犯作品原有的著作权，法律保护力度较弱。

（三）具体内容

1. 表演者权

表演者权是指表演者依法对其表演所享有的权利。表演者对其表演享有下列权利：

（1）表明表演者身份；

（2）保护表演形象不受歪曲；

（3）许可他人从现场直播和公开传送其现场表演，并获得报酬；

（4）许可他人录音录像，并获得报酬；

（5）许可他人复制、发行录有其表演的录音录像制品，并获得报酬；

（6）许可他人通过信息网络向公众传播其表演，并获得报酬。

2. 录音录像制作者权

录音、录像制作者的权利包括：

（1）复制权，即对其录制品直接或间接地进行复制的专有权；

（2）发行权，即通过销售或其他所有权转让形式向公众提供其录制品的原作或复制品的专有权；

（3）出租权，即对其录制品的原件和复制品向公众进行商业性出租的专有权；

（4）信息网络传播权，即通过有线或无线的方式向公众提供其录制品，使该录制品可为公众中

的成员在其个人选定的地点和时间获得;

(5) 广播权,电视台播放他人的录像制品,应当取得录像制作者许可,并支付报酬。

3. 广播组织权

广播组织权是指电台、电视台等广播组织对其编制的广播电视节目依法享有的权利。广播电台、电视台有权禁止未经其许可的下列行为:

(1) 将其播放的广播、电视信号传播。这里的转播不仅包括无线方式的转播,也包括有线方式的转播。

(2) 将其播放的广播、电视节目录制在音像载体上,以及复制、发行该音像载体。

值得一提的是,重播广播组织的节目,虽然并未明确在广播组织权的范围内,但是因为重播必须将他人的广播节目先录制下来再播放,如果未经许可,必然会侵害广播组织的录制权,所以,重播广播节目显然也在广播组织所控制的范围内。

4. 出版者权

出版者权是指出版者对其出版的作品所享有的一系列权利的统称。出版者权的主体一般包括图书、报纸、期刊等出版单位。出版者权包括版式设计权,即出版者有权许可或者禁止他人使用其出版的图书、期刊的版式设计。

四、软件著作权人的权利

(一) 计算机软件受著作权保护的条件

(1) 独立开发。受保护的软件必须由开发者独立开发创作,任何复制、抄袭他人,并非自己开发的软件都不能获得著作权。即开发者开发的软件要具有独创性,是自己独立设计、独立编制的编码组合。

(2) 固定性。即计算机软件必须固定在某种有形物体上,如计算机硬盘、存储器或磁盘、磁带等计算机外部设备上,也可以固定在其他有形物上,如纸张上。任何临时驻留在随机存储器上的软件不受著作权法保护。

(二) 软件著作权人享有的权利

(1) 发表权,即决定软件是否公之于众的权利;

(2) 署名权,即表明开发者身份,在软件上署名的权利;

(3) 修改权,即对软件进行增补、删节,或者改变指令、语句顺序的权利;

(4) 复制权,即将软件制作一份或者多份的权利;

(5) 发行权,即以出售或者赠与方式向公众提供软件的原件或者复制件的权利;

(6) 出租权,即有偿许可他人临时使用软件的权利,但是软件不是出租的主要标的的除外;

(7) 信息网络传播权,即以有线或者无线方式向公众提供软件,使公众可在其个人选定的时间和地点获得软件的权利;

(8) 翻译权,即将原软件从一种自然语言文字转换成另一种自然语言文字的权利;

(9) 应当由软件著作权人享有的其他权利。

软件著作权人可以许可他人行使其软件著作权,并有权获得报酬。软件著作权人可以全部或者部分转让其软件著作权,并有权获得报酬。

(三) 计算机软件著作权登记

《计算机软件保护条例》规定软件著作权人可以自愿向国务院著作权行政管理部门认定的软件登记机构办理登记。计算机软件登记不是获得软件著作权的条件,而是一种确认备案。

第四节　著作权的限制

为鼓励和促进人们的创作积极性，保护著作权具有重要的意义，但出于社会政策的考虑，在赋予著作权人合法权利的同时，也要满足社会对知识和信息的需要，在一定条件下应该允许他人不经许可而使用，甚至可以无偿使用作品。我国著作权法规定了对著作权的两类限制：合理使用和法定许可。

一、合理使用

合理使用是指在一定情况下使用他人已经发表的作品，可以不经著作权人的许可，不向其支付报酬，但应当指明作者的姓名，并且不得侵犯著作权人的其他权利。

《著作权法》第22条规定，在下列情况下使用作品，可以不经著作权人许可，不向其支付报酬，但应当指明作者姓名、作品名称，并且不得侵犯著作权人依照本法享有的其他权利：

(1) 为个人学习、研究或者欣赏，使用他人已经发表的作品；

(2) 为介绍、评论某一作品或者说明某一问题，在作品中适当引用他人已经发表的作品；

(3) 为报道时事新闻，在报纸、期刊、广播电台、电视台等媒体中不可避免地再现或者引用已经发表的作品；

(4) 报纸、期刊、广播电台、电视台等媒体刊登或者播放其他报纸、期刊、广播电台、电视台等媒体已经发表的关于政治、经济、宗教问题的时事性文章，但作者声明不许刊登、播放的除外；

(5) 报纸、期刊、广播电台、电视台等媒体刊登或者播放在公众集会上发表的讲话，但作者声明不许刊登、播放的除外；

(6) 为学校课堂教学或者科学研究，翻译或者少量复制已经发表的作品，供教学或者科研人员使用，但不得出版发行；

(7) 国家机关为执行公务在合理范围内使用已经发表的作品；

(8) 图书馆、档案馆、纪念馆、博物馆、美术馆等为陈列或者保存版本的需要，复制本馆收藏的作品；

(9) 免费表演已经发表的作品，该表演未向公众收取费用，也未向表演者支付报酬；

(10) 对设置或者陈列在室外公共场所的艺术作品进行临摹、绘画、摄影、录像；

(11) 将中国公民、法人或者其他组织已经发表的以汉语言文字创作的作品翻译成少数民族语言文字作品在国内出版发行；

(12) 将已经发表的作品改成盲文出版。

二、法定许可

法定许可是指根据法律的直接规定，使用他人已经发表的作品，可以不经著作权人的许可，但应向著作权人支付报酬，并尊重著作权人享有的其他权利。一般来说，法定许可要具备以下条件：

(1) 使用的作品必须是他人已经发表的作品，使用他人未发表的作品必须取得许可；

(2) 著作权人未声明不得使用；

(3) 由法律直接规定法定许可的情形；

(4) 向著作权人支付报酬并不得侵犯著作权人依法享有的其他权利。

我国著作权法规定了五种法定许可的情形：

(1) 报刊转载、摘编的法定许可

作品刊登后,除著作权人声明不得转载、摘编的外,其他报刊可以转载或者作为文摘、资料刊登,但应当按照规定向著作权人支付报酬。

(2) 录音制作者的法定许可

录音制作者使用他人已经合法录制为录音制品的音乐作品制作录音制品,可以不经著作权人许可,但应当按照规定支付报酬;著作权人声明不许使用的不得使用。

(3) 广播电视组织的法定许可

广播电台、电视台播放他人已经发表的作品,可以不以著作权人许可,但应当支付报酬。但是,电视台播放他人的电影作品和以类似摄制电影的方法创作的作品、录像制品,应当取得制片者或者录像制作者的许可,并支付报酬。播放他人的录像制品,还应当取得著作权人的许可,并支付报酬。

(4) 广播电台、电视台播放录音制品的法定许可

广播电台、电视台播放已经出版的录音制品,可以不经著作权人许可,但应当支付报酬。当事人另有约定的除外。

(5) 编写出版教科书使用作品的法定许可

为实施九年制义务教育和国家教育规划而编写出版教科书,除作者事先声明不许使用的外,可以不经著作权人许可,在教科书中汇编已经发表的作品片段或者短小的文字作品、音乐作品或者单幅的美术作品、摄影作品,但应当按照规定支付报酬,指明作者姓名、作品名称,并且不得侵犯著作权人依照本法享有的其他权利。

第五节 著作权的保护

在我国,对著作权的保护主要由人民法院和著作权行政管理部门实施。任何未经著作权人的许可,又无法律的根据,擅自使用其作品的行为,都是侵犯著作权的行为,必须承担法律责任。

一、承担侵权行为的民事责任

《著作权法》第 47 条规定,有下列侵权行为的,应当根据情况,承担停止侵害、消除影响、赔礼道歉、赔偿损失等民事责任:

(1) 未经著作权人许可,发表其作品的;

(2) 未经合作作者许可,将与他人合作创作的作品当作自己单独创作的作品发表的;

(3) 没有参加创作,为谋取个人名利,在他人作品上署名的;

(4) 歪曲、篡改他人作品的;

(5) 剽窃他人作品的;

(6) 未经著作权人许可,以展览、摄制电影和以类似摄制电影的方法使用作品,或者以改编、翻译、注释等方式使用作品的,本法另有规定的除外;

(7) 使用他人作品,应当支付报酬而未支付的;

(8) 未经电影作品和以类似摄制电影的方法创作的作品、计算机软件、录音录像制品的著作权人或者与著作权有关的权利人许可,出租其作品或者录音录像制品的,本法另有规定的除外;

(9) 未经出版者许可,使用其出版的图书、期刊的版式设计的;

(10) 未经表演者许可,从现场直播或者公开传送其现场表演,或者录制其表演的;

(11) 其他侵犯著作权以及与著作权有关的权益的行为。

二、承担侵权行为的行政责任

《著作权法》第 48 条规定，有下列侵权行为的，应当根据情况，承担停止侵害、消除影响、赔礼道歉、赔偿损失等民事责任；同时损害公共利益的，可以由著作权行政管理部门责令停止侵权行为，没收违法所得，没收、销毁侵权复制品，并可处以罚款；情节严重的，著作权行政管理部门还可以没收主要用于制作侵权复制品的材料、工具、设备等；构成犯罪的，依法追究刑事责任：

(1) 未经著作权人许可，复制、发行、表演、放映、广播、汇编、通过信息网络向公众传播其作品的，本法另有规定的除外；

(2) 出版他人享有专有出版权的图书的；

(3) 未经表演者许可，复制、发行录有其表演的录音录像制品，或者通过信息网络向公众传播其表演的，本法另有规定的除外；

(4) 未经录音录像制作者许可，复制、发行、通过信息网络向公众传播其制作的录音录像制品的，本法另有规定的除外；

(5) 未经许可，播放或者复制广播、电视的，本法另有规定的除外；

(6) 未经著作权人或者与著作权有关的权利人许可，故意避开或者破坏权利人为其作品、录音录像制品等采取的保护著作权或者与著作权有关的权利的技术措施的，法律、行政法规另有规定的除外；

(7) 未经著作权人或者与著作权有关的权利人许可，故意删除或者改变作品、录音录像制品等的权利管理电子信息的，法律、行政法规另有规定的除外；

(8) 制作、出售假冒他人署名的作品的。

三、承担侵权行为的刑事责任

除《著作权法》规定的侵权行为人应承担民事责任和行政责任外，根据我国《刑法》第 217 条规定，以营利为目的，有下列侵犯著作权情形之一，违法所得数额较大或者有其他严重情节的，处三年以下有期徒刑或者有其他特别严重情节的，处三年以上七年以下有期徒刑，并处罚金：

(1) 未经著作权人许可，复制发行其文学作品、音乐、电影、电视、录像作品、计算机软件及其他作品的；

(2) 出版他人享有专有出版权的图书的；

(3) 未经录音录像制作者许可，复制发行其制作的录音录像的；

(4) 制作、出售假冒他人署名的美术作品的。

第三篇

技术合同

合同是平等主体的自然人、法人、其他组织之间设立、变更、终止民事权利义务关系的协议。技术合同是合同的一种，依法成立的技术合同，对当事人具有法律约束力，当事人应当按照约定履行自己的义务。

合同的订立是一个比较复杂的法律活动过程，如何订立一份有效的技术合同是技术交易的基础和保障。本篇主要介绍各类技术合同的概念、认定条件、基本条款以及如何订立一份技术合同等内容。

第一章　技 术 合 同

技术合同是各方当事人在技术商品交易时，就技术交易确立的协议，是一种重要的合同形式。通过订立技术合同条款、履行技术合同等过程，不仅可以最大的保护各方当事人的利益，而且可以规避合同风险和漏洞，并在条件符合的前提下，享受国家、地方政策。技术经纪人在技术商品交易过程中，无论是从事居间、行纪、代理等活动，都需要为技术合同的签订和履行进行全过程服务。深入了解和掌握技术合同的类型、特征、各项条款和履行，是技术经纪人从事技术经纪活动的基本要求。

第一节　技术合同概述

一、技术合同的概念

《中华人民共和国合同法》(以下简称《合同法》)1999 年 3 月颁布，并于当年 10 月份开始施行，将原有的《技术合同法》《经济合同法》《涉外经济合同法》三法统一为一法。技术合同出现在《合同法》分则部分第 18 章(第 322—364 条)。《合同法》第 2 条规定，合同是平等主体的自然人、法人其他组织之间设立、变更、终止民事权利义务关系的协议。《合同法》第 322 条将技术合同定义为技术合同是当事人就技术开发、转让、咨询或者服务订立的确立相互之间权利和义务的合同。

二、技术合同的特征

(一) 技术合同主体具有广泛性和特定性

《合同法》中技术合同的主体，可以是我国的自然人、法人和其他组织，也可以是外国的个人、企业和其他组织，主体具有广泛性。

技术合同的特定性是指各方当事人至少一方是能够利用自己的技术力量从事技术开发、技术转让、提供技术咨询和服务。

(二) 技术合同标的具有特殊性

技术合同的标的是提供技术的行为。提供技术的行为包括提供已掌握的技术成果、对尚待掌握的技术进行开发以及提供与技术有关的辅助性帮助的行为。技术是人类脑力活动的产物，技术具有价值和使用价值，上升为法律对象的技术集知识性与商品性于一身，技术是无形的，但它的载体是有形的，如设备、工具、数据、公式等。因此，技术合同的性质与一般买卖、承揽合同不同，其标的所涉及对象为技术。确定一个合同是否为技术合同，首先就应对标的进行判断。

(三) 技术合同是双务、有偿合同

技术合同当事人双方都承担相应的义务，受托方有进行开发、咨询或者服务等的义务，委托方有支付价款的义务；受托方提供了有偿技术服务获取报酬，委托方支付费用获取了技术服务。

第二节　技术合同的分类

《合同法》第 322 条对技术合同进行了明确的分类，将技术合同分成技术开发合同、技术转让合

同、技术咨询合同、技术服务合同。这4类合同俗称“四技”合同。

一、技术开发合同

(一) 技术开发合同的概念

技术开发合同是指当事人之间就新技术、新产品、新工艺或者新材料及其系统的研究开发所订立的合同。它是当事人在新技术、新知识领域有所突破,有所创新的行为,是当事人在订立技术合同时尚未掌握的产品、工艺、材料及其系统等技术方案,是研究开发方依照技术开发的合同要求,经过创造性劳动而取得的新的技术成果。技术开发合同的履行不同于其他合同,它本身就是一个向未知科学领域探索的过程。技术开发合同的实现,不仅依赖合同当事人能否全面地履行合同义务,还会受到现有的科学发展水平的制约。所以,即使合同当事人在合同履行上不存在任何过错,但是技术开发仍然可能由于人类现有技术水平的限制而失败。技术开发合同的高风险性使得技术开发合同中关于风险承担的约定显得尤为重要。

技术开发合同包括委托开发合同和合作开发合同两种类型。委托开发合同是一方当事人委托另一方当事人进行研究开发工作并提供相应研究开发经费和报酬所订立的技术开发合同,委托他人进行技术开发的一方为委托方,受他人委托进行技术开发的一方为研究开发方。合作开发合同是当事人各方就共同进行研究开发工作所订立的技术开发合同,当事人共同投资,共同参与研究开发活动、共同承担研究开发风险、共同分享研究开发成果。

(二) 技术开发合同的认定条件

根据《技术合同认定规则》国科发政字〔2001〕253号第21条的说明,技术开发合同的认定条件是:

(1) 有明确、具体的科学研究和技术开发目标;

(2) 合同标的为当事人在订立合同时尚未掌握的技术方案;

(3) 研究开发工作及其预期成果有相应的技术创新内容。

《技术合同认定规则》还明确了:小试、中试技术成果的产业化开发项目;技术改造项目;成套技术设备和试验装置的技术改进项目;引进技术和设备消化、吸收基础上的创新开发项目;信息技术的研究开发项目,包括语言系统、过程控制、管理工程、特定专家系统、计算机辅助设计、计算机集成制造系统等,但软件复制和无原创性的程序编制的除外;自然资源的开发利用项目;治理污染、保护环境和生态项目;其他科技成果转化项目等,凡符合这些条件的合同,都属于技术开发合同的范畴。

技术经纪人在签订技术开发合同时需注意以下情况:单纯以揭示自然现象、规律和特征为目标的基础性研究项目所订立的合同,以及软科学研究项目所订立的合同;合同标的为当事人已经掌握的技术方案,包括已完成产业化开发的产品、工艺、材料及其系统;合同标的为通过简单改变尺寸、参数、排列,或者通过类似技术手段的变换实现的产品改型、工艺变更以及材料配方调整;合同标的为一般检验、测试、鉴定、仿制和应用的合同,都不属于技术开发合同。

二、技术转让合同

(一) 技术转让合同的概念

技术转让是指具有一定技术水平和实用价值的技术商品在不同法律主体之间交易而形成的权属转移。技术转让从本质上讲是技术拥有者与技术需求者之间关于技术权属的转让。技术的转让不是知识本身与原来的主体分离,而是向新法律主体转让了技术知识,赋予其使用该技术的权利,根据转让权利化程度的不同,分为专利申请权转让、专利权转让、专利实施许可和技术秘密转让。

技术转让合同是指当事人之间就专利权转让、专利申请权转让、专利实施许可、技术秘密转让所订立的合同。技术转让合同在形式上虽表现为以图纸、资料、磁盘、磁带为物质载体的技术文件或技术方案在当事人之间转移，但本质上是专利申请权、专利权、专利实施许可权、技术秘密权的权属在当事人之间转移。

技术转让合同包括专利权转让合同、专利申请权转让合同、技术秘密转让合同、专利实施许可合同等四种类型：

(1) 专利权转让合同是指一方当事人(让与方)将其发明创造专利权转让给受让方，受让方支付相应价款而订立的合同。

专利权转让合同的标的是已经授予专利的技术成果，转让的是专利的所有权。根据《专利法》的规定，转让专利权，当事人应当订立书面合同，并向国家知识产权局或各地代办处登记，由国家知识产权局予以公告。专利权的转让自登记公告之日起生效。专利权转让合同生效后，除当事人另有约定外，原专利权人未经现专利权人许可，不得再实施其已经转让的专利。

(2) 专利申请权转让合同是指一方当事人(让与方)将其就特定的发明创造申请专利的权利转让受让方，受让方支付相应价款而订立的合同。

专利申请权转让合同的标的是已经申请，而未授予专利的技术成果。专利申请权转让合同转让的也是专利的所有权。与专利权转让合同一样，转让专利申请权，当事人应当订立书面合同，并向国家知识产权局或各地代办处登记，由国家知识产权局予以公告。专利申请权的转让自登记公告之日起生效。

(3) 专利实施许可合同是指一方当事人(让与方、专利权人或者其授权的人)许可受让方在约定的范围内实施专利，受让方支付相应的使用费而订立的合同。

专利实施许可合同的标的是已经授予专利的技术成果。专利权人可以自行实施专利，也可以许可他人实施其专利。许可他人实施其专利是专利权人取得经济收益、实现其专利产业化的一种有效途径。尤其是专利权人自己不具备商业化实施其专利的条件，往往采用专利实施许可的方式实施其专利。由于专利许可方式的不同，专利实施许可包含以下几种：

① 独占许可。独占许可是指在约定的地域、期限和范围内，专利权人许可被许可方实施其专利，专利权人自己不再实施该专利，也不得再向第三方许可实施该专利。

② 排他许可。排他许可是指在约定的地域、期限和许可范围内，专利权人许可被许可方实施其专利，专利权人自己可实施该专利，但不得再向第三方许可实施该专利。

③ 普通许可。普通许可是指在约定的地域、期限和范围内，专利权人许可被许可方实施其专利，专利权人自己可实施该专利，并继续许可第三方实施该专利。

(4) 技术秘密转让合同是指一方当事人(让与方)将其拥有的技术秘密提供给受让方，明确相互之间技术秘密使用权和转让权、受让方支付相应使用费而订立的合同。

技术秘密转让合同的标的是现有未公开的非专利技术的成果，为当事人已经掌握的技术方案，而不是尚未开发的技术。技术秘密必须不为公众所知悉、能为权利人带来经济效益、具有实用性且权利人采取了保密措施。相对于专利技术的转让合同，法律对于技术秘密转让合同在技术商品的保护上限制比较少，所以秘密性和保密性是技术秘密转让合同的关键所在。

(二) 技术转让合同的认定条件

根据《技术合同认定规则》的规定，技术开发合同的认定条件是：

(1) 技术转让合同的标的是当事人订立和同时已经掌握的技术成果，包括发明创造专利、技术秘密及其他知识产权成果。技术合同的标的是非常宽泛的，可以是工业、农业、交通运输、医疗卫生、环境保护、国防建设以及国民经济各部门所能应用的技术成果，不受行业、专业和自然科学学科的限制。

(2) 合同标的具有完整性和实用性,相关技术内容构成一项产品、工艺、材料、品种及其改进的技术方案。

(3) 当事人对合同标的要有明确的知识产权权属约定。

《技术合同认定规则》还明确了:技术合同的标的为技术秘密,该项技术秘密应具备不为公众所知悉、能为权利人带来经济效益、具有实用性、权利人采取了保密措施的条件,缺一不可。

技术经纪人在签订技术转让合同时需注意以下情况:技术转让合同的标的必须是已经存在的技术成果,不包括尚待研究开发的技术成果。如果当事人以尚待研究开发的技术成果为标的,则应订立技术开发合同,而非技术转让合同。公有领域的知识、技术、经验和信息等(如专利权或有关知识产权已经终止的技术成果),或者技术秘密转让未约定使用权、转让权归属的,不应认定为技术转让合同。合同标的符合技术咨询合同、技术服务合同条件的,或其合同标的仅为高新技术产品交易,不包含技术转让成分的,不应认定为技术转让合同。

三、技术咨询合同

(一) 技术咨询合同的概念

技术咨询是指掌握技术的当事人一方,用自己的知识、经验和信息,通过调查研究、分析和预测,为委托方提供决策咨询、工程技术咨询、管理咨询、信息咨询等服务。技术咨询的工作成果属于软科学研究成果。

技术咨询的内容包括:项目立项的可行性分析、专题技术调查、市场营销策略、企业管理、发展规划预测、政策研究等方面。就其内容来说,可以分为决策咨询、工程咨询、管理咨询、专业咨询和信息咨询。如企业发展相关的各种战略性问题决策咨询、工程建设项目、技术改造项目、技术引进项目等,进行可行性研究咨询、技术经济信息等方面的咨询和某专业领域的文献资料汇总、数据统计咨询等。

技术咨询合同是一方当事人(受托方)为另一方(委托方)就特定技术项目提供可行性论证、技术预测、专题技术调查、分析评价所订立的合同。这里的"特定技术项目"指的是包括有关科学技术与经济社会协调发展的软科学研究项目,促进科技进步和管理现代化、提高经济效益和社会效益等运用科学知识和技术手段进行调查、分析、论证、评价、预测的专业性技术项目。

技术咨询合同具有履行结果的不确定性和风险承担的特殊性的特征。在合同履行上,咨询报告没有一个确定的数量或质量上的判断标准,提出的分析意见和建议只是作为委托人进行决策时的参考,因此具有不确定性。技术咨询合同的受委托人提出的报告和建议,只是委托人做决策时的参考。因此,委托方按照接受委托人符合合同要求的咨询报告和意见做出决策时,所造成的损失由委托方自己承担,但当事人另有约定除外。

(二) 技术咨询合同认定条件

根据《技术合同认定规则》的规定,技术咨询合同的认定条件是:

(1) 合同标的为特定技术项目的咨询课题;

(2) 咨询方式为运用科学知识和技术手段进行的分析、论证、评价和预测;

(3) 工作成果是为委托方提供科技咨询报告和意见。

《技术合同认定规则》还明确了,以下各类合同也属于技术咨询合同范畴:

(1) 科学发展战略和规划的研究;

(2) 技术政策和技术路线选择的研究;

(3) 重大工程项目、研究开发项目、科技成果转化项目、重要技术改造和科技成果推广项目等的可行性分析；

(4) 技术成果、重大工程和特定技术系统的技术评估；

(5) 特定技术领域、行业、专业技术发展的技术预测；

(6) 就区域、产业科技开发与创新及特定技术项目进行的技术调查、分析与论证；

(7) 技术产品、服务、工艺分析和技术方案的比较与选择；

(8) 专用设施、设备、仪器、装置及技术系统的技术性能分析；

(9) 科技评估和技术查新项目。

技术经纪人在签订技术咨询合同时需注意以下情况：就经济分析、法律咨询、社会发展项目的论证、评价和调整所订立的合同；就购买设备、仪器、原材料、配套产品等提供商业信息所订立的合同，应不属于技术咨询合同范畴。

四、技术服务合同

(一) 技术服务合同的概念

技术服务是指掌握技术的当事人一方，以技术知识及按照约定为委托方提供服务工作。技术服务一般不具有创造性，使拥有技术的当事人一方在熟悉的专业范围内，对自己掌握的知识、技术、经验、信息的重复运用。

技术服务合同是指当事人一方以技术知识为另一方解决特定技术问题所订立的合同，不包括建设工程合同和承揽合同。这里的"特定技术问题"，包括需要运用专业技术知识、经验和信息解决的有关改进产品结构、改良工艺流程、提高产品质量、降低产品成本、节约资源能耗、保护资源环境、实现安全操作、提高经济效益和社会效益等专业技术问题。

(二) 技术服务合同认定条件

根据《技术合同认定规则》的规定，技术服务合同的认定条件是：

(1) 合同的标的为运用专业技术知识、经验和信息解决特定技术问题的服务性项目；

(2) 服务内容为改进产品结构、改良工艺流程、提高产品质量、降低产品成本、节约资源能耗、保护资源环境、实现安全操作、提高经济效益和社会效益等专业技术工作；

(3) 工作成果有具体的质量和数量指标；

(4) 技术知识的传递不涉及专利、技术秘密成果及其他知识产权的权属。

《技术合同认定规则》还列举了以下一些服务项目，在满足认定的条件下，且该专业技术项目有明确技术问题和解决难度的，也属于技术服务合同范畴：

(1) 产品设计服务，包括关键零部件、国产化配套件、专用工模量具及工装设计和具有特殊技术要求的非标准设备的设计，以及其他改进产品结构的设计；

(2) 工艺服务，包括有特殊技术要求的工艺编制、新产品试制中的工艺技术指导，以及其他工艺流程的改进设计；

(3) 测试分析服务，包括有特殊技术要求的技术成果测试分析，新产品、新材料、植物新品种性能的测试分析，以及其他非标准化的测试分析；

(4) 计算机技术应用服务，包括计算机硬件、软件、嵌入式系统，计算机网络技术的应用服务，CAD、CIMS的推广、应用和技术指导等；

(5) 新型或者复杂生产线的调试及技术指导；

(6) 特定技术项目的信息加工、分析和检索；

(7) 农业的产前、产中、产后技术服务，包括为技术成果推广，以及为提高农业产量、品质、发展新品种、降低消耗、提高经济效益和社会效益的有关技术服务；

(8) 为特殊产品技术标准的制订;

(9) 对动植物细胞植入特定基因、进行基因重组;

(10) 对重大事故进行定性定量技术分析;

(11) 为重大科技成果进行定性定量技术鉴定或者评价。

上述各项如果属于当事人一般日常经营业务范围的,则不应认定为技术服务合同。

技术经纪人在签订技术服务合同时需注意以下情况:以常规手段或者为生产经营目的进行一般加工、定做、修理、修缮、广告、印刷、测绘、标准化测试等订立的加工承揽合同和建设工程的勘察、设计、安装、施工监理合同,但以非常规技术手段,解决复杂、特殊技术问题而单独订立的合同除外;就描晒复印图纸、翻译资料、摄影摄像等所订立的合同;计量检定单位就强制性计量检定所订立的合同;理化测试分析单位就仪器设备的购售、租赁及用户服务所订立的合同。这些合同都不能称为技术服务合同。

五、技术培训合同与技术中介合同

技术培训合同是当事人一方委托另一方对指定的专业技术人员进行特定项目的技术指导和业务训练所订立的合同。技术培训过程中,从事和接受培训的主体(教师、学员)都是具有专业知识的科技人员,而不是一般人员。而且合同中确定的技术培训内容是经当事人特别约定的专业知识,不是一般性的劳务培训。

技术中介合同是当事人一方(中介方)以知识、技术、经验和信息为另一方与第三方订立技术合同、实现技术创新和科技成果产业化进行联系、介绍、组织工业化开发并对履行合同提供专门服务所订立的合同。技术中介合同与经中介而订立的技术合同构成主从合同关系,技术中介合同是经中介而订立的技术合同的从合同。它可以以两种形式订立:一是中介方与委托方单独订立的有关技术中介业务的合同;二是在委托人与第三方订立的技术合同中载明中介方权利与义务有关中介条款。

这两类合同都属于技术服务合同的范畴,但在认定登记时应分别按技术培训合同和技术中介合同单独予以登记。根据《技术合同认定规则》的规定,技术培训合同的认定条件是:以传授特定技术项目的专业技术知识为合同的主要标的;培训对象为委托方指定的与特定技术项目有关的专业技术人员;技术指导和专业训练的内容不涉及有关知识产权权利的转移。而技术中介合同的认定条件是:技术中介的目的是促成委托方与第三方进行技术交易,实现科技成果的转化;技术中介的内容应为特定的技术成果或技术项目;中介方应符合国家有关技术中介主体的资格要求。

技术经纪人在签订技术中介合同时,可以以中介方与委托方单独订立技术中介合同;也可以在委托方与第三方订立的技术合同条款中明确中介方的权利与义务。

第二章　技术合同的订立

第一节　合同订立的原则和内容

技术合同是知识形态的商品通过技术市场进行交换的法律形式，它规定了技术贸易双方的权利和义务，是保证技术贸易顺利进行的书面依据，是对技术洽谈所涉及的各种问题的归纳、总结、规范和汇总。技术合同订立得优劣，直接关系到合同是否能确立、实施，是合同双方权益能否实现的重要初始环节。作为技术贸易的法律形式，一旦依法签订技术合同，就对双方行为产生相应的法律约束力。订立一份完整的技术合同并不简单，不仅需要熟悉法律、法规和科技政策，了解知识产权，熟悉技术贸易，还要有专业技术背景。除此之外，了解和掌握技术合同的类型、特征、原则、基本条款、法律规范等，也是技术经纪人从事技术经纪活动的基本要求。

一、签订技术合同的基本原则

技术合同作为一项法律行为和一项科学技术工作，订立时必须遵循以下基本原则：

(1) 遵守法律、法规，维护公共秩序的原则。《合同法》第7条规定，当事人订立、履行合同应当遵守法律、法规，尊重社会公德，不得扰乱社会经济秩序，损害社会公共利益。这是合同当事人订立合同所必须遵守的基本原则。

(2) 自愿、平等、公平、诚实信用的原则。自愿、平等、公平、诚实信用的原则是《合同法》总则中确定的民事法律关系准则，这些原则适用于订立、履行各类合同。技术合同是促进科学技术与经济建设有机结合的交易形式，因而订立技术合同也必须恪守这些基本原则。

(3) 有利于科学技术进步，促进科学成果转化、推广和应用的原则。有利于科学技术进步，促进科技成果转化、推广和应用的原则是我国法律确定技术合同规范、设计技术合同结构时的指导思想，也是技术合同的特有原则，目的在于鼓励和引导当事人正确地运用技术合同这一法律形式，在科研与生产之间架起一座桥梁，有力地保证科技成果的转化。有关技术合同的全部规范就是以市场为导向，以推进技术创新、促进技术成果从潜在生产向现实生产力转化为目标，技术开发、技术转让、技术咨询和技术服务四类合同的确立也正是反映了创新和转化的内在规律。

二、技术合同的常规内容和条款

技术合同的订立，首先是起草技术合同的各项条款，条款是技术合同的核心，没有条款就不能构成技术合同。各项条款直接反映着合同当事人各方的权利、义务和行为的法律关系，也是订立合同双方履行合同的基本依据。

在技术市场上签订技术合同条款时，应当首先使用国家法律规定的合同文本形式，尽管文本较为复杂，但是能够清楚地反映技术合同的复杂性。目前，交易市场上订立的技术合同文本主要有两种，一种是采用中华人民共和国科技部印制的《技术合同示范文本》，该文本由科技部于2001年依据《合同法》有关规定制定的，主要是为了规范技术合同交易活动、提高技术交易质量，依法保护技术合同当事人的合法权益，目前全国大多数的省市都使用此文本；另一种是各地地方自己制定的文本，如上海市，于2003年由市科委和工商总局联合印发了上海版的《技术合同示范文本》。此外，还有一些大型企业也会制定自己公司的专用技术合同文本，以科技部印制的《技术合同示范文本》的为例，技术合同文本分为4大类，8种示范文本，具体为：技术开发（委托）合同、技术开发（合作）合同、技术转让（专利申请权）合同、技术转让（专利权）合同、技术转让（专利实施许可）合同、技术转让（技术秘密）合同、技术咨询合同、技术服务合同。

虽然它们采用的格式文本不同，但根据《合同法》规定，它们的条款一般应当符合《合同法》第324条规定的条款，下面就结合这些一般条款进行说明。

（一）项目名称

项目名称指某一工程项目所规定的正式名称，一般使用整体项目的总称，也可以包括型号以及自定义词汇。技术合同的项目名称应该用简洁、规范的语言，准确的表达合同中课题的名称，并从名称中能反映合同性质。例如：一种风力发电优化系统的委托开发合同；关于"一种空调出风口导流装置"的专利转让合同；关于×××技术咨询合同；解决×××技术问题的技术服务合同。

（二）标的的内容、范围和要求

技术合同中明确的标的的内容、范围和要求，是判别合同是否履行完成的关键。起草时必须要用规范、标准的语言阐述其所属的技术领域、技术内容和技术要求。不同类型的技术合同其标的内容、范围和要求也各不相同。

在技术开发合同中，其阐述的是研究开发课题所属技术领域和项目内容、技术构成、技术水平、经济效益的目标及提交研究开发成果的方式。技术范围和对技术的具体要求要根据当事人协商情况具体写明，所提交的研究开发成果的形式，可以是产品设计、材料配方等技术文件，也可以是动植物新品种、微生物菌种，或样品、样机等设备。

技术转让合同中，其阐述的是合同约定转让涉及专利技术与技术秘密成果的技术权益，包括发明创造说明、附图、权利要求书、相关检索资料以及其他背景材料，涉及实施的需明确许可方式，还包括技术的工业化、产业化的成熟度等。

技术咨询合同中，其阐述的是为咨询的特定技术项目提供的可行性论证、技术预测、专题技术调查、分析评价报告等软科学研究成果的内容和要求。如为企事业单位提高经济效益而提供科学管理方法的咨询项目，应表明单位的目标、战略的要求，提高生产效率、降低成本的要求范围等。

技术服务合同中，其阐述的是技术服务所要解决的具体问题、工作方式和要达到的技术指标。技术服务要求列明该特定技术服务项目的难度，具体的技术指标、经济指标以及实施效果。常见的技术服务的方式有产品设计、非常规测试和技术改造等。

（三）履行的计划、进度、期限、地点、地域和方式

履行的计划，指的是技术合同履行时的总体计划、分阶段和具体实施方案。

履行的进度，指的是项目从开始到结束，各个阶段的预期目标及时间节点。

履行期限，指的是合同从开始履行到履行完毕的时间，分阶段履行的各个阶段的起止日期。

履行地点，指的是提供技术服务及技术指导的地点，若合同中未约定，可在委托方所在地履行。

履行地域，指的是合同约定技术成果的使用地域范围。

履行方式，指的是以何种方式完成专业技术工作、交付技术成果。

（四）技术情报和资料的保密

技术情报和资料的保密明确的是合同当事人应负的保密义务、保密的内容和范围、保密的期限和泄露技术秘密的责任。合同中如涉及国家安全或者重大利益需要的保密技术，则必须由有

关保密机关核定密级后，按照法律和国家政策规定办理。合同中的保密条款不得与法律法规及有关政策相抵触。合同中需明确保密期限的，其期限可以不受合同有效期限限制，可以是无限期。

（五）风险责任的承担

技术开发和技术转让合同在履行合同的时候，可能会出现因现有技术水平无法履行而导致失败的情况，即虽然经过主观努力，但是由于现有认识水平、技术水平和科学知识及其他现有条件的限制，无法实现技术合同目标，而导致研究开发或转让工作全部或部分失败。所以，在合同订立时需要当事人事先约定风险责任承担的问题，约定承担的比例。

技术合同的风险责任，如果合同有约定的按约定承担，没有约定的，由双方合理分担。如委托技术开发合同，在合同条款无约定情况下，委托者承担主要的风险责任。

（六）技术成果的归属和收益的分成办法

为了避免技术合同履行过程中技术成果的归属和分享发生争议，在订立合同时，当事人应该事先约定成果归属和分享的优先原则，没有约定的可以先协商，协商不成，可以根据法律规定解决。

(1) 技术开发合同：合作开发合同完成的发明创造，除当事人另有约定外，申请专利的权利属于合作开发的当事人共有。而委托开发合同完成的发明创造，除当事人另有约定外，申请专利的权利属于研究开发人所有。

(2) 技术转让合同：在合同有效期内，任何一方或者双方对合同标的的技术成果所作的革新和改进产生的新的技术成果的归属权，有约定的按照约定，无约定的根据法律法规解决。

(3) 技术咨询合同和技术服务合同：这两类合同提供的技术一般不涉及专利权和技术秘密使用权、转让权。在合同履行过程中确实有新成果产生的，其归属权一般有约定的按照约定，无约定的根据法律法规解决。

（七）验收标准和方法

验收标准和方法包括了验收项目的范围、各项验收标准和验收方式，如有关技术文件、资料、样品，需明确是否齐备、合格；依照合同约定提供的技术和技术指导是否合格；研究开发成果是否达到约定的技术经济指标等。常见的验收方式有：根据合同的内容、范围和要求，由甲方单方面验收；甲乙双方组织专家验收；送专业机构鉴定验收等。验收合格通过后需以书面文件方式作为合同验收通过的依据。

（八）价款、报酬或者使用费及其支付方式

价款是指买卖货物时收付的款项；报酬是指由于使用别人的劳动、物件等而付给别人的钱或实物。《合同法》第325条规定，技术合同价款、报酬或者使用费的支付方式由当事人约定，可以采取一次总算、一次总付或者一次总算、分期支付，也可以采取提成支付或者提成支付附加预付入门费的方式。

约定一次总付的，可以按照当事人合同约定的时间一次性付款，一般付款时间通常是完成技术合同工作，对方验收后进行；约定分期支付的，可以按照当事人约定的不同时间节点分期付款，一般付款时间通常是按照合同进度进行；约定提成支付的，可以按照产品价格、实施专利和使用技术秘密后新增的产值、利润或者产品销售额的一定比例提成，也可以按照约定的其他方式计算。提成支付的比例可以采取固定的比例、逐年递增比例或者逐年递减比例。约定提成支付的，当事人应当在合同中约定查阅有关会计账目的办法。

（九）违约金或者损失赔偿的计算方法

技术合同的违约金是指违反合同的损失赔偿额。当事人可以约定一方违约时应当根据违约情况向对方支付一定数额的违约金，也可以约定因违约产生的损失赔偿额的计算方法。

约定的违约金低于造成的损失的，当事人可以请求人民法院或者仲裁机构予以增加赔偿额；约定的违约金过分高于造成的损失的，当事人可以请求人民法院或者仲裁机构予以适当减少赔偿额。人民法院会以实际损失为基础，兼顾合同的履行情况、当事人的过错程度以及预期利益等综合因素，根据公平原则和诚实信用原则予以衡量，并做出裁决。

(十) 解决争议的方法

《合同法》第128条规定，当事人可以通过和解或者调解解决合同争议。如当事人不愿和解、调解或者和解、调解不成的，可以根据仲裁协议向仲裁机构申请仲裁。涉外合同的当事人可以根据仲裁协议向中国仲裁机构或者其他仲裁机构申请仲裁。当事人没有订立仲裁协议或者仲裁协议无效的，可以向人民法院起诉。当事人应当履行发生法律效力的判决、仲裁裁决、调解书；拒不履行的，对方可以请求人民法院执行。

作为技术经纪人，要了解解决争议的方法。一般当技术合同当事方产生争议时，首先要通过友好协商的手段来解决争议；协商不成的，可以通过第三方从中调解，如上级主管机关或中介机构等；还不能解决的，则只能通过仲裁或诉讼的方式解决，仲裁和诉讼不能同时选择，只能二选一。

仲裁是指合同当事人根据仲裁协议将合同争议提交给仲裁机构并由仲裁机构做出裁决方式。仲裁机构的裁决具有终局效力。诉讼是指合同当事人就合同争议依法向人民法院起诉，由人民法院按照审判程序做出判决，使合同争议得到解决。

(十一) 名词和术语的解释

技术合同涉及的技术领域广泛、专业性较强，而不同的领域、不同的专业都有自己行业专有名词、术语和技术规范等。为了避免因关键名词、术语和规范在理解、认识上发生误解而影响合同履行，当事人必须对合同中出现的一些特定名词、术语和规范做必要的说明和注释。对没有标准和惯例的名词、技术术语要有标准的约定和解释，防止歧义或误解。

第二节　技术开发合同的订立

订立技术开发合同，需涉及知识产权、技术成果的归属、开发风险的承担等问题，是一种较为复杂的技术合同，也是技术合同的主要类型。技术开发合同包括委托开发合同和合作开发合同两种类型。作为一个技术经纪人，除了掌握技术开发合同的认定条件外，还需对技术开发合同的条款熟悉，为当事人签订合同提供必要协助。

一、技术开发合同的基本条款

(一) 项目名称

项目名称指的是技术开发合同中研究开发课题的名称，需要用简洁、规范的语言来组织表达，并从名称中能反映合同性质。如“×××催化剂的开发”或“风力发电新型逆变器的研究开发”，不仅要简明扼要，还要能反映出合同的性质。

(二) 标的的内容、形式和要求

标的指的是提供技术的行为，包括开发项目应达到的技术经济指标、开发目的、使用范围及效益情况、成果提交方式及数量。其中所提交研究开发成果的形式，可以是产品设计、材料配方等技术文件，也可以是动植物新品种、微生物菌种，或样品、样机等设备。

(三) 研究开发计划

研究开发计划主要包括当事人各方设施开发项目的阶段进度，各个阶段要解决的技术问题，达到的目标和完成的期限等。委托开发合同主要包括乙方的总体计划、分阶段实施方案和计划完成的目标。合作开发合同主要包括甲乙双方各自承担的工作，如研究开发内容、各自的工作进度、各自研究开发地点等。

(四) 研究开发经费和报酬的数额及其支付、结算方式

合同制订时，当事人应确定研究开发经费和报酬的数额，提供或支付本合同项目的研究开发经费及其他投资，经费结算方式及支付方式。报酬是指研究开发成果的使用费和研究开发人员的工作报酬。技术开发合同可以约定研究开发经费的一定比例作为报酬，合同中没有单独约定报酬的，可理解为报酬已包含在研究开发经费中，从研究开发经费的结余中支付。委托开发合同中委托方应当按约定支付全部研究开发经费。合作开发合同中当事人应当约定经费报酬的投资分配。

支付、结算方式在委托开发合同中一般是甲方支付给乙方，有一次性支付、分期支付和提成支付的方式。在合作开发合同中要明确各方的提供或支付方式、支付或折算为技术投资的金额、使用方式等。

(五) 利用研究开发经费购置的设备、器材、资料等财产权属

需利用研究开发经费购置设备、器材及资料的，则要约定为履行合同购置的设备和仪器的产权。根据合同订立时的约定，可以是甲方所有或乙方所有，也可以是部分属于甲方，部分属于乙方。设备、器材、资料的归属不同，将直接影响合同技术交易额的认定。

(六) 履行期限、地点和方式

履行期限、地点和方式应包括完成开发研究工作的期限、提供开发成果的地点，以及成果交付的形式和数量。例如研究开发完成后，甲方提交研究报告一份，样机一台，申请专利一项等，并约定××年××月××日在××地交付。

(七) 合同的变更和解除

合同的变更和解除必须由双方协商一致后，以书面形式确定，并作为合同的附件。双方也可以约定变更和减除的特殊情形，如研究开发的内容已经被公开、国家产业布局调整、当事人努力履行但现有水平无法达到，一方可以通知另一方解除本合同等。

(八) 风险责任的承担

技术开发合同中的风险责任是研究开发方在研究开发过程中，虽然经过主观努力，但是由于现有认识水平、技术水平和科学知识及其他现有条件的限制，无法实现技术开发合同目标，而导致研究开发工作全部或部分失败而引起的财产责任。在风险处理上，当事人可先约定风险责任的承担。有约定按照约定执行，无约定，该风险责任由当事人合理分担。一般委托开发合同中，委托人承担更多的风险责任；合作开发合同中，双方共同承担风险责任。承担的责任需充分考虑到技术开发合同履行中的具体情况，如标的、价款、风险程度等，并计算双方已投入或结算情况，使合同双方对由于技术风险造成的财产损失得到公平合理的解决。

(九) 技术成果的归属和分享

技术成果的归属和分享包括当事人在合同中约定所完成开发成果的归属和分享的原则和方法，当事人既可以约定委托开发的成果属于委托人，也可以约定属于双方共有。一般来说委托开发合同完成的开发成果除当事人约定外，申请专利的权利属于研究开发方；合作开发合同完成的开发成果除当事人约定外，申请专利的权利属于双方共有。

(十) 验收的标准和方式

合同订立时需约定验收的技术标准和验收方法。开发合同中应明确项目验收的标准和验收方式，包括相关技术资料、文件等是否齐备；提交的样品、样机是否符合参数要求；依照合同约定提供的技术和技术指导是否履行；研究开发成果是否达到约定的技术经济指标。

当事人也可以选择国家规定的部门检测、鉴定会、专家评审会或双方认可的方式验收。验收完毕后,须由委托方出具验收证明。

(十一) 保密义务

保密条款需明确当事人双方应承担的保密义务。主要包括保密内容、涉密人员范围、保密的期限和泄露技术秘密的责任。涉及国家安全或者重大利益需要的保密技术,应由相关保密机构核定密级后,按照国家有关的法律、政策规定办理。

(十二) 违约责任

双方任何一方违反合同的约定,造成研究开发工作停滞、延误或失败的,需承担违约责任。违约的当事人一方按照约定的违约条款支付违约金,违约金可以事先约定具体金额,也可以约定损失赔偿额的计算方法。除当事人事先约定外,一般违约金金额需在合理赔偿范围内。

(十三) 争议的解决方法

当事人就合同发生争议时,尽量友好协商解决纠纷。如果协商不成,当事人可以根据自己的意愿约定争议发生时的解决办法。《中华人民共和国仲裁法》规定了或裁或审的制度,合同当事人一旦选择了仲裁,即放弃向法院起诉的权利;如果合同当事人选择了诉讼,即放弃仲裁,因此合同当事人应当对合同争议的解决方式进行约定。

(十四) 名词和术语的解释

名词和术语的解释主要是对技术合同中的专有名词、术语进行解释,目的是避免对关键词和术语的理解发生歧义而引起争议。

(十五) 其他事项

补充和约定合同中的一些其他事项。例如合同是通过技术经纪人介绍签订的,可以将技术经纪人的权利和义务明确;如果双方当事人约定定金财产抵押及担保的,应将给付定金、财产抵押及担保手续的复印件作为本合同的附件。

二、合作开发合同与委托开发合同的区别

合作开发合同与委托开发合同的区别如下:

(1) 合作方式不同。委托开发合同由委托方支付研究开发经费和报酬,提供技术资料、原始数据等,研究开发者通过知识、经验、技术能力完成研究开发成果;而合作开发合同是由各方当事人共同投入、共同研究,实现合作开发合同的目的。

(2) 风险承担责任不同。委托开发合同通常是约定由委托人承担技术开发的风险;而合作开发合同的研究开发风险一般是由各方当事人共同承担的。

(3) 成果归属不同。在研究开发成果归属上,合作开发合同完成的成果所涉及的发明创造,除当事人另有约定外,申请专利的权利属于合作开发的当事人共有;而委托开发合同完成的发明创造,除当事人另有约定外,申请专利的权利属于研究开发人所有。

第三节 技术转让合同的订立

技术转让是指拥有技术的当事人一方将现有技术有偿转让给他人的行为,尚未研究开发出的技术成果不属于技术转让范畴。技术转让合同是指当事人之间就专利权转让、专利申请权转让、专利实施许可、技术秘密转让所订立的合同。它涉及专利、技术秘密、技术成果的权属等问题,所以它是技术合同中最重要、最复杂的合同类型。技术转让合同主要包括专利权转让合同、专利申请权转让合同、技术秘密转让合同、专利实施许可合同等四种类型。

技术转让合同的标的是当事人订立合同时已经掌握的技术成果，包括了工业、农业、医疗卫生、交通运输、环境保护、国防建设以及国民经济各部门所能应用的技术成果，不受行业、专业和自然科学学科的限制。技术经纪人在掌握技术转让合同的概念、认定条件的同时，还需对这四类技术转让合同的特征、基本条款、知识产权相关知识要熟识。

一、专利申请权转让合同的基本条款

专利申请权转让合同是让与人和受让人就发明创造申请专利的权利的转让而订立的合同。《专利法》规定，专利申请权可以转让，转让专利申请权，当事人应当订立书面合同，并向国务院专利行政部门登记，由国务院专利行政部门予以公告。中国单位与个人向外国人转让专利申请权的，还必须经过国务院有关主管部门批准。专利申请权的转让自国家知识产权局登记公告之日起生效。

（一）项目名称

专利申请权转让合同中项目名称应该由专利名称和专利转让形式组成，文字需简洁、规范。例如："一种太阳能冷热直饮水装置"专利申请权转让合同。

（二）发明创造的名称和内容

需使用专利申请文件中已记载的发明创造名称，明确发明创造的申请类型，属于发明、实用新型还是外观设计。发明创造的内容包括专利申请人、发明人、专利申请日、专利申请号，以及合同签署前该专利的法律状态。

（三）技术情报和资料的清单

为保证甲方申请专利，乙方应向甲方提交技术情报和资料。具体包括专利申请文件、技术标准、涉及的技术秘密、技术相关的一些重大数据等，如专利申请书、权利要求书、设计附图等。

（四）专利申请被驳回的责任

专利申请权的权利化程度是专利申请后，未被授权前。因此作为合同标的的技术成果的专利申请完全有可能被驳回，双方在此应明确专利申请被驳回，损失由谁承担。专利申请被驳回的原因比较复杂，如：发明创造无创造性、新颖性和实用性；申请保护的技术成果违背国家利益或者社会公共利益；发明创造已被他人提前公开；发明创造不属于专利法授予专利的范围；转让专利申请权的主体侵犯了其他权利人，如职务发明和个人发明权属不清问题。由于专利申请被驳回的原因复杂，专利申请一但被驳回，就会给受让人造成较大的经济损失，当事人有必要在合同中明确约定专利申请被驳回的责任，以减少以后发生纠纷时的不确定性。

（五）价款及其支付方式

价款及其支付方式是明确专利申请权的转让价款总额、受让方支付让与方价款的方式。转让方式一般有一次性支付、分期支付或提成支付等。

（六）保密义务

保密义务包括保密内容、涉密人员范围、保密期限和泄密责任的约定，如合同中让与方的技术资料文件和技术秘密等保密约定。

（七）违约责任

转让合同须约定当事人的违约责任，明确赔偿方法。由于转让合同比较复杂，双发有义务对关键合同条款逐条明确违约责任和赔偿金额。

（八）争议的解决方法

履行合同发生的争议应协商、调解解决。协商调解不成的，可以约定仲裁或诉讼方式处理。例如：执行本合同发生争议，由当事人双方协商和解，也可以请求调解；双方当事人和解或调解不成，双方同意由上海仲裁委员会仲裁。

(九) 约定的其他有关事项

除上述条款约定外,双方当事人还需特别约定的内容和需要说明的问题。如:技术成果的实施还有赖于其他技术秘密,才能进行实施,就需要当事人对相关技术秘密的提供及其有关问题做出约定;出现驳回或不可测情况,双方调整合约的约定等。

二、专利权转让合同的基本条款

专利权转让合同是让与人和受让人就发明创造的专利权转让所订立的合同。专利权转让合同的标的是已经授予专利的技术成果。专利权转让合同的转让的是专利的所有权。专利权转让与专利申请权转让的区别是一个在授权后,一个在专利申请后、未授权前。与专利申请权转让合同一样,根据《专利法》的规定,转让专利权,当事人应当订立书面合同,并向国务院专利行政部门登记,由国务院专利行政部门予以公告。中国单位与个人向外国人转让专利权的,还必须经国务院对外经济贸易主管部门会同国务院科学技术行政部门批准。专利权的转让自登记公告之日起生效。

(一) 项目名称

专利申请权转让合同中项目名称应该由专利名称和专利转让形式组成,项目名称应反映其技术特征和法律特征。例如,“一种太阳能冷热直饮水装置”专利权转让合同。专利权转让合同还需在相应条款中明确转让专利类型,是发明专利还是实用新型或外观设计。

(二) 专利信息和内容

专利的信息要使用专利证书中记载的信息。专利的内容主要包括专利名称、专利发明人、专利权人、专利申请日、专利授权日、专利号、专利有效期、年费的缴费情况等。

专利名称、专利发明人、专利权人、专利申请日、专利授权日、专利号应以专利证书登记的为准。专利发明人指的是专利的设计人,专利权人指的是专利权属的拥有人,两者可以相同,也可以不同,专利权人不一定是专利发明人。

专利有效期是指专利权的法定有效时间。专利权在有效时间内受法律保护。根据《专利法》的规定,发明专利的有效时间为 20 年;实用新型和外观设计的法定有效时间为 10 年。以上法定有效时间均自申请之日起计算。

专利在授权后,除缴纳专利登记费外,还应缴纳授予专利权当年的年费。以后每年的年费应在前一年度期满前一个月内预缴。如果没有按规定时间缴纳或者缴纳数额不足的,可在年费期满之日起的 6 个月内补缴,同时缴纳相应数额的滞纳金,否则将丧失专利权。丧失专利权的专利权转让合同将无效。

(三) 专利实施和实施许可情况

在合同签署前,专利权人可能自己实施其专利或者许可他人实施其专利。这就要求当事人在合同确立前,阐明或知晓专利的实施情况,并在专利转让合同中要对专利实施和实施许可的情况进行说明,并对专利实施和实施许可的善后事宜做出约定。合同生效后,让与方有义务将本专利权转让状况告知被许可使用的当事人,并协助原专利实施许可合同的让与人与受让方办理合同变更事项;受让方可以享有原专利实施许可合同的权利和义务。

《最高人民法院关于审理技术合同纠纷案件适用法律若干问题的解释》明确,订立专利权转让合同前,让与人自己已经实施发明创造,在合同生效后,受让人要求让与人停止实施的,人民法院应当予以支持,但当事人另有约定的除外。让与人与受让人订立的专利权转让合同,不影响在合同成立前让与人与他人订立的相关专利实施许可合同的效力。

(四) 技术情报和资料的清单

专利权转让合同的技术情报和资料主要包括发明创造说明、附图、权利要求书、相关检索资料和本发明创造的其他背景材料等;还包括实施该技术所需要掌握的专利技术秘密的相关资料,其目的在于保证受让人在被受让后实施该技术。

(五) 技术秘密

为保证受让方有效拥有本项专利,让与方有义务帮助受让方顺利实施本项专利,包括实施时使用的相关技术秘密。订立合同时需明确实施时涉及的技术秘密的内容、实施要求和技术秘密的保密范围、期限等。

(六) 价款及支付方式

专利权转让的价款及支付方式按《合同法》第 325 条的规定执行。价款取决于当事人的价格谈判;交易支付方式,取决于当事人对该专利的认识和实施前景的判断。

(七) 后续改进约定

后续改进主要明确专利权转让后,其涉及技术后续的改进,产生新的技术成果的归属和利益分配办法的约定。

三、专利实施许可合同的基本条款

专利实施许可合同是指让与人许可受让人在约定的范围内实施其所拥有的专利,并约定受让人支付使用费所订立的合同。根据专利许可方式的不同,专利实施许可包括普通实施许可、排他许可、独占实施许可等。不同的实施方式,还可进一步分为制造、销售、出口等许可范围。

专利实施许可合同转让的只是专利的实施权。这是专利实施许可合同与专利权转让合同最大的区别,专利权转让合同转让的是专利的所有权。

(一) 项目名称

专利实施许可合同中项目名称应该由专利名称和专利转让形式组成,例如:“一种太阳能冷热直饮水装置”专利实施许可合同。并表明许可方式:独占、排他还是普通。

(二) 专利的信息和内容

申请号、专利号、专利权人和专利的有效期限是专利权受法律保护的依据和坐标,凭借这些法律坐标可以确定实施许可专利的真实性、合法性。

(三) 专利实施许可情况

专利实施许可情况明确合同签订前让与方在实施本项专利的状态,包括自己实施和许可他人实施的情况。

(四) 技术情报、资料和保密事项

为了保证受让方有效实施该项专利,许可方须提交专利权证书、专利申请文件和相关技术文件等;并明确技术资料提交时间、地点和方式。

专利实施许可时,需要让与方提供实施本专利有关的技术秘密,包括技术秘密的内容、实施要求、保密范围、保密期限等。

(五) 技术服务内容

为了让受让方快速有效地实施本专利,双方可以协商,由让与方提供必要的技术服务和技术指导,形式一般有现场指导、技术培训等。

(六) 使用费和支付方式

使用费包含技术秘密使用费、技术服务和指导费等。支付方式可以是一次性支付、分期支付或者提成形式支付等。

(七) 违约责任

违约责任是明确合同当事方违反合约规定时的责任和义务。违约责任包括让与人未依约提供技术资料、技术指导服务,实施专利达不到约定的技术指标,以及在独占及排他实施许可合同中让与人侵犯受让人实施许可权等事项应承担的违约责任;受让方未按合同约定支付使用费时的违约责任。当事人可以约定违约金,也可以约定损失赔偿额的计算方式。

(八) 后续改进约定

受让方有权利用让与方许可实施的专利技术和技术秘密进行后续改进;让与方有权在许可受让方实施该项专利权后,对该项专利权涉及的发明创造及技术秘密进行后续改进。由此产生的具有实质性或创造性技术进步特征的新的技术成果需要当事人约定。

(九) 名词和术语的解释

对合同和相关附件中的有关名词和技术术语进行定义和解释,防止合同履行中产生歧义和误解。

(十) 其他

根据《专利法实施细则》第 15 条的规定,专利权人与他人订立的专利实施许可合同,应当自合同生效之日起 3 个月内向国务院专利行政部门备案。根据国家知识产权局公布的《专利实施许可合同备案管理办法》,国家知识产权局负责全国专利实施许可合同的备案工作,各省、自治区、直辖市管理专利工作的部门负责本行政区域内专利实施许可合同的备案工作。

四、技术秘密转让合同的基本条款

《最高人民法院关于审理技术合同纠纷案件适用法律若干问题的解释》规定,技术秘密是指不为公众所知悉、具有商业价值并经权利人采取保密措施的技术信息。技术秘密包括未申请专利的技术成果、未被授予专利权的技术成果和不属于专利法保护范围内的技术成果。

技术秘密转让合同,是指一方当事人(让与方)将其拥有的技术秘密提供给受让方,明确相互之间技术秘密使用权和转让权、受让方支付相应使用费而订立的合同。

(一) 项目名称

项目名称指技术合同标的涉及的内容的总称。在技术秘密转让合同中,项目名称是指“某技术秘密”的技术转让合同。

(二) 技术秘密的内容、要求和工业化开发的程度

技术秘密的内容、要求包括技术秘密的范围、技术指标和参数,具体为列举该技术秘密的技术参数、技术要求及工艺流程等;工业化开发的程度应说明该技术成果的成熟程度,是小试、中试、工业化或商业化生产等。

(三) 技术情报和资料及其提交期限、地点和方式

让与方应向受让方提供实施该技术秘密所需的技术情报和资料,包括工艺设计、技术报告、工艺配方、文件图纸等有关内容,双方可以约定提交有关资料的清单和份数,以便于双方共同监督、检查。技术情报和资料可以是一次提交完毕,也可以是分期分批提交,提交的期限、地点和方式要明确,以防止产生分歧。技术情报和资料提交的地点和方式要符合技术秘密保密的要求。

(四) 技术秘密的范围和保密的期限

技术秘密的范围包括实施专利或者使用技术秘密的期限、地域、方式以及接触技术秘密的人员等。例如使用技术秘密的地域范围,让与方一般会根据市场需要将市场进行划分,向受让方转让技术在某特定市场或全部市场的使用权。当事人在合同中可以约定使用技术秘密的范围,但不得限制技术竞争和技术的发展。

一般来讲，技术秘密没有法定的保护期，期限的长短完全依赖于技术秘密是否仍具有保密性和价值性，只要它未被披露或丧失先进性，就会受到实际上的保护。

（五）验收标准和方法

受让方实施让与方许可使用的技术秘密试制产品完成后，应按本合同约定的产品质量标准对该产品进行验收。当事人双方约定受让方实施甲方许可使用的技术秘密试制完成的产品应符合的技术指标和参数，明确验收的标准和依据。验收的方式，可以由双方委托的技术鉴定部门或者组织专家进行鉴定，也可以约定由受让方单方确认视为通过。但不论采用何种方式验收，验收的标准均应以合同约定的技术指标和参数为依据，并且应当出具书面验收证明。产品验收不合格时，双方应委派技术人员组成调查小组，调查产品不合格的原因，并依本合同约定确定双方的责任和解决方案。

（六）使用费及其支付方式

当事人约定技术秘密许可转让费的金额及其支付方式，双方可以约定采用常规支付转让费的方式，也可以采用支付入门费和提成费相结合的方式。

（七）保密义务

保密义务是技术秘密转让合同的基础，因为技术秘密一旦被公开，合同也即终止。技术秘密转让合同应约定当事人双方的保密内容、涉密人员范围、保密期限和违约责任等。

（八）技术指导的内容

技术指导的内容主要明确让与人对受让人进行技术指导和技术服务的项目、内容、期限等，其目的在于受让人能够有效实施本项技术秘密。

（九）后续改进的提供与分享

在合同的有效期内，任何一方对许可实施的技术秘密所做的改进应及时通知对方，双方可以协商其归属及使用。未经对方许可，一方无权实施对方单独完成的对许可实施的技术秘密的改进技术。一般来说，合同订立时需要明确约定，否则容易出现纠纷。

（十）违约金或者损失赔偿额的计算方法

违约条款应明确任何一方违反本合同条款时应承担的违约责任。例如：受让方违反本合同第×条规定，应当赔偿合同的总金额的×%。

（十一）争议的解决办法

双方因履行本合同而发生的争议，应协商、调解解决。协商、调解不成的，确定按提交仲裁或依法向人民法院起诉方式处理。

第四节　技术咨询合同的订立

技术咨询合同是当事人就特定的技术项目提供可行性论证、技术预测、专题技术调查、分析评价报告而订立的合同。提出合同标的要求并付款方为委托方，提供特定技术项目成果方为受托方。

常见的技术咨询内容：对某项特定的经济技术项目实施的技术先进性、经济合理性进行综合分析、计算和评价，从而确定该项目是否成功和发展的可能；对咨询技术项目的发展趋势进行展望与预测，主要是新技术、新设备、新工艺、新材料、新产品的发展动态，以及这些技术的发展对某些产品需求的影响的预测；针对咨询技术项目的技术要求，采取多种方式对专题资料、数据的考查与收集工作等。

技术咨询合同的基本条款包括以下内容。

(一) 项目名称

项目名称是指技术咨询合同所涉及到的合同标的项目的具体名称，需反映出合同的技术特征和法律特征，例如，某微网建设项目技术咨询合同。项目名称一定要与内容相符合。

(二) 咨询内容、要求和方式

咨询内容应包括有关科学技术与经济社会协调发展的软科学研究，促进科技进步和管理现代化、提高经济效益和社会效益等运用科学知识和技术手段进行调查、分析、论证、评价、预测的专业性技术项目的内容，所应达到的指标、要求以及应提交的咨询报告、技术资料和有关附件。

(三) 履行进度

履行进度指的是项目从开始到结束，各个阶段的预期目标及时间节点。例如：×月×日至×月×日内完成初期调研和资料收集工作，×月×日至×月×日内完成初期调查报告，×月×日至×月×日内完成最终技术咨询报告。

(四) 委托方的协作事项

当事人可以约定委托方的协作事项包括：阐明咨询的问题，向受托方提供技术材料及有关技术、数据；为受托方进行调查论证提供必要的工作条件。对这些协作事项的约定应当明确具体，应写明提供资料及工作条件的具体时间、内容、数量和方式等。

(五) 保密义务

保密义务涉及合同中当事人双方的技术文件、资料和技术秘密的保密约定。当事人一方要求另一方承担保密义务，应列出涉及技术秘密的资料数据和其他秘密事项的清单，涉密人员范围、保密期限及违反保密义务的责任。

(六) 验收、评价方法

技术咨询合同提交的成果大都是可行性论证、技术预测、专题技术调查和分析评价报告等，属于软科学范畴，具有无形、难以操作的特点，其验收标准一般不易以硬性指标衡量，委托方应本着科学、公正、实事求是的原则进行验收，不能过于苛刻或显失公平。验收方式可以约定采用专家评审会、技术论证会等，也可以约定以委托方认可视为验收通过。不论采用何种方式验收，都应由验收方出具验收证明文件。

(七) 报酬及其支付方式

合同当事人应对技术咨询报酬进行约定，如：报酬总额、支付次数、支付方式、支付期限等。

(八) 违约责任

技术咨询合同中，委托方按照受托方符合本合同约定标准和方式完成的技术咨询报告并予以实施所造成的损失，受托方一般不承担法律责任，合同另有约定除外。

(九) 争议的解决办法

合同当事人就合同发生争议时，一般由当事人内部协商解决纠纷；如果协商不成，可以通过诉讼或仲裁的方式解决。

第五节　技术服务合同的订立

技术服务合同是当事人以技术知识为、另一方解决特定技术问题所订立的合同，不包括建设工程合同和承揽合同。技术服务合同具有以下特征：合同标的是解决特定技术问题的项目；履行方式是完成约定的专业技术工作；工作成果有具体的质量和数量指标；有关专业技术知识的传递一般不涉及专利和技术秘密成果的权属问题。技术服务的范围较广，凡是当事人之间订立的需要用科学技术知识解决特定技术问题的合同，大都属于技术服务合同。

技术服务合同的基本条款包括以下内容。

（一）项目名称

项目名称是技术服务合同所涉及的技术标的项目的全称，其概括技术服务合同的技术特征和法律特征。

（二）服务的内容、方式和要求

技术服务合同的标的体现为技术工作成果，主要有产品设计、工艺编制、工程计算、材料配方、设备改造、企业技术改造方案制定、经营管理改善、计算机程序设计和检索、复杂的物理测试及化学测试、生物测试、复杂的产品或材料性能的分析鉴定、其他科学研究、技术开发、技术转让、工业化试验和生产活动中完成的特定技术工作以及技术培训和技术中介合同。服务方可就上述技术服务内容向委托方提供技术服务。技术服务的方式主要是指完成技术服务工作的具体做法、采用的手段和方式。技术服务的要求是指完成特定技术服务项目的难度、具体的技术指标、经济指标以及实施效果。

（三）履行期限、地点和方式

履行期限是从合同的开始履行至履行完毕的时间，分阶段履行的各个阶段的起止日期。履行地点是指提供技术服务及技术指导的地点，若合同中未约定，可在委托方所在地履行。履行方式可以约定以工艺产品结构的设计、新产品、新材料性能的测试分析、新型或者复杂生产线的调试、非标准化的测试分析以及利用技术和经验为特定技术项目服务等方式来完成。

（四）工作条件和协作事项

工作条件和协作事项是指为了使服务方顺利开展服务工作，委托方应向服务方提供必要的工作条件和技术背景资料等，包括技术资料、数据、材料、工作场地等。协作事项是向服务方阐明所要解决的技术问题的要点，提供有关技术背景材料及有关技术、数据、原始设计文件及必要的样品材料和工作场地等。

（五）验收标准和方式

验收标准是针对受托人技术服务的质量、效果的一种检验。技术服务合同的验收标准因不同的技术服务要求而不同，但验收标准应该包括明确的、具体的技术服务要求，要达到的质和量的指标等。验收方式可以是委托方验收，或委托第三方验收，或组织专家验收等。

（六）报酬及其支付方式

技术服务合同服务方提供技术服务，受托人支付服务报酬。双方约定报酬的支付方式和期限，依据《合同法》第325条的规定，可以约定采用一次总付、分期支付等方式支付，并明确约定支付期限。

（七）违约责任的承担

合同当事人就合同发生争议时，一般由当事人通过内部协商解决纠纷，可以参照约定的赔偿条款并继续履行；如果协商不成，可以通过诉讼或仲裁的方式解决。当事人选定使用的仲裁方式解决纠纷则不得再将同一纠纷诉诸法院，仲裁解决具有终局效力。所以订立合同时应约定是采用仲裁还是诉讼。

（八）当事人约定的其他事项

当事人可以根据需要约定其他条款。如保证期限条款，技术合同的标的在短期内难以发现缺陷的，当事人可以在合同中约定保证期。在保证期内发现服务质量有缺陷的，受托人应当负责返工或者采取其他补救措施，但因委托人使用、保管不当引起服务质量问题除外。

第六节 技术中介合同和技术培训合同的订立

一、技术中介合同

技术中介合同是指当事人一方以知识、技术、经验和信息为另一方与第三方订立技术合同进行联系、介绍以及对履行合同提供专门服务所订立的合同。当事人接受技术供给方和技术需求方委托,为实现和加速技术转移提供服务,都应订立技术中介合同。

在签订技术中介合同时,当事人应互相审查对方主体资格、资信、技术情况和履约能力。技术中介合同委托方的义务主要是:如实提出订立合同的要求,提供有关背景资料;按照合同约定支付报酬;按照合同约定承担受托方的活动经费。受托方的义务主要是:真实反映委托方和第三方的履约能力、技术成果和资信情况(如技术的性能、实施条件、预计效益、价格等),促成委托方与第三方成交;诚实守信,保守委托方和第三方的技术秘密,不得擅自使用和转让委托方和第三方的技术成果;为委托方和第三方订立、履行合同提供约定的服务。

二、技术培训合同

技术培训合同是当事人一方委托另一方对指定的专业技术人员进行特定项目的技术指导和业务训练所订立的合同。

技术培训合同委托人按照约定派出符合条件的学员,保证学员遵守培训纪律,接受专业技术训练和技术指导,并按照约定支付报酬。受托人则按照约定配备符合条件的教员,制定和实施培训计划,按期完成培训,实施约定的培训目标。

技术中介合同和技术培训合同属于技术服务合同的一种,它们的条款和注意事项可参考技术服务合同的主要条款说明。

第三章 技术合同的登记

第一节 技术合同登记的概念和作用

为了贯彻落实《中共中央、国务院关于加强技术创新,发展高科技,实现产业化的决定》精神,加速科技成果转化,保障国家有关促进科技成果转化政策的实施,加强技术市场管理,科技部、财政部和税务总局于2000年共同制定了《技术合同认定登记管理办法》。法人、个人和其他组织依法订立的技术开发合同、技术转让合同、技术咨询合同和技术服务合同可以申请认定登记,从而享受国家规定的信贷、奖励和税收优惠政策。

一、技术合同认定登记的概念

技术合同认定登记,是指根据《技术合同认定登记管理办法》设立的技术合同登记机构对技术合同当事人申请认定登记的合同文本从形式上、技术上进行核查,确认其是否符合技术合同要求的专项管理工作。技术合同登记机构对申请认定登记的合同是否属于技术合同及属于何种技术合同做出结论,并核定其技术交易额或技术性收入。

二、技术合同认定登记的作用

技术合同认定登记对技术合同当事人和科技管理主管部门都具有重要的作用。

(1) 通过技术合同登记,合同主体合法性、合同有效性得到审查和验证。

(2) 通过技术合同认定登记,合同当事人可以享受国家有关促进科技成果转化规定的税收、信贷和奖励等方面的优惠政策。未申请认定登记和未予登记的技术合同不得享受。

(3) 通过技术合同认定登记,可以加强国家对技术市场和科技成果转化工作的指导、管理和服务,使技术交易更加规范,减少技术交易纠纷的产生,净化技术市场环境。技术合同认定登记还有利于加强国家对技术市场的统计和分析工作,为政府制定政策提供依据。

第二节 技术合同登记流程

一、技术合同认定登记的流程

(一) 申请

技术开发合同的研究开发人、技术转让合同的让与人、技术咨询和技术服务合同的受托人,以及技术培训合同的培训人、技术中介合同的中介人,应当在合同成立后向所在地区的技术合同登记机构提出认定登记申请。

申请技术合同认定登记,应提交完整的书面合同文本和相关附件,包括企业法人营业执照(或事业单位法人证书、社会团体法人登记证书)、组织机构代码证、税务登记证、个人身份证明材料;技术合同文本原件,原件份数根据当地合同登记管理办公室要求提交;技术合同登记表;技术转让合同需提交知识产权证书复印件等。采用口头形式订立技术合同的，技术合同登记机构将不予受理。技术合同认定登记中实行按地域一次登记制度，合同不能重复登记。

（二）受理

技术合同登记机构在对合同形式、签章手续及有关附件、证照进行初步查验，确认符合《合同法》《技术合同认定登记管理办法》《技术合同认定规则》等要求的，予以受理。

（三）审核登记

技术合同受理后，技术合同登记机构对当事人所提交的合同文本和有关材料进行审查和认定，其主要事项是：判断是否是技术合同、分类登记、核定技术性收入等。审核，做出是否审批通过的决定，并根据决定结果制作文书，送达申请人。

二、技术交易额的核定

技术合同登记机构应当对申请认定登记合同的交易总额和技术交易额进行审查，核定技术性收入。申请认定登记的合同，应当载明合同交易总额、技术交易额。其中合同交易总额是指技术合同成交项目的总金额；技术交易额是指从合同交易总额中扣除购置设备、仪器、零部件、原材料等非技术性费用后的剩余金额，但合理数量标的物的直接成本不计入非技术性费用；技术性收入是指履行合同后所获得的价款、使用费和报酬。

申请认定登记时不能确定合同交易总额、技术交易额的，或者在履行合同中金额发生变化的，当事人应当在办理减免税或提取奖酬金手续前予以补正。不予补正并违反国家有关法律法规的，应承担相应的法律责任。

三、技术合同认定与登记的注意事项

申请认定登记的技术合同应当是依法已经生效的合同。当事人以合同书形式订立的合同，自双方当事人签字或者盖章时成立。依法成立的合同，自成立时生效。法律、行政法规规定应当办理批准、登记等手续生效的，依照其规定，在批准、登记后生效，如专利申请权转让合同、专利权转让合同等。

当事人为法人的技术合同，应当由其法定代表人或者其授权的人员在合同上签名或者盖章，并加盖法人的公章或者合同专用章；当事人为自然人的技术合同，应当由其本人在合同上签名或者盖章；当事人为其他组织的合同，应当由该组织负责人在合同上签名或者盖章，并加盖组织的印章。印章不齐备或者印章与书写名称不一致的，不予登记。申请认定登记的技术合同，如主体不明确的；合同标的不明确，不能使登记人员了解其技术内容的；合同价款、报酬、使用费等约定不明确的；合同条款含有非法垄断技术、妨碍技术进步等不合理限制条款的，都不予登记。

《技术合同认定规则》规定，申请认定登记的技术合同中可以计入技术交易额的有关技术成果的载体，不得超出合理的数量范围。技术文件（包括技术方案、产品和工艺设计、工程设计图纸、试验报告及其他文字性技术资料），以通常掌握该技术和必要存档所需份数为限；磁盘、光盘等软件性技术载体、动植物（包括转基因动植物）新品种、微生物菌种，以及样品、样机等产品技术和硬件性技术载体，以当事人进行必要试验和掌握、使用该技术所需数量为限；成套技术设备和试验装置一般限于1～2套。

四、以上海市技术合同认定登记为例

省、自治区、直辖市和计划单列市科学技术行政部门管理本行政区划的技术合同认定登记工作。地、市、区、县科学技术行政部门设技术合同登记机构，具体负责办理技术合同的认定登记工作。各地的技术合同认定登记流程虽有细小差异，但遵循的法律法规不变，依托《技术合同认定登记管理办法》《技术合同认定规则》的原则不变。

以上海市技术合同认定登记为例，上海市由技术市场管理办公室主要负责技术合同的形式审查、受理和审定工作。

上海市技术市场管理办公室（以下简称“市技术市场办”）在全市设立了31个登记处，首次办理需至登记处进行法人用户的注册，获取用户名和密码。各类技术合同的登记必须遵照《中华人民共和国合同法》及国家和上海市的有关规定签订，并使用上海市科委和上海市工商行政管理局联合制发的《技术开发合同》《技术转让合同》《技术咨询合同》《技术服务合同》的示范文本。合同生效后，凭用户名及密码登录合同登记网站，填报合同信息并报送书面材料至登记处进行审核。

申请技术开发、技术转让合同认定登记的，申请材料通过市技术市场办下设登记处形式审查后，由市技术市场办受理，如图3-1所示；申请技术咨询、技术服务合同认定登记的，申请材料提交登记处现场确认、当场受理，如图3-2所示。

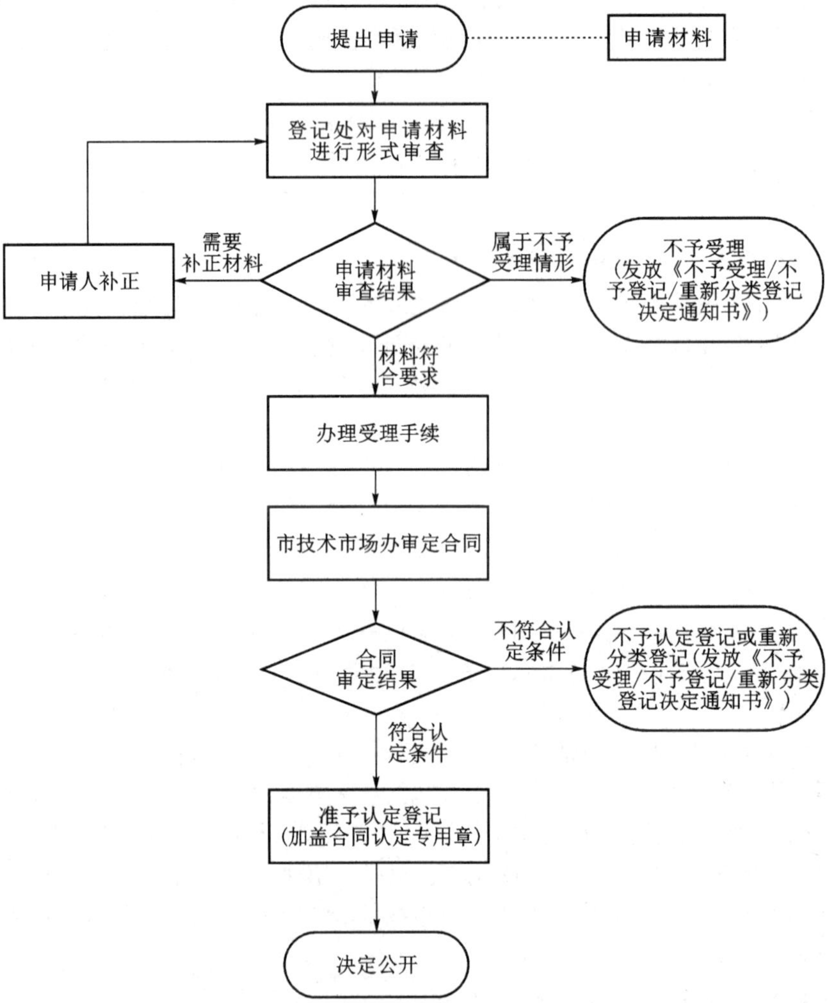

图3-1 技术开发、技术转让合同认定登记流程

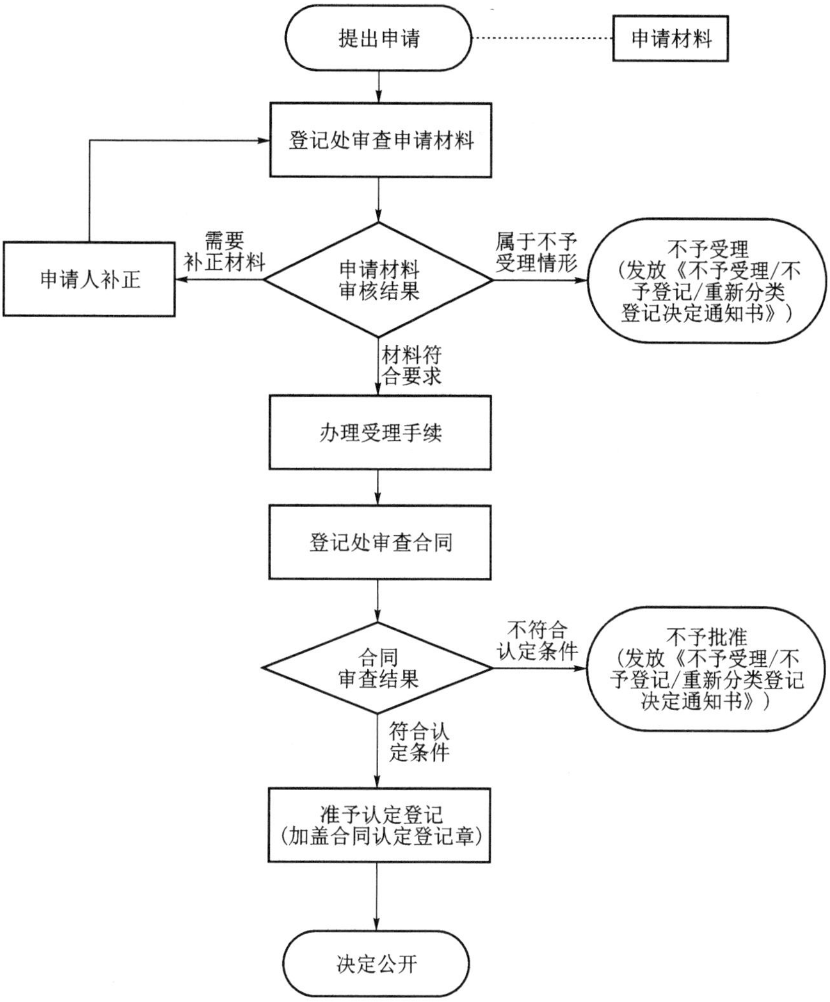

图 3-2　技术咨询、技术服务合同认定登记流程

上海市技术市场办、登记处受理申请后,在 30 个工作日内做出是否审核通过的决定。自做出核准决定后 5 个工作日内,在市技术市场办网站上公开有关信息,供单位和个人查询。

第四章　技术合同的履行及常见情况

第一节　技术合同履行

一、技术合同履行的概念

《合同法》第60条规定，当事人应当按照约定全面履行自己的义务，当事人应当遵守诚实信用原则，根据合同的性质、目的和交易习惯履行通知、协助、保密等义务。技术合同的履行是指当事人依照技术合同的标的、质量、数量、履行期限、履行方式等内容完成自己应尽的义务，按照约定履行，使合同中的权利和义务得到全部实现的整个行为过程。

二、技术合同履行的特点

（一）技术合同履行的无形性

技术合同的履行是技术成果的交付，不管是技术开发、技术转让、技术咨询或是技术服务，其履行的过程是通过技术开发、技术转让、技术咨询或是技术服务，使其符合约定和相关标准等。技术合同的履行不是显而易见的，它不是体现为交付一台样机、提交一份报告，而更像是一个看不见、摸不着的过程。即使是技术合同的明确验收标准是提交样机设备一台，也不是确凿无疑的履约证据，生产设备所使用的技术，才是合同履行的真正标的。

（二）技术合同履行的不确定性

技术合同的履行过程充满不确定性，主要体现在技术开发合同中。技术开发就是一个向未知科学领域探索的过程。技术开发合同的实现，不仅依赖于合同当事人能否全面地履行合同义务，还会受到现有的科学发展水平的制约。所以，即使合同当事人在合同履行上不存在任何过错，但是技术开发仍然可能由于人类现有技术水平的限制而失败。

三、技术合同履行的内容

（一）技术合同履行的主体

技术合同履行的主体可以是我国的自然人、法人和其他组织，也可以是外国的个人、企业和其他组织，他们可以依据技术合同享有权利和承担义务。

（二）技术合同履行的标的

技术合同的标的是提供技术的行为。技术合同的标的与技术有密切联系，不同类型的技术合同有不同的技术内容。技术开发合同的标的兼具技术成果与技术行为的内容，技术转让合同的标的是特定的技术成果，技术服务与技术咨询合同的标的是特定的技术行为。

（三）技术合同履行的期限

技术合同当事人应当按照合同约定的期限履行义务。对合同中有明确约定的技术合同，应当在规定的期限内持续地或一次性地履行。

（四）技术合同履行的地点

技术合同的履行地点是指进行研究开发的地点，交付技术资料、进行技术指导的地点，提供咨询和服务的地点及支付费用和报酬的地点。

（五）技术合同履行的方式

合同履行方式由法律或者合同约定或者由合同性质来确定，不同性质、内容的合同有不同的履行方式。根据合同履行的基本要求，在履行方式上，履行义务人必须首先按照合同约定的方式进行履行。如果约定不明确的，当事人可以协议补充，协议不成的，可以根据合同的有关条款来确定。

（六）技术合同履行中的成果分享

合同履行过程中产生的发明、技术秘密或其他技术成果，应明确专利申请权、技术秘密的使用权和转让权。对于后续改进技术的分享办法，当事人可以在合同中明确约定，没有约定或约定不明确的，当事人可以签订补充协议；不能达成补充协议的，依照法律相关规定确认归属。

第二节　技术合同履行中的常见情况

一、技术合同变更

技术合同变更是指合同法律关系内容的改变，如合同各项条款修改、删减、增补、限制等。《合同法》规定，当事人协商一致，可以变更合同。

二、技术合同解除

技术合同解除是指技术合同当事人在签订技术合同以后，依照法律规定，当事人双方的商定所达成的提前终止合同的协议。有下列情形之一的，当事人可以解除合同：

（1）因不可抗力致使不能实现合同目的；

（2）在履行期限届满之前，当事人一方明确表示不履行主要债务；

（3）当事人一方迟延履行主要债务，经催告后在合理期限内仍未履行；

（4）当事人一方迟延履行债务或者有其他违约行为致使不能实现合同目的；

（5）法律规定的其他情形。

法律、行政法规规定解除合同应当办理批准、登记等手续的，依照其规定。合同解除后，尚未履行的，终止履行；已经履行的，根据履行情况和合同性质，当事人可以要求恢复原状、采取其他补救措施，并有权要求赔偿损失。

三、技术合同的争议及解决

技术合同发生争议时，技术经纪人可以帮助当事人通过和解、调解、仲裁和诉讼这四种办法解决。和解是指合同纠纷产生后，由当事人就合同当事人就合同争议的问题进行磋商，双方都做出一定的让步，在彼此都认为可以接受的基础上达成和解协议的方式。调解是指合同当事人自愿将合同争议提交给一个第三者，在第三者的主持下进行协商的方式。仲裁是指合同当事人根据仲裁协议，将合同争议提交给仲裁机构并由仲裁机构做出裁决方式。诉讼是指合同当事人就合同争议依法向人民法院起诉，由人民法院按照审判程序做出判决，使合同争议得到解决。

第五章　技术合同文本填写示范

合同示范文本是指由规定的国家机关事先拟定的对当事人订立合同起示范作用的合同文本。合同示范文本可以让当事人了解、掌握其特点和使用事项，提高合同签订质量。不按合同示范文本填写，会让当事人签订的合同不规范，条款不完备，漏洞较多，将给合同履行带来很大困难，不仅影响合同履行，还会导致合同纠纷增多，解决纠纷的难度增大。

2007 年 7 月科技部根据《合同法》有关规定，印发《技术合同示范文本》的通知。要求各地各科技行政管理部门，规范技术合同交易活动，提高技术交易质量，此版本技术合同示范文本，我们称为国版技术合同示范文本。随着各地技术市场的繁荣盛兴，很多省、直辖市在国版技术合同示范文本的基础上推出了各自版本的技术合同示范合同，如北京、上海、浙江等，并要求当事人签订技术合同时使用该示范合同文本。很多大型企业也适时地推出了符合本企业自身要求的技术合同示范文本。

本节主要以技术合同中的技术开发合同为示范，教授大家如何规范的填写一份技术合同文本。示范将以国版的“技术开发（委托）合同”和地方版中具有代表性的上海版“技术开发合同”为例，供大家学习参考。

第一节　国版“技术开发(委托)合同”

合同编号：<u>认定登记后合同的编号</u>

技术开发（委托）合同

项目名称：<u>用简明、准确的文字表达合同的标的和名称</u>
委托方（甲方）：<u>用《企业法人营业执照》规定的法定名称　（买方）</u>
受托方（乙方）：<u>用《企业法人营业执照》规定的法定名称　（卖方）</u>

签订时间：<u>一般指最后一方签字盖章之日，已履行或另有约定除外</u>
签订地点：<u>一般指合同签字盖章地点，涉及发生争议后的法律管辖</u>
有效期限：<u>合同生效和废止的时间长度，涉及发生争议后的诉讼时效</u>

中华人民共和国科学技术部印制

技术开发（委托）合同

委托方（甲方）：<u>用《企业法人营业执照》规定的法定名称</u>
住　　所　　地：<u>用《企业法人营业执照》规定的地址</u>

法定代表人：用《企业法人营业执照》规定的法定代表人

项目联系人：甲方项目指定联系人

联系方式：指电话、手机、E-mail 等联系方式

通讯地址：指可以联系通讯的地址

电话：________________ 传真：________________

电子信箱：____

受托方（乙方）：用《企业法人营业执照》规定的法定名称

住　所　地：用《企业法人营业执照》规定的地址

法定代表人：用《企业法人营业执照》规定的法定代表人

项目联系人：乙方项目指定联系人

联系方式：指电话、手机、E-mail 等联系方式

通讯地址：指可以联系通讯的地址

电话：________________ 传真：________________

电子信箱：____

本合同甲方委托乙方研究开发 合同项目名称 项目，并支付研究开发经费和报酬，乙方接受委托并进行此项研究开发工作。双方经过平等协商，在真实、充分地表达各自意愿的基础上，根据《中华人民共和国合同法》的规定，达成如下协议，并由双方共同恪守。

第一条 本合同研究开发项目的要求如下：

1. 技术目标：①新技术开发；②新产品开发；③新工艺开发；④新材料开发；⑤新技术相关系统的研究开发。

2. 技术内容：①所属技术领域；②小试、中试、扩试、工业化或商业化等阶段技术成果；④技术文件：技术图纸、工艺、配方、标准、计算机软件程序等；⑤理论知识、方法或者产业技术。

3. 技术方法和路线：①总体技术改造；②研制新设备；③研制试验装备；④消化、吸收、仿制的新技术；⑤编制软件程序；⑥设计工艺路线；⑦设计；⑧治理污染、环境保护；⑨提高工作效率等。

第二条 乙方应在本合同生效后 N 日内向甲方提交研究开发计划。研究开发计划应包括以下主要内容：

①阶段性计划内容，第 1，2，3，……，N 阶段；②项目开始之日、阶段性目标、项目完成之日；③具体进度。

第三条 乙方应按下列进度完成研究开发工作：

①总体计划，×年×月×日至×年×月×日②阶段性时间分配，第 1，2，3，……，N 阶段；③项目开始之日、阶段性目标、项目完成之日；③×年×月×日至×年×月×日达到计划目标。

第四条 甲方应向乙方提供的技术资料及协作事项如下：

1. 技术资料清单：①基础技术资料；②有关背景技术资料；③目前技术的基础状态、状况和技术水平；④相关技术标准；⑤样机或者样品；⑥其他相关技术信息。

2. 提供时间和方式：①何时何地；②交付方式：当面交付、委托第三方、邮寄等。

3. 其他协作事项：①需要另一方协助的事项；②另一方必须给予帮助才能完成的，另一方就必须给予帮助或协助。

本合同履行完毕后，上述技术资料按以下方式处理：①退回当事人一方；②留下自行处理；③在×年内保存，不得丢失；③各自存档保管。

第五条 甲方应按以下方式支付研究开发经费和报酬：

1. 研究开发经费和报酬总额为人民币×××元或外币金额×××元。

其中:委托人向研究开发人约定支付的研究开发经费和报酬;

2. 研究开发经费由甲方约定选项(一次、分期或提成)支付乙方。具体支付方式和时间如下:

(1) 一次性支付:×年×月×日至×年×月×日支付;银行转账、托收或现金支付×元;

(2) 分期支付:①×年×月×日,银行转账、托收或现金支付×元;②×年×月×日,银行转账、托收或现金支付×元;

(3) 提成支付:①提成支付计算方式;②支付时间:×年×月×日,银行转账、托收或现金支付×元;

(4) 双方约定×年×月×日通过第三方向乙方支付:银行转账、托收或现金支付×元。

乙方开户银行名称、地址和账号为:

开户银行:单位财务开户行信息

地址:________________

账号:________________

3. 双方确定,甲方以实施研究开发成果所产生的利益提成支付乙方的研究开发经费和报酬的,乙方有权以①合同约定监督;②每月、季、半年一次的;③双方约定的第三方负责监督的方式查阅甲方有关的会计账目。

第六条 本合同的研究开发经费由乙方以①按照实际支出合理支配;②按照合同约定专款专用;③保证开支经济合理的方式使用。甲方有权以①合同约定监督研究开发进度;②合同约定的第三方负责监督的方式检查乙方进行研究开发工作和使用研究开发经费的情况,但不得妨碍乙方的正常工作。

第七条 本合同的变更必须由双方协商一致,并以书面形式确定。但有下列情形之一的,一方可以向另一方提出变更合同权利与义务的请求,另一方应当在 N 日内予以答复;逾期未予答复的,视为同意:

合同的变更是合同内容的局部变更,是合同的非根本性变化合同变更只是对原合同关系的内容作某些修改和补充,而不是对合同内容的全部变更。

第八条 未经甲方同意,乙方不得将本合同项目部分或全部研究开发工作转让第三人承担。但有下列情况之一的,乙方可以不经甲方同意,将本合同项目部分或全部研究开发工作转让第三人承担:

①不涉及和损害甲方技术权益、经济利益和商业秘密;②主管技术的项目负责人变动、国家重大产业计划变动、显失公平等情况;③考虑技术进步的发展,独家难以承担一个完整的项目,这里就有对外合作问题;

乙方可以转让研究开发工作的具体内容包括:①不涉及本项目技术权益的;②不属于本项目核心技术的。

第九条 在本合同履行中,因出现在现有技术水平和条件下难以克服的技术困难,导致研究开发失败或部分失败,并造成一方或双方损失的,双方按如下约定承担风险损失:①双方约定承担,约定优先;②合同无约定,由当事人合理分担,合理分担不等与平均分担;③当事人可以约定一定数量的资金作为承担未来可能发生的风险损失。

双方确定,本合同项目的技术风险按①当事人认可的专家权威机构确认;②国家或地方政府指定机构;③当事人约定几名专家确认的方式认定。认定技术风险的基本内容应当包括技术风险的存在、范围、程度及损失大小等。认定技术风险的基本条件是:

1. 本合同项目在现有技术水平条件下具有足够的难度;

2. 乙方在主观上无过错且经认定研究开发失败为合理的失败。

一方发现技术风险存在并有可能致使研究开发失败或部分失败的情形时，应当在 N 日内通知另一方并采取适当措施减少损失。逾期未通知并未采取适当措施而致使损失扩大的，应当就扩大的损失承担赔偿责任。

第十条 在本合同履行中，因作为研究开发标的的技术已经由他人公开(包括以专利权方式公开)，一方应在 N 日内通知另一方解除合同。逾期未通知并致使另一方产生损失的，另一方有权要求予以赔偿。

第十一条 双方确定因履行本合同应遵守的保密义务如下：

甲方：

1. 保密内容(包括技术信息和经营信息)：①涉及本合同的技术文件、资料、经营信息和商业秘密；②未经乙方同意不得对外转让或泄露。

2. 涉密人员范围：直接或间接涉及本合同技术的相关人员。

3. 保密期限：①依法保密；②约定保密期限，约定优先，但此约定不得违背国家有关规定；③无保密期限。

4. 泄密责任：①当事人合同约定优先；②依照法律法规承担责任。

乙方：

1. 保密内容(包括技术信息和经营信息)：①涉及本合同的技术文件、资料、经营信息和商业秘密；②本合同技术标的及应用方向；③本技术的销售市场和方向。

2. 涉密人员范围：①直接或间接涉及本合同技术的有关人员；②乙方的研究开发人员；③涉及与该技术成果的相关人员。

3. 保密期限：①依法保密；②约定保密期限，约定优先，但此约定不得违背国家有关规定；③无保密期限。

4. 泄密责任：①当事人合同约定优先；②依照法律法规承担责任。

第十二条 乙方应当按以下方式向甲方交付研究开发成果：

1. 研究开发成果交付的形式及数量：①约定交付的形式与数量；②双方当事人举行交付签字形式；③交付时双方的书面认可。

2. 研究开发成果交付的时间及地点：约定×年×月×日，×地交付。

第十三条 双方确定，按以下标准及方法对乙方完成的研究开发成果进行验收：①不得使用淘汰或禁止的标准；②约定的标准和方法；③约定使用国际标准、国家标准、专业标准、企业标准或者其他国外标准等；④无标准的，按行业的一般要求鉴定；⑤方法：专家评议、国家规定的部门检测结论、鉴定会或双方认可的方式。

第十四条 乙方应当保证其交付给甲方的研究开发成果不侵犯任何第三人的合法权益。如发生第三人指控甲方实施的技术侵权，乙方应当①承担甲方由此而产生的经济损失和其他责任；②本约定具有溯及力，合同结束后，本约定仍然有约束力。

第十五条 双方确定，因履行本合同所产生的研究开发成果及其相关知识产权权利归属，按下列第1或2种方式处理：

1. 双方约定的选项(甲、乙、双)方享有申请专利的权利。

专利权取得后的使用和有关利益分配方式如下：①研究开发人员取得专利权，委托人可以免费实施该专利；②研究开发人转让专利申请权，委托人享有同等条件的优先受让(购买)的权利；③专利权为双方共有，利益归双方共有；④允许当事人的其他约定。

2. 按技术秘密方式处理。有关使用和转让的权利归属及由此产生的利益按以下约定处理：

(1) 技术秘密的使用权：①甲方；②乙方；③双方共有。

(2) 技术秘密的转让权:①甲方;②乙方;③双方共有。

(3) 相关利益的分配办法:①归实施方所有;②双方按比例分享;③双方均有。

双方对本合同有关的知识产权权利归属特别约定如下:①双方约定,约定优先;②如无约定则按法律的有关规定。

第十六条 乙方不得在向甲方交付研究开发成果之前,自行将研究开发成果转让给第三人。

第十七条 乙方完成本合同项目的研究开发人员享有在有关技术成果文件上写明技术成果完成者的权利和取得有关荣誉证书、奖励的权利。

第十八条 乙方利用研究开发经费所购置与研究开发工作有关的设备、器材、资料等财产,归①依约定;②涉及技术交易额计算(甲、乙、双)方所有。

第十九条 双方确定,乙方应在向甲方交付研究开发成果后,根据甲方的请求,为甲方指定的人员提供技术指导和培训,或提供与使用该研究开发成果相关的技术服务。

1. 技术服务和指导内容:①甲方技术人员和主要操作人员掌握该技术成果,包括设计指导、技术指导、工艺方法指导、技术培训与授课讲座培训。

2. 地点和方式:①合同约定地点;②甲方住所地;③乙方住所地;方式:培训、现场指导。

3. 费用及支付方式:①甲方支付人民币××元;②双方按比例承担费用;③方式:银行汇款、转账、现金支付等。

第二十条 双方确定:任何一方违反本合同约定,造成研究开发工作停滞、延误或失败的,按以下约定承担违约责任:

1. __乙__方违反本合同第__×__条约定,应当①支付违约金×元;②按合同总额的×%赔偿支付(支付违约金或损失赔偿额的计算方法)。

2. __甲__方违反本合同第__×__条约定,应当①支付违约金×元;②按合同总额的×%赔偿支付(支付违约金或损失赔偿额的计算方法)。

3. __/__方违反本合同第__/__条约定,应当__/__(支付违约金或损失赔偿额的计算方法)。

4. __/__方违反本合同第__/__条约定,应当__/__(支付违约金或损失赔偿额的计算方法)。

5. __/__方违反本合同第__/__条约定,应当__/__(支付违约金或损失赔偿额的计算方法)。

6. __/__方违反本合同第__/__条约定,应当__/__(支付违约金或损失赔偿额的计算方法)。

第二十一条 双方确定,甲方有权利用乙方按照本合同约定提供的研究开发成果,进行后续改进。由此产生的具有实质性或创造性技术进步特征的新的技术成果及其权属,由依约定(甲、乙、双)方享有。具体相关利益的分配办如下:①合同约定优先;②后续改进归完成者所有,他人无权分享,任何分享都是有偿的;③约定双方共有,则利益共享。

乙方有权在完成本合同约定的研究开发工作后,利用该项研究开发成果进行后续改进。由此产生的具有实质性或创造性技术进步特征的新的技术成果,归依约定(甲、乙、双)方所有。具体相关利益的分配办法如下:①合同约定优先;②后续改进归完成者所有,他人无权分享,任何分享都是有偿的;③约定双方共有,则利益共享。

第二十二条 双方确定,在本合同有效期内,甲方指定项目联系人为甲方项目联系人,乙方指定项目联系人为乙方项目联系人。项目联系人承担以下责任:

1. ①关于需求、实施、进度、变更、验收、培训等项目的沟通;②关于费用、付款、配合、协助等项目的交流。

一方变更项目联系人的,应当及时以书面形式通知另一方。未及时通知并影响本合同履行或造成损失的,应承担相应的责任。

第二十三条 双方确定,出现下列情形,致使本合同的履行成为不必要或不可能的,一方可以通知另一方解除本合同；

1. 因发生不可抗力或技术风险；

2. ①技术风险出现，技术风险指当事人努力履行，现有水平无法达到，有足够技术难度，同行专家认定为合理失败；②在合同履行中，第三人公开相同的技术成果。

第二十四条 双方因履行本合同而发生的争议，应协商、调解解决。协商、调解不成的，确定按以下第1或2种方式处理：

1. 提交双方确认的×××仲裁委员会仲裁；

2. 依法向①依约定；②合同签订地；③合同履行地人民法院起诉。

第二十五条 双方确定：本合同及相关附件中所涉及的有关名词和技术术语，其定义和解释如下：

①对没有标准和惯例的名词、技术术语要有标准的约定和解释，防止歧义或误解；②文字、符号标准化和规范；③特定名词、术语和规范等。

第二十六条 与履行本合同有关的下列技术文件，经双方确认后，①下列内容；②约定其他的内容为本合同的组成部分：

1. 技术背景资料：名称、份数；

2. 可行性论证报告：名称、份数；

3. 技术评价报告：名称、份数；

4. 技术标准和规范：名称、份数；

5. 原始设计和工艺文件：名称、份数；

6. 其他：约定其他的技术文件，如补充协议、预算等。

第二十七条 双方约定本合同其他相关事项为：①除上述条款约定之外，双方当事人尚需要其他特别约定的内容和需要说明的问题；②可以约定中介条款(阐明中介方的权利与义务)。③未尽事宜双方友好协商解决。

第二十八条 本合同一式 N 份，具有同等法律效力。

第二十九条 本合同经双方签字盖章后生效。

甲方：印章应与《企业法人营业执照》规定的名称一致(盖章)

法定代表人/委托代理人：①法定代表人签名或②委托代理人签名(签名)

年 月 日

乙方：印章应与《企业法人营业执照》规定的名称一致(盖章)

法定代表人/委托代理人：①法定代表人签名或②委托代理人签名(签名)

年 月 日

印花税票粘贴处：

专门用于征收印花税税款

(以下由技术合同登记机构填写)

合同登记编号：

1. 申请登记人：自然人、法人或其他经济组织(卖方)

2. 登记材料：(1)①技术合同登记表；②附件或其他佐证材料；③合同原件等。

(2) ________________

(3) ________________

3. 合同类型:技术开发合同

4. 合同交易额:技术开发(委托)合同成交的总金额

5. 技术交易额:是指从合同交易总额中扣除购置设备、仪器、零部件、原材料等非技术性费用后的剩余金额。但合理数量标的的直接成本不计入非技术性费用。

技术合同登记机构(印章)

经办人:

年 月 日

第二节 上海版“技术开发合同”

合同登记编号:□□ □□□□ □□ □□□□□

技术开发合同

(2003 版)

项目名称:用简明、准确的文字表达合同的标的和名称

委托人:用《企业法人营业执照》规定的法定名称

(甲方)

研究开发人:用《企业法人营业执照》规定的法定名称

(乙方)

签订地点:上海省(市)××区(县)

签订日期:×××年×月×日

有效期限:×××年×月×日至×××年×月×日

上海市科学技术委员会

上海市工商行政管理局

依据《中华人民共和国合同法》的规定,合同双方就项目名称项目的技术开发(委托/合作开发)(该项目属 / 计划※)经协商一致,签订本合同。

一、※标的技术内容、形式和要求:

1. 技术目标:①新产品开发;②新工艺开发;③新材料开发;④新的技术系统开发;⑤其他原创性的技术开发;⑥达到某技术标准的新技术或新产品。

2. 技术内容:①所属技术领域;②小试、中试、扩试等阶段性技术成果;③商业化生产的技术成果(也称工业化生产);④技术文件:技术图纸、工艺、配方、标准、计算机软件程序等;⑤理论知识、方法或者产业技术。

3. 技术方法和路线:①总体技术改造;②研制新设备;③研制试验装备;④消化、吸收、仿制的新技术;⑤编制软件程序;⑥设计工艺路线;⑦设计;⑧治理污染、环境保护;⑨提高工作效率等。

二、应达到的技术指标和参数:

指标性要求,可以单独定制《×××技术协议》技术说明文件作为附件。

三、※研究开发计划：

明确每一阶段的起止时间，所要解决的技术问题，完成的研究内容，达到的目标等。

例如：

2016.7.1—2016.7.31　需求分析

2016.8.1—2016.12.31　编码，设计开发

2017.1.1—2017.1.31　测试，试运行

2017.2.1—2017.2.6　验收

四、研究开发经费、报酬及其支付或结算方式：

（一）研究开发经费是指完成本项研究开发工作所需的成本；报酬是指本项目开发成果的使用费和研究开发人员的科研补贴。

本项目研究开发经费及报酬（大写）：人民币×××元（其中经费×元，报酬×元）。

（二）经费和报酬支付方式（采用以下第②种方式）：

① 一次总付：________元，时间：________

② 按期支付：人民币××元，时间：×××年×月×日前

人民币××元，时间：×××年×月×日前

③ 按利润______%提成，期限：________

④ 按销售额____%提成，期限：________

⑤ 其他方式：/

五、利用研究开发经费购置的设备、器材、资料的财产权属：

明确合同中购买设备、器材、资料的归属权，涉及技术交易额计算。

例如：

本合同所购买的设备归甲方所有。

六、履行的期限、地点和方式：

本合同自×××年×月×日至×××年×月×日在××省（市）××公司所在地（地点）履行。

本合同的履行方式：样机、图纸、盘片、成套设备试制、生产等。

例如：

本合同的履行方式：乙方完成项目开发后，需提交样机2台，研究报告一份，并交付甲方进行项目测试及验收。

七、※技术情报和资料的保密：

1. 技术资料清单：①基础技术资料；②有关背景技术资料；③目前技术的基础状态、状况和技术水平；④相关技术标准；⑤样机或者样品；⑥其他相关技术信息。

2. 提供时间和方式：何时何地；①当事人当面交付②委托第三人交付；③邮寄。

3. 本合同履行完毕后，上述技术资料按以下方式处理：①退回当事人一方；②留下自行处理；③在 N 年内保存，不得丢失；③各自存档保管。

4. 保密：(1)保密内容（包括技术信息和经营信息）：①涉及本合同的技术文件、资料、经营信息和商业秘密；②未经乙方同意不得对外转让或泄露。(2)涉密人员范围：直接或间接涉及本合同技术的有关人。(3)保密期限：①依法保密；②约定保密期限，约定优先，但此约定不得违背国家有关规定；③无保密期限。(4)泄密责任：①当事人合同约定优先；②依照法律法规承担责任。

举例：

1. 合同双方对与本合同相关的业务信息、技术资料和应用程序应严格保密，双方不得以任何方式向第三方披露、泄露、传播或转让。

2. 乙方应严格保守甲方的技术、经营等秘密信息，保证不将在本项目实施过程中所了解的有关甲方的业务、技术和商业秘密向任何其他方泄露，并且，非经甲方同意，不得以任何方式独自或与其他方使用上述秘密信息或用于其他项目。

3. 乙方的保密义务及于乙方的员工，乙方应有有效的内控制度约束内部人员承担相应的保密义务，乙方员工违反本合同约定的保密义务视同乙方违约。

4. 不论本合同是否变更、解除、终止，本条款均有效。

八、技术协作和技术指导的内容：

1. 协作事项：①需要另一方协助的事项；②另一方必须给予帮助才能完成的，另一方就必须给予帮助或协助。

2. 双方确定，乙方应在向甲方交付研究开发成果后，根据甲方的请求，为甲方指定的人员提供技术指导和培训，或提供与使用该研究开发成果相关的技术服务。

举例：

1. 乙方应按本合同的约定会同甲方共同制作用户需求说明书。

2. 乙方应按甲方的要求，负责合同技术标的全部子系统的开发、集成有关工作，实现本合同约定的项目运行要求和管理目的。

3. 乙方完成合同技术方案的设计报告，并在得到甲方确认后予以实施。

九、风险责任的承担：

在履行本合同的过程中，确因在现有水平和条件下难以克服的技术困难，导致研究开发部分或全部失败所造成的损失，风险责任由双约定的承担方式选项（甲方、乙方、双方、双方另行商定）承担。

经约定，风险责任甲方承担×%

乙方承担×%

十、技术成果的归属和分享：

（一）专利申请权：

有约定依约定，无约定按法律的有关规定。

例如：

合同技术成果的专利申请权归甲方所有。

（二）技术秘密的使用权、转让权：

有约定依约定，无约定按法律的有关规定。

例如：

技术秘密的使用权、转让权归甲方所有。

十一、验收的标准和方式：

研究开发所完成的技术成果，达到了本合同第二条所列技术指标按

行业标准，采用现场演示方式验收，由甲方出具技术项目验收证明。

①事先约定的标准和方法；也可以约定使用国际标准、国家标准、专业标准、企业标准或者其他国外标准等；②无标准的，按行业的一般要求鉴定；③验收方法：专家评议、国家规定的部门检测结论、鉴定会或双方认可的方式。

十二、违约金或者损失赔偿额的计算方法：

违反本合同约定，违约方应当按照《中华人民共和国合同法》有关条款的规定，承担违约责任。

（一）违反本合同第×条约定，甲方应当承担以下违约责任：违约金或赔偿计算方法。

例如：

违反本合同第四、七、八条约定，甲方应当承担以下违约责任：

甲方迟延付款的，每延迟一天，应支付数额为××的违约金；甲方违反保密条款约定的，应承担相应的法律责任并赔偿乙方的损失；甲方逾期两个月不提供技术资料、原始数据、完成协作事项的，乙方有权解除合同，甲方应当支付数额为××的违约金。

（二）违反本合同第×条约定，乙方应当承担以下违约责任：违约金或赔偿计算方法。

例如：

违反本合同第一、三、七条约定，乙方应当承担以下违约责任：

乙方提供的技术成果不符合合同约定条件的，乙方除返还部分或全部研究开发经费以外，还应支付数额为××的违约金；乙方逾期两个月不实施研究开发计划的，甲方有权解除合同，乙方应当支付数额为××的违约金；乙方违反保密条款约定的，应承担相应的法律责任并赔偿甲方的损失。

（三）其他：/

十三、※合同争议的解决方式：

在履行本合同过程中发生的争议，当事人双方可以通过和解或者调解解决。当事人不愿和解、调解或者和解、调解不成的，采用以下第一或二种方式解决。

（一）双方同意由×××仲裁委员会仲裁。

（二）向人民法院起诉，约定双方约定的所在地人民法院管辖。

①被告住所地　②合同履行地　③合同签订地

④原告住所地　⑤标的物所在地

十四、名词和术语的解释：

1. 对没有标准和惯例的名词、技术术语要有标准的约定和解释，防止歧义或误解；

2. 文字、符号标准化和规范；

3. 注意词序变换，避免引起争议。

十五、※其他（上述条款未尽事宜，如中介方的权利、义务、服务费及其支付方式、定金、财产抵押、担保等）：

补充上述条款未尽事宜，如中介方的权利、义务、服务费及其支付方式、定金、财产抵押、担保等；未尽事宜双方友好协商。

本合同标有※号的合同条款按填写说明填写。

<table>
<tr><td rowspan="8">委托人（甲方）</td><td>名称（或姓名）</td><td colspan="3">用《企业法人营业执照》规定的法定名称　（签章）</td><td rowspan="8">技术合同专用章
或
单位公章

年　月　日</td></tr>
<tr><td>法定代表人</td><td colspan="3">（签章）</td></tr>
<tr><td>委托代理人</td><td colspan="3">法人代表的委托代理人，需提供委托书　（签章）</td></tr>
<tr><td>联系（经办）人</td><td colspan="3">（签章）</td></tr>
<tr><td>住　所
（通讯地址）</td><td></td><td>邮政
编码</td><td></td></tr>
<tr><td>电　话</td><td></td><td></td><td></td></tr>
<tr><td>开户银行</td><td></td><td></td><td></td></tr>
<tr><td>账　号</td><td></td><td></td><td></td></tr>
</table>

（续表）

<table>
<tr><td rowspan="8">研究开发人（乙方）</td><td>名称（或姓名）</td><td colspan="3">用《企业法人营业执照》规定的法定名称　（签章）</td><td rowspan="8">技术合同专用章
或
单位公章

年　月　日</td></tr>
<tr><td>法定代表人</td><td colspan="3">（签章）</td></tr>
<tr><td>委托代理人</td><td colspan="3">法人代表的委托代理人，需提供委托书　（签章）</td></tr>
<tr><td>联系（经办）人</td><td colspan="3">（签章）</td></tr>
<tr><td>住　所
（通讯地址）</td><td></td><td>邮政
编码</td><td></td></tr>
<tr><td>电　话</td><td></td><td></td><td></td></tr>
<tr><td>开户银行</td><td></td><td></td><td></td></tr>
<tr><td>账　号</td><td></td><td></td><td></td></tr>
<tr><td rowspan="8">中介方</td><td>名称（或姓名）</td><td colspan="3">用《企业法人营业执照》规定的法定名称　（签章）</td><td rowspan="8">技术合同专用章
或
单位公章

年　月　日</td></tr>
<tr><td>法定代表人</td><td colspan="3">（签章）</td></tr>
<tr><td>委托代理人</td><td colspan="3">（签章）</td></tr>
<tr><td>联系（经办）人</td><td colspan="3">中介的技术经纪人姓名（签章）</td></tr>
<tr><td>住　所
（通讯地址）</td><td></td><td>邮政
编码</td><td></td></tr>
<tr><td>电　话</td><td colspan="3"></td></tr>
<tr><td>开户银行</td><td colspan="3"></td></tr>
<tr><td>账　号</td><td colspan="3"></td></tr>
</table>

第四篇

无形资产评估

在技术交易的经济活动中，无形资产的产权转让、作价投资、融资抵押等业务是经常发生的，交易双方为了交易的公平合理，通过委托第三方——资产评估机构对其进行评估，以便取得合理的、双方都能接受的价格。由于无形资产的复杂性和特殊性，无形资产评估在资产评估业务中是最具挑战性的工作，因为无形资产的种类繁多，且有的无形资产也较难识别，这就决定了其区别于其他资产的评估的特点，尽管所有资产的评估的方法一般都是从成本法、市场比较法和收益现值法三种中选择，但是在具体运用时因无形资产的非同一般资产的特性，在无形资产的认定，价值的判断，评估方法的选择、运用上有其区别于一般资产评估的程序和要求。本篇试图从无形资产的构成、性质、特点方面，结合各种评估方法，对无形资产的评估做一个全面的讲解。

第一章　资产评估概述

资产评估是商品经济发展到一定高度的产物，它是经济学这门大类科学的一个分支，也是一门比较新的学科。通常，转让方希望在资产出让、抵押、出借时能取得较高的价格；受让方，希望取得的资产成本是低廉的，获得该项资产后能够为自己获得满意的利润。因此，在资产交易中，转让双方为了取得合理的价格，必须对资产进行评估。

第一节　资产评估的概念

一、资产评估的产生与发展

资产评估是在人们资产买卖和转让的过程中运用而生的，并随着交易种类和数量的不断增加，而不断发展。有史可查的资产评估活动可追溯到16世纪。在16世纪的安特卫普出现了世界上最早的商品交易所，在这个交易所就有作为支持交易的资产评估活动。不过那时的资产评估活动的评估对象、评估手段和方法等带有个别性和经验性。真正作为一种有理论指导的行业活动的资产评估，大约出现在19世纪40年代。20世纪70年代以后，随着世界资产评估准则委员会的产生以及由它发起制订的资产评估准则和指南进一步推动了资产评估理论的发展，从此世界资产评估活动逐步走向了规范化和标准化的快速发展道路。

我国资产评估从维护国有资产，加强国有资产管理起步于20世纪的80年代，发展于国有企业与外资的合资合作、兼并破产、租赁和承包。1988年3月，某事务所对大连炼铁厂与香港企荣贸易有限公司的合资项目中作为投资的建筑和机电设备进行了评估，开创了我国资产评估的先河。1989年，国有资产管理局发布了《关于国有资产产权变化时必须进行资产评估的若干暂行规定》，1990年国有资产管理局批准成立了资产评估中心，负责全国的国有资产评估工作。1991年11月16日，国务院令第91号《国有资产评估管理办法》发布，从而使我国的资产评估走上法制的轨道。2004年2月，财政部发布了《资产评估准则——基本准则》和《资产评估职业道德准则——基本准则》，规范了评估行业的执业行为和资产评估师的执业道德。资产评估业务也从为企业改制、合资、出资发展到为企业财产保险评估、财产纳税评估、企业价值评估和以财务报告为目的的评估。在2016年7月，又公布了《中华人民共和国资产评估法》，它对规范资产评估行业，提高评估人员的社会地位，起到了难以估量的作用。总之，经过最近20年的发展，资产评估行业在我国已经成为不可或缺的行业，在整个国民经济运行中发挥着重要的作用。

二、资产评估的概念

资产评估是市场经济条件下确定资产价值的一种专业服务，也是促进资产顺畅流转和市场经济健康运行的重要工具。资产评估业务有资产转让、资产重组、破产清算、资产担保、资产纳税、企业价值评估和以财务报告为目的资产评估，作为资产评估行业的从业人员应该明确有关资产评估的概念和定义。

（一）资产

资产，在资产评估中的定义，与会计对它的定义基本一致。所谓资产是指为特定主体拥有或控制的能以货币计量的，能为特定主体带来经济利益的经济资源。但在理解上有些区别，具体地说：

(1) 资产是一种权利。《国际评估准则》指出，资产可以理解为所有权，也可以理解为所拥有的实体资产。即评估界所说的资产可以是所有权也可以是使用权。但无论是所有权还是使用权，合法取得是获得资产所有权和使用权的先决条件。而查明资产的拥有权和使用权，对经济主体的资产的评估价值有着十分重要的影响。

《国际评估准则》认为，从技术角度看，被评估对象是资产的所有权或所有者的权利，而不是有形资产或无形资产本身。由此可见，评估人员对某项固定资产的评估，实际上是对固定资产所有权或使用权的权利的评估，而不是其固定资产本身。因此，资产可理解为一种权利。

(2) 资产必须能以货币计量。也就是说，资产评估不能将不能以货币计量的任何东西作为资产来确认。这是资产评估确认资产的先决条件。

(3) 资产是能为特定主体带来经济利益的权利。这里所说的为特定经济主体带来经济利益是指该项资产现在或将来能够为特定经济主体带来现金流入的权利。

资产有多种的分类，各种分类对应不同的需求。

(1) 按获利能力，可分为整体资产和单项资产。整体资产是指由多个单项资产组成的具有获利能力的资产组合体。单项资产是指单件或单台设备，一般不具有单独的获利能力。

(2) 按资产的存在形式，分为有形资产和无形资产。有形资产是指那些有实物形态，包括原材料、存货、固定资产(机器设备、房屋建筑物)。无形资产是指那些没有实物形态，但能为企业带来可观经济利益流入的资产，主要有专利权、专有技术、商标权、著作权、计算机软件、销售网络、特许经营权、合同权益、土地使用权和商誉等

(3) 按资产能否确指，分为可确指资产和不可确指资产。可确指资产是指所有的有形资产和除商誉以外的所有无形资产。不可确指资产是指商誉。

(4) 按对企业价值贡献，分为经营性资产和溢余资产。经营性资产是指处于企业生产经营过程中的资产，对生产经营起着不可或缺的作用。溢余资产是指游离于企业生产经营以外，与企业生产经营无关的资产。

（二）资产评估的定义

资产评估，即资产价值形态的评估。是指由一定执业资格的机构及资产评估师，遵循法定或公允的标准和程序，选择一定的价值类型，运用科学的评估方法，以货币作为统一尺度，对在某一时点上的资产进行评定估算的行为。资产评估就是对资产重新估价的过程，是一种动态性、市场化活动，具有不确定性的特点，其评定的价格也是在某种评估目的下选用某种价值类型，在某一假设情况下的价格。也就是说，评估价值会随着评估目的不同而有所不同，一定的价值类型对应一定的价值，不同的假设其价值也是不同的。

（三）资产评估的六大要素

(1) 资产评估的主体，即进行资产评估的专门机构和人员。在我国从事资产评估工作，出具有效的资产评估报告，必须具有经有关部门批准成立的资产评估机构签章，同时应有两个资产评估师签字。中华人民共和国公民欲取得资产评估师资质，除规定的学历和经历外，还必须持有财政部和人事部组织的全国资产评估师的统一考试合格证书。

(2) 资产评估的客体，即被评估的对象。资产评估的客体是评估业务中评估工作的具体针对的对象，它可以是企业整体资产、也可以是企业或持有人的部分资产，如存货、机器设备、建筑物、无

形资产等。

(3) 资产评估的目的，即资产评估所要达到的目标。资产评估的目的是由引起资产评估的经济行为所确定的，它对价值类型的选择、评估方法的选用，甚至评估价值的大小有着极为重要的影响。同一资产，由于评估目的不同，其评估价值很可能是不相同的。在我国，引起资产评估的主要业务有：资产转让、企业产权变动（企业兼并、企业出售、企业联营、股份经营、企业清算、债务重组）、企业租赁、抵押、担保、纳税、保险、以财务报告为目的的资产评估等。

(4) 资产评估的标准，即资产评估依据的价格、技术等标准。资产评估师对某一资产评估客体进行评估后给出的评估值，是评估师依据评估基准日该项资产的技术状况，按一定的价格标准发表的专业意见。也就是说资产评估的结论依据来自于资产评估的标准，即价格标准和技术标准。

(5) 资产评估的程序，即资产评估具体进行的环节、步骤。评估程序是指资产评估师执行资产评估业务所履行的系统性工作步骤。遵循资产评估准则，履行资产评估的程序是保证资产评估客观、公正的一个基本条件，也是规范资产评估师执业行为的有力保证。因此资产评估程序在资产评估中非常重要。为此，资产评估协会在 2007 年出台了《资产评估程序准则》，用以规范资产评估的程序。

(6) 资产评估的方法，即评估运用的符合国家规定的各种专门的方法。资产评估的基本方法按资产评估准则的规定分为三种：成本法、市场法和收益法。对不同的评估客体进行评估时，可以选用这三种方法中的任何一种或两种，但运用三种评估方法得出的评估值在理论上应该是趋于一致的。

第二节　资产评估法

一、资产评估法出台的意义

随着我国资产评估事业的发展，要求对资产评估立法的呼声越来越高，经过几年的酝酿，在财政部暨中评协的领导下成立了资产评估法的起草小组，经起草小组认真、深入的调研，又经多次的广泛征求意见形成了“资产评估法草案”，并在十一届全国人大常委会第二十五次会议初次审议了《中华人民共和国资产评估法（草案）》。2016 年 7 月 2 日下午 3 时，十二届全国人大常委会第二十一次会议表决通过了《中华人民共和国资产评估法》（以下简称《资产评估法》），自 2016 年 12 月 1 日起施行。至此，从 2006 年开始制定至今正式通过，《资产评估法》经历了整整 10 年时间，它的诞生意义重大。

《资产评估法》的出台填补了行业法律空白，明确了评估行业在市场经济中的地位，厘清了政府职能与专业化分工的界限，加强了行业自律，权责清晰，为评估行业简政放权、有序发展提供了法律支撑和制度基础。它对规范资产评估行业的执业，促进资产评估行业自律，推进评估行业依法执业、依法管理、健康发展产生了重大影响。

《资产评估法》的出台为市场在资源配置中起决定性作用提供保障，将促进经济发展，提质增量。市场经济需要对价值进行合理判断，价值判断则需要以科学的评估为依托。特别是在当前我国大力推行混合所有制经济发展的过程中，评估要为各类产权交易提供公允的价值尺度，这是实现产权公平交易的重要环节。

《资产评估法》全面体现了“简政放权、放管结合、优化服务”的宗旨，对资产评估行为涉及到的各方面当事人的权利义务都进行了规范，对于保护资产评估当事人合法权益，尤其对保护国有资产和公共利益起到了难以估量的作用。通过立法，明确只有评估师才能从事法定评估业务，并对法定的程序进行完善,有利于保障法定评估业务得以依法规范进行,从而保障了国有资产的安全,公共利益不受非法侵害。

二、《资产评估法》的概要

《资产评估法》共 8 章,计 55 条。概要如下:

第一章总则,计 7 条,主要阐明了制定资产评估法的宗旨,规定了资产评估任务,明确了资产评估人员应当守法和遵循的原则,并具体的规定了资产评估人员如何从业和自律。

第二章评估专业人员,计 7 条,主要阐明了评估从业人员组成、资产评估师的取得和评估专业人员享有的权利和义务,并一一列举了评估专业人员不得从事的行为。

第三章评估机构,计 7 条,主要阐明了评估机构的组织形式及其人员从业规定,规定了资产评估机构应当依法接受监督检查,并一一列举了评估机构不得从事的行为。

第四章评估程序,计 11 条,规定了接受业务,现场调查,收集权属证明、财务会计信息和其他资料并进行核查验证、分析整理,评估方法的选用、内部审核、工作底稿归档等程序。

第五章行业协会,计 6 条,主要阐明了行业协会的性质、章程,列举了行业协会的职责。

第六章监督管理,计 5 条,规定了由国务院有关评估行政管理部门组织制定评估基本准则和评估行业监督管理办法,规定了评估行政管理部门应当从事和不得从事的行为。

第七章法律责任,计 11 条,规定了评估机构和评估人员违反资产评估法和相关法律、法规应该追究的责任以及处理的办法。

第八章附则,计 1 条,规定了《资产评估法》自 2016 年 12 月 1 日起施行。

第三节　资产评估准则体系

一、资产评估准则体系的概念

资产评估是市场经济条件下确定资产价值的一种中介服务,是推动资产顺畅流转和市场经济健康运转的工具。我国资产评估在其发展的初期,为了我国国有企业的管理和改制的需要,有关管理部门先后制订了一系列行政法规、命令和规范,如 1989 年国家国有资产管理局发布了《关于国有资产产权变化时必须进行资产评估的若干暂行规定》,1991 年 11 月 16 日,国务院令第 91 号发布《国有资产评估管理办法》,之后,《资产评估操作规范意见(试行)》《资产评估报告基本内容与格式的暂行规定》也相继出台。这些行政法规、命令和规范的出台对资产评估的发展,尤其对经济改革发挥了重要作用。但是随着改革的深化、评估行业的深入发展,原有的一些行政法规、命令和规范已不能适应发展的需要。从 1998 年起,财政部及资产评估协会,组织了一些专家,借鉴国际评估准则建设的经验,并结合我国评估行业的实践,开始了评估准则的建设。2007 年 11 月,财政部成立了资产评估准则技术委员会,资产评估协会成立了资产评估准则技术委员会和咨询委员会,与此同时,财政部发布了 9 项资产评估准则,1 项指南,10 项指导意见,由此形成了我国的资产评估准则体系。

资产评估行业的可持续发展,必须在行业规范化、标准化的基础上才能有生命力,统一健全的执业准则是行业规范化的前提,我国评估准则的制订和自成体系是我国评估行业发展到一定阶段的产物。它的诞生必将大大推动我国资产评估事业的发展。

二、资产评估准则体系的构成

资产评估准则体系纵向分为四个层次,它们依次分别是:第一层次,资产评估基本准则;第二层次,资产评估具体准则;第三层次,资产评估指南;第四层次,资产评估指导意见。

(一) 资产评估基本准则

资产评估基本准则在整个体系中处于第一层次,它是资产评估师执行各种资产评估目的、各种资产类型资产评估的基本规范,它由《资产评估准则——基本准则》和《资产评估职业道德准则——基本准则》两个准则组成。在资产评估准则体系制订过程中,《资产评估准则——基本准则》是各具体准则制订和评估指南的出发点和依据,但它并不与各具体准则和评估指南一一对应。

《资产评估准则——基本准则》,共六章,计 32 条。第一章总则,5 条,主要载明该准则制订的依据、准则体系的构成和规范的对象。第二章基本要求,6 条,主要规定了资产评估师执业基本要求以及资产评估师聘请专家、选用助理人员应负的责任。第三章操作准则,7 条,主要对资产评估师完成评估业务过程中,履行评估程序、选择价值类型和评估方法、合理使用评估假设、形成评估工作底稿做了明文规定。第四章报告准则,3 条,主要规定了资产评估师完成评估程序后应出具评估报告以及报告的功能。第五章执业责任,3 条,主要规定了资产评估师执行资产评估业务应负的执业责任。第六章附则,3 条,主要规定资产评估师应遵守该准则,以后可根据该准则出台具体准则、资产评估指南和资产评估指导意见以及施行起始日。

《资产评估职业道德准则——基本准则》,共六章,计 32 条。第一章总则,4 条,主要规定该准则适用的业务和人员。第二章基本要求,13 条,主要对资产评估师应具备的道德素质和执业原则做了规定。第三章专业胜任能力,4 条,主要规定了作为资产评估师应具备的专业素质。第四章与委托方和当事人的关系,5 条,主要明确了资产评估师与委托方和当事人的正常关系。第五章与其他资产评估师的关系,3 条,明确了资产评估师在执行资产评估业务时与其他资产评估师的关系。第六章附则,3 条,主要规定了评估机构在执行资产评估业务过程中应遵守本准则,资产评估协会可根据本准则发布资产评估职业道德具体准则以及施行该准则的时间。

(二) 资产评估具体准则

资产评估具体准则包括程序准则和实体性准则两部分。

程序准则,是规范资产评估师执行评估业务流程的准则,具体包括评估程序准则、评估报告准则、评估业务约定书准则、评估工作底稿准则、价值类型准则等多项准则。

实体性准则,是规范各种资产类型评估业务的准则,包括无形资产评估准则、机器设备评估准则、不动产评估准则、企业价值评估准则、珠宝首饰准则、森林资源评估准则等多项准则。

(三) 资产评估指南

资产评估指南是对特定评估目的和评估业务中某些重要事项的规范,用以对资产评估师为特定评估业务和重要事项评估作引导方向的规定,到目前为止,已发布的有:以财务报告为目的的评估指南、作价出资评估指南、国资评估指南、资产诉讼评估指南、抵(质)押评估指南、上市公司评估指南、财产保险评估指南、税收评估指南等多项评估指南。

(四) 资产评估指导意见

资产评估指导意见是对资产评估业务中某些具体问题进行规范的指导性文件,是中国资产评估协会针对某些评估业务中新出现的问题及时提出处理意见的文件。目前已发布的资产评估指导意见有:金融不良资产指导意见、法律权属指导意见、专利指导意见、商标指导意见、版权指导意见、计算机指导意见、投资性房地产指导意见、企业合并指导意见、资产减值指导意见、企业价值指导意见、珠宝首饰指导意见等多项指导意见。这些指导意见对处理评估实务中的一些新的问题发挥了很好的作用。指导意见这一层次比较灵活,某些尚不成熟的指南和具体评估准则可以先作为指导意见发布,待成熟后再上升为指南或具体准则,例如企业价值评估指导意见,目前是以指导意见发布,待以后实施过程中不断完善后可再上升为指南或具体准则。

三、资产评估准则体系的特点

资产评估准则体系的特点可以归纳为布局合理,结构严谨以及承前启后,开放灵活两个方面。

1. 布局合理,结构严谨

资产评估准则体系分四个层次,层层递进,既有统驭性准则——资产评估基本准则,又有推行准则实施的评估指南和指导意见;既有对资产评估师职业道德的规范,又有对评估师的保护;既有对评估师行为的规范,又有对委托方和监管部门如何合理理解评估结果产生积极影响的规定

2. 承前启后,开放灵活

在资产评估准则体系公布以前,我国有关部门出于对国有资产监管的需要出台了一些法规和命令,这些文件有的至今仍然适用,有的则需要修改和补充。目前公布的准则体系对仍然适用的法规和命令,则以准则的形式加以规范,需要补充和完善的,有的修改以后以准则形式规范,有的则以指南或指导意见公布,而且准则体系仅对一些根据形势的发展需要规定的内容作了规范。最为可贵的是评估准则体系只作了框架的定位,没有规定公布多少准则、指南和指导意见,为准则体系以后涉及新的评估领域的发展留有足够的空间。

四、评估准则体系的创新点

(1) 引入价值类型理念,突显评估结论经济内涵

资产评估报告准则第 19 条规定,评估报告应当明确价值类型,并说明选择价值类型的理由。资产评估准则体系首次引入价值类型理念,强调资产评估的结果是在特定的价值类型下的价值,由于价值类型的不同,同一资产,其评估价值可能是不同的,这样使资产评估工作在一开始就以经济内涵的形式来定位,它体现了我国评估理论的成熟,资产评估人员评估行为走向规范。

(2) 合理定位评估报告准则,服务多种评估目的

资产评估报告准则的第 4 条规定,注册资产评估师执行与价值相关的其他业务,出具价值分析报告或者其他专业意见,可以参照本准则,它以准则的形式规定评估业务的范围不仅包括一般评估业务,而且也包括价值分析业务。另外,资产评估报告准则的第 20 条规定,评估基准日可以是现在时点,也可以是过去或者将来的时点,这样评估业务的对象可以是现在、过去和将来,大大的拓展了评估业务的范围。

(3) 引入区间值形式,提高评估结论合理性

资产评估报告准则第 25 条第 2 款规定,通常评估结论应当是确定的数值。经与委托方沟通,评估结论可以使用区间表达。评估结论引入区间概念提高了评估结论的合理性和科学性。因为评估结论是在某一假设条件下的数值,而这种假设可能是具有一定范围,这就使得评估结论也就可能是个区间。

(4) 对评估业务的终止做出规定,防范评估业务风险

资产评估程序准则的第 8 条规定,注册资产评估师在执行评估业务过程中,由于受客观限制,无法或者不能完全履行评估程序,可以根据能否采取必要措施弥补程序缺失和是否对评估结论产生重大影响,决定继续执行评估业务或者终止评估业务。该条款以评估准则的形式,规定资产评估师面临评估风险时有权终止评估业务,从准则的高度保护了注册资产评估师的合法权益。

(5) 确认了现场调查的抽样方式,尊重科学,重视实践

资产评估程序准则第 20 条规定,注册资产评估师在执行现场调查时无法或者不宜对评估范围内所有资产、负债等有关内容进行逐项调查的,可以根据重要程度采用抽样等方式进行调查。这条规定确认了调查的抽样方式,既提高了工作效率,减轻了工作强度,又保证了调查资料的正确性。

(6) 关注并规范新兴评估业务,引领评估实践

资产评估准则体系中,有一些评估实务还没有或不多的,但在这个评估体系中对这些评估业务给出了指南,例如以财务报告为目的的资产评估指南。尽管这方面的业务还刚开展,甚至一些评估师还没有理解,但中国资产评估协会已经组织资深资产评估研究人员编写了指南,为新兴的评估业务打造了工具,确实起到了引领评估实践的效果。

(7) 不动产评估准则,及时满足市场需求

随着我国经济实力的增强,我国房地产行业取得了空前的大发展,土地、建筑物及其他附着于土地上的定着物,包括物质实体及其相关权益的评估在评估业务总量中占有的比重越来越多,中国资产评估协会及时地出台了不动产评估准则,满足了市场需求,同时达到了及时规范不动产评估市场的目的。

第四节 资产评估原则

一、资产评估原则的概念

资产评估,是对资产存在的价值形态的评估,它是评估人为正确展现资产的价值量,保护资产,关注各方的合法权益,遵循法定或公允的标准和程序,运用科学的方法,对资产的现实价值进行评定和估算。也就是说,资产评估必须遵循一定的原则。资产评估原则有多种划分,最常见的是分为一般原则和经济原则。在一般原则和经济原则中又可细分多种原则。

(一) 资产评估的一般原则

资产评估一般原则有独立原则、科学性原则、真实性原则、公平性原则、重要性原则等。

(1) 独立性原则。所谓独立性,是指资产评估机构作为完全独立的法人经济组织,对资产的评估不受任何一方利益人的干预,并受法律保护。独立性原则是一切中介组织的立身之本,也是社会公共利益对中介组织的基本要求。资产评估的独立性原则,要求评估机构和评估人员在评估资产时应有的独立性,做到客观公允。具体说来,就是根据国家法律、法规、政策和真实资料,对被评估的资产做出完全独立的评定和估算,不受任何个人和利益团体的影响。

(2) 科学性原则。科学性原则是指在资产评估过程中,应依据评估的目的和不同的评估对象,选用合理的价值类型,采用科学的分析方法,履行科学合理的资产评估程序,使评估的结果准确合理。为此,评估人员要进行深入的现场调查和研究,掌握大量的真实资料,一丝不苟地进行工作,凡是能做到定量分析的,都要在取得大量数据的基础上进行定量分析,不能进行定量分析的,也要在客观实际的基础上,本着实事求是的精神,进行定性评价并做出结论。

(3) 真实性原则。真实性原则是指在资产评估中,本着一切从实际出发的原则,在充分占有资料的基础上,通过调查研究和定量定性分析,借助科学的评估方法,得出真实的、合理的评估结论。它要求评估人员确保受托评估的资产必须是真实的。因此,要求被评估企业事先必须进行财产清查和审计,对收支盈余及往来款项进行清理,做到账账、账款、账物相符,以保证资产评估结论的真实性。

(4) 公平性原则。资产评估的公平性原则是指在评估过程中,要以事物的本来面貌为依据,不带有主观随意性,不受外界干扰,也不迁就任何组织、个人或利益团体的片面要求。资产评估的结果,直接关系到不同经济主体的经济利益。因此,评估人员在资产评估工作中,必须坚持公平性原则,客观真实地发表资产评估的专业意见。

(5) 重要性原则。重要性原则是指在资产评估中,应将企业的资产做一区分、确定定量和定性

分析对象，依据评估目的和评估对象，确定评估资产的重点。重要性原则认为，对一些资产可以采用抽样的方法进行清查，但对大型、精密的机器设备应重点进行清查，逐台的评估。重要性原则使资产评估更科学，更能突出评估的重点。

（二）资产评估的经济技术原则

资产评估中最重要的经济技术原则有合法原则、预期收益原则、贡献原则、替代原则、供求原则和评估日期原则。这些原则是资产评估评估值的技术依据和技术出发点。

（1）合法原则。合法原则是资产评估的经济技术原则中最为重要的原则，它是一切待评资产进行评估的基本出发点，没有这一原则，一切的评估都无法进行。合法原则要求待评资产的资产拥有者必须是合法的，评估行为是合法的，评估的目的是合法的，进行评估的经济行为是合法的，总之，一切有关评估的全过程必须是合法的，这是一切资产进行评估的基本要求，有了合法性，才可能有评估目的的可实现性。

（2）预期收益原则。预期收益原则是一切资产具有价值的原因所在。资产之所以有价值，就是基于资产未来能为其拥有者或控制者带来未来的经济利益的流入，资产的价值高低完全取决于该项资产未来能为资产的拥有者或控制者带来未来利益的大小（现金流大小）。由此可见，预期收益原则是资产可体现其价值最基本的原则。

（3）贡献原则。贡献原则是指资产价值的高低是由该项资产对整个获利能力贡献大小来确定的。这个原则对从属于某项整体资产的各要素资产的价值评估尤为突出，从这个解释来看，贡献原则是预期收益的一种具体化。

（4）替代原则。替代原则是指在同一市场体系内，具有相同功能和质量的商品应具有大致相同的交换价值。一旦市场上出现不同的价值，精明的买家会选择价格较低者，致使资产的价格在市场上趋于基本一致。这就使资产评估人员在无法取得同一资产价格时，可选用替代商品的价格来替代。资产评估的替代原则是资产评估进行合理评估的依据。

（5）供求原则。供求原则是资产评估对评估对象价值估算的重要依据和出发点。它是指在同一供需圈内，商品的数量达到一定量后，其价格会随着供给量的增加而减少，供给量越多，其价格越低。

（6）评估日期原则。评估日期原则是指某项资产评估的结果是反映一定时点该项资产的价值。评估时点变了，其价值也会随着发生变化。因此评估日期原则要求资产评估必须确定评估基准日，评估价值是评估基准日下某项资产的价值。

二、资产评估原则的作用

资产评估原则中的一般原则是资产评估人员进行一切评估的基本原则，它适用于各种评估，无论是资产评估、咨询评估还是项目评估。

资产评估的经济技术原则是资产评估人员进行评估的技术依据，是评估人员进行评估的技术规范。

总的来说，资产评估原则有以下作用。

（一）规范评估行为，关注各方的合法权益

资产评估一般原则要求资产评估师在评估过程中自始至终遵循公开、公正、公平的原则，从原则基础上要求评估的方法必须科学、评估的过程必须独立、评估的取证必须真实、评估的结果必须公平。评估收集的资料真实，保证了被评估资产的数量、质量的可信度，评估方法的科学性，促使评估结果的公平和合理，保证评估结果的可验证性。确保资产评估师站在第三方的立场上，关注各方的合法权益。

(二) 提供技术依据，保证评估工作程序规范

资产评估的技术原则为资产评估人员在评估过程中的专业判断提供技术依据，并为评估工作程序规范化提供保证。资产评估人员进行评估的技术依据是一致的，这就形成了同一评估对象不同评估人员评估结果的可比性，这无论对资产管理部门还是资产评估报告使用者而言都是十分重要的。资产管理部门可以运用这些原则去验证评估结果的合理性，资产评估报告各方使用者也可以以此评判评估结果的科学性和可行性。

第五节　资产评估与会计、审计的关系

一、资产评估与会计的关系

(一) 资产评估与会计的联系

1. 会计提供的信息资料是资产评估的基础必备资料

资产评估要借助于会计资料，特别是采用收益法进行的企业价值评估，需要企业财务部门提供财务预测资料，企业的营业收入、营业成本、营业税金及附加、管理费用、营业费用、财务费用、营业外收入、营业外支出、投资净收入等预测资料都需要根据企业的财务报表和有关科目的数据计算得到。没有会计提供信息资料进行预测是不可想象的。

2. 资产评估的结果可作为会计报表和会计建账的依据

按照我国有关法规规定，投资方投入实物资产兴办企业，必须进行资产评估，并以资产评估的结果作为入账的依据。另外，企业如果涉及合并、重组等产权变动，也需进行资产评估，资产评估的结果可以作为产权变动以后的新企业调账和建账的依据。根据最新会计准则的要求，一些企业公布的会计报表，有关科目的资产必须以公允价值来计价，而资产的公允价值就是这项资产进行资产评估得到的价值。

另外，现金、存货的清查盘点方法，无论是资产评估还是会计，其方法是一致的。所有这些都说明了资产评估与会计的联系是十分紧密的。

(二) 资产评估与会计的区别

会计是一项经济管理活动，它以记账、算账、报账为企业连续地、系统地反映和监督企业的生产、经营活动。它的基本职能是为企业的投资者、经营者和政府的相关职能部门提供会计信息，它遵循诚信、谨慎原则，提供真实、可靠的会计信息。资产评估是一项价值估价活动，它是以产权变动为前提，服务于资产交易，它必须遵循公开、公平、公正的原则，评估出资产的公允价值。

1. 会计以历史成本反映资产的价值

会计的记账依据是以资产实际取得的价值入账的，也就是按照该项资产实际成本记账，而且这项资产的计提折旧、摊销和计提减值准备都是以这个实际成本为基础计算的。因此，资产的账面原值反映的资产价值是历史成本价值，资产的净值也是按其历史成本计算得到的，与这项资产的目前市场价值是会有一定差距的，当这项资产购入日期与评估基准日相差越远，价值相差越多。

2. 资产评估以基准日的价值反映资产的价值

资产评估对资产的评估一般是按照资产的市场价值评估的，它是兼顾资产买卖双方权益的公允价值，它反映这项资产的市场价值，而不像会计反映的是资产的历史成本。

因此有人说，会计计算是精确的，但只能反映资产过时的价值。资产评估计算是不精确的，但它能反映资产评估基准日的市场价值。从某个角度看这种说法是很有些道理的。

二、资产评估与审计的关系

(一) 资产评估与审计的联系

1. 审计后的财务报告是资产评估的基础

通常情况下，企业需要资产评估，尤其是对企业的价值评估，必须先行审计，资产评估师是根据审定的资产负债表各科目余额，先展开对各科目余额的明细清查、核实，然后在此基础上对各项资产和负债进行评估。除个别需要进行重分类外，资产评估师一般是不调账的。

2. 一些资产评估的方法可借助于某些审计方法

资产评估的清查，包括对委托评估对象真实性的判断和界定，通常采用审计的"事实判断"方法，另外对流动资产和负债的评估有相当一部分也采用审计的方法进行。

(二) 资产评估与审计的区别

1. 资产评估与审计遵循的原则不同

资产评估遵循的经济技术原则有合法原则、预期收益原则、贡献原则、替代原则、供求原则和评估日期原则。

审计遵循的审计工作原则有三条：依法审计的原则，独立审计的原则，客观公正、实事求是、廉洁奉公、保守秘密的原则。

通过上述资产评估与审计的原则的比较，我们可以发现，除了合法原则外，其他的原则都是不相同的。

2. 资产评估与审计的出发点不同

审计是在现代企业两权分离的前提下，对企业财务报表所反映的企业财务状况、经营成果和现金流量状况的真实性和公允性做出的事实判断，具有明显的公正性特征。资产评估旨在为委托人与相关当事人的被评估资产做出价值判断，从而满足资产交易、产权变动的市场需要，具有明显的咨询性特征。

3. 资产评估与审计依据的基础不同

审计的专业知识基础是会计学、税法及其他经济法规等。资产评估的专业知识基础，除了会计学、财务管理学、经济学、法律外，工程技术方面的知识如机电设备、建筑工程等，也是其重要的组成部分。

4. 资产评估与审计的处理的标准不同

资产评估依据资产的市场价值或非市场价值对资产进行评估，它估价的标准可能有市场比较、重置成本、收益现值。而审计主要是对财务报表的审计，审计对业务的处理标准与会计是同一的。

第二章　资产评估理论基础

第一节　资产评估目的

一、资产评估目的的概念

资产评估的目的即进行资产评估的动机，它是资产评估首先要明确的问题。因为资产评估的目的不同，选用评估的价值类型可能不同，评估的方法也可能不同，其评估价值也不相同。资产评估的目的可分为基本目的和特定目的两种。

二、资产评估目的种类

(一) 资产评估基本目的

无论是资产交易或其他引起资产评估的行为，其基本评估目的是估算出委估资产于评估基准日的公允价值。无论是有形资产、无形资产还是企业价值评估，基本目的都是要估算出资产的价值。这是资产进行资产评估的基本宗旨，也是开展评估工作的动力所在。

(二) 资产评估的特定目的

1. 部分资产买卖

部分资产买卖是指资产拥有单位有偿转让其拥有的资产，它是转让非整体性资产的经济行为。

2. 整体资产出售

整体资产出售是指独立核算的企业或企业内部的分厂、车间及其他整体资产产权出售行为。

3. 企业兼并

企业兼并是指具有法人资格的经济组织，通过购买被兼并企业或以承担被兼并企业的全部债权债务等为前提，取得被兼并企业全部产权，使其他企业失去法人资格或改变法人实体的一种行为。需要注意的是，不通过购买方式的合并不是企业兼并。

4. 企业联营

企业联营是指两个及两个以上相同或不同所有制性质的企业法人，按自愿、平等、互利的原则，以流动资产、固定资产、无形资产及其他资产共同投资组成经济联合体的行为。

5. 股份制经营

股份经营是指以入股方式把分散的、属于不同人所有的生产要素集中起来，统一使用，合伙经营，自负盈亏，按股份分红的一种经济组织形式。股份制经营的基本特征是生产要素的所有权与使用权分离，在保持所有权不变的前提下，把分散的使用权转化为集中的使用权。

6. 中外合资、合作

中外合资经营企业，中外合作经营企业是指中国企业、中国经济组织与外国企业、外国经济组织、外国个人共同投资，共同经营，共同分配共同举办的企业。中外合资经营企业与中外合作经营企业除了共同点外，它们之间的主要区别是：中外合资经营企业是股权式中外合营企业，中外合作经营企业是契约式中外合营企业，它们的投资方式、分配方式、回收投资方式、清算方式、合作方式、风险大小不同。

7. 企业清算

企业清算是指为最终了结现存的财产和其他法律关系，依照法定程序，对企业的财产和债权债务关系进行清理、处分和分配，以了结其债权债务关系，从而消灭法人资格的法律行为。企业清算包括破产清算、结业清算和终止清算。

8. 担保

担保是指为了担保债权实现而采取的法律措施。从我国担保法的内容看，债权的担保应当说是指企业以自己的资产为被担保债务人履行债务，保障债权实现的方法。

9. 企业租赁

企业租赁是指出租企业和承租人通过契约明确双方权利义务关系，出租企业让渡财产使用权和一定范围处分权，承租人按协议向出租企业交纳租金的行为。

10. 债务重组

债务重组又称债务重整，是指债权人在债务人发生财务困难时，本着友好协商的原则，按协议或法院的裁决，债权人对债务人做出修改债务条件的事项。

11. 企业纳税

根据即将实施的物业税，企业每年将按拥有的物业（房屋、建筑物）评估值（税基）计算，依法向政府缴纳税金。

资产评估的特定经济行为导致了特定的资产评估的特定目的，而资产评估的特定目的直接影响了资产评估价值类型的选择和评估结论的形成，资产评估目的是一切资产进行评估的出发点，也是资产评估活动要达到的既定目标。

作为资产评估的特定目的进一步明确了资产评估的具体目标，它将影响评估师对评估对象认定。经济行为决定资产评估的特定目的，而且经济行为对被评估资产的范围也有所制约，资产评估委托方正是根据资产经济行为的需要，确定资产评估的范围，评估人员不仅对范围内的资产权属需要说明，而且要对它的价值做出估算。

资产评估的特定目的客观上约束了评估价值类型的选择。特定的经济行为决定了今后资产的存在条件和状态，资产的存在状态不同，资产的价值也会不同。因此，资产评估人员应认真地与委托方根据经济行为确定资产评估的特定目的，并依据资产评估的特定目的选择恰当的价值类型，保证资产评估方法选择的科学性和合理性，保证评估程序的合规性。

需要引起我们注意的是，相同的经济行为，由于时间、交易条件、地点的不同，价值类型选择往往不是唯一的，不同的评估人员根据其自身的判断可能有不同的选择，但只可能有一种选择是最合理、最恰当的。如何选择恰当的价值类型，需要资产评估人员根据对资产处理的具体经济行为，结合经济行为的实施时间、交易条件、地点进行仔细的分析研究，选择与资产评估特定目的相匹配的价值类型。也就是说，价值类型既与经济行为的性质有关，也与经济行为的具体进行的时间、交易条件、地点密切相关，在选择价值类型的时候应予充分的关注。

第二节　资产评估前提假设

一、资产评估前提假设的意义

假设是指由于世界事物的无限变化和人们认识能力有限的矛盾，人们只能依据已掌握的数据资料对某一种事物的一些特征或全部事实做出合乎逻辑的设定。这种依据有限事实，通过一系列逻辑推理，对于所评估的事物做出的合理的假定说明就是资产评估假设。由于这种假设是确定评估的先决条件，因此称为资产评估前提假设。

由于待评资产种类繁多，评估目的多样，价值类型和市场情况不一，如果不对前提假设做一个设定是很难想象的。这就如会计学一样，其记账、算账、报账也是基于会计一些前提假设的基础上进行的。

资产评估前提假设表明，其评估结论是在这个前提假设下得出的，也就是一切评估结论只能在这样的假设条件下才能成立。因此，无论是资产评估的委托方、资产评估人员，还是资产评估报告的使用者和审阅者都应明确无误地明了这个前提假设的意义。资产评估前提假设有很多，但常用的有交易假设、公开市场假设、继续使用假设和清算假设。

二、资产评估几种前提假设的含义

（一）交易假设

交易假设是假定所有待评估资产已经处在交易过程中，资产评估人员根据待评估资产的交易条件，假设资产已处于模拟市场进行估价。在众多的假设中，交易假设是资产评估得以进行的一个最基本的前提假设，一般说资产评估工作是资产实施交易活动之前的一种价值咨询活动，评估结果往往是交易双方进行资产交易的参考依据。为交易双方提供交易依据和促使评估顺利进行，在评估工作开展前，设定交易假设是十分必要的，它保证了价值咨询活动不游离于市场之外，赋予资产评估新的经济活力。

（二）公开市场假设

公开市场假设是假定市场上交易双方有足够的时间了解价格信息，信息是对称的，交易双方是理智的、自愿的，交易没有受到任何胁迫和利诱，而且市场是一个公开、公正的市场。公开市场假设是对资产拟进入的市场的假设条件，事实上，实际生活中的市场条件未必真能达到公开市场假设的完善程度。

公开市场假设，必须保证市场是充分竞争的市场，市场上的交易价格是经过市场反复比较的，有买方也有卖方，它不是卖方市场上的价格，也不是买方市场上的价格，这个交易价格至少有三个以上的交易案例的支撑，当然这个市场可以是国内市场，也可以是国外市场。

（三）继续使用假设

继续使用假设也是对资产拟进入的市场的一种假设条件，以及在这样的市场条件下的资产状态的一种假定性描述或说明。该假设首先设定被评估资产按其正在使用的方式和程度对企业或整体资产做出贡献，包括正在使用中的资产和备用的资产；其次根据有关信息和经验，推断这些正在使用的资产还将继续使用下去，继续对企业或整体资产做出贡献。这个假设的关键点是资产可以按继续使用状态继续使用。

继续使用假设也是我国资产评估的一个非常重要的假设，因为我国大量的国有资产有待进行各种变更，无论是改制、合资合作、还是股份经营，这些资产都有可能还将继续使用，对产权变动后的企业或整体资产继续做出贡献。

（四）清算假设

清算假设也是对资产拟进入的市场的一种假设条件。它是被评资产受时间、地点的限制，必须在非公开市场条件下被迫出售或快速变现条件的假定说明。

清算假设是资产处于被迫出售的不同寻常的状态，受交易时间、地点的限制，清算假设条件下的资产估价要比公开市场的价格低。因此，清算假设适用资产评估的范围较小，一般只适用于进入拍卖程序的资产和处于清算状态的破产企业资产。

以上四个假设是资产评估中常用的基本假设，它们在资产评估的作用不容低估。资产评估的前提假设是保证资产评估顺利进行的基础，也是保证资产评估结果按评估目的实现的条件。没有资产评估的基本假设，资产评估的特定评估目的就无法实现。资产评估人员就是按评估前提假设假定的市场条件，根据资产的运作空间和方式评估出符合资产评估特定目的的评估结果，如果没有这种假设，即资产处于的市场不确定，资产的运作空间和方式未知，资产评估工作是无法进行的。因此，资产评估的前提假设是资产评估的充分必要条件，其作用不可低估。

第三节 资产评估程序

一、资产评估程序的概念

资产评估程序是指资产评估机构及评估人员完成资产评估咨询业务所履行的系统工作步骤，不同的资产评估目的、经济行为、价值类型、评估对象可能有不同的评估工作步骤，但由于资产评估业务的共性，各种资产评估项目的基本步骤应该是相同或相近的。

经过十几年的工作实践，资产评估从业人员总结出无论何种资产评估业务都必须遵循的评估工作基本步骤，它从明确评估业务基本事项开始，到向评估工作委托方递交评估报告直至工作底稿归档为止。这些评估工作基本步骤通过《资产评估准则——评估程序》确定了下来。

二、资产评估程序的基本步骤

根据《资产评估准则——评估程序》的规定，资产评估人员执行资产评估业务通常应当执行以下基本评估程序：

(1) 明确评估业务基本事项。委托方发出评估邀约后，评估机构和评估人员首先要搞清楚需要评估的经济行为是什么，例如是投资还是改资或转让等，其次要明确评估目的、评估对象、评估范围、评估基准日等。

(2) 签订业务约定书。在掌握了经济行为和明确了评估目的、评估对象和评估基准日的基础上，委托评估方和受托方应就评估完成日期、评估收费等进行协商，双方协商一致后签订业务约定书。

(3) 编制评估计划。签订业务约定书后，评估机构及评估人员应就评估事项编制评估计划，该评估计划应就参加的评估人员、现场勘察日期、出具评估报告日等做出计划。

(4) 现场调查。现场调查即现场勘察，这是保证评估报告真实性的重要步骤，也是资产评估机构和评估人员据以发表专业意见的第一手资料获取的关键。资产评估人员到现场实地调查，保证了资产存在的真实性，有力防止有关人员弄虚作假，保证委托评估对象的真实性。

(5) 收集评估资料。收集评估资料除了到现场进行实地勘察和清查盘点外，还有诸如发函证、收集报价单、查询价格资料等一系列工作，所有这些都是评估估算工作的准备工作，收集的资料越多，估算工作越顺利。

(6) 评定估算。收集到的评估资料只是估算工作的基础资料，这些资料还必须经过一个去伪存真、由表及里的甄别过程，然后根据经过甄别的资料，归类整理、再进行分析研究计算得到估算结果。甄别、归类整理、分析研究、计算这一系列工作都是评定估算必不可少的工作环节。

(7) 编制和提交评估报告。评定估算过程结束后，资产评估师就可以根据工作底稿包括估算资料，撰写评估报告。也就是说，评估报告只能在一系列评估工作环节完成后才能以此为根据撰写，从工作环节上保证评估结果有可靠的理论依据和事实资料支撑。评估报告撰写完成后，资产评估师应该分别就评估结论与委托方和资产占有方沟通无异后，按照评估协议向委托方提交评估报告。

(8) 工作底稿归档。

所有以上评估步骤完成后，根据《资产评估准则——工作底稿准则》讲解（见讲解 48 页）规定，资产评估师应在评估报告日 90 天内将评估约定书、清查盘点资料、询证函、估价资料、资产评估报告、资产评估说明等评估工作底稿及时归档。

以上基本评估程序，任何一个评估项目都不能少，评估人员在资产评估过程中，不得随意删减基本评估程序。资产评估人员应当根据评估程序准则并结合项目具体情况，按照不同评估对象和业务类型制定并实施项目具体评估程序。注册资产评估师应当确信所履行的评估程序能够支持自己的评估结论。

资产评估人员在执行评估业务过程中，由于各种原因，受到限制无法履行既定评估程序时，应当考虑以下因素：无法履行的评估程序是否对评估结论或评估目的所对应经济行为构成重大影响；注册资产评估师是否能够采取必要措施确信评估结论合理性不受影响。之后，决定继续执行评估业务或中止履行业务约定书。一般而言，无法履行的评估程序不能是上述基本评估程序。

资产评估人员决定继续执行评估业务，应当采取必要措施确信所受限制不影响评估结论的合理性。注册资产评估师应当在评估报告中披露执行评估业务过程中受到的限制、无法履行的评估程序和采取的必要措施，以及对评估结论的影响。

资产评估人员决定中止履行业务约定书，应当及时以书面形式要求委托方排除限制。委托方在合理期限内未能排除上述限制的，资产评估人员应当终止评估业务，解除业务约定书。委托方在合理期限内未能排除上述限制但要求继续执行评估业务的，资产评估人员应当与委托方沟通，考虑以适当的形式发表专业意见。

资产评估人员执行资产评估业务，根据评估业务具体情况，采用不同于资产评估准则规定的评估程序时，不得违背《资产评估准则——基本准则》的基本要求，应当确信所采用评估程序的合理性，并在评估报告中说明采用不同于资产评估准则规定的评估程序理由、实际履行的程序和可能对评估结论产生的影响。

三、资产评估程序的作用

(一) 资产评估程序正确、认真地履行是提高评估工作质量的可靠保证

《资产评估准则——评估程序》规定了进行资产评估必要的评估程序，也就是说评估人员进行任何一项资产评估业务，都必须履行资产评估基本程序，这个规定有利于规范资产评估的执业行为，有力地防止了由于评估人员无意疏忽遗漏了某一评估程序而导致评估结论的错误。显而易见，履行资产评估基本程序是提高资产评估工作质量的基本保证。

(二) 资产评估程序是检验资产评估质量的试金石

资产评估基本程序是资产评估师近十几年来评估工作的经验总结，是所有资产评估项目都必须经过的基本步骤，因此对一个评估项目初步评价完全可以通过检验该项评估项目是否履行了这些评估基本步骤来鉴别。可以这样说，凡没有完全履行评估基本步骤的，一般都有可能存在质量问题。

(三) 履行资产评估程序客观上起到了维护资产评估人员权益的作用

随着评估业务的逐步扩展，资产评估机构及资产评估师与有关当事人之间的诉讼的案例也越来越多，目前司法部门已将资产评估师是否履行了评估基本步骤作为评价资产评估报告是否客

观、公正的基本要件。因此,履行评估基本步骤成为资产评估机构及资产评估师防范评估风险的主要措施。同时,它也是就评估事项发生诉讼时,资产评估师保护自身利益、据理力争的佐证资料。

第四节 资产评估的价值类型

一、资产评估价值类型的概念

(一) 资产评估价值类型的定义

资产评估价值类型是指资产评估结果的价值属性及其具体表现形式。它是对资产评估的价值属性的质的规定。不同的价值类型从不同的角度反映资产评估价值的属性和数量特征。不同属性的价值类型下的资产评估价值不仅在数量上而且在属性上存在较大差异。

这个定义指出,资产评估的价值属性体现在资产评估价值类型上。因此,某一评估对象的价值类型确定后其价值属性就确定了,因为某一评估对象的价值类型对应一定的价值属性。另外,某一评估对象的价值属性确定以后,其相应的数量特征也就基本框定。某一评估对象的不同价值类型,在数量上可能存在很大差异,但同一评估对象同一价值类型,不同评估人员履行资产评估基本程序对其的评估值应基本相同或近似。

(二) 价值类型是客观存在的

在我们日常生活中,价值类型是客观存在的,现举一例说明。

【例 2-1】 甲企业有一套房屋,在房地产市场把这套房屋出售变现,出售价 1 100 000 元,支付中介费 1%,缴纳税费 20 000 元。如果乙企业购入这套房屋用于使用,购入这套房屋时支付房价 1 100 000元,支付中介费 1%,以及购买房屋的相关契税 6 600 元。乙企业购入这套房屋当时以这套房屋作为抵押申请了贷款 660 000 元,由于其他原因,该企业还不了贷款,购入不到三个月,银行以该套房屋作拍卖对象,拍卖成交价 700 000 元,请问这套房屋的评估价是多少?

解 这个问题的答案要有前提,即从哪一个价值类型来评估,不同的价值类型下的价格是不一样的。

(1) 如果从甲企业出售房屋的收入角度看,这个评估价为1 069 000元,即(1 100 000－1 100 000×1%－20 000)＝1 069 000 元。

(2) 从企业给银行拍卖的角度看,这套房屋的评估价值应为 700 000 元。

在这个例子里,这套房屋出现了两个价格,分别对应了两种价值类型,应该说,这两个价格都是合理的,但它们是两个不同的价格。一套房屋出现了两个价格,在没有学习过有关经济学的人来说似乎无法理解,但这两种价格在市场上是客观存在的,而且都是合理的。

二、资产评估价值类型的划分

资产评估的价值类型划分的标准主要有以下四种:从资产评估的估价标准分;从资产评估假设的标准分;从资产业务的性质即从资产评估特定目的分;以资产评估时所依据的市场条件分。

不同的标准可分得不同的价值类型,不同的价值类型有其不同的含义,不同的价值属性和数量特征。

(一) 从资产评估的估价标准分

(1) 重置成本:从资产组成的成本角度出发,购入或建造同类的资产所花费的全部费用,结合该资产的目前成新率来估算资产的价值。

(2) 收益现值:从资产的现在和将来能够带来的所有收益的折现价值。

(3) 变现价值:将资产出售能够取得全部现金的价值。

(4) 清算价格:资产处于清算状态,资产交易由于受时间、地点的限制,急需变现的价值。

从资产评估的估价标准分为以上四种。这种划分标准基本上承袭了现代会计理论中关于资产计价方法的划分标准,体现了资产评估与会计的紧密联系。由于会计的传统影响深入人心,这种划分标准用得较多,从评估传入我国前十年中,我国对价值类型的划分采用了这种划分标准。

(二) 从资产评估假设的标准分

(1) 继续使用价值:委估对象按照现有形态或转换形态还能够继续使用的价值。

(2) 公开市场价值:委估资产在公开、公平、公正,买卖双方信息对称,买卖双方自愿的情况下的市场价值。

(3) 清算价值:由于受到时间或空间的限制,其交易不是很公开、公正的情况下的交易价值,如法院强制拍卖其资产的价值。

从资产评估假设的角度划分为以上三种,这种划分方法有利于人们了解资产评估结果的假设前提条件,同时也强化了评估人员对评估假设前提条件的运用。

(三) 从资产业务的性质,即从资产评估特定目的分

(1) 抵押价值:以资产本身作为抵押,可以取得银行贷款的价值。

(2) 保险价值:投保人与保险公司订立保险合同约定的保险标的的实际价值,即投保人对保险标的所享有的保险利益的货币价值。

(3) 课税价值:用于计算应向税务机关缴纳税金的税基价值。

(4) 投资价值:资产用于投资,其资产价值为投资方和受资方双方接受的价值。

(5) 清算价值:由于受到时间或空间的限制,其交易不是很公开、公正的情况下的交易价值,如法院强制拍卖其资产的价值。

(6) 转让价值:资产在市场上由一方转让给另一方的价值。

(7) 保全价值:资产面临争议,争议一方为维护自身利益,申请法院对财产保全所表现的价值。

(8) 摊销价值:为了记账、合理计算成本的需要,必须估算出的无形资产的一种价值,对外购的就按无形资产的购入价摊销,对自制的无形资产按无形资产研发时发生的料、工、费归集的成本摊销。

从资产业务的性质分为以上八种,这种划分方法强调资产业务的重要性,认为有什么样的资产业务就应有什么样的资产价值类型。

(四) 以资产评估时所依据的市场条件以及被评估资产的使用状态标准分

(1) 市场价值。

(2) 市场价值以外的价值。

按这种标准划分是国际评估准则委员会在国际评估准则中对价值类型的划分标准,这种划分方法不仅注重了资产评估结果适用范围与评估所依据的市场条件及资产使用状态的匹配,而且通过资产的市场价值概念的提出,树立了一个资产公允价值的坐标。资产的市场价值是资产公允价值的基本表现形式,市场价值以外的价值则是资产公允价值的特殊表现形式。

价值的定义,在国际评估准则委员会所颁布的《国际评估准则 1》和《国际评估准则 2》中的定义如下:“自愿买方与自愿卖方在评估基准日进行正常的市场营销之后,所达成的公平交易中某项资产应当进行交易的价值的估计数额,当事人双方应当各自精明、谨慎行事,不受任何强迫和压制。”这个定义体现了市场经济要求,反映了买卖双方的基本意愿,即买卖双方完全出于自愿,如果有一方受胁迫就不是市场价值。

中国资产评估协会颁布的《资产评估价值类型指导意见》对市场价值类型的定义如下:“市场

价值是指自愿买方和自愿卖方在各自理性行事且未受任何胁迫的情况下，评估对象在评估基准日进行正常公平交易的估计数额。”在《资产评估价值类型指导意见》中，凡不符合市场价值定义条件的资产价值类型都属于市场价值以外的价值。例如，投资价值、在用价值、清算价值、残余价值等。

按市场价值与市场价值以外价值划分标准的意义在于，这种分类有利于评估人员对其评估结果性质的认识，便于划定其评估结果的适用范围和使用范围。

三、价值类型的意义

价值类型引入资产评估实务对资产评估师、评估报告的使用、评估价值的确定有十分重大的作用，具体表现在以下三个方面。

（一）有利于评估人员树立市场观念，树立资产评估公允价值与市场条件内在联系的正确理念

根据中国资产评估协会公布的《资产评估价值类型指导意见》，将价值类型划分为市场价值和非市场价值，并对市场价值做了明确的定义。按这一指导意见，每一个评估人员必须树立市场观念，了解市场条件与公允价值之间的内在联系。《资产评估价值类型指导意见》从客观上要求资产评估师去了解市场、熟悉市场，只有这样才能使评估结果符合市场规律。

（二）有利于避免评估报告误导公众和评估报告的使用者

评估报告引入价值类型以后，每一个评估报告都必须有一个明确的价值类型，评估报告载明的评估结果是在这个价值类型下的结果。它使公众和评估报告使用者明了这个评估结果是在这个价值类型下的价值。意义明确，不会产生误解。

（三）有利于资产评估师确定评估对象的价值区间

同一评估对象由于选用不同的价值类型，评估结果可能相差很多，但同一价值类型，只要评估师按规定的评估程序进行评估，其价值区间应是基本一致的，因此，根据《资产评估价值类型指导意见》要求，评估报告必须载明价值类型，这就促使资产评估师去研究评估的价值类型，由于评估报告确定了价值类型，实际上也就基本框定了评估对象的价值范围，因为某一评估对象在确定的评估价值类型下其价值范围基本明确。资产评估师对这个评估对象的评估价值估计就不可能差太多，从而保证了评估结果的合理性。

第三章　无形资产概述

无形资产(Intangible Assets)是一种特殊的资产。它在企业商品生产或劳务提供中发挥的作用越来越为社会所重视,人们对它的认知也随之不断提升。

第一节　无形资产的概念和特征

一、无形资产的概念

无形资产的概念至今没有确切统一的定义,人们通常站在不同的立场来定义无形资产。著名会计学家杨汝梅先生1926年12月在美国密歇根大学完成的博士论文《商誉及无形资产》中对无形资产进行了详细的论述。杨汝梅先生认为:“无形资产仅是一种剩余价值,为附属于整个营业所有一切具有正当价值事物之全体,而为超出各项有形事物所具总值之余额。”2001年,我国财政部发布的会计准则对无形资产的定义为:“指企业为生产商品、提供劳务、出租给他人,或为管理目的而持有的、没有实物形态的非货币性长期资产。”国际评估准则定义为:“以其经济特性而显示其存在的一种资产,无形资产无具体的物理形态,但为其拥有者获取了权益和特权,而且通常为其拥有者带来收益。”

综合以上各种定义,我们认为:无形资产是指为人们所拥有或者控制的没有实物形态的、可供人们长期使用,且为持有人可能带来收益并具有高度不确定性的特殊长期资产。

二、无形资产的分类

无形资产有多种分类,在这里列示以下四种分类。

(一) 按可否确指分

(1) 不可确指无形资产,不可确指的无形资产是商誉。

(2) 可确指无形资产,所谓可否确指就是指无形资产可否单独辨识和独立存在。除了商誉,其他无形资产的多属于可确指无形资产。

(二) 按其有无法律保护分

(1) 法定无形资产,如专利技术、注册商标权、著作权(包括计算机软件)等。

(2) 无法律保护的无形资产,如专有技术、技术文件、工艺图纸、客户名单等。

(三) 按其性质分

(1) 知识产权类无形资产,如专利技术、注册商标权、著作权(包括计算机软件)、专有技术、技术文件、工艺图纸等。

(2) 权利型无形资产,如土地使用权、特许经营权、开矿权、租赁经营权等关系类无形资产,客户名单、营销渠道等。

(3) 其他无形资产,不属于上述两类的无形资产,如商誉。

(四) 按取得来源分

(1) 企业自创(或自身拥有),企业自己研制创造获得的以及由于客观原因形成的,如自创专利、专有技术、商标权、商誉、技术文件、工艺图纸等。

(2) 外购的无形资产,如外购专利权、商标权等。

无形资产的种类可以图 4-1 表示。

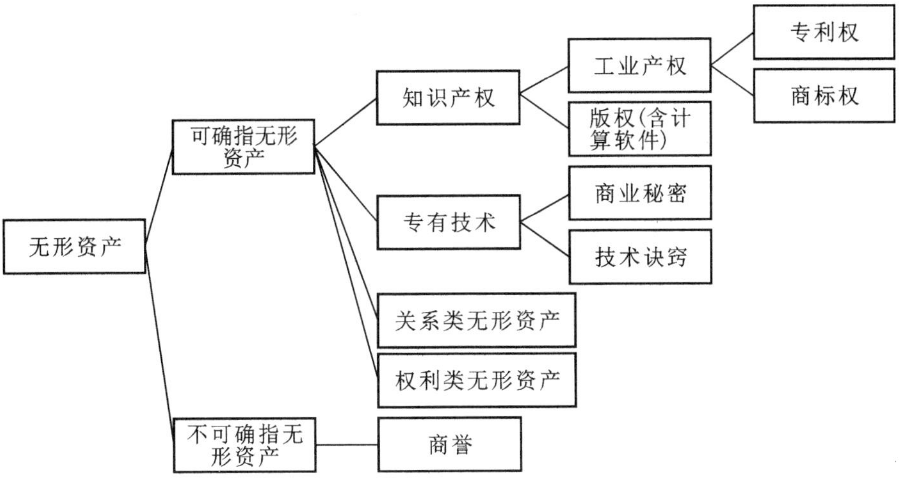

图 4-1　无形资产的种类

三、无形资产的特征

无形资产是一种特殊的长期资产,由此形成了区别于其他资产的特征,概括起来无形资产具有如下特征:

(1) 无形资产不具有实物形态。无形资产通常表现为技术、某种权力或获取超额收益的综合能力,如专利技术、专有技术、商誉、特许经营权等。它没有实物形态,却能够为拥有者带来不容小觑的经济利益,或使拥有者获取超额收益。看不见、摸不着,不具有实物形态,是无形资产区别于其他资产的特征之一。

需要指出的是,某些无形资产的存在借助于实物载体。比如计算机软件需要存储在磁盘中。但这并没有改变无形资产本身不具有实物形态的特征。

(2) 无形资产是一项长期资产。无形资产在其有效期内,通过使用能够长期地为拥有者取得持续的经济收益,并可长期地为拥有者持有。

另外,无形资产按摊销年限分为有摊销年限和无摊销年限两种。如果有协议规定或者法律法规规定的,按照规定的使用年限,没有规定的,税法规定摊销期限不得少于 10 年。最特殊的软件企业的一些符合缩短摊销期限条件的软件,最短摊销期限也是 2 年。根据会计准则,长期资产是其使用年限长于 1 年的资产,因此无形资产是一项没有实物形态的长期资产。

(3) 无形资产在创造经济利益方面存在较大的不确定性。无形资产创造经济收益较多地受外界因素的影响,比如市场需求、技术进步、更新换代的速度等。

无形资产的获利能力主要取决于其先进性和创造性,很大程度上还取决于利用无形资产生产的产品在市场上的需求程度。由于新技术、新工艺的不断涌现,而无形资产更新换代的速度又非常快,这就造成无形资产在创造经济利益大小方面存在较大的不确定性。

四、无形资产的特点

无形资产的特点是与有形资产相比较而言特有的,归纳起来有以下六点。

（一）无形资产的可分享性

无形资产不像有形资产在某一时点只能为一个权利主体服务，只要权利主体同意，无形资产可以为两个或两个以上的主体服务。也就是说，无形资产的使用权在权利主体使用的情况下，经权利主体的同意可以同时授权他人（甚至多人）分享其使用权。

（二）无形资产的研制成本与其创造的经济收益的弱对应性

由于有些无形资产的产生往往是在某个机缘巧合的情况下，在突发灵感中形成，或者它的产生由其他不可确指的成本组成，因此，其研制时发生的料、工、费的多少与其今后创造经济收益的大小不成等比例关系，不能以投入研制成本多寡，来判断其创造经济收益的大小。无形资产创造的价值取决于该项无形资产的先进性、效用性和功能性，而这些与投入的成本往往不成比例。

（三）无形资产的附着性

无形资产不能单独创造经济利益，它必须附着于有形资产（包括相关的机器、设备、原材料和人力资源等），才能为拥有者创造经济收益。有形资产渗透于无形资产的范围越大，无形资产发挥作用的规模越大，无形资产附着在有形资产的广度越广，无形资产越能够发挥其作用，其价值也越高。

（四）无形资产的积累性

一家企业的商誉是这个企业经过多年的发展逐步积累起来的，同样，科学技术也需要一步一个脚印脚踏实地逐步积累，后面先进的技术往往是在前面的技术成果的基础上逐步发展起来的，因此其价值也随之逐步增大。

（五）无形资产的排他占有性

无形资产的排他性也就是其使用权的独占性，指的是非经权利主体同意，该项无形资产的使用权是为其所垄断的。如果不能排他占有或者不花任何代价就能获得的资产都不能称为无形资产。这种排他性，有的是通过法律途径保护的，如注册商标、专利权；有的通过权利主体自我保护形成的，如商业秘密、专有技术等。无论是通过法律途径保护还是通过自我保护，权利主体对无形资产的使用都具有排他占有性。

（六）无形资产的替代性

任何资产都有其生命周期，同样，无形资产也有其生命周期，而且新升级换代的无形资产的产生会加速旧的无形资产的衰亡，同种无形资产它不可能共存和积累，只能是替代和更新换代。随着无形资产的升级换代，旧的无形资产价值可能一落千丈，甚至一文不值。

第二节　无形资产的评估对象和评估的价值类型

一、无形资产评估的对象

随着我国的经济发展，对无形资产的评估需求越来越多，除了满足服务于企业内部摊销需要，无形资产评估范围也越来越广，现在我国的资本运作不仅有无形资产的作价投资、转让需要评估，在抵押、融资、偿债等资金筹措和司法案件处理中，无形资产评估也在不断探索和创新实践。

由于无形资产评估的不同类型，形成了特定的评估目的，也决定了特定的评估对象，从而使用其对应的价值类型。无形资产评估类型分为三种，第一种是为满足税务和财务管理需要，以无形资产成本摊销需要的评估；第二种是以资本运作为目的的无形资产转让和作价投资；第三种是以抵押、融资、偿债为目的的无形资产评估。这三种评估类型，它们的评估目的是不同的，因而评估方法也是不同的。以无形资产成本摊销为目的的评估，其对象是形成无形资产的成本；以无形资产转让和作价投资的无形资产评估，一般是以无形资产创造的额外收益为评估对象；而以抵押、融资、偿债为目的的评估，则要具体问题具体分析，分别采用无形资产的成本和额外收益为评估对象。

二、无形资产评估的价值类型

无形资产评估的价值类型从资产业务的性质，即从资产评估特定目的可以分为摊销价值、投资价值、转让价值和抵押价值。

摊销价值是以无形资产的成本作为基数进行摊销的。无形资产的成本一般以成本法取得。

投资价值和转让价值一般是以无形资产的未来的收益折现评估取得的，以收益现值法评估取得。

抵押价值可以以成本或者未来收益折现评估取得。

（一）影响无形资产评估价值的因素

无形资产评估价值无论是用成本法取得还是采用收益现值法取得，影响它价值的有以下四项：

(1) 无形资产的取得成本。从无形资产的取得看，无形资产取得无非两种方式，一是自创，二是外购取得。但在研究无形资产的取得成本时，必须注意无形资产成本的不完整性、弱对应性和虚拟性，也就是无形资产成本的构成由于其弱对应性和虚拟性，因而往往是不完整的，很多成本没有归集到无形资产成本中去。

(2) 机会成本。有甲、乙两个方案，选用甲方案放弃乙方案，放弃乙方案的可望获得的收益就是选用甲方案的机会成本。无形资产的机会成本就是指转让、投资无形资产后失去市场和可能造成损失的成本。

(3) 无形资产本身的情况：无形资产的先进性、适用性；无形资产的受保护程度和自我保护程度；无形资产的技术成熟程度；无形资产的可使用年数。

(4) 无形资产外部环境：市场供需情况；转让内容；类似无形资产的价格水平。

（二）无形资产评估的价值类型

无形资产评估目的不同，无形资产评估的价值类型也不同。

(1) 以摊销为目的的无形资产评估价值类型适用重置成本法，是一种摊销价值类型。为满足税务和财务管理需要的无形资产的摊销过程，实际上也是为实现无形资产弥补的过程。外购和自创无形资产的重置成本是不同的，外购的无形资产重置成本包括买价和购置费用。自创无形资产的重置成本包括自创过程中发生的料、工、费等制造成本。

(2) 以投资、转让为目的的无形资产评估价值类型是投资和转让价值类型，适用收益现值法。无形资产是一种特殊的长期资产，就在于它能够长期的为其产权持有人提供高于一般资产的超额收益。因此，无形资产以投资和转让为目的评估就应该以其为产权持有人带来的超额收益为评估对象，采用收益现值法。

第四章 无形资产的评估方法

资产评估方法,即资产评估师对评估对象进行价值估算时所采用的评估技术手段。资产评估方法是在会计、审计、财务管理、工程技术等学科的技术方法的基础上,结合评估特点发展形成的一门技术方法。因此,资产评估与会计、工程技术等学科既有联系,又有区别。联系在于资产评估借用了这些学科的某些技术进行某些评估,区别在于资产评估将这些学科的一些方法按资产评估的技术思路进行了归纳、重组,形成了资产评估区别于其他学科的特定技术特点,构建了资产评估方法体系。这个方法体系有多种资产评估方法,在众多方法中可归结出三种基本方法:重置成本法(简称成本法)、市场比较法(简称市场法)和收益现值法(简称收益法)。

第一节 无形资产评估的成本法

一、无形资产评估的成本法概述

无形资产的成本法是指在评估时按现时取得无形资产的成本进行评估。这种评估方法适用于确信该项无形资产具有超额的获利能力,但无法量化其收益,一般适用于满足税务和企业财务管理需要进行的无形资产摊销,或者无形资产转让给特定单位。

(一) 成本法的基本含义

成本法是资产评估的基本方法之一。成本法是指首先估测被评估资产的重置成本,然后估测被评估资产业已存在的实体性贬值、功能性贬值、经济性贬值等各种贬损因素,并将它从重置成本中扣除,从而求得被评估资产价值的一种方法。

成本法的计算公式如下:

资产评估价值=重置成本－实体性贬值－功能性贬值－经济性贬值

在这个公式中:

资产的重置成本是指重新购置或建造全新的与被评估资产相同或类似资产的全部价值。

实体性贬值是指资产经过使用以后,被评估资产和全新资产相比存在的外在磨损和损耗而损失的价值。

功能性贬值是指由于技术进步,导致新资产的科技含量更高、功能更先进,与新功能资产相比,旧资产因技术落后形成的技术性功能贬值。

经济性贬值是指由于企业外部因素,例如市场环境、政策因素、经济形势等变化,引起资产闲置、收益下滑,从而影响资产价值发生损失的贬值,该项贬值与资产本身没有关系,全部由企业外部因素引起。

(二) 成本法中的基本要素

1. 资产的重置成本

资产的重置成本按重置类别分为两类:复原重置成本和更新重置成本。

(1) 复原重置成本

复原重置成本是指采用与评估对象相同的功能或研发标准、设计、规格及技术等,以现时价格水平重新购置和建造与评估对象相同或相似的全新资产所发生的费用。也可简单解释为原消耗、现价格。

【例 4-1】 有一项 4 年前开发的软件,假如原来使用 20 个人工,消耗了有关材料 2 000 元。如果从历史成本来讲,用的是 4 年前的消耗和价格;而现在用复原重置成本,则原来的消耗不变,人工、有关材料的价格按现在的价格计算:人工每工工资 300 元,有关材料 3 000 元。

$$软件的复原重置成本=20\times300+3\,000=9\,000\ 元$$

(2) 更新重置成本

更新重置成本是指采用新型工艺、新型设计、新技术等,以现行价格水平购置和建造与评估对象具有同等功能的全新资产所需的费用。

如上例,现在建同一软件可以采用新技术和新设计 3 000 元,10 个人工,每个人工资 300 元。

$$软件的更新重置成本=3\,000+10\times300=6\,000\ 元$$

要引起注意的是,新消耗、现价格,要考虑到技术进步的影响。

在评估实践中,如果能同时得到复原重置成本和更新重置成本资料,就选择更新重置成本计算重置成本。如果找不到更新重置成本,也可以采用复原重置成本计算重置成本。

无形资产成本测算在一些资料不全的情况下,也可以采用价格指数调整法,其公式如下:

$$无形资产重置成本=该项无形资产账面成本\times价格变动指数$$

$$价格变动指数=现时的价格指数\div无形资产形成时的价格指数$$

2. 资产的实体性贬值

资产的实体性贬值通常用实体性贬值率来表示,其公式如下:

$$实体性贬值率=\frac{实际已使用年限}{总使用年限}\times100\%$$

其中,总使用年限=实际已使用年限+尚可使用年限。

3. 资产的功能性贬值

资产的功能性贬值包括由于新工艺、新材料和新技术以及原有资产的建造超过现行建造成本的超支额,以及原有资产超过运用新技术、新工艺、新材料的同类或类似资产的运营成本的超支额。

4. 资产的经济性贬值

由于无形资产的实体性贬值、功能性贬值和经济性贬值很难区分和辨别,所以在实务中通过计算完全重置成本与重置成本的差来求得这三项贬值之和。无形资产的重置成本的净值就是重置成本扣除三项贬值之和,在评估实务中,无形资产的重置净值是通过计算无形资产的成新率乘以无形资产重置成本求得。无形资产的成新率计算一般有两种方法:

$$成新率=(全部使用年限-无形资产已使用年限)\div全部使用年限$$

或者 $$成新率=(全部应摊销额-已摊销额)\div全部应摊销额$$

所以, $$无形资产重置净值=完全重置成本\times成新率$$

但是,我们在求得无形资产评估值的时候还应考虑其机会成本,所以:

$$无形资产评估值=无形资产重置净值+机会成本$$

二、无形资产采用成本法评估的步骤

采用成本法评估无形资产的步骤如下：

(1) 确认无形资产的存在；

(2) 收集无形资产相关的资料；

(3) 计算无形资产的完全重置成本；

(4) 确定无形资产已使用年限和尚可使用年限，从而计算出无形资产的成新率；

(5) 根据无形资产的完全重置成本和成新率计算得出无形资产重置净值；

(6) 求得无形资产的机会成本，将计算得到的无形资产重置净值加上机会成本得出无形资产评估值。

这里需要指出的是，在计算无形资产成新率时，特别对无形资产的使用寿命，应该按照孰短原则取舍，也就是在经济寿命、自然寿命、法定寿命、合同寿命中选择最短寿命作为评估无形资产的使用期限。

另外，在运用成本法对无形资产评估时，特别要尽可能的收集完整的会计成本，特别注意分摊形成无形资产的间接成本，尽可能保证无形资产成本的完整性和可信性。

第二节　无形资产评估的市场法

一、市场法的基本涵义

市场法又称市场比较法。它是资产评估方法的一种，而且是较为重要的一种。市场法是指利用市场上同一或类似资产的近期交易的价格，经过直接比较或类比分析来评估资产价值的方法总称。

市场法使用了评估替代原则，因为市场上同一资产与被评估资产尽管是同一产品，但毕竟不是这个产品本身，能用市场上同一资产的价值来替代被评估资产的价值，就是基于评估替代原则。

由于市场上某产品的交易价格是买卖双方均能接受的价格，具有一定的代表性，选择三个以上的比较参照物，与被评估资产进行比较，找出差异，并把差异量化，用这些差异去修正市场上参照物的价格，从而估算出被估资产的价格。例如，现有一待出售无形资产需要评估，评估时首先在市场上找到近期出售的与待评估无形资产相类似的三个无形资产作为参照物，然后分析被评估参照物和该无形资产的差异，如无形资产的用途、人们的知晓度等，并把这些差异量化，用这些量化后的差异去修正市场上参照物的价格，从而估算出被评估无形资产的价格。

二、运用市场法评估的基本程序

运用市场法进行评估大体要经历以下五个步骤。

(一) 选择参照物

在市场上寻找三个或三个以上的参照物，被选的参照物应与被评估资产在功能、质量、市场条件、交易条件上具有可比性。

(二) 选择比较因素

在评估对象与参照物之间选择比较因素是运用市场比较法的关键一步，由于比较因素随着评估对象的不同有所变化的，因此根据不同的被评估资产，选择影响资产价值的可比因素成为评估工作的一大技能。不同资产影响其价格的因素是不同的，例如影响无形资产价格的主要因素是其先进性、效益，影响机器设备价格的因素主要是机器设备的功能和精度。因此，选择对资产价值影响较大的因素作为比较因素，有助于提高评估的正确性。

(三) 对比可比指标、找出差异并量化

将被评估资产与参照物的各项可比指标进行对比，找出差异，并将这些差异进行量化。例如无形资产的功能，评估人员可以通过利用无形资产生产相同数量产品的能耗以及相同加工时间内的产量、质量进行比较，找出差异，通过货币计量将差异量化。

(四) 调整已经量化的对比指标差异

将各个参照物的市场成交价作为调整基础，将已量化的评估对象与参照物对比指标差异进行调整，得出以每个参照物为基础的评估对象的初步结果。参照物个数与初步结果个数相同，由于选择参照物在三个以上，所以评估对象的初步结果也有三个以上。

(五) 综合分析确定评估结果

将执行第四步评估程序得到的三个或三个以上的初步结果进行综合分析，赋予每个初步结果不同的权数，如果各项权数相等，则采用算术平均，如果各权数不等，则采用加权平均，由此最终确定评估值。

运用市场法评估单项资产应考虑的可比因素主要有：

(1) 资产的功能因素。资产的功能因素是指资产本身能发挥的有效功用。它是资产使用价值的主体，也是影响资产价值的重要因素之一。一般来说资产的功能越多、越好，其价值越高。

(2) 资产的实体外观质量和内在质量。资产的实体外观质量主要是指资产的外观、结构等。资产的内在质量主要是指资产本身的耐用时间和建造或制造工艺水平。

(3) 市场条件。市场条件是指市场人气、供求关系等，评估时主要考虑参照物交易时的市场条件和评估时市场条件的变化情况。市场上有句名言：物以稀为贵。当需求量小于供应量时，价格下跌，反之，价格上扬。

(4) 交易条件。交易条件是指交易动机、交易时间和交易批量等。在评估时要比较交易条件，因为不同的交易条件对单价是有影响的，例如交易数量大的，一般比交易量小的价格低。

三、市场法的细分

市场法细分为两大类：直接比较法和类比调整法。

(一) 直接比较法

直接比较法又可分为：直接使用参照物价格作为评估价格；参照物价格经修正后作为评估价格。

(1) 直接使用参照物价格作为评估价格

直接使用参照物价格作为评估价格的基本数学表达式：

$$评估对象价格=参照物价格$$

运用直接比较法的，被评估资产与参照物应是相同资产，而且应具有相同的功能。

(2) 参照物价格经修正后作为评估价格

将参照物价格经修正后作为评估价格的评估思路是：将参照物的某一基本特征直接与评估对象的同一基本特征进行比较，用以修正评估结果。其基本计算公式为

$$评估对象价值=参照物成交价格\times(评估对象基本特征\div参照物基本特征)$$

【例 4-2】 被评估对象与参照物，除生产能力存在不同外，其他都一样。参照物的生产能力是 10 000件，被评估对象的生产能力是 8 500 件。而参照物的市场价格是 10 000 元。由上面的公式可算出评估对象价值为

$$10\,000\times(8\,500/10\,000)=8\,500(\text{元})$$

直接比较法在评估实践中，有多种方法，具体包括：现行市价法、市价折扣法、功能价值类比法、价格指数调整法和成新率指数调整法。

1. 现行市价法

当评估对象本身具有现行市场价格或与评估对象基本相同的参照物具有市场销售价格时，可以直接利用评估对象或参照物在评估基准日的市场销售价格作为评估对象的评估值。例如批量生产的机器设备、家用电器等，可按相同生产厂家、相同型号、相同规格、同一批量的机器设备、家用电器等的市场销售价格作为评估值。

2. 市价折扣法

市场折扣法是以参照物成交价格为基础，考虑评估对象在销售市场方面的不利因素，根据评估人员的经验，将参照物成交价格乘以一个折扣率来估算评估对象价值的方法。

用数学式表达为资产评估价值＝参照物成交价格×折扣率

【例 4-3】 大隆机器厂拟快速变现一项无形资产，在市场上这项无形资产评估基准日正常变现价为 50 000 元，经评估人员综合分析，认为快速变现应在正常变现价格基础上打 6 折，因此，拟快速变现资产价值为 30 000 元，计算公式如下：

$$\text{资产评估价值}=50\,000\times60\%=30\,000(\text{元})$$

3. 功能价值类比法

功能价值法是在参照物的成交价格基础上，将评估对象与参照物之间的功能进行比较，并用比较系数来修正参照物的成交价格得出评估对象价值的方法。根据资产的功能与其价值之间的关系可分为线性关系和指数关系两种。

(1) 资产价值与其功能呈线性关系，在评估实务中又称为生产能力比例法，其计算公式如下：

$$\text{被评估资产价值}=\text{参照物成交价格}\times(\text{评估对象生产能力}\div\text{参照物生产能力})$$

【例 4-4】 大隆机器厂有一利用知识产权生产的流水线待评估，该流水线年生产能力为 1 000 件，参照物生产能力为 800 件，参照物市场成交价格为 200 000 元，则待评估利用知识产权生产的这条流水线的价值：

$$\text{待评估流水线价格}=200\,000\times(1\,000\div800)=250\,000(\text{元})$$

(2) 资产价值与其功能呈非线性关系，在评估实务中又称为规模经济效益指数法，其计算公式如下：

$$\text{资产评估价值}=\text{参照物成交价格}\times(\text{评估对象生产能力}\div\text{参照物生产能力})^{x}$$

【例 4-5】 仍以上例为例，如果其生产能力与价格成非线性关系，且该类资产的功能价值指数为 0.7，由此确定利用知识产权生产的这条流水线价值为 233 812 元。

$$\text{资产评估价值}=200\,000\times(1\,000\div800)^{0.7}=233\,812(\text{元})$$

4. 价格指数调整法

价格指数调整法，首先求出评估基准日对被评估资产购买日的价格指数，然后以价格指数调整参照物成交价作为评估对象评估值的方法。时间间隔对资产价值的影响，其计算公式如下：

$$\text{资产评估价值}=\text{参照物成交价格}\times\text{物价指数}$$

或

$$\text{资产评估价值}=\text{参照物成交价格}\times(1+\text{价格变动率})$$

5. 成新率指数调整法

成新率指数调整法是首先求出评估对象比参照物的成新率指数，然后以成新率指数调整参照物评估基准日的成交价作为评估对象评估值的方法，其计算公式如下：

资产评估价值＝参照物评估基准日成交价格×(评估对象成新率÷参照物成新率)

二、类比调整法

(一) 类比调整法的含义

类比调整法是市场法中常用的评估方法，该方法的最大特点是只要参照物与评估对象在大的方面基本相同或相似，就可使用该评估方法。

(二) 几种常用的类比调整法

1. 市场售价类比法

市场售价类比法是以参照物的成交价格为基础，考虑参照物与评估对象在功能、市场条件和销售时间等方面的差异，通过对比分析和量化差异，调整评估对象价值的方法。

资产评估价值＝参照物评估基准日价格×功能差异修正系数×时间差异修正系数×……×交易情况差异修正系数

或　资产评估价值＝参照物评估基准日价格＋功能差异值＋时间差异值＋……＋交易情况差异值

【例 4-6】 某企业委托评估一款发明专利使用权的转让，该项专利已经使用了 1 年。评估人员经查阅相似的专利在近 1 年以来有 A、B、C 三个交易案例。委托评估发明专利使用权的转让和 A、B、C 三个交易案例的专利都是发明专利使用权转让。

A 专利在 1 年前转让，该项专利已经使用了 3 年，转让价 40 万元；

B 专利在半年前转让，该项专利已经使用了 2 年，转让价 50 万元；

C 专利在三个月前转转让，该项专利已经使用了 1 年，转让价 55 万元。

评估对象与参照物情况表如下：

评估对象	参照物 A	参照物 B	参照物 C	被评估对象
交易价格	40 万元	50 万元	55 万元	
交易状况	公开市场	公开市场	公开市场	公开市场
交易时间	1 年前	半年前	3 个月前	
成新率	85%	90%	95%	95%

评估人员经过对市场信息进行分析得知，三个交易实例都是在公开市场条件下销售的，交易状况正常，不需要修正。影响价格的因素，主要是交易时间、成新率。

(1) 交易时间因素的分析和修正。经分析近几个月的价格指数每月上涨 2%，则参照物 A、B、C 的修正系数分别为 124/100，112/100，106/100。

(2) 成新率因素和修正。

根据公式：成新率修正系数＝被评估对象成新率/参照物成新率，参照物 A、B、C 的修正系数分别为 85/95，90/95，95/95。

(3) 计算参照物 A、B、C 的因素修正后价格，得出初评结果。

参照物 A 修正后的价格＝40×(124/100)×(85/95)＝44.38(万元)

参照物 B 修正后的价格＝50×(112/100)×(90/95)＝53.05(万元)

参照物 C 修正后的价格＝55×(106/100)×(95/95)＝58.30(万元)

(4) 采用算术平均数取得被评估专利使用权转让的评估价值为

(44.38＋53.05＋58.30)/3≈51.91(万元)

2. 市盈率倍数法

市盈率倍数法是指利用评估基准日参照物(上市公司)公布的市盈率乘以评估对象(或企业)收益额，用以测算评估对象价值的方法，计算公式如下：

评估对象(企业)评估价值＝评估对象(企业)收益额×参照物(上市公司)的市盈率

【例 4-7】 某被评估对象是一家非上市银行，其经营业绩与民生银行相仿，该银行的年净利润为 12 亿元，查上市公司报表民生银行评估基准日的市盈率为 13 倍，则该银行的评估价值为：

该银行的评估价值＝12×13＝156(亿元)

3. 成本比例法

成本比例法是指以评估对象现行合理成本与参照物现行合理成本的比，乘以参照物成交价格来估算评估对象的价值的方法，计算公式如下：

资产评估价值＝参照物成交价格×(评估对象现行合理成本÷参照物现行合理成本)

三、运用市场法评估的基本前提条件

运用任何一种评估方法对评估对象进行评估都有前提条件，因为评估方法的适用范围是与评估方法相适应的，它是保证评估结果合理、科学的基本保证，也是评估师规避风险的有力武器。因此，通过市场法进行资产评估也需要有前提，其具有两个最基本的前提条件。

(一) 要有一个活跃的公开市场

活跃的公开市场是指市场是规范的、开放的，既有买方，又有卖方，买卖双方的信息是对称的，且双方都是自愿的，不存在欺诈、胁迫，买卖双方都有足够的时间来确定是否实施交易，而且这种交易活动不是个别的，是普遍存在于市场上的。

(二) 有三个以上的可比交易案例作为参照物

可比交易案例是指交易的对象与被评估对象相似，具有可比性，而且在公开市场上必须有三个以上的成交案例作为参照物。

第三节　无形资产评估的收益法

一、收益法的概念

收益法又称收益现值法，是通过估算被评估资产(企业)未来预期收益的现值来估测被评估无形资产价值的各种评估方法的总称。

收益法实际上是一种将利求本的思路，从本金和利息关系来说，已知本金乘上利率就能得出利息，即本金×利率＝利息。而收益法与之相反，由利息、利率求出本金，也就是说，在多少资金量(资产)和何种利率下能够带来多少收益。

【例 4-8】 已知本金 50 000 元，年利率 10%，那么一年的利息是多少？

按利息＝本金×利率的公式可得出：利息＝50 000×10%＝5 000(元)

【例 4-9】 利息是 5 000 元，在年利率 10%的情况下，本金是多少？

由本金＝利息÷利率的公式可得出：本金＝5 000÷10%＝50 000(元)

本金＝利息÷利率的公式在资产评估中，本金可以理解为资产，因为资产同样能产生收益(相当于利息)，也就是使用该公式，可以将年收益通过将利求本的方法来计算出资产或企业的价值。

二、收益法评估的基本程序

为了科学、正确地评估资产的价值，采用收益法进行评估，必须遵循一定的评估程序，经过十几年的评估实践，评估界认为收益法评估必须遵循以下基本程序：

(1) 搜集并验证与预期收益有关的数据资料；

采用收益法进行评估所收集的数据资料，主要是收集评估资产(企业)未来的经营前景、经营风险、财务状况和市场形势等资料。

经营前景是指这项资产(企业)的销售前景，包括销售数量、销售价格及其价格趋势以及企业的经营管理状况、人员结构、管理制度、生产前景等。

经营风险是指这项资产经营可能遇到的影响其市场销售前景、销售数量、销售价格等各种因素形成的风险以及企业可能遇到的影响企业正常生产的各种风险。

财务状况一般可以通过企业的财务报表反映，企业财务报表包括资产负债表、利润表、现金流量表等各种报表。

市场形势一般通过整个经济形势的预测资料、市场的销售业绩来反映，主要包括企业的销售报表、销售价格、销售数量分析资料等。

(2) 分析测算被评估资产(企业)未来预期收益额；

(3) 确定折现率或资本化率；

(4) 将被评估资产(企业)所有未来预期收益，用折现率或资本化率折算成现值；

(5) 分析确定评估结果。

三、收益法的基本参数

(一) 收益额

收益额必须是由被评估资产(企业)创造的收益。如果某些收益并不归被评估资产的所有者所有，则不能计入。比如使用资产赢得了利润，这利润并不完全是拥有资产的所有者的收益，因为利润要按一定的比例交纳所得税，所得税并不归所有者所有，而是国家的收入，它作为税金流出企业，显然这种收益不能包含在资产所有者的收益当中。

收益法中的收益额是资产未来的预期收益，它不是资产的历史收益，也不是现实的收益，而是根据历史资料来推算今后预期的客观收益。在这里我们要充分注意到定义里特别强调的两点：

(1) 收益额是被评估资产未来预期能创造的收益额，而不是资产的过去创造的收益额或现实收益额；

(2) 收益法中所指的收益额是被评估资产创造的客观收益，而不是被评估资产的实际收益。

客观收益就是根据各种变量、因素预期的合理的收益，而现实收益中可能包括不合理的因素。

【例 4-10】 大隆机器厂将一项实用新型专利，租借给有业务往来的另一家企业，租金每天 200 元，在租赁市场，一项该种实用新型专利正常租金每天 500 元，评估中用租金作为这台设备的收益，租金用什么指标来计算？

在计算其收益时，是用实际租金每天 200 元计算，还是用租赁市场该种专利正常租金每天 500 元来计算？我们说收益法所指的收益是客观收益，这个例子的客观收益应该是每天租金

500 元，因为借给另一家企业的租金是低的，这一家企业与大隆机器厂有业务往来，是一个关系户。实际租金不是一个客观收益，不能作为评估中的收益。还要指出的是，在每天 500 元的收益中还要扣除由于出租专利必须缴纳的税金。

（二）折现率

（1）折现率的定义

折现率是指将未来有限期的预期收益折算为现值的比率。资本化率（本金化率）通常是指将未来无限期的预期收益折算为现值的比率。折现率和资本化率在本质上是一样的，二者的区别仅仅在于适用的场合不同。在评估实务中将资本化率与折现率通用。

（2）折现率与利率的关系

折现率不是利率，而是收益率。折现率是管理的报酬，利率是资金的报酬。利率只表示资金本身的获利能力，而与占用者和使用途径没有直接联系，折现率则与资产以及所有者使用效果相关。

（3）折现率的概念

折现率在收益法中是一个关键因素，折现率的高低直接影响评估值的大小，而且影响程度大，所以选择折现率要慎之又慎。另外，选择折现率时要注意折现率的口径与收益的口径保持一致。

折现率实际上是一个期望的投资报酬率。投资一定金额购买一台机器，预期可得到多少回报，这是一个预期的投资回报率。投资报酬率可分解为两部分：一是无风险报酬率，二是风险报酬率。无风险报酬率可以用同期的国库券利率经单利调整为复利后使用；风险报酬率则要进行测算，在评估实务中，一般根据所投资的行业所面临的各种风险如经营风险、财务风险、市场风险等来测算。

（三）收益期限

收益期限是指被评估资产在其持续使用前提下，未来能够为所有者带来预期收益的年限，可以是 1 年、2 年、5 年、10 年等有限期的，也可以是永续无限期的。

四、收益法的运用

收益法根据收益变化、期限不同有多种计算公式。

（一）纯收益不变，各因素不变

（1）收益不变，期限有限，各因素不变的条件下，计算公式如下：

$$P=\frac{A}{r}\left[1-\frac{1}{(1+r)^n}\right]$$

式中 P—— 评估值；

A—— 年金；

r—— 折现率或资本化率；

n—— 收益年期。

该公式的适用条件是：①每年收益不变；②收益年期有限；③折现率固定不变，且大于零。

（2）收益不变，期限无限，各因素不变的条件下，计算公式如下：

$$P=\frac{A}{r}$$

该公式适用条件是：①每年收益不变；②收益期限无限；③折现率固定不变，且大于零。

（二）纯收益在前期变化，若干年后保持不变

（1）收益年期无限。计算公式如下：

$$P=\sum \frac{R_i}{(1+r)^i}+\frac{A}{r\ (1+r)^n}$$

该公式适用条件是：① 纯收益在 n 年（含 n 年）以前有变化，n 年以后保持不变；② 收益年期无限；③r 大于零。

（2）收益年期有限。其计算公式如下：

$$P=\sum \frac{R_i}{(1+r)^i}+\frac{A}{r\ (1+r)^n}\left[1-\frac{1}{(1+r)^{n-i}}\right]$$

该公式适用条件是：① 纯收益在 i 年（含第 i 年）以前有变化，在 i 年以后保持不变；② 收益年期有限为 n；③r 大于零。

这里要注意的是，纯收益 A 的收益年期是有限的，其期数为 $(n-i)$ 年而不是 n 年。

（三）纯收入按等差级数变化

（1）在纯收益按等差级数递增，收益年期无限的条件下，计算公式如下：

$$P=\frac{A}{r}+\frac{B}{r^2}$$

该公式适用条件是：① 纯收益按等差级数递增，递增额为 B；② 收益年期无限；③r 大于零。

（2）在纯收益按等差级数递增，收益年期有限的条件下，计算公式如下：

$$P=\left(\frac{A}{r}+\frac{B}{r^2}\right)\times\left[1-\frac{1}{(1+r)^n}\right]-\frac{B}{r}\times\frac{n}{(1+r)^n}$$

该公式适用条件是：① 纯收益按等差级数递增，递增额为 B；② 收益年期有限为 n；③r 大于零。

（3）在纯收益按等差级数递减，收益年期无限的条件下，计算公式如下：

$$P=\frac{A}{r}-\frac{B}{r^2}$$

该公式适用条件是：① 纯收益按等差级数递减，递减额 B，收益递减到零为止；② 收益年期无限；③r 大于零。

（4）在纯收益按等差级数递减，收益年期有限的条件下，计算公式如下：

$$P=\left(\frac{A}{r}-\frac{B}{r^2}\right)\times\left[1-\frac{1}{(1+r)^n}\right]+\frac{B}{r}\times\frac{n}{(1+r)^n}$$

该公式适用条件是：① 纯收益按等差级数递减，递减额 B，收益递减到零为止；② 收益年期有限为 n 年；③r 大于零。

（四）纯收益按等比级数变化

（1）在纯收益按等比级数递增，收益年期无限的条件下，计算公式如下：

$$P=\frac{A}{r-s}$$

该公式适用条件是：① 纯收益按等比级数递增，递增比率为 s；② 收益年期无限；③r 大于零；④$r>s>0$。

（2）在纯收益按等比级数递增，收益年期有限的条件下，计算公式如下：

$$P=\frac{A}{r-s}\left[1-\left(\frac{1+s}{1+r}\right)^n\right]$$

该公式适用条件是：① 纯收益按等比级数递增，递增比率为 s；② 收益年期有限为 n；③r 大于零；④$r>s>0$。

(3) 在纯收益按等比级数递减，收益年期无限的条件下，计算公式如下：

$$P=\frac{A}{r+s}$$

该公式适用条件是：① 纯收益按等比级数递减，递减比率为 s；② 收益年期无限；③r 大于零；④$r>s>0$。

(4) 在纯收益按等比级数递减，收益年期有限的条件下，计算公式如下：

$$P=\frac{A}{r+s}\times\left[1-\left(\frac{1-s}{1+s}\right)^n\right]$$

该公式适用条件是：① 纯收益按等比级数递减，递减比率为 s；② 收益年期有限为 n；③r 大于零；④$0<s\leqslant 1$。

(5) 收益年限有限，且知道收益期末即若干年后资产价格的条件下，被评估资产的评估价值的计算公式如下：

$$P=\frac{A}{r}\times\left[1-\frac{1}{(1+r)^n}\right]+\frac{P_n}{(1+r)^n}$$

该公式适用条件是：① 纯收益在第 n 年前保持不变；② 第 n 年末资产的价格为 p；③r 大于零。

【例 4-11】 某科技公司有一项发明专利，还能使用三年，该发明专利三年后，变为公知技术，由于其某项配套的技术可变现净值为 2 000 元，其三年的净收益资料如下表，试评估流水线的价值。

时间	收益额(万元)	折现率	折现系数	收益折现值(万元)
第一年	70	10%	0.909	63.63
第二年	80	10%	0.826	66.08
第三年	45+0.2	10%	0.753	34.04

该题可使用收益年限有限，且知道收益期末即若干年后无形资产价格的计算公式，该专利资产的评估价值=63.63+66.08+34.04=163.73(万元)。

【例 4-12】 某科技公司有一项无形资产，利用该无形资产生产某项产品，预计未来 5 年收益额分别是 10 万元、12 万元、13 万元、14 万元和 15 万元。假定从第 6 年开始，以后各年收益均为 15 万元，确定的折现率和资本化率均为 10%。确定该收益性资产在持续经营下和 20 年收益的评估值。

(1) 永续经营条件下的评估过程

首先，确定未来 5 年收益额的现值。

未来 5 年的收益额=10×0.909+12×0.826+13×0.751+14×0.621+15×0.621
=47.64(万元)

计算中的现值系数，可以用计算器取得，也可查复利现值表取得。

其次，将第 6 年以后的收益进行资本化处理，即 15/(10%)=150(万元)，然后再乘上 5 年的现值系数,即 150×0.621=93.15(万元)。

最后,确定该企业评估值:

$$该项无形资产的评估价值=47.64+93.15=140.79(万元)$$

(2) 20 年的收益价值评估过程

该收益性资产经营 20 年的收益评估值,计算如下:

$$\begin{aligned}P &= \sum \frac{R_i}{(1+r)^i}+\frac{A}{r\,(1+r)^n}\left[1-\frac{1}{(1+r)^{n-i}}\right]\\ &=\frac{10}{(1+10\%)}+\frac{12}{(1+10\%)^2}+\frac{13}{(1+10\%)^3}+\frac{14}{(1+10\%)^4}\\ &\quad+\frac{15}{(1+10\%)^5}+\frac{15}{10\%(1+10\%)^{20-5}}\\ &=9.09+9.92+9.77+9.56+9.31+35.91=83.56(万元)\end{aligned}$$

运用该项该收益性资产经营 20 年收益的评估值为 83.56 万元。

五、运用收益法的基本前提

收益法是评估资产的一个基本方法,但是,不是所有的资产都能使用收益法进行评估,也就是说,运用收益法有一定的前提条件。收益法评估的基本要素有三个:预期收益额 A、折现率 r、产生预期收益额的收益期 n。这三个基本要素造就运用收益法的前提条件的产生,三个基本前提条件是:

(1) 被评估资产的未来收益能用货币计量,且可以预测。被评资产的预期收益能用货币计量,且可以预测,即这项资产的未来收益是可以预期且可以度量的,不是想得到、看不到的收益。这种预期收益的产生是依据资产潜在的,采用科学的预测方法得到的,经得起推敲。

(2) 资产拥有者获利预期收益所承担的风险也可以预测并可以用货币衡量。它涉及收益率的测算,因为按经济学的角度,收益率的大小是和风险成正比的,也就是说风险越大收益越高。收益率的构成包括两个方面:一是无风险收益率。无风险收益率可以用国债利率来代替,因为国债虽然不能说没有一点风险,但国债的风险很低,可以拿同期国债利率来近似的代替无风险利率;二是风险收益率。风险是可以测算的,风险收益率+无风险收益率=收益率。

(3) 被评估资产预期获利年限可以预测。

第五章　各种无形资产的评估

第一节　专利资产的评估

一、专利的分类

我国专利法将专利分为三类:发明、实用新型、外观设计。

(1) 发明专利,是指对产品、方法或者其改进所提出的新的技术方案。

(2) 实用新型专利,是指对产品的形状、构造或者其结合所提出的适于实用的新的技术方案。

(3) 外观设计专利,是指对产品的形状、图案、色彩或者其结合所做出的富有观感并适于工业上应用的新设计。

由于专利权需要经过申请受理、初步审查、公告、实质性审查等阶段。在没有正式批准前,它也是有价值的。我们将处于申请阶段尚待批准的各项发明、实用新型和外观设计称为专利申请技术。

专利申请技术是通过《专利法》的有关规定而明确的一种存在于公知的一般技术和专利之间的一种 过渡性表现形式。如果专利申请技术获得授权,就转变为专利;反之,就是一种公知的一般技术。

二、专利和专利申请技术的特点

(一) 专利的三性

(1) 新颖性:是指在申请日以前没有同样的发明或者实用新型在国内外出版物上公开发表过、在国内公开使用过或者以其他方式为公众所知,也没有同样的发明或者实用新型由他人向专利局提出过申请并且记载在申请日以前公布的专利申请文件中。

(2) 创造性:创造性是指同申请日以前已有的技术相比,该发明有突出的实质性特点和显著的进步,该实用新型有实质性特点和进步。

(3) 实用性:实用性是指该发明或者实用新型能够制造或者使用,并且能够产生积极效果。

(二) 专利申请技术的特性

1. 过渡性

专利申请技术是通过《专利法》的有关规定而明确的一种存在于公知的一般技术和专利之间的一种过渡性表现形式。如果专利申请技术获得授权,就转变为专利;反之,就是一种公知的一般技术。

2. 不稳定性

由上述过渡性的特点,决定了专利申请技术具有不稳定性。

通常我们把专利权和专利申请技术合称为专利资产。

三、专利资产的价值形成的缘由

(1) 利用专利资产生产的产品和提供的劳务,在理念上是全新的,从而提高了生产和服务的竞争能力,为企业带来超额收益。

(2) 利用专利资产可以增加产品的产量、销量,提高产品的价格,从而增加了销售收入。

(3) 利用专利资产可以节约成本,从而相对增加了企业利润。

(4) 利用专利资产也可能既节约了成本又提高了产量和价格,从而综合增加了企业利润。

四、专利资产的价值实现方式

专利资产的价值可以通过所有权转让、使用权转让等形式实现。

(一) 专利资产所有权转让的具体方法

1. 一次性买断

一次性买断是以其所拥有的专利、非专利技术的所有权一次性转让给受让方。它的支付方式可以是一次性支付或分期多次支付。

2. 作价投资入股

作价投资入股是以其所拥有的专利的所有权作价投资,取得商定股份并获得红利。

3. 设定干股、期股、期权

专利拥有人以上述资产进入企业,经约定以干股、期股、期权将来某一时间取得股权或某项权利等激励方式实现上述资产的价值。

4. 收取使用费

专利、非专利技术的拥有人以收取使用费为条件,将专利、非专利技术的使用权转让给受让方。使用费的收取方式包括:

(1) 入门费,即初次使用专利资产生产产品或提供劳务前,使用权转让人向使用者收取的一笔固定费用;

(2) 按业务量收取使用费,即在使用专利资产生产产品或提供劳务时,使用权转让人向技术使用者按业务量的某一比例收取一定的费用,或按照每件产品或每项服务收取定额的使用费;

(3) 入门费加按业务量收取使用费,即除收取入门费外,在使用专利资产生产产品或提供劳务时,使用权转让人都要向技术使用者按业务量的某一比例收取一定的费用,或按照每件产品或每项服务收取定额的使用费。

(二) 专利资产使用权转让的具体方法

(1) 独占许可使用权的转让:专利资产使用权转让给某一特定主体独家使用,收取使用费来实现其价值。在这种情况下,专利资产拥有人自己不能再使用该专利资产。

(2) 排他许可使用权的转让:专利资产使用权转让给某一特定主体使用。在这种情况下,权利所有人和被转让人两家可以共同使用该专利资产。

(3) 普通许可使用权的转让:专利资产拥有人通过市场将其专利资产的使用权转让给多家主体共同使用。

(4) 带特殊条件的许可使用权的转让:专利资产拥有人通过市场将其专利资产的使用权有条件的转让给其他主体使用。在这种转让方式下,其转让的限制条件有各种方式,如销售地域限制、销售价格限制、销售数量限制等。

五、专利资产的评估

专利资产的评估一般要经过专利资产存在状态的确定、专利资产价值状态的确定、专利资产评估方法适用性分析以及专利资产的估算这样四个阶段。

(一) 专利资产存在状态的确定

专利资产存在状态的确定又分为专利和专利申请技术的确定,而专利的存在状态又可分为专利的所有权确定和使用权的确定两种。

1. 专利的所有权确定

专利所有权按照其存续的时效，可以分为有效专利和失效专利。

法律意义上的有效专利是指还在专利保护有效期内的专利，可以通过核查专利证书和年费缴纳凭证确定。没有证书和年费缴纳凭证的就是失效专利。

专利所有权按其申请区域，可以分为一国专利、多国专利和国际专利。仅在一国内申请并获得授权的专利为一国专利；在多个国家申请的并获得授权的同一技术为多国专利；在一国内申请并获得授权之后，并在知识产权国际公约协议国范围内申请了优先权的为国际专利。可以通过核查专利证书、优先权申请书等资料加以确定。

2. 专利的使用权确定

专利使用权一般是通过专利许可使用协议加以约定的，因此，专利使用权的存在状态应根据对专利许可使用协议的分析确定。但专利许可使用权的存在状态是建立在专利所有权的相应状态基础上的。因此还应结合专利所有权的存在状态加以判断。

专利申请技术从申请获得受理开始，一直到取得专利授权之前，可以分为受理、初步审查、公告、实质性审查等阶段。可以通过专利申请书、专利申请受理通知、初步审查通知、专利公告、实质性审查通知、专利证书等资料来确定其所处的各个阶段状态。

(二) 专利资产价值状态的确定

一般而言，一项专利、专利申请技术的领先程度越高，技术构成越复杂，所处的行业技术更新周期越长，其价值越高。

专利只有在有效的状态下才可能存在价值。有效专利是指尚未被新专利所替代，同时又在法律保护期内的专利。其判断必须了解同类技术近期专利申请和授权情况，并根据该专业的专家判断加以确定。只有有价值的专利，其价值状态方才有效。

专利申请技术由于处于申请阶段，新颖性、创造性、实用性尚待确认，是否能最终取得专利尚不确定，对其是否具有所申请专利的价值进行确认具有风险。但这些风险理论上随着处于受理、初步审查、公告、实质性审查等不同阶段而有所不同。因此，其价值高低次序应依次为：受理阶段≤初步审查阶段≤公告阶段≤实质性审查阶段。

(三) 专利资产评估方法适用性分析

1. 收益法适用性分析

由于专利资产为企业带来的利润往往表现为企业的超额收益，因此评估方法首选应选用收益法。对于成本法和市场法，前者只能反映专利资产的研制过程所发生的费用，后者往往由于技术资产的特殊性，在市场上要找到类似的比较案例比较困难。因此，专利资产的评估首先应该选用收益法。

适用性分析主要判别有否超额收益产生，且能否对未来几年内的收益进行有效的预测。

当能获取上述资料时，适用收益法进行评估，否则，较难适用收益法。

2. 市场法适用性分析

市场法适用性分析必须在国内外市场上存在三个或三个以上与待评估专利资产相似的专利资产的交易案例，并且能够获得有关比较数据。

3. 成本法适用性分析

如适用性分析无法采用收益法、市场法，或采用收益法评估时评估结果的风险太大，则采用成本法评估。由于无形资产的成本和它的价值的弱对应性，所以一般情况下专利资产评估不建议采用成本法。

(四) 专利资产的估算

1. 市场法估算

目前我国还没有成熟的、完善的专利资产的交易案例的数据库，且由于专利资产的特殊性，要获得专利资产三个或者三个以上的比较案例比较困难。即使有了三个案例，还要特别注意其案例的可比性，另外，评估人员还必须获得其有关比较数据，这就增加了采用市场法评估专利资产的难度。

2. 成本法估算

由于专利资产成本与其价值的弱对应性，要想获得专利资产成本的全部构成几乎是不可能的，因此采用成本法评估专利资产，除财务做账摊销的需要外，一般不建议采用。

3. 收益法估算

专利资产采用收益法估算是建立在专利资产能够创造出高于一般资产收益的理论之上的。使用专利资产能够创造多少高于只用一般资产所创造的价值呢？这是估算专利资产价值的一个关键。在评估时往往能够计算出整个生产经营创造的全部利润，但有多少是专利资产创造的却不易计算，这是专利资产采用收益法评估的难点。人们设想找出专利资产创造的价值占整个生产经营创造价值的比重，也就是找出分配专利资产和其他生产要素在整个生产经营中创造利润上的比例，以解决这个难题。在评估界把这个比例称之为分成率。

经过海量的统计分析，按统计的大数定律，现在国际上的分成率通常有三分法和四分法之说。所谓三分法，即专利资产所创造的价值占整个生产经营创造价值的比重为三分之一，四分法即占四分之一。在实际的评估中，评估师应经过仔细的分析，认真把握专利资产在整个生产经营过程中发挥作用的大小，可以在三分法或四分法的基础上做些调整。

六、专利资产的估算案例

(一) 成本法评估案例

万之实业股份有限公司由于经营管理不善，效益不佳，亏损严重，将要被同行业的某股份有限公司收购，现经某股份有限公司委托，需要对万之实业股份有限公司全部资产进行评估。万之实业公司有一项实用新型专利，三年前自行研制开发并获得专利证书。现需要对该专利资产进行评估。评估的步骤如下：

(1) 确定评估对象：一项实用新型专利。

(2) 技术功能确定：经请有关专家鉴定，该项专利有一定的先进性，而且有一定的市场前景。

(3) 评估方法选择：由于目前企业经营不善，该专利资产不能采用收益法，因为市场上也没有同类专利成交案例，所以只能采用成本法对其进行评估。

(4) 评估估算如下：

首先，分析测算其重置完全成本。该项专利技术系自创形成，其开发形成过程中的成本资料可从企业中获得。具体如下：

材料费用	35 000 元
工资费用	20 000 元
资料费	2 000 元
咨询鉴定会务费	15 000 元
差旅费	2 000 元
管理费分摊	2 000 元
专用设备折旧费	5 400 元
非专用设备折旧费分摊	8 000 元
专利费用及其他	2 600 元
合计	92 000 元

根据专利技术开发的过程分析，各类消耗仍按过去实际发生定额计算，对其价格可按现行价

格计算。重置完全成本计算如下：

$$重置完全成本 = 92\,000 \times (1+4\%) \times (1+5\%) \times (1+3\%) \approx 103\,500(元)$$

确定该项专利资产的贬值率：

由于实用新型专利保护期10年，现在已经使用了三年，所以其贬值率计算如下：

$$贬值率 = (10-3) \div 10 \times 100\% = 30\%$$

(5) 计算评估值，做出评估结论。

$$评估值 = 103\,500 \times (1-30\%) = 72\,450(元)$$

最后，确定该项专利资产的评估值为72 450元。

(二) 市场法评估案例

某企业委托评估一款游戏机专利所有权的转让，该项专利已经使用了2年，有功能10项。评估人员经查阅相似的专利在近半年以来有甲、乙、丙三个交易案例。委估游戏机专利和甲、乙、丙三个交易案例的游戏机都是发明专利。

甲游戏机在半年前转让所有权，游戏机已经使用了2年转让价22万元；

乙游戏机在半年前转让所有权，游戏机已经使用了1年转让价23万元；

丙游戏机在3个月前转让所有权，游戏机已经使用了3年转让价18万元。

经比较，被评估游戏机较甲游戏机功能少一项，与乙游戏机功能一样，较丙游戏机功能多一项。被评估对象与参照物情况表如下：

被评估对象与参照物情况表

被评估对象	参照物甲	参照物乙	参照物丙	被评估对象
交易价格	22万元	23万元	18万元	
交易状况	公开市场	公开市场	公开市场	公开市场
交易时间	半年前	半年前	3个月前	
功能	11	10	9	10
成新率	90%	95%	85%	90%

评估人员经过对市场信息进行分析得知，三个交易实例都是在公开市场条件下销售的，交易状况正常，不需要修正。影响价格的因素，主要是交易时间、成新率和功能。其中功能与其市场销售价格呈指数型关系(系数值0.6)。

(1) 交易时间因素的分析和修正。经分析近几个月的游戏机销售价格每月下跌5%，则参照物甲、乙、丙的修正系数分别为70/100，70/100，85/100。

(2) 成新率因素和修正。根据公式，

成新率修正系数=被评估对象成新率/参照物成新率

参照物甲、乙、丙的修正系数分别为90/90，90/95，90/85。

(3) 功能因素和修正。

功能修正因素=被评估对象功能数/参照物功能数

参照物甲、乙、丙的修正系数分别为$(10/11)^{0.6}$，$(10/10)^{0.6}$，$(10/9)^{0.6}$。

4. 计算参照物甲、乙、丙的因素修正后价格，得出初评结果。

$$参照物甲修正后的价格 = 22 \times (70/100) \times (90/90) \times (10/11)^{0.6} = 14.54(万元)$$

参照物乙修正后的价格 $= 23 \times (70/100) \times (90/95) \times (10/10)^{0.6} = 15.25$(万元)

参照物丙修正后的价格 $= 18 \times (85/100) \times (90/85) \times (10/9)^{0.6} = 17.26$(万元)

5. 采用算术平均数取得被评估游戏机的评估价值。

$$(14.54 + 15.25 + 17.26)/3 \approx 15.68\text{(万元)}$$

(三) 收益法评估案例

对某一机器人制造技术的评估。

委托方：　　某民营企业

评估基准日：2016 年 1 月 1 日

评估方法：　收益分成法

评估目的：　转让

1. 评估对象基本情况介绍

该机器人制造技术由委托方单位发明，已获实用新型专利。委托方对机器人制造技术的评估期望值为 1 亿元。委托评估时，委托方自称其产品为更新换代产品，在技术上对原来的同类产品是一次革命，其原理也与现在市场上的产品截然不同，产品性能超出一般标准很多。

但依据评估公司的工作惯例需要专家对机器人制造技术进行专门的鉴定。进行鉴定后发现其产品权威性较差，与企业同类产品相比尚有一定差距，专家们对该产品的意见为：

(1) 该机器人制造技术生产出的产品为一般产品，性能并不先进；

(2) 该机器人制造技术级别原理并无与现在同类产品的基本原理不一致之处，该机器人制造技术也并非发明创造，为一般技术；

(3) 该机器人制造技术有一定的新意，但距完善有较大的距离，如能做好后续开发工作，在降低产品成本上也许能有一定的成效。

2. 分析判断

技术专家的评价是客观、准确的。委托方企业规模较小、依靠该机器人制造技术能略有盈利，说明该机器人制造技术还有一定的经济价值。同时，该机器人制造技术完善之后，经济效益可能会有所提高。该机器人制造技术明显不够成熟，转让或合作的可能性较小。综合来看，采用收益法确定该机器人制造技术的评估值是可行的。

3. 参数的选取

(1) 收益额的确定

本次评估采用税后利润为收益额。在考虑企业未来的预期收益时采用如下假设：企业的规模比现在扩大 3 倍，达到本行业中等规模；在企业规模扩大的基础上，企业原有盈利能力随着规模的扩大而相应提高，成本相应降低。

(2) 折现率的选择

本次评估选择无风险利率加风险保持率为折现率，无风险利率选择国库券利率 8%，风险报酬率考虑该技术不够成熟以及可能的市场风险因素，风险报酬率取 12%，则总的折现率为 20%。

(3) 分成率的选择

由于委托方原来的盈利与管理水平、工人工资水平等有密切关系，确定该机器人制造技术的分成率时考虑了这些因素，经综合分析，确定分成率为 25%。

4. 对机器人制造技术的评估

经研讨，该机器人制造技术作为一般技术其经济寿命周期为五年，五年的预期收益额和折现情况如下：

（单位：万元）

年份	预期收益额	折现系数	预期收益折现值
2016	200	0.83	166
2017	250	0.69	172.5
2018	280	0.58	162.4
2019	300	0.48	144
2020	300	0.40	120

该机器人制造技术五年累计预期收益折现值为764.9万元，该机器人制造技术的评估结果为764.9×25%≈191(万元)。

该项技术资产的评估值为191万元。

第二节　商业秘密、著作权、注册商标权和商誉的评估

一、商业秘密的评估

(一) 商业秘密的含义

商业秘密(Trade Secrets)是指不为公众所知悉、能为权利人带来经济利益，如生产配方、工艺流程、技术诀窍、设计图纸等技术信息。管理方法、产销策略、客户名单、货源情报等经营信息。

(二) 商业秘密的评估

商业秘密的评估方法与专利资产的评估方法类似，可以采用成本法、市场法和收益法三种方法。在采用收益法时，也是按其利用商业秘密产生的超额收益进行评估的，其分成率也是按三分法或四分法进行确定。但在评估的时候特别要分析、研究委托方对商业秘密的保护措施，因为它区别于专利，专利受专利法的保护，一旦被侵权可以按专利法主张权益，而商业秘密如果泄露，必须找到泄露原因，维权很难。商业秘密被泄露后，其价值就大打折扣，甚至一文不值，因此，其价值很大程度上取决于保密程度和方法。

二、著作权的评估

(一) 著作权的含义

著作权过去称为版权。版权最初的含义是copyright(版和权)，也就是复制权。不过随着时代演进及科技的进步，著作的种类逐渐增加。世界上第一部版权法英国《安娜法令》开始保护作者的权利，而不仅仅是出版者的权利。我国法律规定，在中华人民共和国境内，凡是中国公民，法人或者非法人单位的作品，不论是否发表都享有著作权；外国人的作品首先在中国境内发表的，也依著作权法享有著作权；外国人在中国境外发表的作品，根据其所属国与中国签订的协议或者共同参加的国际条约享有著作权。

(二) 著作权的评估

著作权的评估方法与其他无形资产的评估方法类似，可以采用成本法、市场法和收益法三种方法，但在采用收益法特别要分析其有效年限。按我国《著作权法》的规定，著作权的保护期为作者(或软件研制人)有生之年加死亡后50年。

三、商标权的评估

(一) 商标权的含义

商标权是商标专用权的简称。商标注册人拥有依法支配其注册商标并禁止他人侵害的权利，包括商标注册人对其注册商标的排他使用权、收益权、处分权、续展权和禁止他人侵害的权利。商

标是用以区别商品和服务不同来源的商业性标志，由文字、图形、字母、数字、三维标志、颜色组合、声音或者上述要素的组合构成。

(二) 商标权的评估方法

商标权的评估方法可以采用成本法、市场法和收益法三种方法。在采用收益法时要特别查清该商标是否是注册商标，因为只有注册商标才受法律保护，受法律保护的商标才有价值。除此之外，还要弄清被评估的是商标专有使用权还是一般使用权，因为商标的专有使用权实际上就是商标权的所有权，而商标权的一般使用权就是商标权的使用权，两者的价格差是很大的。另外，商标权的使用权还要分清是共同使用，还是分区使用。

(三) 影响商标评估价值的因素

(1) 商标的法律状态，即是否是注册商标。

(2) 商标的知名度，商标权的价值大小与其知名度的关联程度极大，知名度高，价值高，反之则小。

(3) 商标所依托的商品，如果商标所依托的商品是常用的、销量大的，则商标权的价值大，反之则小。

(4) 宏观经济状况，商标权价值也是一种深受市场宏观经济影响的无形资产，宏观经济形势好，则价值高。

(5) 评估目的，评估目的是转让商标所有权的价值高。

(6) 类似商标的交易情况。商标权的价值大小受类似商标转让价值的影响，类似商标价值高，则该商标权的评估值也大。

(7) 商标的设计、广告宣传。商标的设计精美给人以美感且过目不忘，其商标权价值就高，再有它受商标所有权人所作的广告宣传力度影响，宣传越多，广告面越广，其价值越高。

四、商誉的评估

(一) 商誉的含义

商誉(goodwill)是能使企业中的人、财、物等因素在经济活动中相互作用，形成一种的能为企业经营带来超额利润的潜在经济利益的资本化价值的简称。

(二) 商誉的评估方法

商誉的评估一般采用收益法，它的价值是企业价值减去所有可确指的有形资产和无形资产价值以后的余额，也就是说，要评估商誉的价值必须要对企业进行整体资产的评估。企业价值的评估在取用折现率时要注意分析被评估企业的行业性质，企业行业性质直接关系折现率取值的大小，同时关注该企业法人代表的声誉，因为它一定程度上影响商誉的大小。另外要注意的是商誉有正商誉也有负商誉，企业价值减去所有可确指的有形资产和无形资产价值以后的余额可能是正值也可能是负值。正商誉说明企业善于经营，在经营管理上有超过一般企业的特长，能够获取超额收益。负商誉则说明该企业经营不善，声誉不佳，不仅不能获取超额收益还可能带来损失。

(三) 商誉评估需要注意的问题

(1) 正商誉只存在于长期具有超额收益的企业之中；

(2) 商誉的评估必须坚持预期原则和持续经营的原则；

(3) 商誉价值与其投入成本不成比例；

(4) 商誉是企业人、财、物、经营、管理等多项因素共同作用的结果；

(5) 企业的商誉与该企业有无负债、负债的大小无直接关系；

(6) 商誉不等于商标，商誉与商标是两个不同的事物，有着质的区别。

(四) 商誉价值不等于品牌的价值

品牌是一个特定的企业或商品给他人带来的印象和联想，换言之，是市场对企业的客户价值的认知。因此，商誉的价值不等于品牌的价值。

第六章 评 估 实 例

某针灸治疗仪专利申请技术独占实施许可权评估

【内容提要】

本案例的评估对象涉及一种针灸治疗仪专利申请技术独占实施许可的使用权价值。根据委托方与评估机构的约定，本次评估的无形资产的权利主体为某针灸治疗仪专利申请技术独占实施许可权，而非所有权。更为正确的定义是：本次评估的是某针灸治疗仪的五年的专利申请技术独占实施许可权的价值。

本次评估的价值类型为无形资产的投资价值。投资价值是指资产对于具有明确投资目标的特定投资者所具有的价值。

本次评估的价值前提：该针灸治疗仪专利申请技术独占实施许可权对于具有"明确投资目标的特定投资者"的投资价值。"明确投资目标的特定投资者"是指相关资产受让方按约定的目的和用途使用上述某针灸治疗仪专利申请技术独占实施许可权，并在可预见的未来，不会发生重大改变。本次评估的某针灸治疗仪专利申请技术独占实施许可的使用目的是作价投资。

本次评估是建立在假设上述某针灸治疗仪专利申请技术独占实施许可权的作价投资和实施不会违反国家法律及社会公共利益，也不会侵犯他人包括专利权在内的任何受国家法律保护的权利。

本次评估的某针灸治疗仪专利申请技术独占实施许可权，截止评估基准日，委托方已申请中国专利并已取得实用新型专利申请受理通知书，因公示审核周期尚未取得专利证书。但委托方提供了相关专利申请文件和科研计划项目课题任务书，评估人员对上述资料进行了验证，并据此进行评估。评估人员提请有关方面注意，上述资料并不是国家法律、法规规定的代表委托方对委估的某针灸治疗仪专利申请技术独占实施许可权拥有合法产权的文件。

委托方承诺，如果取得专利权，该专利由本次评估的无形资产所投资的公司独家用于商业目的，委托方仅用于科研方面，不作其他商业目的之用。除国家另有规定之外，也不对本次委估的专利申请技术独占实施许可的许可种类、许可时间和地域进行限制。

一、基本情况

(一) 委估对象简介

委估无形资产为某研究所研发的某针灸治疗仪的专利申请技术独占实施许可。该研究项目是20X4年某市《针灸经络研究专项》的重点支持项目。某市科学技术委员会科研计划项目课题任务书(课题编号03DZ19554—××)，该研究项目由某研究所负责某针灸治疗仪的研制工作，某大学配合开展动物模型研究，某医院配合开展临床应用研究，某市科委所属的研究平台——某市针灸经络研究中心负责协调工作。某针灸技术是运用一种低能量激光束照射穴位代替毫针(称为光针)，根据穴位的深度选择不同颜色的激光如绿光、红光等；同时，利用另一种中远红外激光的热效应，代替燃烧着的艾绒照射穴位(称为光灸)，如CO_2激光，从而实现与传统针灸治疗相似的新的无创痛激光针灸治疗技术。

本仪器由 650 nm 半导体激光、10.6 μm CO_2 激光、光纤耦合器、复合光纤器件等组成。650 nm 半导体激光作为激光针光源，10.6 μm CO_2 激光作为激光灸光源，两种激光经复合光纤器件传输并同光路复合后以连续或脉冲的工作方式照射穴位，实现激光针与激光灸的双重治疗作用，达到无创痛针灸治疗的目的。

目前已完成实验样机研制，研制样机 3 台，已在某大学完成动物模型试验，实验结果良好，20X5 年10 月已进入某医院开展临床应用研究。经临床观测医生证明，20X5 年 11 月至 20X6 年 1 月已治疗膝关节炎病人 30 余人次，其中镇痛、消肿疗效明显的约占 80%。

某针灸治疗仪已申请中国专利，于 20X5 年 9 月 14 日取得某针灸治疗仪实用新型专利申请受理通知书，一般实用新型专利申请的公示审核周期不短于 18 个月，故目前委托方尚未取得专利，所以本次委托评估确定为专利申请技术独占实施许可。目前，未收到对该申报专利的异议。根据委托方承诺，如果取得专利权，该专利由本次评估的无形资产所投资的公司独家用于商业目的，委托方仅用于科研方面，不作其他商业目的之用。除国家另有规定之外，也不对本次委估的专利申请技术独占实施许可的许可种类、许可时间和地域进行限制。因此，本次委托评估的是一种实用新型性质的专利申请技术独占实施许可。

(二) 委估评估对象内容

评估对象内容同已向社会公开的申请号为 20052004500××专利申请中《权利要求书》限定的内容，主要有：

1. 一种某针灸治疗仪，其特征在于所述的某针灸治疗仪是由两组独立的激光系统、激光电源控制器、电路控制系统及复合光纤器件组成；

2. 根据权利要求 1 所述的某针灸治疗仪，其特征在于所述的某针灸治疗仪或以单路激光输出或某输出方式工作；

3. 根据权利要求 1 或 2 所述的某针灸治疗仪，其特征在于以连续或脉冲方式工作，脉冲频率为 0.5～20 Hz；

4. 根据权利要求 1 或 2 所述的某针灸治疗仪，其特征在于半导体激光器的波长为 650～660 mm，作为激光针光源；

5. 根据权利要求 1 或 2 所述的某针灸治疗仪，其特征在于 CO_2 激光的波长为 10.6 μm，作为激光灸光源；

6. 根据权利要求 1 或 2 所述的某针灸治疗仪，其特征在于两种激光分别经复合光纤器件中的石英玻璃光纤和卤化银晶体光纤传输，并同光路复合后输出；

7. 根据权利要求 1 或 2 所述的某针灸治疗仪，其特征在于经复合光纤器件中的复合光头输出的某中半导体激光的功率>30 mW，CO_2 激光的功率<500 mW。

主要技术指标如下表所示：

某光源类型	波长/nm	××光纤束治疗端输出功率
红光半导体激光	650～660	>30 mW
CO_2 激光	10 600	<300 mW
复合光纤束其他指标	长度	1.0 m
	弯曲半径	>10 cm

二、宏观经济和行业前景

（一）行业技术情况

中医针灸经络学是中医药学的重要支柱，它是世界医学的重要组成部分，中医针灸学的整体观、辨证论治及针灸经络腧穴等是中医针灸的特色。中医针灸在治疗疼痛性疾病、慢性病、功能障碍性疾病、去病延年等方面，是其他任何传统医学、现代医学不能取代的，这就是中医针灸存在的价值和根据。但针灸的治疗还是使用延续了几千年的“针刺艾灸”这种创痛性治疗技术。在临床上有时会发生弯针、滞针、晕针、折针等异常现象，并有可能造成血液传染疾病。应当看到，针刺艾灸给患者造成的精神负担和针刺产生的疼痛及轻微创伤是针灸本身不可克服的弱点，也是目前影响针灸发展的主要因素之一。为此，国内针灸界提出针灸学要发展和创新，就必须在秉承传统治疗技术的基础上，不断融入其他学科的先进技术，发展无创痛穴疗学——无创痛针灸治疗技术。

激光在医学上的应用主要基于光和生物组织相互作用。激光治疗包括用激光进行切割、汽化、凝固、理疗、针灸、血管内照射、光动力学等方法，可治疗临床各科约 300 种疾病。激光理疗、激光针灸和激光血管内照射疗法在中医理论指导下已广泛应用，国内外学者进行了诸多的基础和临床研究。激光针灸具有无痛、无菌、安全、易控、操作方便等优点，可镇痛、消肿、促进肉芽组织生长、加速创口愈合、改变组织病理状态和恢复组织健康等。采用光子技术刺激定位、特定部位、反应点，探索防治某些重大疾病、疑难杂病的安全而有效的部位、穴位及光子波长，并研制相应的治疗、预防和保健设备，将成为光子中医学的主要任务之一。

我国从 20 世纪 70 年代末开始把连续输出的 He-Ne 激光束用于临床照射穴位，治疗内、外、耳、鼻、咽、口腔、皮肤和神经等科，共约 200 多种疾病。经过多年的临床实践，激光针灸在临床应用上已取得了肯定的疗效，近几年已有相当数量的文献报道激光针灸的临床应用研究新进展。

目前，国内激光针灸的光源以 He-Ne 激光为主，其他还有如 650 nm 半导体激光等，主要产品有手提式 CO_2 激光器、He-Ne 激光某针灸治疗仪。但是，这些激光源在临床治疗中存在着一个共同问题——无热效应，无法体现灸的作用，患者在治疗时无明显感观的刺激，如热、麻等感觉。临床医生认为“从心理学心理暗示的角度分析，病人必然会产生将信将疑的心态，因而影响治疗效果”。因此，要消除人们观感上的客观反映，必须完善现有激光针灸治疗技术上的不足。

（二）市场容量

包括用于其他手术如外科、消化科、眼科等的激光器，目前国内年生产各种 CO_2 激光器达到 3 000台，现临床拥有量 6 000 台。其中，激光针灸技术近几年才逐步推广运用。目前国内激光针灸的主要产品手提式 CO_2 激光器和 He-Ne 激光某针灸治疗仪，单台价格在 6 500～7 000 元，是近几年开发出来的产品，还没有出现本次评估的激光针与激光灸复合的某针灸仪。

据 20XX 年统计，我国各类医疗机构有近 13 万家，其中近半数即 6 万家为公立医院，大多数都设有中医针灸或理疗的科，如果以 10%的公立医院（6 000 家）为将来的用户，按每家购置 2 台计算，市场容量为 12 000 台。另民政系统的养老院和经济发达地区的社区市场容量估计为 3 000 台左右。总的市场容量合计为 15 000 台。

某针灸仪的市场一是通过逐步替代手提式 CO_2 激光器和 He-Ne 激光某针灸治疗仪，二是通过引导使用者开拓市场。从手提式 CO_2 激光器和 He-Ne 激光某针灸治疗仪的使用情况来看，主要是等级以上医院的中医或中西医结合科使用；从技术寿命来看，能取得超额利润的时间约为 5 年左右。

针灸发展的源头在中国，某针灸仪主要销售于国内市场。中医医疗仪器在国外还有一个认识过程，医疗仪器，特别是中医医疗仪器进入国际市场比较复杂，需要较高的成本，时间也比较长。故本次评估仅考虑国内市场。

(三) 国内行业竞争情况

由于中医针灸治疗的技术发展源头在中国，目前还没有发现国外的竞争者。

国内用于穴位针灸的激光仪器已有若干种在临床运用，如手提式 CO_2 激光器、He-Ne 激光某针灸治疗仪。激光针灸的光源以 He-Ne 激光为主，此外还有 650 mm 半导体激光和近红外半导体激光等。如中国专利 CN120311A"多路半导体激光针灸仪"，工作波长为 600～1 000 nm 半导体激光；中国专利 CN1077100A"电脑激光针灸仪"等。目前这些激光源在临床治疗中存在着一个共同问题——无热效应，无法体现灸的作用，而灸疗是针灸疗法中很重要的组成部分。目前，类似于本次评估的具有针和灸复合作用的穴位针灸的激光仪器还没有发现。

某针灸治疗仪中运用了另一项关键技术——复合光纤器件(卤化银光纤)，该技术由某研究所另行申请发明专利，不在本次评估范围内，生产某针灸治疗仪时向某研究所购买。利用卤化银光纤，接受本次无形资产投资的企业今后还计划生产 LFJ-532/10.6A(型号)某针灸治疗仪和研发某针灸工作站等，但这些不是本次的评估范围。

从本次评估的无形资产计划替代制造手提式 CO_2 激光器、He-Ne 激光某针灸治疗仪的技术可以看出，这类电子医疗仪器的更新换代周期比较短，市场竞争比较激烈，一般 5 年左右就会有新品出现。

(四) 目前行业中的弊端

(1) 虽然本仪器价值不是很大，但是目前我国医疗费用过高的情况将影响患者就病率，从而影响产品的销售量；

(2) 医疗销售中的价格回扣比拼、不正当的公关营销等，都使竞争成本加大。

(五) 本项目的竞争优势

在传统针灸疗法中，针法是以机械激施于穴位，灸法则以温热激施于穴位，灸疗是针灸疗法的重要组成部分。某针灸治疗则是运用一种低能量激光束照射穴位代替毫针(称为光针)，根据穴位的深度选择不同颜色的激光。同时，利用另一种激光的热效应，代替燃烧着的艾绒照射穴位(称为光灸)。因此，某针灸实际上是激光针与激光灸的(同光路)复合或组合，它与目前临床使用的单一激光针灸完全不同，增加了光灸的功能。CO_2 激光是大家公认的最佳光灸光源，由于此前国内一直没有解决柔性传输 CO_2 激光的光纤制造技术，无法制造适合临床使用的全光纤某针灸仪，导致目前临床只能使用石英(或玻璃)光纤能传输的激光，如 He-Ne 激光(632.8 nm)、半导体激光(650 nm，810 nm，980 nm 等)红光或近红外光作为激光针灸治疗光源。但这些红光或近红外光在使用上都有局限性，不产生热效应，实际上只有单一的激光针功能，无法实现激光灸的作用。所以，本项目针灸治疗仪才是真正意义上的激光针灸。

(六) 本项目的市场前景

就目前本次评估的专利申请技术独占实施许可拟生产的某针灸治疗仪的成本较高，还只能是医疗单位使用。但如果能开发出低成本的家庭用某针灸治疗仪，市场非常巨大。

三、案例评估特点

本案例突出的特点有以下三点：

(一) 权属

本次评估某针灸治疗仪的专利申请技术独占实施许可。所谓使用权是指技术所有人依据有关法律、法规的规定将其拥有的技术，在不违反国家法律、法规规定，在不损害社会公众利益的前提下，通过协议有偿许可技术受让人在一定期间内、一定地域范围内，按许可协议要求生产、销售某针灸治疗仪的权利。

本次评估的某针灸治疗仪的专利申请技术独占实施许可具有如下特性：

（1）法律保护期限的不确定性：该项专利申请技术如不被批准，就成为公知技术，不受法律保护。

（2）许可排他性：独占使用权。即技术许可人在上述技术许可期限内，不得再将上述技术许可任何第三者使用，技术许可人自己也只能用于科研开发而不能用于商业用途。

（3）地域：没有地域限制。即技术使用权人可以在国内不分地域地生产、销售某针灸治疗仪。

（二）价值前提和价值形态

本次评估的价值前提：该某针灸治疗仪专利申请技术独占实施许可权对于具有"明确投资目标的特定投资者"的投资价值。"明确投资目标的特定投资者"是指相关资产受让方按约定的目的和用途使用上述某针灸治疗仪专利申请技术独占实施许可，并在可预见的未来，不会发生重大改变。本次评估的某针灸治疗仪专利申请技术独占实施许可的使用目的是作价投资。

专利申请技术独占实施许可权，这里是指某针灸治疗仪的制造技术在无地域限制的从评估基准日至专利申请获得批准的法定有效期五年内的独占使用权（或者从评估基准日至该项申请被知识产权局否决为止）。

特定使用目的，是指相关资产受让方按其约定的目的和用途使用上述制造技术，并在可预见的未来，不会发生重大改变。

（三）评估技术的价值表述

本次评估的专利申请技术独占实施许可权的价值表述方式是净利润分成。

四、评估方法的选择

本次评估采用收益现值法即收益法的技术思路。

收益法是指通过估算被评估资产的未来预期收益并折算成现值，借以确定被评估资产价格的一种资产评估方法。所谓收益现值，是指被评估公司在未来特定时期内的预期收益按适当的折现率折算成当前价值（简称折现）的总金额。收益法的基本原理是资产的购买者为购买资产而愿意支付的货币量不会超过该项资产未来所能带来的期望收益的折现值。

收益法的适用前提条件为：

（1）被评估资产必须是能够用货币衡量其未来期望收益的单项或整体资产；

（2）产权所有者所承担的风险也必须是能用货币来衡量的。

采用收益法对评估对象进行评估所确定的评估价值，是指为获得该预期收益的权利而支付的货币总额。资产的评估价值与资产的效用或有用程度密切相关，资产的效用越大，获利能力越强，其价值就越大。资产成交后，能为新的所有者带来一定的收益，所有者支付的货币量不会超过该项资产（或与其具有同样风险因素的相似资产）的预期收益的折现值。

采用收益法能真实和较准确地反映评估对象收益本金化的价值，并与投资决策相结合，易为交易双方所接受。

本次评估的专利申请技术独占实施许可生产的产品有如下特点：

（1）目前委托方运用该专利申请技术独占实施许可已完成实验样机研制，研制样机 3 台，已在某医药大学完成动物模型试验，实验结果良好。20X5 年 10 月已进入某医院开展临床应用研究，经临床观测医生证明，止痛、消肿效果明显约占 80%；

（2）医疗仪器生产许可管理比一般电子仪器严格，取得生产许可和注册证的时间相对较长。

收益法的计算公式：

$$P=\sum \frac{F_i q}{(1+r)^{-n}} = \text{未来收益期内各期分成收益的现值之和}$$

式中 P—— 评估值(折现值);

r—— 所选取的折现率;

n—— 收益年期;

q—— 分成率;

F_i—— 未来第 i 个收益期的预期收益额。

从公式中可见,影响收益现值的三大参数为:收益期限 n;逐年预期收益额 F_i;折现率 r。

五、本次评估的假设条件

本次评估中对无形资产未来超额收益的预测是在以下前提下作出的:

(1) 根据委托方提供的某治疗元器件成本资料。

(2) 该无形资产的推广是在客户提供的产业化计划基础上进行调整的。

(3) 新公司投资遵循客户提供的投资规划。

(4) 不考虑通货膨胀对业务收入和业务支出的影响,因此在确定合理折现率的构成因素时,亦不作通货膨胀影响的附加修正。

(5) 资金的无风险报酬率保持为目前的水平。

(6) 企业管理层的经营管理水平与经营高技术、高成长、高风险企业所要求的管理素质相吻合,公司的经营管理者是负责并有能力的。

(7) 申请的专利能够顺利取得,该专利由本次评估的无形资产所投资的公司独家用于商业目的,委托方仅用于科研方面,不作其他商业目的之用。除国家另有规定之外,也不对本次委估的专利申请技术独占实施许可的许可种类、许可时间和地域进行限制。因此,本次委托评估的是一种实用新型性质的专利申请技术独占实施许可。

并作如下假定:

1. 持续经营的假设

(1) 本次资产评估的目的是为委托方拥有的某针灸治疗仪专利申请技术独占实施许可作价投资提供价值参考依据。不涉及公司的经营范围、经营方式的改变,即假定被估资产仍能以其提供的服务或用途,满足所有者的经营期望,资产尚有显著的剩余使用寿命,资产所有权明确,并保持良好,充分地考虑了资产的使用功能。

(2) 本次评估结果是反映评估对象在本次评估目的下的投资价值。本报告所称"评估价值",是指所评资产在现有用途不变并继续经营,以及评估基准日的状况和外部经济环境不变的前提下,为本报告评估目的而提出的评估意见。没有考虑将来可能承担的抵押、担保事宜,以及特殊的交易方式可能追加付出的价格等对评估价值的影响;同时,本报告也未考虑遇有自然力和其他不可抗力对资产价值的影响。

(3) 国家的宏观经济控制和微观经济政策基本保持不变,即使发生变化也不会影响到公司的持续经营。

2. 市场环境稳定的假设

(1) 本次评估假定所处社会经济环境无重大变化;行业政策、管理制度及相关规定无重大变化;经营业务涉及的税收政策、信贷利率等与现时无重大变化。

(2) 本次评估假定列入评估范围的无形资产在其预期的受益期内能够保持其技术领先优势。

(3) 公司未来所处的市场环境与评估基准日相比,无不可预见的变化,即假设未来的市场环境是现时的延续。

(4) 社会公众的消费能力、公司的生产能力和收费的定价标准以及支出费用等经营指标与社会国民经济增长率、物价指数等综合指标之间的关系维持在目前水平上，无异常波动。

(5) 除了现阶段的竞争对手，新增的还有对委估公司业绩看好的潜在竞争对手。

六、评估过程

(一) 销售收入的预测

1. 超额收益期限的确定

某针灸仪的市场一是通过逐步替代手提式 CO_2 激光器和 He-Ne 激光某针灸治疗仪，二是通过引导使用者开拓市场。从本次评估的专利申请技术独占实施许可计划替代制造手提式 CO_2 激光器和 He-Ne 激光某针灸治疗仪的技术可以看出，这类电子医疗仪器的更新换代周期比较短，市场竞争比较激烈，一般 5 年左右就会有新品出现。从技术寿命来看，能取得超额利润的时间约为 5 年左右，故本次超额收益期限确定为 5 年。

医疗仪器生产许可管理比一般电子仪器严格，取得生产许可和注册证的时间相对较长。因此，本次评估基准日后的 20X6 年 2 月至 20X6 年 12 月确定为进行临床观测、办理生产许可和注册证阶段；20X7 年至 20X1 年为产生超额收益期限，20X1 年以后，企业仍继续生产某针灸仪，但由于竞争激烈，价格下降将可能使产品无超额利润，故不预测其销售收入。

2. 销售收入的预测

针灸发展的源头在中国，某针灸仪主要销售国内市场。中医医疗仪器在国外还有一个认识过程，医疗仪器，特别是中医医疗仪器进入国际市场比较复杂，需要较高的成本，时间也比较长。故本次评估仅考虑国内市场。

目前，手提式 CO_2 激光器和 He-Ne 激光某针灸治疗仪主要在中医或有中西医结合科等级医院销售，因此，某针灸仪在生产后的 5 年内，也主要在等级医院进行推广。根据有关资料，目前全国中医或有中西医结合科等级以上的医院为 3 000 家左右，在取得超额利润的 5 年里，某针灸仪在等级医院的市场占有率估计为 50%，按平均每家购置 1 台计，5 年内预计销售量为 1 500 台，这个量占总的市场容量的 10%。另外，包括用于其他手术如外科、消化科、眼科等的激光器，目前国内年生产各种 CO_2 激光器达到 3 000 台，现临床拥有量 6 000 台。综合这几方面的情况，评估人员认为某针灸仪在生产后的 5 年内总销量预测为 1 500 台是比较合理的。

根据一般产品的销售规律，预计各年的销售量为 20X7 年 200 台，20X8 年 300 台，20X9 年 400 台，20Y0 年和 20Y1 年各 300 台。

目前国内激光针灸的主要产品有手提式 CO_2 激光器和 He-Ne 激光某针灸治疗仪，单台价格在 6 500～7 000 元之间，是近几年开发出来的产品，实际上只有单一的激光针功能，没有本次评估的某针灸仪同时具有激光针与激光灸的复合功能。所以，在该新产品上市的前 2 年，销售单价定在 1.5 万元/台，以后逐年降低。

具体的销售收入的预测如下：

项目	20X6 年 2—12 月	20X7 年	20X8 年	20X9 年	20Y0 年	20Y1 年
产品销售收入/万元		300.00	450.00	560.00	420.00	390.00
数量/台		200	300	400	300	300
不含税单价/万元		1.5	1.5	1.4	1.4	1.3

注：表中 Y=X+1。

(三) 产品销售成本的预测

1. 产品材料成本

生产所需元器件可通过市场购买,其中卤化银光纤等关键器件向委托方购买。由于产品生产量较小,机箱和面板等非标件采取外加工的形式。产品材料成本见下表:

序号	项目	数量	成本/(元/台)
1	卤化银光纤	1 米	1 000
2	石英光纤	1.5 米	150
3	650 nm 半导体激光器、电源	1 只	500
4	CO_2 激光管	1 只	700
5	CO_2 激光电源	1 只	800
6	机箱及配件	1 只	300
7	控制面板	1 套	200
8	光纤藕合器	1 只	300
9	复合光纤束配套零件	1 套	300
10	外包装	1 套	200
11	其他不可预见费		50
	合计		4 500

2. 产品人工成本

预计新公司成立开始生产后,保证正常的生产需要生产工人 10 人,工资福利和四金等每人每月 5 000 元,年人工成本:5 人×5 000 元/月×12 个月=30 万元。20X6 年是公司进行临床观测、办理生产许可和产品注册证阶段,不发生工人工资。

3. 生产用房屋租金

预计组装产品用厂房 200 平方米,租金估计为每平方米每天 0.80 元,年租金为 5.84 万元,由 20X7 年 1 月开始计算租金。

4. 机器设备的折旧

生产用设备主要为焊接和检测用电子设备,预计需要花费 50 万元。电子检测设备一般按 10 年计提折旧,不计残值,每年折旧费为 5 万元,20X7 年 1 月开始计提折旧。

具体的成本构成预测见下表:

单位:万元

项目	20X6 年 2—12 月	20X7 年	20X8 年	20X9 年	20Y0 年	20Y1 年
产品销售成本		130.84	175.84	220.84	175.84	175.84
1. 产品材料成本		90.00	135.00	180.00	135.00	135.00
单位成本		0.45	0.45	0.45	0.45	0.45
生产数量		200	300	400	300	300
2. 工人人工费		30.00	30.00	30.00	30.00	30.00
3. 生产用房屋租金		5.84	5.84	5.84	5.84	5.84
4. 机器设备折旧		5.00	5.00	5.00	5.00	5.00

注:表中 Y=X+1。

(四) 主营税金及附加的预测

公司所交纳的税金为增值税,税率17%:

应交增值税 =(产品销售收入 - 产品材料成本)×17%

需缴纳的附加税有:城市维护建设税,税率为交纳增值税的7%;教育费附加,税率为交纳增值税的3%,合计为10%。

主营税金及附加的预测见下表:

单位:万元

项目	20X6年 2—12月	20X7年	20X8年	20X9年	20Y0年	20Y1年
产品销售收入		300.00	450.00	560.00	420.00	390.00
产品材料成本		90.00	135.00	180.00	135.00	135.00
应交增值税		35.70	53.55	64.60	48.45	43.35
税金及附加10%		3.57	5.36	6.46	4.85	4.34

注:表中Y=X+1。

(五) 期间费用的预测

1. 销售费用的预测

医疗仪器行业销售费用比较高,评估人员根据一般企业的情况确定为销售收入的20%,该比例不包括销售人员工资,但包括销售人员的业务提成。预测结果见下表:

单位:万元

项目	20X6年 2—12月	20X7年	20X8年	20X9年	20Y0年	20Y1年
产品销售收入		300.00	450.00	560.00	420.00	390.00
销售费用20%		60.00	90.00	112.00	84.00	78.00

注:表中Y=X+1。

2. 管理费用的预测

(1) 销售及管理人员工资预测

在20X6年主要进行临床观测、办理生产许可和产品注册证,此阶段费用评估中列为待摊费用,在20X7年开始进行摊销。20X7年正式生产预计需要销售和管理人员4名,工资福利和四金等每人每月8 000元,年人工成本:4人×8 000元/月×12个月=38.4万元。

(2) 办公用房租金

预计办公用厂100平方米,租金估计为每平方米每天2.00元,年租金为7.30万元,从20X7年1月开始计算租金。

(3) 待摊费用摊销

按投资计划,进行临床观测、办理生产许可和产品注册证估计费用50万元,按10年摊销,每年5万元。从20X7年1月开始计算。

(4) 其他不可预见费用

按每月3 000元计,每年3.6万元。从20X7年1月开始计算。

管理费用预测见下表:

单位:万元

项目	20X6年 2—12月	20X7年	20X8年	20X9年	20Y0年	20Y1年
管理费用		54.30	54.30	54.30	54.30	54.30
1. 销售及管理人员工资		38.40	38.40	38.40	38.40	38.40
2. 办公用房租金		7.30	7.30	7.30	7.30	7.30
3. 待摊费用摊销		5.00	5.00	5.00	5.00	5.00
4、其他不可预见费用		3.60	3.60	3.60	3.60	3.60

注:表中Y=X+1。

根据投资计划,生产初期投资流动资金50万元。医疗仪器行业销售费用比较高,但货款回收较快,企业运营不需要再投入资金,故财务费用不考虑。

(六)净利润的预测结果

所得税税率按33%计算。基于以上考虑及假设,20X6年2月起及以后年度预测结论如下:

单位:万元

项目	比率	20X6年 2—12月	20X7年	20X8年	20X9年	20Y0年	20Y1年
一、产品销售收入			300.00	450.00	560.00	420.00	390.00
减:主营业务成本			130.84	175.84	220.84	175.84	175.84
主营业务税金及附加			3.57	5.36	6.46	4.85	4.34
二、主营业务利润			165.59	268.80	332.70	239.31	209.82
减:销售费用	20%		60.00	90.00	112.00	84.00	78.00
管理费用			54.30	54.30	54.30	54.30	54.30
三、利润总额			51.29	124.50	166.40	101.01	77.52
减:所得税	25%		12.82	31.13	41.60	25.25	19.38
四、净利润			38.47	93.37	124.80	75.76	58.14

注:表中Y=X+1。

七、收益年期的确定

根据销售收入预测中超额收益期限的确定和谨慎性原则,评估人员分析判断该技术超额收益期限确定为5年,即收益年期定为5年。考虑到20X6年为企业进行临床观测、办理生产许可和产品注册证的期间,故其收益年期至20Y1年。

八、资本化率(折现率)的选取

折现是指通过计算,将未来收入的货币量按一定的比率折算成现时货币量的折算过程。折现时所采用的比率称之为折现率。折现率与资本化率在本质上是没有区别的,它们都属于转让报酬率或资产收益率。

企业无形资产评估适用的折现率或资本化率通常可表达为:

折现率或资本化率 = 无风险报酬率 + 风险报酬率

与折现率有关的资产收益率中最重要的一个比率是净资产收益率，它是企业年净利润与净资产额的比值。具有代表性的资产收益率有银行利率、无风险利率、行业平均利润率和社会平均转让回报率等。

银行利率即为一般商业银行所公布的各种存贷款利率。在资产评估中，常常按一年期定期储蓄的利率作为确定折现率中无风险报酬率的基础，因为一年期定期利率与企业按年度计算和处理收益极为相似。

无风险利率一般是指政府发行的债券利率，它可分为长期和短期两种。其利率均可折算成年利率。在西方，人们常常用政府发行的国债利率作为无风险利率的计算基础，这一利率在数值上低于商业银行的存款利率，但因是政府发行的，被认为风险值最低。

行业平均利润率是某一个特定行业中，所有企业的净资产收益率的平均值。它包含了无风险报酬率和该行业的平均转让风险报酬率：

行业平均净资产收益率 = 无风险报酬率 + 行业平均风险报酬率

在西方，这一参数对于指导转让有很重要的意义，转让者在确定转让方向后，就按行业平均利润率来评判被转让单位的收益能力。但是由于我国的特殊国情，市场经济尚处于初步发展的阶段，各行业的转让收益情况参差不齐，相差悬殊，因此行业平均利润率很难用来衡量市场经济条件下的正常转让回报率。

全社会所有企业的平均净资产收益率常被称为社会平均转让回报率，这是一个对折现率选取具有重要意义的参数，尤其对于我国这种资产市场发育极不成熟的环境，资产资本所有人往往以这一参数来确定转让方向。这一参数与行业平均净资产收益率相似，它包含了无风险报酬率和整个社会的平均风险报酬率：

社会平均回报率=无风险报酬率+社会平均风险报酬率

过去，我国很少公布有关企业收益能力的参数，自改革开放以后，特别是证券市场得到一定发展的今天，数百家上市公司公布的年报成了评判资产收益率的宝贵材料。最近财政部统计评价司还每年公布企业效绩评价标准值。

评估人员查验了财政部公布的 20X5 年版医疗仪器设备制造业全行业的统计数据，具体如下：

项目	优秀值%	良好值%	平均值%	较低值%	较差值%
净资产收益率	18.5	16	13.3	6.1	0.6

项目总投资为 200 万元，属于小型企业。被评估的技术拟生产的产品具有一定的科技含量，市场上还未出现类似产品。同时，在选取的折现率也与被投资方对收益的期望有关，我们认为被投资方至少希望其所带来的收益达到行业良好水平，因此选取该行业的净资产收益率的一般值，即 13.3%作为预测的基础。

运用收益现值法进行资产评估时，风险报酬率不仅要考虑普遍意义上的投资风险，还应当考虑具体企业所存在的个别风险，例如该技术制造的样机尚在临床观测期、成功后还要办理生产许可和产品注册证，技术风险和经营风险必将大于已经开始正常经营的企业；该产品在国内市场尚未销售，必然需要一个为市场和市民接受的期间；其次还存在政策风险等因素，因此预计此类专项风险报酬率为 6.7%。

本次评估中，考虑了上述诸多因素后，以医疗仪器设备制造业小型企业净资产收益率良好值

13.3%为基础，再加上6.7%的其他风险报酬率作为资本化率也即所确定的资本化率为20%。

九、分成率的选取

在任何一个盈利系统中，管理、技术、人力、物力、财力以及无形资产必须共同作用，以对企业的收益做出贡献。知识产权作为特定的生产要素，参与企业收益分配的理论依据就在于此。

由于多种因素共同作用，每个因素各在生产过程中起到了相当重要的作用，该无形资产对未来收益也起到了很大的作用，因此确定该专利申请技术独占实施许可的分成率为25%。

十、计算结果

综上所述，本专利申请技术独占实施许可的评估价值为：48万元，如下表所示：

项目	20X6年 2—12月	20X7年	20X8年	20X9年	20Y0年	20Y1年
净利润		38.47	93.37	124.80	75.76	58.14
分成率	25%					
分成后收益		9.62	23.34	31.20	18.94	14.54
折现率	20%					
折现系数		0.704 6	0.587 2	0.489 3	0.407 8	0.339 8
折现值		6.78	13.71	15.27	7.72	4.94
评估值	48(取整)					

注：表中Y=X+1。

案例分析

本评估案例存在以下关键点：

一、本案例评估的是对某针灸治疗仪一项专利申请技术独占使用权的评估。因此，该种权利的有效期具有不确定因素，因为该项专利申请技术一旦获得批准就是一项实用新型专利权，其有效期10年，但本案例从谨慎原则出发，计算收益期定为5年，如果没有被批准该项专利申请技术就成为一项公知技术，因此受法律保护期限具有明显的不确定性。

二、对委估对象评估双方曾有约定，被投资方对该项申请专利技术具有独家用于商业目的的权利，投资方则具有对该项技术科研、开发使用权。因此，在评估中应按照该使用权的使用范围明确界定，按照一般规律应该明确许可使用权的类型即非独家许可和独家许可。本案例明确的是，独家许可并明确规定被投资方在许可有效期内生产某针灸治疗仪的专利申请技术的权利。

三、本评估案例是一种某针灸治疗仪的专利申请技术的评估。因此，在评估过程中需要根据国家关于医疗仪器的有关规定执行。根据一般要求，某针灸治疗仪在获得专家认证后方可生产及转让。本次委估对象虽然获得专家的肯定，但还没有取得知识产权局授予的专利证书，因此，这项技术的转让具有一定的风险。虽然在评估报告中根据国家有关规定，对该项某针灸治疗仪的专利申请技术获得专利证书的时间给出了合理的预测，在评估收益的预测中，对可能出现的风险也给予了适当的考虑。

四、本评估案例中对某针灸治疗仪的专利申请技术的价值进行了明确的定义和说明。对于价值确定为投资价值，并给出了投资价值的定义，并对投资价值使用前提给出了说明。特别需要说明的是，所评估的该项某针灸治疗仪的专利申请技术的经济价值不包括其可能产生的社会价值等其他方面的价值。对于一项高科技成果，其价值往往不仅包含经济价值，还包括科研学术价值、社会效益价值等各方面的价值。由于科研学术价值和社会效益价值的评价超出了评估人员的能力范围，因此，评估报告中应该明确评估价值不应包含上述价值。另一方面，由于一项高科技成果转让很可能成为一个新技术平台使受让者可依托该平台进一步开发出新产品技术，针对该类事项，评估人员很难合理预测新开发技术的出现时间及技术应用情况，也很难控制这些风险，因此，评估中一般不应考虑上述情况，但应该有必要的说明。

五、技术使用权许可转让的内容。在进行以技术转让为目的的评估中，应该明确技术转让的内容，特别是当该项技术成果处在专利申请阶段，应该在评估报告中特别明确说明该项技术所处的阶段，并对其能否获得批准予以合理准确的预期，这就要求评估人员对该项技术的先进性、市场的发展情况应有充分的掌握。

六、未来收益预测。对于技术实施效益预测，由于采用收益法评估技术实施效益预测是个十分重要的环节，技术实施效益预测时，需要恰当处理好以下问题：

(1) 产品推向市场的时间。有人认为技术转让合同一经签订，就可以立即产生效益，这是不可能的，一般它还需要一段上市时间。本案例由于某针灸治疗仪已试制成功，已有一定市场，所以不再考虑上市时间。

(2) 技术产品的定位和竞争分析。本案例评估的是某针灸治疗仪的专利申请技术。由于产品的使用对象是全国各医疗机构，因此可以将该产品在市场的占有的容量作为预测基础。

七、重要评估参数分成率和折现率的确定。很多情况下，技术分成率每年不全部是一样的。特别是对于一些新技术，由于其技术的先进性，在开始的初期，其技术产品会呈现价格高导致其毛利很高。这时，应该认为技术对利润的贡献率高，技术分成率也应该相应较高。但随着技术时间的推移，由于技术的不断发展以及竞争或其他因素的影响，技术产品的价格会呈现下降趋势，导致毛利减少。这种情况可以解释为技术出现贬值，对利润的贡献也逐步减少，表现在技术分成率上应该是呈现下降趋势。但这种下降应该是趋于一个定值。表明技术的贡献率最后应该趋于稳定，本案例仅是一个一般的科技产品，为方便起见，这里的分成率取的是一个定值。

对于折现率的估算，通常采用投资回报率作为折现率。但应该注意的是，当评估无形资产时，其折现率的取值应该是无形资产的投资回报率而不是整个企业的投资回报率。采用资本定价模型或其他方法估算的投资回报率通常应该被理解为企业的投资回报率，而不是无形资产的回报率。一个企业除拥有无形资产外，还拥有固定资产和流动资产，因此应该在估算出企业投资回报率后，进一步估算企业无形资产的回报率，并以其作为折现率更为妥当。

第五篇

国际技术贸易

在经济全球化不断深化的当今世界，国际贸易不断发展和拓宽，特别是国际技术贸易，无论是增长速度还是涉及的领域都呈现了前所未有的成长性，成为经济全球化深化的重要特征。

我国技术贸易的发展也非常迅速。但是，我国技术进出口贸易中也存在着许多值得思考和解决的问题。虽然技术进出口贸易值增长迅猛，但是与货物进出口贸易总值相比，比例很小。以 2013 年为例，我国当年的技术进出口值达到了 931 亿美元，为 1978 年的 25 倍。但是该总值占当年货物进出口贸易 3.8 万亿美元的比例不到 2%。另外，在技术进出口贸易中硬件技术比例仍然偏高，约占 90%，而且地域发展不平衡，40%以上的技术进出口集中于长三角地区。同时，技术进出口不平衡，技术进口明显大于技术出口，年缺口约为 100 亿美元。

我国技术贸易的进一步发展依赖于技术的创新和技术交易市场的发展。因此，作为技术贸易中介的技术经纪人应当了解国际技术贸易的基本理论，掌握国际技术贸易的基本程序和方法，熟悉国家对技术进出口的有关方针和政策。

本篇主要介绍国际技术贸易的基本概念、国际技术市场分析、国际技术进出口的基本程序、技术贸易合同的签订，以及国际技术贸易相关的国际公约、国际惯例、国际技术价格的确定等内容。

第一章 国际技术贸易概述

随着经济全球化趋势的不断深入，国际技术贸易以超过货物贸易的增长速度快速发展，已经成为发展中国家通过技术引进实现技术跃进、促进经济发展的重要途径。因此，技术经纪人应当了解技术贸易的技术方式和途径，以及国际技术贸易的主要特征。

第一节 国际技术贸易的概念、方式和途径

一、国际技术贸易的含义

国际技术贸易或国际技术转让是实现技术从一国向另一国的转移和流动，但根据技术流动的不同特点，可以进行不同的归类：

(1) 技术转移。技术转移是指技术地理位置上的变化。技术这种地理位置变化的机制来源于资源有限和需求之间的矛盾，从而形成技术的自然转移机制。技术转移通常并非人为的主动有意识的行为，如技术人员的流动本身成为技术转移的载体。

(2) 技术转让。技术转让是不同地区或国家的生产力水平、经济基础、劳动力素质等因素，人为地有意识地将技术在不同地区或国家间进行引进或让予的行为。可以分为有偿转让(也即技术贸易)和无偿转让。

(3) 技术贸易。国际技术贸易是指一个国家的公司、企业、经济组织或个人，按一般商业条件，将技术向另一个国家的公司、企业、经济组织或个人转让或许可的行为。这里的“国际性”关键在于交易的标的是否跨越国境。

二、国际技术贸易的基本方式和途径

总体而言，国际技术贸易可以分为三类，即单纯的技术转让、引进技术与设备引进相结合、引进技术与引进外资相结合。具体可以分为以下七种。

1. 工业产权或非工业产权转让、许可贸易

工业产权与非工业产权的转让与许可贸易是国际技术贸易的主要形式。与工业产权相关的国际技术贸易的主要对象是受法律保护的专利、商标和计算机软件、著作权等的转让和许可。与非工业产权相关的国际技术贸易的主要对象是专有技术、商业机密的转让与许可。

无论是工业产权还是非工业产权的国际技术贸易通常都是进行使用权的许可，也被称为许可证贸易。当然，国际技术贸易中也包括对上述对象所有权本身的转让。具体来说，国际技术贸易中与工业产权与非工业产权的交易涉及以下五个方面：

(1) 专利权的转让或许可；

(2) 商标权的转让或许可(不包括单纯的商标权的转让)；

(3) 专有技术的转让或许可；

(4) 商业秘密权的转让或许可；

(5) 计算机软件、著作权的转让或许可。

2. 技术服务与技术咨询

(1) 技术服务。技术服务(technology service)是指技术知识人接受委托人的委托,解决特定的技术问题。比较常见的技术服务的内容包括:员工的培训、技术的指导和现场设备的安装和调试等服务。

(2) 技术咨询。技术咨询(technology consultancy)是指技术知识人接受委托人请求,为委托人提供技术决策。常见的技术咨询服务包括:有关技术运用的可行性论证、相关技术的调查、相关技术成果的分析和评估等服务。

3. 合作生产与合作设计

合作生产与合作设计就是通过双方的合作,利用各自拥有的技术,共同完成有关的生产项目或共同开发有关的生产计划。发展中国家通过这种形式在引进外资的同时,也同时引进了经济发展所需的有关技术和技术设备。

4. 国际工程承包

国际工程承包通常通过国际间的招投标方式由中标人为招标人承建相关的工程项目。由于国际工程承包涉及咨询、勘探、评估、技术设备的提供、人员的培训、设备的调试、试车等技术性服务,所以,国际工程承包已经成为国际技术贸易的重要形式。

5. 国际直接投资

国际直接投资是投资方通过收购、兼并或建立新企业的方式,直接在东道国设厂生产。在当前国际经济全球化日趋深化的背景下,国际直接投资已经成为国际性跨国公司实现全球化经营的重要战略内容。国际直接投资的投资方通常以现金资本的方式作为主要形式,目前以技术和技术设备作价作为投资的方式日趋增多。

6. 与设备买卖相结合的国际技术贸易

技术的引进方除了运用许可贸易方式引进软件技术之外,常常通过购买有关的生产产品的成套设备、流水线等硬件技术来提升企业的技术水平和生产能力。这种所谓的硬件技术的转让,通常是发展中国家在经济发展初期进行国际技术贸易较为常见的方式。我国在改革开放初期所引进的技术,大量的就是以成套设备为主的硬件技术。

7. 补偿贸易

补偿贸易(compensational trade)就是指技术的引进方以融资的方式引进成套设备,通过生产产品(或双方约定的其他产品)抵偿设备价款的方式。设备的引进方通过这种方式可以在设备提供方的帮助下获得相关的生产技术。有些学者将补偿贸易、加工贸易等方式合并在合作生产的技术贸易方式中。

第二节　国际技术贸易的特征

国际技术贸易的特征可以与一般的商品贸易相比较而得到体现。它突出的表现在以下方面。

(1) 交易标的不同。一般商品贸易的对象是有形的产品,而技术贸易的对象可以是有形的,比如一些先进的技术设备的买卖;也可以是无形的,如最常见的技术许可贸易。进入20世纪80年代以后,软件技术已经成为国际技术贸易的主要标的。

(2) 交易对象所有权转移的不同。在一般的商品贸易中,买方对买来的商品享有完全的所有权,对该商品具有占有、使用、收益、转售、出租和赠送等所有权利。但是,在国际技术贸易中最重要的技术许可贸易中，技术的被许可方并不具有相关技术的所有权，而只发生在规定期限和地域范围内的技术使用权和相应的产品制造、销售的权利。

(3) 交易双方买卖关系的不同。在一般的商品贸易中，买方付款，卖方交货，双方的合同义务即告完毕，持续的时间一般不会很长。然而，国际技术贸易通常不是简单的一项买卖，它需要双方在较长时间内的通力合作，在协议有效期内，双方要履行有关的技术保密、技术的反馈、技术的继续援助、技术使用费的提成、技术保证等一系列的权利和义务。

(4) 交易对象成本构成的不同。对于卖方而言，每卖出一个单位的商品，生产成本就随之上升，即使生产数量达到了一定的规模，只是分摊了固定成本，其可变成本还是随着生产而产生。但是就技术贸易而言，同一技术可以进行多次转让，从纯理论角度来讲，技术作为一种特殊商品，其边际成本等于零。

(5) 交易中适用法律的不同。技术贸易在适用的法律方面要比一般的商品贸易更加复杂。一般商品贸易主要适用货物买卖的相关法律；而国际技术贸易除了要适用合同法外，还要遵守工业产权和有关技术转让方面的法律。同时，国际技术贸易在贸易政策、贸易条件、支付方式以及对双方当事人的权利和义务等方面都要比一般的商品贸易复杂得多。

(6) 交易的有关方面在贸易政策上的不同。一般的商品贸易的政策措施往往是限制进口、鼓励出口，即所谓的“奖出限入”；而以技术，尤其是高新技术作为国际技术贸易转让对象的政策措施则是控制出口、鼓励进口，旨在保持有关国家的科技优势。由于国际技术贸易主要为发达国家的跨国公司所控制，而目前国际性的“技术热”和“引进热”方兴未艾，从而更使高新技术处于卖方市场的地位，今后各国对高新技术的出口限制将会更加趋于严格。

随着国际技术市场竞争的日趋激烈，发达国家为了保护其传统的市场优势地位，采取更加严格的保护措施以维护或扩大其市场份额，同时控制本国先进技术的外流。另外，市场竞争的加剧也使得技术开发的步伐日益加快，新技术层出不穷，新技术的生命周期也不断地缩短，这无疑增加了技术开发的风险和成本。因此，美日欧等发达国家之间的联合开发与研究也有不断加强的趋势。

案例分析

广西来宾电厂B厂-BOT的实践

概况：广西来宾电厂B厂是我国利用BOT投资方式进行融资建设的电力项目，该项目采用了规范的国际通行规则进行招标和建设，被国际著名的《亚洲金融》杂志评选为1996年度最佳融资项目。

项目资格预审：1995年8月8日，广西壮族自治区政府在《人民日报》《中国日报》等有关报纸刊登了该项目资格预审通告，随后有31家国际公司(或联合体)提交了资格预审文件。

发售招标文件：在资格预审后，广西壮族自治区政府向合格的投资者发出投标邀请，并发售招标文件。招标文件包括投标人须知、特许权协议草案、购电协议草案、燃料供应与运输协议草案、为投标人准备的资料。

此次招标文件对投标人的履约保证做了以下规定：投标人在投标阶段须向广西壮族自治区政府缴纳1 000万美元投标保证金；中标人在项目建设阶段还必须缴纳3 000万美元的履约保证金。项目建成后，项目公司再缴纳1 500万美元的运营维护保证金，该保证金的有效期至移交日后12个月。

召开投标前会：广西壮族自治区政府在发售投标文件1个月后，召开了招标前会，解答投标人提出的问题，并组织投标人到现场考察。

接受招标书：广西壮族自治区政府在发布招标文件后，给投标人5个月的时间准备标书。至

1996年5月7日，共有6家公司(或联合体)递交了标书。

评标、挑选中标人：该项目在评标时，采用了与以往不同的评标标准，广西壮族自治区政府对上网电价水平及走势的指标考核占评标总分的60%。也就是在技术、法律、商务、融资等方面满足招标文件的情况下，不在回报率等方面与投标人讨价还价，而让投标人就上网电价进行竞争。经过评审，最后选择法国电力联合体(法国电力公司/通用电气——阿尔斯通)为中标人，并于1996年11月11日草签了特许权协议。随后，报送国家计委审批，而法国电力联合体成立了项目公司，并完成融资。

签署特许权协议，项目动工建设：国家计委批准后，双方正式签订了特许权协议，特许权协议包括：电力购买协议，燃料供应协议，外汇兑换担保。该协议承诺：如果中国的BOT政策发生变化而给投资方造成损失的，政府给予资金补偿。同时该协议还规定：当中国的服务、货物质量和价格等方面具有竞争力时，项目公司应当使用中国的服务和货物。另外，协议还确定仲裁机构将为中国国际经济贸易仲裁委员会，仲裁地点为北京。项目的特许期为18年(含3年建设期)，运营第一年的上网电价为0.468 5元人民币/千瓦时，15年运营期内水平上网电价为0.466 5元人民币/千瓦时。

分析：广西来宾电厂B厂是我国第一个经国家计委批准的BOT融资方式规范化试点项目，它在以往民间利用BOT的基础上，尝试与国际接轨，为今后我国利用BOT方式进行基础设施建设提供经验。整个项目从正式批准到项目开工只用了2年零4个月。

该项目在上网电价问题上采取了与以往不同的谈判方式，获得了较低的电价水平。同时，项目以保证金的形式对项目发起人形成了有效的约束机制，保证了项目的顺利实施。该项目在招标文件中对投标阶段、中标后项目建设阶段、项目建成后的运营阶段都要求项目发起人缴纳保证金。此形式对整个项目的各个阶段都形成了有效的保障。

在风险问题上，项目谈判时将有的风险在广西政府与项目公司之间进行了合理的分摊：项目建设运营中的商业风险由项目公司承担；汇率风险和法律风险由广西政府承担；不可抗力风险的保险由项目公司自费购买，其中不能够买的部分由双方共同承担。

该项目将仲裁机构定在中国，对于中方的合法权益起到了有益的保障，是一大进步。

启示：以BOT方式进行大型项目的建设，对我国而言尚处于起步阶段，虽然取得一定的成效，但仍有问题需要解决。

由于利用BOT方式需要资金的筹措、项目实施、经营管理、资产检测、收益分配等方面的人员，应当大力培养具备这方面的专业人才。在项目合同谈判时，应将项目可能遇到的风险在投资者和政府之间进行合理的分摊，如项目运营时的商业风险、汇率风险、法律风险、不可抗力风险等。在项目运营维护阶段及项目移交后的保证期内，应明确要求项目公司要保持一定数量的保证金，并规定保证金缴足的时间，防止项目公司因未按时按额缴纳保证金而造成保证责任无法履行。

第二章 国际技术市场

国际技术市场是国际技术交易能够实现的基础性条件。因此，技术经纪人应了解国际技术市场的特征、国际技术市场分析的内容、国际技术市场决策的要求，以及国际技术贸易的相关战略等。

第一节 国际技术市场分析

一、国际技术市场的概念、特征和分类

（一）国际技术市场的概念

国际技术市场狭义地讲是指进行技术交易的场所；而广义地讲，是指将科学技术成果作为商品进行交换，并使之成为直接的生产力和实现消费的全过程的交换关系的总称。整个组织以技术代理和风险投资者为中介，以技术交流为手段，将技术开发、技术贸易和技术商品的消费有机地联系起来。因此，可以认为，国际技术市场是一种“虚拟的”、但又客观存在的市场。

国际技术市场的构成有三个要素：参与技术交易的主体——技术许可方和被许可方以及技术中介方（即技术中介服务和技术经纪人，为技术交易提供信息、中介、技术鉴定、技术评估等服务的当事人）；技术交易的客体——技术商品，它主要包括专利、商标、专有技术、技术服务与咨询；技术交易条件——技术许可协议的价格、支付等条件。

（二）国际技术市场的特征

国际技术市场具有以下特征：

（1）技术交易的交易客体通常是无形的，即使是在有形的技术市场上，如技术交易会、展示会等，也主要是通过相关信息（当然有时也通过部分硬件技术）进行传播的。

（2）技术市场的交易场所既可以是有形的，也可以是无形的，而在大量的国际技术贸易活动中往往是在技术的许可方和被许可方的所在地实现技术的转移或交换的，从而也成为技术市场的一个组成部分。

（3）国际技术市场中参与技术交易的双方通常需要较长时间完成有关的交易。技术交易通常涉及到技术资料的交付、人员的培训、设备的安装调试、试车试生产、验收、使用费的支付、技术的继续援助和改进等内容。因此，交易的双方需要在较长时间内的通力合作。

（4）技术在其生命周期的早期就向海外转移，当今世界技术变革日新月异，新技术层出不穷，因此，越来越多的跨国企业在不影响其核心竞争力的情况下，在技术生命周期的早期就开始向海外转移，以尽可能地获取经济利益。

（5）在相当长的时间内，跨国公司仍是国际技术市场上的主导力量担当着主要角色。相当一部分国际间的技术转移都是伴随着跨国公司的海外扩张而进行的。

（6）“技术国有化主义”趋势有所加强。技术在世界市场竞争中的作用明显增加，为了维持或提升其产业竞争力，有关国家在技术贸易上大多采用了鼓励进口，限制敏感性技术出口的

政策。

二、国际技术市场的分析及决策

(一) 国际技术市场分析

国际技术市场分析可以从目前以及预计将来市场所需的产品和服务、市场规模的大小、产品的价格、产品的生命周期以及是自主开发还是引进技术等方面加以考虑。

深入研究目前以及将来市场的需求是技术被许可方市场分析的基础工作。技术引进的目的是为了利用国外的先进技术以提高劳动生产率、扩大产品的生产规模以满足市场的需求，并且提高企业的经济效益。因此，在技术贸易决策中，首要的任务是要深入地分析本国市场的需求，即是否需要一种特殊或者狭窄的产品来满足市场的需求。如果市场对某一种特殊商品有需求，则应对该市场规模的大小作进一步的分析，因为市场规模的大小直接影响到技术引进后的生产规模和经济效益。

国内市场是技术引进方引进技术后产品销售的主要场所，其市场的大小有着重要的影响，国内市场的分布构成也会影响到产品销售的运输成本。有些以返销为主的技术许可贸易，国际市场则成为主要的销售地，这种协议主要是利用被许可方所在国的劳动力或自然资源的优势。因此，在此类协议中必须对国内市场和国际市场的销售比例做出明确的规定。

产品预计的生命周期也是技术交易的一个重要因素。当今世界，技术更替的步伐日益加快，使得产品更新换代的速度也不断地提升。所以，技术的被许可方应当注重那些适应性强、经济效益明显的技术。

(二) 国际技术市场决策

在技术贸易决策中，除了对技术交易的成本进行充分的评估之外，还必须对技术本身、引进技术对引进国的经济文化的影响进行综合性考虑。

对引进技术本身的决策主要考虑技术的先进性和适用性，这些都是与企业的经济效益直接挂钩的。技术的经济分析可以从以下方面统筹考虑：

(1) 生产成本(材料、人工、管理费、营销费用等)和销售收益的估算；

(2) 各个年份现金流；

(3) 各年的损益和资金平衡表；

(4) 投资回收期(依靠税后的净利润回收投资额所需的时间年限)；

(5) 内部回收率(流入现金的现值与流出现金的现值相等时的贴现率)。

对引进的技术还要考虑其对环境的影响，引进技术应当有利于环境的综合治理；同时，还要有利于原材料利用率的提高和能源消耗的下降。另外，对引进的技术还需要考虑本国的现有配套设施、人员的素质、管理水平等因素。

三、与国际技术贸易相关的国际公约、协定、惯例

(一) 与技术贸易有关的国际公约、协定

(1)《保护工业产权的巴黎公约》(*Paris Convention for the Protection of Industrial Property*)；

(2)《商标国际注册马德里协定》(*Madrid Agreement Concerning the International Registration of Marks*)；

(3)《关于供商标注册用的商品和服务国际分类尼斯协定》(*Nice Agreement Concerning the International Classification of Goods and Services for the Purposes of the Registration of Marks*)；

(4)《专利合作条约》(*Patent Cooperation Treaty*)；

(5)《保护文学艺术作品伯尔尼公约》(*Berne Convention for the Protection of Literary and Artistic Works*);

(6)《世界版权公约》(*Universal Copyright Convention and Protocols*);

(7)《保护录音制作者防止录音制品被擅自复制公约》(*Convention for the Protection of Producers of Phonograms against Unauthorized Duplication of Their Phonograms*);

(8)《与贸易有关的知识产权协议》(*Agreement on Trade Related Aspects of Intellectual Property Rights, TRIPs*);

(9)《保护表演者、唱片制作者和广播组织公约》(《罗马公约》)(*Rome Convention on Protection of Phonograph Performance and TV and Radio Program*)。

(二) 与技术贸易有关的国际惯例

(1) 联合国《国际技术转让行动守则(草案)》

20世纪60年代,由于技术贸易在国际间的迅猛发展,联合国大会在1974年通过决议起草一项符合发展中国家需要的技术转让国际行动守则。在联合国贸易和发展会议的主持下,经过了漫长而又艰苦的谈判,直到1985年6月达成了联合国贸易和发展会议《国际技术转让行动守则(草案)》(*Drafting Performance Code of International Transfer of Technology*)。虽然发达国家和发展中国家之间在有关问题上存在重大的分歧,使得谈判一度陷入僵局,也未能获得有关国家的批准成为国际公约,但是有关草案的内容已经成为国际技术转让中的重要指导性文件。

该草案分序言和其他具体9章内容。序言主要阐述了守则的宗旨和目的;其余9章包括:定义和适用范围、目标和原则、国家对技术转让交易的管制、限制性商业惯例、当事人各方的责任和义务、对发展中国家的特殊待遇、国际协作、国际性体制机构、适用的法律与争端的解决。其中,第10章(适用的法律与争端的解决)由于未能达成一致,故未定稿。

(2) 世界知识产权组织《供发展中国家使用的许可证贸易手册》

世界知识产权组织《供发展中国家使用的许可证贸易手册》(*Licensing Guide. for Developing Countries—World Intellectual Property Organization*, 1977)是世界知识产权组织在20世纪70年代起草的,该手册得宗旨是"对发展中国家在磋商和拟定工业产权许可证和技术转让协议时所出现的法律问题提供实际的帮助"。

第二节　国际技术贸易的选择和战略

当前,跨国公司在国际技术市场上占据着十分重要的地位,了解跨国公司在国际技术贸易中的相关战略有着非常明显的实际意义。

一、跨国公司的技术转让战略

跨国公司从既要保持技术领先优势、维持自身在相关技术领域中的主导地位,又要通过有选择的技术转让收回投资成本实现经济利益的目标出发,对于不同的技术往往采用不同的转让战略。

(一) 转让尚未使用但准备使用的技术

这种技术转让的模式主要在发达国家的跨国公司之间进行。一般而言,一项新技术的开发往往需要大量的资金投入,时间长、风险大,特别是在当今竞争日趋激烈的情况下,技术产品的周期也大大缩短,更加使得跨国公司在开发技术时尽可能地缩短技术开发的周期。跨国公司之间的技术联合开发恰好解决了上述问题,这种联合开发也可以充分利用不同企业的技术优势,以期实现利益共享、风险共担。

发达国家企业之间技术联合开发，然后共同分享技术成果。在国际技术转让中，这种技术转让的行为通常通过所谓的"交叉许可"进行，即以技术换技术。

（二）转让尚未使用也不准备适用的技术

由于在一项技术的开发过程中通常会产生许多不同性质的技术，有些技术成果并不是研发企业自身的主要经营范围，或者有些技术成果的运用条件尚不成熟，在这种情况下，技术的研发企业通常会保留核心竞争力的技术，而将上述附属性质的技术转让出去。

（三）转让正在使用且会继续使用的技术

引进处于产品成熟期的相关技术往往是技术转让市场中最主要的形式。这是因为，一方面由于技术已经完全成熟，无论是从技术研发企业自身使用的情况，还是从大量的技术转让先例来看，都使得技术引进方的风险大大降低；另一方面，相关的技术还有一定的发展空间，引进技术后获得的经济收益的可靠性也能得到充分保证。这种技术也是发展中国家的企业最愿意引进的。

（四）转让正在使用但即将放弃使用的技术

对于处于产品标准化阶段的相关技术以及技术专利保护期限即将到期的技术，由于技术产品的市场竞争异常激烈，再加上替代技术产品开始出现，技术成果的拥有者此时转让技术的目的就是尽可能地使其经济利益最大化。

对于一些经济比较落后的国家而言，引进此类技术也有一定的积极意义。一方面，出于标准化阶段的技术由于竞争因素，使得引进技术的成本比较低；另一方面，由于与发达国家在技术和经济上的较大差异，在发达国家处于标准化阶段的技术可能在发展中国家还有较为广阔的市场发展空间。因此，在从事国际技术转让过程中，必须充分了解和掌握技术许可方对转让技术的相关战略，以便做出正确的判断，在技术引进中掌握主动。

二、跨国公司的技术转让方式的选择战略

跨国公司的技术转让方式的选择战略可以从多个角度进行考察，下面就技术转让的动机和技术转让的形式进行分析。

（一）技术转让的动机

跨国公司技术转让的动机具有多样化的特性，有的是为了牵制竞争对手在其所在国设立相关企业而转让技术，这种技术转让通常是在跨国公司的母公司和在东道国的子公司之间进行；有的是为了利用东道国的自然资源、劳动力资源以及技术作为重要的投资资本进入东道国市场；也有的跨国公司则试图通过技术的转让作为参股东道国相关行业、企业的重要条件，以逾越东道国相关行业的市场进入壁垒。

因此，跨国公司在不同的动机下，往往会采取不同的转让方式和战略，以期实现或配合企业相关总体战略的实施。

（二）技术转让的形式

就技术转让形式而言，通常有独占许可、排他许可、普通许可、交叉许可等。独占许可一般技术转让费比较高，但是技术许可方不能就相关市场做出新的转让行为，独占许可方式比较适用于处于成熟期的技术，通过独占许可使被许可方在一定时期内获得比较稳定的市场份额。当然，一些跨国公司在技术转让过程中考虑到引进技术的东道国的巨大市场的发展空间，可能会选择排他性许可，保留自己将来在东道国市场的参与权利。普通许可虽然保留了许可方向第三方继续转让有关技术的权利，但是相关技术的转让收入要低一些，通常要比独占许可的使用费低20%左右。因此，普通许可协议一般适用于处于标准化时期的技术。而交叉许可协议则一般适用于发达国家的

跨国公司之间新技术的联合开发，当然是针对处于技术创新阶段而言。

三、跨国公司技术转让的时间选择战略

跨国公司技术转让的时间选择主要是从技术的生命周期结合拥有技术的企业在市场中的竞争地位进行考察。一般而言，从技术的生命周期角度来看，跨国公司通常愿意在技术的标准化阶段转让技术，而在技术创新阶段并不太愿意转让相关的技术。当然，结合跨国公司在市场中的竞争地位，情况可能发生变化。比如，在跨国公司之间的联合开发技术就属于在技术的创新阶段就技术转让的典型例子。

总之，在技术交易过程中必须从各个方面了解跨国公司在技术转让中的相关战略，做到知己知彼，才能在技术转让过程中掌握主动，获得对自身最为有利的条件。

第三节　美国与日本的技术贸易政策模式

一、美国的技术贸易政策模式

美国从工业革命完成后，对技术的转让一直采取积极的态度。目前，其技术出口远大于其进口，是世界上第一大技术出口国，并且技术出口已经从民用部门扩大到军工部门。美国在国内技术转移政策中注意了产业与军事、科研的协作关系。美国政府每年用巨额资金作为研究开发的支出，促进了新技术层出不穷，从而作为美国技术出口的支柱；而且美国政府采取了一系列保证政府出资的研究开发成果用于民间的措施，如制定了“科技成果民间利用计划”“国际技术服务法”，以及在高校和研究所设立地区中心服务站等，使新技术通过这些措施加快传播到美国各地和全世界，成为扩大国际技术贸易的主要手段；美国的产业界与学术界的密切联系表现在研究机构研究项目是出自产业界的需求，用户的需求成为科研的推动力，这种机制保证了技术贸易的高效率。

美国对外技术转让主要通过三种途径：

(1) 以技术垄断作为后盾的美国技术外交和国际关系进行有偿和无偿的技术转让；

(2) 以技术合作方式进行的有偿技术转让；

(3) 通过跨国公司，利用其技术优势，在市场机制下的技术转让。由于世界技术进步的加快，使美国与其他国家技术差距逐步缩小，美国的技术战略也趋向保守。

二、日本的技术贸易政策模式

大规模的引进外国的先进技术对日本经济的高速发展起到了关键作用，成为日本产业和经济发展的最大原动力。日本的技术贸易政策主要体现在以下方面：

(1) 技术来源的多样化。即使同一技术，日本也比较注意取各国之长。如日本钢铁工业的高炉高温高压技术来自美国、苏联，连续铸钢技术来自瑞士，带钢轧机技术来自美国等。这是日本钢铁产量在20世纪60年代年递增500万吨，70年代年递增800万吨的技术基础。

(2) 引进技术与经济发展的阶段密切配合。日本引进的技术随其经济发展的不同阶段而不断地上升。1950—1958年是日本经济的恢复期，引进的技术大部分是一般的机械技术和生产工艺，并以成套设备的引进为主要形式；1958—1967年是日本经济的成长时期，引进的技术包括化纤、塑料等新兴材料，以半导体、电子等新兴工业部门的技术，此时，引进的技术的形式也以单项技术引进为主；1967年以后，日本经济进入高速发展时期，引进技术大多属于电子计算机、航空、通信、原子能等方面，在引进的形式上则更多的是合作研究、共同设计。

(3) 政府大力扶持引进技术。1950 年日本颁布了《外资法》，该法律规定引进技术都要经过政府部门的审批。日本政府采取免税、贷款、审批及各种指导措施，把技术引向最需要的部门，并由政府出面，加强日本企业对外的竞争能力，提高其竞争地位。

(4) 积极引进软件技术。日本是世界上最大的技术进口国，日本的主要工业部门的技术装备几乎全部靠吸收各国的新技术装配而成。由于日本大力引进软件技术并加以吸收、消化和提高，加快了企业的技术进步，并在许多领域达到世界先进水平。

(5) 引进前充分做好调研。日本在资金短缺、技术落后、设备陈旧的时代，针对本国的实际情况，及时、准确地选定引进项目，注重引进技术的成效。在组织专家对本国的生产能力同国外技术差距等进行全面调查之后，确定引进技术的重点。

(6) 引进技术后坚决做好技术的消化、吸收、杂交和创新工作。日本用"学习—模仿—改造"的模式投入巨资和大量的人力来消化、吸收引进的技术。

(7) 通过引进技术来提高竞争力扩大产品出口。日本把引进技术作为扩大产品出口的重要战略。在改善商品结构的同时，增强国际竞争力，开辟了国际市场，从而达到引进技术的良性循环。

案例分析

积极搜寻和有效利用外部技术

我们常常听到"核心技术买不来"这句话，如果将其完整地表述为"一个大国的整体技术竞争能力是买不来的"，或许就更加贴切了。自主创新的国家战略并不排斥具体技术的引进，在我国《中长期科技发展规划》发布后不久，2006 年 7 月 27 日，商务部宣布和另外 7 个相关部委联合发布了"鼓励技术引进和创新，促进转变外贸增长方式的若干意见"，这就是在政府层面上明确的政策鼓励。这正是国家创新战略的一个组成部分。

许多外国政府也正是这样做的。加拿大政府为企业，特别是中小企业服务的一项重要内容，就是通过"技术竞争情报计划"帮助其发展和获取全球范围的技术。而跨国公司的知识产权创新战略中，获取外部技术从来就是其中重要的一个环节。在一些公司，来自外部的技术甚至成了公司知识资产的主要部分。英国《金融时报》2004 年发表的一组关于企业创新的报告中提到，著名的日用品公司宝洁，其一半的技术来自公司以外，而且这个比例还要求进一步提高。著名的信息技术集成商——斯科公司设置了一个特殊的专利技术寻觅项目，通过购并小公司，买下有潜力的发明，再由公司内部的研发整合起来，实现快速商品化。

最新的动向是跨国公司还把搜寻外部技术的触角伸到了中国。例如世界著名电讯公司德国电信就为跟踪世界技术发展建立了名为"技术雷达"的神经网络。据该公司实验室 2006 年"技术雷达"报告显示，该网络的节点主要分布在德国、美国硅谷、以色列和中国。德国总部有 3 位全职人员，以及可以根据需要随时"激活"的 30 名左右各个领域的技术搜寻人员；对于国外，则在硅谷有一位全职的外部搜寻人员，3 名兼职的技术搜寻人员，这 3 名兼职技术搜寻人员除了一位在以色列某大学外，有 2 位分别驻在北京和上海，关注着中国科技领域的发展动向。

获取外部技术成为企业创新的一部分基于以下一些原因：首先，技术的发展也有生态环境，原始创新的萌芽往往出自小企业甚至个别发明人，但是他们一般没有能力将这些发明进行产品化、完善其工艺流程、控制成本乃至推向市场，大企业一般有能力判断这些萌芽商业价值和成功实现其商业化的能力，包括拥有容忍个别技术失败的规模，在这样一个各司其职的生态环境里发生技术的交易就是十分正常的了；其次，人们一般认为创新过程是先有科学发明，再来技术开发，最后是产品到市场，然而情况并非总是这样线性发展的，创新理论的倡议者基于大量的实证性研究指出，即使所谓的“颠覆性”创新也并非总是“无根可寻”的，许多颠覆性创新的案例其实就是将其他领域里的发明改进后搬到了新的应用领域，成为商业上非常成功的故事。所以这里强调自主创新的同时，不要忘记已有技术也是一种创新来源，积极搜寻和有效利用外部技术也可以成为企业知识产权战略的一个重要内容。

第三章 国际技术贸易合同

国际技术贸易合同是国际技术交易的基础性文件。因此，技术经纪人不仅应了解签约前技术调查的内容和调查途径，而且要了解国际技术交易合同的文本格式、合同中技术保证条款内容等。特别地，技术经纪人应了解签订国际技术交易合同包括前期准备在内的各环节的要求，以及相关的法律法规和国际技术贸易领域的限制性商业惯例。

第一节 技术引进的基本程序

一、技术引进企业(项目单位)的准备工作

(一) 编制项目建议书

项目建议书通常包括以下内容：项目名称，项目的内容与申请理由，进口国别与厂商，承办企业的基本情况，产品名称、主要原材料、电力、燃料、交通及协作配套近期和未来的具备的条件，项目资金的估计和来源，项目的进度与安排，初步的技术和经济分析。

(二) 可行性研究及可行性研究报告的编制

可行性研究报告通常包括如下内容：总说明，承办企业的基本情况与条件，物料供应规划，厂址选择，技术与设备，生产组织、劳动定员和人员培训计划，环境污染的防治，项目实施的综合计划，资金的概算和来源，经济分析等。

(三) 报批、评估与决策

有关立项报告和可行性研究报告是公众企业，尤其是上市企业募集资金以便获取投资人通过相关议案的主要依据；也是国有企业向有关上级主管部门获得批准项目的依据。并以此作为项目评估和投资决策的主要依据。

(四) 委托代理

根据《关于承担和代理国家技术和设备进口项目的管理办法》，委托代理协议的内容至少应该包括：双方的责任、权利、义务、风险、报价、补偿等。

签订正式的委托代理协议后，受托方(对外经营公司)应到对外贸易管理部门办理登记手续。

凡纳入国家技术引进、技术改造计划管理(指国家计委、国家经贸委、各行业主管部门)，由国家负责安排外汇资金来源或资金渠道的技术和设备进口项目(简称国家技术设备进口项目)的对外经营均适用该办法。

承担、代理国家技术设备进口项目均实行登记管理制度。

二、技术引进合同签署的准备工作

(一) 对拟引进技术的了解与选择

需要调查的内容包括：

(1) 弄清有关技术的发展情况；

(2) 了解可供选择的同类技术的内容、特点,以及它们需要的外部条件;

(3) 了解国内已有的技术水平与世界先进水平的差距;

(4) 了解有关国家技术输出、转让的管制和相互竞争的状况;

(5) 了解有关技术项目产品的市场供应、价格的现状及其前景,发展技术项目应具备的环境条件。

2. 调查的途径

调查的途径包括:

(1) 组织技术交流;

(2) 出国考察;

(3) 查阅有关学术会议和国内外有关杂志发表的文献资料;

(4) 向国内科研单位、大专院校、外贸部门咨询;

(5) 向国外的专业咨询公司进行咨询;

(6) 通过我国驻外机构进行调查研究;

(7) 通过外国驻华商务机构、金融机构了解。

3. 对可能的技术供方的调查与了解

调查了解的内容包括:

(1) 许可方的经营范围。一般来说,技术引进方应当尽量地掌握许可方的经营的业务范围,了解相关技术是否是许可方的主要技术领域;

(2) 所属技术领域、技术特长、从事技术转让的经历以及习惯采取的转让方式。技术引进方应当了解许可方的技术领域和技术特长,以便确保引进技术的针对性,并尽可能地了解许可方有关技术转让的经历和转让的方式与习惯,降低在技术引进中可能遇到的风险;

(3) 经营状况、信誉程度。技术引进方应该尽可能地了解技术许可方的经营状况和信誉程度,以确保技术交易合同的安全性;

(4) 转让技术的态度。根据不同的技术许可方在市场竞争中所处的地位、技术本身所处的生命周期、相关技术的竞争状况等因素,技术许可方的转让态度和意愿往往也有着非常明显的差异。因此,技术引进方应当全面了解相关的信息,以便在谈判和签订相关合同过程中争取主动。

三、对外商务工作的环节

(一) 对外询价

询价书一般包括三个内容:

(1) 基本情况介绍:主要介绍项目单位当前的技术设备状况,生产产品的种类、产量、质量水平状况,周边交通、能源状况,对引进技术环境等方面的要求;

(2) 技术条件要求:主要说明引进技术的产品生产或工艺水平需达到的要求以及产品数量、质量要求;

(3) 商务条件要求:对引进技术使用的年限、地域的要求,权限的大小(独占、排他或者普通许可),使用费的支付方式等内容。

(二) 比价

(1) 直观比价法:即将不同的报价折算成统一的基础进行比较,得到最有利于技术引进方的报价。比如,有的技术供应方按照利润提成报价,有的则按照销售额提成,则需要将销售额与利润进行转换计算,从而能够进行比较有利的报价;又如,有的技术供应方入门费相对较低,提成率比较高,有的技术供应方的报价正好相反,即入门费较高,提成率比较低,则需要将不同的报价统一折算成净现值(NPV)进行比较。

(2) 类比法：主要适用于只有一个技术供应方的情况，由于无法在可供得技术供应方之间进行比较，可以参考该技术供应方与其他技术引进方的技术转让情况，从中获取一些相关的信息，在技术引进谈判中做到知己知彼。

(3) 经济效益评价法：所有技术引进项目在最终决策时必须采用更为全面的财务分析，以正确地进行成本收益分析，通常决策中考虑的财务指标包括：投资回收期、投资回报率、相关期限内的现金流等指标。

（三）商务谈判

技术贸易合同的谈判比较复杂，它涉及到技术、财务、法律、商务等各个方面，因此，在进行谈判前，项目单位应当拟定谈判方案，确定谈判主要成员，以便在谈判中获得主动。

第二节　技术贸易合同的签订

国际技术贸易合同的一般结构大体上可以分为合同部首、合同序文、合同主体、合同尾部和合同附件五个部分。

一、合同部首

合同部首一般包括以下内容：合同的名称、合同号码、签约时间和签约地点，以及双方当时人的法定名称和地址。

合同的名称应该能较为准确地反映引进技术的内容，力求简洁准确。

合同号码应当规范，根据《技术进出口合同登记管理办法》第 8 条规定，我国对自由进出口技术合同号实行标准代码管理。

签约日期，即合同的订立日。对于限制类进出口技术，以进出口许可证的审批日为合同生效日。而对于自由类进出口技术，签约日即为合同生效日。

签约地点，尽量争取在我国签署。在技术进出口合同中，若对于争议的解决所适用的法律未加以明确的，国际上通常采用所谓的与合同最有密切关系的地方为法律适用地。

双方当事人的法定名称和地址，应当确保准确，在办理申请手续时需要提交相关证明文件。

二、合同序文

序文，又称鉴于条款(whereas clause)，其内容是说明当事人双方的职业背景，解释双方签订合同的理由，陈述许可方拥有的工业产权的状况和合法性，以及被许可方希望获得相关技术的愿望，表达双方当事人为实现合同规定目标的意愿和所持态度。

鉴于条款的作用在于：要求当事人双方明确做出某些法律上的保证，确认许可技术的有效性和合法性；产生纠纷后，仲裁机构和法院可以依据鉴于条款中所作的保证，判断当事人的责任以及应承担的法律和经济后果。需要指出的是，如果鉴于条款的叙述与合同正文发生矛盾，或者合同正文对相关问题有更为详尽的描述，则应以合同正文为准。

三、合同主体

合同主体是技术贸易合同的核心条款，由于各种技术贸易合同的标的不同，合同的条款也有很大的差异。但是有一个条款具有共性，即定义条款。定义条款的作用是对双方一致同意的有关内容用简明的特定文字加以表达。

常见的定义条款有：专利技术、合同工厂、合同产品、净销售价、商业生产等。关于定义条款需要说明的是，技术贸易合同中的定义条款不同于专业文献中的解释或定义，而是双方为了避免误解而一致同意的用简明的特定文字来表达某一个意思的定义。如"专利技术：指本合同附件一所指技术"。又如"合同工厂：指在中国上海……路的（具体厂名）"。

以专有技术许可合同为例，合同的基本条款包括：

（1）合同的内容和范围（scope and content of the contract）：包括合同产品的范围和技术指标；授权的范围（使用权、制造权和销售权）、授权的性质（独占权、排他权和普通权）。

（2）技术文件的交付（delivery of technical documents）：包括技术资料交付的时间、地点、风险，技术资料的包装要求，技术资料短缺或者遗失的补交规定等。

（3）技术改进和发展的交换（exchange of technical improvement and development）：包括技术改进（我国技术进出口管理条例明确了技术改进的权利属于改进方）和发展的权利归属、交换的时间和地点、作价及其支付方法等内容。

（4）保密条款（secrecy）：通常包括技术资料保密的范围、保密措施、保密期限和泄密的责任。

（5）保证与索赔（warranties and claim）：技术许可方的保证通常包括技术资料、技术培训、产品的质量和数量等内容。协议中应当同时对技术许可方或被许可方违约对另一方造成的损失做出相应的规定。

（6）考核与验收（examination and acceptance）：应当详细地规定有关考核的时间和地点、考核人员的组成、考核标准和方法、考核的次数等内容。由于专有技术保密性的特点，双方可以签订所谓的试用协议供技术引进方了解拟引进的技术。试用协议，也称选购协议（the optional agreement），是专有技术的双方对相关引进技术进行进一步谈判的基础。该条款是一种自成一体的独立文件。试用协议一般包括如下的内容：当事人双方信息、技术的披露、试用权、试用期、试用费、保密义务等。

四、合同尾部

合同尾部通常包括以下内容：

（1）合同的生效。通常情况下，合同的签订日就是合同的生效日。但是对于需要由政府主管部门审批的技术进出口合同，为了防止不必要的纠纷，应当在合同中明确规定有关合同在获得相关主管部门批准时生效。如果技术交易的有关当事方所在国还有其他法律法规规定（比如外汇管制等）会影响到交易合同生效的，都应当做出相关的安排。

（2）合同的有效期。

（3）合同的续展。

（4）合同的终止。技术交易合同应当明确除因到期而终止合同以外的其他应当终止合同的情形，比如政府政策的变更，一方当事人的根本性违约等。

（5）合同的文字及签署。合同的文字应当尽可能地采用英文和中文两种文本。同时，应当注明两种文本具有相同的法律效力，防止由于两种文本在文字翻译上和理解上的差异，对双方造成的不必要的影响。

五、合同附件

合同附件是在合同最后用以说明合同正文不便详细罗列的内容，其地位与合同正文是相等的。为了避免误解，有必要在合同中对附件的地位和效力加以明确，如"本合同所有附件系合同不可分割的组成部分，与合同正文具有相等的法律效力"。

国际技术贸易合同的附件一般包括技术附件和产品附件。技术附件主要说明技术供方提供的技术资料名称、资料细目、向技术引进方提供技术的方法和步骤等；产品附件主要说明使用该技术生产产品的性质、功能、质量等内容。日后若当事人双方若就技术不达标或者产品不合格等事项发生争议，相关的合同附件将成为争议诉讼的重要证据材料。

第三节　技术贸易合同的政府监管和审批

一、相关的法律依据

(1)《中华人民共和国合同法》第3章第44条规定,法律、行政法规规定应当办理批准、登记手续生效的,依照其规定。

(2)《技术进出口管理条例》第12条规定,国务院外经贸主管部门收到技术进口申请后,应当会同国务院有关部门对申请进行审查,并自收到申请之日起30个工作日内作出批准或者不批准的决定。第13条规定,技术进口经批准的,由国务院外经贸主管部门发给进口许可意向书。进口经营者取得技术进口许可意向书后,可以对外签订技术进口合同(另外该条例的第35条、36条对技术出口作出了相同的规定);

(3)《中华人民共和国禁止出口限制出口技术管理办法》;

(4)《中华人民共和国禁止进口限制进口技术管理办法》;

(5)《中华人民共和国禁止出口、限制出口技术目录》;

(6)《中华人民共和国禁止进口、限制进口技术目录》。

二、技术进出口国家管理制度

我国对技术进出口分为禁止进出口、限制进出口和自由类进出口三个大类。对限制性技术的进出口采用许可证管理制度,而对自由类进出口技术采用登记证监管制度。

(一) 限制进出口技术合同的管理制度

1. 是否符合国家有关法律、法规和政策

需要注意的是,我国相关商务部、海关总署通常每年会调整有关目录产品,因此,有关企业必须及时了解最新目录调整情况。商务部和海关总署最新发布的2015年77号公告《两用物项和技术进出口许可证管理目录》,于2016年1月1日实施。该公告规定:

(1) 本目录分为《两用物项和技术进口许可证管理目录》与《两用物项和技术出口许可证管理目录》;

(2) 本目录所列物项和技术是指《中华人民共和国核出口管制条例》《中华人民共和国核两用品及相关技术出口管制条例》《中华人民共和国导弹及相关物项和技术出口管制条例》《中华人民共和国生物两用品及相关设备和技术出口管制条例》《中华人民共和国监控化学品管理条例》《中华人民共和国易制毒化学品管理条例》《中华人民共和国放射性同位素与射线装置安全和防护条例》和国务院批准的《有关化学品及相关设备和技术出口管制办法》等相关行政法规所附清单和名录以及国家依据相关法律、行政法规予以管制、临时管制或特别管制的物项和技术;

(3) 进出口本目录的物项和技术,不论该物项和技术是否在本目录中列明海关商品编号,均应依法办理两用物项和技术进出口许可证;

(4) 本目录所列物项和技术及其商品名称和描述与相关法律规定不一致时,以相关法律规定为准。

2. 是否符合批准的可行性研究报告或其他项目批准文件

限制性技术进出口合同签订之前,相关的企业或组织都进行过仔细的调查,在此基础上对技术的进口或出口项目撰写可行性研究报告并申领技术进口或出口许可证等相关批准文件。因此,针对限制性技术的进口和出口合同的审核目的就是为了确保合同条款与之保持一致。

3. 合同内容有无明显的不平等规定或不合理的限制性条款

技术贸易贸易合同中针对不平等或者不合理的限制条款是比较容易出现的一种现象,通常称之为限制性商业惯例。我国2002年1月1日起生效的《技术进出口管理条例》第29条明确规定了七项禁止订入合同的限制性商业条款。联合国《国际技术转让行动守则(草案)》也列举了20种限制性商业惯例,它在很大程度上已经成为各国在技术贸易中的重要指引。因此,如果在合同中含有违反我国相关法律或者与国际通行做法相悖条文的,将会受到限制。

(二)自由进出口技术合同的管理制度

我国在2002年发布了《技术进出口合同登记管理办法》,以便规范自由进出口技术合同的管理,建立技术进出口信息管理制度。

对自由进出口技术合同实行网上在线登记管理。技术进出口合同生效后,应在中国国际电子商务网上进行登记(网址为http://info.ec.com.cn),并持技术进出口合同登记申请书、技术进出口合同副本和签约双方法律地位的证明文件向外经贸主管部门履行登记手续。外经贸主管部门在收到上述文件起3个工作日内,对合同登记的内容进行核对,并向技术进出口经营者颁发技术进出口合同登记证。

三、限制类技术进出口程序及审批必须报送的材料

(一)限制类技术进出口审批程序

1. 申请技术出口意向书程序

申请企业应当登录"技术进出口信息管理系统"(http://jsjckqy.fwmys.mofcom.gov.cn)下载技术出口申请书,填妥完毕后报地方商务部门。地方商务部门在收到申请书和相关材料后在5个工作日内完成贸易审查。相关材料转地方科技管理部门,在15个工作日内完成技术保密性审查后转回商务部门,并在5个工作日内审核。审核完毕后出具由中华人民共和国商务部统一印制的技术出口许可意向书。

没有取得技术出口意向书的限制出口技术项目,任何单位和个人不得对外实质性谈判,不得做出有关技术出口具有法律效力的承诺。

2. 申请技术出口许可证程序

申请企业登录技术进出口信息管理系统,在线录入、提交网上申请,并备齐材料送交地方商务部门。商务部门在收到递交材料后在15个工作日内进行审核,出具技术出口许可证。

(二)限制类技术审批所需材料

1. 申请技术出口意向书所需材料

申请书,营业执照,技术委托开发协议,技术合作开发协议,申请出口技术的完整使用说明书,知识产权证明文件,主要技术指标图表,保密审查批准书。

2. 申请技术出口许可证所需材料

技术出口合同申请表,技术出口数据表,《技术出口意向书》,合同副本,知识产权证明,出口技术资料清单,签约双方法律地位证明,主管部门(或董事会会议决议或总经理办公会议决议)批准文件。

有关限制类技术的进口程序和所需材料与技术出口类似,商务部门在收到申请后组织贸易和技术专家对进口技术合同进行审查。

四、限制类进出口技术审查的内容

我国于2002年施行了《禁止出口限制出口技术管理办法》和《禁止进口限制进口技术管理办法》。2009年我国对《禁止出口限制出口技术管理办法》和《禁止进口限制进口技术管理办法》进行了修订,原2002年办法废止。

(一) 限制出口技术审查

1. 限制出口技术合同贸易审查

(1) 是否符合贸易政策,并有利于促进外贸出口;

(2) 是否有利于我国产业出口政策,并有利于促进外贸出口;

(3) 是否符合我国对外承诺的义务。

2. 限制出口技术合同技术审查

(1) 是否危及国家安全;

(2) 是否符合我国科技发展政策,并有利于科技进步;

(3) 出口成熟的产业技术是否符合我国的产业政策,并能带动大型设备和成套设备、高新技术产品和经济合作。

实验室技术,鼓励首先在国内开发,转变为产业化技术后再出口,国内暂不具备条件转化应用的,则在国家利益不受损害并取得知识产权有效保护的前提下方可出口。

出口的技术是否成熟可靠需经过验收或鉴定,未经验收但已经生产实践证明的,应由采用单位出具证明。

(二) 限制进口技术审查

1. 限制进口技术合同贸易审查

(1) 是否符合我国对外贸易政策,有利于经济贸易技术合作的开发;

(2) 是否符合我国对外承诺的义务;

(3) 是否对建立或加快建立国内特定产业造成不利影响。

2. 限制进口技术合同技术审查

(1) 是否危及国家安全,社会公共利益或者公共道德;

(2) 是否危害人的健康安全和动物、植物的生命或健康;

(3) 是否破坏环境;

(4) 是否符合国家产业政策和经济社会发展战略,有利于促进我国技术进步和产业升级,有利于维护我国经济技术安全。

五、技术出口涉及的保密性审查

技术出口经营者根据最新的《中国禁止出口限制出口技术目录》确定自己的技术是否属于禁止出口或限制出口的技术。此处需要注意的是,根据情况变化,《中国禁止出口限制出口技术目录》会时常更新,需要使用最新版本作为判断的依据。通过中国专利局的保密审查程序确定某技术是否属于需要保密的技术。理论上讲,中国专利局保密审查程序认定为需要保密的技术才可能会涉及限制进出口的技术;中国专利局保密审查程序认定为不需要保密的技术,不可能会是限制进出口的技术。中国专利局保密审查程序认定为不需要保密的技术就是可以在所有国家和地区申请专利的技术,因为专利申请被公开后,对全球来讲都是可自由获知的,没必要也无法实现对该技术的进出口限制。通过办理限制出口技术出口申请程序,由限制出口技术出口主管部门审核该技术是否属于限制出口技术。办理限制出口技术出口申请的程序介绍如下:

技术出口经营者出口该限制出口技术前,应填写中国限制出口技术申请书,报送技术出口经营者所在地的省、自治区、直辖市主管部门(经济贸易委员会)履行出口许可手续。属于国家秘密技术的限制出口技术,还应先按《国家秘密技术出口审查规定》办理保密审查手续后才能办理技术出口许可手续。技术出口申请获得批准后,由主管部门颁发技术出口许可意向书,有效期为 3 年。当事人未能在 3 年有效期内签订技术出口许可合同的,应重新提出出口申请。在技术出口许可意向书有效期内，技术出口经营者签订技术出口合同的，持技术出口许可意向书、合同副本、技术资料出口清单、签约双方法律地位证明文件到主管部门申请技术出口许可证。限制出口技术的技术出口合同自技术出口许可证颁发之日起生效。技术出口经营者到地方商务主管部门领取技术出口许可证前，应登录商务部网站上的"技术进出口合同信息管理系统"。

案例分析

进口设备试车验收纠纷案

上海一家合资企业(以下简称B公司)为扩大生产决定逐步进口几套感应加热设备。经合资外方推荐，开始与欧洲某电器设备制造商(以下简称A公司)谈判。A公司保证设备先进、性能优越，但开价很高。B公司讨价还价未果，遂只达成第一套设备交易。谈及第二套设备时，B公司以定购多套设备为理由，要求A公司降价，A方仍然不让步。此时，另一跨国公司(以下简称C公司)介入，愿意以较低的价格出售功能相似的设备。由于C公司所保证的设备性能低于A公司，B公司要求C公司降价，也未能成功。

最后，为了比较两方优劣，并激发竞争，B公司决定放弃只买一家设备的常规做法，分别以103万美元和95万美元从A公司和C公司各购进一套设备。合同(附技术协议)分两次签订，规定总价中包括技术资料、安装调试和操作培训费用。买方先付20%定金，设备抵达并预验合格后，卖方在买方开立的信用证下收取合同总价70%的货款。最后凭验收报告收取10%的余款。合同订有索赔和保修条款。但B公司认为最后一笔10%的货款可以捏在自己手中，并以此作为迫使对方努力通过验收的筹码，所以在合同中没有约定验收期限和最高试车次数。另外，因为对此类设备有验收经验，A公司按常规规定最终验收的主要标准为"连续生产出50件符合标准的产品"。

在该年7月，经预验后抵达的第一套设备，由B公司自行安装完毕。经过A公司的调试工程师开机调试，故障连续不断。直到10月，经反复调试，仍无多少好转。A方调试工程师无能为力，急欲脱身，B方挽留不住，遂于对方约定11月继续调试。但是A方工程师失约，直到次年3月才来到工厂。此时，由于气候有利，设备的一些间歇性故障没有发作，但仍有许多遗留问题。双方勉强达成一个备忘录，其中包含有"……保修期须在上述遗留问题解决之后方开始"字样。但A方工程师故意将"备忘录"改成"验收报告"，并在翻译和打印的忙乱中故意将"……保修期……开始"一句隐去。对此，B公司并没有注意到，而与该工程师再次约定5月见面，继续调试以解决上述问题。

可是，A方工程师一去不回，A公司却凭"验收报告"来索取10%余款，B公司坚持不付汇，要求A方工程师前来解决问题。此时，除了原先的一些遗留问题之外，在盛夏高温环境下又接连出现了一些新的问题。由于此时大规模生产已经开始，B公司只得采取一些临时性补救措施，开机生产。

期间，第二套设备也面临类似的问题。至此，两项交易都陷入了大致相同的尴尬僵局。

同年稍后几个月后，A公司总裁赴B公司交涉，对B公司扣留余款表示"愤怒"，提出：(1)温度控制精确度设在用户生产所需温度范围是行业惯例，对此B公司原谈判班子是默认的；(2)A公司不准备再对其他技术细节做无休止的辩论；(3)分期付款并不意味着可以扣款，B方如果认为设备有缺陷，则可以退货。但由于B公司已经使用设备，如果退货必须扣除折旧；(4)如果B公司坚持继续扣款，则今后不会再有其他任何公司向B公司出口设备。

由于退货对B公司造成巨大损失，折旧也难以估算，设备现状与合同之间的差距是否与10%的余款相抵，B公司心中也没有底。再加上由于A公司的宣传，使得B公司在欧洲市场上与其他客户的交易也受到影响。此时，B公司无法承受压力，为求得A方在保养、检修、配件提供等方面的合作，特别是为了下一阶段设备的采购，经过权衡，最终支付了10%的余款。

简评：本案例中，B公司主要问题出在未能就验收期限、最高试车次数等做出详细规定，同时，对违约责任也没有约定，导致在交易过程中出现了被动的局面。

第四章 国际技术贸易中的重要问题

在国际技术交易活动中，技术经纪人应当了解相关的国际惯例，了解国际技术贸易中技术作价的基本原则和方法、技术使用费的支付方式等重要内容，以及国际技术贸易中处理双重征税的原则、方法和有关规定。

第一节 技术合同中的限制性商业行为

一、限制性商业惯例的含义

限制性商业惯例是指企业利用在市场上的支配地位或技术上的优势地位，将一些不合理的贸易条件强加于贸易对手的各种贸易做法的总称。

第35届联合国大会通过的联合国《关于控制限制性商业惯例的多边协议的规则和原则》中对限制性商业惯例的定义表述为：凡是通过滥用或谋取滥用市场力量的支配地位，限制进入市场或以其他方式不适当地限制竞争，对国际贸易，特别是对发展中国家的国际贸易及其经济发展造成不利影响，或者是通过企业之间的正式或非正式的、书面的或非书面的协议以及其他安排，造成了同样影响的一切行动或行为，都叫做限制性商业惯例。

二、限制性商业惯例的特点

限制性商业惯例虽然带有不公平的性质，但是，并非任何不公平的贸易条款都是限制性商业惯例。

(1) 限制性商业惯例实施的主体是企业；

(2) 限制性商业惯例必须是为法律所禁止的；

(3) 可能会或将会对贸易和商业活动造成不利后果。

三、联合国《国际技术转让行动守则(草案)》关于限制性商业惯例的解释

该《守则(草案)》关于限制性商业惯例的讨论中存在重大分歧：

① 用什么标准来衡量某种做法是否属于限制性商业惯例。工业发达国家主张以对竞争是否有限制作用作为衡量的标准，即所谓的“竞争标准”；发展中国家主张以该种做法是否阻碍被许可方国家经济技术发展作为标准，即所谓“发展标准”。

② 关于“内部企业间”的技术转让交易是否应当作为例外处理。发达国家认为应当以例外处理；而发展中国家则认为，在国际技术转让交易中，“内部企业间”使用限制性商业做法应当取缔。

③ 限制性商业惯例的表现形式。

虽然发达国家和发展中国家在有关问题上存在分歧，但最终还是在《守则〈草案〉》中列举了20种限制性商业惯例，它在很大程度上已经成为各国在技术贸易中的重要指引。

(1) 单方面的回授条款

单方面的回授条款，即要求被许可方将取得技术后所做出的改进转让给许可方，而许可方无

需支付费用和承担任何义务。

(2) 对产权效力不表示异议条款

对产权效力不表示异议条款，即被许可方对许可方转让给自己使用的专利等技术的有效性不得提出异议。

(3) 独家经营的条款

限制被许可方与第三方就类似技术或者有竞争性的技术或产品签订销售协议和代理协议的自由。

(4) 限制研究条款

限制被许可方对许可技术从事研究与发展工作，或者限制被许可方从事新产品、新工艺以及新设备方面的研究和发展工作。

(5) 限制使用人员条款

许可方要求被许可方在一些关键生产部门必须使用许可方指定的技术人员。

(6) 限定价格条款

许可方要求对被许可方使用引进技术所生产的产品或提供的有关服务的价格进行管理。

(7) 限制修改使用技术的条款

许可方禁止被许可方按照当地实际需要修改或者革新引进的技术，而这种修改和革新是引进方自行负责的、并不影响许可方的名称、商标、服务标志等；但是这种修改和革新影响到许可方的质量保证或者性能保证责任除外。

(8) 包销协定或独家代理协定的条款

要求被许可方把产品的包销权或者独家代理权授予许可方或者许可方指定的代理人，而不得授予任何第三方。

(9) 附带条件安排的条款

许可方强迫被许可方从许可方或者其指定处购买不需要的技术、设备、产品或者服务，并以此作为被许可方取得技术转让的条件。该条款就是通常所称的“搭售条款”。

(10) 限制出口的条款

限制出口的条款，即对被许可方产品的出口在地区、数量和价格上进行控制。

(11) 共享专利或互授许可证协定以及其他安排条款

该条款主要是指要求被许可方与技术许可方通过订立共享专利或者交叉许可证交易或者类似的安排，以实现对行业或者市场的垄断、限制技术的研究和开发。

(12) 限制宣传的条款

限制宣传的条款，即限制被许可方宣传其产品或者服务，或要事先征得许可方的许可。

(13) 工业产权期满后的付款或其他义务的条款

要求被许可方就已失效的或者被终止或无效的专利技术支付使用费。

(14) 协议期满后，限制使用的条款

禁止被许可方在协议期满后继续使用有关技术。

(15) 限制数量、范围等条款

对被许可方技术产品生产的数量、范围等加以限制。

(16) 控制质量使用的条款

控制质量使用的条款，即要求被许可方使用不需要或者不必要的质量控制方法或者质量标准，但以许可方为担保商标质量或产量的除外。

(17) 限定使用商标的条款

对被许可方使用有关的商标加以限制,或者要求被许可方必须使用许可方指定的商标或者在产品上标明许可方名称。

(18) 要求提供合股资本或参与管理条款

允许技术的许可方以获得一定的股本或者参与被许可方的企业管理作为被许可方获得技术的条件。

(19) 协议期限过长或无限制的条款

即协议期限规定过长、甚至永久有效的条款规定。

(20) 限制使用范围的扩大条款

限制使用范围扩大的条款,即限制被许可方扩散和传播技术,甚至限制技术的适用范围。

四、我国在技术引进中对限制性商业惯例的相关规定

1999 年 3 月 15 日由第九届全国人大第二次会议通过的《中华人民共和国合同法》,在该法第 329 条规定:“非法垄断技术、妨碍技术进步或者侵害他人技术成果的技术合同无效”

上述规定的具体要求包括三个方面:

(1) 技术合同的基本原则是“定立技术合同,应当有利于科学技术的进步,加速科学技术成果的转化、应用和推广”。所以,任何滥用技术优势,垄断技术,妨碍技术进步的行为都违反了订立技术合同的基本原则;

(2) 这些违法行为具体来讲是指:限制技术被许可方在合同标的基础上进行新的开发活动,或规定要争得许可方的同意;限制技术被许可方从其他渠道获得新技术,如不得采用第三方的类似技术、竞争技术或从其他来源获得设备、原材料等;

(3) 限制技术被许可方的生产规模、产品价格、销售渠道。

2002 年 1 月 1 日起施行的《技术进出口管理条例》第 29 条规定了七项禁止订入合同的限制性商业条款:

(1) 要求受让人接受并非技术进口必不可少的附带条件,包括购买非必须的技术、原材料、产品、设备或者服务;

(2) 要求受让人为专利权有效期届满或者专利权被宣布无效的技术支付使用费或者承担相关义务;

(3) 限制受让人改进让与人提供的技术或者限制受让人使用改进的技术;

(4) 限制受让人从其他来源获得与让与人提供的技术类似的技术或者与其竞争的技术;

(5) 不合理地限制受让人购买原材料、零部件、产品、设备的渠道或者来源;

(6) 不合理地限制受让人产品的生产数量、品种或者销售价格;

(7) 不合理地限制受让人利用进口的技术生产产品的出口渠道。

另外,条例第 27 条规定:在技术进口合同有效期内,改进技术的成果属于改进方。第 28 条规定:技术进口合同届满后,技术让与人和受让人可以依照公平合理的原则,就技术的继续使用进行协商。对照现已失效的原《技术引进合同管理条例》,上述规定更有利于保护被许可方对改进技术的所有权(原条例中只是笼统地禁止双方交换改进技术条件的不对等,而没有强调改进技术的归属权);同时,《条例》对合同届满后引进方继续使用提供方技术的规定也更加灵活、务实(原条例只是笼统地规定了禁止被许可方在合同届满后继续使用引进的技术为无效条款)。

第二节　技术的作价和技术使用费的支付

一、估定技术使用费的相关因素

(一) 技术许可方估定技术使用费考虑的因素

(1) 技术转让的直接费用或转让成本。即本次交易产生的诸如技术资料的准备、人员的差旅费等相关费用。

① 基本费用:基本设计、生产流程、维修保养方法、质量控制规程、试验方法等合同所需的全部技术资料的编制费用。

② 特别设计费用:为满足技术被许可方的特殊要求,修改基本设计所支出的费用。

③ 技术文件费用:纸张、人工费用。

④ 派遣专家进行技术座谈等所需费用。

⑤ 受方人员到供方工厂考察、培训等所支付的费用。

⑥ 技术服务费用:为使被许可方掌握技术,许可方从事技术服务和技术指导的费用。

⑦ 许可方的机动系数。

(2) 沉入成本(或称开发费用)。虽然技术开发费用并不对技术的作价具有决定性影响,但在其他条件不变的情况下,开发费用越高,技术使用费也就相应提高。

(3) 机会成本。通常,许可方将技术转让之后也就意味着失去了在相应市场上继续销售产品和将相关技术转让的权利(如果是独占或排他许可)。这种成本归结到一点就是技术许可培养了竞争对手,这是技术许可方需要考虑的重要因素。

(4) 对技术被许可方所获新增利润的估算。这是技术许可方估算技术使用费最重要的因素,因为被许可方的新增利润或者成本的下降应当由双方分享,国际上通常把此方法称为 LSLP (Licensor's Share of Licensee's Profit)方法,即利润分成率:

$$\text{LSLP}=\frac{\text{技术转让价格}}{\text{被许可方的新增利润}}\times 100\%$$

利润分成率主要是用技术收益率来衡量的,西方发达国家普遍采用项目投资的“成本-收益”,或称成本得利分析。技术收益率是衡量技术转让项目费用收益效果的一个重要指标,它表示技术转让项目的可盈利程度。

按照联合国工业发展组织的调研材料,一般认为,技术收益率在 3～5 之间比较合理,即花费一个单位的技术费用,收益应当在 3～5 个单位。但由于在实践中核算成本利润比较困难,许可协议中往往比较常见的方式是按照产品销售的数量或者金额计算,即所谓的提成,而提成率的高低也随行业的不同而不同。

(5) 技术服务和技术协助的数量。技术转让过程中许可方对被许可方提供的技术服务和协助的多少直接影响到技术转让的价格。

(6) 竞争性因素。相关类似技术的可获得性也直接影响转让价格。

(二) 技术被许可方估定技术使用费考虑的因素

(1) 自身开发拟引进技术的成本。理论上来说,这是被许可方愿意支付的最高的可能的价格。

(2) 估算新增利润。这与技术许可方考虑的因素基本相同。

(3) 技术的法律状态。这是指相关技术受到保护的状况,如专利技术所处的年限,大多数国家(包括我国)对专利的保护期限为 20 年,通常到期后不予续展,使之成为公众技术。所以,有关技术越是接近保护期限，则相应的使用费也越低。

(4) 技术所处的生命周期阶段。同样的技术在其生命周期的创新阶段和成长期使用费就要比在生命周期的成熟期的转让费高的多。

(5) 有无可供选择的技术来源(竞争因素)。考虑因素与技术许可方相似。

(6) 间接成本。消化、吸收技术、设备改造、职工培训等费用；技术的社会效益：就业机会、资源配置、生态保护。

二、技术使用费的谈判

(一) 谈判模式

从上述对技术使用费的考虑因素可以看到，技术许可方通常会就转让的技术报出一个底价，该底价主要由被许可方所获新增利润分成的保守值、直接成本、机会成本和部分沉入成本决定；而技术的被许可方则会把自行研发相关技术的成本或者引进技术新增利润的较高比例作为可能接受的最高价格，即顶价。双方自然会将顶价和底价之间作为技术使用费的谈判范围。当然，如果被许可方还有其他渠道获得类似技术的，则其他类似技术的报价通常称为可以进行谈判的顶价。

(二) 谈判使用费应考虑的相关合同条件

1. 独占与非独占许可差价

在其他条件不变的情况下，独占使用权技术许可协议的价格通常要比排他或者普通许可高一些，高出的比例随技术本身和市场状况而定。一般认为该比例在20%～50%之间。因此，对于被许可方而言，如果判断引进技术所生产的产品市场前景看好的，可以考虑使用独占许可协议。

2. 销售地域范围差价

这里的销售地区主要是指技术被许可方能否将产品销往许可方所在国或者出口到第三国市场，同样的技术由于销售市场的差异也会影响相关技术使用费的价格。因此，技术被许可方应当充分估算引进后的生产能力、当地市场的消化能力，正确评估有关技术产品的出口前景，以便对被许可技术的地域做出准确的判断。

3. 支付方式差价

理论上来说，一次总付与按年提成之间相差同期的银行利率，然而，由于一次总付方式下技术许可方可以较早获得相关技术的使用费，因此，一次总付方式的技术使用费应该比按年提成方式支付的使用费要略低一些。需要注意的是，由于一次总付方式下被许可方已经付清全部技术费用，因此，这种支付方式只能适用成熟的技术，无须后期的技术服务和技术支持。

4. 支付货币差价

通常情况下，技术的许可方愿意使用所谓的硬币作为支付货币，而技术的被许可方则希望采用所谓的软币作为支付价格。因此，如果在技术许可协议中使用了非本方希望采用的货币，则可以考虑适当调整技术使用费价格。

5. 罚金条件差价

一般而言，在技术许可协议中对许可方和被许可方都有相关的违约补救措施，而这类补救措施中比较常见的方法是采用罚金条款(考虑到一些国家的法律对于带有惩罚性质的罚金条款不予支持，在签订合同时可以采用“违约救济”等类似条款)。如果罚金条款条件对于许可方的约束相对较严格，那么技术使用费相对就要高一些；反之亦然。

(三) 技术使用费的支付方式

1. 一次总付和一次算清分期付款

一次总付(lump sum)的支付方式是指双方在合同签订后，技术的被许可方一次付清各项技术的所有费用。一次总付适用于一些非尖端的技术专利或者专有技术的许可。这种许可协议往往不需要许可方在技术转让过程中继续提供有关的技术服务,而被许可方也无须向技术许可方提供技术改进的反馈。因此,这种方法比较简便而为双方所乐意接受。

一次算清分期付款方式的一般做法是:在合同签订后,技术的被许可方立即支付一定比例的定金,在收到许可方相关的技术资料和设备后再支付一定比例的费用,在有关技术资料和设备经过审查验收合格后再支付一部分的费用,剩下的余款在保证期届满时支付。具体的支付时间、次数和比例通常需要结合技术的难易程度、金额大小等通过双方的磋商确定。

例如,经双方磋商确定,合同生效 30 天内,支付合同金额的 10%;合同生效后 8 个月内,收到第一批资料后,支付合同金额的 15%;合同生效后 12 个月内,完成技术培训 30 天内,支付合同金额的 15%;合同生效后 18 个月内,收到第二批资料后,支付合同金额的 15%;合同生效后 24 个月,完成产品考核验收后,支付合同金额的 20%;合同生效后 36 个月,支付合同金额的 10%;合同生效后第 4～6 年,每年支付合同金额的 5%;等等。

2. 提成费

提成费(royalty)是根据技术的被许可方投入生产后的产量、销售额或者利润来确定的。具体计算提成费基价的方法主要有以下三种:

(1) 按利润(或净销售价)计算:根据销售所得的总收入与生产成本相减得到的金额作为提成费的基价。销售利润越高,提成费也就越高。采用此种方法时,被许可方要向许可方定期提供有关的账目进行审查,以确保账目的正确性。被许可方还应定期向许可方提供有关的经营情况报告,以及有关的档案以备检查。当然,这种方法对被许可方的好处是,许可方最终转让技术的收益与被许可方的经营状况直接挂钩,因此,许可方在后续的技术服务上比较积极。

(2) 按生产量计算:此种方法是根据被许可方的实际生产量来确定的,它与被许可方的实际利润、生产成本的变化以及销售状况无关。

(3) 按滑动提成率计算:这种计算方法是随着销售量(或利润)的上升,逐步降低提成率。也就是说,生产数量(或利润额)越大,提成率越小。所以这种方法也称为"递减提成率法"。

除了上述方法外,还有最高提成率和最低提成率方法。有些国家的技术转让立法规定按销售额、利润或者产量来确定提成基价时,不能同时采用最低提成费的做法,以维护被许可方的利益。

3. 入门费与提成支付相结合

目前大多数的技术转让合同采用这种入门费加提成费(initial payment plus royalty)的方法。通常,被许可方在签订合同或收到技术资料后支付一笔入门费,然后再按各年提成支付。入门费一般掌握在总费用的 15%～30%之间。

作为技术被许可方,要对上述各种方法进行比较分析,从中选出一种最经济的支付方法。最基本的是要掌握一次总付与提成支付之间的换算关系。从理论上讲,两者应等于同期的贴现率,即把每年支付的提成费折算成净现值(NPV)相加得到。两者的换算公式为

$$L = P + \sum_{i}^{n} k$$

式中 L—— 一次总算的总价的净现值;

P—— 初付费或入门费;

k—— 第 i 年份提成费的净现值;

n—— 合同规定的提成费的年限。

无论采用哪一种方法,作为技术的被许可方要掌握使用费的限度。总体而言,被许可方的总费用应当控制在利润的 30%以内。

第三节 技术贸易中的税费

一、技术贸易中技术使用费所得税的特点

(1) 世界大多数国家对纳税人征收所得税是针对纳税人的一切收入。

(2) 所得税的征收涉及双重管辖权。

(3) 技术使用费所得税的跨国征收,涉及到有关国家主权、税收和国家间税收利益的分配,任何国家都不肯放弃。

二、国际上征收使用费用所得税的一般原则

世界上大多数国家对技术使用费征收所得税,都是依据居住地征收和所得来源地征收相结合的原则,具体处理方法则有所不同,主要包括:

(1) 对在收入来源地设有营业机构的纳税人,其技术使用费所得一般并入营业利润,计征企业所得税。这种税收在美国称为公司所得税,在日本则称为法人所得税。

(2) 在收入来源地未设营业机构的纳税人,则采取从源控制。技术被许可方向许可方支付使用费时,代税收部门扣缴,称为预提所得税。

根据资料,在世界上,大多数国家(约有 60 多个国家和地区)对使用费征收所得税,采用的是预提所得税方式,如美国技术使用费的预提比例为所得总额的 30%,法国为 33%,英国为 34%。

(3) 以预提方式扣缴使用费所得税,税率一般低于公司所得税。预提所得税的纳税义务人由于是在来源地未设营业机构的外国人,很难按正常的征税程序和方法计算应纳所得额,只能采取按使用费金额计征。考虑到赋税的负担,在税率上有所降低,相当于在金额中扣除了成本费用部分。因此,一般预提所得税的比例比一般企业所得税税率要低 10%~20%。

(4) 对技术使用费所得的征税权是双重的,所得来源和居住国均行使征税权。

(5) 对技术使用费的双重征税的主要解决途径有:

① 由有关国家政府通过国内立法,确定一种减免原则,规定使用费来源国现行行使征税权,居民所在国依据纳税义务人在多个来源国已纳税的实际情况,采取免税、减税或扣除等措施。

② 通过政府间签订避免双重征税协议,适当限制税收管辖权(居民管辖权和从源管辖权)的实施范围。

(6) 国际避免双重征税的通行做法主要包括:

① 税收管辖权基本属于许可方国家(技术或资本输出国)。有关国家承认,技术许可方国家行使的居民税收管辖权具有优先权地位,而被许可方的国家原则上放弃税收的地域管辖权,这些国家主要有比利时、瑞士、瑞典、丹麦、荷兰、卢森堡、德国等欧洲国家(但不包括法国)。

② 税收管辖权属于被许可方,许可方完全放弃税收管辖权。如法国等极少数国家,但是法国对跨国纳税人放弃行使居民管辖权是有条件的,即跨国纳税者(技术许可方或法国投资方)必须将其纳税后的全部所得汇回本国,否则就不放弃管辖权。

③ 许可方和被许可方国家共同行使税收管辖权。这种方式是国际上普遍采用的方法,又称税收抵免法,也是联合国所倡导的方法。

(7) 解决双重征税的具体方法包括:

① 自然抵免(全额抵免):当许可方和被许可方所在国所得税率完全相同时,许可方国家允许有特许权使用费收入的本国企业,以向被许可方税务当局缴纳的所得税额,全额抵扣本国应缴纳的税款。

② 申请抵免:当许可方所在国的税率高于被许可方所在国的所得税率时,可以申请抵免。申请抵免时应当提交申请书,并随附被许可方所在地缴纳税款的纳税凭证,经核准后可以抵免。例如,本国的税率是40%,外国的税率是30%,国内所得是7 000元,国外所得是3 000元,则在本国的应纳税款为[(7 000+3 000)×40%]-3 000×30%=3 100元。

③ 最高抵免:当被许可方所在国的税率比许可方所在国的税率高时,许可方所在国政府通常只承认外国先行行使地域管辖权,即用本国的所得税率计算外国所得税额作为最高的抵免额。

④ 费用扣除法:将在国外已经缴纳的税款作为费用开支,在本国计算应纳税额时予以扣除。

三、我国对技术贸易中所得税的征收办法

(一) 我国对技术贸易所得税的一般规定

我国对技术贸易所得税的规定分为个人和企业两种。对于个人,在中国境内有住所或者在境内居住满一年的,在中国境内和境外取得的所得,应该缴纳所得税。纳税所得额为每次所得扣除20%费用后再按20%税率计征所得税。在扣除20%费用后,当事人不得再要求扣除技术转让过程中的有关费用。对于在中国境内的企业,则按一般企业经营合并在其总收入中按企业所得税征收。对于在中国境内没有营业场所的企业或者居住不满一年的个人从中国境内获取技术转让所得的,按技术转让费全额征收20%。

(二) 我国与有关国家签署的避免双重征税的有关规定

我国目前已经与世界上80多个国家签署了有关避免双重征税的协定。我国在与这些国家的相关协议中都明确了中国居民在缔约方取得的收入,按规定允许在缔约方国家缴纳的税款在中国应纳税款中予以抵免,但抵免额不得超过按照中国税法计算的应纳税额。

第六篇

技术商品营销

技术商品营销是为满足用户需要进行的技术交易活动，是以技术商品为主要对象而展开的。技术商品不同于一般商品，技术经纪活动也不同于一般商品经纪活动。一名合格的技术经纪人，必须懂得有关技术商品的分类、技术商品的基本知识、技术商品的全程经纪、技术商品的经纪策略等基本理论及实务。

第一章 技术商品概述

技术作为用来交换的商品，有着不同于一般商品的特征和分类标准。同时，技术商品的使用价值和价值亦有其自身的特殊性。

第一节 技术商品的形成和内涵

技术是人类智力劳动的产物，它凝结着物化劳动和活劳动，这些劳动都是人体器官的活动消耗，可以抽象为人类的一般劳动，因而技术具有价值。技术作为一个有价值的实体，可以满足人们的生产和生活需要。但技术作为商品步入商品家族，却是商品经济发展到一定阶段的产物，并与技术的社会化相互联系、相互制约。随着生产力的发展、科学技术的进步市场经济的逐步成熟及社会分工的扩大，知识的价值得到社会承认，特别是许可证(License)制度、专利(Patent)制度、著作权(Copyright)制度和商业秘密(Trade Secret)制度建立起来以后，技术的界定才明确起来，逐渐脱离物化产品而成了独立的商品。

一、技术商品的形成条件

市场经济的成熟。市场经济发展的初期发生的交易主要局限在物质产品以及人的体力劳动，对知识的价值虽然也有认识，但是并没有大规模进入市场。马克思虽然曾经提到“科学技术是第一生产力”的思想，但其产品价值来源里还找不到智力劳动的价值。随着生产力的发展，人们不仅看到了知识和智力劳动的价值，而且有了单独购买这类知识产品的愿望，首先是对品牌等所谓“无形资产”的价值有了认识，然后技术也作为一种无形的资产，得到了社会的承认。

市场经济的形态在不断演进的过程中，逐渐形成了一系列使这类交易得以实现的制度，主要是专利、商标、著作权等知识产权法律制度，使技术商品获得的知识产权受到法律保护，技术交易有了法律的依据。后来，技术秘密和商业秘密的法律保护也逐渐成熟，能够包容多种知识产权内容的许可协议成为技术交易的主要形式。随着经济全球化的发展，技术交易也逐渐国际化，从而出现了知识产权的国际保护，伴随这一切的含有无形资产价值评估制度产生。这样，技术商品形成的国际国内法制环境也成熟起来，技术全面成为可自由交易的商品。

社会分工的进一步发展随着科学技术的发展和生产中的分工日益细化，在物质生产过程中技术日益复杂，一些技术性较强的工作逐渐从其中分离出来，一些知识水平较高的人专门从事工艺的改进和产品水平的提高。以美国贝尔实验室为代表的工业研究机构脱颖而出，开始独立于生产部门，甚至独立于公司，其产出的成果主要不是自己实施使用，而是供出售在市场上流通的，所以名副其实地成为“技术工厂”。

以上是技术商品形成的一般条件。根据我国的具体情况，只有在社会主义市场经济下，技术成为商品才真正有可能。在建国初期，我们提倡的是“技术协作”，从国外引进技术一般是要购买甚至花大价钱，但是在国内，却要求不讲代价，无私交流。在理论上，计划经济体制下，企业不热心改善经营管理，不愿按照有偿的原则获取技术，就是因为我国的技术所有者是国家，而使用者还是国家（或其控制下的企业）。这就使技术只能成为无偿转让的产品，而不能成为独立的商品。因此，只有在市场经济下双方都是有独立经济利益的商品生产者，它们才把技术作为商品，技术拥有者不会无偿转让，而技术需求者愿意花钱去得到想使用的技术。

二、技术商品的内涵

由上所述，技术商品内涵可以表述为：技术商品是用来交换的技术。具体来讲，它是通过在生产和服务中应用，能为使用者创造直接或间接经济利益的具有独占性的用于交换的技术。

技术成果的商品属性是技术成果商品化的理论依据，也是建立技术市场的理论依据。商品是用来交换的、能满足人们某种需要的劳动产品，它具有价值和使用价值两种属性。技术作为知识形态的商品，它同样具有价值和使用价值两种属性。其价值是科技人员在生产技术商品过程中所耗费的劳动，它表现为人类劳动的凝结，同时也表现为潜在使用者对该技术所能够带来经济效益的预期，这两个方面构成了其交换的价值。其使用价值表现为它具有实施以后的效用，如促进企业提高劳动生产力，为国家建设解决技术难题，为国民经济带来巨大的经济效益等。它的价值和使用价值是通过交换而实现的。因此，技术成果完全具备商品的属性。

但并不是所有科学技术成果都可以转化为商品，技术商品还有其特定的范围。这里采取排除法对技术商品的范围进行界定。

(1) 纯粹基础研究成果不能纳入技术商品的范围。因为，基础研究的对象是科学而不是技术。基础研究的任务是揭示自然规律，是回答“为什么”，而不回答“怎么做”。世界上公认的“游戏规则”是，基础研究的结果基本上应该对全人类公开的。因此，绝大多数基础研究成果不能进入商品交易。当然有些基础研究成果后来也被研究者注册申请了专利，这部分成果实际上进入了应用研究的范畴。

(2) 对整个社会产生公共效益的技术成果一般也不应纳入商品范围之内。例如，关于计划生育、环境保护、生态平衡、国防安全、医疗卫生等方面的研究成果，应该称为“公共品”（Public Goods），一般不应通过技术市场推广应用，而应由国家代表社会来补偿科研耗费，或者通过政府购买的形式进行有组织有计划的推广。但是某些情况下公共品和商品是难以区分的，甚至同一类技术可以有两种不同的属性。例如治疗艾滋病的药物一般属于含有技术的商品，但是当某些国家艾滋病横行对国家公共卫生安全造成极大危害的情况下，国际社会就迫使制药企业将其生产许可作为公共品，低价卖给有关国家政府，免费向患者散发。

(3) 不成熟的技术成果一般也不能成为商品。因为它不能立即为买主创造财富，特别是未经鉴定的伪劣技术，甚至可能会损害消费者的利益。因此，为了保证技术商品的质量，维护生产厂家和消费者的利益，要求对技术商品做好鉴定工作。处于“中间状态”的技术商品也可以进入交易，例如有许多专利只是设计某个部件的某一方面，即使这个部件生产出来也不会有市场价值，但只要买家认为它对自己未来产品或服务会有好处，就会购买。在这里，技术商品的价值是通过购买者预期来体现出来的，技术领域的风险资本就经常寻找处在萌芽期的技术商品，如果成功的话可以带来巨大的经济利益，即使扣除其他失败投资的损失，也是高额盈利的。

(4) 技术应有独占性。一般物质商品可以批量生产，而技术商品除极少数“买断”外，只能有限转让使用权。技术的市场价值是以其一定范围内的独占性为前提的，众所周知的技术或任何人都可轻易取得的技术，一般就没有交易价值，例如已经广为传播的技术等。但是技术的独占性并不是绝对的，属于商业秘密名下的技术商品，就不同于专利技术，它可以有几个用户同时占有，只要不为社会所周知，可以为占有者带来经济利益，就有市场交易价值。

当然，在市场经济下，什么样的技术可以交易，最终取决于交易双方。只要购买方认为它购买所花费的代价小于自己开发或寻找的代价，它就愿意购买，购买决定来自价值预期，所以其实不需要拿一些条条框框来“认定”什么是技术商品，什么不是技术商品。

三、技术商品与一般商品的区别

（一）生产过程不同

技术商品生产所需要的主要“原材料”，是人类在长期的实践活动中从自然界以及生产过程中所积累起来的各种知识和经验；而一般商品的原材料则主要是各种天然资源。技术商品的生产过程，实际上是以经验为主的各种信息在人脑中的加工过程。它以脑力劳动为主，生产相对比较独立和灵活，不像一般商品的生产过程那样，对场地和劳动资料（劳动工具、生产设备、厂房）的依赖性强，劳动者和生产资料不可分割。技术商品的生产不像一般商品生产那样具有明确的工艺和操作规程，也没有控制标准，更不可能按某种工序执行即可产生合格产品，生产的结果具有更多的不确定性，因而其风险成本更大。技术商品的生产不像一般商品生产那样消耗物质资源，而且原有的知识性资源不仅无消耗，反而会在技术商品的生产和开发过程中不断地被创造和积累。与一般商品消费过程中的损耗和折旧不同，技术商品的“原材料”——知识在消费过程中并没有被消耗掉，被消耗的只是技术商品的载体。

（二）产品的生命周期不同

一般商品的生命周期通常分为导入期、成长期、成熟期和衰退期四个阶段，其成长曲线基本上符合“正态分布”且自然寿命与其商业寿命几乎相当。技术商品因其技术含量而生命周期多呈“自主替代”状态，其成长曲线多呈“S”曲线形。少数技术商品在市场上“昙花一现”或不存在自主替代，而是在成熟期后经技术改造迎来了第二个成熟期。另外，技术商品的自然寿命都比商业寿命长。

（三）价值确定不同

技术商品的所有者可以将其同时转让给多个使用者，也就是说，技术商品在市场上可以多次出售，所有者可以多次获利。同一技术商品的所有权和使用权可以被多人同时拥有。技术商品价值量的特殊性在于：对于技术商品，由于上述的特殊性，其价值量的形成和计量则要复杂得多。首先，社会必要劳动时间难以确定；其次，生产过程中的物质消耗难以确定；再次，复杂劳动与简单劳动的转化难以确定。因而，在实际的市场运作中，技术商品价值量的确定是一个很复杂的问题。

一般商品的价值由商品组合而成，商品组合中每一因素均可构成独立的价值在市场上流通，但其物理特性仍是所有构成要素的基础。技术商品的商品组合几乎就是商品的“核心”，而它的商品核心就是由“软件”——技术本体与“硬件”——技术载体构成，即它的市场价值构成。技术本体和技术载体可分离，各自独立地进入流通，达成贸易。一般商品的价值由社会必要劳动时间确定，而技术商品的生产往往是个别生产的，因而其价值不能用统一的社会必要劳动时间去衡量。但是技术商品必须被应用于生产实践，与其他生产要素相结合，才能转化为现实的生产力。因此，技术商品的价值由个别劳动时间确定，又必须考虑实际需要。

（四）交易形式和交易后权限不同

一般商品的交易形式较少，一般只有三种：批发、零售、服务。而技术商品的交易形式有很多种，比较常见的有：技术开发、技术转让、技术服务、技术咨询、技术承包、技术引进、技术招标、技术攻关、技术交流、技术出口等。交易形式的不同决定了选择营销渠道的不同。

一般商品是实物商品，交换后即发生所有权的转移，买方既获得了商品的使用权，同时也获得了商品的所有权。因而，一般商品可以买断，没有后续性。而技术商品是无形商品，交易后技术商品的所有权仍留在技术商品的转让者手中，而受让方只获得了技术的使用权，且运用这种权利还有时间和地点的限制。

(五) 售后服务不同

一般商品交易后,因为所有权的转让,售货方一般只提供较短期的售后服务,且售后服务的性质多是帮助顾客处理问题。而技术商品的交易是一种长期交易,不仅洽谈交易需要较长时间,而且履行合同往往还涉及到知识和经验的传授和消化吸收及技术培训和咨询服务等问题,因而,每笔交易的有效期较长,交易中的服务期较长。技术商品必须在买方完全掌握其技术性能后才能发挥其使用价值,因此技术商品的售后服务期也较长。

第二节 技术商品的特征和范围

技术商品本质上是知识,由于知识的非物质性,它具有不同于一般商品的内涵,同时也具有自己的明显特征和分类体系。

一、技术商品的非物质特征

技术作为商品,具有一般商品所具有的本质特征,即它是一种为了交换而生产的劳动产品。但技术作为一种特殊商品,具有非物质的基本性质,因而在生产、交换、流通及消费过程中又有其特定的运动规律,具有明显区别于一般商品的特殊性。特别是这具体表现在以下诸多方面。

(一) 技术商品的无形性

技术商品主要是脑力劳动创造出来的成果,是以信息状态存在的,其本质是知识,本身没有独立的物质形态。不可用实物对比手段衡量其质量,不像一般商品那样容易鉴别。由于技术商品的无形性,它必须依附于一定的载体才能扩散和转移。在技术交易中,它导致技术转移形式的多样性和综合性。技术商品是以硬件、软件、隐性知识(Tacit Knowledge)三种不同的形态进行转移的。有的技术是体现在硬件载体上,例如购买一台数控机床的价格必定高于同样的普通机床加上数控设备的直接价格,这其中的差价就体现了技术的价值。过去人们将体现在硬件上的技术交易看作技术转让的主要形式,但是硬件往往必须结合另外两种形式才能真正完成技术转移。这里的软件主要是指可以脱离人脑的、也游离于产品之外以显性形式存在的知识(Explicit Knowledge),例如技术文件、计算机软件、原料配方和工艺图纸等,有些专家称之为“世界Ⅲ”,以区别于物质世界(世界Ⅰ)和人类的精神世界(世界Ⅱ),其技术转移主要形式为许可协议和信息载体提交。隐性知识只能以人脑为载体,技术转移主要表现为技术咨询、技术服务和技术培训等,这两种形式都属于无形资产交易,其实这应当是技术交易的主要部分。在实际案例中,完整的技术交易往往是三种方式集合起来进行的。

(二) 技术商品损耗和复用的特殊性

正因为技术本质上讲是知识,而不是物质,仅仅在转让和使用过程中的损耗理论上可以为零,也可以无限制复用。在实物商品中,2 个人共享,1 个人只能得到 1/2;而某一个技术商品,可以有众多的买方同时共同、完整地享有,丝毫不影响该技术的使用价值。但是这并不意味着技术不会损耗,技术的“损耗”主要是因为本身的生命周期进入衰退期,以及新技术的替代所造成的,实质上是一种相对的“老化”。另外,虽然技术的多方复用对其使用价值没有影响,但是明显会影响到其市场价值,按常识独家买断的价格必定大大高于多家购买的价格。此外,技术的可复用性使得技术权益所有者可以进行多次转让(除非技术已经被买断),这增加了技术所有者的收益,有利于技术的扩散,但也带来了技术交易中权益关系的复杂性,例如多次交易并不在同一个时间段发生,早先的买家可能会因为技术所有者后来多次出售而蒙受损失。

(三) 技术商品效用的间接性

技术商品不像一般商品那样买来可以直接使用,而是一个间接的使用过程,具体表现在:必须融合于买方的劳动资料和劳动对象中,通过一个技术应用的过程,提高买方产品的性能或服务的质量,其使用价值才能表现出来;也就是说,技术在交易的时刻其效用究竟是多少是无法度量的,也无法按照物质产品那样在交易时按合同检测其质量指标,这造成了技术商品定价的困难增大、交易纠纷的可能性增加。同时,由于技术效用的间接产生必定有一个时间延迟,这个延迟的长短取决于买方消化、吸收和应用的条件和能力,而在这个迟延的过程中,不仅买方的应用不当会造成技术转移失败,而且市场风险、技术风险(更新的技术出现)都会增大。

(四) 技术商品品种数量的单一性

一般物质商品多是重复生产、批量生产,同一时期多家企业可以生产同一商品,技术商品则不然。技术成果的新颖性、创造性决定了技术商品在一定地域或国际范围内是独一无二的,而且是专用的。它具有非同一性、非横向可比性,尽管在同一时期中可能出现目标相同、内容相似的两个或多个技术成果,但在专利制度下,也只能按照先申请原则授予首先申请的专利人以专利权。

(五) 技术商品使用价值的共享性

由于技术商品是信息产品,就某一个技术商品,可以有众多的买方同时共同、完整地享有此技术,而丝毫不使该技术的使用价值数量减少。在实物商品中,两个人共享,每个人只能得到二分之一。而技术商品,每个共享者可以得到百分之百,每个共享者所得到的数量和一个人独享时完全一样。共享不会使技术商品的使用价值质量降低,每个共享者得到的使用价值的质量和一个人独享时也完全一样。

(六) 技术商品使用价值的过渡性

一般物质商品买到手后,立刻就能满足人们的某种需要。而技术商品却不然,技术商品买来之后,需要一个再学习、再创造、再投资的过程,才能应用于物质生产过程,成为物化生产财富的手段,为生产者熟练掌握,使该技术为生产所用,并与生产结合为一体,实现其使用价值。因此买卖和运用技术商品,不是一个简单的买卖环节,而是一个实现技术向生产渗透的过程,一般称这个过程为技术商品使用价值的过渡性。由于这种过渡性的存在,要求供求双方在技术交易过程中进行必要的协作。技术商品的经纪机构除具有实现交易功能外,还要进行必要的技术经济论证,组织双方的技术协作等。

(七) 技术商品使用价值的不灭性

商品的使用过程就是消费过程。实物商品的消费或是本身的消失,或是改变了自己的物理形态、几何形状、化学性质之后转移到新产品之中。实物商品的使用过程是使用价值不断磨损的过程,这种磨损是有形的。技术商品没有有形磨损,它只有无形耗损,无形耗损只能影响其价值,不会影响其使用价值,其使用价值永远如初。当然,技术也有寿命,它的商业寿命终结时只是失去交换价值,不会失去使用价值。其自然寿命终结,退出历史舞台之后,也没有失去使用价值,在必要时,它还可以重登舞台。

(八) 技术商品价值计算的概略性

一般商品的价值是由生产该商品的社会必要劳动时间决定的,这种社会必要劳动时间又是以简单劳动为尺度,在重复的模式化的物质交换过程中形成的。而技术商品的价值是科技工作者知识密集的复杂劳动创造的。这种劳动代表着“简单劳动”这一肉体要素以外的发明和思想之精神要素。这种劳动具有探索性、独创性、继承性、风险性以及成果的非物质性等特征。它有可能在短期内取得较大成就,也有可能长期屡遭失败,这种失败有可能为他人提供途径,因而不存在一个社会平均的必要劳动时间作为评价的社会标准,只能以消耗在个别产品生产过程中的全部劳动量为基础做概略的估算。

(九) 技术商品寿命的无形损耗性

一般物质商品的寿命是由有形损耗与无形损耗两个因素决定的。技术商品是无形商品，不存在有形损耗，它的无形损耗只是决定寿命的一个因素。技术商品分为自然寿命和商业寿命。自然寿命是指该项技术从诞生到被第二代技术取代的这段时间；商业寿命是指技术商品从诞生到全面推广的这段时间。技术商品的寿命越短，说明技术进步加快，新技术推广应用越迅速，经纪发展的程度越高。

(十) 技术商品有偿转让的多次性

一般物质商品成交后，商品所有权即发生转移。技术商品成交后，一般很少发生所有权的转移，买方一般只获得使用权，卖方仍掌握所有权或持有权，从而可以进行多次转让。这增加了技术所有者、持有者的收益，有利于技术的扩散，但也引起了技术交易中权益关系的复杂性。卖方总希望增加转让次数，以提高收益。买方总是希望限制所购买技术的转让次数，以减少商品的竞争对手。当买方无法限制转让次数时，就希望压低转让价格。为使这种权利分配合理，双方需要做更多的洽谈。

二、技术商品的范畴

技术商品范畴主要包括：①知识产权（专利权、商标、计算机软件等）；②专有技术（指可以转让、可以传授的、公众不易得到且未获专利的技术）；③技术性服务。

第三节　技术商品的使用价值和价值

技术商品与一般商品相比，其使用价值和价值有其特殊性。技术商品的定价因素复杂多样，因而必须遵守定价原则；技术商品的复杂性亦决定了其价款支付方式的多样性。

一、技术商品的使用价值

作为商品的使用价值，它首先是能满足人们的某种需要。技术商品也是如此，但它与一般商品又不同。技术商品一旦用于生产，就有可能创造出前所未有的奇迹，为社会创造出重大的财富，所以技术商品是商品中最珍贵的商品之一。它的使用价值的特殊性主要表现在以下四个方面。

(一) 技术商品使用价值的增值性

一般物质商品，只是在使用过程中被消耗，将其价值转移到新产品中，它本身并无增值作用。而技术商品的使用，则是创造性劳动的潜在价值进一步释放和制造的过程。技术商品在现实生产的使用过程中，产生着远超过其价值量的扩张能力，会产生远超过其自身价值的价值，从而为使用者带来超额利润，这就是技术商品使用价值的增值性。先进技术一旦为人们所掌握，就会成为创造世界的重大物质力量。“科学技术是第一生产力”，就是对技术这一特殊商品的巨大能量的极精辟概括。随着科学技术和社会分工的高度发展，科学技术将逐步取代人类的直接劳动，成为社会财富的主要源泉。在商品交易中，技术商品的价格远比一般商品的价格更高。同时，技术商品的价格高低很大程度上取决于技术的预期获利能力。

(二) 技术商品使用价值的扩张性

实物商品的使用价值在其生产过程中就已经确定了，例如某种车辆用于某种运输等。而技术商品的使用价值虽然在生产中也有一定的目标和方向，但在使用过程中经过某种适应性改变，其使用价值可以不断扩张。比如，将现有技术加以系统组合，可以使其使用价值剧增，美国阿波罗宇宙飞船就是对技术加以系统组合，从而创造了划时代的奇迹。

（三）技术商品使用价值显示的复杂性

一般物质商品的使用价值是直接显现的，而技术商品使用价值的显示就比较复杂，它不仅取决于技术商品本身的质量和水平，而且取决于买方对吸收该项技术所具备的条件，如买方对这项技术的消化吸收能力，买方是否具备与这项技术相应的人员、资金、设备、材料等；买方是否具备与新技术相适应的管理水平；是否有良好的市场条件，使利用新技术生产出来的产品在市场有竞争力，等等。如果买方不能满足新技术所需要的这些条件，则技术商品的使用价值就难以充分体现和实现。所以，在技术实施过程中，卖方还需要继续为买方提供技术咨询、技术服务，这个过程则可能需要数月甚至更长。

（四）技术商品使用价值的共享性

在实物商品交易中，一方得到了它，另一方就失去了它。而技术商品却不然，卖方将技术商品售予买方使用后，卖方仍掌握这一技术，并可按专利法、合同法的规定，继续转让这一技术，让更多的人掌握这一技术。这就是技术商品的共享性。共享时，技术享受者都可获得完整的技术商品，不会因共享而减少技术商品的使用价值。但共享会加速这一技术的普及和传播，影响技术受方的利益，同时缩短技术商品的寿命，给技术贸易带来一些矛盾。

二、技术商品的价值

技术商品的价值问题是技术经济研究中的难点之一。

马克思的劳动价值论认为，商品的价值实体是凝结在商品中的人类抽象。劳动技术商品的价值实体也是凝结其中的人类抽象劳动。虽然由于技术人员所从事的专业和研究的课题不同，其劳动的具体形态也各异，但撇开这些具体形态，它们都是人的脑、肌肉、神经、手等生理耗费，都可以抽象为一般的人类的劳动，只是技术商品中，脑力劳动的耗费比较多，劳动复杂程度较高而已。

但是困难在于对技术商品的价值量如何计算。马克思指出，价值量是由社会必要劳动时间决定的，社会必要劳动时间是在现有社会正常的生产条件下，在社会平均的劳动熟练程度和劳动强度下制造某种使用价值所需要的劳动时间。技术商品是一种特殊的独创性商品（专利技术、专有技术），一种技术商品只能是一家生产，而且只生产一次，没有“社会平均劳动熟练程度和劳动强度”，因此生产技术商品的社会必要劳动时间就无从计算，技术商品的价值量也难以确定。

有的学者提出另一种确定技术商品价值量的理论，即令使用这一技术商品后节约的社会劳动总量作为社会必要劳动时间的尺度，以此衡量技术商品的价值量，这种意见有一定的科学性。因为，应用新技术以后所节约的社会劳动，一般表现在两个方面：一是使用新技术后，投入同样的劳动可以创造更多的价值；二是使用新技术后，创造同样的价值，需要投入的劳动量减少了。两者最终都可归结为创造单位价值所耗费的劳动量降低。以此推理，应用新技术（技术商品）后所节约的社会劳动量相当于这一技术商品的价值量。

但是，并不是使用新技术后所产生的每一单位产品所节约的劳动量，就是该技术产品的价值量。因为，这种新技术并不是只用在一件产品上，更不是只用于一个企业，它将逐步推广，在可以应用它的范围内尽可能都得到应用，以使其价值量得到充分的体现。因此，只有在所有使用这种技术产品的生产上所节约的劳动量，即全部社会劳动节约量，才是这一技术商品的价值量。目前，这种意见尚处于理论研究阶段，因其计算方法比较复杂，故尚未实际运用。目前在技术商品交易中，一般仍按技术合同法实施条例规定的原则，由买卖双方直接议定技术商品的价格，而不是通过技术商品的价值量来计算价格。

三、影响技术商品价值量的主要因素

技术商品价值量的确定问题确实是技术市场中的一个瓶颈。但是任何一种商品在市场上实现的过程，无非就是在买方和卖方之间寻求一个均衡点的过程。因而，我们可以根据技术商品生产和交易的特点，对影响其成交价格的主要因素进行分析，这些因素包括以下八个方面。

（1）技术商品卖方总成本：包括技术商品研制开发成本（设计费、调研费、试验费、材料费、资料费、人工费等），技术商品鉴定和申报费（鉴定费、评定费、注册费、专利申请费等），技术商品推广和交易费（广告宣传费、咨询服务费、交易技术商品转让的机会成本）。

（2）技术商品期望效益：主要是指卖方所预期的、技术商品在转让并投入使用后可能产生的经济效益。包括该技术提高了生产效率，从而使成本降低，增加利润；或是提高了产品的质量和性能，从而提高了产品档次而增加了利润；或是提高了产品的知名度和竞争力，间接地增加了其销售量而增加了利润。

（3）技术商品的成熟度：成熟度不同的技术商品给使用方带来的投资效益和投资风险是不一样的。试验探索阶段的低成熟度技术商品，使用风险相对较大，投资期望效益相对较小；而成熟度高，工业化社会化开发程度高的技术商品，使用风险则相对较小，投资期望效益相对较高。

（4）供求状况：这是市场经济的必然规律，供过于求时，价格下跌；供不应求时，价格上涨。供求关系总会影响到技术商品的市场价格。

（5）技术商品的预计生命周期：技术的不断创新，新技术的不断发展以及替代产品的出现，必然导致现有技术的功能陈旧，效用降低，最终被淘汰，所以技术商品的预期商业寿命也是影响技术商品市场价格的重要因素。

（6）预期的转让次数：一项技术可以多次转让，由于边际成本递减效应，转让次数越多，技术的使用方可能获得的市场机会越少，预期利润就越少。这也是估价时需要考虑的一个因素。

（7）自我开发的预计成本或替代技术的市场价格：如果企业自己能够开发该技术，那么技术商品的定价就要参考开发的总成本；如果市场上已出现了该技术的替代品，那么替代品的售价应该作为技术商品定价的一个参考依据。

（8）社会经济、政治、法律、社会等宏观因素：主要包括人口、收入状况、购买力、市场供求、税收、金融政策、环境保护等。

在实际评估过程中，必须深入分析上述各类因素对成交价格的影响方式和影响程度，并用系统分析的观点和方法对其进行综合分析，这样才能相对比较全面和客观地确定技术商品的市场价格。

第四节　技术商品的交易

随着市场经济的发展和科学技术的进步，技术商品越来越复杂，其内涵也越来越丰富，技术的交流和贸易活动也越来越活跃。可以看到，除了在一定情况下技术商品的贸易与一般商品基本相同外，技术作为一种特殊商品，在多年来的贸易实践中已经形成了独特的、不同于大多数一般商品的交易形式和方式。

首先要提到的一个名词就是技术转让（Technology Transfer，或称技术转移）。技术转让这个术语在 20 世纪 70 年代开始流行，它实际上是一个总称，可以包含本节下面所述的各个形式和方式。同时，技术转让又有一定的背景，即它通常是在国家对国家，特别是发达国家向发展中国家授让技术这个背景下使用的。技术转让既可以是无偿的，包括政府间的技术援助和技术权益拥有者的赠予；也可以是有偿的，就进入了技术商品的范畴。目前在机构和个人之间有偿技术授让一般为技术贸易或者技术商品贸易。本节主要讨论技术商品贸易中的三种具体形式。

一、许可证贸易(Licensing)

许可证贸易是技术贸易中最为普遍的一种形式，也称为“许可贸易”，是指技术授让者将其技术标的物的所有权或者使用权通过许可证协议或合同的形式销售给技术受让方的一种贸易方式。许可证贸易适用的范围包括专利权、软件著作权、专有技术权等。

就转让权益的状况来分，许可贸易又分为以下四种类型：

(1) 独占许可。独占许可指在指定地区内，受许可人在协议规定的有效期间对许可项下的技术享有排他使用权，许可人不得把同一技术授予协议地区内的任何第三方。但是，许可方保留在协议地区内使用该项技术进行生产和销售产品的权利。

(2) 普通许可。普通许可指许可方允许受许可方在指定区域内使用许可协议项下的技术，但是许可方保留在该地区使用该项技术，或将同一技术再授予第三方以使用许可的权利。

(3) 可转让许可。可转让许可指受许可方经许可方的同意，并可在许可协议允许的条件下，以自己的名义把协议项下的技术提供给第三者使用的一种许可。

(4) 交叉许可。交叉许可指许可协议双方将各自拥有的专利权、商标权或专有技术权相互交换，供对方使用。双方的权利可以是独立的，也可以是非独立的。

上述各种类型的许可贸易，各有利弊，其许可协议转让费显然也会不一样。许可方同意和被许可方愿意接受哪种许可，要取决于技术商品的性质、市场的情况和受让方的具体需求。一般说，受让方企图垄断技术，垄断市场，往往希望签订独占许可证。目前世界上技术领域跨国公司往往以“买断”的方式获得新兴的技术，包括处于开发中间状态、尚未完成的技术。例如，大型国际医药企业近年来的许可贸易稳步增长，其中大量是以上这种情况。而在一般情况下，如果市场广阔，产品需求量大，而被许可方又无力全部供应市场，则常常购买普通许可证。在不特别说明的情况下，许可指的是非独占的使用许可。

不同的技术商品涉及的具体许可贸易方式是不同的。专利权的贸易方式受到专利法的具体规定制约。我国软件开发者的权益是通过版权来实现保护的，但它与通常的图书版权保护不同，简单的套装软件往往只要购买许可证，以用户数或所安装电脑的地址加以控制。大型套装软件一般要经过谈判形成一个合同交易，需要经过安装、调试、培训、售后服务和升级等程序才能完成交易，但是也属于许可贸易。一般只有用户委托软件公司开发的软件才会有所有权的独占，对于软件而言，缺乏源源不断技术支持而仅仅“占有”是没有意义的。专有技术比较复杂，是指企业生产经营中使用的未公开的、未申请专利的知识和技巧，它包括各种设计资料、图纸、数据技术规范、工艺流程、材料配方等技术资料，也包括专家、技术人员和工人等所掌握的不成文的知识、技巧和诀窍。按照我国的《反不正当竞争法》，专有技术又归于“商业秘密”的类别。专有技术情况非常复杂，有些与专利差不多，显性知识占主导地位，可以协议转让；也有的属于隐性知识，其核心部分与拥有技术的自然人密不可分，只有通过聘用、咨询或培训才能实现转让。

二、体现在产品或者工程上的技术贸易

体现在产品或工程上的技术贸易一般并不单独进行，它们往往只能与有形的物品一起交易，国外称为 Embodied Technology。我国在改革开放初期的所谓技术引进在很大程度上是技术密集产品的引进。当然，纯粹的商品交易，即使该商品属于技术密集型，也难以认定是技术贸易，但是许多技术密集型产品在授让后，不仅其产品的效用得到体现，实现原定的价值，还常常能够使得受让方在学习使用的过程中得以接触先进知识，因此在一定程度上也实现了先进技术的转让。此外，在通常情况下，技术的价值在这类转让合同里往往是明确的，以一定价格标出的。相差不多的设备可能价格相差很多，常常就是其中有的设备包含了先进的设计理念、加工工艺和原材料组合等

超出社会一般认知水平的知识，使类似设备的性能和效益明显高于对照方。换言之，这类技术的表现形式常常是产品的质量。工程项目是实现技术转让的一个途径。并不是所有外包的工程都包含技术含量，简单的重复建设当然不包含技术贸易，即使是拥有先进技术的承包公司，如果采用“交钥匙”的方式，是工程业主只能得到工程的使用价值，而得不到先进技术带来的额外利益，也没有技术转让的情况发生。但是实际情况往往是在工程建设过程中技术拥有方会和受让方一起工作，而受让方在完成这个工程之后，它自己的技能得到提高，能够在下一个工程中创造出更多的价值，这就是实现了技术的转让。一般情况下，技术受让方是工程的合作建设方(或兼业主)，而单纯的业主难以成为技术贸易的受益者。

品牌和商誉是否属于技术商品是有争议的。一方面它们都是得到法律保护的权益，能够为客户带来价值，可以通过许可的方式转让，但是它们和通常的技术概念又不同。比较一致的意见是管理可以算作技术的一部分。

三、技术企业的收购与兼并

对技术性企业的收购与兼并是技术转让的一种重要形式。与一般技术贸易由技术强势方向技术弱势方转移的情况不同，在这里，技术的供应方反而是弱势的，而购买方却是资金技术的强势方。这主要是因为近几十年来的事实证明，技术的原创性开发，往往不是出现在管理比较严谨、层次比较分明因而相对比较僵化的大企业，而是常常发生在比较灵活的小企业。特别是在技术开发环境比较优越的发达国家，由于技术开发区和风险资本的出现，以及鼓励学术研究人员将自己的研究成果商品化，由科技人员开办的创新活力很强的新兴企业(Start-ups)和从大公司里分化出来的小企业(Spin-offs)，成为技术创新的非常重要的来源。这些公司的资本和管理经验非常有限，而且其技术优势常常仅仅在某些局部或环节，不大可能轻易地将成果商品化，这些公司的结局往往是上市或者被兼并收购。最新的统计表明，在某些技术密集产业，例如医药行业，已经成为许可贸易的主要内容。信息技术产业中间有许多巨头，在其发展过程中必然伴随着大量收购和兼并行为，其中相当多的是以获得创新技术为目的的。微软收购网景公司就是一个被大肆宣扬的例子。

第二章　技术商品营销战略

第一节　技术商品的市场营销

如果有人问起，一个城市围绕人们吃、穿和住的需求，一天要做成多少商品交易，可能很难回答。但是，你肯定知道这是一个很大的数字，因为一个三口之家一年光消费的食品就可以以"吨"计算。据发达国家测算，一个人一天正常生活所需商品有 3 000～3 500 个品种规格。一天天、一年年，当我们需要这些商品的时候，就能很方便的得到它们，而不管它们的产地是农村还是城市，是国内还是国外。是什么让这一切变得有条不紊？答案是市场营销。

一、市场营销的界定

（一）市场营销的一般含义

市场，是指想要并且愿意和有能力来满足某种需要或欲望的所有潜在的消费者。营销，是指通过创造、提供和交换产品满足个人或团体需要和欲望的社会和管理过程。营销的核心概念：需要（needs），人类生而俱来的要求；欲望（wants），对具体对象的向往；需求（demands），愿意并有能力来实现的愿望。

市场营销，指在变化的市场环境中，旨在满足顾客需要，实现企业目标的商务活动。包括市场调研、选择目标市场、产品开发、产品定价、渠道选择、产品促销、产品储存和运输、产品销售、提供服务等一系列与市场有关的企业经营活动。市场营销是一个传送系统，给人们送来标准的生活所需要的一切。因此，美国经济学家保尔·马苏把市场营销定义为："市场营销是传送生活标准给社会（Marketing is the delivery of standard living to society）。"

市场营销是一个过程。在商品生产者生产的商品到达消费者手中之前，还要历经多个过程，如批发商、零售商涉及商品的管理工作。一项研究表明，人们购买商品的花费当中，近一半是营销过程中的费用。因此，有的学者把市场营销定义为："综合性的商业活动过程，包括产品计划、定价、销售网、促销活动、技术服务等，以满足现在的消费者或未来可能的消费者的需求。"

市场营销的出发点是人类的需要与欲望，企业只有不断满足用户和消费者的需求，才能生存和发展。交换是市场营销的核心，企业要实现长久的交换，不仅要提供优质的产品和服务，还要与各方建立互利互惠、互相信任的良好关系。市场营销是围绕满足用户和消费者需要而开展的一系列市场经营活动，而不仅仅是广告和推销。企业只有认真研究消费者需要，开发适销对路的产品，并做好分销和促销，完善服务，才能长期获益。

在商品的基本意义上，进入市场进行交易的技术也是一种商品，也应依照商品的一般规律来加以分析。

（二）技术市场细分和目标市场

任何市场都不是单一的，根据不同要求可以加以细分。任何一个企业不可能满足市场的所有需求，一定要瞄准最适合自己的部分。

技术的市场细分更加明显，在一般情况下技术市场是个性化的市场。也就是说，具有一种商品价值的知识，实现转让的技术一般是独一无二的。技术如果完全雷同，可以“批量生产”，其价值将大大降低。实际上，技术供应商的核心技术基本保持不变，而其外围技术、邻接技术，技术的包装或载体以及技术的使用标准等，往往是确定了技术买家后才进行个性化设计。

了解了技术市场细分的这个特点后，在技术商品的交易中必须注意技术升级换代时可能带来的问题。比如在软件产业，大型软件的用户界面和应用层几乎都是个性化定制的，但是软件的底层，如数据库则不变。当软件供应商根据协议进行技术升级时，一般只满足核心技术的升级，而用户个性化部分如果不在转让协议中写明，就需要增加费用才能实现升级。

二、技术营销

技术商品的市场营销(简称技术营销)是市场营销的一部分，用来交换的是一种特殊商品——技术或技术服务。因此，技术营销同样是一种综合性的商业活动，还包括技术的研制计划、定价、销售、服务和促销等。

研究机构“生产”的技术也要满足用户(消费者)的需求，使用户满意，以此创造交换过程，创造效益，从而创造自己生存和发展的机会。

对技术营销的重要性，不是每个人都十分明了的。然而，只要提及20个世纪80年代初，我国开始引进彩电、冰箱和洗衣机的生产技术，今天这些家店已走进千家万户这一事实，人人都会感觉到，技术商品交易对我们的日常生活质量会产生多么重大的影响，甚至会改变人们的生活方式。因此，如果说市场营销是传送生活标准给社会，那么技术营销就是传送技术恩惠给社会。

我国是一个发展中国家，也是一个科技大国。但是许多科技成果未能转化成生产力，未能实现商品化。科技部在2014年针对当时收集的9 302个国家主体科技计划成果进行了统计测算，得出“47.3%的课题成果得到了转化应用”的初步发现。又如，国家知识产权局2016年基于905家高校和科研机构截至2014年年底的全部有效专利数据，测算出“高校专利许可率2.1%、转让率1.5%，科研单位专利许可率5.9%、转让率3.5%”的结论。此外，清华大学陈劲教授团队2015年通过面向全国682所高校开展的专项问卷调查，测算得出“高校近5年的科技成果转化率平均估值为17.6%”。因此，研究技术营销，使这种传送技术恩惠的系统更有效，具有十分重要的意义。

研究技术营销，还因为它和科研、生产、财务和工程有十分紧密的关系。技术的生产单位如果不能进行正确的营销活动，可能会导致严重的后果。错误的信息、错误的技术或把技术卖给错误的对象，都会带来大量的经济损失。下面介绍一个实例。山东省某材料某研究所研制的黑瓷装饰板是用工业废渣经过高温烧制而成的仿黑色大理石，是当今世界替代黑色大理石、花岗岩比较理想的产品，具有抗腐蚀、不老化、不褪色、高强度、高硬度、高光泽度等特点。获多国专利权。该项技术可以说是无可挑剔，但是在向国内一家工厂进行技术转让时，由于该工厂不具备实现该项技术的技术设备和人员，结果对双方都造成了经济损失。

技术营销和一般商品的营销又有所不同，它具有特殊性：

第一，技术营销具有相对保密性，或称非开放性。技术生产者在交易成交之前，绝不会把该技术的全部内容告诉买主，因为有些内行的买主很容易把技术“学去了”，而不是“买去了”。

第二，技术营销中的技术商品交易和通常交易中“一手交钱、一手交货”的方式不同，它需要一个过程，技术生产者要教会买方如何运用该项技术，达到买方购买该项技术的目的时，交易才算完成。有时，这个过程需要数月甚至更长的时间。

第三，技术商品在交易过程中经常涉及技术的权益。如技术的生产者可能要求买方不能再把技术转卖给他人，买方也可能要求技术生产者在一定范围内不能将技术再转卖给其他人等。

第四，技术商品的交易具有多样性。如技术的买方可能不直接付钱给技术的生产者，而是从技术产品的销售额中，或从利润中提取一部分付给技术的生产者，这种交易方式能使卖方和买方在保证共同利益的基础上，形成某种较紧密的联系，但是也容易因利益的计算方式等问题而产生分歧，甚至不欢而散。近几年，这种情况时有发生。

第五，技术商品的交易具有风险性。因技术卖方技术水平的限制，或因市场情况发生变化，有可能使技术的买方达不到预期目的，或受较大经济损失。当然，也有可能是技术的生产者出售的技术还不成熟，也不排除有假冒伪劣技术的可能性。因此，在技术商品的交易过程中，买方和卖方采取利益共享、风险共担的方式较为恰当。

第六，创办科技型企业已逐步成为技术营销一种十分重要的组织形式。这种形式的技术营销已经显示出对发展先进生产力的巨大作用，将对我国经济、科技发展以及社会生活各个各领域产生深刻和长远的影响。

三、技术商品的营销观念

日本夏普公司生产从计算器、电视机到录像机、液晶显示器等多种电子电器产品。该公司每年要花费大量时间和精力开发新技术。但是，他们先不因为产品的技术十分先进就马上推向市场。而是首先把产品样机送给潜在用户使用，测试用户对产品的反应，如果初步反应较好，那么公司就会进一步询问用户对产品其他性能的需求。根据用户要求改进产品后，再推向市场。

美国 IBM 曾经公司是计算机制造厂商。该公司高层经理人员每年至少要有 30 天时间访问主要用户，该公司还把用户的满意程度作为确定有关经理人员薪资的决定因素之一。公司甚至要求职员考虑如何尽可能节约用户财务支出。

上述两个公司的经营思想表明了一个十分重要的现代市场营销观念，那就是以顾客为中心。

市场营销观念和市场营销本身不同。市场营销观念是一种哲学，或者说是企业的思维方式；而市场营销是一种商业活动过程。但是市场营销观念对市场营销有重要影响。

在西方发达国家，市场营销观念在不断变化。初期，企业一般以生产力为中心。经营人员考虑的是如何提高产量，降低成本。以生产为中心的哲学是：消费者总是爱买便宜商品。价格是影响他们做购买决策的主要因素。大规模标准生产流水线、大批量生产是以生产为中心企业的特色。

但是，20 世纪 80 年代初，一些以生产为中心的企业开始出现问题。如典型的以生产为中心的纺织企业。当时企业经营人员的观念是：只要产品质量好，它自动就会被卖出去。然而，消费者的穿着品位发生了很大变化，他们注意时装化、多样化、美观、时髦，影响服装购买决策的主要因素，不再是价格了。一些精明的公司经营人员随机应变，开始按着消费者的需求进行小批量多品种的生产，使公司逐步发展。而另一些墨守成规的公司则陷入困境。

由于以产品为中心所出现的问题，许多公司的市场营销观念开始发生变化，逐步从以生产为中心转向以顾客为中心的现代市场营销观念。

现代市场营销观念包括三个方面的内容：第一，公司的全部活动均以消费者为中心，以满足消费者的需要为自己生存的条件。第二，利润是衡量产品是否满足消费者需求的标准，追求最大利润是公司的工作目标。第三，公司的一切生产经营活动要符合社会的整体利益，如防止环境污染等。

既然技术营销是市场营销的一部分，那么技术营销观念和市场营销观念就是一致的。前面提到过我国科技成果转化成商品的转化率不高，究其原因可能有好多个，但其中一个主要原因可能是立项研究时不是从用户需求出发，而是仅仅从技术本身出发。

2004 年以前，IBM 是世界上最大的计算机制造公司之一，该公司的哲学就是为解决问题的存在。随着社会进步和科技发展，需要解决的问题很多，IBM 的研究人员每隔一段时间就针对需要解决的问题,推出新一代计算机。因而使 IBM 在竞争激烈的计算机市场上,一直处于领先地位。

上文中所提及的两家公司的共同特点是新技术的研究开发是从市场开始。首先发现用户的需求是什么,然后研究能满足这种需求的技术产品。技术和科学不同,科学没有时间性,而技术有时间性,如果不能及时将技术转化为商品,转化为效益,技术本身就没什么意义了。因此,从市场开始、从用户需求开始,是技术营销十分重要的观念。它给技术的"生产者"和使用者带来效益,也促进技术本身的发展和进步。

第二节 技术商品的营销战略

企业营销战略是企业市场营销管理思想的综合体现,又是企业市场营销决策的基础。制定正确的企业市场营销战略,是研究和制定正确市场营销决策的出发点。企业战略一般面临的两大基本问题是:想要达到什么目的;如何达到这个目的。战略具有长期性和全面性。一般商品营销都需要营销战略。技术商品交易的营销需要将技术战略和营销战略结合。企业的技术战略和技术商品营销战略的关系是,前者决定后者。

一、企业的技术战略

企业技术战略是企业在技术上要达到什么水平,占据什么地位,采取什么措施来实现这个目标。成功的企业技术战略有助于形成技术的核心能力。可供选择的企业技术战略包括:市场领先者战略,短时间技术垄断,获超额利润。快速追随者战略,技术上跟紧,占领边际收益略低的市场,迅速获取一定利益,保持技术活力,其特点是船小掉头快,迅速跟进。成本效率型战略,针对低端和低边际效益市场,获取规模效益和后续服务的收益,形成成熟的批量生产、管理、营销网络。市场"区隔"型战略,在特定产品品种、工艺上具有独特优势,是以核心能力针对特定市场,获取狭小而有深度的市场收益。下面先着重介绍技术进攻型战略和技术引进型战略。

(一) 技术进攻型战略

所谓技术进攻型战略,是指组织要通过开发或引人新产品,全力以赴、追求组织产品或技术水准的新颖性与先进性,抢先占领新市场,确保在市场竞争中,保持强有力的技术领先地位。采用该战略的组织,在技术上是先进的,所占领的市场,不会轻易被竞争者夺走,且该战略实施成功后,还能给企业带来巨额的利益。

用技术进攻型战略的企事业单位,可利用三种不同的途径来达成组织的战略目标。第一,可以通过科研投入,包括基础研究和应用研究上的投人,来推动技术上的创新与新产品上的开发。第二,要集中力量,通过对市场潜在的有效需求的调查研究,推动技术知识物化为新产品。第三,还要注意到,企业家的主动性及创新精神最大限度的挖掘,同样可以引发并促成技术上的创新,并开发出新产品。

企业在研制的新产品的进程中,所需的资金容量大,风险高,所以,企业还应做好相关的市场调查及市场预测工作,确保新技术的高度上,能够预见得到未来市场的潜在需求。此处,为保持获取垄断利润采用该战略的组织,还有必要对创新产品及技术进行专利保护。

对采用技术进攻型战略的组织,要求很高,必须要有能力,批量生产新产品,才能占领较大的市场。因此,采用技术进攻型战略的组织应该是拥有独立的研究和开发机构,有较强的技术研究开发能力和雄厚财力的企事业单位。

(二) 技术引进型战略

技术引进型战略是要利用别人的科研力量,替代本企业去开发新产品,然后通过付费的形式,引入本企业,并消化、吸收,以最大限度地创造出可观的经济效益。如通过购买高等院校、科研机构的专利与科研成果，来为本企业服务，便是技术引进型战略尤为常见的形式。

当企业财力有限，而企业又缺少独立的研究开发机构及相应的实验设备与技术专家时，可以考虑采用技术引进型战略，通过获得专利许可，进行模仿，把他人的开发成果转化为本企业的商业化收益。

选择技术引进型战略的企业，应具备较好的信息系统，能迅速、及时地掌握其他研究机构的研究开发动向和成果，使企业具备进入市场竞争的能力。采用该战略的收效快、成本低、风险小。据统计，技术引进加仿制所需时间仅为独立研究开发时间的1/5，所需经费仅为独立研究开发经费的1/30，因此，有时大企业往往也采取这一战略。但是，从长远来看，采用该战略由于是模仿，因而有可能利润较少，同时企业技术水平将永远落在技术输出企业的后面。并且，过多依赖引进，势必会削弱企业科技队伍的独创能力与研发活力，使企业受损。因此，技术引进型战略在大企业中，一般只能作为辅助性策略加以应用。

采用技术引进型战略，应注意到技术引进可分为硬件引进与软件引进。硬件是指设备、零件等有形的技术实体，它可以迅速形成生产能力，较快地生产出产品。软件引进是指需要本企业的相关技术、设备作补充，一时难以直接形成生产能力，只有与相关设备与制造能力相结合，才能缓慢转化为经济效益的技术引进。但是，软件引进所需费用少，利于促进企业技术水平的提高，并且，由于在硬件交易中得不到技术专利和专门技术知识，所以，在技术引进中，应注意软件引进。这样一来，既可少花钱多办事，又能迅速提高企业的技术水准。

在采用技术引进型战略时，应注意引进能为本企业所需的适用技术。所谓适用技术，是指适合于本企业经济条件和环境技术条件，能产生最佳社会经济效益的技术。一般来讲，在引进技术时，应要考虑五个条件，即技术条件、资金条件、人力资源条件、环境条件和配套设施条件。此外，在技术引进中要重视消化、创新，只有能够自主开发，才是技术引进的最终目的。在采用技术引进型战略时，要特别重视辅助于实施战略性人力资源的策略。因为，在技术引进中，究其根源，重要的是人才的因素。所以，企业必须要特别重视引进相关人才的战略人力资源工作。

二、技术商品出让方的营销战略

技术商品的转让方为了顺利地完成技术商品的转让，获得较好的经济效益，应当采取一系列营销战略。

（一）创新战略

创新是知识经济时代的灵魂。知识经济时代为企业创新提供了极好的外部环境。创新作为企业营销的基本战略，主要包括观念创新、组织创新、技术创新、产品创新、市场创新等几个方面。在技术产品企业，技术是决定竞争优势的关键因素，因此各企业都非常重视技术的研发，特别是财力雄厚的跨国公司。他们为保持和发展核心技术，其研发费用都占到企业销售收入的5%以上，有的达到10%以上。如惠普公司曾经每年的研发费用达40多亿美元。因此，加大研发力量是一种非常重要的营销策略。具体措施如下：

（1）正确选择科研课题，这是保证技术商品顺利转让的关键。在了解国内外技术发展趋势和市场需求的基础上，选择市场容量大、经济效益高、见效快、产品生命周期长的课题。但从充分利用现有资源，振兴地区经济出发，选择一些投资少、见效快，经济效益显著的“短、平、快”项目作为科研课题也是十分必要的。

（2）提高成套转让能力，保证迅速投产。出让方要创造条件为受让方提供全套设备的技术资料和文件，帮助培训人员，提供技术咨询服务，并在可能的条件下为受让方提供有关设备、仪器、原材料的货源和供应渠道，以促进技术成果迅速投入生产。

(二) 形象战略

在信息爆炸的知识经济时代,产品广告、销售信息等很难引起消费者的注意和识别,更谈不到留下什么深刻印象。在此情形下,企业间竞争必然集中到形象竞争上。形象竞争,企业已经在应用,但很多企业并没有足够的重视。在知识经济时代,广告宣传也随之进入"印象时代",企业用各种广告宣传和促销手段,不断提高企业声誉,创立名牌产品,使消费者根据企业的"名声"和"印象"选购产品。技术商品市场的竞争力,已不仅是产品或技术是否领先的竞争力,而是企业的产品竞争力、市场竞争力和企业形象竞争力三位一体的有机结合。技术商品企业的形象战略,其核心是确立市场销售地位,使公司及产品在市场同行业及同类产品中占据有利的位置。

(1) 确立产品地位。产品地位不是由企业自己确定的,很大程度上是由顾客的观念决定的。企业必须了解顾客,及时掌握和运用市场信息,制定确立产品地位的策略,使产品符合市场的需求和顾客的观念。确立产品地位,必须重视无形因素的作用。技术商品地位的确立并非是严格符合理性、逻辑的准确过程,顾客往往通过专家评价、行家推荐等选择技术先进、可靠的产品进行购买。顾客心中的无形因素,是确立强有力产品地位的关键。

(2) 确立市场地位。确立市场地位的实质是赢得市场对产品的承认。如果产品在用户中建立了信誉,信誉流传开来,市场就会认定该产品是优胜产品。技术企业必须对市场环境有充分的认识,瞄准某个目标市场,以适当时机和速度将产品投放,取得强有力的市场地位。市场地位的确立是动态的,要不断跟踪技术、市场的变化,随时根据出现的新情况制定新的对策。

(3) 确立公司地位。公司地位的确立,必须充分重视企业环境的作用,确立企业的价值观,塑造体现企业精神的英雄人物,注重反映企业价值的礼仪和庆典,充分发挥文化网络的作用,提高企业整体素质,树立企业的美好形象。公司地位的确立,要求公司有良好的财政状况。一旦企业发生亏损,其形象会遭到毁灭性的打击。

以上三点是一个整体动态的经营过程,是制订公司市场策略的核心。

(三) 优化组合战略

优化组合营销战略是指技术企业在国内外建立附属机构或寻找同盟者,建立网络关系,形成大军团作战能力,求得更广泛、更有效的地区市场,在长期发展中形成强大的竞争优势。营销网络的建立,使技术企业在不同市场推出同一种产品提供了可能;减少企业的研究开发成本、市场交易成本;充分发挥合作者各自的专长和优势,形成更强的竞争力;扩大了企业资源的获取渠道,降低了企业经营的风险。营销网络关系的建立可以通过三种方式:一是直接建立附属子公司;二是收购或兼并竞争者或其他企业;三是建立战略联盟关系。

为了避免或减少培养未来竞争对手的风险,跨国公司研发的最新技术以内部转移为主,即技术在母公司和子公司之间、子公司与子公司之间进行转让,这同时还可实现财务上价格与利润的转移。

由于全球竞争压力的不断增加和研发费用的提高,迫使大型跨国公司也在技术创新活动中采取合作的方式。战略联盟是近年来国际上新兴的合作模式,是两个或以上的企业为了达到共同的战略目标而采取的联合行动,比前两种营销网络关系的建立方式成本低、速度快。战略联盟可以采用以下四种方式:①产品技术与服务联盟,即一家公司许可另一家公司使用某项技术生产某种产品,两家公司共同营销他们的互补产品,共同研究开发、设计、制造和营销一个新产品。②促销联盟,即一家公司为另一家公司的产品促销。③后勤联盟,即一家公司为另一家公司的产品销售提供后勤服务。④合资企业,即几家公司共同出资,新建企业成为拥有自己目标、人员和资源的独立实体。其中,技术开发型战略联盟占了50%以上。由于技术尤其是尖端技术开发的高风险、高成本以及新产品的快速淘汰,越来越多的跨国公司建立战略联盟来共同承担技术的开发成本,更好地利用稀缺的技术人员,并分享技术成果。

优化组合的营销战略还包括产品组合策略,即产品多样化策略。本着有利于促进销售和增加出让方利润的原则,通过拓展、加深技术成果的宽度和深度,加强其间的关联性,扩大技术成果出让方的经营领域。具体的产品组合策略包括以下两项内容:一是对原有技术的发展,利用本单位技术特长和优势,在原有技术基础上,生产多种不同类型的新成果、新产品;二是多样化技术发展,在对技术市场调查了解的基础上,掌握市场需求的新变化,从而在新的研究和生产领域开展技术经营活动。此外,出让方的市场营销策略还包括根据市场需求控制转让,掌握新产品投产后的数量和覆盖面,避免重复生产造成经济损失等。

(四) 渠道与互联网并重的战略

技术是抽象而无形的,它是以信息形态存在的,不可能像一般商品一样放进商场,摆上货架。在发生转移之前,它存在于技术持有者手中。另外,技术商品属于保密性商品,因此不可能像一般商品那样采取分销或代销策略。可采取的技术商品营销渠道策略有:①交易会。这是采用比较多的技术商品营销渠道。许多科研院所带着自己的技术产品参加各种大型的交易博览会,在交易会里寻找自己的买家。②交易所。目前,为规范技术交易行为,引导技术市场的良性健康发展,北京、广州、上海、深圳等许多城市都设立了技术产权交易所。通过交易所进行技术产权交易是目前采用最多的营销渠道。③技术服务中介机构。目前,我国有很多从事技术咨询服务和技术中介的机构,其中包括:技术中介公司、技术开发公司或开发中心、常设技术市场、各级各类学会、专利事务所、新闻出版单位和科技信息研究单位的信息服务部等。这些技术中介机构为技术商品的转让和出售提供全过程的服务。

另外,企业还应重视互联网营销的策略。技术商品无形性的显著特征,决定了技术商品采取网络营销策略的优越性。通过虚拟网络将技术成果推销出去,在网络上发布有关技术商品的信息,开展技术商品网上广告宣传,可以利用较少的成本招徕许多的意向购买者。而且,开展网络营销可以在网上议价,而网络提供的巨大信息量使意向购买者有时间在议价时上网收集有关该技术的信息,如果技术商品的确是独创性的,购买者无法在网上找到同样的技术资料,就可能增加意向购买者对该技术商品的依赖程度。国内已有许多专门的技术商品交易网站可以提供这种服务,如技术转移网等。

(五) 促销战略

开展技术商品的促销,就是要以人力或非人力的方式,帮助或说服技术的需方购买技术商品或劳务,从而促进需方产生消费需求和购买行为的活动过程。一般可以采取的促销策略和手段有:①人员促销。这是技术开发者或科研院所根据潜在用户的需求特点,主动上门推销自己的技术。通过面对面的洽谈来沟通信息,能增加购买者的信任度,促进买方实施购买行为。②营业推广和宣传。这种策略在交易会或洽谈会上比较有效。在一个比较大的目标市场中,技术拥有者通过各种新闻媒介、会议、展览、散发技术商品的信息资料等方式,让参展商获得对技术商品的感性认识,并对其潜在价值进行评估,从而促进销售。此时,将技术商品物化为实物商品可以达到更好的展示宣传效果。③公共关系。技术商品价格的不易确定性以及技术转化为有用产品的长期性,决定了技术商品开展公共关系的必要性。技术拥有者在市场经营活动中必须运用公共关系的手段正确处理与单位、企业与社会公众的关系,以便树立良好形象,促进销售。

第三节　技术商品的竞争战略

一、技术市场的竞争

技术市场的竞争主要有三个:第一,供应者之间的竞争,集中在技术来源的选择、技术出让方式的选择等方面。第二,受让者之间的竞争,体现在时间的竞争方面。第三,技术供应方和受让方之间的竞争。每一位市场竞争者都要考虑得到技术的目的是什么,如何以较低的代价和较少的风险实现自己的技术目标。在这种情况下,实施一定的竞争战略就显得十分必要。

技术市场的竞争战略有很多种,而且各有各的特征和优缺点。例如,单供应者战略的继承性好,易于升级换代,技术维护和服务较好,运行成功风险一般较小;但是,其缺点是技术依赖性大,技术消化吸收可能性小,源自供应者的风险较大。多供应者战略的优点是不易被供应者控制,便于技术的消化吸收和改进;但是其总体把握困难,兼容性差,风险大。采用外包(Outsourcing)战略可以不购买具体技术,而是购买技术供应者的服务实现本企业的技术目标。购买关键技术战略主要依靠自主开发,在无法自行研制的关键技术部分购买专利等许可。

二、技术商品受让方的竞争战略

企业从来都不是在封闭的温室环境中自然成长的,任何时候企业都会面临来自各方面竞争对手的竞争,企业成长的过程实际上就是不断战胜竞争对手的过程。企业战略必须立足于竞争,并致力于取得并保持持久的竞争优势。面对市场,企业可以采取四种基本的竞争战略:总成本领先战略、最优成本战略、差别化战略、聚焦战略。

(一) 总成本领先战略

如果消费者对价格很敏感,技术和服务的价格弹性较大,那么努力获取成本优势、成为行业中总成本最低的企业不失为一种好的竞争途径。总成本领先战略一般在以下情况下更容易获得成功:

(1) 市场上的技术或服务基本上是标准化的,而且技术或服务差异化的途径并不多;

(2) 行业中各企业的价格竞争十分激烈;

(3) 价格是决定顾客购买的主要因素,价格弹性较大;

(4) 顾客转换供应商或品牌基本不需要什么成本,而且顾客有很强的价格谈判能力;

(5) 对单个企业而言,获得低成本的优势并不容易,而且降低成本的方法也难以模仿,这是企业保持持久低成本优势的关键。

低成本优势转化为企业利润有两种基本方式:一是利用总成本上的优势及技术和服务的价格弹性,通过低于竞争对手的价格吸引大量的顾客,从而获得更高额的利润;二是保持现在的价格及市场份额不变,通过提高单位技术和服务的利润率,从而提高企业的总利润。

绝大多数中国企业已经非常善于以低成本的方式进行竞争。由于中国企业在部分资源、劳动力成本方面的固有优势,国外企业技术的垄断性及中国企业缺乏技术创新等原因,长期以来中国企业在竞争方法不多的情况下已逐步形成了成本竞争的经营理念,从而造就了现在国内以低成本方式为主要竞争手段的基本格局,而且对国际市场产生了深远影响,已使得在某些行业内"中国制造"的技术价格决定了该技术的全球市场价格。

总成本领先战略是许多企业攻城掠地的有力武器,但这同时又是一把双刃剑,企业在运用该战略时,稍不小心就可能伤害到自己。总成本领先战略的风险很大,其主要风险往往来自四个方面。

一是来自于后来者的模仿,中国企业目前大多处于全球产业价值链中附加价值比较低的制造环节,没有自己的独特优势,更难于形成进入壁垒,因此企业的模仿者很多,技术与服务过于同质化,利润率低下,最后的结果往往是生产了不少,但谁都赚不到钱。

二是技术变革及生产流程工艺的改进使竞争对手能够以更低的成本提供技术和服务,企业原本具有的成本优势则消失殆尽,反而将自己置于相当不利的竞争地位。

三是由于企业过于热衷追求低成本，忽视了顾客的兴趣偏好及需求趋势的变化，使得技术和服务过于平淡而无法吸引顾客，或者顾客转向一些差别化、具有更高质量、更高价值及更高价格的技术或服务，这样低成本便不能产生高销量，从而使低成本优势失去意义。

四是外国政府出于对本国市场的保护，加强了对中国企业的反倾销调查，由其是那些以成本为主要竞争手段的企业。

成本竞争的苦果使很多企业开始认识到需要新的竞争方式，并重新进行战略思考，尝试建立新的竞争优势，如通过服务、技术或者经营模式的创新来提高企业的盈利能力与水平。但不管怎样，也无论你是否实施总成本领先战略，控制成本都是必需的。

（二）最优成本战略

与总成本领先战略不同，最优成本战略的目的不在于追求技术或服务的绝对总成本在行业中最低，而在于以同等的价格提供更高的顾客价值，或以更低的价格提供同等的顾客价值。最优成本战略中，价值传递目标是在技术或服务的品质、性能、特色上满足或超过顾客的期望，而在价格上低于顾客的期望，从而为顾客创造超值的价值和感受。

最优成本战略要求企业同时关注技术或服务及其价格两个方面。在品质、性能及特色上不逊色于竞争对手，同时在成本上击败他们，企业才能获得自己的竞争优势。最优成本战略的企业不仅可以利用绝对成本方面的竞争优势，还可以利用技术和服务的差别化来增强综合竞争优势，因而最优成本战略对于那些追求综合竞争力的企业来说，具有很强的吸引力。

（三）差异化战略

在市场需求快速变化、顾客日益追求个性的现代社会，技术或服务的差异化具有特殊的意义和价值。事实上，差异化战略也是许多企业追求的首选竞争战略。差异化战略的核心是向顾客提供对顾客来说有价值的、与众不同的独特属性。一般说来，要取得差异化战略的成功，应该满足一些基本条件：

(1) 市场上顾客的偏好呈现出多样性的特征，标准化的技术难以完全满足，同类的竞争对手也没有能力完全予以满足；

(2) 市场上的竞争主要集中于差别化的技术或服务的特色，顾客对价格的敏感性不强；

(3) 企业所实现的技术或服务的差异化特征必须是顾客认为有价值的；

(4) 企业所实现的技术或服务的差异化特征必须与竞争对手的同类技术或服务有着明显的、顾客容易辨识的区别；

(5) 企业技术或服务差别化的特征和方式不易于被竞争对手模仿和复制。实际上，持久的差别化往往与企业的核心能力与特异能力有着密切的联系，因此，建立在技术革新、技术诀窍、优质的顾客服务基础之上的差别化优势会更加长久。

(6) 企业因技术和服务差别化而获得的额外价格不能低于因差别化而需付出的额外成本。因此，在进行差别化之前应首先对差别化的成本进行预计和评估。

（四）聚焦战略

聚焦战略是指企业把优势资源集中于某一个特定的细分市场，在该特定市场建立起比较竞争优势，比竞争对手更好地服务于这一特定市场的顾客，并以此获取高收益率。

聚焦战略与其他竞争战略最明显的区别在于它将精力集中于整体市场中某一个狭窄的部分，而不是整个市场。企业聚焦的对象可以是某一特定类型的顾客群，某一特定市场区或，或是具有特定用途的技术，等等。例如，劳斯莱斯(Rolls Royce)只设计、制造超豪华高级轿车，供应给那些事业有成的百万富翁；而“如家”连锁酒店则将自己的注意力聚焦于城市快捷酒店市场，以区别于那些提供名目繁多附加服务的豪华星级酒店。

尽管企业所聚焦的目标市场的范围和规模并不大，但由于企业可以集中精力向特定的顾客提供更好的技术的服务，因而企业仍然可以获得超过平均水平的收益率。实施聚焦战略的企业获得竞争优势的基础在于：第一，企业服务于特定细分市场的成本比竞争对手更低，由此建立局部市场的低成本优势。如果一家企业能够通过集中其资源能力于某一特定的细分市场明显降低其成本，那么，基于低成本的聚焦战略就能取得成功。第二，企业可以向特定细分市场的顾客提供特殊的技术和服务，以满足他们特殊的要求，即建立差异化优势。同样地，如果一家企业能够通过集中其资源能力向特定的目标顾客提供他们真正需要的技术和服务，那么，基于差异化的聚焦战略同样能够取得成功。

无论是基于低成本还是基于差异化，企业的聚焦战略在下列情况下，同时也更容易获得成功。

(1) 所聚焦的目标市场足够大，而且具有较大的增长潜力，能够保证企业的盈利；

(2) 整个行业中有很多小的细分市场，没有一家企业具备足够的资源和能力以进入整个市场中更多的细分市场；

(3) 企业具备服务特定目标市场的需要的资源和能力；

(4) 企业可以通过聚焦战略建立起的竞争优势构筑一定的进入该目标市场的壁垒，以防御行业中的挑战者和潜在进入者；

(5) 企业所聚焦的目标市场不是行业中主要竞争者的重点市场，甚至被它们所忽视，或者它们在这一特定的细分市场并没有很强的竞争优势；

(6) 极少或根本没有其他的竞争对手在相同的目标市场上开展专业化经营。

具体而言，技术商品受让方在技术市场活动中，为了引进技术发展生产，提高经济效益而采取的经营策略主要包括：第一，结合本单位特点分析引进技术后产品市场的销售前景，确定引进技术的类型、数量和规模。第二，从企业长远的市场战略出发，正确处理引进硬件技术和软件技术的关系，产品技术和工艺技术的关系。第三，从技术可行性和经济合理性出发，选择风险小，效益好的技术转让形式。第四，通过多种途径解决引进技术的资金来源问题，在技术商品转让费支付方面可采用管理费一次列支、分期摊销、新增销售额提成、技术入股、建立集资股份公司等方法。第五，建立科研生产联合体，加强与科研部门的长期合作关系，使技术不断更新，保持产品在市场上的优势。第六，在引进技术的基础上发展技术输出，一方面对引进技术进行消化、吸收，生产出新产品后对技术进行改进和创新，另一方面将相对落后的技术适时转移给其他地区或单位，以便继续开拓新技术和新产品。

第三章　技术商品的全程经纪

如前所述，由于技术商品的知识性质，它形成了与一般商品不同的特征。在技术商品营销的特点中，技术商品经纪人的角色是相当重要的，他们起着牵线搭桥、为供受双方服务、促进交易实现的作用。换句话说，技术商品的营销往往是通过技术交易经纪人来进行的，随着科学技术的日新月异和专业分工的细化，技术商品经纪人将大有作为。

理想的技术商品经纪人一方面能够帮助技术出让方进行市场需求的调查和分析，制定合适的营销战略，实施技术的转让；同时也要帮助寻求技术的一方识别适用的技术，对受让方进行技术知识的传播，缩小信息的不对称。

第一节　技术商品与技术经纪

技术商品的生产也叫技术商品开发。这种技术开发的目的性是很明确的，它是为了市场交易而进行的技术开发，是全程技术经纪活动的首要环节。

一、技术商品开发的类型

(一) 受技术买方委托而进行的技术开发

这类技术开发是直接根据买方的要求进行的，即直接来源于市场需求。这类项目一般占技术开发交易项目的大多数。据统计，美国这类项目占技术开发交易项目的70%。

(二) 合作开发的交易项目

这类项目一般是买卖双方共同开发。其特点是以优势互补的方式，求得时间和经费的节约，抢先占领市场。这类开发项目随着现代科学技术日益高度发达和日益复杂化，在技术交易中所占比例也逐渐增大。

(三) 为出售技术而进行的独立开发

这是技术开发者根据科技发展动向和市场趋势，引进选定的开发项目，待形成了成果之后，再通过技术转让的方式出售其成果。在确定项目时，其市场交易的目标也是明确的。

二、技术商品生产中的技术经纪职能

技术商品生产设计方方面面的问题和工作环节，有些事务是当事人自己可以做的，有些事务是当事人不太熟悉的，或者在做的过程中容易发生失误的，这就需要委托技术经纪人为其提供咨询和服务。

(一) 关于技术商品生产项目的选择

当代科学技术信息量成倍地增长，市场也越出了国界而具有世界性，技术商品开发首先面临着项目的选择问题。项目选择是否得当，关系到技术商品的商业效益，也关系到该项技术带来的商品的市场竞争的成败。

技术具有不可选择性，又具有可选择性。因为，一个时代的技术基础都是当代人无法自由选

择的，而各个时代的技术基础又是不断变化的。历史不外是各个时代的依次交替，每一代都利用以前各代遗留下来的材料、资金和生产力。由于这个缘故，每一代一方面在完全改变了的条件下继续从事先辈的活动，另一方面又通过完全改变了的活动来改变旧的条件。因此，技术商品的开发离不开选择性创新和创新性选择。

在我国的实际生活中，技术商品开发项目选择失误和选择不当，并蒙受经济损失的例子司空见惯。有的是因信息不全面、不准确，产生错误的决策；有的是因价值取向的偏好，使评价失之公允，导致“情人眼里出西施”或“不识庐山真面目”的评价；有的是科技人员为了个人的目的，夸大宣传自己的方案，故意贬低别人的方案，导致决策者判断失误；更有甚者，为取得上级赏识，凭空制造一些“耀眼”和“悦耳”的项目构想，以渲染自己的“功绩”，而不顾单位的财产损失。

技术商品开发项目的选择，是纯粹的理性行为，它要对技术动向、市场需求、市场潜力、资源信息、同行情况、生产能力等因素进行综合的辨识与评价，特别是要站在客观公正的立场上来评价，这就要借助技术经纪人的咨询和服务。

(二) 对技术商品开发项目交易伙伴的选择和联系

技术商品的委托开发和合作开发，都需要有直接的交易伙伴。技术经纪人可利用自己的信息网和社会联系点，为委托者找到理想的合作伙伴。在为委托者选择交易伙伴时，要对选择对象做深入的了解，既要了解其技术优势和经济实力，又要了解其社会声誉，使委托者不仅能找到合作者，而且通过合作达到其预期的目标。按日本一些大公司的说法，一个公司既要有橱窗技术，又要有厨房技术，橱窗主要是给别人看的，显示公司能够做什么；而厨房则要实际做出供食用的饭菜，二者缺一不可。技术经纪人选择交易对象，不仅要看“橱窗”，还要看“厨房”。

(三) 为技术商品开发项目联系有关开题事宜

技术经纪人可以利用自己社会联系面广、办事熟练的优势，为委托人操办有关的一些事务。例如申请贷款、代聘有关咨询专家、联系有关技术协作、寻找特殊材料采购渠道，等等。

第二节 技术商品消费与技术经纪

商品的消费就是实现商品的使用价值。技术商品的特殊性，使其消费过程有一个复杂的消化过程。这一特点使技术商品的消费有时也有赖于技术经纪人提供的服务。

一、技术商品消费的特征

(一) 使用价值具有间接性

一般物质商品买到手即可付诸使用，而技术商品的使用价值是间接的。买方买到技术后，还需要有一个消化、吸收再投资的过程，技术才能应用于物质生产，物化成为创造经济效益的手段。

(二) 使用价值具有不确定性

物质商品的使用价值是既定的，一般能够按其购买意图实现其消费，而技术商品在使用过程中达不到原来的购买意图或超过其预期效果，却是常有的。技术商品由于其新颖性和创造性，它的使用价值只是一种预测、论证和设计，即使是成熟的生产技术的转让，由于使用者所处的环境和自身条件的不同，其使用效果也会有差异。

(三) 使用价值具有延伸性

新的技术产品，绝大部分来自现有技术的改进、移植或重新组合，真正创新的只占少部分，买方购得技术后，还可以在其基础上重新改进、重新组合和重新移植，产生出另一个新的技术产品。这就是通过再次开发，使技术商品的使用价值得到延伸，扩大其消费功能。

二、技术商品消费中的技术经纪职能

技术商品消费过程实际上是科学技术转化为生产力的过程，在这个过程中，也存在着许多工作环节。鉴于技术商品买方的消费能力的差异，有些买方也要将某些事务委托给技术经纪人代理。从我国目前技术商品消费情况来看，主要有以下三个方面容易出现问题，需要技术经纪人提供咨询和服务。

（一）为购买的新技术的使用方案提供咨询

新技术的应用要求对原有技术体系做某些调整或根本改造，使外来技术与原来技术协调匹配，才能发挥新技术的功能。在协调匹配的过程中，新技术同相对稳定的原有技术体系必然发生矛盾，怎样匹配得好，技术经纪人可以其客观公正的立场提供咨询建议。

（二）为技术商品消费过程中的有关事务提供服务

技术商品消费过程中，往往伴随着设备的改建、工艺装备的设计制造、原材料的更换、人员的培训、甚至设备的购置、厂房的扩建等，这都离不开必要的投资和外界协作。技术经纪人可以接受委托，帮助用户筹集投资经费和联系协作事宜。

（三）为新产品和改进产品的营销提供服务

新技术应用于生产后，技术商品的使用者便具备生产新产品和改进产品的生产能力，但如何把这些产品推向市场，使物质产品的消费者所接受，这就需要通过广告等方式进行宣传，并开通销售渠道。这些业务亦可委托业务熟练的技术经纪人代理。

第三节　技术商品流通与技术经纪

流通是商品生产和消费之间的中间环节，它中介于生产和消费，连接生产者和消费者。流通过程可以主动调节生产和消费，具有宏观调控的功能。

一、技术商品的流通特征

（一）信息流通是技术商品流通的重要形式

物质商品的流通，虽然也有广告、市场情报等作为流通的疏导，但大量是通过收购、调运、储存、销售等工作环节来完成商品的流通。作为知识形态的技术商品，其生产过程基本上是信息的加工过程。技术商品的流通虽然有时有物质作为商品资源，如技贸结合的交易，但大量的是以信息作为技术商品资源，同时又是以信息作为疏导流通的媒介，以此来诱发需求和反馈需求，沟通供求关系。

（二）买卖双方一般需要直接见面

一般商品由于其使用价值是既定的，可以通过商业系统或经纪人转手，买卖双方无须直接见面即可实现商品的售购。而技术商品由于使用价值的间接性，且涉及专业知识的传授，因此多数项目需要买卖双方的直接见面。

（三）同一项技术商品可以多次转让

如前所述，技术商品有偿转让的多次性，是技术商品的一个重要特征，也是技术交易洽谈中经常遇到的分歧点。

二、技术商品流通中的技术经纪职能

（一）以信息作为促进流通的主要手段

信息是技术经纪业的主要资源。技术经纪人主要是利用信息的流通来促进技术商品的流通；

利用信息传播，捕捉交易机会；利用客观存在着的信息阻塞好信息资源的不平衡，开通信息疏通渠道，促成技术交易：通过建立信息网，联系和保持相对稳定的客户。

（二）以双向交易和形式，保持市场主体的地位

在现实生活中，买卖双方一旦直接见面，往往甩开了中间人。技术经纪人可以市场主体的地位在同委托者订立经纪合同的同时，也要同第三者订立合同，以便在法律上保护自己的利益。

（三）对同一成果的多次转让做合理的安排

技术经纪人在接受委托人对其成果进行多次转让时，要认真进行市场调研，以便确定合理的市场布局和合理的价格。

第四节　技术商品的经纪策略

技术商品的买方、卖方以及中介方，由于各自所处的地位和经营目的不同，因此所采取的经纪策略也不尽相同。

一、对技术商品卖方的经纪策略

从技术商品的卖方来看，其经营策略的中心应该是生产出适销对路的技术产品，从而增强技术商品的竞争优势，获得相应利润。因此，技术经纪人可以从以下四个方面为技术商品的卖方提供咨询和服务。

（一）选题策略

选题策略就要根据市场的需求来选择研究开发课题，要把专业学科的发展与市场需求统一起来，改变从自我需求（单纯专业学科需求）出发而未按消费需求出发选题的情况。研究市场需求应从广度和深度上展开。从广度上来说，要研究直接市场和间接市场，直接市场是指技术市场中技术商品需求单位或使用单位的需求；间接市场是指采用技术商品后生产的一般商品的消费者。也就是说，既要研究技术市场，又要研究一般商品市场，同时还要研究国内市场和国外市场。从深度上来说，要统一研究这四个市场，对备选课题进行可行性研究、市场预测，在研究技术、经济、商业财务、管理等常规参数的基础上，还必须对消费者的购买力和购买欲望做深入研究。

（二）效益策略

效益策略就是要以最佳效益为目标，使技术商品的先进性、可行性和有效性密切统一起来。一项技术的开发，对技术先进性、生产可行性、经济效益指标的设立，他们之间关系的处理，工艺路线、加工方法、原材料、机械结构、自动化程度等做不同的选择，其实用效果大不一样，其适销程度也可能会有很大差异。单一、盲目地追求先进性，在专业学科上可能有一定的意义，但在生产实践上不一定可行，或在生产实践上可行，但无多大效益，这类技术商品的适销性就会受到限制。那种技术本身不一定很先进，但在实际生产中可行，且经济效益较高的技术商品，尽管可能会对某些用户的吸引力差一些，但仍会受到一些技术要求不太高的用户的欢迎。当然，如果能做到既先进又可行，且效益又好，则这类技术商品肯定会受到用户的欢迎。先进、可行和效益三者之间的关系既有对立的一面，又有统一的一面，他们既相互独立又相互关联，要处理好三者之间的关系，要正确认识到，就技术商品而言，技术是手段，生产是条件，只有效益才是目标。

（三）配套性策略

现代工业在向专业化方向发展的同时，也在向综合的方向发展。科学技术也同样向着既高度专业化，又相互交叉和渗透的方向发展。光、电、机、化、轻、纺、气、液等专业学科之间的综合已非常普遍，即使是单项技术，也已经是在其他技术基础上综合、发展而成的。成套技术则更具综合性，一项新技术的应用一般都需要有工艺、装备、材料、配方、监测、三废治理、节能等配套，在生产实践中往往会出现下述情况：某道工序应用新的单项技术商品后，局部生产效率大为提高，而后道工序中某一环节跟不上，总的生产效率却未能得到提高，或者总体生产效率有所提高，而新使用的原材料、辅助材料、三废治理、耗能等某个环节出现短线或未解决，不能充分发挥总体效率。因此，这种局部优化但系统不优化的技术商品并不会受到用户的欢迎，只有能达到系统优化的相互配套的技术商品才具有适销性。

（四）产品组合策略

产品组合策略是要按照技术消费的结构，生产各层次的技术商品，产品组合包括三个因素，即产品线的宽度、深度和关联性。一般来说，拓宽产品线有利于发挥本单位的潜力，开拓新市场；加深产品线，可以生产出更多适合市场需要的产品；加强关联性，可以增强研究和生产企业的市场地位，发挥和提高其专业生产方面的能力。产品组合策略包括两方面的内容，一是原有技术的发展，即利用本单位的技术特长和优势，在原有技术基础上，生产多种不同类型的新产品；二是多样化技术发展，即通过对技术市场的调查，找出市场需求的新变化，实行新的技术转移，从而在新的研究和生产领域里开展技术经营活动。

二、对技术商品买方的经纪策略

从技术商品的买方来看，其经营策略的中心实际上是选择和购进适用技术，围绕这个中心，技术经纪人对技术商品买方具体的经营策略可以从以下方面提供咨询和服务。

根据企业自身的消化吸收能力，选择所购技术商品的档次，使自己的技术能力适应所选择技术的难度和水平。如果消化吸收能力强，则可选择高档次的技术商品。

根据企业的技术实力和经营目标，确定是选择成熟技术还是实验室技术，如果选择实验室技术，企业有可能生产出一代具有“垄断性”的全新产品，但这种选择的风险较大。

根据企业技术配套能力的大小，来确定是购买成套技术还是购买关键技术。如果技术配套能力强，则可选择购买关键技术。

要从技术的可行性和经济的合理性来确定购买技术的方式。

无论所购进技术商品的类型、数量和规模类型，都必须具有良好的经济效益。

三、对技术中介方的经济策略

技术经纪人是依附于买卖双方而存在的中介方，也是技术市场必然产物，中介方可以传递技术商品的信息，促进科学技术与经济的相互交流和结合，扩大技术商品的流通量和提高流通效率。因此，它对促成自产自销的小生产方式向社会化、现代化方向发展，具有很重要的作用。中介方在技术市场中的经营策略，主要有以下五个方面：

（1）必须大量技术商品信息和技术市场上的需求信息，从而有针对性地开展工作。

（2）要对技术商品有充分的了解。如技术商品的性能、特点、用途、先进性、新颖性、可靠性、投产所要求的条件、事后服务的可能、预期投产的效益、生产布点情况等。

（3）要了解需方的经济承受能力、技术吸收能力、资金、场地设备以及技术的适用性等情况，以判断技术商品转让的可靠性和有效性。

（4）要以公正的立场，兼顾买卖双方的利益。

（5）视信誉为自己的生命。

第四章 技术的价格与支付

市场营销的基本策略是4P,即产品策略(Product)、定价策略(Price)、渠道策略(Place)、促销策略(Promotion)。技术市场营销的产品策略即技术研发应考虑的因素,前面章节已有介绍;技术商品的销售渠道主要是采取供、受双方直接交易或通过技术商品经纪人交易等渠道;技术商品的促销策略是以人员促销为主、以广告为辅;技术商品的定价策略具有特殊性,与一般商品的定价差异很大,需重点掌握。

一、技术价格的确定

(一) 技术价格的含义

技术价格是指技术受方为取得技术的使用权所愿支付的、供方可以接受的使用费的货币表现。技术价格常常根据其内容不同以及供受双方合作方式不同被称为补偿(Compensation)、酬金(Remuneration)、收入(Income)、收益(Profit)、提成费(Royalty)、使用费(Fee)、服务费(Service Fee)等。

(二) 技术价格的特点

影响技术商品价格的因素主要有三个方面:①技术因素的影响。它包括市场覆盖率、独占性程度、专利和商标的使用权、技术或专利的商业寿命、约束性条款及技术的外在性等。②环境因素的影响。它包括政治干预、买方国的政治与商业风险、产业规范、支付方式差价、支付货币差价和索赔加罚款等。③税收政策的影响。

技术贸易有着与一般商品贸易不同的标的——技术,由于"技术"的种种特殊性,决定了其价格不同于普通的商品价格。

1. 技术的价格确定不以其价值为基础,而往往决定于使用价值

众所周知,商品的价格以价值为基础,其价值由在社会平均劳动强度和劳动熟练的程度下生产该商品所消耗的社会必要劳动时间确定。而技术价格由于技术的特殊性而独具特色。首先,技术生产过程具有非重复性,也就是说,同一技术不可"批量生产";其次,同样的技术在其研究开发过程中,由于方法、研究途径以及研究人员能力的不同,所花费的成本也不同;第三,技术的研制具有优先权,在一定范围内,若干公司研制同一课题,只有最先取得成功的技术成果才能得到社会的承认,而重复研究则被视为无效。因此,技术的价格无法用消耗的社会必要劳动时间决定,也就不能用技术的价值量作为衡量技术价格的基础。

从技术转让的实际情况来看,技术的真正价值在于它在一定条件下能使占有、掌握、使用它的人从商品市场上获得较多的乃至超额或垄断的利润。因此,它的价格的高低是以利用该技术所带来的经济效益大小为转移的。也就是说,技术价格不是以其价值为基础,而以它的使用价值为基础,其价格的实质是反映着技术创造利润的能力。由于技术的转移,供方将在特定地域的市场里生产创造、销售产品和获得利润的机会让给受方。由于供方失去了获得利润的机会,因而要向受方索取受让机会的报酬。

2. 技术价格的表示方法与一般商品不同

一般商品价格多采用固定价格。如单价××或总价××,是由买卖双方约定的固定金额,即使某些大型的成套设备由于时间较长及其他因素,采用滑动价格,根据劳动力和原材料的价格调整商品价格,但也是以固定价格为基价的。而技术价格由于其与受方使用该技术的经济效益关系密切,往往表现为与受方经济效益有关的一个函数。但由于经济效益是个变量,因此技术价格很难事先准确估计。

3. 技术价格的构成同一般商品不同

一般商品的价格构成主要是生产该产品的生产成本加上期得利润。价格中生产成本占的比重较大,应足以弥补生产中的消耗,而利润的比例相对较小。而在技术价格的构成中,并不要求有相应的部分来弥补全部技术研制费用,尽管有时这部分费用可能是一个巨额款项,原因有以下三点:

首先,由于技术的研究开发者最初研制开发技术的目的很少是为了转让,而主要是为了提高本企业的经济效益,其研制费用也大部分从商品的利润中得到补偿。若技术转让给受方时供方仍保留使用该技术的权力,研制费用仍然可以继续补偿;若不再拥有该技术的使用权,则研制费用中尚未得到补偿的应从转让价格中得到补偿。

其次,技术一经研制成功,则可不经再生产而多次出售。同一项技术可以转让给若干个技术受方,若供方利用该技术自行生产出售产品所获得的利润未回收技术研制费,该笔费用需通过转让技术回收。就每个技术受方而言,应承担研制费用的一部分。

最后,技术研制所花费的费用与价格往往不成正比,亦就是说研制费用高的技术其转让价格不一定也高,这主要取决于技术创造利润的能力:若该项技术可带来较高的经济效益,转让该项技术时,技术价格则较高,其中包括技术供方的期得利润。它是对供方失去获得利润机会的补偿。

(三) 技术价格的构成

技术贸易中的技术价格由以下四个部分构成。

(1) 技术转让的直接费用。指技术供方在转让前、转让中需垫付的费用。包括:①基础费用,被转让技术的基本设计、生产流程、维修保养方法、质量控制程序、产品的测试检验方法所需的全部技术资料的编制费。②技术服务费,主要是指供方向受方派遣技术服务人员所需的费用,包括技术人员的旅差费、出差津贴、工资、食宿、医疗、保险等费用,如果技术人员在受让方的服务期超过六个月者,还包括家属探亲的费用。③项目特别设计费用。供方根据受方的具体情况或特殊要求而修改基本设计的费用。④技术资料费。技术资料的复制费用。⑤项目联络费。指供方到受方考察、接待受方人员、合同谈判等相关的往返旅差、食宿、招待等费用。⑥技术培训费。供方为受方的实习人员提供技术培训所需要的师资、行政管理、学习资料等费用。

(2) 沉入成本。指转让技术的研发费用。正如前面已经介绍过的技术价格的确定不以其价值(成本)为基础,而以其使用价值为基础;况且,即使考虑研发成本,也并不要求每一个受方承担全部研发费用。因此,技术定价时,并不强调研制技术的费用问题,沉入成本可以忽略不计。

(3) 机会成本。指供方因转让技术可能失去某地区全部或部分的市场销售利润。供方要求受方在技术使用费里给予一定的补偿;对机会成本的估计取决于供方对目标市场的预测,对技术定价的影响很有限。

(4) 对技术受方所获新增利润的分成。一项新技术的实施会给技术受方带来新增利润,这种新增利润可能来源于:成本的降低或节约;产品质量、性能、档次的提高而使售价提高;增加产品的销售量等。供、受双方对新增利润进行分成,这是决定技术价格的最关键因素。

(四) 利润分成率的确定

利润分成是指技术输出方和技术引进方共同分享实施该技术带来的新增利润,称为 LSLP,即(Licensor's Share of Licensee's Profit)。表明了输出方占引进方利润的份额,用公式表示为

$$LSLP(\%)=\frac{供方得到的费用(技术使用费)}{受方的利润}\times 100\%$$

根据上式,技术总价=受方利润×LSLP(%),LSLP(%)即利润分成率。

技术受方的利润一般可由引进技术后生产的产品、产量、销售额、成本及产品寿命期等预测计算。而利润分成率,亦即技术输入方分多少利润给输出方才是合理的,则没有具体的计算方法,只有一些经验数字。

通常,技术受方,特别是第一个引进该项技术的受方,由于承担投资和经营上的风险很大,在额外收益中应占大头,而技术供方应占小头。一般,技术供方占利润的1/4~1/3,技术受方占利润的2/3~3/4。联合国工发组织(UNIDO)曾调查分析过许多合同的技术价格和实际利润,认为利润率一般在16%~27%之间,即20%上下的比较合理,但这也不是绝对的。对于不同性质、不同使用范围的技术,利润分成率也高低不同,有的高达50%,有的会低于10%,这必须对众多因素综合分析之后,才能确定合理的利润分成率。

(五) 影响技术价格的其他因素

前述的技术价格构成要素是决定技术价格的主要因素,但技术定价是很复杂的,受到多种因素的制约和影响。影响技术价格的其他因素主要有以下五点:

1. 技术的性质

技术的价格也受制于技术本身的性质。首先,技术价格的高低受技术生命周期和技术所处的生命周期阶段的影响。技术也有其生命周期的长短,如专利技术,它的生命周期从专利注册起,至专利期满止。理论上讲,对生命周期短的技术,其每年平均分摊的发展和研究费用高,对生命周期长的技术,其每年平均分摊的发展和研究费用低。因此,技术供应方对前者索取的使用费用高,对后者索取的使用费低。其次,技术的生命周期又可分为三个不同发展阶段,即发展阶段、成熟阶段和衰老阶段。引进不同发展段的技术,其价格也相应不同。例如引进的技术处于生命期的发展阶段,尚处于实验室阶段,未进入商业化生产,则不能迅速带来经济效益,其价格必然较低。而当引起的技术已处于成熟阶段,全面地进入了商业化生产,这样的技术可迅速的为引进方带来明显的经济效益,其价格就高。若引进的价格已临近垂暮之年,即将被淘汰和价格也高不了。另外,首创的先进技术以及需要相当高的科技能力才能开发利用和难以仿制的新技术、新工艺,其产品和价格也必然高于易仿制和利用的技术。

2. 订立合同的条件

首先,采用不同的许可方式让技术其技术价格也相应不同,技术的使用权转让程度越高,技术价格越高。若是技术所有权的转让,其价格更高。一般情况下,独占许可的许可方可享受该技术实施带来额外利润的40%~50%,而非独占许可的许可方只能分享该技术实施带来的额外利润的20%~30%,如果两者利润相同,独占许可的使用费比非独占许可高66%~100%。又根据国际许可证工作者协会LES日本分会提供的资料,如果非独占许可成果为4%~5%,则独占许可的销售额提高6%,亦即独占许可的费用比非独占许可的要高20%~50%。

另外,合同中规定技术供方承担责任大小也影响技术价格的高低。如果不仅要求供方担保技术资料的正确、完整,还要求其提供技术服务,并对受方利用技术的效果进行担保,这样技术供方的责任重、风险大,技术价格就会高些。

合同规定受方对技术使用范围的大小以及使用技术生产出的产品销售范围的大小,都与技术价格有关。如一项医药制造技术即可制造供人服用的药品,又可制造兽用药品,若受方只限用一种用途或多种用途,其价格也会因其使用范围不同而不同。又如,受方利用引进技术生产出的产品,根据其销售范围内销外销的不同,供方索要的使用费也不同,一般前者的使用费较后者的要低些。

3. 技术市场的竞争状况

尖端的技术大都由发达国家的跨国公司掌握，这些技术垄断性高，可提供技术的供方少，因此引进这类技术使用费较高。而一些不太尖端的、实用性较强的技术往往来源较多。若提供某项技术的供方较多，竞争较激烈，供方往往会降低价格以争取成交。当然，降价的幅度是有限的，技术输出方起码要保证其从事技术转让的所花费的直接费用，并取得一定利润。

4. 技术引进方的情况

技术受方的情况对技术价格的影响可从正反两方面分析。一方面，输入方的生产能力、技术水平和地理位置等，都会不同程度地影响技术的价格。一般来说，对于引进同一项技术，技术水平高、生产能力强、经营管理好、输入方所处的地理位置好、交通便利，其支付的技术价格就会高些；反之，其技术价格则相对低些。这是因为前者较之后者在产品质量和外观造型以及信息获得方面都占有优势，因此市场占有率高，从引进技术中所获得的利润也高，技术价格相应高些。但从另一个方面来考虑，若技术受方技术水平太低，影响到受方对引进技术的吸收和消化。技术供方为保证自己的利益不受损失就必须付出更大的努力，投入更多的资金来完成有效传输，特别是在技术供方对技术受方的技术效益作担保的情况下，更是增大了技术供方的风险。即使技术供方未曾对受方的技术效益做出担保，但由于在技术贸易中，供方的利益往往同受方使用技术生产出的产品的销售额或利润有关，若受方不能有效地使用所引进的技术达到预期的生产能力，则技术供方同样也会蒙受损失，随着风险的增加，供方必然增加对这些企业输出技术的费用。

总之，技术受方的情况对技术价格有着正反两方面的影响。在具体的技术转让项目中，应该依具体情况而定。

5. 受方国家的政治情况和法律状态

这是保障技术转让顺利进行的前提，也是技术供方主要担心的问题之一。如果受方国家政治不稳定，市场不健全，管理混乱，生产效率低，使技术转让合同的履行困难重重，供方可能因此而承担很大风险，在这种情况下，供方不仅要提技术转让费还会在合同中采取种种限制条款。另外，法律状态也是保障技术合同顺利进行的一个重要方面。若受方国家法律不健全，对引进的技术缺少保护措施，技术供方与其想办法阻止技术扩散，倒不如增加技术价格来弥补可能的损失。

总之，影响技术价格的因素是多方面的，除了以上总结的各种因素之外，还有许多其他因素。比如，技术供方的定价目标和策略，供受双方讨价还价的能力，以及某一项引进技术的社会效果，是否会带来污染等环保问题，或能提供多少就业机会等。这些因素都不同程度地影响着引进技术的价格。在技术贸易中，供受双方都要根据具体的技术项目全面、认真、细致地分析各种因素，按自己的定价意图，确定一个可以接受的价格。

（六）定价策略

由于技术商品是一种无形的知识和经验的总和，具有与一般实物商品不同的特性，因此其买卖价格的确定不同于一般商品的价格决策。技术商品定价时须考虑包含在技术商品中的价值量即技术研究与开发成本、技术商品的成熟程度与复杂程度、转让成本、技术风险（投资风险和收益性风险）、市场供求状况、经济体制、经济形势等多种因素。在技术商品营销中可以采取以下定价策略。

1. 协商定价策略

这是让技术受让方参与技术商品价格的确定的策略。因为技术商品必须与其他生产要素相结合，才能转化为现实的生产力。而且，技术商品见效慢，其收益风险在技术商品投入市场之初一般难以准确确定。因此，企图通过“撇油”迅速收回投资成本和通过“渗透”来逐步赢得顾客的定价策略都不可取。只有通过受供双方协商，计算供方能够接受的转让技术最低价格，即开发成本加必要的利润，计算受方能够接受的最技术转让价格，当双方都能获得可以接受的收益时，技术商品的交易价格即已确定。

2. 分期定价策略

技术商品处于不同的生命周期，其价值不同，因而其交易价格也因时而异。处于导入期和成长期的技术产品，因受让方须承担继续开发的风险，因而，技术商品的定价宜低一些。而如果技术商品是较成熟的产品，买方购得技术后即可直接投入生产，带来效益，则技术商品的定价应相对高得多。而处于衰退期的产品，则应及时采取折价措施。

3. 浮动定价策略

由于技术商品的投资回收期长，见效慢，投资风险大，因而一次就将技术商品价格定死的做法显然不可取。在技术商品交易中，先确定一个较低的价格，鼓励买方购买，再根据技术的经济效益大小提成，通过签订合同的办法保证受方在确实取得经济效益后付给供方报酬。这种定价策略既防止了供方漫天要价，也消除了受方的后顾之忧，因而是一种较好的定价策略。

二、支付方式

技术贸易的支付方式，由于其标的——技术的特殊性而多种多样，现介绍几种经常使用的支付方式。

（一）总付（Lump-Sum Payment）

1. 总付的概念

总付即是供受双方在签订合同时，对转让技术的一切费用以及受方可能获得的经济效益（供方估计应得的利润分成）进行估算，从而商定出一笔技术转让费总额，由受方一次支付或分期支付。采用一次总付方式时，在合同中除写明应付的总金额外，还应具体订明费用所包括的细目。如专利使用费、专有技术使用费、商标使用费、技术资料费、培训费以及其他服务费。对上述各项费用的具体内容都应具体订明，以免事后发生纠纷。

2. 总付的特点及利弊

总付的金额是双方达成协议时商妥的，不以技术受方收益多寡而变动，不论其利用引进技术的效果如何，规定的金额都得照付。因此，技术受方承担了引进技术是否适用的全部风险，而供方收益有较确定的保证。

总付方式对技术转让的双方来说都各有利弊，但总的来说，对技术供方利多弊少，对技术受方利少弊多。对供方而言，有利的方面有：

（1）由于事先定价，供方收入稳定，不受技术受方生产和销售量变化的影响。

（2）由于技术价格与生产量、销售量无关，技术供方可以避免大量查账计算等繁琐工作。

不利的方面是不能分享技术受方生产或销售量增加的额外利益。

对受方而言，有利的方面有：

（1）可以较快地摆脱对技术供方的依赖。

（2）价格固定，不受协议期内通货膨胀和汇率变动的影响。

对受方不利的方面有：

（1）支付年限较短，一般在实际生产前技术受方就要付出大笔资金，对受方构成较重的财务负担。

（2）承担引进技术是否适用、效益好坏及市场变动的全部风险。

（3）技术供方一般不再承担提供技术改进和交流技术情报的义务，即使合同规定技术供方必须承担此项义务，但由于供方的利益与受方的生产销量不再有直接联系，因此无法用支付费用来制约供方必须及时提供改进技术。

（4）一般来说，一次总付的价格应低于入门费加提成费形式的技术价格，但若在签协议时高估了该引进技术产品的产量或销售量，会使总付价提高出实际入门费加提成费的价格。

（5）如果由于供方的技术原因，使受方生产的产品达不到协议规定的技术指标，不能变动技术规格，一般只能从未付款项中，要求赔偿，但金额有限。

3. 总付方式的适用条件

鉴于总付的特点及利弊，在实际工作中，采用总付方式的受方应具备以下三个条件：

（1）技术转移比较迅速，技术受方有较强的消化吸收能力。

（2）较为一般的技术转移，受方不需要供方不断提供有关技术进步、产品推销方面的技术情报，也不需要不断提供技术服务或协助。

（3）技术受方有较充足的资金，并打算尽快摆脱对技术供方的依赖。

由于总付方式对技术受方的不利方面是显而易见的，世界上很多国家特别是发展中国家，往往通过法律规定或审查转让合同等形式对总付加以限制。在技术贸易中，应根据本公司、本企业的实际情况及有关国家的法律规定，慎重选择总付方式。

4. 总付方式的支付

总付价格可由技术受方一次支付，或分期支付于技术供方。

（1）一次支付

采用一次付清方式的付款时间通常是在供方的技术资料交付完毕，经受方核对验收后进行的。付款单据一般需以下四种：

① 商业发票一式四份；

② 即期汇票一式二份；

③ 技术资料清单一式四份；

④ 受方出具的技术资料验收确认书一份，银行在收到供方提交的上述单据，经审核无误后，一个月之内完成付款。

一次付清的支付方式对受方是不利的，只有在合同金额小，执行时间短，被转让的技术较简单，受方有一定的把握，获得技术资料后可以在没有供方的协助下也能顺利地实施这项技术的情况下，受方才能采用这种一次付清的方式。

（2）分期支付

在大多种情况下，总付方式都是采用分期付款。分期付款方式就是把合同的总价，即按合同执行的先后顺序将总价分若干次付给供方。支付原则是要与出让方完成的工作量结合起来，基本上做到供方完成了多少工作量，受方付多少合同价款。分付的次数一般分为四次进行。

第一次付款在合同生效后进行，付款比例通常为合同总价的5%～20%，最高不超过25%。付款的单据有以下三种：

① 商业发票一式二份；

② 即期汇票一式二份；

③ 供方银行出具的不可撤销的保函一份。

第二次付款在技术资料交付后进行，付款的比例通常为合同总价的35%～50%，最高不超过55%。对于合同金额较大、技术资料较多、不止一次交付的合同，也可以根据资料交付的批数把合同总价的35%～50%的金额分成若干次交付，每次付款的金额应按交付资料的数量成比例地分配，付款所需的单据有以下三种：

① 交付技术资料的空运单一式四份；

② 商业发票一式四份；

③ 即期汇票一式二份；

如果供方同时还提供一部分关键设备，设备的交货时间一般都要比技术资料的交付时间晚，付款的时间也相应地推迟到设备交货后进行。设备部分的付款比例一般为设备部分总额的70%～80%，付款时应提供设备已交货的凭证。

第三次付款在合同工厂正式投产后进行。付款的比例通常为合同总价的20%～30%。这部分付款主要是支付供方在合同工厂施工、安装、调试和投料试车期间所提供的技术服务和人员培训的费用。付款单据有以下三种：

① 受方出具的合同工厂正式投产的确认书一份；

② 商业发票一式四份；

③ 即期汇票一式二份。

第四次付款在合同工厂的性能保证期结束后进行。这是合同的最后一次付款。金额为前三次付款后合同价格的余额，通常付款比例为合同总价的6%～10%。付款单据有以下三种：

① 受方出具的合同工厂性能保证期结束的确认书一份；

② 商业发票一式四份；

③ 即期汇票一式二份。

合同工厂的性能保证期通常为一年，起算时间是从受方出具投料试车合格的确认书后开始，即合同工厂正式投入生产开始。

分期支付与一次付清支付相比，受方承担的风险小，每笔支付都与供方的合同义务紧密联系在一起，有利于督促供方严格按照合同的规定履行其义务，否则供方就不能按时得到付款。我国在技术引进中经常使用这种支付方式。

(二) 提成支付(Royalty)

1. 提成支付的概念

提成，英文为Royalty，是皇室、王族授予特权的意思。在古时的英国，国王赐予某人开发国内资源(如开矿、耕种土地等)的权利，使用时都必须将这特许权所得的利益分一部分给皇室，这就是“提成”的含义，沿用至今，技术贸易中也采用了这一概念。

提成支付方式是指技术受方利用引进技术开始生产之后，以经济上的使用或效果，如产量、销售额、利润等作为函数，予以确定技术价格，按期连续支付。这种方式的特点在于双方签订技术转让合同时，只规定提成比例(提成率)和提成基础(提成基价)，不固定合同期间技术受方应支付的技术使用费总额。只有当技术受方利用技术供方的技术取得实际经济效果时，才根据合同规定计算提成费，按期支付给技术供方。采用提成支付方式的协议，必须在合同中的价格和支付条款中列明提成率、提成基价、提成期限以及具体的提成方法。

2. 提成率(Royalty)的规定

根据上述，我们已经知道在确定技术价格时，供受双方都必须遵循利润分成原则，亦即技术供受双方共同分享实施该技术带来的利润，但在具体的定价过程中，由于准确地定出利润较困难，或受方不愿意向外披露其真实利润，协议中难以按利润来规定具体的分成比例。所以在实际作价时，特别是采用提成支付方式时，常常使用提成率，即一个与产品售价相关的百分比表示。所谓提成率，就是技术供方得到的技术使用费(通常称为提成费)与使用该技术的实际效果(通常表示为提成基价)的比率。用公式表示为

$$\text{提成率}=\frac{\text{提成费}}{\text{提成基价}}\times 100\%$$

当提成基价确定之后，提成率的大小直接影响提成费的多少。所以它是制约供受双方在利益上如何分配的一个重要因素。

目前，国际上常以产品的净销售价作为提成基价，若按此方法提成，提成率便可表示为

$$提成率=\frac{提成费}{产品净销售价}\times 100\%$$

按前述：
$$LSLP(\%)=\frac{技术使用费用(供方得到的费用)}{受方的利润}\times 100\%$$

代入上式，则
$$提成率=LSLP(\%)\times\frac{受方的利润}{产品净销售价}\times 100\%=LSLP(\%)\times 受方的销售利润率$$

由此可以看出，提成率的大小是由供方的利润分成率和受方销售利润率两个指数所决定的。当受方销售利润率不变的情况下，提成率与利润分成率成正比，提成率越高，利润分成率越大；反之亦然。而当提成率确定之后，受方的销售利润率与供方的利润分成率成反比；也就是说，受方的销售利润率降低时，供方的利润分成率就提高，而受方的销售利润率提高了，供方的利润分成率就降低。

根据联合国贸易和发展组织大量材料的统计看出，目前技术贸易中提成率大致上为产品净销售价的0.5%～10%之间，其中1%以下和7%以上的都是少数，绝大多数产品都是按2%～6%提成。以下是某些具体行业提成率的参考数字：

石油化学工业	0.5%～2%
日用消费品工业	1%～2.5%
机械制造工业	1.5%～3%
化学工业	2%～3.5%
制药工业	2.5%～4%
电气工业	3%～4.5%
木材加工工业	3.5%～5%
精密仪器工业	4%～5.5%
汽车工业	4.5%～6%
光学和电子产品的高级技术	7%～10%

3. 提成基价

提成基价是计算提成费的基本价格，它是反映引进技术后所取得的经济效益的基本参数，在实际的技术贸易中，往往根据不同的实际情况选择不同的提成基价。

(1) 产品净销售价。这种方法是以净销售价作为提成基价，是国际上公认的、较为合理的方法。因为在受方的商品销售价格中，只有使用供方的技术带来的产品增值部分，才可作为提取使用费的基础，而其中包含的与引进技术无关的费用，如税费、运费等，不应作为提成基价提取提成费。所以，以实际销售价格去掉其他与引进技术无关的各项价格因素后的净销售价提成在技术贸易中广为使用。当然，在具体的每一笔技术贸易中，应去掉哪些项目，视产品的性质、产品的销售习惯等酌情考虑。一般扣除的项目主要有：包装费用；保险费用；运输费用；出口税和进口税；海关关税；营业税或销售税；普通商业折扣；退回的货物；在产品使用地的安装费用；技术供方供应的原料、中间货物、零件或部件的费用；批发商、中间商、经销商等各种商业费用；产品没有应用技术供方所提供技术的那一部分而购入的设备的价值；产品价格中不反映提成费的部分等。

(2) 实际销售价。是受方给用户的发票价格。由于净销售价是需要核算的，供方还要核查受方会计账册的各项细目，比较繁琐，因此有时技术供方要求以实际销售价作为提成基价。按这种

基价计算提成费，简便易行，只要通过检查技术受方的销售发票或销售账册，即可确定应付的提成费金额。

但这种方法对技术受方十分不利，因为销售价中，不但包括利用供方技术所创造的价值，还包括其他技术所创造的价值，后者不应该作为技术供方的提成基础。而且，实际销售价往往比净销售价高出很多。因此，在选择实际销售价格作为提成基价时，应作折扣处理。一般用实际销售价的50%左右的折扣来计算提成费，或将提成率相应降低50%。

以上这两种提成基价有一个共同的特点，只有当利用引进技术生产的产品实际售出，技术受方有了实际收入时，才开始进行支付。支付的责任与技术受方的产品是否获得利润无关。也就是说，无论技术受方使用引进技术生产出的产品是否获得利润，只要产品销售出去了，就必须支付提成费。

(3) 利润。按利润提成也就是从受方利用引进技术生产产品所获得的利润中提取一定比例，来支付供方的技术使用费。按这种提成基价提成，对技术受方较为有利。它将引进方的消化投产和销售风险与输出方结合在一起。在技术受方从产品销售中获得利润之前，可以不支付提成费。特别是在引进技术初期，由于技术受方的技术熟练程度低，或由于渠道尚未打开，受方往往不得不薄利推销，甚至亏本出售，不能获得利润，技术供方也无法提成。因此，供方不愿采取这种方式。而且，由于利润是保密的，一个企业的实际利润和公开利润存在很大差异，因此要了解和确定由引进技术而创造的利润，有很大的困难。因此，在技术转让交易中，按技术受方利润的百分比计算提成费的比较少，只有在某些公司集团内部各企业间，或母子公司间，或供方直接负责经营管理并且对利润收益前景有把握的情况下，才采取这种方式。

(4) 市场公平价(Fair Market Price)。在选择销售价格计算提成费时，技术供方可能会担心技术输入方以低价将产品卖给有特别关系的第三者或其子公司，使技术供方的提成费减少。为避免这种损失，供方就可能要求以该产品的市场公平价格，或现行的国际市场价格为标准。

那么什么是公平市场价格呢？公平市场价格是指技术输入方与没有特殊关系的第三方所达成的实际销售价。即使受方以优惠价格卖出产品，但在计算提成费时，仍然要按市场公平价来计算。

(5) 以每台合同产品的单位或数量的固定提成费作为提成基价。如按合同规定，××型产品每销售一台，提成××元，××型产品每生产一套提成××元等。有些产品若不能或不宜按单台产品计算提成费的，可用产品的计量值(如产品的重量、长度、马力及功率等)来规定固定提成费，以此作为提成基价。如某柴油机技术转让协议可规定：每马力提成××元。

这种提成基价的特点是，只凭每单位产品付给规定的金额，此金额不随成本、价格和币值的变动而变动。因此，可避免国内、国外产品销售价悬殊，或不正常的供求关系，或通货膨胀等因素对提成费造成的影响。只要技术受方进行生产，技术供方就可确保一定的收益。而且，其生产量越大，技术供方收益越多。由于技术受方的产品数量与供方的收益直接关联，技术供方提供技术改进和技术协助比较积极主动。但使用这种方式时，受方要谨慎地确定提成的单位金额。

4. 提成期限

在提成率和提成基价确定以后，提成期限的长短直接影响提成费。提成年限越长，支付的使用费就越多；反之则越少。因此，技术受方总是力争较短的提成期限。一般，在技术转让交易中，通常是提成期限较合同期限短。这是因为在提成率不变的情况下，技术受方的销售利润率同供方的利润分成率成反比(参看提成率的确定)。也就是说，当技术受方的利润率变动时，将会造成利润分成率 LSLP(%)的变化，从而出现利润分配不合理的情况。例如，以销售价为提成基价的提成率为6%，产品销售价格为50元/千克，技术受方的利润为15元/千克。这种技术供方在技术受方利润中分享的比例为20%。如因种种原因，技术受方的利润变为5元/千克，技术供方获得的提成费在技术受方利润中的份额就上升为60%。这种情况表明在技术受方利润较低时，收入分配有利于技术供方，造成不合理的利润分配。为了防止这种不利的分配情况，提成费应推迟到技术受方盈利较高时再支付。

对于专利许可协议，提成年限应等于专利的有效期。若协议中包括多项专利权，应按各项专利权的有效期分别确定提成年限，先失效的专利权，先扣除这部分提成，直至全部专利权失效停止付款为止。

有时技术供方为避免技术受方迟迟不能使引进技术项目验收投产，使得在协议期间的实际提成年限缩短，在协议中明确规定协议项目验收投产后提成年限为若干年，提成结束协议方终止。对于这种要求，技术受方可根据产品的情况和特点决定是否接受。

5. 提成方法的辅助形式

除了以上介绍的确定提成率，选择提成基价后利用公式"提成费＝提成率×提成基价"来计算提成的方法之外，还有一些较为常用的辅助方法。

（1）固定提成

固定提成又可分为固定提成率和固定提成费两种，在整个协议期内固定不变。固定提成率法是指在整个协议期内保持固定的提成率，但由于协议期内所选择的提成基价发生变化，往往导致使用费发生变化。固定提成费法，实际上就是按固定提成率和固定提成基价计算而得。因此，使用费不受通货膨胀的影响。如签约时提成率为3%，提成基价为100元，固定提成率法与固定提成费法计算的使用费均为3元。但几年后，提成基价可能会涨至120元，则用固定提成串法计算的使用费为3.6元，上涨了0.6元。而固定提成费法的提成费始终为3元，对受方较为有利。

（2）递减提成

递减提成的提成率随生产或销售增加而逐步减低。如产量为1～1 000台时，提成率为3%；1 001～5 000台时，提成率为2%；5 001～10 000台时，提成率减为1.5%。递减提成费的安排对供受双方都有利，对技术受方而言，它可以不必因生产或销售的增加而支付过多的提成费，同时可收到生产或销售增加部分的好处；对技术供方来说，提成率虽然降低了，但由于技术受方生产或销售量的增加，其提成费的绝对金额不但不会减少，还有可能增加。此外，这种做法还可起到鼓励技术受方扩大生产和销售的作用。

（3）滑动提成

在进行国际技术贸易时，如按单位产品固定金额计算提成费，技术供方可能会担心技术受方国家通货膨胀而使其提成收入减少，就要求按与技术受方签订合同时的工资和原材料物价指数调整提成费，以保持技术供方在签约时预计的收入水平。

（4）最低提成和最高提成

最低提成指不管技术受方每年销售量有多少，都必须支付一笔最低限度的提成费。也就是说，当按供受双方约定的提成率和提成基价计算的提成费大于最低限度的提成费时，按前者支付提成费用；若按约定的提成率和提成基价计算的提成费小于最低限度提成费，则支付最低限度的提成费。

规定量低提成费的目的主要是为保证技术供方在一定时间内可以获得最低限度的收益，尤其是在授予技术受方独占使用技术权利的情况下，技术供方不能再向其他第三者转让协议项目下的技术，只能依赖技术受方的生产和销售能力。规定最低提成费可以防止由于技术受方将引进技术搁置不用以及市场变动带来的风险，同时促进技术受方尽快安排生产、扩大生产，充分发挥引进技术的作用。

国际上对此方法有不同的看法。有的国家认为其合理,有的国家视其为限制性条款,明文规定不允许支付最低提成费。因此,在选择这种提成方法时,一定要考虑所涉及国家的有关法律规定。

在大多数情况下,最高提成是作为接受最低提成费的反措施来使用的。它是限定技术受方支付提成费的最高额,在根据提成率、提成基价计算提成费时,超出最高限额的部分不再支付,其超额收益由技术受方所得。最高提成费的规定适用于市场不断扩大,销售价格或销售额稳步上升,销售前景较好的情况,有利于维护技术受方的利益。如果技术受方吸收消化技术能力有限,不能在短期内使产量或销售额迅速增加,规定最高提成费则无实际意义。

6. 提成的支付时间

在提成支付的情况下,支付的时间一般规定为季度、半年或一年,然后据此计算每个时期的提成费总金额:在合同中应对每个付款期的最后一天做出规定,如在第一季度终了(3 月 31 日)后 30 天内支付,或年终结算(12 月 31 日),次年 30 天内支付。

(三) 入门费与提成费结合方式

入门费与提成费结合方式是指签约后若干天内或收到第一批资料后若干天内,先支付一笔约定的金额(称为入门费),之后再按约定的办法支付提成费。技术供方要求支付入门费的原因主要有:第一,供方希望尽快收回技术转让交易所支出的直接费用;第二,“披露费”,由于技术交流而造成的,在一定程度上泄露技术秘密的损失:第三,若技术受方吸收消化技术的能力较差,在协议初期收益没有确实保证的情况下,技术供方一般要求较高的入门费,以保证最低限度的收益,这种高于直接费用的入门费,实际上包含着预支提成费的内容。国际上,技术供方对入门费的要求差异很大,有的要求很少,如单纯的专利许可,仅同意授予使用权,不承担任何其他义务责任的,入门费很少,甚至不收。有的则视不同的企业区别对待。在向技术力量较强的企业转让技术时,因为其消化吸收、销售能力强,提成有保证,所以入门费往往很低;而向技术水平较差的企业转让技术时,供方对其消化吸收能力、产品销售能力没有把握的,就会加大入门费以减少提成风险。

第五章　技术商品营销的发展趋势

随着科技全球化步伐的不断加快，技术领域国际分工日益细化，通过发展技术贸易吸收其他国家先进技术，已成为世界各国推动产业和贸易升级、融入全球价值链的有效途径。我国技术商品市场发展了三十多年，还处于不断提高、不断完善的阶段。在这种背景下，如何促进推动技术商品营销的开展，对于技术商品贸易的发展是十分重要的。

一、技术贸易增长迅速

目前，技术贸易已经成为推动世界经济贸易增长的重要力量。随着我国改革开放的有序推进，我国技术贸易迅速发展，结构不断优化。商务部副部长房爱卿于2016年4月21日在上交会上称，近年来，我国的技术进出口贸易进入快速发展期，技术贸易成为我国经济调结构的重要推手。2015年，中国高新技术产品出口40 000亿元，占货物产品出口总额的29%，其中，80%以上为电子及通讯设备制造业相关产品。仅2015年，中国电子设备制造业就引进技术66亿美元，占同期技术进口总额的24%，通过引进、消化、吸收、再创新，中国以电子及通讯设备制造业为代表的高新技术产业实现了跨越式发展，为经济调结构做出了重要贡献。商务部数据显示，2015年，中国技术进出口总额达到545亿美元，近十年累计进出口总额超过3 880亿美元。中国已与132个国家建立了技术贸易联系，技术贸易已从最初的成套设备、生产线为主，向专利技术、专有技术许可、合作研发等转变，技术贸易已成为中国创新型国家建设的重要助推器和加速器。此外，据科技部统计，我国以国内技术贸易为主的技术交易逐年上升，技术合同成交额从2001年的782亿元升至2013年的7 469.13亿元，同比增长了855.13%。

随着我国在体制机制创新、资金引导、知识产权保护等各个方面的技术贸易支持政策体系的日益完善，以及上交会、高交会等品牌技术展会与平台的打造升级，我国的技术贸易正在加速发展。但是，我国技术贸易在迅速发展的同时也面临一些问题和挑战。如核心技术自主研发能力仍相对薄弱，对外技术依存度高，政府在技术引进中长期扮演重要角色，企业影响力有待继续增加等。《2016年技术贸易发展报告》指出，虽然我国技术出口能力逐渐提升，但总体而言，目前我国技术贸易规模仍然偏小，尤其是高新技术产品贸易占我国对外贸易的份额每年基本维持在30%左右，出口规模仅在15%～17%。此外，据海关统计，在我国高技术产品的进出口中，技术服务和技术许可等"软技术"进出口总额占比不到10%，而"硬技术"进出口总额占比却高达90%以上，存在自主知识产权产品过少、自主创新能力低、产品附加值小等问题。

二、我国技术商品营销存在的问题

从市场营销的发展来看，越来越多的表现为从有形的商品向"无形"的服务的转变，这其中技术商品的营销尤为活跃。但是，我国企业在技术商品的营销策略、营销手段等方面存在着一些问题。

(1) 营销观念创新不够，不能满足技术商品交易快速发展的需要。技术产品(尤其是高新技术产品)往往需要企业打破传统观念和做法，通常是技术上的发展和变革先于消费者的需求，企业首先开发出新产品，然后通过引导需求，最终使产品为市场所接受。企业不仅要适应市场，更需要创造市场。

(2) 对市场环境的不确定性把握不够，企业产品和技术创新不能适应市场变化和发展，使企业发展受到影响。但是常用的市场预测技术和方法是针对传统产品特性设计的，往往不适合技术产品。技术企业面临的市场环境是激进的、不连续变化的，这使企业对潜在市场规模的检测很困难。技术企业的产品生命周期较短，原有产品极易被新技术淘汰，很多技术企业不能领先竞争对手推出更新的产品，或对原有产品进行改进，企业的生存和发展就面临极大挑战。

(3) 自有营销网络不健全、渠道过长，使企业产品价格失控、信息反馈和沟通不及时，影响企业对市场变化及市场需求的把握。而且过长的渠道影响信息的反馈和沟通，从而影响企业对市场变化做出迅速灵敏的反应。这些都直接加大了企业的经营风险，给企业发展带来不利影响。

(4) 市场营销部门组织结构不理想，营销人员的专业营销素质欠缺，企业内部各部门间的密切联系和信息沟通不够，重技术轻营销，没有真正的整体技术营销。一是营销管理者的素质达不到相应的工作岗位的要求，如培训教育、技能、考核、岗位竞争、培养与企业共命运的个性、激发人的创新与进取精神等方面做得不够。二是没有组合选配好人员。其关键在于没有寻找到最佳组合发挥人才整体效能，不能做到取长补短，配好岗位，选好搭档。随着科技进步，专业化分工与协作越来越广泛，产品营销中“一条龙服务”“多角供需关系”，往往因为缺少各类专业人员配套协作而共同完成。这也严重影响了企业产品的市场引导和市场拓展。

三、技术商品营销的未来发展趋势

(一) 传统技术商品营销方式将得到发展与完善

传统的推销法——人员推销，在市场营销和社会经济发展中仍起着十分重要的作用。随着竞争的日趋激烈，传统的技术商品营销方式将不断地发展和完善，被充分利用起来。可以说，人员推销是技术商品营销的前沿性业务，因而推销员的技术水平直接影响着销售量和销售成本，进而影响企业的整体营销战略。这就要求推销员既要有吃苦耐劳、不怕挫折的精神，同时还要勤于思考，采用各种手段发现、搜集和利用各种信息，运用好促销的心理战术。总之，未来推销员的素质将有很大的提高，一些新的推销手段和方式也将出现。

(二) 个性化技术商品营销将逐渐受到青睐

随着社会经济文化的发展和富裕化程度的提高，消费需求个性化的特征越来越突出，消费者的购买行为也出现越来越大的分化，以往那种规模经营方式越来越不能适应市场发展的趋势。如何满足消费者的个性化需求已经成为企业面临的迫切问题。由于技术的高速发展，特别是信息产业和技术的发展和推广，使得企业获取市场信息的成本大大降低，时效也极大地提高，这就使得企业有可能及时地了解消费者的各种需求信息。同时，由于自动控制、柔性加工、集成加工系统等先进的生产技术的发展和应用，也使得企业按照少数消费者的个性化需求而进行小批量的设计和生产，即规模个性化生产，不仅在技术上成为可能，而且在经济上成为可能。这种生产方式虽然会相对提高技术产品的制造成本，但却能最大限度地减少技术产品积压，降低销售成本。

国外的一些企业已经利用计算机信息网络，建立起多功能的顾客信息管理系统，来加强企业与顾客之间的信息交流，及时了解顾客不断变化的个性化需求，然后通过计算机网络进行虚拟的设计和制作。在目前的技术水平下，从事这种规模个性化生产的成本还是比较高的。但是，随着现代生产技术水平的迅速提高，在新的世纪里，这种个性化技术商品营销方式将会得到越来越广泛的应用。因此，未来市场竞争的焦点，将集中在能否更好地满足顾客的个性化需求上。谁能做到这一点，谁就能在未来的市场竞争中占据优势，企业规模大小将不再成为企业竞争力大小的决定性因素。

(三) 技术商品网络营销占有的市场份额将越来越大

信息传递,历来是市场营销的关键环节。互联网作为信息传播媒体,比现有的其他任何媒体都更具优势,甚至可以说是其他媒体的集大成。网络市场营销的有其显著的优点:首先,它突破了时空限制。网络可以向位于世界任何地方的用户提供全天候的商品信息,顾客无须离家或办公室就可以得到大量的有关公司、技术产品和竞争者的信息。他们可以把注意力集中于客观的判断标准上,而无须面对销售人员,可以避免各种劝说的影响以及情感的因素。这是以往任何传媒无法做到的。其次,它突破了双向交流与单向交流的界线。目前,企业与消费者的双向交流必须由推销员完成,与消费者群体的单向交流则要借助大众传媒,而互联网同时具有以上两种功能。再次,它极大地降低了沟通成本。企业只要从网上广告商主页上购买一个标题便可达到做广告的目的,无须支付维持零售企业所需的租金、保险、水电等方面的开支,还可以制作远比印刷和邮寄纸张目录便宜的数字技术产品目录。最后,它能够把市场营销全过程中的信息传递与其他环节有机地连成一体,使交易双方不仅可以互通信息,还可以在网上成交。技术商品营销人员还可以知道有多少人访问他们的网站,在网站的具体网页上有多少人逗留,并据此改进他们的技术产品、服务和广告。

当然,网络营销形式的出现,也势必会带来一系列传统营销中不曾遇到过的新问题,如信息服务质量问题、交易安全性问题等。但随着信息技术的进一步发展和现代营销观念的进一步普及,这些问题不久就都能得到妥善的解决,网络营销一定会以人们意料之外的速度迅速发展。

(四) 绿色技术商品营销将越来越受到重视

“绿色市场营销”是企业为实现消费者绿色消费需求,履行环境保护的责任和义务,实现自身盈利目的所进行的市场调查、技术产品开发、技术产品定价和技术产品促销等一系列的经营活动。它是在企业生存环境发生变化的情况下提出的一种新的营销观念。

目前,绿色营销在国际市场已迅速传播开来,显示出强大的生命力。比如,采用非氟里昂制品制冷剂的“绿色冰箱”等对消费者来说很有吸引力。因此,技术企业向有利于消费者健康、有利于环境保护、有利于生态环境的方向发展,最终会成为主流趋势。尽管目前我国有些企业面临亏损严重的困难,部分技术企业仍致力于发展和环保的统一,力争获得绿色标志。越来越多的技术企业认识到在未来企业激烈的竞争当中,抓绿色技术产品、搞绿色营销已成为企业开创名牌效应的一大法宝。

第七篇

技术经纪实务

技术经纪是通过特殊的技术经纪服务推动技术成果的转移和扩散，促进技术成果的商品化、产业化，创造出相应的经济效益和社会效益。因而，技术经纪实质上是技术商品和产品之间的纽带和桥梁。随着技术进步与经济发展，科技创新活动日益频繁，技术交易过程变得越来越复杂，需要参与技术交易的各方共同努力，才能完成技术成果向现实生产力的转化，其中技术经纪作为促成技术交易的中介所扮演的角色越来越重要。同时技术经纪的技术来源、技术经纪途径等诸方面都呈现出日益丰富和多元化发展的趋势，这对技术经纪人也提出了更高的要求。因此，深入地了解技术经纪的内涵及其运作方法，不仅是提高经纪实务操作水平、积极促进技术交易的现实要求，也是技术市场深入发展、加快技术成果产业化的源动力。

本篇主要介绍技术经纪活动各环节的基本要求，包括技术经纪的前期策划、过程策划等内容。

第一章　技术经纪的前期策划

技术经纪是一项为技术交易的洽谈、签约、履约等提供全程服务的活动。由于技术交易的特殊性和不确定性，既使技术经纪活动需要知识、经验、信息和技巧的支撑，又使技术经纪工作显得极其复杂。因此，要完成技术经纪的过程，实现技术交易的目的，必须十分注重技术经纪的前期策划。

技术经纪的前期策划，包括技术经纪的来由与策划要求，技术与市场的关系，技术信息的获取与辨识，技术交易方式的选择和技术项目的可行性分析等。

第一节　技术经纪的来由与策划要求

一、技术经纪的来由

技术经纪的来由是指具体技术经纪工作产生的原因。

一般来说，技术经纪的来由有三种：

(1) 供方之求。供方之求，即拥有技术商品的一方，为了收回技术商品研发成本并获得一定利益，或者为了维持其技术商品的持续开发以实现技术商品的升级优化，要求技术经纪人就寻找技术商品买方提供技术经纪服务。

(2) 需方之求。这种要求主要来自企业。即企业为了产品结构或者产业结构的调整和优化，提升企业产品竞争力和企业核心竞争力，获取最大或者满意利润，要求技术经纪人就选择技术商品卖方提供技术经纪服务。

(3) 事业发展之求。这种情况，既不是缘起供方之求，也不是缘起需方之求，而是技术经纪人为了自身事业的发展，在精心选择技术商品的同时，选择买、卖双方的技术经纪行为。

二、技术经纪的策划

针对不同的技术经纪来由，技术经纪的前期策划的内容要求也不完全相同。

(一) 供方之求的前期策划内容

1. 对供方的技术商品进行评价分析

对供方的技术商品的评价分析包括：技术商品权益归属的合法性，技术商品的先进性、成熟性、适用性、经济效益和社会效益、市场风险，以及技术商品定价的合理性和市场需求预测等。

2. 对技术商品需方的选择评价

某一技术商品的需方，有时往往不是一家。此时，技术经纪人应对多个需方进行比较分析，从中选择一家合适的需方。技术经纪人对需方选择评价的主要内容有：需方的经营管理水平、技术开发能力、商业信誉、工程化能力、经济效益与支付能力，以及需方现有的产品结构与所处行业领域等。

(二) 需方之求的前期策划内容

1. 可供或可替代的技术商品的比较分析

在市场上，具有相似或者可替代的技术商品是经常存在的。因此，技术经纪人应对相似或者可替代的技术商品进行比较分析，为需方寻找最适用的技术商品。比较分析的主要要求是：技术商品的时效性、先进性、成熟程度、适用性、经济性、市场风险，以及技术商品的价格和技术商品内涵技术同需要方技术系统的相容性等。

2. 技术商品可供方的选择评价

由于有可替代技术商品的存在，因此市场上技术商品的供方是多元的，技术经纪人必须对众多的可供方进行比较分析，为需方寻找合适的卖家。比较分析的主要要求是：卖家对技术商品权益拥有的合法性，可供方的商业信誉、技术服务的质量和水平、研究开发能力，以及可供方的新一代相似技术商品的研发情况等。

3. 对需方技术发展路径和策略的咨询

技术发展路径是企业技术（包括产品和生产技术）升级与优化的轨迹。技术发展策略是企业实现技术升级与优化的政策与措施。它们是企业核心竞争力长盛不衰的根本。因此，技术经纪人在为需方寻找合适技术商品和供方的同时，还应关注需方的技术发展路径和策略，不仅要对引进技术与需方技术系统的相容性提供咨询意见，而且要对需方如何实现技术的长期积累和在一定条件下实现技术跃迁提供咨询意见。为此，技术经纪人应做好咨询的基础性工作，主要包括：技术研发能力（或技术创新能力）的提升策略、科学技术的各技术领域的发展动态的收集和整理，以及产业发展趋势和产业技术发展动态的信息的收集和整理。

（三）事业发展之求的前期策划内容

1. 经济和科技发展趋势的预测、评价

技术经纪人必须十分关注当代经济和科技发展的趋势，即注意伴随经济全球化而出现的科技全球化；注意科技迅猛发展而出现的基础研究、应用研究和开发研究的界线渐趋模糊和技术寿命周期的缩短；注意世界产业结构转移而引发的国家产业结构的优化调整和产业结构重心的转移；注意跨国公司的新的发展动向而出现的知识产权保护的强化和技术商品主体多元化的形成，技术经纪人只有充分重视和了解这些变化，才能真正理性地发展自己事业的目标。

2. 熟悉和了解产业政策和科技发展规划

技术经纪人必须熟悉和了解国家和地区的产业政策，以及国家和地区的中长期科技发展规划。其中，产业政策是国家和地区产业结构调整、优化和升级的战略性规划，也是国家和地区的产业发展的政策体系。技术经纪人只有熟悉和了解了产业政策和科技发展规划，才能从众多的技术商品中筛选出比较适用的、可进行技术交易的技术商品。技术经纪人在比较、筛选技术商品时，要特别关注承担中长期科技发展规划确定的重点项目实施的国家级科研机构和国家实验室的科技创新成果。

3. 对市场上可供技术商品的选择、评价

对市场上可供技术商品的选择与评价的出发点和归宿是这些技术商品是否符合产业政策和科技发展规划的要求。同时，在这个基础上，进行技术商品的先进性、成熟性、市场风险、经济性以及经济效益和社会效益等的评价分析。

4. 技术商品需方的选择、评价

在缘起事业发展之求的前期策划的内容中，同样要进行类似缘起供方之求的技术商品需方的选择评价。如果要说有什么差异，则是在做选择、评价时，它更注重相容性的分析。

根据以上阐述，可以发现，尽管技术经纪的来由不同，技术经纪前期策划的内容和要求有所不同，但是它们还是内含着一些共同的内容和要求。这些共同的策划内容和要求是：技术商品的经纪必须建立在充分掌握相关信息的基础上；技术商品经纪全过程的完成或者技术交易的成功，必须进行技术交易方式的策划；技术经纪前期必须对技术项目进行可行性分析。

第二节　技术信息的获取和识别

当今时代，是信息社会化和社会信息化交互发展的时代。信息已成为基础性的生产要素，是重要的资源。技术经纪人在技术经纪活动中，不仅要善于获取信息，特别是技术商品的信息，而且要善于识别信息。只有这样，才能为技术经纪全过程的实现奠定扎实的基础。

一、技术对市场的作用

技术对市场具有先导、垄断和繁荣作用，技术经纪人只有充分认识这些作用，才能自觉地、积极地做好技术信息的收集与识别工作。

(一) 技术对市场的先导作用

先进技术是建立在现代科学基础上。它对发展生产力，促进社会文明，增强综合实力起着先导作用。随着市场需求的增大，企业、大学、科研单位纷纷把目光投入到先进技术的研发上，通过掌握先进技术，从而在市场竞争中掌握主动权。技术对市场的先导性作用表现在两个方面：

(1) 技术必须是引领其他生产要素在市场中运动，起第一生产力作用的重要要素。技术要素不仅仅是消极地反映市场需求，它对其他要素也具有开拓性，即其他生产要素都必须靠技术来更新、优化和升级。知识经济发展的一个重要特点通常是一种新技术的问世，引起了社会的需要，生产发展的需要又推动着这种技术的进一步开发与扩散，这种开发和扩散又活跃着资本、劳力、信息等要素市场。因此，技术的发展要适度超前于其他生产要素的发展，这样才能更好地发挥技术对市场的先导作用，并为其他生产要素的发展提供技术支持。

(2) 技术要素的整个运动过程，需要融入其他生产要素的参与和互动之中。这种众多市场要素的参与和互动，是一种良性的、符合市场经济规律和科学技术发展规律的互动。譬如，资本要为先进技术的转移和物化提供足够的支撑，包括风险资本的进入；劳动力要素要为技术的转移和物化提供智力资源保障，包括高素质人才的供应；即使像土地这种不可再生的资源，也同样要为技术成果的转化提供相应的保障。因此，任何生产要素都需要为技术的运动提供保障和支撑。反过来说，其他生产要素离开了技术，也不可能大有作为。可见，技术与其他生产要素呈现相辅相成的关系。

(二) 技术对市场的垄断作用

当前，随着经济全球化的不断深化，市场竞争越来越激烈，而这种竞争的实质是技术的竞争。因此，企业都在最大限度地保持着技术的垄断。所谓技术垄断，是技术所有者对自己所拥有的专利技术或专有技术采取封锁、垄断政策，以实现独家生产与经营，从中获取高额利润。美国战略管理专家波特认为，技术垄断主要是以技术优势作为抑制同业竞争的武器和阻止潜在竞争者进入行业的障碍。例如，跨国公司的技术转让战略是：母公司研究开发技术成功后，首先在自己内部使用，然后向子公司转让，最后再向外部企业转让。目前，跨国公司在华技术转让中，都保留着“核心技术”和“关键技术”，这样做的主要目的是保持技术垄断以获取高额利润。

技术的垄断作用具有以下特点：

(1) 技术垄断具有开放性。技术垄断会导致一种“创造性破坏”(或技术创新)的行为。熊彼特认为，与技术创新相伴而生的是旧产品不断遭到淘汰和原有企业资产的损失。因此，在技术垄断情形下，潜在竞争者会开发出比现有市场先导者更先进的技术和产品。

(2) 技术垄断具有积极主动性。技术垄断是建立在不断打破旧的壁垒，开拓新产品、新产业基础上的。

(3) 技术垄断具有动态性质。技术进步的目标是动态的,技术创新、技术进步将呈现一个永无止境的、不断发展的趋势。

当代发达国家最为突出的一个特征是技术垄断代替了资本垄断,在当代发达国家经济中发挥至关重要的作用。技术垄断的作用是双面的。一方面,技术垄断作为当代企业竞争的一个有力武器,可以保证企业在市场中占据有利地位,给企业带来巨大的经济效益。而且争取技术垄断、谋求高额利润,也是企业不断进行技术创新、追求技术领先地位的一个重要驱动力。另一方面,技术垄断带来的巨额利润会引发更加激烈的竞争,给企业带来很多隐患。而且科学技术日新月异,如果固守已有的技术优势不思进取,企业必将陷入技术落后、竞争被动的地步。另外,从整个经济社会发展看,正是技术广泛扩散、观念相互启发激荡才能促进创新不断涌现,层出不穷。如何避免技术垄断的消极作用已经成为企业决策者在制定技术创新战略,选择技术竞争策略时必须认真考虑的问题。而在国家创新系统层面,处理好技术垄断与技术扩散之间的关系,使之既形成有效的创新激励机制,又能推进先进技术在国民经济中的广泛采用,是国家创新体系的体制设计中需要解决的重要问题。

(三) 技术对市场的繁荣作用

"科学技术是第一生产力""经济建设必须依靠科学技术,科学技术必须面向经济建设"。随着人们对科学技术的认识,越来越多的企业把技术要素摆到第一需要的位置。技术已成为企业巩固市场、提升竞争力的有力武器,因而技术需求无论从数量还是品质,都以前所未有的速度在发展。同时,科技本身更新速度加快,技术创新活动、技术贸易活动越来越频繁,技术供给市场异常丰富,包括各种专利技术和非专利技术,涵盖从传统农业到现代高科技,从海洋技术到航空航天技术,一应俱全。

巨大的技术需求和丰富多样的供给,促进了技术交易市场的空前繁荣。技术转让、技术入股、技术投资等多种交易方式层出不穷,随着技术控制权或所有权的易手,带动了科技资源、人才资源的流动,科技型人才市场日益红火;随着金融资本市场的发展,金融工具、资本开始与技术结合,不但吸引大量社会资本投向高新技术领域,孵化高新技术企业,促进技术商品的产业化进程,而且技术反过来又实现资本成倍的增值,二者相互促进,相互融合,形成技术垄断与资本垄断的双垄断。特别是一些大型跨国公司。技术交易的发展,也能促进产业结构调整升级,促进社会资源的优化配置,增加劳动就业,推动社会经济蓬勃发展。技术对市场的繁荣作用主要表现为:

(1) 技术要素是推动经济发展的主要动力。在知识经济时代,技术成为生产要素,其具有可共享、可重复使用、可低成本复制、可发展等特点,对其使用和改进越多,则创造的价值越大。技术作为生产要素投入,通过与其他要素的有机配比和使用,提高了投入要素的边际效用,最终导致效益递增。据统计,发达国家技术进步对国民经济增长的贡献率在20世纪初为5%~20%,20世纪中叶上升到50%,目前已高达60%~80%。技术的研究开发和不断创新已构成知识经济的重要基础。

(2) 技术要素是社会和谐发展的重要保障。实现经济发展和人口、资源、环境相协调,是现代社会发展的重要目标。加快科技进步,提高技术要素在经济增长中的含量,实现经济增长方式由粗放型向集约型的转变,是唯一的选择。实现经济增长方式转变涉及的因素很多,但其中起决定性的因素是技术要素。

二、技术信息的获取

市场上,各种技术供求信息繁多,没有哪项技术能够满足所有消费者的全部需求,也没有哪个消费者对全部信息均有需求。必须根据技术经纪的具体情况,对技术信息进行搜集、筛选,将潜在的技术项目挑选出来，使技术经纪活动“有的放矢”，从而提高技术经纪的效率和质量。技术经纪人可以根据自己的专业背景、业务渠道等充分收集技术信息及有关政策法规信息。

信息是资源，是技术经纪人最重要的资本要素。掌握信息来源，了解第一手资料，不仅有利于了解市场环境、技术供求信息，而且还有利于对信息的使用价值做出正确的判断，保证信息的准确性和时效性。获取信息途径很多，而网络技术的诞生，更是使获取信息的渠道变得越来越宽广。一般而言，技术经纪人可以从不同途径获取相关的技术市场信息。

(一) 从信息的源头获取信息

高等院校、科研院所是我国科研力量最集中的地方，他们具有较强的科研实力，了解世界科技发展的趋势，承担了大量国家重大科研项目，每年都有大量的科技成果产生。因此，高校、科研院所是技术市场中最重要的信息源。

企业在技术市场中以技术买方和技术卖方的双重身份出现。一方面，随着全球经济一体化的发展，企业为了进一步提高核心竞争能力而进行产品结构调整、产业能级提升等，大大提高了对技术的需求。特别是中小企业，对技术的需求更为强烈。因此，技术需求主要来自企业。另一方面，随着国家创新体系建设的推进，企业逐步成为技术创新的主体，企业的研发、创新能力迅速提高，一些企业已经具备了自主知识产权和核心竞争能力，企业与企业之间的技术贸易、技术合作也越来越多，尤其是高新技术企业的技术创新与技术交易非常活跃。因此，企业也是科技成果产生的重要源头，并且拥有大量的技术信息(含供需两方面信息)，是重要的信息源。

国防科研和国防工业，他们多把替代下来的、具有较高可靠性的军用技术通过市场转为民用，或者利用他们的科研力量从事民用产品的研究。它是重要的技术信息源之一。

个人的专利技术和科研成果，多属于小型实用的产品，这类成果的信息是市场关注的重点。

(二) 通过科技活动获取信息

各级政府、行业协会、中介机构等组织为加强科技合作与交流，推进科技事业发展，每年都会举办各种类型的科技活动，如举办科技周、国际国内的科技展览会、技术交流会、技术交易会、科技成果发布会、技术难题招标会、技术洽谈会、科技招商会、技术对接会等，汇集的信息涉及各个行业及领域，具有广泛性和综合性，通过这些活动可获取各方面的信息。例如，2005 年由江苏科技厅举办的“民营企业苏北行活动”和 2006 年由浙江科技厅举办的“大院名校浙江行活动”，二者都是政府搭台，在广泛征集企业技术需求的基础上，由长三角中介机构积极参与，利用有效需求信息，组织大学、科研单位的专家与相关的企业进行项目对接的大型活动。这些活动活跃了技术市场，促进了区域科技与经济的联动发展，也是技术经纪人获取技术信息的良好途径。

(三) 通过新闻传媒获取信息

由于媒体具有信息传递量大、速度快、内容丰富、受众面广的特点，已成为传播技术市场信息的主要手段之一。因此，通过报刊杂志、广播电视、专业期刊、互联网等都可获取所需要的各种信息。目前，大量的科技与经济发展信息、市场对技术的需求信息、科技资源、科技成果信息、相关的政策法规信息等都可以从这些媒体上获得。如中国技术交易网(www. ctmnet. com. cn)、北方技术交易市场(www. ntem. com. cn)、上海研发公共务平台(www. sgst. cn)、江苏省技术产权(www. jstpe. com)、浙江网上技术市场(www. 51jishu. com)、安徽省网上技术市场(www. ahtm. gov. cn)等，这些媒体整合了各种科技资源。因此，通过媒体获取信息，是最快捷、经济、方便和有效的手段。

(四) 从科技信息机构获取信息

信息在社会科技与经济的发展中起到越来越重要的作用。作为新产业，近年来得到快速发展，如专门化的信息咨询机构、专业性的网站、情报机构等，他们收集、整理信息，使信息如同商品一样可以进行交易。技术经纪人可根据需要，通过商业途径从这些机构购买信息。作为供技术保护服务的政府机构，专利局或知识产权局虽然不是技术商品生产的源头，但由于法律所赋予其的职责及制度上的要求，使其成为技术商品信息管理最正规、最权威的部门，同时也是全部公开信息最集中的地方。专利是在有关技术信息全部公开的前提下才被授予专利权。因此，专利管理部门的专利文献检索收集技术信息，是最具可信性的技术市场信息获取渠道。专利信息不仅包含大量的技术信息，还含有丰富的商业信息以及技术发展趋势的信息，可以为技术经纪人提供比较全面而综合的信息资料。

（五）从各类技术转移机构获取信息

为了加快科技成果产业化，各级政府、大学、研究所组建了各类技术转移机构，如成立于大学和研究所的国家级技术转移中心、技术交易所均是从事技术信息服务的专业机构，不仅汇集了许多现成的技术成果，而且还能供需求者发布技术需求信息，吸引众多技术拥有者主动提供相关的信息；专业协会、风险投资行业协会、科技创业孵化器、科技园区等都集聚了大量海外和海归高科技人才，国际技术交流畅通，技术创新与制度创新更加活跃。特别是在科技园区，许多国外大公司在那里落户，设立了研究发展机构，使科研与国际水平接轨，生产和科研逐步面向全球，技术成果、需求信息相对比较集中，能够给技术市场提供大量有益的信息，技术经纪人可以根据需要获得各类信息。

（六）从社会活动中获取信息

除了上述各种渠道外，技术经纪人还可有目的地参与社交活动，通过与不同领域、行业的人士的交往获取相应的信息。因为每个人都有一定的社会交往活动，其中携带的信息资源非常丰富。通过这种活动不仅可以获取很多直接的信息，而且结识众多人士还可能建立许多稳定的信息来源渠道。如很多科技中介机构、行业协会、学会组织都会定期举办各种类型的沙龙活动、学术会议、研讨会等，目的就是扩大社会交往促成信息的交流与传播。因此，社会活动是产生信息的源泉之一，蕴藏着大量有价值的信息，参与各类活动越活跃，所获取的信息量就越大。当然，在参与活动前，必须做好充分的准备，对每次活动的主题、参与人士都应有充分的了解，这样才能“知已知彼，百战不殆”，每次活动都能取得预期的信息。

三、技术信息的识别

通过市场所获取的各种信息，涉及面广、信息量大且杂。如果不能按照一定的标准进行信息加工，很难满足交易的需求，从而降低经纪的效率。技术经纪人可以通过科学的方法对信息进行分类、筛选和整理，从中获取有价值的部分，使之成为可用资源，为开展经纪工作奠定良好的基础。

（一）技术信息的实用性和针对性

技术经纪人收集、筛选和传递信息的目的性应十分明确，是为技术交易提供有价值的中介服务。不同的对象对技术市场信息的需求不同，技术经纪人应该从自己掌握的专业知识出发，根据需求有针对性地收集信息。在收集到的大量信息的基础上，要对信息进行比较与分析，衡量信息是否实用、有无使用价值以及使用价值的大小。通过不断比较，去除无用信息，最终锁定信息可选择的范围。

在技术经纪活动中，提高技术信息的实用性和针对性是保证工作质量的一个重要组成部分。因此，技术经纪人应根据需求，有目的、有方向地收集信息，有利于有效地开展技术经纪活动。

（二）技术信息的真实性和有效性

信息的真实性是开展技术经纪活动的基础要求。由于技术市场信息来源有很多渠道：有技术商品交换过程中人与人之间传递的社会信息，有通过互联网传播的各类信息等。信息通过不同的渠道传递难免会带上一些人为的因素，盲目地使用信息是造成技术经纪效率不高的主要原因之一。因此，技术经纪人应对错综复杂的信息进行筛选、整理，对信息来源必须有清楚的了解，对有些信息有必要进行一些核实，实事求是地把握信息的真实性，防止信息在处理中人为的变异。只有确保信息的真实性和有效性，才可能使技术经纪人对技术经纪活动做出正确的判断和正确的决策。

（三）技术信息的时效性和经济性

随着科学技术的发展和经济活动的节奏不断加快，技术信息具有很强的时效性，它会随市场的变化而变化。有些领域里技术更新换代很快，有的技术因人事变动而无法实施，有的技术因成本变化或市场饱和而不再可行。由于种种原因，这些过时的技术还保留在一些信息管理机构的信息库里，依然到处传播。为了避免做无效的劳动，技术经纪人在收集信息时要关注成果产生的日期、项目登录的时间，并加以分析。另外，使用信息时要考虑使用信息的运作成本，即获得信息的成本、处理信息的成本和传递信息的成本。通过综合分析，进一步识别信息的使用价值，这将有利于技术经纪人及时有效地利用这些有使用价值的信息。

（四）技术信息的专业性和系统性

技术信息的专业性是指技术经纪人在收集、选择信息时，要有目标和侧重的方向，根据自己的专业背景，结合市场需求，逐步形成适合自己的专业经纪范围；系统性则是要广泛收集、积累该专业领域内技术供给、技术需求、相关经济、政策等一系列信息。对收集的信息采用一定的方式整理，将信息浓缩、优化，通过对信息资料的比较和分析，找出它们之间的区别和规律，确定有无使用价值或价值大小，及时配对、撮合，使经过处理的信息及时地获得运用。

技术经纪机构收集有关专业领域的信息，也可以与国内外有关信息机构联系，迅速选择所需要的信息。根据所收集的信息，经过筛选、整理后，形成自己的特色，建立信息库，组织技术经纪人开展经纪活动。

第三节　技术交易方式策划

技术交易又称技术贸易，是技术转移的商业形式。技术交易的方式多种多样，目前我国纳入技术合同登记范围的技术交易方式主要有技术开发、技术转让、技术咨询、技术服务。技术经纪人应根据技术商品的特点、买卖双方的具体条件和社会经济发展的新趋势等选择合适的交易方式。

一、技术交易方式与技术经纪

对于不同的技术交易方式，技术经纪工作的重点和应注意的问题各不相同、各有侧重。

（一）技术开发

在全国成交的各类技术合同中，技术开发合同一直占有较大的比例，仅次于技术服务合同而居第二位，这说明技术开发经纪在我国技术经纪业务活动中占有相当重要的地位。

1. 技术开发经纪工作的重点

技术开发经纪工作的重点主要包括：

(1) 认真考虑技术开发项目的可行性。技术经纪人及其机构，在受理技术开发项目的经纪业务时，就必须认真考虑技术开发项目的可行性。其目的主要是为委托者或合作双方着想，以避免技术开发的盲目性和重复开发，造成不必要的经济损失。

(2) 重视技术开发项目的咨询与论证。咨询和论证应在技术开发项目可行性分析的基础上进行。其目的是为了减少技术开发决策失误。如果技术开发项目未曾进行过咨询与论证，可建议委托方进行这方面工作，或者接受委托方委托，为其技术开发项目进行咨询或论证，然后再为其寻找合作伙伴。

(3) 为委托方选择适宜的合作伙伴。无论是委托开发还是合作开发，都要根据技术开发项目的情况，来为委托方慎重选择适当的合作伙伴。如果选择不当，不仅会影响技术开发项目的完成，也难免为委托方造成不应有的经济损失，更会影响到技术经纪人及其机构的威信。

2. 技术开发经纪应注意的问题

技术经纪人及其机构，在促成技术开发合同订立及其履行合同过程中，应当特别注意协助合同双方处理好以下三个问题：

(1) 明确开发成果的创新程度。相应的技术进步特征和技术创新的内容，均可以作为技术开发合同的标的。因此，对技术开发合同中研究开发成果的技术创新程度，既要的具体分析，又要有较准确的技术要求，以便进行考核。

(2) 明确技术成果的归属和分享。技术成果的归属和分享，是技术开发合同所要解决的重要问题，应按《专利法》和《合同法》的规定处理。

(3) 明确承担研究开发风险的主体。研究开发风险，也是技术开发所面临的特殊问题。在履行技术开发合同的过程中，因出现无法克服的技术困难，导致研究开发失败或部分失败的，其风险责任由合同当事人在合同中约定。合同没有约定的，风险责任由当事人合理分担。当事人一方发现可能导致研究开发失败或部分失败的情况时，需及时通知另一方并采取适当措施，致使损失扩大的，应就扩大的损失承担责任。技术经纪人及其机构，在促成技术开发合同成交时，就应及时提请当事人就上述几个问题，在合同中加以约定；合同中如未约定，也应在事后达成协议，或者按合同争议进行调解。

(二) 技术转让

当前，在市场竞争日趋激烈、市场需求的结构性矛盾突出的情形下，技术已经成为各企业抢占市场、赢得竞争的法宝。技术转让已成为技术最有效的获取方式和科技知识传播、扩散、推广应用的一种有效方法。

1. 技术转让经纪工作的重点

技术转让经纪工作的重点包括：

(1) 弄清和核实转让技术的权属。无论是技术让与方或者技术受让方委托为其出卖或者购买技术，技术经纪人及其机构都必须首先弄清楚和落实好转让技术的权属，才能为其提供技术经纪服务。特别要分清是职务专利及技术成果，还是非职务专利及技术成果，避免造成有关单位和个人不必要的权属纠纷。

(2) 重视转让技术的市场调查。无论是何种技术转让，技术经纪人及其机构，都应当重视该项技术实施后的市场前景及其经济效益。如果该项技术未曾进行过市场调查，也可先接受委托为其进行市场调查，然后再为其提供技术经纪服务。

(3) 慎重选择技术的买方或卖方。要把技术受让方是否具有消化吸收该项技术能力，作为购买技术和受让技术的首要条件来考虑，才能较好地促进技术转让，并产生较好的经济教益，从中逐步树立起自己的良好声誉。

(4) 为非专利技术转让严守技术秘密。非专利技术一旦失密，也就丧失了其转让的价值。技术经纪人及其机构，在接受委托从事技术转让经纪业务中，必然不同程度地了解到非专利技术成果的秘密。因此，也就有责任为这些技术严格保密。

(5) 注意技术转让的地区差价。根据近几年国内技术项目流动情况的统计分析，技术转让地区差价的幅度较大。一般情况下，就地转让技术价格最低，外购技术价格适中，向外地转让技术价格最高，其差价幅度均在一倍或几倍以上。技术经纪人及其机构在为技术转让各方协调价格时，应特别注意技术转让地区的差价。

2. 技术转让经纪特别注意事项

技术转让经纪中应特别注意关于后续改进的处置问题。后续改进，就是指在技术转让合同有效期内，一方或双方对作为合同标的专利或非专利技术成果所作的革新和改良。这种革新和改良的提供和分享是技术转让合同中一个特别重要的问题，处置时应当注意掌握以下原则：

(1) 后续改进的技术成果属于完成该项后续改进一方。除了合同有约定外，任何一方无权要求分享另一方所做的后续改进成果。

(2) 提倡当事人双方按照互利互惠原则和权利与义务相一致的原则，约定后续改进技术成果的分享。

(3) 分享后续改进的技术成果，应当是自愿的、相互的和有偿的。

(4) 互惠使用后续改进技术成果，应当另行订立技术合同。因为使用后续改进技术成果，实质上是一项新的技术转让。

技术经纪人及其机构，应当按照以上原则，主动帮助合同双方处理好后续改进技术成果的分享问题，才能做好技术转让经纪服务工作。

3. 技术转让的其他形式

随着科技与经济全球一体化发展，技术转让的方式也呈现了许多新的形式。

(1) 通过企业并购，实现技术转让

企业通过并购可以提高市场地位，实现多元化经营战略目标，增强企业竞争力，保证企业的持久发展。其次，企业并购是企业争夺先进技术的重要手段，在市场竞争激烈的环境下，通过贸易获得技术的成本很高，而且有的企业为了维持超额利润，往往不愿转让尖端技术。因此，通过兼并取得企业所有权，不失为获取目标企业先进技术的一条重要途径。通过并购，并购方可以充分利用原有企业已形成的生产力，减少投资，缩短投入产出时间差，有效地绕开进入新行业、新市场的障碍。并购不仅获得了技术，而且也获得了市场。目前，企业并购，包括发生在同一行业内、生产销售同类产品的企业间的横/纵向并购，以及分属两个不同的行业但存在直接的投入产出关系或产销关系的企业间的混合并购。如 2000 年通用汽车公司并购韩国大宇，就是通过企业并购实现技术转让的典型实例。在 2000 年韩国急于将大宇汽车出售，此时大宇汽车的价值已经“一落千丈”。在双方协商时，通用派出 30 多人对大宇在韩国国内和国外的重点企业进行精细调查，并提出了令韩国方面难以接受的苛刻并购条件：仅并购通用选中的几个企业，其他问题一概不管。这些选购的对象资产价值 7 亿美元，其中通用仅仅出现金 4 亿美元，其余的以发行债券和债权团分摊的办法解决。除上述条件外，韩国的债权团和金融机构还要向新设立的通用-大宇汽车公司提供 20 亿美元的长期低息融资支援，同时韩国政府对通用-大宇还要提供一些优惠税收政策待遇。另外，通用并购大宇汽车还拉着铃木汽车和上汽集团两公司一起“下水”：铃木出资 8 900 万美元，购买将新设立的通用-大宇公司 14.9%的股份；上海通用出资 6 100 万美元，购买通用-大宇 10%的股份。中、日、韩三国的汽车市场目前基本上都是小型轿车唱主角，铃木、大宇、上海通用的汽车生产也基本上以小型轿车为主体。而现在，通用已计划将大宇开发的有市场前景的小型轿车的主要部件转移到上海通用汽车生产厂生产。可见，通用汽车通过并购韩国大宇，不仅获得了韩国的市场份额，更重要的是通过精心选择并购的对象，获得了大宇的小轿车生产技术，有利于通用汽车的亚洲发展战略。

(2) 通过技术入股方式实现技术转让

技术入股是指技术所有人(或者技术出资人)将技术成果的价值进行评估，并作为无形资产出资入股公司的行为。技术成果入股后，技术出资方取得股东地位，相应的技术成果财产权转归公司享有。技术入股有两种形式：一种是卖方以其智力和研究、开发项目作为股份向企业进行技术投资，联合研制、开发新产品，共同承担风险，分享效益，这种技术入股称为研究开发中的技术入股；另一种是卖方自己掌握的现成的技术成果折合成股份，向企业进行技术投资，然后分享效益，这种形式称为技术转让中的技术入股。技术入股有利于提高技术出资人的积极性，并能够有效调动技术出资人积极实现成果的转化。因此，以技术入股方式实现科技成果转化速度较快，易于成功。

这种方式主要对于那些拥有企业关键技术、核心技术以及那些高新技术的人才，由于其希望通过技术入股的方式享受技术进步带来的长期利益，因而能够在一定的范围内将技术折价，从技术所有者转变为公司股东与技术专家的双重身份，将其自身利益与企业紧紧联系在一起，从而促使其为实现技术的迅速产业化以及技术的长期发展而积极努力。对于企业而言，在引进资本的技术的同时也引进了技术专家，可谓一举两得，保证企业在技术方面的垄断地位。例如，上海海事大学教授领衔开发的遥感图像的获取与处理技术，2017 年 2 月以价值 1 500 万元的技术入股方式，投向上海安馨科技股份有限公司，并移交全部文档资料和 5 个系列的技术成果。目前，这一科技成果已接到 5 000 多万元的订单。待产品正式上市后，该教授还将获得股权收益。

(3) 通过合资合作等形式实现技术转让

这种技术转让方式主要表现为由一个机构或多个机构将资金、技术、经营管理知识等组成的综合体向另一个产业部门实现转移。这种方式风险比较小，产生效益较快，有利于促进技术进步，提高企业的经营管理水平。对于不同的企业，其所拥有的资源禀赋各不相同，有些企业拥有较多货币资金，另外一些企业则拥有较强的技术研发能力，还有些企业或个人则擅长经营管理，这些具有不同优势的企业或个人进行组合，取长补短，优势互补，能够实现技术转让效益的最大化。如 2015 年，上海一汽公司与德国大众汽车公司的合资，成功地引进了绿色新能源汽车的生产技术，合资公司由上海一汽控股公司控股。该项目的成功运作，每年将带来近 20 亿元的税收。

(三) 技术服务

1. 技术服务的内容

技术服务的主要内容有以下五个方面：

(1) 技术改造服务：为提高产品质量、减低能耗、降低成本、保护环境等而进行的产品结构、工艺流程等方面的设计、改进和技术指导。

(2) 测试分析与调试服务：新产品、新材料以及有特殊要求的技术成果的测试分析；先进仪器设备、成套装置、生产线等关键性技术调试。

(3) 技术需求服务：企业技术诊断、解决生产技术难题、对产品或成果的技术鉴定服务；科技信息的收集、检索、整理和服务。

(4) 技术培训服务：技术培训是指拥有技术知识的一方接受委托，为另一方提供培训特定的专业技能或管理技能的服务。包括具有这方面职能的经营机构运用其组织能力，通过培训方式传播专业技术和管理技能的活动。

(5) 技术中介服务：技术中介为技术交易牵线搭桥，起到重要的媒介作用。广义的技术中介可以涵盖活跃于技术市场的代理、居间、行纪、资产评估、法律咨询等多项内容。

技术经纪是技术中介的重要组成部分，主要是利用自己的知识和掌握的信息为促进企业之间、企业与高等院校和科研院所之间的知识流动和转移提供服务，为中小企业技术创新提供服务。随着社会科技与经济的发展，技术经纪服务的领域越来越广阔。

2. 技术服务经纪中应注意的问题

在技术服务经纪过程中，技术经纪人应注意以下三个问题：

(1) 在接受企业委托时，技术经纪人及其机构要在众多的技术服务方中，为企业物色能够胜任的技术服务方，以确保技术服务的良好成效。

(2) 技术经纪人及其机构要不断地为技术服务方拓宽服务领域和开拓新的技术服务项目。

(3) 技术服务量大面广，非常容易和经济合同相混淆。因此，技术经纪人及其机构一定要划清技术服务合同与经济合同的界限，不要把建设工程的勘察、设计、施工、安装合同和加工承揽合同与技术服务合同混同起来。

(四) 技术咨询

技术咨询，作为我国软科学研究的一个重要组成部分，发展比较缓慢，还未能引起各级各类决策者应有的重视。因此，技术经纪人及其机构在开展技术经纪业务服务中，就应当高度重视技术咨询经纪业务的开拓与发展，并注意和处理好以下三个问题：

(1) 把技术咨询作为促进技术纪经业务开展的重要手段。技术经纪人及其机构，都需要把技术咨询作为先导，利用技术咨询作为重要手段，来促使技术开发、技术转让、技术服务、技术入股等技术交易各方的决策都能够建立在科学的基础之上，并以此来促进技术经纪业务的开展，不断提高技术经纪的成功率。

(2) 从大力促进各级领导的科学决策需求入手，来促进技术咨询经纪业务的开展。技术经纪人及其机构，要善于运用典型事例来宣传技术咨询的重要性，以不断强化各级领导的软科学研究意识和科学决策观念及其需求，促进技术咨询经纪业务的发展，努力为技术咨询社会化和产业化做出贡献。

(3) 特别注意顾问方一般不对委托方的决策结果负责。决策结果主要应由委托方即决策者负责，这也是技术咨询中一个较为特殊的问题。

二、技术交易方式的策划

每一种技术交易方式都有自己的特点和优势。在具体实施技术交易之前，技术交易的供方、需方或者技术经纪人自身都应根据技术交易的目的，选择最佳的技术交易方式，使技术交易各方都能通过技术交易达到各自的预期目标。在选择技术交易方式时，我们应主要考虑技术交易标的的特殊性、技术市场格局的特点和技术持有人的要求。如技术进口，跨国公司在国际技术贸易中占据主要地位，技术持有人往往主导着技术交易方式的选择。因此，技术经纪人和技术交易双方都应从技术持有人角度，研究和掌握影响技术交易方式选择的主要因素。这些因素包括：

(1) 根据技术交易目的策划交易方式。交易目的是指供方和需方通过技术交易所需达到的目标。一般来说技术需方的目的主要是开发新产品、解决技术难题、填补技术空白、进入国内国际市场。技术供方的目的是通过技术交易，获得经济效益、利用技术作为非股权控制手段、通过技术转让转移过时技术使自己的技术和产品得到更新。在技术交易时，应根据技术需方和技术供方的条件和目的，比较技术交易所带来的各种经济效果，策划技术交易方式。

(2) 根据技术合同标的策划交易方式。技术交易涉及的技术范围十分广泛，包括专利技术、专有技术、计算机软件著作权、技术咨询和技术服务。这些内容与形式有很大不同，适用于某一技术的技术交易方式不一定适用于另一种技术。例如，专利技术与商标或专有技术与商标等可以使用许可贸易的方式，但单纯的商标许可使用比较多的方式应该是特许经营方式。所以，应该根据不同技术的特点来选择合适的交易方式。

(3) 根据企业的条件策划交易方式。进行技术交易的企业自身的条件有很大差别，在选择技术交易方式时应结合供需双方的条件来进行。如技术水平、经营状况与经营环境等。企业的这些条件决定企业选择许可贸易、技术咨询、技术服务、技术投资、合资合作等的技术交易方式中的某一种，或者某几种交易方式的结合。

(4) 根据技术附加值策划技术交易方式。技术交易方式不同，其技术附加值也不尽相同，技术交易应根据利益最大化原则策划技术交易方式。一般技术转让的净利润来自技术这种特殊商品的附加值，这种附加价值由五部分构成：研究与开发的附加价值、加工过程中的附加价值、装配过程中的附加价值、市场分配的附加价值和销售过程中的附加价值。其中，研究与开发的附加价值的增值在技术交易中最大，而其余四个环节的增值在技术交易中不明显。如企业一般可以通过技术投资方式，将研究与开发的技术成果以投资方式转移，异地设厂、加工、装配并建立销售渠道，从而获得其他四个环节附加价值增值的最大化。

(5) 根据交易方式的特点策划贸易方式。不同交易方式的业务程序不同，对有关当事人，特别是技术持有人带来不同的风险。如许可贸易方式有比较大的泄密风险，对技术持有人的长期技术垄断地位有一定影响，所以在一定时期内，比如技术的开发期和成长期内，技术持有人往往选择对外直接投资的技术贸易方式。如技术扩散风险很小或者放弃技术控制的成本很低时，可选择许可贸易方式进行技术转让。在策划选择技术贸易方式时应当比较不同方式的优点与缺点，权衡利弊。这些利弊表现在技术转让方法、技术保密程度、技术价格的确定、技术使用费的支付、技术转让法律的运用、争端处理等方面，这些方面的变化体现在技术贸易双方当事人利益的转移，一般应从利润最大化原则出发策划技术贸易方式。

第四节 技术项目可行性研究

技术项目的可行性分析是对技术的先进性和适用性、经济上的合理性、实施的可能性进行综合分析和全面的科学论证，以判断其在技术上是否合理(适用或先进)、经济上是否可行，进而为技术交易提供判断与鉴别依据。因此，技术项目的可行性研究是技术经纪中的主要工作，不仅是评价技术交易客体的需要，也是经纪质量的重要保证。

一、市场分析

(一) 技术因素分析

对技术因素的评价存在着一套非常成熟的标准体系。它由技术的真实性、可用性、经济性、先进性和可推广性等指标构成。要了解和掌握项目的技术水平，一般可以通过项目的技术参数(指标)与国内外同类技术比较来加以把握。通过比较分析，达到判断该项技术是国际或国内首创、领先水平、先进水平还是适用技术的目的。如果技术是领先的，则要了解技术领先时间；如果技术具有创新性，则要了解该项技术是否为独占技术，是否容易模仿和可替代；如果是先进技术，则要了解该技术的领先时限；如果是适用技术，则要了解技术发展的动态。

1. 技术的真实性

真实性是一切评价的基础，没有真实性就没有一切。这种真实性有两种情况：一种是因为技术的特定类型使得技术具有不确定性。例如，化学反应可能因温度、压力或添加剂等多种外在因素而导致失误，这并非是科研工作者本身主观意图造成的。另一种是伪科学。提交技术成果的人为追求功名利禄而放弃科学原则，技术内容就可能不真实，对此必须做出准确的甄别，否则便会给技术受让人带来巨大的损失。

2. 技术的可用性

技术的可用性是指技术能够转化为特定工业产品，具有使用价值，并能够投入实际应用，能够达到一定的工作目标，满足某一个方面的需要。例如，一位发明人通过长期研究，把汽车下面的一捆电线变成两根线：一根电源线、一根信号线(负极线搭铁)。这个项目的实施使汽车电路更安全、线路更简单，使用成本更低，电器与开关更不容易损坏，性能大大提高，从而具有可用性。有的技术成果则可能不一定具备可用性。因此，技术经纪人必须善于对技术的可用性及可用程度进行分析判断，确保该项技术在转让后能够成功实施产业化。

3. 技术的经济性

通常情况下，技术成果转化为生产力也存在着成本—收益的问题，即一项技术实施产业化后所产生的经济效益必须大于取得该项技术所支付的成本。技术的经济性是技术成果能够得到成功转让的保障。因此，技术经纪人必须对技术项目进行经济可行性论证，根据相关的经济效益指标和技术商品价格比较判断该技术是否具有经济性。

技术价格比较是指对项目的技术交易价格能否被技术交易双方所能接受的衡量与判断。技术价格的比较与技术的内涵有关：使用该项技术后产品对市场的垄断程度，如技术独占许可价格则比普通许可高；技术的成熟程度，如通过中试的技术价格比通过小试的高；解决技术的难易程度，解决产业发展瓶颈的技术价格比解决普通技术高等。技术价格可以比较的相关因素有很多，如先进性、实用性、新颖性，等等。

4. 技术的先进性

技术的先进性是一个非常实际而且非常重要的标准。技术项目先进性比较是指对技术的使用、竞争能力和市场未来发展趋势的判断。所谓的先进技术、普通技术、高新技术，都是具有时间性的。由于科学技术发展速度很快，有些技术项目因时间的推移失去其先进性，因此先进性在不同时期有着不同的内容和划分标准，而且是不断变化的。技术项目先进性比较是把项目的主要性能指标，如产品功能、技术性能、技术指标、主要原材料与单耗等，与国内、国际同类产品进行比较，了解技术项目处于哪一种水平。如果技术项目有创新，主要了解技术上的创新点、其创新程度和创新点对产品的主要技术性能的意义，具体技术数据也要与国际、国内同类产品比较是否具有真正意义上的技术创新。

5. 技术的成熟性

技术项目成熟性分析是指对技术的可靠性、安全性、稳定性进行全面的分析，以反映技术转化为生产力的可能性和风险大小的程度。若该项目技术的形式是新产品，要比较产品达到的成熟状态，包括进行小批量、小规模试生产条件下的成熟状态和在规模化生产条件下的成熟状态。具体是对产品的技术检测、分析化验的数据进行比较，检查产品质量的稳定性状态。若该项目技术的形式是新技术，要了解该技术在实际使用条件下的可靠性、安全性等情况，以及研究技术目前的主要缺陷和障碍以及克服这些缺陷和障碍的可能性和所需时间。

6. 技术的适用性

技术的适用性比较是指对项目的技术成果能否满足使用者生产和市场需要、能否适应使用者的生产技术条件与环境等方面的比较，并具有一定的前瞻性。有些具有科学价值的技术不一定具有市场开发价值，也就是说这些技术成果经过生产过程，物化为一定社会产品后不一定为市场所接受。有些技术成果虽有一定开发价值，但投资过高收益过低，企业开发后无直接经济效益。因此，既要考虑社会经济发展的需要，同时要从整个产业发展的角度和社会资源利用的角度出发选择适用技术。

（二）市场需求分析

1. 市场需求调查与分析的问题提出

当前，一方面是科技成果的大量供给，另一方面是企业对科技成果的大量需求。但是，由于技术交易的复杂性等多方面原因，使技术交易的成效不佳。成效不佳的原因主要有以下两个：

（1）信息不对称性。现实生活中，往往会出现企业不了解在什么地方、有什么技术商品，可以解决企业生产经营中的技术难题和管理难题；大学和科研院所不知道企业需要什么样的技术商品，或自身已拥有的技术成果被哪些企业需要。这种信息不对称情况，导致想买技术的买不到适合的技术，想卖技术的又找不到合适的买家。所以，尽管技术市场的供求双方都很活跃，但真正能够成交的占极少数。信息不对称的另一表现为，企业需要的技术大多属于应用型技术，而大学科研院所里出来的技术则多属理论型或尚未进入试生产的技术，供给与需求难以对接，导致实际的需求无法得到满足。

既然由于供求双方信息不对称，无法了解对方的情况，因而技术经纪人应该进行积极主动的调查与分析，需要时可以组织专家对企业进行咨询诊断，找出阻碍企业发展的主要原因，提出解决对策，确定技术交易项目，提高经纪成效。

(2) 技术需求层次的研究乏力。不同的目标市场和不同的技术消费群体对技术有不同的要求。如发达国家和发展中国家、发达地区和落后地区对技术需要的层次往往有很大差异。发达国家和发达地区由于拥有强大的经济后盾，一般乐于引进具有高风险、高效益的高新技术；而发展中国家或欠发达地区则主要希望引进成熟的适用技术。就如同我国沿海地区的经济比较发达，其技术需求层次较中西部地区有所不同。一般来说，技术是按梯度转移的方式移动，发达国家和发达地区是技术的主要输出方，发展中国家和欠发达地区是技术的主要引进方。当然，也不排除发展中国家和欠发达地区的优势技术向发达国家和发达地区渗透。总之，应当研究不同层次和不同目标市场对技术的不同需求，减少技术经纪的盲目性，提高成交率。

2. 市场需求分析的一般要求

市场需求分析是技术产业化能否成功的前提，是技术价值的决定基础，也是技术经纪前期策划的重要内容。对市场需求的分析，可以利用市场问卷开展市场调研方式，也可以在利用商业数据库的基础上再进行补充调研的方式完成。

市场需求分析主要摸清以下三个方面的情况：

(1) 需求现状及发展趋势。通过调查，全面了解当前市场上同类型产品的需求量、产品的丰富程度、市场的发展动态、国内现有生产能力等，预测技术项目产业化后产品的市场容量；根据产品的生命周期，预测市场变化趋势；根据市场的价格、技术进步分析，预测产品的社会效益和经济效益。通过全面系统的收集、分析研究，了解该产品的现实市场和潜在市场，并得出有无市场和市场大小的结论，预测出技术项目实施产业化后进入市场的发展前景。

(2) 竞争结构。通过调查了解市场所处的竞争类型，是属于垄断市场、完全竞争市场还是属于垄断竞争或是寡头垄断市场。不同的市场结构给技术产业化后施加的竞争压力存在较大差异。技术经纪人必须非常清楚地了解市场的类型，方能向潜在的受让者提出合理的建议。此外，还必须了解相似或可替代技术商品的主要供给者及其竞争能力、供给总量、供给分布等，通过产品竞争能力、市场竞争对手的数量和竞争能力的情况分析，结合技术本身的特点预测产品的市场占有率，从而确定技术转让后的市场占有率水平。

(3) 确定市场需求规模。根据产品市场现状及其发展前景，以及本技术实施后可能的市场份额确定本技术的需求规模，并据此来确定技术项目的经济效益水平。

3. 技术经纪中市场需求分析的特殊要求

双向调查与分析是技术经纪中市场需求分析的特殊要求。在技术交易中，不仅买方要选择卖方，卖方也要选择买方，这是技术交易的一个特点，是实现技术交易的必要前提。由于技术商品使用价值具有间接性，把技术商品转化为生产力的过程存在一定的风险，因此技术交易一般不能转手买卖，而是由买卖双方直接见面。技术交易是买卖双方互动的过程。在技术交易中，除了对技术商品进行选择外，还要对交易伙伴进行选择。为技术的卖方寻找和选择合适的技术购买单位，为技术的买方寻找和选择合适的技术成果，是技术经纪人的基本素质。

技术经纪人接受卖方的委托，为其寻找和选择合适的买方时，应对买方进行调研：了解买方的购买动机；买方对技术商品的接纳能力，包括消化吸收能力、购买技术商品的资金来源、现有的生产条件和规模、企业的生产和经营管理水平、管理团队等方面的情况，以及买方的市场风险承受能力、生产的布局和市场容量等方面的信息。

技术经纪人接受买方的委托，为其寻找和选择合适的卖方时，应根据自己掌握的知识和信息，向买方提供相关的技术成果的性能及水平、技术发展趋势预测等方面的信息资料，帮助买方正确选择技术，并分析买方自身的技术吸收消化能力和技术应用与生产后的经济效益。由于同一类技术可能有不同的技术源，因此，技术经纪人首先要了解卖方的技术水平和综合科技实力，并结合技术性能、技术发展趋势、经济效益、技术消化吸收能力、拟生产产品的特点、投资费用、生产成本、经济效益等多种因素，权衡利弊，为技术买方选择最恰当的技术引进方式及其相应的技术卖方。

(三) 市场因素分析

市场因素分析主要是指资源供给的分析，如资金、材料、人力、时间、技术、信息、交通等对市场需求的影响。此外，还包括政策因素对市场需求的影响，如宏观经济调控、产业政策导向等方面。通过大量数据采集与分析，以及国家、地方政策法规的收集与研究，分析技术项目交易和产业化过程中可能会受到何种因素的制约及影响程度、谈判的主动权策略，判断项目实施的可能性。

市场因素分析的目的是判断该技术产业化的配套环境。一项技术的市场前景无论如何好，但如果缺乏相应的配套环境，则其产业化的困难将非常大。因此，在进行市场需求分析的同时，也应对相应的产业环境、政策因素等予以清楚地了解，并将其对技术交易后的影响范围、影响程度进行充分分析，为可行性研究提供重要的信息。

二、生产技术研究分析

生产技术研究分析主要是项目实现产业化后，对生产过程可能会产生影响的因素进行事先分析。

(一) 生产技术与人员培训

项目的生产技术必须经过小批量、中批量的试生产，通过测试与分析掌握试生产中的一些关键技术数据，为规模化大生产提供技术依据。在核心技术方面，要加强人员培训，把握生产过程的关键环节，保证产品质量的稳定性和可靠性。

(二) 工艺流程与设备

1. 工艺流程设计

工艺流程包括对一个系列或多个系列的工艺顺序进行合理布局。生产工艺必须能充分利用国内资源，有效地利用投入的生产要素。工艺流程设计原则包括：

(1) 最佳工艺流程的选择。对可供选择的不同工艺方案要从工艺类型和工艺水平、产品质量、能耗物耗、“三废”治理、基建投资、产品成本、市场需求、经济效益等多方面进行综合分析比较，选出最佳方案。必要时，还需要根据外部条件的变化采用不确定性分析方法进行工艺流程的比选。

(2) 最佳工艺方案的分析论证。分析论证时，要描述技术项目的最佳工艺方案，并绘制工艺线路图，注明关键参数。对最佳方案进行论证的主要内容应包含：有关市场的需求状况、市场潜力和市场发展趋势的预测和论证；围绕项目的投资、费用和收益情况，对各种投资因素的估算和论证；关于项目的先进性、适用性和可靠性分析的技术因素论证。

2. 设备选择

设备选择要充分考虑其通用性、先进性，易于操作和维修保养，要求配套设备尽可能投资少、效率高、能耗低，并满足技术交易项目预期生产规模要求。设备选择一般遵循以下原则：

(1) 设备选择必须能满足工艺技术条件和生产能力的要求，即所选择的设备在功能效率和尺寸精度方面能够满足产品质量和各项工艺技术标准的要求，能够完成规定的生产定额任务。

(2) 采用适用高效率的先进设备，即要结合项目的具体条件和要求，本着技术先进、安全可靠、经济合理的原则，选择相应的设备。

(3) 设备选择要考虑项目厂址的环境和动力、运输、资源等条件，以避免整个企业生产不均衡，设备能力不能充分发挥作用，直接影响整个企业的效益。

(三) 环境与能源

技术项目的实施是为了实现某个特定的目标。如改进工艺、节约能源、开发新产品能等。有些项目能给本部门带来较高的经济效益，但可能也给社会带来负面影响。如环境污染、破坏生态平衡等。因此，技术项目要考虑环境保护的因素。项目实施以后对环境有影响的，在生产技术方面要有治理“三废”、保护环境的方案和措施。

(四) 物资与供应

对生产所需的原材料、半成品、配套件、辅助材料的品质是否优良、来源是否方便、价格是否合理和能够供应的资源是否充足的情况，以及其他公用设施等的使用等要有综合考虑，尽可能地多选几个方案。否则，技术再好，物资供应链出现问题都会导致项目达不到目标而失败。

三、经济效果研究分析

经济效果研究分析是技术项目可行性研究和项目投资决策的关键内容。经济效果分析，主要是对各种经济要素(投资、成本、销售量、销售价格等)进行研究，分析与预测经济效益和社会效益，评价技术项目产业化后的效果。

(一) 投资估算与资金筹集

1. 固定资产投资估算

固定资产投资总额由固定资产投资、相关税费和建设期利息构成。固定资产投资包括工程直接费用、工程间接费用(主要是指建设单位管理费、土地费、勘察设计费、培训费、保险费、办公及生活用品购置费等)和预备费(也称不可预见费)。

2. 流动资金估算

流动资金包括保证正常生产所需的储备资金、生产过程中生产产品占用的生产资金、成品入库至销售前成品占用的成品资金。当然还包括应收应付账款、现金等。

3. 无形资产投资估算

无形资产包括知识产权，主要是专利;公共特许经营权，主要是广告经营权。无形资产投资就是项目所需购买上述无形资产需要投入的资金。

4. 资金筹措

项目所需资金除自有资金外，还可以从许多渠道获得。可行性研究中应对每一种可能的筹措方式逐一分析论证，从中选择最优惠的资金。同时，需要编制资金使用计划和借款偿还计划。

(二) 经济效益与社会效益评价

1. 经济效益

经济效益是技术买方所追求的首要目标。当技术用于生产经营所产生的收益超过为获取技术所支付的成本时，表明该项技术为技术买方产生了经济效益。经济效益可以从两个方面来衡量:直接经济效益和间接经济效益。

直接经济效益分析的对象主要包括项目的投资成本、项目投产的生产成本、销售成本、销售收入和新增利润以及投资回收期等。主要的评价指标有盈亏平衡点、收益率、产值、利税总额、投资利润率等。

间接经济效益是指由于新技术的采用而给企业带来的各种非货币利益，包括无形资产。如技术优势、商业信誉和产品市场竞争能力的影响等方面。间接经济效益虽然不能以货币金额表示，未构成明显的净收益，但其在推动技术进步、提高企业商业信誉等方面具有非常大的作用。

经济效益分析的内容有：

(1) 项目生产成本与销售收入。生产总成本是指项目建成后一定时期内为生产和销售所有产品而花费的全部费用。包括购买原材料及辅料、工资及福利基金、折旧及摊销、大修基金、流动资金利息、销售及其他资金等。有的还需要进行单位成本分析。

销售收入估算根据预测的产品价格和设计生产能力，逐年计算产品销售收入，当有多种产品时，应分别计算年收入，然后汇总成年总收入。

(2) 财务效益评价。根据国家现行财务税收制度以及价格，分析测算拟建项目未来的效益费用，考察项目建成后的获利能力、债务偿还能力及外汇平衡能力等财务状况，以判断建设项目在财务上的可行性。主要指标有财务内部收益率、投资回收期、贷款偿还期等。有的项目还应该计算财务净现值、投资利润率等指标，为项目决策提供依据。

(3) 国民经济评价。国民经济评价是从本地区甚至全国的角度，考察项目对国民经济的贡献和需要国民经济付出的代价。它是项目经济评价的核心内容，是决策者考虑项目投资与否的重要依据。一般采用费用一效益分析法，运用影子价格、影子汇率、影子工资和社会折现率等经济参数，计算出项目对国民经济的净贡献。涉及出口创汇或替代进口节汇的项目，还要计算经济外汇净现值、经济换汇成本或经济节汇成本，从而评价项目在经济上的合理性。

(4) 不确定性分析。由于在进行项目评价时，所采用的数据多数是预测和估算值，资料和信息来源有限且准确性可能不高，使未来的实际情况同预期可能有较大出入，因此评价结果必然具有不确定性。不确定性会给项目投资决策带来风险，为减少可能出现的风险，就需要对不确定性因素进行分析，以确定项目在经济上的可靠性。不确定性分析可分为盈亏平衡分析、敏感性分析和概率分析。

2. 社会效益

作为法人实体，企业的生存、发展和盈利离不开整个社会，与政府、供应商、劳动者、消费者、周围居民等息息相关。因此，企业在运用新技术追求利益目标时，不能以损害社会效益为代价。相反，由于企业享受着整个社会所拥有或创造的财富，必须为整个社会做出应有贡献。一般而言，社会效益预测的主要内容为：在社会的可持续发展方面，能源、资源、材料和资金等的节约、合理利用情况；对促进自主创新和科技进步方面的作用；对产业结构调整的影响；改善地区经济结构、提高地区经济发展水平；对劳动者工作条件和薪酬状况的改善；增加就业机会、减少待业人口带来的社会稳定的效益；对环境的保护和美化；对国民经济发展和人民生活水平提高的影响；与地区科技文化、基础设施发展水平的相互适应性以及其他相关因素的影响进行全面评价。

在市场经济条件下，社会效益和经济效益都是通过市场得以实现的，要正确处理好二者之间的关系。从根本上说，社会效益与经济效益是一致的，应该同步增长。坚持社会效益为第一位，以提高社会效益来提高经济效益；通过提高经济效益，增进经济实力，扩大再生产和发展科学技术，进一步提高社会效益。

3. 基本评价方法

技术项目评价时使用的指标分为两类：一类是考虑资金时间价值的指标，又称“贴现指标”。主要包括净现值、现值指数、内含报酬率、动态投资回收期等。另一类是不考虑资金时间价值的指标，也称“非贴现指标”。主要包括静态投资回收期、平均会计收益率等。根据分析评价指标的类别，技术项目评价分析的方法也可分为贴现的分析方法和非贴现的分析方法两种。

(1) 贴现的分析评价方法

贴现的分析评价方法主要有以下四种：

① 净现值法。这是一种最广泛使用的项目评估方法。净现值是指一项投资的未来全部净现金流入量的现值与投资成本现值之间的差额。它是测度一项投资的价值增值部分的指标。按照这种方法，所有未来现金流入和流出都要按预定贴现率折算为现值，然后再计算它们的差额。当净现值为正时，即贴现后现金流入大于贴现后现金流出，该项目在收回投资成本后存在剩余收益，说明项目的报酬率大于预定的贴现率，项目具有经济效益。

② 现值指数法。这种方法使用现值指数作为评价方案的指标。所谓现值指数，是未来现金流入量现值与现金流出量现值的比率，或者看作为每 1 元的原始投资可望获得的现值净收益。如果现值指数大于 1，说明其未来收益超过成本，项目的报酬率高于预定的贴现率水平；现值指数小于 1，说明其未来收益不足以完全弥补投资成本，项目的经济效益较差。

③ 内含报酬率法。内含报酬率是当项目未来的现金流入量现值正好等于现金流出量现值时的贴现率，或者说项目的净现值为零的贴现率。它是项目本身的收益能力，揭示项目本身可以达到的具体投资回报率水平，反映其内在的获利水平。当内含报酬率高于资金成本时，项目能够带来较高的盈利水平，在经济上可行；当内含报酬率低于资金成本时，则项目的获利水平低于资金成本，在经济上不可接受。

④ 动态投资回收期法。回收期是指投资引起的现金流入量累计到与投资额相等所需要的时间。它代表收回投资所需要的年限。动态投资回收期是指项目未来产生的现金流量的现值与初始投资的现值相等时的时间长度。时间单位通常为 1 年。通常而言，动态回收期小于预定的回收期，则项目比较有利，而且回收期越短，项目的优势越明显。

(2) 非贴现的分析评价方法

非贴现的分析评价方法主要是以下两种：

① 简单投资回收期法。简单投资回收期是在不考虑资金时间价值的情况下，使未来现金流入量简单累计到正好等于历年原始投资额之和时的时间长度。如果回收期短于预定的标准时间，则项目有利。回收期法易于理解，便于计算，但其未考虑回收期以后的收益。运用这种评估方法时，如果优先考虑短期回收期，可能导致放弃一些具有战略意义的长期投资项目。简单投资回收期法是过去评价项目方案最常用的方法，目前作为辅助方法使用，主要用来测定方案的流动性而非盈利性。

② 平均会计收益率法。平均会计收益率是指项目的平均盈利指标与项目投资的平均价值之间的比值。其中，平均盈利指标根据需要可以使用平均税后利润、税前利润或销售利润总额。在实践中，较常用的是平均税后净利。投资的平均值则使用项目所占用的固定资产净值及净营运资本的平均值。

运用平均会计收益率方法，通常需要事先设定项目预期的平均会计收益率水平，并以此与项目的平均会计报酬率指标进行比较。如果项目的平均会计报酬率超过了预期指标，项目就可行；如果有若干平均会计报酬率超过预期指标的方案可供选择，则应选择该指标最高的项目方案。

第二章　技术经纪的过程策划

技术经纪直接承担着科技成果转化和产业化的基础性服务工作，是技术商品和产品之间的桥梁和纽带，是一项集理论、实践和智慧于一体的工作。技术经纪过程的完成，除了应做好技术经纪的前期策划以外，还必须突出技术经纪的过程策划。技术经纪的过程策划，包括技术交易的组织策划，技术交易合同的签订，技术交易合同的履行等。

第一节　技术交易的组织策划

组织谈判是技术交易组织策划的主要内容。它是技术交易能否取得成功的关键。组织谈判具体应突出谈判技术的分析、谈判环境分析、技术使用分析和技术价格分析等工作。

一、谈判技术分析

由于技术交易实现的周期较长，而且从技术项目的洽谈到签约，牵涉到技术、经济、知识产权、法律等多种因素，因此，谈判是一个重要的环节，需要技术交易的当事双方反复磋商才能达成一致意见。了解谈判的要点和策略，有助于提高谈判能力。其中，技术经纪人在谈判中的作用是：疏通障碍、协调分歧、提供各种促进交易的方便；通过技术经纪人的指导和沟通，使交易双方明白他们之间的利益依赖关系，互相依赖，互相尊重。在双方约定条件、讨价还价的竞争中，技术经纪人应保持冷静的头脑和谨慎的态度，为双方做好解释工作，促进交易。

（一）谈判心理准备

谈判前要有足够的心理准备，要有遇到强硬对手的心理准备。在设计谈判策略时，尽量往坏处想，做好谈判破裂的思想准备，制定好撤退方案。谈判关系到供需双方共同的要求和愿望，是为了和对方在某一共同问题上取得一致的观点和态度。在谈判中要遵循互惠互利的原则，双方在谈判中可以畅所欲言，都具有否决权，谈判的结果应该是双方都获得自己所需要的、达成利益均衡的协议。由于谈判各方拥有的实力和谈判技巧不同，谈判的结果必定是“互惠的”然而是“不平等的”，一方全赢，一方皆输的谈判是不存在的。要取得谈判成功，没有信任和合作诚意是不可能实现的。

任何谈判均含有一定程度的矛盾冲突，这是正常现象。如何在矛盾冲突中求合作，必须具有平等的地位和相仿的条件，如果冲突一方已处于完全劣势，谈判也无法进行，只有双方的共同利益存在，也就是说既注意自己的利益，又要使对方从谈判中获得某种满足，双方才有可能产生谈判的愿望和要求，谈判才会继续进行。因此，在谈判中，必须将对方视为平等的主体，既不能低估对手，以免轻敌；也不能高估对手，妄自菲薄，无形中给自己施加了巨大的压力，使自己处于不利地位。

谈判是一项极其艰苦的工作，是智力与体力、策略与技巧等多方面的博弈。谈判的过程并不会一帆风顺，往往都会经历无数曲折，但每一次的曲折都会为下次的谈判积累最宝贵的经验，从而有可能使双方的意见更加接近。坚持就是胜利，保持精神饱满，精力旺盛，充分准备好谈判的技巧及对对方的了解，必定能有较大的收获。

良好的谈判心理的建立应满足以下两个条件：

（1）谈判信心的确立。谈判信心来自对自己实力以及优势的了解，也来自谈判准备工作是否做得充分。

（2）自我需要的认定。满足自我需要是谈判的目的，清楚自我需要的各方面情况，才能制订出切实可行的谈判目标和谈判策略。谈判者应该认定以下四个问题：

① 希望借助谈判满足己方哪些需要。比如，作为谈判中的买方，应该仔细分析自己到底需要什么样的产品和服务，需要数量、要求达到的质量标准、价格、购买时间、供方必须满足买方的条件等；作为谈判中的卖方，应该仔细分析自己愿意向对方出售的产品种类、卖出价格最低限以及买方的支付方式和时间等。

② 各种需要的满足程度。己方的需要是多种多样的，各种需要重要程度并不一样。要搞清楚哪些需要必须得到全部满足；哪些需要可以降低要求；哪些需要在必要情况下可以不考虑，这样才能抓住谈判中的主要矛盾，保护己方的根本利益。

③ 需要满足的可替代性。需要满足的可替代性大，谈判中己方回旋余地就大；如果需要满足的可替代性很小，那么谈判中己方讨价还价的余地就很小，当然很难得到预期结果。

④ 满足对方需要的能力鉴定。谈判者不仅要了解自己要从对方得到哪些需要的满足，还必须了解自己能满足对方哪些需要，满足对方需要的能力有多大，在众多的提供同样需要满足的竞争对手中，自己具有哪些优势，占据什么样的竞争地位。

满足自身的需要是参加谈判的目的，满足他人需要的能力是谈判者参与谈判、与对方合作交易的资本。谈判者应该分析自己的实力，认清自己到底能满足对方哪些需要，如出售商品的数量、期限、技术服务等。如果谈判者具有其他企业所没有的满足需要的能力，或是谈判者能够比其他企业更好地满足某种需要，那么谈判者就拥有更多的与对方讨价还价的优势。

（二）谈判方案组织

1. 做好谈判前的准备工作

对谈判的内容做充分准备、估计和设想，要拟订谈判方案，包括总的原则、拟达到的目的、谈判的策略，以及谈判中可能提出的问题、可能发生的分歧和解决的对策。对于合同条款中哪些是要争取的，哪些是可以让步的，让到什么程度都需要在谈判方案中仔细研究和考虑。

2. 拟定好谈判的程序

拟定谈判程序是对有关谈判的议题和工作计划的预先编制，包括谈判计划、谈判日程、谈判议题等。这是决定谈判效率高低的重要环节，要做到统筹兼顾，通盘考虑，同时要考虑互利性。在谈判的准备阶段，应根据情况，争取主动，率先提出谈判议程，并努力得到对方的认可。谈判前，己方率先拟定谈判议程的作用在于：谈判起来轻车熟路，谈判心理上占有优势，便于己方提前安排工作，如计划出席人员，做好后勤服务等；同时也可以为己方在谈判准备阶段中的假设预习提供依据。

（1）谈判的议程安排要依据己方的具体情况，在程序上能避己所短、扬己所长。在谈判的程序安排上，保证己方的优势能得到充分的发挥。例如，当己方对某种信息尚未获取或某种话题尚不宜触及以及某种情势尚无定局时，可以安排在最后或必要的时间洽谈，以避免使己方陷于被动。另外，还应回避那些可能使对方难堪，因而导致谈判失败的话题。这一切在拟定谈判议程时，理当有所安排。

（2）议程的安排和布局，要为自己出其不意地运用谈判手段埋下契机。谈判是一个技术性很强的工作，为了使谈判在不损害他人利益的基础上，达成对己方更为有利的协议，可以随时有效地运用谈判技巧，但又不为人觉察。在拟定谈判议程时，要为手段的运用创造有利的条件，而又不弄巧成拙。另外，谈判议程的内容要能够体现己方谈判的总体方案。要能够引导或控制谈判的速度和方向以及让步的限度和步骤等。一个好的谈判议程，应该能够驾驭谈判。但是应当指出，无论谈判的议程编制得多么好，都不会是一劳永逸的事，也不可能使谈判的每一步都不会失利。所以，谈判者决不应放弃在实际谈判中步步为营的努力，尽管有时己方可能局部失利，如果己方能够争取编制出一个好的谈判议程，就会牢牢地把握主动权。

（3）要做好组织准备工作。一般要建立一个精明强干的谈判班子，这些人员要求素质高、技术性强（如项目负责人、技术人员、法律人员、财会人员等），参加人员要相对稳定，保证项目谈判的连贯性。

（三）谈判策略运用

在谈判中，应善于掌握谈判的主动权、善于运用谈判的调和权和善于把握谈判中休息的时间权。

1. 掌握谈判的主动权

谈判应抓住重点开展，不纠缠枝节问题。控制谈判的节奏，对重要的条款、原则问题不轻易让步，力争达到预期的目标；对次要条款和枝节问题，可采用灵活的态度，有进有退，必要时做出适当让步，以此换取对方在其他方面的让步，推动谈判的进行。

2. 运用谈判的调和权

在谈判中要仔细听取对方发言，弄清对方的真实意图和根本利益，并发现可退让的限度；不断提出建议，并要善于折中和妥协，“你让一步，我让一步”，找到解决问题的办法和条件。

3. 把握谈判中休息的时间权

有时谈判遇到难以解决的问题，可以拖延和推迟谈判的时间，使对方陷入时间的压力中，有的谈判者时间概念很强，急于求成，拖延时间越长，费用越大，越容易出现焦躁不冷静的情况，可以利用这种心理。有时谈判陷入僵局，不妨借机会暂停，给双方一些时间重新考虑自己的立场和各自商量解决的办法。

二、谈判环境分析

好的谈判环境有利于提高谈判的成功率。谈判环境不但是指时间、地点，还包括气氛和情绪。一般来说，在舒适明亮的房间，双方友好亲切、情绪饱满、心平气和、思维清晰，便于倾听和理解对方的意愿和要求，谈判容易成功。如果环境不好、气氛紧张、情绪恶劣，人就会烦躁不安、思想分散、缺少明辨是非的能力。因此，创造一个良好的谈判环境，有利于谈判取得成功。

（一）选择谈判地点

谈判地点选择是影响谈判的一个不可忽视的因素。谈判地点选择涉及两个方面问题：谈判地点选择与具体谈判场所选择。

1. 谈判地点选择

谈判中可供选择的谈判地点有三种类型：己方所在地、对方所在地和第三方所在地。选择不同的谈判地点会对谈判产生不同的影响。

（1）己方所在地。在己方所在地谈判对己方谈判者有很多优势：第一，谈判者在自己熟悉的环境里没有心理障碍，容易在心理上形成一种安全感和优越感。第二，在通讯、联络、信息等方面占据优势，谈判人员可以随时与高层领导联络，可以方便地获取各种资料，因此能够在谈判中保持灵活的态度。第三，由东道主身份所带来的谈判空间环境的主动权，会使谈判者在处理各种谈判事务时比较主动。

（2）对方所在地。当谈判者在谈判中处于逆境或准备不足时，在对方所在地谈判可能更为主动，主要原因是退出方便。

（3）第三方所在地。第三方所在地作为谈判地点的优势主要表现为其不存在偏向，双方均无东道主优势，策略运用的条件相当。

己方所在地、对方所在地和第三方所在地是谈判地点的三种基本选择，它们各有利弊。在实际谈判中，还可根据实际需要变换谈判地点，如谈判在双方所在地交叉进行。

2. 具体谈判场所的选择与布置

当谈判双方经过协调，选择其中一方所在地为谈判地点时，按照惯例，所在地一方即谈判的东道主，应负责谈判场所的选择与布置。

谈判场所选择与布置的目的是营造一种有利于达成协议的环境和氛围，应注意以下五点：

(1) 谈判场所所在地交通方便，便于有关人员来往。

(2) 谈判场所所在地内外环境宽敞、优雅、舒适，能使人以轻松、愉快的心情参加谈判。

(3) 正式的谈判室附近应有多种休息场所，以便谈判人员在谈判间隙时休息或举行场外会谈。

(4) 选择适宜的场景色彩。谈判场景的总体色调应以暗色、暖色为主。

(5) 妥善安排谈判座次。座次安排是谈判场所布置中一个比较重要的问题，也是影响谈判氛围的重要因素之一。通常应考虑两个方面：一是谈判桌的形状和大小，二是双方人员的排列。

(二) 选择谈判时间

与地点选择一样，谈判时间选择也是谈判组织中的一个重要环节。选择谈判时间就是确定谈判的开始时间以及谈判结束的最后期限。

1. 谈判开始时间的选择

选择谈判开始时间，要以谈判者准确地把握有利于己方的时机为基准。在谈判过程中，从谈判双方的任何一方看，都可能出现谈判对手具有强烈的合作需求，或者谈判对手面临的谈判压力大于己方，故而谈判需要更为迫切的有利时机。选择有利时机开始谈判，则可以利用对方需求的迫切性，获取谈判的主动权和控制权，从而形成对己方较为有利的谈判局势。

2. 谈判期限选择

随着时间的推移，谈判双方所处的内外环境在不断变化，双方面临的商业机会的价值也会发生变化。因此，选择谈判时间还需要给出谈判期限，要求谈判者在某一期限前完成与对方的谈判。谈判期限的确定要合理，谈判期限过长，一方面会造成某些商业机会的错失，另一方面也会带来一定的人力、物力和财力损失；谈判期限过短，则不能给予谈判者留有充分的时间，反而会影响和限制谈判。

(三) 营造谈判开局气氛

气氛影响人们的情绪和行为方式。同样的谈判议题，在不同的谈判气氛中，谈判的结果可能不同。谈判开局气氛是出现于谈判开局阶段的气象或情势，是由参与谈判的所有谈判者的情绪、态度与行为共同制造的，对整个谈判过程起着相当重要的影响和制约作用。根据出现的气象或情势的高低，谈判开局气氛通常可分为三种情形：高调气氛、低调气氛与自然气氛。

1. 高调气氛

高调气氛是指谈判情势比较热烈，谈判双方情绪积极、态度主动，愉快因素成为谈判情势主导因素的谈判开局气氛。通常，当己方占有较大优势或希望与对方达成协议时，谈判一方应努力营造高调的谈判开局气氛。

2. 低调气氛

低调气氛是指谈判气氛十分严肃、低落，谈判的一方情绪消极、态度冷淡，不快因素构成谈判情势的主导因素的谈判开局气氛。通常，当己方有讨价还价的砝码，但并不占有绝对优势时，谈判一方应努力营造低调的谈判开局气氛。

3. 自然气氛

自然气氛是指谈判双方情绪平稳,谈判气氛既不热烈也不消沉的谈判开局气氛。自然气氛无需刻意地去营造,许多谈判都是在这种气氛中开始的。当谈判一方对谈判对手的情况了解甚少以及对手的谈判态度不甚明朗时,谋求在平缓的自然气氛中开始谈判是比较有利的。

三、技术使用分析

在谈判前和谈判中要对技术使用者需要技术的目标、使用技术的目的持续进行分析。选择合适的技术是能否实现技术交易的关键,也是谈判能否取得成效的关键。技术使用者对技术的使用有以下三种情况:

(1) 技术产品直接实施。各类生产企业,尤其是中小型企业,由于他们自己的研发能力相对比较弱,希望从市场上通过技术贸易的方式获得技术,以解决企业发展中的问题。如提高产品的能级,或调整产业结构,或解决节能问题,或提高生产管理水平等。

一些集团型企业希望通过技术贸易的方式获得技术。这类企业一般资金比较充足,以获得先进技术和高新技术为主要目标,或实现企业的多元化经营。

(2) 技术产品间接使用。一些技术经营机构,他们希望通过买进单项技术,进行技术配套,然后再出售。如买进市场前景好,但尚未成熟的技术,通过技术配套,进行批量试验使技术趋于成熟,然后再出售。这类机构对科技产品的需求一般挑选性很强。

一些风险机构希望通过技术贸易的方式获得高新技术,利用资本运作使技术增值,再通过技术贸易的方式,实现利润最大化。

(3) 特殊方式使用。一些高科技项目或大型科技项目,它涉及的资金量比较大,切实投产后,一般必须形成一定规模才能取得效益。因此,这些项目一般由政府购买,然后向工农业部门推广。

因此,从技术商品供方的角度,必须清晰技术商品需方对技术商品使用的目的及其迫切性,才能使自己做出应该提供什么样的技术商品,以及以什么样的价格提供技术商品的判断,使自己处于谈判的有利位置;从技术商品需方的角度,既要阐明自己需要什么样的技术商品,又要稳定情绪、保持理智,并做好有可以替代的技术商品的准备。

四、技术价格分析

技术商品价格是技术交易的核心因素之一,决定着买卖双方经济利益的分配。由于技术商品是科学研究的成果,其内在的价值很难用一定的价格准确地表达出来,很多因素都是影响价格的直接原因。因此,正确把握技术及价格、技术定价和价格确定是技术经纪工作的重要内容,也是技术交易谈判能否取得成功最为敏感的内容。技术商品的价格确定,需要考虑以下要点:

(1) 技术商品成本价格。技术商品的研发是一项复杂性劳动,研发所投入的成本由两部分组成:直接成本是人力、物力、财力成本;间接投入的成本有管理成本、市场推广成本等。这些成本构成技术商品的基本价格。但往往在技术交易中,技术商品的价格主要是以社会承认的实际价值,即进入市场后带来的经济效益所决定的,其实际价格可能远远高于或低于其成本。

由于技术商品在交易中,技术商品的先进性、独特性、新颖性、实用性及市场对该产品的需求强度等都成为影响其价格的直接因素。因此,技术商品价格具有随机性。

(2) 技术商品的经济效益。技术商品的经济效益主要体现在技术商品应用后对提高劳动生产效率、降低生产成本、提高企业管理水平与改善经营等的作用大小,以及技术应用后所开发的新产品或改进产品的目标市场容量大小和产品本身生命周期的长短等方面。产品生命周期长短,直接决定着买方的经济效益,因而就影响技术商品的买卖价格。此外,技术应用后增强市场竞争力的贡献大小、技术应用后为技术受让方所创造的利税多少也是考量技术商品价格的重要指标。

市场环境和技术买卖双方支撑条件上的差异,也影响着对技术定价的高低。一般来说,技术商品经济效益和社会效益好的,卖方有权要求买方适当增加分享数额或提高分成比例;对经济效益不好的,买方有权要求卖方降低提成比例。

(3) 技术交易形式。技术商品是一种知识产权,在技术转让时一般只转让使用权。转让使用权的方式有普通许可、独占许可、排他许可等几种不同的类型,不同的转移方式决定了技术的使用者对该技术的市场垄断强度大小。因此,所付出的技术使用费,即技术价格就会存在较大的差别。技术转移的形式是确定技术价格时应予以考虑的重要因素。

(4) 技术商品的成熟程度。技术商品的成熟程度是指该项技术是否通过小试、中试、工业化试验或商业化投产,目前已达到的环节。这些环节是否完备,不仅反映了技术商品的开发研究成本的高低、技术本身的可信程度,同时也反映了技术应用风险程度的大小。如果买方买进的技术能直接用于生产,该技术商品的工业化开发程度高,相对来说技术应用风险就小,价格相对就高。

(5) 专利期限。《专利法》对专利的有效期有明确规定。因此,在涉及专利转让、实施许可等技术交易中,必须注意专利有效期离终止时间的长短。专利有效期离其终止时间越短,该专利有效价值越低,专利技术使用费就越低。

(6) 根据当事双方对价格的态度调节价格。技术交易既给卖方带来利益,也给买方带来利益,技术买卖双方都通过技术交易享受自己应得的利润。价格主要反映了卖方的利益,技术价格是否合理,很大程度上反映了买卖双方利益分配是否合理。经纪人必须事先了解买卖双方对价格的态度,根据当事双方的态度并综合考虑各种市场要素来协调解决。

(7) 利益分配支付方式对价格的影响。技术价格和报酬支付的方式是把技术买卖双方的利益、责任和风险直接关联在一起。一次性支付、分期付款、按产品批量提成、利润分成等因支付时间不同,责任和风险也不同,价格也随之发生变化。如一次性支付,订立合同后即一次性付清,经济风险全部由买方来承担,卖方应适当降低卖价;又如分期付款,根据支付时间不同,责任和经济风险也不同,卖方可适当考虑提高技术商品的价格。

技术价格分析的目的是为了在谈判过程中便于谈判双方的议价。虽然技术商品的价格可以委托专业评估机构进行充分、客观地评估,但是谈判双方(包括经纪人)也需要事先确定出讨价还价的上下限(顶价与底价),为议价做到心中有数,为技术交易公平成交奠定基础。

一般来说,卖方确定技术商品价格时,应考虑:

(1) 顶价不超过预期得到的新增利润。超过了这个界限,意味着卖方剥夺了买方引进技术的全部收益;

(2) 顶价不超过竞争对手所报价格;

(3) 顶价一般不超过买方自行开发的成本;

(4) 底价应为收回全部或部分重置成本净值。

而买方在确定技术商品价格时,应考虑:

(1) 引进技术带来的预期净收益大于零;

(2) 引进技术的总成本低于自行开发的总成本;

(3) 存在多项可替代技术时,选用效益价格比大的技术;

(4) 买方的底价应为卖方交易成本(转让成本)的估计值。

第二节 技术交易合同的签订

技术交易种类很多,且远比其他交易复杂,订立技术合同时应根据技术交易类别来确定合同类型。技术合同是当事双方为实现技术交易某一特定目的而规定双方权利义务的法律文件，合同条款比其他合同相对繁琐。由于交易各方的立场不同、所处的特定环境不同以及权利义务的不同，可能对合同条款产生不同的理解，在签订技术合同时，一个首要的任务就是要准确地对其条款进行严格的文字定义。签订一份比较和相对完整的技术合同，是技术经纪人的一项必备的基本技能，也是技术经纪人在技术经纪业务活动中的重要环节。

一、明确交易内容

技术合同的核心内容是合同标的和双方的权利义务。技术经纪人应站在公平公正的立场上，以维护技术交易双方当事人的合法权益，实事求是地协助双方明确交易内容，签订交易合同。

（一）技术内容

技术合同标的内容、目的、技术指标、范围、要求和最终所表现的成果形式的描述应当全面、具体、尽可能地量化。任何抽象、笼统、模糊的文字，或者有意无意的疏漏，都可能给合同的履行带来隐患。如技术转让合同，它应当是技术持有方已掌握的技术成果，包括专利技术和非专利技术，可以是成熟的技术成果，也可以是阶段性成果、技术构思或技术方案，它具有完整的技术内容，必须在合同标的中以文字、数据详细地说明。在使用技术的方式（如独占许可还是非独占许可）、地域（可以生产和销售产品的地区）、期限及其他相关条件方面要明确。

除技术合同正文以外，还可以有若干附件。附件主要是用以说明合同正文中不便详细罗列的内容，如有关的技术资料、技术标准、图纸、图表等。附件具有同正文一样的法律约束力。因此，有必要在合同中加以明确“本合同的附件系合同不可分割的一部分，与合同正文同样有效”。

（二）成果归属

在技术转让和技术服务实施过程中都有可能产生新的技术成果。有些成果可能是一项重大的突破性的科技成就，也有可能只是技术细节上有实质意义的改良。因此，在签订合同时，应当重视成果归属与分享问题。成果归属，除双方当事人另有约定外，都应按《合同法》确定。

（三）支付条款

技术交易中的技术使用费有多种支付方法：一次性总付、分期支付、技术提成费、技术入门费等。多数技术合同履行的周期比较长，采用分期支付方式比较多。而技术转让合同在支付条款方面除了采用分期付款方式以外，常常结合技术提成费、入门费等支付方式作为支付条款。

合同分期付款，一般是根据合同阶段性目标确定分几期支付，以及支付的时间和支付金额。通常情况下，合同生效后一定时间内支付第一期费用或定金，当合同履行后期，即项目验收前后，支付合同的大部分钱款，留有部分作为尾款，在项目验收后一定期限内支付。技术入门费和技术提成比较多地用于技术转让合同。入门费是指合同生效后一定时期内，支付一笔类似定金性质的费用，等许可使用的技术在生产产品并销售后，按一定方法支付技术提成费。

技术合同必须明确写明技术价款的金额、支付方式、每次支付的数量、日期。不按时付款视为违约，责任方应支付违约金。合同中应当载明违约金支付的金额和时间。

（四）验收标准

在技术合同中，对于验收标准、方式、程序、费用、时间、地点以及验收不合格的措施等，要有明确的约定。在技术合同标的中，应当把技术商品的技术指标、经济指标等一切要素，尽可能地用数据和参照标准表述清楚。特别是技术指标的验收标准要客观、全面、科学合理。一项新工艺、新技术初次应用于生产，所谓合格、成功也是相对的，肯定还有不少调试、改进等后续工作，有关的后续改进工作也应该在验收条款中加以考虑。表述明确的验收条款，有助于顺利地完成验收工作。

验收工作是对一项技术商品交易过程的全面评价，是履行技术合同的重要环节。要重视验收方法和验收标准的制定。如有的合同技术验收标准定得太高,有的合同未定技术的后续改进工作,有的合同忽视验收标准,往往都会引起合同纠纷。

二、协助起草合同

技术合同的起草是技术交易的当事人为某一交易对象(技术商品),经协商达成一致意见的过程和结果。协助起草合同是技术经纪工作的内容之一。

技术经纪人在从事技术合同起草工作中,应遵循以下原则:

(1) 技术合同的内容、形式和程序都必须合法。任何违反国家法律、法规和政策以及损害国家利益和社会利益的合同都不受国家保护。

(2) 技术合同主体之间订立的合同,必须自觉自愿,进行技术商品交易必须互为补偿,不得无偿占有他人的技术成果。

(3) 技术合同当事人应当善意地行使权力,履行义务,不得采取欺诈、胁迫手段损害他人利益和社会公共利益。

(4) 技术合同内容涉及国家安全或者重大利益需要保密的,应当符合国家规定要求。

(5) 订立技术合同应有利于科学技术的进步和发展,应有利于科技成果的推广和应用。

三、明确特殊条款

在技术合同中,对特殊条款要求最多、且必须极其明确的是技术转让合同。这是因为,技术转让合同是就转让现有的专利权、专利申请权、专利实施权、非专利技术的使用权和转让权等所订立的合同,它涉及专利的性质与内容、许可权力范围和许可方式、侵权以及保证转让有效性等要求。

(一) 专利条款

专利条款应就以下方面加以说明:

(1) 许可使用的专利权。应该说明可以使用的专利权是什么。其中主要包括专利名称、专利号、发明创造的名称、专利申请人、专利权人、专利申请日、申请号以及专利权的有效地域和期限。技术受让方可以要求技术让与方提供专利申请案中的说明书、权利请求书,或者照片、图片以及专利证书的复印件,以确定上述内容。

(2) 许可技术。这是指技术让与方许可受让方使用、制造产品的专利技术。此项应该说明许可使用的技术是什么。

(3) 许可产品。这是指技术让与方许可受让方生产制造、销售的产品。此项应该说明许可的产品是什么。

(4) 技术内容。技术内容主要包括技术的名称、种类、型号以及技术的各项指标。此项应该详细说明产品名称、产品指标、技术性能指标、产能、能耗、废品率、环境保护安全等内容。合同中有关技术内容的各项规定是检验和验收的依据。因此,技术内容应全面、完整、准确。

(二) 授权条款

授权条款应就以下方面加以说明或约定:

(1) 许可权力范围。这里的许可权即许可实施权,包括使用权、制造权和销售权。从法律意义上说这三种权力可以独立存在,可以许可其中一种,也可许可全部。但是,大多数许可方式以销售产品获利为目的,所以许可合同通常是三种权力同时许可。

(2) 许可方式。这是指技术让与方授权受让方使用技术的方式,即在合同规定的时间和地域,受让方享有独占许可还是享有非独占许可权。许可方式直接关系到技术让与方和受让方的经济利益,并影响合同中技术价格等有关条款。独占许可一般对受让方有利,受让方在合同规定的地域和时间内对技术、产品和市场享有垄断权,因而可以获得较高利润。

（三）保证条款

保证条款应就以下方面加以说明和保证：

(1) 保证并维持专利的有效性。按照法律规定，专利权人只有按期缴纳年费，才能维护专利的有效性。因此，合同中的专利条款应该规定，技术让与方必须按期向有关专利机构缴纳年费，以维护专利的法律有效性。法律还规定，若因让与方未按期缴纳年费致使合同专利失效，让与方应负全部责任。

(2) 保证专利技术的可实施性。受让方要求技术让与方做出专利技术可实施的保证，目的是保证专利技术可以用于专利产品的制造，或者将专利方法用于工业实践中。因此，在合同中应规定，让与方保证专利技术的可实施性。如无法实施，受让方有权提出终止合同，并要求退还已经支付的款项，或要求赔偿经济损失。

(3) 保证让与方是专利技术和专利资料的合法持有人，并有权进行技术转让。专利技术的合法持有人和有权转让是两个不同的概念。因为，专利有共有专利和单独所有专利、基本专利和从属专利之分。共有专利需要经过全体共有人都同意，才能进行许可转让；基本专利和从属专利，从法律上来讲，二者都是独立专利，但从技术上讲，后者是以前者为基础产生的，从属专利所有人授予第三方许可权时应得到基本专利权人的同意，否则可能会受到基本专利权人的侵权指控，影响该专利技术的事实。

（四）侵权责任条款

侵权是指未经专利权人许可，第三方即实施专利，或者专利权人（或受让方）被第三方指控侵犯了第三方的专利权时所产生的违法行为。如未经专利让与方的同意，将许可技术转让给第三方实施，这就构成侵权；受让方在利用专利进行生产和销售时也可能会受到第三方的指控，引起侵权纠纷。也就是说，在专利许可使用过程中，被许可方可能会面临两种情况：

(1) 自己的合法权益受到第三方侵权。这就需要受让方单独或与让与方一起共同交涉。

(2) 被许可的专利受到第三方的侵权指控。这应由让与方负责交涉并承担法律责任。这种情况对受让方影响很大。

所以，专利许可合同中应明确专利权人对合同专利享有的合法性，并且应规定，受让方在合同有效期内因使用专利技术、制造、销售产品，受到任何第三方关于合同专利侵权的指控时，其经济、法律责任均有让与方承担。

四、处置无效技术合同

技术经纪人协助起草技术合同，必须十分注意避免形成“无效技术合同”。但是，一旦造成“无效技术合同”的问题，技术经纪人应当协助当事人妥善加以处置。具体处置可以按以下程序和方法：

(1) 当事人或者受害人可请求工商管理机关或者诉请人民法院宣布合同无效。

(2) 涉及非法垄断技术，妨碍技术进步，侵犯他人合法权益的，要在委托当地科学技术行政管理部门做出结论后，再行处理。

(3) 技术合同确定无效后，除返还技术资料外，还应对当事人的财产、技术资料和技术权益做出妥善处理。对合同无效负有责任的一方应当赔偿因合同无效给另一方所造成的损失；当事人双方对合同无效均负有责任的，应各自承担相应的责任。

五、技术合同文本填写示范

目前，在技术市场上签订的技术合同，合同文本大多采用2001年7月18日国家科学技术部根据《合同法》有关规定印制的《技术合同示范文本》，这对规范技术合同交易活动、提高技术交易质量、依法保护技术合同当事人的合法权益起到了规范与统一的作用。下面就常用的技术转让（专利实施许可）合同与技术开发（委托）合同示范文本从法律与操作层面作一解释。通过熟悉这两个合同文本的示范填写，对其他技术合同文本填写起到举一反三的作用。

（一）技术转让（专利实施许可）合同

（黑楷体字为合同文本格式内容，括号内宋体字为填写解释，下同）

合同编号：

（各单位合同编号或流水号）

项目名称：

（用简明、准确的文字表达合同的标的和名称）

受让方（甲方）：

（用《企业法人营业执照》规定的法定名称）

让与方（乙方）：

（用《企业法人营业执照》规定的法定名称）

签订时间：

（如果没有时间约定，就无法确认合同的履行和有效）

签订地点：

（涉及发生争议后的法律管辖）

有效期限：

（涉及发生争议后的诉讼时效）

受让方（甲方）：

（用《企业法人营业执照》规定的法定名称）

住所地：

（用《企业法人营业执照》规定的住所地）

法定代表人：

（《企业法人营业执照》规定的法定代表人姓名）

项目联系人：

（受让方指定的项目具体联系人）

联系方式：

（是指信函、电传、电话、电子信箱或项目联系人等）

通讯地址：

（最便于联系的通讯地址）

电　　话：　　　　　　传　　真：

电子信箱：

让与方（乙方）：

（用《企业法人营业执照》规定的法定名称）

住所地：

（用《企业法人营业执照》规定的住所地）

法定代表人：

（《企业法人营业执照》规定的法定代表人姓名）

项目联系人：

（让与方指定的项目具体联系人）

联系方式：

(是指信函、电传、电话、电子信箱或项目联系人等)

通讯地址：

(最便于联系的通讯地址)

电　　话：　　　　　　　　传　　真：

电子信箱：

本合同乙方以________(独占、排他、普通)方式(制造、销售、出口)许可甲方实施其所拥有的________(例如,A. 一种新的化学合成配方;B. 某发动机控制系统)专利权,甲方受让该项专利的实施许可并支付相应的实施许可使用费。双方经过平等协商,在真实、充分地表达各自意愿的基础上,根据《中华人民共和国合同法》的规定,达成如下协议,并由双方共同恪守。

第一条　本合同许可实施的专利权：

1. 为________(发明、实用新型、外观设计)专利。

(按专利申请书内容)

2. 发明人/设计人：

(自然人:××/××)

3. 专利申请人：

(可以是自然人、法人或其他经济组织)

4. 专利申请日：

(×年×月×日,例如,2007年3月16日)

5. 专利申请号：

(按专利申请书的申请号,例如,ZL01 2 33617.3)

6. 专利有效期限：

(发明专利权的期限20年,实用新型和外观设计的期限为10年)

7. 专利年费已交至________。

(×年×月×日)

第二条　乙方在本合同生效前实施或许可本项专利的基本状况如下：

1. 乙方实施本发明创造的状况(时间、地点、方式和规模)：

(例如,乙方从2006年开始在某省试制每年5 000件左右,属于试制性质,尚未形成产业化)

2. 乙方许可他人使用本发明创造的状况(时间、地点、方式和规模)：

(例如,A. 乙方拟在2007年向某市某公司转让本项发明创造;B. 应用范围:机电设备;C. 2008年底达到100万件规模,预期2009年达到500万件,收入达到1 000万元)

第三条　乙方许可甲方以如下范围、方式和期限实施本项专利：

1. 实施范围：

(例如,A. 在机电范围内应用本专利技术;B. 一次性转让和使用;C. 在某地区内实施与销售)

2. 实施方式：

(例如,只有实施权,没有再转让的权利)

3. 实施期限：

(在专利有效期限内,注明×年×月×日至×年×月×日)

第四条　为保证甲方有效实施本项专利,乙方应向甲方提交以下技术资料：

[例如,A. 专利权证书、专利申请文件和相关技术文件(简单技术或配方无需交付);

B. 技术文件包括技术图纸、设计说明书、设计程序、工艺规程、内外包装等;

C. 技术标准、检测标准、验收规程等；
D. 涉及掌握技术秘密的相关资料]

第五条 乙方提交技术资料的时间、地点、方式如下：
1. 提交时间：
（×年×月×日或者×年×月×日至×年×月×日）
2. 提交地点：
（甲方、乙方住所地或者约定第三地点）
3. 提交方式：
（双方联系人当面交付，并出具书面收条）

第六条 为保证甲方有效实施本项专利，乙方向甲方转让与实施本项专利有关的技术秘密：
1. 技术秘密的内容：
（例如，本专利的装配工艺及文件）
2. 技术秘密的实施要求：
（按本合同第四条2和第六条1执行）
3. 技术秘密的保密范围和期限：
（本项专利的技术秘密仅限于甲方直接有关的技术人员；专利权有效期内）

第七条 为保证甲方有效实施本项专利，乙方向甲方提供以下技术服务和技术指导：
1. 技术服务和技术指导的内容：
（例如，技术培训）
2. 技术服务和技术指导的方式：
（例如，培训甲方6名技术人员掌握制造工艺、装配工艺的全部技术，达到本合同第四条2约定的标准）

第八条 双方确定，乙方许可甲方实施本项专利及转让技术秘密、提供技术服务和技术指导，按以下标准和方式验收：
（例如，A. 本合同第四条2的标准；B. 到某某质量检测中心进行检测；C. 邀请某某行业协会专家3人、甲方2人、乙方2人进行会签认可方式验收）

第九条 甲方向乙方支付实施该项专利权使用费及支付方式为：
1. 许可实施使用费总额为：
其中：技术秘密的使用费为：
　　技术服务和指导费为：
2. 许可实施使用费由甲方________（一次、分期或提成）支付乙方。
具体支付方式和时间如下：
（例如，A. 一次性支付：×年×月×日至×年×月×日支付；银行汇款、托收或现金支付。B. 分期支付：分期×年×月×日；银行汇款、托收或现金支付。C. 提成支付计算办法；支付时间×年×月×日；银行汇款、托收或现金支付）
3. 双方确定，甲方以实施专利技术所产生的利益提成支付乙方许可使用费的，乙方有权以________（例如，A. 合同约定监督；B. 每月、季、半年或年度一次；C. 合同约定第三方（某审计事务所）负责监督；D. 有知情权）方式查阅甲方有关的会计账目。

第十条 乙方应当保证其专利权实施许可不侵犯任何第三人的合法权益，如发生第三人指控甲方侵犯专利权的，乙方应当________。（承担法律责任；允许当事人另有约定）

第十一条 乙方应当在本合同有效期内维持本项专利权的有效性。如由于乙方过错致使本项专利权终止的，乙方应当按本合同第十六条的约定，支付甲方违约金或赔偿损失。

本项专利权被国家专利行政主管机关宣布无效的，乙方应当赔偿甲方损失，但甲方已付给付乙方的使用费，不再返还。

第十二条 甲方应当在本合同生效后________日内开始实施本项专利，逾期未实施的，应当及时通知乙方并予以正当解释，征得乙方认可。甲方逾期________日未实施本项专利且未予解释，影响乙方技术转让提成收益的，乙方有权要求甲方支付违约金或赔偿损失。

第十三条 双方确定，在本合同履行中，任何一方不得以下列方式限制另一方的技术竞争和技术发展：

（例如，A. 限制另一方实施专利、技术秘密成果的规模、产品数量和销售价格；B. 限制另一方实施专利、技术秘密成果基础上的技术进步和产品升级换代）

第十四条 双方确定：

1. 甲方有权利用乙方许可实施的专利技术和技术秘密进行后续改进。由此产生的具有实质性或创造性技术进步特征的新的技术成果，归________（甲；双）方所有。具体相关利益的分配办法如下：

（A. 合同约定优先；B. 后续改进归完成者所有，他人无权分享，任何分享都是有偿的；C. 约定双方共有，则利益共享。）

2. 乙方有权在许可甲方实施该项专利权后，对该项专利权涉及的发明创造及技术秘密进行后续改进。由此产生的具有实质性或创造性技术进步特征的新的技术成果，归________（乙；双）方所有。具体相关利益的分配办法如下：

（A. 合同约定优先；B. 后续改进归完成者所有，他人无权分享，任何分享都是有偿的；C. 约定双方共有，则利益共享）

第十五条 本合同的变更必须由双方协商一致，并以书面形式确定。但有下列情形之一的，一方可以向另一方提出变更合同权利与义务的请求，另一方应当在________日内予以答复；逾期未予答复的，视为同意：

（A. 法律规定合同可以变更，具体履行中也经常在变更；B. 双方合作好，可以变更；双方合作不好，客观上难以变更；C. 应当考虑双方合作中可能发生变更，因此需要留下空间；D. 例如，主管技术的项目负责人变动、国家重大产业计划变动、研究开发的标的被第三人公开或显失公平等情形之一）

第十六条 双方确定，按以下约定承担各自的违约责任：

1. ________方违反本合同第________条约定，应当________（支付违约金或损失赔偿额的计算方法）。

（例如，乙方，第三或四条，支付违约金××万元）

2. ________方违反本合同第________条约定，应当________（支付违约金或损失赔偿额的计算方法）。

（例如，乙方，第五或六条，按合同总额的×%支付赔偿）

3. ________方违反本合同第________条约定，应当________（支付违约金或损失赔偿额的计算方法）。

（例如，甲方，第九条，按合同总额的×%每天支付滞纳金）

4. ________方违反本合同第________条约定，应当________（支付违约金或损失赔偿额的计算方法）。

第十七条 双方确定，在本合同有效期内，甲方指定________为甲方项目联系人，乙方指定________（例如，A. 按照约定联系时间、联系方式和联系地点完成交办的相关工作；B. 防止因人事变动而使本合同难以履行或无法履行;C. 保证以适当的时间、方式、标准履行本合同)为乙方项目联系人。项目联系人承担以下责任:

一方变更项目联系人的,应当及时以书面形式通知另一方。未及时通知并影响本合同履行或造成损失的,应承担相应的责任。

第十八条 双方确定,出现下列情形,致使本合同的履行成为不必要或不可能的,可以解除本合同:

1. 发生不可抗力;

(例如,A. 在本合同履行6个月内,国家产业政策发生重大变化;B. 在本合同履行6个月内,技术项目负责人发生变动)

第十九条 双方因履行本合同而发生的争议,应协商、调解解决。协商、调解不成的,确定按以下第________种方式处理:

(只能选择其中一种方式)1. 提交________仲裁委员会仲裁;

(当事人约定的某地方的仲裁委员会)2. 依法向人民法院起诉。

第二十条 双方确定:本合同及相关附件中所涉及的有关名词和技术术语,其定义和解释如下:

[例如,A. 对没有标准和惯例的名词、技术术语要有明确的约定,准确解释,防止误解;B. 文字、符号标准化和规范化;C. 特定名词和专业技术术语(术语是指专业概念的词);D. 不得使用地方语言或习惯用语;E. 注意词序变换,避免引起争议。]

第二十一条 与履行本合同有关的下列技术文件,经双方以________(例如,A. 协商一致,合同约定;B. 委托第三方书面)方式确认后,为本合同的组成部分:

1. 技术背景资料:
2. 可行性论证报告:
3. 技术评价报告:
4. 技术标准和规范:
5. 原始设计和工艺文件:

(以上要详细载明资料、报告、文件等的名称和份数)

6. 其他:

(除以上第1—5条款之外的其他约定)

第二十二条 双方约定本合同其他相关事项为:

[A. 除上述条款约定之外,双方当事人尚需要其他特别约定的内容和需要说明的问题。B. 可以约定中介条款(阐明中介方的权利与义务)]

第二十三条 本合同一式________份,具有同等法律效力。

第二十四条 本合同经双方签字盖章后生效。

(当事人应当自专利合同生效之日起3个月内办理备案手续)

(二)技术开发(委托)合同

本合同甲方委托乙方研究开发________(例如,A. 一种新的化学合成配方;B. 某计算机控制软件包)项目,并支付研究开发经费和报酬,乙方接受委托并进行此项研究开发工作。双方经过平等协商,在真实、充分地表达各自意愿的基础上,根据《中华人民共和国合同法》的规定,达成如下协议,并由双方共同恪守。

第一条 本合同研究开发项目的要求如下:

1. 技术目标:

（例如，A. 新产品开发；B. 新工艺开发；C. 新材料开发；D. 新的技术系统开发；E. 其他原创性的技术开发；F. 达到某某技术标准的新技术、新材料或新产品。）

2. 技术内容：

（例如，A. 所属技术领域；B. 小试、中试、扩试等阶段性技术成果；C. 工业化生产的技术成果；D. 技术文件：技术图纸、工艺、配方、标准、计算机软件程序等；E. 理论知识、方法等。）

3. 技术方法和路线：

（例如，A. 总体技术改造；B. 研制新设备；C. 研制试验装备；D. 消化、吸收、仿制的新技术；E. 编制软件程序；F. 设计工艺路线；G. 治理污染、环境保护；J. 提高工作效率等。）

第二条 乙方应在本合同生效后________日内向甲方提交研究开发计划。研究开发计划应包括以下主要内容：

（例如，A. 阶段性计划内容，第 1，2，3，……阶段；B. 项目开始之日、阶段性目标、项目完成之日；C. 具体进度）

第三条 乙方应按下列进度完成研究开发工作：

（例如，A. 总体计划×年×月×日至×年×月×日；B. 阶段性时间分配，第 1，2，3，4，……阶段；C. 达到的计划目标×年×月×日至×年×月×日）

第四条 甲方应向乙方提供的技术资料及协作事项如下：

1. 技术资料清单：

［例如，A. 基础技术资料；B. 有关背景技术资料；C. 目前技术的基本状态、状况和技术水平；D. 市场状态（包括市场容量、生命周期、价格价值、效益等）；E. 相关技术标准；F. 样机或样品；G. 其他相关技术信息。］

2. 提供时间和方式：

（例如，×年×月×日在何地方；A. 当事人当面交付；B. 委托第三方交付；C. 邮寄；D. 快件托运；E. 当事人出具书面收条）

3. 其他协作事项：

（例如，需要另一方帮助或协助完成的事情；另一方必须给予帮助才能完成的；另一方尽可能给予帮助或协助）

本合同履行完毕后，上述技术资料按以下方式处理：

（例如，A. 退回当事人一方；B. 留下自行处理；C. 在几年内保存，不得丢失；D. 各自存档保管）

第五条 甲方应按以下方式支付研究开发经费和报酬：

1. 研究开发经费和报酬总额为________（例如，×元人民币；或×美元）。

其中：

［例如，A. 委托人向研究开发人员约定支付的研究开发经费和报酬；B. 经费是从事研究开发的（包括设备或仪器）投入，占总额的×%，合计人民币×元；C. 报酬是为他人付出劳动的所得，占总额×%，共计人民币×元；D. 为他人付出劳动所得的金钱和实物都是报酬范围。］

2. 研究开发经费由甲方________（一次、分期或提成）支付乙方。具体支付方式和时间如下：

（例如，A. 一次性支付：×年×月×日至×年×月×日支付；银行汇款、托收或现金支付。B. 分期支付：分期×年×月×日；银行汇款、托收或现金支付。C. 提成支付计算办法和时间：支付时间×年×月×日；银行汇款、托收或现金支付。D. 双方约定×年×月×日通过第三方向乙方支付；银行汇款、托收或现金支付。）

3. 双方确定，甲方以实施研究开发成果所产生的利益提成支付乙方的研究开发经费和报酬的，乙方有权以________(例如，A. 合同约定监督；B. 每月、季、半年或年度一次；C. 合同约定第三方负责监督)的方式查阅甲方有关的会计账目。

第六条 本合同的研究开发经费由乙方以________(例如，A. 按照合同约定专款专用；B. 保证开支经济合理；C. 包干制；D. 按照实际支出)的方式使用。甲方有权以________(例如，A. 合同约定监督研究开发进度；B. 合同约定某审计事务所负责监督)的方式检查乙方进行研究开发工作和使用研究开发经费的情况，但不得妨碍乙方的正常工作。

第七条 本合同的变更必须由双方协商一致，并以书面形式确定。但有下列情形之一的，一方可以向另一方提出变更合同权利与义务的请求，另一方应当在________日内予以答复；逾期未予答复的，视为同意。

(A. 法律规定合同可以变更，具体履行中也经常在变更；B. 双方合作好，可以变更；双方合作不好，客观上难以变更；C. 应当考虑双方合作中可能发生变更，因此需要留下空间；D. 例如，主管技术的项目负责人变动、国家重大产业计划变动、研究开发的标的被第三人公开或显失公平等情形之一)

第八条 未经甲方同意，乙方不得将本合同项目部分或全部研究开发工作转让第三人承担。但有下列情况之一的，乙方可以不经甲方同意，将本合同项目部分或全部研究开发工作转让第三人承担：

(A. 不涉及和损害甲方技术权益、经济利益和商业秘密，如本合同的某类技术和某类工艺；B. 例如，主管技术的项目负责人变动、国家重大产业计划变动、发生不可抗力等情形之一；C. 考虑技术进步的发展，独家难以承担一个完整的项目，这里就有对外合作问题)

乙方可以转让研究开发工作的具体内容包括：

(例如，A. 不涉及本项目技术权威的；B. 可以转让本项目中某类技术和某工艺)

第九条 在本合同履行中，因出现在现有技术水平和条件下难以克服的技术困难，导致研究开发失败或部分失败，并造成一方或双方损失的，双方按如下约定承担风险损失：

(A. 双方约定，按约定优先原则来承担；B. 合同无约定，由当事人合理分担；合理分担不是平均分担；C. 当事人可以约定一定数量的资金作为承担未来可能发生的风险损失)

双方确定，本合同项目的技术风险按________(例如，A. 当事人认可的专家权威机构确认；B. 国家或地方政府指定机构；C. 当事人约定几名专家确认)的方式认定。认定技术风险的基本内容应当包括技术风险的存在、范围、程度及损失大小等。认定技术风险的基本条件是：

1. 本合同项目在现有技术水平条件下具有足够的难度；

2. 乙方在主观上无过错且经认定研究开发失败为合理的失败。

一方发现技术风险存在并有可能致使研究开发失败或部分失败的情形时，应当在________日内通知另一方并采取适当措施减少损失。逾期未通知并未采取适当措施而致使损失扩大的，应当就扩大的损失承担赔偿责任。

第十条 在本合同履行中，因作为研究开发标的的技术已经由他人公开(包括以专利权方式公开)，一方应在________日内通知另一方解除合同。逾期未通知并致使另一方产生损失的，另一方有权要求予以赔偿。

第十一条 双方确定因履行本合同应遵守的保密义务如下：

甲方：

1. 保密内容(包括技术信息和经营信息)：

(例如，涉及本合同的技术文件、资料、经营信息和商业秘密，未经乙方同意不得对外转让或泄露)

2. 涉密人员范围：

（直接和间接涉及本合同技术的有关人员）

3. 保密期限：

（A. 依法保密；B. 约定保密期限，约定优先；C.《关于科技人员流动技术秘密管理若干意见》允许约定保密的竞业期限最长不超过3年；D. 无保密期限约定，当事人不承担保密责任）

4. 泄密责任：

（A. 当事人约定优先；B. 依照法律法规承担责任）

乙方：

1. 保密内容（包括技术信息和经营信息）：

（例如，A. 涉及本合同的技术文件、资料、经营信息和商业秘密；B. 本合同技术标的及应用方向；C. 本技术的销售市场和方向）

2. 涉密人员范围：

（例如，A. 直接和间接涉及本合同技术的有关人员；B. 乙方的研究开发人员；C. 涉及与该技术成果的相关人员）

3. 保密期限：

（A. 依法保密；B. 约定保密期限，约定优先；C.《关于科技人员流动技术秘密管理若干意见》允许约定保密的竞业期限最长不超过3年；D. 无保密期限约定，当事人不承担保密责任）

4. 泄密责任：

（A. 当事人约定优先；B. 依照法律法规承担责任）

第十二条 乙方应当按以下方式向甲方交付研究开发成果：

1. 研究开发成果交付的形式及数量：

（例如，A. 约定交付的形式和数量；B. 双方当事人举行签字形式；C. 交付时双方的书面认可；D. 合同认定登记）

2. 研究开发成果交付的时间及地点：

（×年×月×日在何地方交付）

第十三条 双方确定，按以下标准及方法对乙方完成的研究开发成果进行验收：

（A. 不得使用淘汰或禁止的标准；B. 约定的标准和方法；C. 约定使用国际标准、国家标准、行业标准、专业标准、企业标准或者其他国外标准等；D. 无标准的，按行业的一般要求鉴定；E. 方法：专家评议、国家规定的部门结论、鉴定会或双方认可的方式）

第十四条 乙方应当保证其交付给甲方的研究开发成果、不侵犯任何第三人的合法权益。如发生第三人指控甲方实施的技术侵权的，乙方应当________（例如，A. 承担由此而产生的全部责任；B. 合同结束后，本约定仍然承担溯及效力的约束）。

第十五条 双方确定，因履行本合同所产生的研究开发成果及其相关知识产权权利归属，按下列第________种方式处理：

1. ________（甲、乙、双）方享有申请专利的权利。

专利权取得后的使用和有关利益分配方式如下：

（A. 研究开发人取得专利权，委托人可以免费实施该专利；B. 研究开发人转让专利，委托人享有以同等条件优先受让的权利；C. 专利权为双方共有，利益归双方共有；D. 允许当事人的其他约定）

2. 按技术秘密方式处理。有关使用和转让的权利归属及由此产生的利益按以下约定处理：

（1）技术秘密的转让权：

（例如，A. 甲方；B. 乙方；C. 双方共有）

（2）技术秘密的使用权：

（例如，A. 甲方；B. 乙方；C. 双方共有）

（3）相关利益的分配办法：

（例如，A. 归实施方所有；B. 双方按比例分享）

双方对本合同有关的知识产权权利归属特别约定如下：

（本条款涉及到由物权延伸到样品、样机，再延伸到今后知识产权；需要双方当事人特别约定。特别是以后知识产权中的商标权、著作权的前景，能预见的，双方约定；无法预见的需要当事人特别约定）

第十六条 乙方不得在向甲方交付研究开发成果之前，自行将研究开发成果转让给第三人。

第十七条 乙方完成本合同项目的研究开发人员享有在有关技术成果文件上写明技术成果完成者的权利和取得有关荣誉证书、奖励的权利。

第十八条 乙方利用研究开发经费所购置与研究开发工作有关的设备、器材、资料等财产，归________（甲、乙、双）方所有。

第十九条 双方确定，乙方应在向甲文交付研究开发成果后，根据甲方的请求，为甲方指定的人员提供技术指导和培训，或提供与使用该研究开发成果相关的技术服务。

1. 技术服务和指导内容：

（甲方技术人员和主要操作员掌握该技术成果，包括设计指导、技术指导、工艺方法指导、技术培训与授课讲座）

2. 地点和方式：

（例如，地点：A. 合同约定某地；B. 甲方住所地；C. 乙方住所地。方式：授课培训现场指导）

3. 费用及支付方式：

（例如，A. 甲方支付某某万元，银行汇款；B. 本合同第五条已包括其中费用；C. 甲乙双方按比例承担费用及支付方式）

第二十条 双方确定：任何一方违反本合同约定，造成研究开发工作停滞、延误或失败的，按以下约定承担违约责任：

1. ________方违反本合同第________条约定，应当________（支付违约金或损失赔偿额的计算方法）。

（例如，乙方；第二或第三条；支付违约金×万元）

2. ________方违反本合同第________条约定，应当________（支付违约金或损失赔偿额的计算方法）。

（例如，乙方；第十二或第十三条；按合同总额的×%支付滞纳金）

3. ________方违反本合同第________条约定，应当________（支付违约金或损失赔偿额的计算方法）。

（例如，乙方；第八或第十六条；按合同总额的×%支付赔偿）

4. ________方违反本合同第________条约定，应当________（支付违约金或损失赔偿额的计算方法）。

（例如，甲方；第四条；支付违约金×万元）

5. ________方违反本合同第________条约定，应当________（支付违约金或损失赔偿额的计算方法）。

（例如，甲方；第五条；按合同总额的×%支付滞纳金）

6. ________方违反本合同第________条约定，应当________（支付违约金或损失赔偿额的计算方法）。

（例如，甲方；第十一条；按合同总额的×%支付赔偿）

第二十一条 双方确定，甲方有权利用乙方按照本合同约定提供的研究开发成果，进行后续改进。由此产生的具有实质性或创造性技术进步特征的新的技术成果及其权利归属，由________（甲、乙、双）方享有。具体相关利益的分配办法如下：

（A. 合同约定、约定优先；B. 后续改进归完成者所有，他人无权分享，任何分享都是有偿的；C. 约定双方共有，则利益共享）

乙方有权在完成本合同约定的研究开发工作后，利用该项研究开发成果进行后续改进。由此产生的具有实质性或创造性技术进步特征的新的技术成果，归________（甲、乙、双）方所有。具体相关利益的分配办法如下：

（A. 合同约定、约定优先；B. 后续改进归完成者所有，他人无权分享，任何分享都是有偿的；C. 约定双方共有，则利益共享）

第二十二条 双方确定，在本合同有效期内，甲方指定________为甲方项目联系人，乙方指定________为乙方项目联系人，项目联系人承担以下责任：

（A. 按照约定联系时间、联系方式和联系地点完成交办的相关工作；B. 防止因人事变动而使本合同难以履行或无法履行；C. 保证以适当的时间、方式、标准履行本合同）

一方变更项目联系人的，应当及时以书面形式通知另一方。未及时通知并影响本合同履行或造成损失的，应承担相应的责任。

第二十三条 双方确定，出现下列情形，致使本合同的履行成为不必要或不可能的，一方可以通知另一方解除本合同；

1. 因发生不可抗力或技术风险；

（A. 技术风险指当事人努力履行，现有水平无法达到，有足够技术难度，同行专家认定为合理失败；B. 在合同履行中，第三人公开相同的技术成果）

第二十四条 双方因履行本合同而发生的争议，应协商、调解解决。协商、调解不成的，确定按以下第________种方式处理：

1. 提交________仲裁委员会仲裁；

（当事人约定的某地方的仲裁委员会）

2. 依法向人民法院起诉。

第二十五条 双方确定：本合同及相关附件中所涉及的有关名词和技术术语，其定义和解释如下：

[A. 对没有标准和惯例的名词、技术术语要有明确的约定，准确解释，防止歧义或误解；B. 文字、符号标准化和规范化；C. 特定名词和专业技术术语（术语是指专业概念的词）；D. 不得使用地方语言或习惯用语；E. 注意词序变换，避免引起争议]

第二十六条 与履行本合同有关的下列技术文件，经双方以________（例如，A. 双方协商约定；B. 委托第三方书面）方式确认后，为本合同的组成部分：

1. 技术背景资料：

2. 可行性论证报告：

3. 技术评价报告：

4. 技术标准和规范：

5. 原始设计和工艺文件：

（以上载明资料、报告、文件等的名称和份数）

6. 其他：

（除以上第1—5条款之外的其他约定。）

第二十七条 双方约定本合同其他相关事项为：

[A. 除上述条款约定之外，双方当事人尚需要其他特别约定的内容和需要说明的问题。B. 可以约定中介条款（阐明中介方的权利与义务）。]

第二十八条 本合同一式________份，具有同等法律效力。

第二十九条 本合同经双方签字盖章后生效。

第三节 技术交易合同的履行

技术交易的内容复杂、周期长，风险性和不确定性很大，要把一个合同顺利地履行到底，达到预期目标很不容易，往往由于设备条件、人员素质及相关的社会与环境因素的影响，其结果可能是大相径庭的。因此，技术经纪人在合同履约过程中应积极发挥协调作用。

一、履约的风险分析

技术合同履约的风险产生的主要原因包括：

（1）履行合同时间长、环节多。由于科学技术发展迅速，合同履行期过长，市场供需都将发生变化，会对项目的预期效益产生影响。况且合同履行包括技术准备、技术移交、技术培训、技术指导、生产试车、生产试运行、技术完善、鉴定验收等环节，每个环节都可能出现意外情况，延误时间进度或造成合同履行失败。

（2）影响技术合同实施的因素多、变化大。技术合同实施是一个系统工程，涉及到的要素包括：资金、人力、基础设施、设备、原材料、技术管理、生产管理、财务管理、后勤供应、市场营销、市场需求反馈以及法律政策环境等。这些要素变化很大，一些要素不能按照预定的计划及时到位，就会对技术合同履约产生一定影响。

（3）技术合同履行的环境复杂多变。技术合同实施过程中存在大量的不可预知的因素。如经济环境风险，含国家和地区的经济制度、经济发展战略、经济改革方针等变化；政策法规风险，含国家、地区和行业的政策、法律、法规的变化；还有自然风险、利率风险、购买力风险、政治风险等，很难预测其发生的概率和影响的程度。

二、技术合同履行的主要内容

（一）技术合同履行的主体

技术合同这类根据特定当事人的能力而建立的合同关系，要求以当事人本身作为履行主体。因为在订立技术合同过程中，技术合同当事人的技术水平、信誉以及资金设备等因素往往是双方当事人发出邀约或做出承诺的前提条件。技术合同中提供技术和转让技术、受委托从事技术开发的当事人在履行技术合同中所承担的义务，大多具有与当事人自身不可分离的特性。反过来，受让技术、承受技术服务及技术开发的委托方的技术水平、信誉以及资金设备等因素，也会影响到其实施技术的经济效益，同时也将影响对方的经济效益。技术合同主体的这种特定性和信赖性，对技术合同履行的主体提出了更严格的要求。

（二）技术合同履行的标的

技术合同的标的是指当事人不仅应当向另一方当事人提供合同约定的标的，而且在标的的质量、标准、型号、数量、酬金等方面，均以合同所确定的要求履行。例如，在技术开发合同中，研究开发方应向委托方交付合同约定的研究成果，并提供有关的技术资料和必要的技术设备等。如果当事人对标的的具体指标等约定不明确或没有约定，可以协议补充，不能达成补充协议的，按照合同有关条款或交易习惯确定。若此时仍不能确定，如对质量要求不明确的，按国家标准、行业标准履行，没有国家标准、行业标准的按照通常标准或者符合合同目的的特定标准履行。如价款或报酬不明确的，按照订立合同时履行地的市场价格履行，依法应当执行政府定价或者政府指导价的，按照规定履行。

（三）技术合同履行的期限

技术合同当事人应当按照合同约定的期限履行义务。对合同中有明确约定的技术合同，应当在规定的期限内持续地或一次性地履行。例如，技术开发合同的研究开发方应当按合同约定的进度进行研究开发工作，并在合同约定的期限内完成研究开发课题，提交研究开发成果和有关技术资料；委托方则应当按照合同的约定支付研究开发经费，接受研究开发成果，支付约定的报酬。同样，技术咨询和技术服务合同中，受托方应当按照合同约定的时间进行并完成咨询、服务工作，交付工作成果；而委托方也应当按照合同约定，按时做好协作事项，提供工作条件，接受工作成果并给付报酬。

（四）技术合同履行的地点

技术合同的履行地点是指进行研究开发的地点，交付技术资料、进行技术指导的地点，提供咨询和服务的地点及支付费用和报酬的地点。

对于在订立时没有明确履行地点的技术合同，当事人可以通过协商加以明确，若协商不成且根据交易习惯等仍不能确定的，就应适用我国《合同法》第 62 条第 3 项：履行地点不明确，给付货币的，在接受货币一方所在地履行；交付不动产的，在不动产所在地履行；其他标的，在履行义务一方所在地履行。

（五）技术合同履行的方式

合同履行的方式因合同内容而异。所谓按适当方式履行，即按合同所确定的方式履行。履行方式不明确的，按照有利于实现合同目的的方式履行。在合同履行的方式上仍要贯彻诚实信用的原则。合同要求约定一次履行完毕的，就不应分多次履行，不能在履行过程中临时提出附加条件增加对方当事人的费用。

（六）技术合同履行中的成果分享

技术合同中对所完成的成果归谁所有、如何分配的问题，是技术合同法中需要解决的一个重要问题，也是履行技术合同中的一个重要问题。对于这一问题，要遵循两条基本原则：一是精神权利不可侵犯的原则；二是经济权利合理分享的原则。精神权利是指科学技术成果完成者对发现、发明、科技成果等归属拥有的权利。经济权利是指使用、转让技术成果取得经济利益的财产权利。对于技术成果申请权、实施专利权、使用和转让非专利技术成果权等，可以由当事人根据互利有偿的原则通过协商合理的分享。

三、技术合同的变更与解除

由于当事人一方或双方的情况发生变化，在符合法律规定的前提下，允许变更和解除合同。所谓变更就是指合同未尽事宜，或在合同履行过程中产生新问题，经双方协商达成一致意见，增加、减少或修改合同条款。所谓解除合同是在合同有效的情况下，经双方协商达成提前终止合同的协议。

（一）解除合同

当发生下列情况之一，致使技术合同履行成为不必要或不可能，当事人一方有权通知另一方解除合同：

（1）另一方违反合同；

（2）发生不可抗力；

（3）作为技术开发合同标的已经有他人公开。

（二）合同变更或撤销

当发生下列情况之一的，当事人一方有权请求法院或仲裁机构予以变更或者撤销技术合同：

（1）当事人对合同标的或者技术成果权属有重大误解；

（2）价款、报酬或使用费显失公平；

（3）有重大缺陷的合同。

技术合同的变更、解除，不影响当事人赔偿损失的权利。经有关机关批准的合同，其变更或者解除应当征得原批准机关的同意，并在原登记机关备案。

第八篇

科技法律制度

技术经纪人在从事技术经纪活动中，必须遵守国家法律法规，充分享受相关政策，因此把握和了解技术经纪的相关科技政策法规，是技术经纪人的基本要求。

本篇主要介绍科技与法、科技法规体系，科技进步、促进科技成果转化、科技普及等法律制度以及支持科技进步的政策。重点是科技进步法、促进科技成果转化和科技普及法，实施创新驱动发展战略的政策。目的是通过介绍，使技术经纪人能进一步增强法制观念，落实相关扶持政策，规范技术经纪行为，提高技术经纪的效率和效益。

第一章　科技法规概述

科技政策是政府为促进科技进步所采取的各种重要制度和施政方针。科技法规是调整科技活动中形成的社会关系的法律规范。

第一节　科学技术与法

一、科学技术对法的影响

科学技术对法的影响主要表现在以下方面：

(1) 科学技术影响法的内容

科技进步所形成的新的科学知识，不断被运用到法律领域，成为法律规定的重要科学依据。如关于禁止直系血亲和三代以内旁系血亲结婚的法律规定，就是以医学和遗传学的科学原理为依据的。关于卫生医疗的法律、关于禁毒的法律、关于环境保护的法律等，都是以一定的科学知识为依据或基础的。同时，科技进步也影响传统法律的内容，使某些法律内容或原理发生改变。如无过错责任原则对传统的过错责任原则的补充，环境权为当代人权内容增添新成分，专利、商标、版权等无形财产的法律保护使传统民法上的财产法的原则发生变革，等等。

(2) 科学技术影响法的表现形式和传播方式

在法产生的早期阶段，习惯法是法的主要表现形式，与之相应的信息传递方式是口头传播或直接以行为影响。后来发生的由习惯法向成文法的转变是与文字的产生相伴随的，印刷术、造纸业的发展，使成文法的广泛普及成为可能，导致成文法最终成为占主导地位的法的表现形式。20世纪以来的信息革命，特别是无线电、电视、电脑、网络的出现和推广，广泛而深刻地影响法的文字表现形式和信息存储形式，促成法的信息传递方式的变革，使人们得以在更广泛的空间和更短的时间内便利、快捷、充分地了解和掌握法的信息，为人们认同、接受和遵守法律提供了更多的便利和条件。

(3) 科学技术影响法的调整范围

随着科学技术的发展，法对社会关系调整的范围不断扩大，不断出现和分化出新的法律部门。如科技发展带来人类活动范围的扩展和对能源、资源开发利用能力的增强，使得维持人与自然统一的生态系统平衡问题提升为法律议题，从而导致环境保护法的产生。同样，由于外层空间开发、世界海洋资源利用以及知识、信息利用和保护的需要，产生了太空法、海洋法和知识产权法。此外，交通法、航空法、原子能法、生物技术法等都与现代科技的创造和应用直接相关。

(4) 科学技术影响法的创制体制、过程和方法

现代科技的飞速发展及其对社会生活广泛而深刻的影响，使得专业性、技术性法律创制成为必要，而这种专业性、技术性较强的法律创制工作委托给专业机构和人员的“授权立法”体制得以形成。不仅如此，现代科技提供了先进、快捷、准确的信息传递、沟通手段，使信息的传递、沟通得以在更广泛的空间和时间内进行，也就为法律创制的公开性和民主化的实现创造了物质前提。公众

可利用现代信息传播手段直接参与、监督和影响国家的立法活动和过程，保证立法更充分地体现民众意愿。此外，电子计算机和其他先进科技手段在立法领域的应用，使得立法预测、立法规划、法律草案拟订、法律议案表决、法规清理、法规汇编、法典编纂乃至法律信息反馈中的资料搜集、数据统计、材料加工、文字处理等技术操作性工作，能最大限度地借助于电子计算机等技术手段，使法律创制对客观情况和规律的把握更充分、全面、精确、及时，促进法律创制的科学化和高效率。

(5) 科学技术影响法律调整机制

现代科技的突破性进步，使得法律调整本应具有的专业性、技术性程度提高，从而使这一过程可能具有更多的科学性、合理性和更高的效率。电子信息系统、现代通讯设施、自动监控手段广泛用于执法、司法和法制监督，其结果是对违法犯罪的防范、监控、发现和惩治更为便利、准确、及时；从古代的"神判""天罚"到运用机械物理破案，再到动用电脑鉴别微量物证破案，其结果是刑事侦破过程的客观、理性和对恣意、擅断的排除；基因技术用于亲子血缘关系鉴定，生物和医学技术用于行为人行为能力的确认，其客观、准确程度令古代社会无法想象；法律信息库及法律专家系统的建立，使认定事实、辨别和选择法律规范乃至适用法律规范做出决定的过程获得了更多的便利等。

(6) 科学技术影响法学教育、法制宣传和法学研究的方式和内容

科技进步不仅影响法的制度层面和操作层面，也广泛而深刻地影响法的观念层面。计算机技术、现代交通、通讯技术和现代传媒手段使信息交换速度加快，时空阻隔减少，异域异国间法律文化信息沟通、交流、转换的广度和深度加强，也就促使关于法的某些固有看法和观念发生改变，使传统法律价值观发生变革。对权利的尊重，对法的信仰，对正义、自由、平等、效率、秩序等价值的尊崇，对政治民主化、公开性和透明度的要求和期待，都与科技进步及其带来的社会文明状态密切相关。同时，法律信息库和法律信息传输网络为法学教育、法制宣传和法学研究提供了新的物质手段，使人们对法律信息、知识和理论的了解和把握更迅速、准确、全面、充分。此外，不断增加的科学信息、不断发现的科学定律、不断创新的科学探索方法，也为法学研究提供方法论借鉴，促使法学研究在方法论上注意吸收科技新成果，不断更新其研究方法。现代信息论、控制论、系统论，对法学方法论产生了重大影响。法治系统工程的提出，计算机技术用于法律信息传递、处理和运用的探索，概率论用于自杀、犯罪、婚姻问题的研究等，都是法学研究在方法论上深受科学技术影响的例证。

二、法对科技活动的作用

法对科技活动的作用主要表现在以下方面：

(1) 法组织和协调科技活动，为科技活动和科技管理提供民主、科学的规则和程序

现代科技活动的普遍化、复杂化要求它应是一种高度组织化、规则化和程序化的活动，是排除更多偶然性、任意性和专断性的活动，而法可以满足这种需求：

① 法确认和保证科技发展在国家社会生活中的优先地位，使科技优先发展的地位得以固定化、制度化。当代一些国家已经把政府促进和鼓励科技发展的内容直接规定在宪法中，一些国家制定了科技基本法，一些国家以立法确定科研经费在国民生产总值中的比例。

② 法确定国家科技发展战略，确定科技发展的合理布局和人、财、物力的合理分配。世界各国在立足国情、适应科技发展规律和国际竞争需要的考虑之下，提出的科技发展战略在内容上可能各有不同，但以立法形式确定科技发展战略并将其具体化、细则化、程序化，则几乎是一致的。

③ 法确立科技管理体制和科技运行机制，组织、协调和管理科技活动。一些国家通过立法规定科技研究和管理机构的设置、组织原则、权限职能和活动程序，确定科技研究计划、投资方向和基金预算，规定科技组织制度、科技人员管理制度，确定科技发展计划的编制、审批和监督制度，规

定科技经费管理制度、科技情报与档案管理制度、科技标准化制度、科技进步奖励制度等，并设置这一系列制度运作的具体程序。

(2) 法调节科技成果应用中产生的利益关系，保证和促进科技成果的合理使用和推广

科技成果只有得到合理的使用和推广，进入实际的生产过程，才有可能转化为现实的生产力。然而科技成果的应用，必然带来科技服务于社会与研究、发明者对科技成果享有专有权的二难选择。这种二难选择借助纯粹权力力量或道德手段都难以合理解决，法却能以其理性的、权威性的权利义务设置使这一棘手的二难选择获得合理解决的可能。法将科技成果以权利形式设置成专利权、版权、信息控制权、发现权等，赋予它们以法律上的财产属性和人身属性，成为可以独占、使用、处分、收益的产权，并由此派生出财产权、荣誉权、标记权、许可权、转让权、署名权、出版权、发表权、作品完整权、修改权、复制权、传播权、改编权等知识产权，由此形成科技法律关系以及科技成果应用中的技术转让法律关系、技术合作法律关系等，从而使科技成果应用中产生的利益关系，转化为合理的、有保障的法律上的权利义务关系，保证和促进了科技成果的合理使用和推广。

(3) 法协调科学技术与人的冲突关系，保证科学技术为人类福利服务的方向

科学技术的发展意味着人对自然的征服和胜利，然而人类在享受征服自然带来的福利的同时，也可能承受这种征服带来的显在或潜在的威胁。如核技术、生物技术可能被用于发动战争，基因工程技术在创造优良品种的同时也可能制造出人类没有免疫能力的新的病菌、病毒，医疗技术进步可能造成急剧的人口膨胀和一系列社会问题，以及工业化造成环境污染和生态失衡等，这些都是科技发展过程中可能呈现的极端状态。为使科技造福于人类的一面发挥到极致，不利于人类的一面被控制在最小限度，就必须通过法来调整和规范科技与人类的冲突关系，减少和化解这种冲突带来的紧张状态和负效应，保证科技发展的正确方向。科技经济法、技术标准化法、劳动安全保护法、环境保护法、人口和社会保障立法以及和平利用原子能、防止核辐射的监督、管理及损害赔偿方面的立法、严禁基因工程技术的误用和滥用方面的立法等，在解决科技的巨额投入与人们当前实际生活水平的矛盾，科技迅猛发展与人们适应能力、承受能力的矛盾，科技的巨大能量与人类有限控制能力的矛盾等方面，发挥了重要的作用。

(4) 法推动国际间科学技术合作，促进科学技术的全球共享和高效能运用

在当代，科技活动规模的扩大，所导致的不只是科技活动的非个人化即群体化、国家化，而且是科技活动的非国别化即国际化。国际科技合作和国际科技贸易已成为科技发展的重要趋势，而这种合作关系和贸易活动往往是凭借制度化的方式实现的。作为国际法、国际私法和国际经济法重要内容的国际科技合作制度和国际科技贸易制度，使科学技术的全球共享和高效能运用获得了制度上的保障。

(5) 法确认和保障科技活动主体的科学研究、发明创造的自由，为科技活动构建自由、宽松、安定的政治和社会环境

正如科技发展为法的进步创造条件一样，法也作为科技发展的预设条件或环境存在。这不仅意味着法通过合理分配权利义务、解决纠纷、打击违法犯罪，为科技活动提供安定的社会秩序；而且意味着法通过奖励科技发展创造，制裁破坏科技活动秩序的行为，维护科技活动秩序，为科技进步创设良好的工作条件；更意味着法通过对思想自由、表达自由、科学研究和发明创造自由的确认和保障，通过对权力专横、滥用的防范和控制，排除一切包括来自权力的对上述自由的非法干涉和侵害，为科技进步营造自由、宽松、安定的政治和社会环境。

(6) 法还要限制科学技术的负面效应

科学技术领域一般来说是排除价值判断的。但是，科学技术是一把双刃剑，既可以为人类谋福利，也可以把人类引向罪恶的深渊。如爱因斯坦的相对论可以用来建立核反应堆，也可以用来

制造原子弹；基因技术既可以用来治疗疾病，也可以用来实施种族毁灭。法不是对这个社会实际是什么样的描述，而是对社会应该如何的规范。法不但不排除价值判断，而且必然要进行价值判断。法应该有对人类自身的终极关怀，法也要思考人类社会的终极目标。因此，法在努力促进科学技术的进步，保护为科学技术进步做出贡献的人的权益同时，也要限制科学技术所可能带来的负面影响，促进科学技术的合理应用。法要借助其形式理性以制约科学技术的负面效应。当然，在科学技术已成为一种社会事业和社会建制的情势下，对科学技术负面效应的控制，以及对科学技术发展和进步的推动，仅靠法是不够的，还需要社会诸方面机制的综合作用。

第二节　科学技术法规体系

一、概述

《中华人民共和国立法法》(以下简称《立法法》)第 2 条规定，法律、行政法规、地方性法规、自治条例和单行条例的制定、修改和废止，适用本法；国务院部门规章和地方政府规章的制定、修改和废止，依照本法的有关规定执行。也就是说，依照《立法法》的规定制定、修改和废止的规范性文件属于法规，包括法律、行政法规、地方性法规、国务院部门规章和地方政府规章。

二、科技法律

根据《立法法》的规定，全国人民代表大会和全国人民代表大会常务委员会行使国家立法权。其中，全国人民代表大会制定和修改刑事、民事、国家机构的和其他的基本法律；全国人民代表大会常务委员会制定和修改除应当由全国人民代表大会制定的法律以外的其他法律；在全国人民代表大会闭会期间，对全国人民代表大会制定的法律进行部分补充和修改，但是不得同该法律的基本原则相抵触。

《立法法》第 8 条规定，下列事项只能制定法律：①国家主权的事项；②各级人民代表大会、人民政府、人民法院和人民检察院的产生、组织和职权；③民族区域自治制度、特别行政区制度、基层群众自治制度；④犯罪和刑罚；⑤对公民政治权利的剥夺、限制人身自由的强制措施和处罚；⑥税种的设立、税率的确定和税收征收管理等税收基本制度；⑦对非国有财产的征收、征用；⑧民事基本制度；⑨基本经济制度以及财政、海关、金融和外贸的基本制度；⑩诉讼和仲裁制度；⑪必须由全国人民代表大会及其常务委员会制定法律的其他事项。

科技法律是指由全国人民代表大会及其常委会通过并以国家主席令的形式发布的调整科技活动中形成的社会关系的各项法律，它是科技法规体系的核心。目前已公布的科技法律有《中华人民共和国科学技术进步法》《中华人民共和国促进科技成果转化法》《中华人民共和国产品质量法》《中华人民共和国专利法》《中华人民共和国著作权法》《中华人民共和国商标权法》《中华人民共和国中小企业促进法》《中华人民共和国科学技术普及法》等。

三、科技行政法规

根据《立法法》第 65 条的规定，国务院根据宪法和法律，制定行政法规。行政法规可以就下列事项作出规定：①为执行科技法律的规定需要制定科技行政法规的事项。②《宪法》第八十九条规定的国务院行政管理职权中属于科技方面的事项。③应当由全国人民代表大会及其常务委员会制定法律的事项，国务院根据全国人民代表大会及其常务委员会的授权决定先制定的有关科学技术方面的行政法规，经过实践检验，制定法律的条件成熟的，国务院应当及时提请全国人民代表大会及其常务委员会制定法律。行政法规的效力低于法律，高于地方性法规、部门规章和地方政府规章。

科技行政法规是指国务院依照《立法法》的规定制定并以总理令的形式颁布的科学技术法规。如《国家科学技术奖励条例》《集成电路布图设计保护条例》《中华人民共和国专利法实施细则》《计算机软件保护条例》《著作权法实施条例》《中华人民共和国商标法实施条例》《中华人民共和国知识产权海关保护条例》等。

四、科技部门规章

《立法法》规定，国务院各部、委员会、中国人民银行、审计署和具有行政管理职能的直属机构，可以根据法律和国务院的行政法规、决定、命令，在本部门的权限范围内，制定规章。部门规章规定的事项应当属于执行法律或者国务院的行政法规、决定、命令的事项。没有法律或者国务院的行政法规、决定、命令的依据，部门规章不得设定减损公民、法人和其他组织权利或者增加其义务的规范，不得增加本部门的权力或者减少本部门的法定职责。

科技部门规章是指国务院科技主管部门及其他相关部门根据国务院指定的职责范围依法制定并以部长令形式发布的调整科技活动中形成的社会关系的各项规章，或由科技主管部门与国务院有关部门联合制定并发布的规章。如《国家科学技术奖励条例实施细则》《省、部级科学技术奖励管理办法》《国家科技计划管理暂行规定》《国家科技计划项目管理暂行办法》《关于受理香港澳门特别行政区推荐国家科学技术奖的规定》《国家科技计划项目评审行为准则与督察办法》《科学技术部规章制定程序的规定》《关于修改〈国家科学技术奖励条例实施细则〉的决定》《国家科技计划实施中科研不端行为处理办法(试行)》等。

根据《立法法》规定，部门规章的效力低于法律、行政法规，部门规章之间、部门规章与地方政府规章之间具有同等效力，在各自的权限范围内施行。部门规章之间、部门规章与地方政府规章之间对同一事项的规定不一致时，由国务院裁决。

五、地方性法规

根据《立法法》第72条的规定，省、自治区、直辖市的人民代表大会及其常务委员会根据本行政区域的具体情况和实际需要，在不同宪法、法律、行政法规相抵触的前提下，可以制定地方性法规；设区的市的人民代表大会及其常务委员会根据本市的具体情况和实际需要，在不同宪法、法律、行政法规和本省、自治区的地方性法规相抵触的前提下，可以对城乡建设与管理、环境保护、历史文化保护等方面的事项制定地方性法规。设区的市的地方性法规须报省、自治区的人民代表大会常务委员会批准后施行，如《上海市科学技术进步条例》。

地方性法规可以就下列事项做出规定：(1)为执行法律、行政法规的规定，需要根据本行政区域的实际情况作具体规定的事项；(2)属于地方性事务需要制定地方性法规的事项。除《立法法》第八条规定的事项外，国家尚未制定法律或者行政法规的，省、自治区、直辖市和设区的市、自治州根据本地方的具体情况和实际需要，可以先制定地方性法规。

地方性法规的效力低于法律和行政法规，高于本级和下级地方政府规章。地方性法规与部门规章之间对同一事项的规定不一致，不能确定如何适用时，由国务院提出意见，国务院认为应当适用地方性法规的，应当决定在该地方适用地方性法规的规定；认为应当适用部门规章的，应当提请全国人民代表大会常务委员会裁决。

六、地方政府规章

《立法法》第82条规定，省、自治区、直辖市和设区的市、自治州的人民政府，可以根据法律、行政法规和本省、自治区、直辖市的地方性法规，制定规章。地方政府规章可以就下列事项做出规定：

(1)为执行法律、行政法规、地方性法规的规定需要制定规章的事项;(2)属于本行政区域的具体行政管理事项。

设区的市、自治州的人民政府根据《立法法》第82条第1款、第2款制定地方政府规章,限于城乡建设与管理、环境保护、历史文化保护等方面的事项。应当制定地方性法规但条件尚不成熟的,因行政管理迫切需要,可以先制定地方政府规章。规章实施满两年需要继续实施规章所规定的行政措施的,应当提请本级人民代表大会或者其常务委员会制定地方性法规。没有法律、行政法规、地方性法规的依据,地方政府规章不得设定减损公民、法人和其他组织权利或者增加其义务的规范。

根据《中华人民共和国立法法》规定,省、自治区的人民政府制定的规章的效力高于本行政区域内的设区的市、自治州的人民政府制定的规章。

第二章　科技法律制度

科技进步法律制度和促进科技成果转化制度，是同技术经纪活动关联度最大的法律制度。因此，技术经纪人必须了解和熟悉科技进步法和促进科技成果转化法，也要熟悉《科学技术普及法》。

第一节　科技进步法律制度

一、科技进步法律制度的含义

科技进步法律制度是调整国家在促进科学技术进步、推动科学技术为经济建设和社会发展服务中所发生的社会关系的法律规范的总称。为了促进科学技术进步，在社会主义现代化建设中优先发展科学技术，发挥科学技术第一生产力的作用，推动科学技术为经济建设和社会发展服务，《中华人民共和国科学技术进步法》（以下简称《科技进步法》）于 1993 年 7 月 2 日经第八届全国人大常委会第二次会议通过，自同年 10 月 1 日起施行，于 2007 年 12 月 29 日第十届全国人民代表大会常务委员会第三十一次会议修订。《科技进步法》（2007 年修订本）共八章七十五条，除第一章总则和第八章附则外，分别从科学研究、技术开发与科学技术应用，企业技术进步，科学技术研究开发机构，科学技术人员，保障措施，法律责任等六个方面做出了相关规定。

二、科技进步的基本规范

（一）立法宗旨

《科技进步法》的立法宗旨：一是促进科技进步；二是促进科学技术成果向现实生产力转化；三是推动科学技术为经济建设和社会发展服务。

（二）科技进步的方针与目标

《科技进步法》将《国家中长期科学和技术发展规划纲要（2006—2020）》确立的“自主创新、重点跨越、支撑发展、引领未来”的科学技术工作指导方针及建设创新型国家的目标上升为法律规范，予以固化下来。

（三）科技进步的主要原则

促进科技进步的主要原则有以下三项。

1. 推动科学技术为经济建设和社会发展服务的原则

发展科学技术的目的是促进国家经济建设和社会发展，面向经济建设和社会发展是科学技术发展的必然目的和方向。《科技进步法》规定，经济建设和社会发展应当依靠科学技术，科学技术进步工作应当为经济建设和社会发展服务。国家根据科学技术进步和社会主义市场经济的需要，建立科学技术与经济有效结合的机制；推广应用科学技术成果，改造传统产业，发展高新技术产业；国家建立技术市场，推动科学技术成果商品化，等等。

2. 保障科学技术研究开发的自由的原则

《科技进步法》规定，国家保障科学技术研究开发的自由，鼓励科学探索和技术创新，保护科学技术人员的合法权益。从正面倡导崇尚科学的社会风气，排除各种非科学或反科学的意识对科学技术活动的干扰，保障科学技术方面的学术观点和研究方法的多样化，以利于我国科学技术水平进入世界先进行列。

3. 科学决策的原则

由于现代科学技术的复杂性和广泛性，不同领域的科学技术对经济与社会发展的作用也很不相同；处在不同发展阶段的国家，在科学技术研究开发的总体布局中，基础研究、应用研究和开发研究的合理比重也有所不同。这就决定了国家在制定科学技术发展规划和重大科学技术政策、确定重大科学技术项目时要慎重，不可盲目从事。因此，《科技进步法》从两个方面做出规定：一是国家完善科学技术决策的规则和程序，建立规范的咨询和决策机制，推进决策的科学化、民主化；二是制定科学技术发展规划和重大政策，确定科学技术的重大项目、与科学技术密切相关的重大项目，应当充分听取科学技术人员的意见。

(四) 国家推动科技进步采取的措施

根据《科技进步法》的规定，国家采取以下措施推动科技进步：一是保障科学技术研究开发的自由；二是发展科学技术普及事业，普及科学技术知识，提高全体公民的科学文化素质；三是加强跨地区、跨行业和跨领域的科学技术合作，扶持民族地区、边远地区、贫困地区的科学技术进步；四是加强军用与民用科学技术计划的衔接与协调，促进军用与民用科学技术资源、技术开发需求的互通交流和技术双向转移，发展军民两用技术；五是国家制定和实施知识产权战略；六是加大财政性资金投入，并制定产业、税收、金融、政府采购等政策，鼓励、引导社会资金投入；七是建立科学技术进步工作协调机制，研究科学技术进步工作中的重大问题，协调国家科学技术基金和国家科学技术计划项目的设立及相互衔接；八是国家完善科学技术决策的规则和程序，建立规范的咨询和决策机制。

(五) 国家鼓励的科学技术活动

根据《科技进步法》的规定，国家鼓励以下科学技术活动：一是鼓励科学探索和技术创新；二是鼓励科学技术研究开发，推动应用科学技术改造传统产业、发展高新技术产业和社会事业；三是鼓励科学技术研究开发与高等教育、产业发展相结合；四是鼓励自然科学与人文社会科学交叉融合和相互促进；五是鼓励科学技术研究开发机构、高等学校、科学技术人员、科学技术社会团体和企业事业组织依法开展国际科学技术合作与交流；六是鼓励国内外的组织或者个人设立科学技术奖项，对科学技术进步给予奖励。

(六) 国家建立的基本制度

根据《科技进步法》规定，国家建立如下三项基本制度。

1. 国家建立和完善知识产权制度

我国的知识产权制度基本完善，形成了《中华人民共和国专利法》《中华人民共和国著作权法》《中华人民共和国商标法》《中华人民共和国反不正当竞争法》《中华人民共和国计算机软件条例》《中华人民共和国植物新品种条例》《中华人民共和国集成电路布图设计条例》等法律法规组成的知识产权法律体系。

2. 国家建立和完善有利于自主创新的科学技术评价制度

2003 年 5 月 15 日科技部、教育部、中国科学院、中国工程院和国家自然科学基金委员会联合印发了《关于改进科学技术评价工作的决定》(国科发基字〔2003〕142 号)。该决定提出，科学技术评价工作要按照“目标导向、分类实施、客观公正、注重实效”的要求，必须有利于加强原始性创新；有利于优秀人才的发现与成长；有利于提高政府对科学技术的管理水平。科学技术评价要坚持以国家目标或科技自身发展目标为导向，要针对计划、项目、机构、人员等不同对象，根据国家、部门、地方等不同层次，基础研究、应用研究、科技产业化等不同类型科学技术活动的特点，确定不同的评价目标、内容和标准，采用不同的评价方法和指标。同时，科学技术评价要坚持“公平、公正、公开”的评价原则，建立与国际接轨的评价制度。2003 年 9 月，科技部印发了《科学技术评价办法》(试行)(国科发基字〔2003〕308 号)对科学技术评价的基本程序和要求、评审专家遴选、科学技术计划评价、科学技术项目评价、研究与发展机构评价、研究与发展人员评价、科学技术成果评价等做出了具体的规定。

3. 国家建立科学技术奖励制度

根据《国家科学技术奖励条例》的规定，国务院设立下列国家科学技术奖：

(1) 国家最高科学技术奖。国家最高科学技术奖授予下列科学技术工作者：在当代科学技术前沿取得重大突破或者在科学技术发展中有卓越建树的；在科学技术创新、科学技术成果转化和高技术产业化中，创造巨大经济效益或者社会效益的。每年授予人数不超过两名。

(2) 国家自然科学奖。国家自然科学奖授予在基础研究和应用基础研究中阐明自然现象、特征和规律，做出重大科学发现的公民。其中的重大科学发现，应当具备前人尚未发现或者尚未阐明、具有重大科学价值、得到国内外自然科学界公认等三个条件。

(3) 国家技术发明奖。国家技术发明奖授予运用科学技术知识做出产品、工艺、材料及其系统等重大技术发明的公民。其中的重大技术发明，应当具备前人尚未发明或者尚未公开、具有先进性和创造性、经实施创造了显着经济效益或者社会效益等条件。

(4) 国家科学技术进步奖。国家科学技术进步奖授予在应用推广先进科学技术成果，完成重大科学技术工程、计划、项目等方面，做出突出贡献的下列公民、组织：在实施技术开发项目中，完成重大科学技术创新、科学技术成果转化，创造显著经济效益的；在实施社会公益项目中，长期从事科学技术基础性工作和社会公益性科学技术事业，经过实践检验，创造显著社会效益的；在实施国家安全项目中，为推进国防现代化建设、保障国家安全做出重大科学技术贡献的；在实施重大工程项目中，保障工程达到国际先进水平的。重大工程类项目的国家科学技术进步奖仅授予组织。

(5) 中华人民共和国国际科学技术合作奖。中华人民共和国国际科学技术合作奖授予对中国科学技术事业做出重要贡献的下列外国人或者外国组织：同中国的公民或者组织合作研究、开发，取得重大科学技术成果的；向中国的公民或者组织传授先进科学技术、培养人才，成效特别显著的；为促进中国与外国的国际科学技术交流与合作，做出重要贡献的。

国家最高科学技术奖、中华人民共和国国际科学技术合作奖不分等级。国家自然科学奖、国家技术发明奖、国家科学技术进步奖分为一等奖、二等奖两个等级；对做出特别重大科学发现或者技术发明的公民，对完成具有特别重大意义的科学技术工程、计划、项目等做出突出贡献的公民、组织，可以授予特等奖。国家自然科学奖、国家技术发明奖、国家科学技术进步奖每年奖励项目总数不超过 400 项。

三、促进科学研究、技术开发与科学技术应用的主要措施

(一) 实行财税政策

根据《科技进步法》的规定，国家实行以下财税扶持政策，支持科技进步活动：

(1) 国家设立自然科学基金，资助基础研究和科学前沿探索，培养科学技术人才；设立科技型中小企业创新基金，资助中小企业开展技术创新；在必要时可以设立其他基金，资助科学技术进步活动。

(2) 四类科技活动可以按照国家有关规定享受税收优惠：一是从事技术开发、技术转让、技术咨询、技术服务，即“四技”合同减免营业税，营业税改征增值税以后，减免开具普通增值税发票所缴

纳的增值税；二是进口国内不能生产或者性能不能满足需要的科学研究或者技术开发用品，即进口科技开发用品免征关税和进口环节增值税；三是为实施国家重大科学技术专项、国家科学技术计划重大项目，进口国内不能生产的关键设备、原材料或者零部件；四是法律、国家有关规定的其他科学研究、技术开发与科学技术应用活动。

(3) 实行创新产品政府采购政策：对境内公民、法人或者其他组织自主创新的产品、服务或者国家需要重点扶持的产品、服务，在性能、技术等指标能够满足政府采购需求的条件下，政府采购应当购买；首次投放市场的，政府采购应当率先购买。政府采购的产品尚待研究开发的，采购人应当运用招标方式确定研发机构、高等学校或企业进行研究开发，并予以订购。

(二) 实行知识产权政策

(1) 财政资金资助项目的知识产权授予项目承担者。《科技进步法》第 20 条第 1 款规定，利用财政性资金设立的科学技术基金项目或者科学技术计划项目所形成的发明专利权、计算机软件著作权、集成电路布图设计专有权和植物新品种权，除涉及国家安全、国家利益和重大社会公共利益的外，授权项目承担者依法取得。

(2) 项目承担者应履行实施的义务。根据《科技进步法》第 20 条第 2 款规定，项目承担者应当履行三项义务：一是应当依法实施知识产权；二是应当采取保护措施；三是就实施和保护情况向项目管理机构提交年度报告。

(3) 国家保留了在特定情况下的实施权。根据《科技进步法》第 20 条第 2 款、第 3 款规定，在以下两种情况下，国家可以无偿实施，也可以许可他人有偿实施或者无偿实施：一是项目承担者在合理期限内没有实施的；二是国家为了国家安全、国家利益和重大社会公共利益的需要。

(4) 鼓励首先在境内使用。《科技进步法》第 21 条规定，国家鼓励利用财政性资金设立的科学技术基金项目或者科学技术计划项目所形成的知识产权首先在境内使用。这是显而易见地，我们的科学研究和技术开发活动，首先应当造福我们自己。

(三) 实行技术进出口政策

(1) 鼓励引进国外先进技术、装备。《科技进步法》第 22 条第 1 款规定，国家鼓励根据国家的产业政策和技术政策引进国外先进技术、装备。引进不是目的，还要进行消化吸收。于是该条第 2 款规定，利用财政性资金和国有资本引进重大技术、装备的，应当进行技术消化、吸收和再创新。

(2) 向境外转移知识产权应当报批。《科技进步法》第 21 条第 2 款规定，利用财政性资金资助所形成的知识产权向境外的组织或者个人转让或者许可境外的组织或者个人独占实施的，应当经项目管理机构批准。法律、行政法规对批准机构另有规定的，依照其规定。这一规定有两个前提条件：一是在国外申请了知识产权，如申请了 PCT 专利，因知识产权具有地域性，或者是通过采取保密措施加以保护的技术秘密；二是转让知识产权的所有权，或者以独占实施许可的方式许可境外的组织或者个人，一般的实施许可，或者某一国家或地区的独占实施许可，不涉及知识产权权属的转移，不需要报批。

(3) 实行珍稀科技资源出境管制政策。《科技进步法》第 28 条第 2 款规定，国家实行珍贵、稀有、濒危的生物种质资源、遗传资源等科学技术资源出境管理制度。

(四) 发展技术市场政策

实行技术合同制，促进科技成果商品化，开拓和发展技术市场，是中国科技体制改革的重大突破。引入市场经济的竞争机制和约束机制，不仅促进了科学技术成果转化为现实生产力，而且推动了中国商品市场、服务市场、资金市场等市场的发育和发展。《科技进步法》将这一改革成果用法律确定下来，明确规定国家培育和发展技术市场，鼓励创办从事技术评估、技术经纪等活动的中介服务机构，引导建立社会化、专业化和网络化的技术交易服务体系，推动科学技术成果的推广和应用。同时，确立了技术交易活动应当遵循自愿、平等、互利有偿和诚实信用的原则。

在培育和发展技术市场的同时，《科技进步法》第 28 条第 1 款规定，国家实行科学技术保密制度，保护涉及国家安全和利益的科学技术秘密。

（五）促进农业科技进步

《科技进步法》第 23 条从以下三个方面对农业科技进步做出规定：

一是国家鼓励和支持农业科学技术的基础研究和应用研究，传播和普及农业科学技术知识，加快农业科学技术成果转化和产业化，促进农业科学技术进步。农业科研与科普是农业科技进步的两个轮子，必须同步推进，才能振兴农村经济，发展高产、优质、高效的现代化农业。

二是县级以上人民政府应当采取措施，支持公益性农业科学技术研究开发机构和农业技术推广机构进行农业新品种、新技术的研究开发和应用。仅有农业科研和科普还不够，还要将农业科研成果转化为农业新品种、新技术，因此要支持公益性的农业科研机构和农技推广机构进行农业新品种、新技术的研究开发、试验和推广。

三是地方各级人民政府应当鼓励和引导农村群众性科学技术组织为种植业、林业、畜牧业、渔业等的发展提供科学技术服务，对农民进行科学技术培训。农业科技进步要解决“最后一公里”，一是要为种植业等各业提供产前、产中、产后综合配套的社会化科学技术服务，使农业技术能够真正落地；二是要提高农民的科学技术素质。

四、企业技术进步

《科技进步法》（2007 年修订本），设立专章共 11 个条文规范企业技术进步，提出了一系列的政策措施促进企业技术进步，将国家政策提出的企业是技术创新的主体上升到法律规范，使企业技术创新的主体地位不仅在法律上得到确立，而且在政策举措上得到保障。

（一）从法律上确立企业是技术创新主体

《科技进步法》第 30 条规定，国家建立以企业为主体，以市场为导向，企业同科学技术研究开发机构、高等学校相结合的技术创新体系，引导和扶持企业技术创新活动，发挥企业在技术创新中的主体作用。这一规定将以企业为主体，以市场为导向，产学研相结合的技术创新体系以及企业在技术创新体系中的地位以法律规范固化下来。

（二）国家支持企业技术进步的措施

《科技进步法》从以下四个方面支持企业技术进步：

（1）国家利用财政性资金设立基金，为企业自主创新与成果产业化贷款提供贴息、担保；

（2）国家完善资本市场，建立健全促进自主创新的机制，支持符合条件的高新技术企业利用资本市场推动自身发展；

（3）国家对公共研究开发平台和科学技术中介服务机构的建设给予支持。而这些公共研究开发平台和科学技术中介服务机构应当为中小企业的技术创新提供服务；

（4）国家依法保护企业研究开发所取得的知识产权。

（三）国家鼓励企业开展的技术进步活动或行为

根据《科技进步法》第 32 条、第 33 条规定，国家鼓励企业开展以下八类活动：

（1）设立内部科学技术研究开发机构；

（2）同其他企业或者科学技术研究开发机构、高等学校联合建立科学技术研究开发机构，或者以委托等方式开展科学技术研究开发；

（3）培养、吸引和使用科学技术人员；

（4）同科学技术研究开发机构、高等学校、职业院校或者培训机构联合培养专业技术人才和高技能人才，吸引高等学校毕业生到企业工作；

(5) 依法设立博士后工作站；

(6) 结合技术创新和职工技能培训，开展科学技术普及活动，设立向公众开放的普及科学技术的场馆或者设施；

(7) 增加研究开发和技术创新的投入，自主确立研究开发课题，开展技术创新活动；

(8) 对引进技术进行消化、吸收和再创新。

(四) 企业可享受的税收优惠政策

根据《科技进步法》第 33 条和第 36 条的规定，企业可以享受以下税收优惠政策：

(1) 企业开发新技术、新产品、新工艺发生的研究开发费用可以按照国家有关规定，税前列支并加计扣除；

(2) 企业科学技术研究开发仪器、设备可以加速折旧。

下列企业按照国家有关规定享受税收优惠：

(1) 从事高新技术产品研究开发、生产的企业，包括高新技术企业、软件企业、集成电路设计与生产企业等；

(2) 投资于中小型高新技术企业的创业投资企业；

(3) 法律、行政法规规定的与科学技术进步有关的其他企业，包括技术先进型服务企业等。

上述税收政策都写入了《企业所得税法》。

(五) 各级政府应当支持企业技术进步

根据《科技进步法》第 31 条和第 40 条的规定，县级以上人民政府及其有关部门应当采取以下措施支持企业技术进步：

(1) 制定的与产业发展相关的科学技术计划，应当体现产业发展的需求；

(2) 确定科学技术计划项目，应当鼓励企业参与实施和平等竞争，其中，对具有明确市场应用前景的项目，应当鼓励企业联合科学技术研究开发机构、高等学校共同实施；

(3) 应当创造公平竞争的市场环境，推动企业技术进步。

同时规定，国务院有关部门和省、自治区、直辖市人民政府应当通过制定产业、财政、能源、环境保护等政策，引导、促使企业研究开发新技术、新产品、新工艺，进行技术改造和设备更新，淘汰技术落后的设备、工艺，停止生产技术落后的产品。

(六) 企业应当履行的义务

《科技进步法》第 38 条第 2 款规定，企业应当不断提高运用、保护和管理知识产权的能力，增强自主创新能力和市场竞争能力。第 39 条第 1 款规定，国有企业应当建立健全有利于技术创新的分配制度，完善激励约束机制。这些规定虽然比较原则化，却是企业技术进步的关键。

五、科学技术研究开发机构

《科技进步法》第四章共 7 个条文规范科学技术研究开发机构(简称科研机构)，对科研机构的设立、管理、权利义务等做出规范。

(一) 科研机构的设立

(1) 科研机构的设立主体。根据《科技进步法》第 42 条第 1 款规定，公民、法人或者其他组织有权依法设立科学技术研究开发机构。国外的组织或者个人可以在中国境内依法独立设立科学技术研究开发机构，也可以与中国境内的组织或者个人依法联合设立科学技术研究开发机构。

(2) 科研机构的创办资金来源。根据《科技进步法》第 42 条第 2 款规定，从事基础研究、前沿技术研究、社会公益性技术研究的科学技术研究开发机构，可以利用财政性资金设立。对利用财政性资金设立的科研机构，应当优化配置，防止重复设置。根据《科技进步法》第四十七条规定，科研机构也可由社会力量设立。

(二) 科研机构管理

《科技进步法》第45、第46条对利用财政性资金设立的科研机构的管理做出以下规范：

(1) 建立现代院所制度。《科技进步法》第45条规定，利用财政性资金设立的科学技术研究开发机构应当建立职责明确、评价科学、开放有序、管理规范的现代院所制度，实行院长或者所长负责制，建立科学技术委员会咨询制和职工代表大会监督制等制度，并吸收外部专家参与管理、接受社会监督；院长或者所长的聘用引入竞争机制。院所长负责制、科技委员会咨询制和职代会监督制三者共同构成了现代院所制度。

(2) 建立科技资源共享机制。《科技进步法》第46条规定，利用财政性资金设立的科学技术研究开发机构，应当建立有利于科学技术资源共享的机制，促进科学技术资源的有效利用。

(三) 科研机构可享有的权利

根据《科技进步法》第42条第3款、第43条和第47条规定，科研机构可享有以下权利：

(1) 科研机构、高等学校可以依法设立博士后工作站，科研机构可以依法在国外设立分支机构；

(2) 依法组织或者参加学术活动；

(3) 按照国家有关规定，自主确定科学技术研究开发方向和项目，自主决定经费使用、机构设置和人员聘用及合理流动等内部管理事务；

(4) 与其他科学技术研究开发机构、高等学校和企业联合开展科学技术研究开发；

(5) 获得社会捐赠和资助；

(6) 法律、行政法规规定的其他权利。

对社会力量设立的科研机构，根据《科技进步法》第47条第2款、第3款的规定，有权按照国家有关规定，参与实施和平等竞争利用财政性资金设立的科学技术基金项目、科学技术计划项目。社会力量设立的非营利性科学技术研究开发机构按照国家有关规定享受税收优惠。

(四) 科研机构应当履行的义务

《科技进步法》第44条规定，科研机构应当履行以下义务：

(1) 应当按照章程的规定开展科学技术研究开发活动；

(2) 不得在科学技术活动中弄虚作假，不得参加、支持迷信活动。

利用财政性资金设立的科研开发机构还应当履行以下义务：一是开展科学技术研究开发活动，应当为国家目标和社会公共利益服务；二是有条件的，应当向公众开放普及科学技术的场馆或者设施，开展科学技术普及活动。

六、科学技术人员

《科技进步法》第五章共11个条文规定了科技人员的权利和义务。

(一) 科技人员享有的权利

(1) 接受继续教育的权利；

(2) 可根据其学术水平和业务能力依法选择工作单位、竞聘相应的岗位，取得相应的职务或者职称；

(3) 在艰苦、边远地区或者恶劣、危险环境中工作，所在单位应当按照国家规定给予补贴，提供其岗位或者工作场所应有的职业健康卫生保护；

(4) 青年科学技术人员、少数民族科学技术人员、女性科学技术人员等在竞聘专业技术职务、参与科学技术评价、承担科学技术研究开发项目、接受继续教育等方面享有平等权利；

（5）外国的杰出科学技术人员到中国从事科学技术研究开发工作的，按照国家有关规定，可以依法优先获得在华永久居留权；

（6）有依法创办或者参加科学技术社会团体的权利。

（二）科技人员应当履行的义务

《科技进步法》第55条规定，科学技术人员应当弘扬科学精神，遵守学术规范，恪守职业道德，诚实守信；不得在科学技术活动中弄虚作假，不得参加、支持迷信活动。

（三）对各级政府及企事业单位营造人才发展环境的要求

《科技进步法》对各级政府和企事业单位营造良好的人才发展环境提出了以下要求：

（1）应当采取措施，提高科学技术人员的工资和福利待遇，对有突出贡献的科学技术人员给予优厚待遇；

（2）应当保障科学技术人员接受继续教育的权利，并为科学技术人员的合理流动创造环境和条件，发挥其专长。

《科技进步法》第54条规定，利用财政性资金设立的科研机构、高等学校聘用在国外工作的杰出科学技术人员回国从事科学技术研究开发工作的，应当为其工作和生活提供方便。

《科技进步法》第57条规定，利用财政性资金设立的科学技术基金项目、科学技术计划项目的管理机构，应当为参与项目的科学技术人员建立学术诚信档案，作为对科学技术人员聘任专业技术职务或者职称、审批科学技术人员申请科学技术研究开发项目等的依据。

七、保障措施

《科技进步法》第六章共7个条文规定了科技进步的保障措施。

（一）科技投入

为保障科学技术的经费投入，推动科学技术进步，《科技进步法》规定，国家逐步提高科学技术经费投入的总体水平；国家财政用于科学技术经费的增长幅度，应当高于国家财政经常性收入的增长幅度。全社会科学技术研究开发经费应当占国内生产总值适当的比例，并逐步提高。

财政性科学技术资金应当主要用于下列七个事项的投入：

（1）科学技术基础条件与设施建设；

（2）基础研究；

（3）对经济建设和社会发展具有战略性、基础性、前瞻性作用的前沿技术研究、社会公益性技术研究和重大共性关键技术研究；

（4）重大共性关键技术应用和高新技术产业化示范；

（5）农业新品种、新技术的研究开发和农业科学技术成果的应用、推广；

（6）科学技术普及。

（二）科技研究实验基地

《科技进步法》第63条规定，国家遵循统筹规划、优化配置的原则，整合和设置国家科学技术研究实验基地。国家鼓励设置综合性科学技术实验服务单位，为科学技术研究开发机构、高等学校、企业和科学技术人员提供或者委托他人提供科学技术实验服务。

（三）科技资源开放共享

《科技进步法》第64、第65条规定，对以财政性资金为主购置的大型科学仪器、设备开展联合评议工作，科学技术资源的管理单位应当向社会公布所管理的科学技术资源的共享使用制度和使用情况。

第二节　促进科技成果转化法律制度

一、概述

（一）法律修订情况

促进科技成果转化为现实生产力，这不仅是科技工作基本方针的要求，也是我国经济建设的迫切需要。1996 年 5 月 15 日第八届全国人大常委会第十九次会议通过了《中华人民共和国促进科技成果转化法》（以下简称《促进科技成果转化法》，共 6 章 37 条），全面规范了促进科技成果转化的指导思想、基本准则、转化形式、保障措施等内容，2015 年 8 月 29 日第十二届全国人民代表大会常务委员会第十六次会议对《中华人民共和国促进科技成果转化法》进行了修正。修正后的《促进科技成果转化法》共有 6 章 52 条。本次修订中，只保留了 10 条，新增条款 20 条，因此修订的幅度是比较大的。

（二）科技成果的概念

科技成果是科学技术研究开发成果的简称。其特征可概括为：是一种智力劳动的成果，是一种具有创造性的无形财产。1984 年 2 月出台的国家科委《关于科学技术研究成果管理的规定》（试行），对科技成果的范围进行了界定，即我们所称的技术成果大都是指那些具有一定新颖性、先进性和实用价值的应用技术成果、阶段性的研发科技成果、科学理论成果等。我国的科技成果划分为三大类①：

（1）研究理论成果，即阐明自然现象、特征、规律及其内在联系的，在学术上具有新见解，并对科学技术发展具有指导意义的科学理论成果，包括基础研究理论成果和部分应用研究理论成果。

（2）应用技术成果，即解决生产建设中科学技术问题的，具有新颖性、先进性和实用价值的成果，包括新产品，新技术，新工艺，新材料，新设计和生物，矿产新品种等。

（3）软科学研究成果，即推动决策科学化和管理现代化，对促进科技、经济与社会的协调发展起重大作用的成果。

《促进科技成果转化法》第 2 条规定，本法所称科技成果，是指通过科学研究与技术开发所产生的具有实用价值的成果。根据这一定义，科技成果是指应用技术成果，不包括研究理论成果和软科学研究成果。

（三）职务科技成果的概念

《促进科技成果转化法》第 2 条规定，职务科技成果，是指执行研究开发机构、高等院校和企业等单位的工作任务，或者主要是利用上述单位的物质技术条件所完成的科技成果。这一定义包含以下两个标准：

（1）职责标准，即执行单位的工作任务所完成的科技成果，包括履行本职工作和承担单位交办的本职工作以外的工作任务。这是主要标准，是刚性约束。

（2）资源标准，即利用了单位的物质技术条件所完成的科技成果。这是在执行单位的工作任务之外，由科技人员自行选题、自行研究开发所完成的科技成果，如果属于主要是利用了单位的物质技术条件所完成的，也属于职务科技成果。当然这里有两种例外情况：一是如果不是主要利用单位的物质技术完成，即完成该科技成果所使用的物质技术条件没有达到 50%以上，不能视为职

① 1987 年 10 月，国家科委分布的《科学技术成果鉴定办法》（该办法已经废止）将科技成果分为研究理论成果、应用技术成果和教科学研究成果。尽管该办法已经废止，但这一分类仍在沿用，仍有现实意义。

务科技成果;二是使用单位的物质技术条件时有约定成果的归属,且支付使用费的,也不视为职务科技成果。

从以上两个标准的关系来看,职责标准是第一标准,资源标准是排除职责标准的标准,因而是第二标准。科技人员从事非职务研发活动时,应当注意以下三点:第一,与执行本单位的工作任务无关;第二,不在工作时间进行,尽量不在工作单位里进行;第三,如果要利用单位的物质技术条件,事先跟单位约定,并支付相关费用。

(四) 科技成果转化的概念

《促进科技成果转化法》第 2 条第 2 款规定,本法所称科技成果转化,是指为提高生产力水平而对科技成果所进行的后续试验、开发、应用、推广直至形成新技术、新工艺、新材料、新产品,发展新产业等活动。这一概念包含两个层次:一是对科技成果进行后续试验、开发、应用、推广,直至形成新技术、新工艺、新材料、新产品;二是基于新技术、新工艺、新材料、新产品而发展新产业的活动。

中国科学院、科学技术部关于印发《中国科学院关于新时期加快促进科技成果转移转化指导意见》的通知(科发促字〔2016〕97 号)第七条规定,科技人员为企业提供技术开发、技术咨询、技术服务、技术培训等服务,是科技成果转化的重要形式。教育部、科技部《关于加强高等学校科技成果转移转化工作的若干意见》(教技〔2016〕3 号)第 5 条规定,高校科技人员面向企业开展技术开发、技术咨询、技术服务、技术培训等横向合作活动,是高校科技成果转化的重要形式,其管理应依据合同法和科技成果转化法;高校应与合作单位依法签订合同或协议,约定任务分工、资金投入和使用、知识产权归属、权益分配等事项,经费支出按照合同或协议约定执行,净收入可按照学校制定的科技成果转移转化奖励和收益分配办法对完成项目的科技人员给予奖励和报酬。

二、促进科技成果转化的法律原则

(一) 坚持面向经济建设和社会发展的原则

"科技成果转化活动应当有利于加快实施创新驱动发展战略,促进科技与经济的结合,有利于提高经济效益、社会效益和保护环境、合理利用资源,有利于促进经济建设、社会发展和维护国家安全"。这三个"有利于"分别规定了科技成果转化的战略定位、所应达到的效果和应当达到的目的,也包含了对科技成果转化进行一定范围的限制。如对能明显提高产业技术水平和经济效益,或者能够促进高产、优质、高效农业和农村经济发展的项目,应当优先安排和重点支持实施转化;对社会和环境有危害作用,对资源有破坏作用的科技成果,其转化就应当受到限制。

(二) 保护技术权益的原则

科技成果转化活动应当尊重市场规律,发挥企业的主体作用,遵循自愿、互利、公平、诚实信用的原则,依照法律法规规定和合同约定,享受利益,承担风险。除国家和政府强制实施或指定实施的以外,任何强制的行为都是不允许的。科技成果转化各方要依法订立合同,并按合同约定,享受利益,承担风险。并且,转化过程中产生的知识产权受法律保护。

(三) 维护国家、社会公共利益的原则

《促进科技成果转化法》规定,科技成果转化活动应当遵守法律法规,维护国家利益,不得损害社会公共利益和他人合法权益。例如,在科技成果转化活动中,应当保守国家秘密,不得为个人或少数人的利益,损害公共利益。科技成果转化中的对外合作,涉及国家秘密事项的,要依法按照规定的程序事先经过批准。

三、政府的主要职责

(一) 国务院的职责

《促进科技成果转化法》第 5 条规定,国务院和地方各级人民政府应当加强科技、财政、投资、税

收、人才、产业、金融、政府采购、军民融合等政策协同，为科技成果转化创造良好环境；第9条规定，国务院应当将科技成果的转化纳入国民经济和社会发展计划，并组织协调实施有关科技成果的转化。为促进科技成果转化，国务院于2016年2月26日印发了《实施〈中华人民共和国促进科技成果转化法〉若干规定》(国发〔2016〕16号)，对落实《促进科技成果转化法》做出了具体、明确的规定。国务院办公厅于2016年4月21日印发了《促进科技成果转移转化行动方案》(国办发〔2016〕28号)，就落实《科技成果转化法》、加快推动科技成果转化为现实生产力提出了具体的实施方案。

(二) 地方政府在科技成果转化中的主要职责

根据《促进科技成果转化法》的规定，地方各级人民政府的职责权限是：

(1) 加强科技、财政、投资、税收、人才、产业、金融、政府采购、军民融合等政策协同，为科技成果转化创造良好环境。科技成果转化涉及科技、经济、人才等方方面面，也需要方方面面的支持和协同。在这过程中，政府应当加强各个方面的政策协同。

(2) 根据《促进科技成果转化法》规定的原则，结合本地实际，可以采取更加有利于促进科技成果转化的措施。例如，上海市人民政府于1998年印发的《上海市促进高新技术成果转化的若干规定》，采取财税、人才、土地等各方面的政策支持科技成果转化。

(3) 负责管理、指导和协调本行政区域内的科技成果转化工作。这是规定了地方人民政府在促进科技成果转化中的职责。

(4) 将科技成果的转化纳入国民经济和社会发展计划，并组织协调实施有关科技成果的转化。科技成果转化是经济科技一体化活动，广泛渗透到经济建设和社会发展各个方面，成为推动转变经济增长方式和社会进步的关键性因素。各级政府要充分重视科技成果转化工作，要将科技成果转化工作纳入国民经济和社会发展计划，加强对科技成果转化活动的指导、调控和监督。

(三) 科技行政部门及其他相关部门的职责

根据《促进科技成果转化法》的规定，科技行政部门及其他有关部门应当履行以下职责：

(1) 国务院科学技术行政部门、经济综合管理部门和其他有关行政部门依照国务院规定的职责，管理、指导和协调科技成果转化工作。科技成果转化涉及方方面面，也需要有关政府部门的大力支持。

(2) 利用财政资金设立应用类科技项目和其他相关科技项目，有关行政部门、管理机构应当改进和完善科研组织管理方式，在制定相关科技规划、计划和编制项目指南时应当听取相关行业、企业的意见。这是发挥企业在研究开发方向选择、项目实施和成果应用中主导作用的体现。

(3) 研究开发机构、高等院校的主管部门以及财政、科学技术等相关行政部门应当建立有利于促进科技成果转化的绩效考核评价体系，将科技成果转化情况作为对相关单位及人员评价、科研资金支持的重要内容和依据之一，并对科技成果转化绩效突出的相关单位及人员加大科研资金支持。这是要改变研究开发机构和高等院校的指挥棒，科技成果转化是研究开发机构和高等院校服务社会功能的体现，应当受到高度重视。

(4) 根据职责分工，为企业获取所需的科技成果提供帮助和支持。因为政府掌握了财政性资金资助的应用性科技项目所取得的科技成果，这些成果是企业实施转化所必需的。为使政府有关部门更好地履行这一义务，《促进科技成果转化法》第11条规定，国家建立、完善科技报告制度和科技成果信息系统，使财政性资金资助的应用类科技项目所取得的科技成果以规定的格式和途径向社会公开，可解决企业获得科技成果难的问题，也使政府有关部门能够履行法定的义务。

四、促进科技成果转化的组织实施

(一) 转化方式

科技成果持有者实施科技成果转化一般采取六种方式：

(1) 自行投资实施转化。这是科技成果持有者内部消化科技成果,实行科工贸、科农贸一体化经营。

(2) 向他人转让该科技成果。这种方式属于技术转让,转移科技成果的权属,一般以技术贸易方式进行。

(3) 许可他人使用科技成果。这种方式也属于技术转让,一般也以技术贸易方式进行,但不转移科技成果的权属。

(4) 以该科技成果作为合作条件,与他人共同实施转化。这种方式是合作、合资或股份制经营方式,按照协议分配利益,或按出资比例、股份分红。

(5) 以该科技成果作价投资,折算股份或者出资比例。这种方式是合作、合资或股份制经营方式,按照协议分配利益,或按出资比例、股份分红。

(6) 其他方式,包括科技创业,科技咨询、科技服务等。

(二) 转化主体

《促进科技成果转化法》第 3 条规定,科技成果转化应当发挥企业的主体作用,第 22 条至 28 条共 7 个条文对企业在科技成果转化中的权利做出了明确的规定。企业可以自行发布信息或者委托科技中介机构征集其单位所需的科技成果,或者征寻科技成果的合作者,也可以独立或者与境内外企业、事业单位或者其他合作者实施科技成果转化、承担政府组织实施的科技研究开发和科技成果转化项目,还可以与研究开发机构、高等院校等单位相结合,联合实施科技成果转化。科技成果完成人以及其他科技成果持有人也可以成为转化的主体。

(三) 高校院所的科技成果转化

《促进科技成果转化法》规定,国家鼓励研究开发机构、高等院校采取转让、许可或者作价投资等方式,向企业或者其他组织转移科技成果。同时,中共中央国务院《关于深化体制机制改革加快实施创新驱动发展战略的若干意见》(中发〔2015〕8 号)规定,逐步实现高等学校和科研院所与下属公司剥离,原则上高等学校、科研院所不再新办企业,强化科技成果以许可方式对外扩散。

根据《促进科技成果转化法》第 17 条第 2 款和第 20 条第 2 款的规定,国家设立的研究开发机构、高等院校应当履行以下两项法定义务:

(1) 加强对科技成果转化的管理、组织和协调,促进科技成果转化队伍建设,优化科技成果转化流程,通过本单位负责技术转移工作的机构或者委托独立的科技成果转化服务机构开展技术转移。

(2) 建立符合科技成果转化工作特点的职称评定、岗位管理和考核评价制度,完善收入分配激励约束机制。

为确保高校院所履行上述法定义务,高校院所应当向主管部门报送科技成果转化情况年度报告,主管部门应当建立有利于促进科技成果转化的绩效考核评价体系,对科技成果转化情况进行考核评价。

(四) 科技成果市场化定价

《促进科技成果转化法》第 18 条规定,国家设立的研究开发机构、高等院校对其持有的科技成果,可以自主决定转让、许可或者作价投资,但应当通过协议定价、在技术交易市场挂牌交易、拍卖等方式确定价格。通过协议定价的,应当在本单位公示科技成果名称和拟交易价格。这一规定有四层含义:一是国家设立的研究开发机构、高等院校有权处置其持有的科技成果,不再向主管部门、财政部门报批;二是实行市场化定价机制,可以采取协议定价、在技术交易市场挂牌交易、拍卖等方式确定价格;三是为保证定价公开公平公正,对通过协议定价的,要在本单位公示科技成果名称和拟交易价格;四是必须按照国家有关规定对科技成果的价值进行评估,不得故意高估作价或低估作价。因为《促进科技成果转化法》对是否需要经过评估没有做出规定,就必须适用国家有关评估的法律法规规定对科技成果进行评估。

（五）职务科技成果完成人实施科技成果转化的情形

《促进科技成果转化法》第19条规定，国家设立的研究开发机构、高等院校所取得的具有实用价值的职务科技成果，科技成果完成人和参加人在不变更职务科技成果权属的前提下，可以根据与本单位的协议进行转化并享有协议约定的权益。这里有两个前提：一是不变更职务科技成果的权属；二是与本单位签订协议，并根据协议履行权利义务。为保证这一制度的实施，《促进科技成果转化法》进一步规定，一是单位对上述科技成果转化活动应当予以支持；二是科技成果完成人或者课题负责人，不得阻碍职务科技成果的转化，不得将职务科技成果及其技术资料和数据占为己有，侵犯单位的合法权益。

（六）科技成果转化服务体系建设

科技中介、中间试验、工业性试验长期以来是科技成果转化中的薄弱环节。国内外经验表明，科技成果转化需要有必要的技术创新和技术服务机构。目前中国的多数企业还没有一个完整的开发、转化机构，更需要一些独立于科研院所，独立于企业的专门机构、专门人员来完成转化。《促进科技成果转化法》规定，国家培育和发展技术市场，支持根据产业和区域发展需要建设公共研究开发平台，支持科技企业孵化器、大学科技园等科技企业孵化机构发展。

五、技术权益

（一）合作转化

科技成果完成单位、科技成果实施单位和科技成果转化投资单位，就科技成果的后续试验、开发、应用和生产经营进行合作，应当签订合同，约定各方享有的权利和承担的风险。合同中尤其要考虑到科技成果转化的不确定性、风险性，也应对转化成功后知识产权和利益的分享以及转化失败的损失承担做出约定。

科技成果完成单位与其他单位合作进行科技成果转化的，应当依法由合同约定该科技成果有关权益的归属。合同未作约定的，按照下列原则办理：

（1）在合作转化中无新的发明创造的，该科技成果的权益，归该科技成果完成单位；

（2）在合作转化中产生新的发明创造的，该新发明创造的权益归合作各方共有；

（3）在合作转化中产生的科技成果，各方都有实施该项科技成果的权利，转让该项科技成果应经合作各方同意。

（二）科技成果转化收益的分配

《促进科技成果转化法》第43条规定，国家设立的研究开发机构、高等院校转化科技成果所获得的收入全部留归本单位，在对完成、转化职务科技成果做出重要贡献的人员给予奖励和报酬后，主要用于科学技术研究开发与成果转化等相关工作。这一规定包含以下两个方面的内容：一是改变了现行的国立研究开发机构、高等院校“收支两条线”管理规定，即收益权下放给单位，激发了国立研究开发机构、高等院校转化科技成果的积极性；二是规定了转化收益的分配顺序，即第一是对完成、转化职务科技成果做出重要贡献的人员给予奖励和报酬，其次是用于科学技术研究开发与成果转化等相关工作，剩余部分可做其他的用途。

（三）科技成果转化的奖励和报酬

与《专利法》《合同法》等法律中的奖励条款相比，《促进科技成果转化法》在提高奖励比例的同时，扩大了奖励的主体范围，不仅是对科技成果的完成者或者共同做出创造性贡献的人，还包括在其后续试验、开发、应用、推广等转化活动中做出重要贡献的人员。

对于奖励和报酬的方式、数额和时限，《促进科技成果转化法》规定了三种方式：一是由单位做出规定，单位制定相关规定，应当充分听取本单位科技人员的意见，并在本单位公开相关规定。二是单位与科技人员约定。三是既不规定也不约定的，根据《促进科技成果转化法》第45条第1款规定执行，即科技成果完成单位将其职务科技成果转让、许可他人实施的，单位应当从转让该项职务科技成果所取得的净收入中，提取不低于50%的比例，对完成该项科技成果及其转化做出重要贡献的人员给予奖励；利用该项职务科技成果作价投资的，从该项科技成果形成的股份或者出资比例中提取不低于50%的比例；将职务科技成果自行实施或与他人合作实施的，应当在实施转化成功投产后，单位连续三至五年从实施该项科技成果的营业利润中提取不低于5%的比例，对完成该项科技成果及其转化做出重要贡献的人员给予奖励。

为确保国家设立的研究开发机构和高等院校对职务科技成果完成人及为成果转化做出重要贡献人员的奖励和报酬能够发放，《促进科技成果转化法》规定，国有企业、事业单位对完成、转化职务科技成果做出重要贡献的人员给予奖励和报酬的支出计入当年本单位工资总额，但不受当年本单位工资总额限制、不纳入本单位工资总额基数。这一规定包含了三层含义：一是给予科技人员的奖励和报酬的支出属于科技人员的工资、薪金，按照工资、薪金渠道进行发放；二是应当按照《个人所得税法》的规定缴纳个人所得税，按照《社会保险法》的规定缴纳社会保险金；三是不占用本单位工资总额或工资总额基数的指标，确保能够发放。

六、促进科技成果转化的保障措施

（一）财政支持

国家对科技成果转化合理安排财政资金投入，引导社会资金投入，推动科技成果转化资金投入的多元化。科技成果转化的国家财政经费，主要用于科技成果转化的引导资金、贷款贴息、补助资金和风险投资以及其他促进科技成果转化的资金用途。

（二）税收优惠

国家对科技成果转化实行的税收优惠主要有：高新技术企业减按15%的税率征收企业所得税、企业研究开发费用税前加计抵扣应征税收所得额，科研仪器设施允许加速折旧等。

对单位和个人（包括外商投资企业、外商投资设立的研究开发中心、外国企业和外籍个人）从事技术开发、技术转让业务和与之相关的技术咨询、技术服务业务取得的收入免征营业税，营业税改征增值税以后，开具普通增值税发票的，免征增值税。具有知识产权的技术转让及5年以上的实施许可收入500万元以下的免征企业所得税，超过500万元以上部分减半征收企业所得税。

（三）金融信贷支持

科技成果转化资金需求量大，仅靠财政拨款难以实现。这些年来，金融机构在信贷方面的支持有力地推动了科技成果转化，科技贷款的数额也有较大增加，但与科技成果转化及推动经济发展的需求相比，还有差距。为此，法律规定，国家鼓励金融机构采取措施，加大对科技成果转化的支持。

（四）设立科技成果转化基金、风险基金

国家鼓励设立科技成果转化基金或者风险基金，其资金来源由国家、地方、企事业单位、其他组织或者个人提供，用于支持高投入、高风险、高产出的科技成果转化，加速重大科技成果的产业化。

另外，《促进科技成果转化法》还规定了保险、资本市场等方面的措施，支持科技成果转化。

第三节　科技普及法律制度

一、科技普及的内涵及其法律制度的宗旨

科技普及（以下简称科普）是采取公众易于理解、接受、参与的方式，普及科学技术知识、倡导科

学方法、传播科学思想、弘扬科学精神的活动。科普的内容既包含了科学与技术，也包含了精神文明建设的内容。

2002年6月29日，第九届全国人民代表大会常务委员会第28次会议通过了《中华人民共和国科学技术普及法》(以下简称《科普法》)，并于公布之日起实施。我国是全世界第一个为普及科学技术专门制定法律的国家。《科普法》的颁布，标志着我国科普工作步入了法制化轨道。

《科普法》的宗旨是为了实施科教兴国战略和可持续发展战略，加强科普工作，提高公民的科学文化素质，推动经济发展和社会进步。

二、科普工作的指导思想及原则

《科技进步法》第5条规定，国家发展科学技术普及事业，普及科学技术知识，提高全体公民的科学文化素质。这一规定确立了科普是科技进步的一项基本制度。

根据《科普法》规定，国家机关、武装力量、社会团体、企业事业单位、农村基层组织及其他组织应当开展科普工作。因此，科普是各种类型单位应当履行的义务。同时，公民有参与科普活动的权利。

《科普法》规定，科普是公益事业，是社会主义物质文明和精神文明建设的重要内容。社会公益性是科普的本质特征，科普的这一本质特征，决定了在开展科普活动时应特别强调提高公众的科学文化素质，决不能以营利为目的。

科普工作应当坚持两个原则：一是坚持群众性、社会性和经常性，结合实际，因地制宜，采取多种形式。这是开展科普工作的指导思想，或者说是开展科普工作时应坚持的工作原则。离开了"群众性、社会性和经常性"的科普工作，是无法取得实效的。二是坚持科学精神，反对和抵制伪科学。这是科普工作从内容上应当坚持的原则。任何单位和个人不得以科普为名从事有损社会公共利益的活动。

《科普法》第4条规定，发展科普事业是国家的长期任务。这是由科技进步的要求决定的，也是由科普工作的特性决定的。国家发展科普事业，实行以下四项基本政策：一是国家扶持少数民族地区、边远贫困地区的科普工作；二是国家保护科普组织和科普工作者的合法权益，鼓励科普组织和科普工作者自主开展科普活动，依法兴办科普事业；三是国家支持社会力量兴办科普事业，社会力量兴办科普事业可以按照市场机制运行；四是国家支持和促进科普工作对外合作与交流。

三、组织管理

(一) 各级人民政府的职责

《科普法》第10条规定，各级人民政府领导科普工作，并规定了两项职责：一是应将科普工作纳入国民经济和社会发展计划，为开展科普工作创造良好的环境和条件。科普是一项社会事业，需要各级人民政府的持续投入，将科普工作纳入国民经济和社会发展计划，可保障对它的投入。二是县级以上人民政府应当建立科普工作协调制度。科普不仅涉及各类人群，也涉及财政、科技、教育等部门，各级人民政府建立科普工作协调制度，使各个方面形成合力，共同支持科普事业的发展。

(二) 各级政府行政部门的科普工作职能

《科普法》规定，国务院科技行政部门负责制定科普工作规划，实行政策引导，进行督促检查。国务院其他行政部门的职能是"按照各自的职责范围，负责有关的科普工作"。县级以上地方人民政府科技行政部门及其他行政部门的职能是"在同级人民政府领导下按照各自的职责范围，负责本地区有关的科普工作"。这一规定虽然比较模糊，特别是地方人民政府科技行政部门的职责不够明确，但比照国务院科技行政部门的职责，地方科技行政部门应当负责制定地方科普工作规划，落实科普政策，并督促检查地方科普工作情况。

(三) 科学技术协会的科普工作职能

《科普法》第 12 条规定,科学技术协会(简称科协)是科普工作的主要社会力量。这是对科协在科普工作中法律定位。科协在科普工作中的职能有三项:一是组织、开展群众性、社会性、经常性的科普活动;二是支持有关社会组织和企业事业单位开展科普活动;三是协助政府制定科普工作规划,为政府科普工作决策提供建议。科协的这三项职责反映在三个不同的层次上:组织、开展群众性、社会性、经常性的科普活动,是指科协在科普工作中的社会责任;支持有关社会组织和企业事业单位开展科普活动,是指科协在社会科普中的责任;协助政府制定科普工作规划,为政府科普工作决策提供建议,是指科协在政府及政府相关部门的有关科普工作中应承担的责任。

四、科普的社会责任

科普是全社会的共同任务,《科普法》第 14 条至第 22 条分别规范了以下九个方面机构的科普职责:一是各类学校及其他教育机构,以及科技馆(站)、科技活动中心和其他科普教育基地;二是科学研究和技术开发机构、高等院校、自然科学和社会科学类社会团体;三是新闻出版、广播影视、文化等机构和团体;四是医疗卫生、计划生育、环境保护、国土资源、体育、气象、地震、文物、旅游等国家机关、事业单位;五是工会、共产主义青年团、妇女联合会等社会团体;六是企业;七是农村基层组织、各类农村经济组织、农业技术推广机构和农村专业技术协会;八是城镇基层组织及社区;九是公园、商场、机场、车站、码头等各类公共场所的经营管理单位。科协要重视、依靠、联合、会同这些部门共同做好科普工作。同时还要注意,科协开展科普工作的对象和合作的对象不能只局限在已列举的九个方面,而要深刻理解“科普是全社会的共同任务”“社会各界都应当组织参加各类科普活动”,加强与社会各方面的合作。各级党委和政府的相关部门(如组织部、宣传部、文明办)在法律条款中不便载明,但已涵盖在“社会各界”之中。

五、科普保障措施

(一) 科普经费

《科普法》第 23 条规定,各级人民政府应当将科普经费列入同级财政预算,逐步提高科普投入水平,保障科普工作顺利开展。“列入预算”“提高水平”“保障工作”这三条是对各级人民政府在科普经费投入上的总要求,其力度是相当大的。至于具体的经费指标或增长幅度,由于我国各地的情况千差万别,经济文化发展不平衡,不能也没有必要做出详细的规定。另外,国家科普经费的管理使用渠道十分明确,财政部已将科普经费列在科协事业费预算中支出(第 1402 款“科协事业费”中的第 140202 项“科学普及活动经费”)。第 23 第 2 款还规定,各级人民政府有关部门应当安排一定的经费用于科普工作。这是指有关部门应当在本部门的自身经费中安排一定的经费,用于与本部门有关的科普活动。

(二) 场馆建设

《科普法》第 24 条明确了应当将科普场馆、设施建设纳入城乡建设规划和基本建设计划;对现有科普场馆、设施应当加强利用、维修和改造。科普场馆设施是开展科普工作的必要手段和条件,在当前的科普工作中,要突出场馆建设,并要切实注意发挥好现有科普场馆的科普功能。

(三) 优惠政策

《科普法》第 25、第 26、第 27 条提出了国家支持科普工作,实行税收优惠,科普工作可以获得资助和捐赠,并鼓励设立科普基金,资助科普事业。以后,国家有关行政部门将会依据《科普法》出台具体的优惠政策,要注意用好用活政策并落在实处,为科普事业争取更多的有利条件。

(四) 表彰奖励

《科普法》第 29 条明确指出,各级人民政府、科学技术协会和有关单位都应当支持科普工作者开展科普工作，对在科普工作中做出重要贡献的组织和个人，予以表彰和奖励。表彰和奖励是科普工作的保障措施之一。科协可以运用法律赋予科协对科普工作开展表彰、奖励的权利，鼓励在科普工作中做出重要贡献的组织和个人，为社会树立先进的榜样，激励社会组织和广大公众为科普事业做出更大的贡献。

六、科技普及法律责任

科协虽然不是《科普法》的执法主体，但有执法责任；要全面认识科普工作已经进入了法制轨道，违法要受制裁。科协既要运用法律的保护，创造有利条件开展科普工作；同时也要看到科协在科普工作中的所有行为都要受到法律的约束和检验。科协的科普工作决不能违背、偏离《科普法》，否则也要受到法律的制裁。

第三章 科技政策

科技政策同技术经纪活动密切相关。技术经纪人做好技术经纪服务,必须熟练运用好科技政策。本章主要介绍科技政策的概念,改革开放以来中央发布的主要科技政策。

第一节 科技政策概述

一、科技政策的概念

联合国教育科学文化组织(UNESCO)认为,科技政策是一个国家为强化其科技潜力,以达到综合开发的目标和提高国家地位,而建立的组织、制度及执行方向。简言之,科技政策就是政府为促进科技有效发展,以达到国家整体建设目标,所采取的各种重要制度及施政方针。

对于科技政策的制定,国际上存在两个流派:一种是市场需求派;一种是政府主导派。大部分国家倾向采用两个中的一种或是混合使用两者。

市场需求派主张自由化的科技政策是最经济有效的方法,政府应当拨付专款资助专职从事科学研究、技术开发的人员潜心从事研究开发,并让他们决定未来科学技术发展的方向。并且认为,政府应当健全自由市场经济体制,通过奖励等措施,激发中小企业的创业精神,对具有市场竞争力的科学技术给予奖励,进而使创业精神得以发挥。这一派还认为,企业应当自行开发所需的科学技术,不需要政府给予再研发辅导。无论需求是来自政府还是民间,都以市场需求为主要基准,因而被称为乐观主义者政策。

政府主导派认为,政府应当主导规划工作,负责产业发展的未来规划,资助大型科研计划,以提升产业科技能力。政府主导的基础科研是开发科技人力资源最有效的方法。政府应当指导企业的开发活动。这一派注重政策的效果,被称为实用主义者的政策。

二、科技政策的框架

科技政策包括科学政策、技术政策、创新政策,三者之间是紧密联系的。由于科学、技术以及创新在目标上存在差异,使得科学政策、技术政策、创新政策也存在一定的差异。

1. 科学政策

科学的目的是发现自然界不同种类的物质,并通过观察与实验,了解自然状态,归纳建立相关的理论。随着科学的重大发现不断增加及其对技术发展和经济社会影响的不断增强,二战结束以来,各国政府大量增加了对研发的公共投资。科学政策的制定目的主要是对不同的科学活动合理地分配资源,确保各种资源得到有效利用,进而为社会福利做出贡献。

2. 技术政策

技术政策,即关注技术和产业发展的政策。在较大的发达国家,技术政策的重点是培养能够产生最新技术的能力,并将它应用与实践;在较小的发达国家,技术政策就是要解决如何吸收并使用在市场上出现的新技术;在发展中国家,技术政策就是在努力追赶发达国家时利用新技术进入前景广阔的产业领域。为促进特定技术和产业的发展，政府需要使用许多政策手段，其中最有效的是公共采购政策，其次是企业补贴和减免税收。

3. 创新政策

创新政策，即强调创新系统中各部分之间的联系，重视"机制"和"组织"。创新政策的重心从高等院校、研究机构转向了经济体中所有对创新过程有影响的主体，包括企业以及其他社会组织。科学政策和技术政策的手段都包含在创新政策的手段中。

三、我国的科技政策及其演进

1. 组织架构与职责

1998年国务院设立国家科技教育领导小组，其主要职责是：研究、审议国家科技和教育发展战略及重大政策；讨论、审议科技和教育重要任务及项目；协调国务院各部门及部门与地方之间涉及科技或教育的重大事项。领导小组的组长由总理担任，中央政治局常委、国务院副总理任副组长，领导小组的办公室设在国务院办公厅，负责领导小组的日常事务性工作。领导小组成员由发展改革委员会、工业与信息化部、教育部、科技部、国防科工委、财政部、农业部、中国科学院、中国工程院、中国自然科学基金委等组成。

科技部为国务院的组成部门，国家最高科技行政管理部门，负责组织制定全国的科技发展规划、组织实施重大专项，基础研究、高技术研究以及产业化计划，指导高新区的发展，确立科技进步的监测体系，指导全国地方科技工作。国家主要机构在科技政策方面的职责如表8-1所示。

表8-1　国家主要机构在科技政策方面的职责

科技部	管理全国科技工作，负责协调政府各部门，提出促进科技发展的方针、政策及法规
发展改革委员会	将科技、教育、文化、卫生等社会事业及国防建设衔接国民经济与社会发展，推动经济发展
工业与信息化部	指导技术创新、技术引进、重大装备国产化及重大设备的研制
教育部	协同科技部拟定国家基础研究的方针、政策和发展规划
国家自然科学基金会	管理国家自然科学基金，强化基础研究，与国外科学基金会及学术组织建立联系，推进国际合作
中国科学院	国家最高科技学术研究机构
中国科协	科技人员的组织团体，是发展科技的重要力量，其下有全国性的学会、协会、研究会

2. 主要科技政策的演进

我国的科技政策大体经历四个阶段：第一阶段是以科研院所改革为主要标志，以解放科技生产力为重要的突破口。第二阶段，主要标志是实施科教兴国战略。第三阶段，主要标志是建设创新型国家和国家创新体系。第四阶段，主要标志是实施创新驱动发展战略。

1985年中共中央国务院发布了《关于科技体制改革的决定》。改革的目的是解决科技与经济"两张皮"，从改革技术开发型科研机构的拨款制度和调动科技人员积极性两方面入手，着眼于解放科技生产力。首先，从改革技术开发型科研机构的事业费入手，促进一部分产品开发的研究机构转制。经过若干年的改革，技术开发型科研机构有的成为股份公司，并在证券交易市场上市，有的成为企业集团的研究中心，有的成为面向市场的研发类企业，有的成为专门的科技咨询机构，少数进入高校。在人事制度改革方面，为进一步释放科技人员的潜力，从改革分配制度为突破口，实行提倡多劳多得的分配制度，科技人员的收入得到明显的提高，科技人员对经济社会的贡献明显增强。

1986年3月，邓小平同志在王大珩、王淦昌、杨嘉墀和陈芳允四位科学家提出的"关于跟踪研究外国战略性高技术发展的建议"上，做出"此事宜速作决断，不可拖延"的重要批示，1986 年 11 月国家启动实施了"高技术研究发展计划"(863 计划)，旨在提高我国自主创新能力。

1995 年中共中央、国务院决定实施科教兴国战略，发布了《关于加速科学技术进步的决定》。该决定明确提出，要全面落实科学技术是第一生产力的思想，坚持教育为本，把科技和教育摆在经济、社会发展的重要位置，增强国家的科技实力及将科学技术向现实生产力转化的能力，提高全民族的科技文化素质，把经济建设转移到依靠科技进步和提高劳动者素质的轨道上来，加速实现国家的繁荣强盛。

在此背景下，"国家重点基础研究发展计划"(973 计划)启动实施。973 计划旨在解决国家战略需求中的重大科学问题，以及对人类认识世界将会起到重要作用的科学前沿问题，坚持"面向战略需求，聚焦科学目标，造就将帅人才，攀登科学高峰，实现重点突破，服务长远发展"的指导思想，以原始性创新作为遴选项目的重要标准，坚持"择需、择重、择优"和"公平、公正、公开"的原则，坚持项目、人才、基地的密切结合，面向前沿高科技战略领域超前部署基础研究。

2006 年 1 月，中共中央、国务院在北京召开全国科学技术大会，会上发布了《关于实施科技规划纲要，增强自主创新能力的决定》，对《国家中长期科学和技术发展规划纲要(2006—2020)》进行了全面部署。会议提出，在 2020 年，使我国进入创新型国家行列，在 21 世纪中叶使我国成为科技强国的宏伟战略。会议明确了建设创新型国家的总体战略。《纲要》确定今后 15 年科技工作的方针是"自主创新，重点跨越，支撑发展，引领未来"，提出了我国科学技术发展的总体目标，并提出了比较具体的 8 个定性目标和 4 个定量目标。

在此基础上，国家重点确立了能源、水和矿产资源、环境、农业、制造业、交通运输业、信息产业及现代服务业、人口与健康、城镇化与城市发展、公共安全、国防等 11 个国民经济和社会发展的重点领域和 68 项优先主题；瞄准国家目标安排了核心电子器件、高端通用芯片及基础软件等 16 个重大专项；针对未来挑战重点安排了生物技术、信息、新材料、先进制造、先进能源、海洋、激光和空天等 8 个技术领域的 27 项前沿技术、18 个基础科学问题，以及蛋白质研究、量子调控研究、纳米研究以及发育与生殖研究等 4 个重大科学研究计划。为保证创新型国家建设目标的顺利实现，《纲要》从支持企业成为创新主体、大幅度增加科技投入、推进国家创新体系建设、加强创新人才队伍建设等 5 个方面提出了一系列具体政策措施。同时要求在财税、金融、政府采购、知识产权保护、人才队伍建设等方面，加强经济政策和科技政策的相互协调，形成激励自主创新的政策体系。

四、重要的科技政策

为了营造良好的创新环境，国家实施以下三项科技政策：

1. 企业研发费用税前加计扣除

《中华人民共和国企业所得税法》第 30 条规定，企业开发新技术、新产品、新工艺发生的研究开发费用，可以在计算应纳税所得额时加计扣除。根据财政部、国家税务总局、科技部《关于完善研究开发费用税前加计扣除政策的通知》(财税〔2015〕119 号)规定，企业开展研发活动中实际发生的研发费用，未形成无形资产计入当期损益的，在按规定据实扣除的基础上，按照本年度实际发生额的 50%，从本年度应纳税所得额中扣除；形成无形资产的，按照无形资产成本的 150%在税前摊销。其中，研发活动是指企业为获得科学与技术新知识，创造性运用科学技术新知识，或实质性改进技术、产品(服务)、工艺而持续进行的具有明确目标的系统性活动。包括企业为获得创新性、创意性、突破性的产品进行的创意设计活动。创意设计活动是指多媒体软件、动漫游戏软件开发，数字动漫、游戏设计制作；房屋建筑工程设计(绿色建筑评价标准为三星)、风景园林工程专项设计；工业设计、多媒体设计、动漫及衍生产品设计、模型设计等。

以下活动不属于研发活动，不适用税前加计扣除政策：

(1) 企业产品(服务)的常规性升级；

(2) 对某项科研成果的直接应用，如直接采用公开的新工艺、材料、装置、产品、服务或知识等；

(3) 企业在商品化后为顾客提供的技术支持活动；

(4) 对现存产品、服务、技术、材料或工艺流程进行的重复或简单改变；

(5) 市场调查研究、效率调查或管理研究；

(6) 作为工业(服务)流程环节或常规的质量控制、测试分析、维修维护；

(7) 社会科学、艺术或人文学方面的研究。

烟草制造业、住宿和餐饮业、批发和零售业、房地产业、租赁和商务服务业、娱乐业，以及财政部和国家税务总局规定的其他行业，不适用税前加计扣除政策。上述行业以《国民经济行业分类与代码》(GB/T 4754—2011)为准，并随之更新。

2. 高新技术企业税收优惠政策

《中华人民共和国企业所得税法》第 28 条规定，国家需要重点扶持的高新技术企业，减按 15%的税率征收企业所得税。根据科技部、财政部、国家税务总局《关于修订印发〈高新技术企业认定管理办法〉的通知》(国科发〔2016〕32 号)的规定，高新技术企业是指在"国家重点支持的高新技术领域"内，持续进行研究开发与技术成果转化，形成企业核心自主知识产权，并以此为基础开展经营活动，在中国境内(不包括港、澳、台地区)注册的居民企业。认定为高新技术企业须同时满足以下条件：

(1) 企业申请认定时须注册成立一年以上；

(2) 企业通过自主研发、受让、受赠、并购等方式，获得对其主要产品(服务)在技术上发挥核心支持作用的知识产权的所有权；

(3) 对企业主要产品(服务)发挥核心支持作用的技术属于"国家重点支持的高新技术领域"规定的范围；

(4) 企业从事研发和相关技术创新活动的科技人员占企业当年职工总数的比例不低于 10%；

(5) 企业近三个会计年度(实际经营期不满三年的按实际经营时间计算，下同)的研究开发费用总额占同期销售收入总额的比例符合如下要求：

最近一年销售收入小于 5 000 万元(含)的企业，比例不低于 5%；

最近一年销售收入在 5 000 万元至 2 亿元(含)的企业，比例不低于 4%；

最近一年销售收入在 2 亿元以上的企业，比例不低于 3%。

其中，企业在中国境内发生的研究开发费用总额占全部研究开发费用总额的比例不低于 60%；

(6) 近一年高新技术产品(服务)收入占企业同期总收入的比例不低于 60%；

(7) 企业创新能力评价应达到相应要求；

(8) 企业申请认定前一年内未发生重大安全、重大质量事故或严重环境违法行为。

其中，企业创新能力主要从知识产权、科技成果转化能力、研究开发组织管理水平、企业成长性等四项指标进行评价。各级指标均按整数打分，满分为 100 分，综合得分达到 70 分以上(不含 70 分)为符合认定要求。四项指标分值结构详见表 8-2：

表 8-2

序号	指标	分值
1	知识产权	≤30
2	科技成果转化能力	≤30
3	研究开发组织管理水平	≤20
4	企业成长性	≤20

3. 技术转让收入减免企业所得税

根据《中华人民共和国企业所得税法》第27条规定，企业符合条件的技术转让所得，可以免征、减征企业所得税。根据财政部、国家税务总局《关于将国家自主创新示范区有关税收试点政策推广到全国范围实施的通知》(财税〔2015〕116号)的规定，自2015年10月1日起，全国范围内的居民企业转让5年以上非独占许可使用权取得的技术转让所得，纳入享受企业所得税优惠的技术转让所得范围。居民企业的年度技术转让所得不超过500万元的部分，免征企业所得税；超过500万元的部分，减半征收企业所得税。其中，技术是指包括专利(含国防专利)、计算机软件著作权、集成电路布图设计专有权、植物新品种权、生物医药新品种，以及财政部和国家税务总局确定的其他技术。专利是指法律授予独占权的发明、实用新型以及非简单改变产品图案和形状的外观设计。

五、科技政策评估

为了使科技政策的制定更加科学、合理、有效，有必要对科技政策的设计、执行以及实施的效果进行评估。通过评估，修正或调整不科学、不合理或无效的科技政策，提高科技政策的有效性。

1. 评估的目的

科技政策评估的目的是进一步增强公共财政支出的责任性和透明性，最大程度地扩大科技政策的正面影响，尽可能地缩小科技政策对市场的干扰。同时，利用科技政策评估的机会，让各方面的利益相关者提出对科技政策进一步完善的建议。

2. 评估的主要内容

评估的主要内容，即评估科技政策的有效性、财政资金的价值实现、科技政策干预的效率和正确性以及对未来政策的调整。为了确定哪些科技政策起作用，哪些科技政策不起作用，最重要的是弄清楚：如果在没有实施某一项科技政策的情况下，目标群体可能会发生什么变化？只有这样，才能从目标群体的所有变化中分离出科技政策实施所带来的真实影响，而不被与实施的科技政策不相关的因素引起的变化所掩盖。同时，在科技政策评估时，也要考虑不同科技政策在目标群体上的累积效应，不应将这些累积效应全部归因到一种政策的干预上。需要从系统层面，采取更看重质量的分析方法进行政策的协同效应评估。

3. 评估的方法

科技政策评估一般采取以下方法：基于指标的市场/技术的定量评估，针对使用者的调查研究，与利益相关者的访问，文献、资料和统计分析，标杆的比较研究，专家审议，案例研究，公共采购的投标文本分析，法规和标准体系研究等。

第二节 国家科技政策

一、《中长期科学和技术发展规划纲要》配套政策

为了加快实施《国家中长期科学和技术发展规划纲要(2006－2020年)》(以下简称《规划纲要》)，(国发〔2005〕44号)，2006年初，国务院发布《实施〈国家中长期科学和技术发展规划纲要(2006—2020年)〉的若干配套政策》(以下简称《配套政策》，国发〔2006〕6号)。因总共有60条，所以简称为60条配套政策，分为以下十个方面。

(一) 科技投入

(1) 大幅度增加科技投入。建立多元化、多渠道的科技投入体系，全社会研究开发投入占国内生产总值的比例逐年提高，使科技投入水平同进入创新型国家行列的要求相适应。

(2) 确保财政科技投入的稳定增长。各级政府把科技投入作为预算保障的重点,年初预算编制和预算执行中的超收分配,都要体现法定增长的要求。2006 年中央财政科技投入实现大幅度增长,在此基础上,"十一五"期间财政科技投入增幅明显高于财政经常性收入增幅。

(3) 切实保障重大专项的顺利实施。《规划纲要》确定的重大专项的实施,要遵循"成熟一个、启动一个"的原则,组织专家进一步进行全面深入的技术、经济等可行性论证,并根据国家发展需要和实施条件的成熟度,报经国务院批准后,统筹落实专项经费,以专项计划的形式逐项启动实施。

(4) 优化财政科技投入结构。财政科技投入重点支持基础研究、社会公益研究和前沿技术研究。合理安排科研机构正常运转、政府科技计划(基金)和科研条件建设等资金。重视公益性行业科研能力建设,建立对公益性行业科研的稳定支持机制。优化政府科技计划体系,明确支持方向,重点解决国家、行业和区域经济社会发展中的重大科技问题。

(5) 发挥财政资金对激励企业自主创新的引导作用。创新投入机制,整合政府资金,加大支持力度,激励企业开展技术创新和对引进先进技术的消化吸收与再创新。要引导和支持大型骨干企业开展竞争前的战略性关键技术和重大装备的研究开发,建立具有国际先进水平的技术创新平台;加强面向企业技术创新的服务体系建设。加大对科技型中小企业技术创新基金等的投入力度,鼓励中小企业自主创新。

(6) 创新财政科技投入管理机制。在科研基地布局、人才队伍建设、政府科技计划设立、科研条件建设等方面,建立协调高效的管理平台,优化资源配置,使财政科技投入效益最大化。改革和强化科研经费管理,对科研课题及经费的申报、评审、立项、执行和结果的全过程,建立严格规范的监管制度。建立财政科技经费的绩效评价体系,明确设立政府科技计划和应用型科技项目的绩效目标,建立面向结果的追踪问效机制。

(二) 税收激励

(1) 加大对企业自主创新投入的所得税前抵扣力度。允许企业按当年实际发生的技术开发费用的 150%抵扣当年应纳税所得额。实际发生的技术开发费用当年抵扣不足部分,可按税法规定在 5 年内结转抵扣。企业提取的职工教育经费在计税工资总额 2.5%以内的,可在企业所得税前扣除。研究制定促进产学研结合的税收政策。

(2) 允许企业加速研究开发仪器设备折旧。企业用于研究开发的仪器和设备,单位价值在 30 万元以下的,可一次或分次摊入管理费,其中达到固定资产标准的应单独管理,但不提取折旧;单位价值在 30 万元以上的,可采取适当缩短固定资产折旧年限或加速折旧的政策。

(3) 完善促进高新技术企业发展的税收政策。推进对高新技术企业实行增值税转型改革。国家高新技术产业开发区内新创办的高新技术企业经严格认定后,自获利年度起两年内免征所得税,两年后减按 15%的税率征收企业所得税。继续完善鼓励高新技术产品出口的税收政策。完善高新技术企业计税工资所得税前扣除政策。

(4) 支持企业加强自主创新能力建设。对符合国家规定条件的企业技术中心、国家工程(技术研究)中心等,进口规定范围内的科学研究和技术开发用品,免征进口关税和进口环节增值税;对承担国家重大科技专项、国家科技计划重点项目、国家重大技术装备研究开发项目和重大引进技术消化吸收再创新项目的企业进口国内不能生产的关键设备、原材料及零部件免征进口关税和进口环节增值税。

(5) 完善促进转制科研机构发展的税收政策。对整体或部分企业化转制科研机构免征企业所得税、科研开发自用土地、房产的城镇土地使用税、房产税的政策到期后,根据实际需要加以完善,以增强其自主创新能力。

(6) 支持创业风险投资企业的发展。对主要投资于中小高新技术企业的创业风险投资企业,实行投资收益税收减免或投资额按比例抵扣应纳税所得额等税收优惠政策。

（7）扶持科技中介服务机构。对符合条件的科技企业孵化器、国家大学科技园自认定之日起，一定期限内免征营业税、所得税、房产税和城镇土地使用税。对其他符合条件的科技中介机构开展技术咨询和技术服务，研究制定必要的税收扶持政策。

（8）鼓励社会资金捐赠创新活动。企事业单位、社会团体和个人，通过公益性的社会团体和国家机关向科技型中小企业技术创新基金和经国务院批准设立的其他激励企业自主创新的基金的捐赠，属于公益性捐赠，可按国家有关规定，在缴纳企业所得税和个人所得税时予以扣除。

（三）金融支持

（1）加强政策性金融对自主创新的支持。政策性金融机构对国家重大科技专项、国家重大科技产业化项目的规模化融资和科技成果转化项目、高新技术产业化项目、引进技术消化吸收项目、高新技术产品出口项目等提供贷款，给予重点支持。国家开发银行在国务院批准的软贷款规模内，向高新技术企业发放软贷款，用于项目的参股投资。中国进出口银行设立特别融资账户，在政策允许范围内，对高新技术企业发展所需的核心技术和关键设备的进出口，提供融资支持。中国农业发展银行对农业科技成果转化和产业化实施倾斜支持政策。

（2）引导商业金融支持自主创新。政府利用基金、贴息、担保等方式，引导各类商业金融机构支持自主创新与产业化。商业银行对国家和省级立项的高新技术项目，应根据国家投资政策及信贷政策规定，积极给予信贷支持。商业银行对有效益、有还贷能力的自主创新产品出口所需的流动资金贷款要根据信贷原则优先安排、重点支持，对资信好的自主创新产品出口企业可核定一定的授信额度，在授信额度内，根据信贷、结算管理要求，及时提供多种金融服务。

（3）改善对中小企业科技创新的金融服务。商业银行与科技型中小企业建立稳定的银企关系，对创新活力强的予以重点扶持。加快建设企业和个人征信体系，促进各类征信机构发展，为商业银行改善对科技型中小企业的金融服务提供支持。政府引导和激励社会资金建立中小企业信用担保机构，建立担保机构的资本金补充和多层次风险分担机制。探索创立多种担保方式，弥补中小企业担保抵押物不足的问题。政策性银行、商业银行和其他金融机构开展知识产权权利质押业务试点。

（4）加快发展创业风险投资事业。制定《创业投资企业管理暂行办法》配套规章，完善创业风险投资法律保障体系。依法对创业风险投资企业进行备案管理，促进创业风险投资企业规范健康发展。鼓励有关部门和地方政府设立创业风险投资引导基金，引导社会资金流向创业风险投资企业，引导创业风险投资企业投资处于种子期和起步期的创业企业。在法律法规和有关监管规定许可的前提下，支持保险公司投资创业风险投资企业。允许证券公司在符合法律法规和有关监管规定的前提下开展创业风险投资业务。允许创业风险投资企业在法律法规规定的范围内通过债权融资方式增强投资能力。完善创业风险投资外汇管理制度，规范法人制创业风险投资企业外汇管理，明确对非法人制外资创业风险投资企业的有关外汇管理问题。

（5）建立支持自主创新的多层次资本市场。支持有条件的高新技术企业在国内主板和中小企业板上市。大力推进中小企业板制度创新，缩短公开上市辅导期，简化核准程序，加快科技型中小企业上市进程。适时推出创业板。推进高新技术企业股份转让工作。启动中关村科技园区未上市高新技术企业进入证券公司代办系统进行股份转让试点工作。在总结试点经验的基础上，逐步允许具备条件的国家高新技术产业开发区内未上市高新技术企业进入代办系统进行股份转让。在有条件的地区，地方政府应通过财政支持等方式，扶持发展区域性产权交易市场，拓宽创业风险投资退出渠道。支持符合条件的高新技术企业发行公司债券。

（6）支持开展对高新技术企业的保险服务。支持保险公司发展企业财产保险、产品责任保险、出口信用保险、业务中断保险等险种，为高新技术企业提供保险服务。

(7) 完善高新技术企业的外汇管理政策。国家外汇管理局根据高新技术企业的实际需要，充分满足高新技术企业货物贸易和服务贸易用汇需求。深化境外投资外汇管理改革，支持国内企业设立海外研究开发设计机构、收并购国外研究开发机构或高新技术企业。

(四) 政府采购

(1) 建立财政性资金采购自主创新产品制度。建立自主创新产品认证制度，建立认定标准和评价体系。由科技部门会同综合经济部门按照公开、公正的程序对自主创新产品进行认定，并向全社会公告。财政部会同有关部门在获得认定的自主创新产品范围内，确定政府采购自主创新产品目录(以下简称目录)，实行动态管理。加强预算控制，优先安排自主创新项目。各级政府机关、事业单位和团体组织(以下统称采购人)用财政性资金进行采购的，必须优先购买列入目录的产品。采购人在编制年度部门预算时，应当标明自主创新产品。财政部门在预算审批过程中，在采购支出项目已确定的情况下，优先安排采购自主创新产品的预算。发挥财政、审计与监察部门的监督作用，督促采购人自觉采购自主创新产品。国家重大建设项目以及其他使用财政性资金采购重大装备和产品的项目，有关部门应将承诺采购自主创新产品作为申报立项的条件，并明确采购自主创新产品的具体要求。在国家和地方政府投资的重点工程中，国产设备采购比例一般不得低于总价值的60%。不按要求采购自主创新产品，财政部门不予支付资金。

(2) 改进政府采购评审方法，给予自主创新产品优先待遇。在政府采购评审方法中，须考虑自主创新因素。以价格为主的招标项目评标，在满足采购需求的条件下，优先采购自主创新产品。

(3) 建立激励自主创新的政府首购和订购制度。国内企业或科研机构生产或开发的试制品和首次投向市场的产品，且符合国民经济发展要求和先进技术发展方向，具有较大市场潜力并需要重点扶持的，经认定，政府进行首购，由采购人直接购买或政府出资购买。政府对于需要研究开发的重大创新产品或技术，应当通过政府采购招标方式，面向全社会确定研究开发机构，签订政府订购合同，并建立相应的考核验收和研究开发成果推广机制。

(4) 建立本国货物认定制度和购买外国产品审核制度。采购人应根据《中华人民共和国政府采购法》规定，优先购买本国产品。财政部会同有关部门制定本国货物认定标准。采购人需要的产品在中国境内无法获取或者无法以合理的商业条件获取的(在中国境外使用除外)，在采购活动开始前，需由国家权威认证机构予以确认并出具证明。采购外国产品时，坚持有利于企业自主创新或消化吸收核心技术的原则，优先购买向我转让技术的产品。

(5) 发挥国防采购扶持自主创新的作用。国防采购应立足于国内自主创新产品和技术。自主创新产品和技术满足国防或国家安全需求的，应优先采购。政府部门对于涉及国家安全的采购项目，应首先采购国内自主创新产品，采购合同应优先授予具有自主创新能力的企业或科研机构。

(五) 引进消化吸收再创新

(1) 加强对技术引进和消化吸收再创新的管理。凡由国家有关部门和地方政府核准或使用政府投资的重点工程项目中确需引进的重大技术装备，由项目业主联合制造企业制定引进消化吸收再创新方案，作为工程项目审批和核准的重要内容，报请国家有关主管部门审批(核准)后实施。加强对引进技术工作的咨询和评估。重大技术和重大装备的引进消化吸收和再创新方案须经有关部门联合组织的专家委员会进行咨询论证，明确消化吸收和再创新的计划、目标和进度。将通过消化吸收是否形成了自主创新能力，作为对引进项目验收和评估的重要内容。

(2) 鼓励引进国外先进技术，定期调整鼓励引进技术目录。对国内尚不能提供、且多家企业需要引进的重大装备，国家鼓励统一招标，引导外商联合国内企业投标；在进口装备的同时，应当引进先进设计制造技术，并支持国内企业尽可能多地参与分包和实现本地制造。

(3) 限制盲目、重复引进。定期调整禁止进口限制进口技术目录;限制进口国内已具备研究开发能力的关键技术;禁止或限制进口高消耗、高污染和已被淘汰的落后装备和技术。

(4) 对企业消化吸收再创新给予政策支持。对消化吸收再创新形成的先进装备和产品,纳入政府优先采购的范围。对订购和使用国产首台(套)重大装备的国家重点工程,国家优先予以安排。建立由项目业主、装备制造企业和保险公司风险共担、利益共享的重大装备保险机制,引导项目业主和装备制造企业对国产首台(套)重大装备投保。

(5) 支持产学研联合开展消化吸收和再创新。对重大装备的引进,用户单位应吸收制造企业、高等学校和科研院所参与,共同跟踪国际先进技术的发展,并在消化吸收的基础上,共同开展自主创新活动。在国家科技基础设施建设中,优先支持在重点产业中由产学研合作组建的技术平台,承担重大引进技术消化吸收再创新任务。

(6) 实施促进自主制造的装备技术政策。针对国民经济、社会重点发展领域和重点工程,由综合经济部门牵头,并由使用部门和制造部门共同参与制定国家装备技术政策,积极推进重大装备的自主制造。国家和地方重点工程建设项目采用重大装备和技术,应符合装备技术政策。

(六) 创造和保护知识产权

(1) 掌握关键技术和重要产品的自主知识产权。国家科技部门、综合经济部门会同有关部门按照行业和领域特点共同编制并定期发布应掌握自主知识产权的关键技术和重要产品目录,国家科技计划和建设投资应当对列入目录的技术和产品的研制予以重点支持。对开发目录中技术和产品的企业在专利申请、标准制定、国际贸易和合作等方面予以支持,形成一批拥有自主知识产权、知名品牌和较强国际竞争力的优势企业。国家科技部门会同知识产权管理部门建立知识产权信息服务平台,支持开展知识产权信息加工和战略分析,为自主知识产权的创造和市场开拓提供知识产权信息服务。

(2) 积极参与制定国际标准,推动以我为主形成技术标准。国家科技计划支持重要技术标准的研究,引导产学研联合研制技术标准,促使标准与科研、开发、设计、制造相结合。政府主管部门加强对行业协会等制定重要技术标准的指导协调,支持企业、社团自主制定和参与制定国际技术标准,鼓励和推动我国技术标准成为国际标准。国家建立标准服务平台,支持加快国外先进标准向国内标准的转化,重点支持企业通过再创新推动以我为主形成技术标准。

(3) 切实保护知识产权。建立健全知识产权保护体系,加大保护知识产权的执法力度,营造尊重和保护知识产权的法治环境。科研机构、高等学校和政府有关部门要加强从事知识产权保护和管理工作的力量。国家科技计划和各类创新基金对所支持项目在国外取得自主知识产权的相关费用,按规定经批准后给予适当补助。切实保障科技人员的知识产权权益,职务技术成果完成单位应对职务技术成果完成人和在科技成果转化中做出突出贡献人员依法给予报酬。依法保护非职务发明成果完成人的合法权益。建立重大经济活动的知识产权特别审查机制。有关部门组织建立专门委员会,对涉及国家利益并具有重要自主知识产权的企业并购、技术出口等活动进行监督或调查,避免自主知识产权流失和危害国家安全。同时,也要注意防止滥用知识产权制约创新。

(4) 缩短发明专利审查周期。改革发明专利审查方式,提高专利实质审查工作效率,缩短审查周期。对国家科技、经济、社会发展有重大影响的或具有国际竞争力的自主创新成果,发挥专利制度的积极作用,依法维护国家利益。

(5) 加强技术性贸易措施体系建设。加快建立我国符合国际通行规则的技术性贸易措施体系。政府有关部门应建立和完善技术性贸易措施的通报协调机制、快速反应机制和研究评议体系。政府部门、行业协会、地方和企业联合建立包括技术预警在内的国外技术性贸易措施预警机制，密切跟踪我国产品目标出口国的技术法规、标准及合格评定程序和检验检疫要求的变化，对出口可能遭遇的技术性贸易措施进行实时监测和发布预警。

（七）人才队伍

(1) 加快培养一批高层次创新人才。实施国家高层次创新人才培养工程，在基础研究、高技术研究、社会公益研究等若干关系国家竞争力和安全的战略科技领域，着力培养造就一批创新能力强的高水平学科带头人，形成具有中国特色的优秀创新人才群体和创新团队。打破论资排辈的现象，改进和完善学术交流制度，健全同行认可机制，使中青年优秀科技人才脱颖而出。

(2) 结合重大项目的实施加强对创新人才的培养。制定人才培养规划，实施国家重大工程和重大科技计划项目，要重视和做好相关的创新人才培养工作。在国家科技计划项目评审、验收、国家重点实验室评审、科研基地建设综合绩效评估中，把创新人才培养作为重要的考评指标。

(3) 支持企业培养和吸引创新人才。改革和完善企业分配和激励机制，支持企业吸引科技人才，允许国有高新技术企业对技术骨干和管理骨干实施期权等激励政策。在高等学校和科研机构中设立面向企业创新人才的客座研究员岗位，选聘企业高级专家担任兼职教授或研究员。制定和规范科技人才兼职办法，引导和规范高等学校或科研机构科技人才到企业兼职。支持企业为高等学校和职业院校建立学生实习、实训基地。推进企业博士后科研工作，吸引优秀博士到企业从事科技创新。企业招聘高等学校毕业生和吸引优秀人才不受户籍限制。制定相应的政策支持军工等特殊岗位的创新人才培养和使用。明确国有企业负责人对企业自主创新的领导职责。将企业技术创新投入和创新能力建设作为国有企业负责人业绩考核的重要内容。

(4) 支持培养农村实用科技人才。对科技人员面向农村和贫困地区开展技术创新服务予以政策支持。充分利用广播、电视、网络等远程教育资源，提高广大农民采用实用、先进农业技术的水平和职业技能。

(5) 积极引进海外优秀人才。制定和实施吸引优秀留学人才和海外科技人才回国（来华）工作和为国服务计划，结合国家自主创新战略、重大科技专项和重点创新项目，采取团队引进、核心人才带动引进等多种方式引进海外优秀人才。海外高层次留学人才回国工作不受用人单位编制、增人指标、工资总额和出国前户籍所在地限制。外籍杰出科技人才申请来华工作许可、在华永久居留的条件可适当放宽，在其居留证件有效期内可办理多次入境有效签证。制定保障具有永久居留资格的在华外籍高层次人才合法权益的办法。妥善解决好海外优秀人才回国（来华）工作的医疗保险、配偶就业、子女上学等问题。

(6) 改革和完善科研事业单位人事制度。改革专业技术人才管理体制，分类推进专业技术职务制度改革。深化科研事业单位人事制度改革，全面实行聘用制度和岗位管理制度。科研事业单位可以自主设立各级创新岗位，自主聘用。实行固定岗位与流动岗位相结合，人员使用与项目、课题相结合的制度。除涉密岗位外，推行关键岗位和科研项目负责人面向国内外公开招聘制度。对科研机构的新进人员可实行人事代理制度。鼓励科研单位及其工作人员参加社会保险，积极推进事业单位养老保险制度改革，完善科技人员向企业流动的社会保险关系接续办法。按照事业单位工资改革的要求，改革和规范科研单位工资分配制度，建立以岗位工资、绩效工资为主要内容的收入分配制度，禁止违反规定将国家科研项目经费用于分配。

(7) 建立有利于激励自主创新的人才评价和奖励制度。建立符合科技人才规律的多元化考核评价体系，对科学研究、科研管理、技术支持、行政管理等各类人员实行分类管理，建立不同领域、不同类型人才的评价体系，明确评价的指标和要素。改革和完善国家科技奖励制度，建立政府奖励为导向、社会力量奖励和用人单位奖励为主体的激励自主创新的科技奖励制度，把发现、培养和凝聚科技人才特别是尖子人才作为国家科技奖励的重要内容。建立和完善科技信用制度，对承担国家科技计划项目和从事相关管理的人员、机构进行信用监督，增强道德规范，促进学风建设。

（八）教育与科普

（1）充分发挥高等学校在自主创新中的重要作用。深化高等教育改革，调整高等教育结构，加强重点学科建设。主动适应经济社会发展对各类专门人才的需求，优化学科专业布局，促进学科交叉融合，抓紧培养紧缺人才。扎实推进高水平大学建设，提高高等学校创新能力和社会服务能力，建成若干所世界一流大学和一批高水平研究型大学。创新研究生培养机制，着力培养创新精神与实践能力。坚持产学研结合，鼓励和支持高等学校同企业、科研机构建立多渠道、多形式的紧密型合作关系，共同培养创新人才，联合开展创新活动。扩大研究生派出规模，完善选派办法，在更高层次上开展国际科技和高层次人才培养合作。

（2）大力发展与改革职业教育。加快技能型紧缺人才的培养和农村转移劳动力的培训。切实加强职业教育基础能力建设，扩大中等职业教育的办学规模，提高高等职业院校的办学质量，大力推行工学结合、校企合作的人才培养模式。

（3）全面推进素质教育。大力推进基础教育课程改革和教学改革，加强和改进德育、智育、体育和美育，使青少年主动地生动活泼地得到发展。大力倡导启发式教学，注重培养学生动手能力，从小养成独立思考、追求新知、敢于创新、敢于实践的习惯。切实加强科技教育。广泛运用现代远程教育手段，倡导新的学习方式和教学方式。积极开发并合理利用校内外各种课程资源，发挥图书馆、实验室、专用教室及各类教学设施和实践基地的作用，广泛利用校外的展览馆、科技馆等丰富的资源，加强中小学生科技活动场所建设，拓宽中小学生知识面和锻炼实践能力。

（4）大力发展科普事业。实施全民科学素质行动计划，形成尊重科学、崇尚创新的浓厚社会氛围。加强国家科普能力建设。建立科普事业的良性运行机制。建立科研机构、大学定期向社会公众开放制度。鼓励著名科学家和其他专家学者参与科普创作。切实加强科普场馆建设。

（九）科技创新基地与平台

（1）加强实验基地、基础设施和条件平台建设。围绕经济社会发展和国家安全的重大战略需求，在新兴交叉前沿领域的战略空白领域建设若干学科交叉、综合集成、机制创新的国家实验室。以国家实验室、国家重点实验室、国家工程实验室、国防科技重点实验室、国家工程（技术研究）中心、企业技术中心或研究开发中心等为依托，组织实施重大自主创新项目，吸引和凝聚高水平人才，推动项目、基地、人才的有机结合。重点建设一批科研基础设施和大型科学仪器、设备共享平台，自然科技资源共享平台，科学数据共享平台，科技文献共享平台，成果转化公共服务平台，网络科技环境平台等，全面加强对自主创新的支撑。

（2）加大对公益类科研机构的稳定支持力度。进一步推进和完善公益类科研机构管理体制和运行机制改革。对已实行分类改革的国务院部门属公益类科研机构，经验收合格后，按照重新核定的非营利科研编制，从 2006 年起大幅度提高投入力度，达到与其承担国家科研和公益服务相适应的水平。

（3）加强企业和企业化转制科研机构自主创新基地建设。国家支持企业特别是大企业建立研究开发机构。依托具有较强研究开发和技术辐射能力的转制科研机构或大企业，集成高等学校、科研院所等相关力量，在重点领域建设一批国家工程实验室，开展面向行业的竞争前技术、前沿技术和军工配套、军民两用技术研究。完善转制科研机构业绩考核办法，建立起促进其技术创新的业绩考核指标体系。在经营业绩考核指标（国有资本保值增值率、净资产收益率）中，合理剔除非经营性资产的影响因素。

（4）加强国家高新技术产业开发区建设。国家高新技术产业开发区要推进“二次创业”，深化管理体制改革，加强软环境建设，努力成为促进技术进步和增强自主创新能力的重要载体，成为带动区域经济结构调整和经济增长方式转变的强大引擎，成为高新技术企业“走出去”参与国际竞争的服务平台，成为抢占世界高技术产业制高点的前沿阵地。

(5) 推进科技创新基地与条件平台的开放共享。扩大科技创新基地与条件平台向全社会的开放，建立和完善国家科研基地和科研基础设施向企业和社会开放共享的机制和制度。把面向企业和社会提供服务，作为考核其运行绩效的重要指标。

(十) 加强统筹协调

(1) 建立和健全合理配置科技资源的统筹机制。完善财政部门与科技等部门科技资源配置的协调机制。完善统计方法，提高研究与开发统计数据质量。强化科技预算的执行监督，确保财政科技投入目标的实现。建立创新资源配置的信息交流制度，防止重复立项和资源分散、浪费。

(2) 建立政府采购自主创新产品的协调机制。由财政部门牵头，科技、发展改革等相关部门参加组成协调机构，制定政府采购自主创新产品的具体办法，审查实施情况，协调和解决实施中遇到的困难和问题。

(3) 建立引进技术消化吸收和再创新的协调机制。由国家综合经济部门牵头，科技、教育、财政、商务、税务、海关、质检、知识产权等相关部门参加组成协调机构，制定重大产业技术和装备引进政策，组织协调并监督重大引进技术的消化吸收再创新工作。

(4) 促进“军民结合、寓军于民”。建立促进军民科技资源协调配置的联席会议制度。加强军民科技计划的衔接与协调。建立军用、民用自主创新信息共享平台，促进军用、民用技术研究开发需求的互通交流及创新成果的双向转移。

根据相关法律法规，起草、制定促进军民结合、寓军于民的国防科研生产和武器装备采购法等法律法规以及相关配套制度。制定军品承研、承制单位资格审查认证办法，引入基于资格审查的军品市场准入制度，扩大军品市场的准入范围，将符合条件的民口科研机构和企业纳入装备承研承制单位名录。

在满足军用要求的前提下，积极采用先进适用的民用标准用于武器装备研制，建立国家标准、军用标准和行业标准协调互补的标准体系。对承担武器装备科研生产任务的民口企事业单位给予必要的政策支持。

(5) 要认真做好实施《规划纲要》、建设创新型国家的宣传工作。

(6) 国务院各有关部门要依据本文件要求制定必要的实施细则。

(7) 各省、自治区、直辖市人民政府要结合本地实际，依照法定权限制定相应的具体政策措施。

二、国家创新体系政策

2012 年 9 月 23 日中共中央　国务院发布了《关于深化科技体制改革加快国家创新体系建设的意见》(中发〔2012〕6 号)，(以下简称《意见》)。这是指导我国科技改革发展和创新型国家建设的又一个纲领性文件，标志着我国建设创新型国家的进程进入一个新的历史节点。《意见》共 8 个部分 21 条，核心是解决科技和经济“两张皮”问题，推进科技与经济的紧密结合，真正建立企业主导产业技术研发创新的主体。

(一) 主要原则与目标

1. 主要原则

《意见》提出了五项原则：一是坚持创新驱动、服务发展；二是坚持企业主体、协同创新；三是坚持政府支持、市场导向；四是坚持统筹协调、遵循规律；五是坚持改革开放、合作共赢。

2. 主要目标

《意见》提出，到 2020 年要实现三个目标：一是基本建成适应社会主义市场经济体制、符合科技发展规律的中国特色国家创新体系；二是原始创新能力明显提高，集成创新、引进消化吸收再创新能力大幅增强，关键领域科学研究实现原创性重大突破，战略性高技术领域技术研发实现跨越式发展，若干领域创新成果进入世界前列；三是创新环境更加优化，创新效益大幅提高，创新人才竞相涌现，全民科学素质普遍提高，科技支撑引领经济社会发展的能力大幅提升，进入创新型国家行列。

（二）强化企业技术创新主体地位

企业是经济活动的基本单元，是技术创新的主体，在产学研合作、科技与经济结合中处于核心地位。《意见》突出企业的技术创新主体作用，提出了四项政策措施。

(1) 建立企业主导产业技术研发创新的体制机制。具体措施包括：加快建立企业为主体、市场为导向、产学研用紧密结合的技术创新体系；充分发挥企业在技术创新决策、研发投入、科研组织和成果转化中的主体作用，吸纳企业参与国家科技项目的决策，产业目标明确的国家重大科技项目由有条件的企业牵头组织实施；支持行业骨干企业与科研院所、高等学校联合组建技术研发平台和产业技术创新战略联盟，合作开展核心关键技术研发和相关基础研究，联合培养人才，共享科研成果；落实企业研发费用税前加计扣除政策，加大企业研发设备加速折旧等政策的落实力度，完善高新技术企业认定办法，建立健全国有企业技术创新的经营业绩考核制度，加大对中小企业、微型企业技术创新的财政和金融支持，扩大科技型中小企业创新基金规模；实施科技型中小企业创业投资引导基金及新兴产业创业投资计划。

(2) 提高科研院所和高等学校服务经济社会发展的能力。公益类科研机构要坚持社会公益服务的方向，探索管办分离，建立适应农业、卫生、气象、海洋、环保、水利、国土资源和公共安全等领域特点的科技创新支撑机制。基础研究类科研机构要瞄准科学前沿问题和国家长远战略需求，完善有利于激发创新活力、提升原始创新能力的运行机制。对从事基础研究、前沿技术研究和社会公益研究的科研机构和学科专业，完善财政投入为主、引导社会参与的持续稳定支持机制。技术开发类科研机构要坚持企业化转制方向，完善现代企业制度，建立市场导向的技术创新机制。充分发挥国家科研机构的骨干和引领作用。建立健全现代科研院所制度，制定科研院所章程，完善治理结构，进一步落实法人自主权，探索实行由主要利益相关方代表构成的理事会制度。引导和鼓励民办科研机构发展，符合条件的民办科研机构享受税收优惠等相关政策。大力推进科技与教育相结合的改革，促进科研与教学互动、科研与人才培养紧密结合。

(3) 完善科技支撑战略性新兴产业发展和传统产业升级的机制。充分发挥市场机制对产业发展方向和技术路线选择的基础性作用，通过制定规划、技术标准、市场规范和产业技术政策等进行引导。加大对企业主导的新兴产业链扶持力度，支持创新型骨干企业整合创新资源。加强技术集成、工艺创新和商业模式创新，大力拓展国内外市场。加大对中试环节的支持力度，促进从研究开发到产业化的有机衔接。在重点产业领域建设技术创新平台，建立健全知识转移和技术扩散机制，加快科技成果转化应用。

(4) 完善科技促进农业发展、民生改善和社会管理创新的机制。大力推进农村科技创业，强化基层公益性农技推广服务，培育和支持新型农业社会化服务组织，进一步完善公益性服务、社会化服务有机结合的农业技术服务体系。加快培育市场主体，加强文化科技创新，建立健全以自主知识产权为核心的互联网信息安全关键技术保障机制。

（三）加强统筹部署和协同创新

(1) 推动创新体系协调发展。统筹技术创新、知识创新、国防科技创新、区域创新和科技中介服务体系建设，建立基础研究、应用研究、成果转化和产业化紧密结合、协调发展机制。加强技术创新基地建设，完善军民科技融合机制，培育、支持和引导科技中介服务机构向服务专业化、功能社会化、组织网络化、运行规范化方向发展，壮大专业研发设计服务企业，培育知识产权服务市场，推进检验检测机构市场化服务，完善技术交易市场体系，加快发展科技服务业。充分发挥科技社团在推动全社会创新活动中的作用。

(2) 完善区域创新发展机制。进一步完善科技企业孵化器、大学科技园等创新创业载体的运行服务机制，培育一批具有国际竞争力的产业集群，支持具有特色创新资源的区域加快提高创新能力。

(3) 强化科技资源开放共享。建立科研院所、高等学校和企业开放科研设施的合理运行机制，推进大型科学仪器设备、科技文献、科学数据等科技基础条件平台建设，完善国家财政资金购置科研仪器设备的查重机制和联合评议机制。对财政资金资助的科技项目和科研基础设施，加快建立统一的管理数据库和统一的科技报告制度，并依法向社会开放。

(四) 改革科技管理体制

(1) 加强科技宏观统筹。完善中央与地方之间、科技相关部门之间、科技部门与其他部门之间的沟通协调机制，加快转变政府管理职能，完善国家科技决策咨询制度。

(2) 推进科技项目管理改革。建立健全科技项目决策、执行、评价相对分开、互相监督的运行机制。建立健全科技项目公平竞争和信息公开公示制度，完善国家科技项目管理的法人责任制，完善科技项目评审评价机制，完善相关管理制度，避免科技项目和经费过度集中于少数科研人员。

(3) 完善科技经费管理制度。优化基础研究、应用研究、试验发展和成果转化的经费投入结构。完善科研课题间接成本补偿机制。建立健全符合科研规律的科技项目经费管理机制和审计方式，建立健全科研经费监督管理机制，加强对各类科技计划、专项、基金、工程等经费管理使用的综合绩效评价，健全科技项目管理问责机制。

(4) 深化科技评价和奖励制度改革。基础研究以同行评价为主，特别要加强国际同行评价，着重评价成果的科学价值；应用研究由用户和专家等相关第三方评价，着重评价目标完成情况、成果转化情况以及技术成果的突破性和带动性；产业化开发由市场和用户评价，着重评价对产业发展的实质贡献。建立评价专家责任制度和信息公开制度。加强对科技项目决策、实施、成果转化的后评估。发挥科技社团在科技评价中的作用。

改革完善国家科技奖励制度，重点奖励重大科技贡献和杰出科技人才，强化对青年科技人才的奖励导向。探索科技奖励的同行提名制，支持和规范社会力量设奖。

(五) 完善人才发展机制

(1) 统筹各类创新人才发展和完善人才激励制度。深入实施重大人才工程和政策，改进和完善院士制度，鼓励大学生自主创新创业，重视工程实用人才、紧缺技能人才和农村实用人才培养。建立以科研能力和创新成果等为导向的科技人才评价标准，加快建设人才公共服务体系，探索实施科研关键岗位和重大科研项目负责人公开招聘制度。

(2) 加强科学道德和创新文化建设。建立健全科研活动行为准则和规范，发挥科研机构和学术团体的自律功能，加强国家科研诚信制度建设。引导科技工作者自觉践行社会主义核心价值体系。加强科学普及，发展创新文化，进一步形成尊重劳动、尊重知识、尊重人才、尊重创造的良好风尚。

(六) 营造良好环境

(1) 完善相关法律法规和政策措施。落实科技规划纲要配套政策，完善和落实促进科技成果转化应用的政策措施，实施技术转让所得税优惠政策，研究采取以奖代补、贷款贴息、创业投资引导等多种形式，完善和落实促进新技术新产品应用的需求引导政策。完善落实科技人员成果转化的股权、期权激励和奖励等收益分配政策。促进科技和金融结合，综合运用买方信贷、卖方信贷、融资租赁等金融工具，引导银行等金融机构加大对科技型中小企业的信贷支持。推广知识产权和股权质押贷款。加大多层次资本市场对科技型企业的支持力度，扩大非上市股份公司代办股份转让系统试点。培育和发展创业投资，积极开发适合科技创新的保险产品。加强知识产权的创造、运用、保护和管理，完善知识产权保护措施，完善科技成果转化为技术标准的政策措施，加强技术标准的研究制定。

（2）加强科技开放合作。加大引进国际科技资源的力度，加强技术引进和合作，鼓励企业开展参股并购、联合研发、专利交叉许可等方面的国际合作，支持企业和科研机构到海外建立研发机构。加大国家科技计划开放合作力度，加强民间科技交流合作。

《意见》颁布实施以后，国务院办公厅印发了《贯彻落实中共中央、国务院〈关于深化科技体制改革加快国家创新体系建设的意见〉任务分工》（国办发〔2012〕50 号）、《国务院办公厅关于强化企业技术创新主体地位全面提升企业创新能力的意见》（国办发〔2013〕8 号）等文件。

三、实施创新驱动发展战略的政策

2015 年 3 月中共中央、国务院印发的《关于深化体制机制改革加快实施创新驱动发展战略的若干意见》（中发〔2015〕8 号），（以下简称《若干意见》）就深化体制机制改革，加快实施创新驱动发展战略提出了总体思路和主要目标；营造激励创新的公平竞争环境；建立技术创新市场导向机制；强化金融创新的功能；完善成果转化激励政策；构建更加高效的科研体系；创新培养、用好和吸引人才机制；推动形成深度融合的开放创新局面；加强创新政策统筹协调 9 部分 30 条意见。

（一）总体思路与主要目标

《若干意见》提出，加快实施创新驱动发展战略，就是要使市场在资源配置中起决定性作用和更好发挥政府作用，提升劳动、信息、知识、技术、管理、资本的效率和效益，强化科技同经济、创新成果同产业、创新项目同现实生产力、研发人员创新劳动同其利益收入的对接，增强科技进步对经济发展的贡献度，营造大众创业、万众创新的政策环境和制度环境。

1. 总体思路

在总体思路上，提出了“四个坚持”：一是坚持需求导向，紧扣经济社会发展重大需求，让创新真正落实到创造新的增长点上，把创新成果变成实实在在的产业活动；二是坚持人才为先，要把人才作为创新的第一资源，更加注重培养、用好、吸引各类人才，更加注重强化激励机制，更加注重发挥企业家和技术技能人才队伍创新作用；三是坚持遵循规律，把握好科学研究的探索发现规律和技术创新的市场规律，大力营造勇于探索、鼓励创新、宽容失败的文化和社会氛围；四是坚持全面创新，把科技创新摆在国家发展全局的核心位置，统筹推进科技体制改革和经济社会领域改革，统筹推进科技、管理、品牌、组织、商业模式创新，统筹推进军民融合创新，统筹推进引进来与走出去合作创新，实现科技创新、制度创新、开放创新的有机统一和协同发展。

2. 主要目标

该意见提出的主要目标是，到 2020 年，基本形成适应创新驱动发展要求的制度环境和政策法律体系，为我国进入创新型国家行列提供有力保障。人才、资本、技术、知识自由流动，企业、科研院所、高等学校协同创新，创新活力竞相迸发，创新成果得到充分保护，创新价值得到更大体现，创新资源配置效率大幅提高，创新人才合理分享创新收益。

（二）主要政策举措

（1）营造激励创新的公平竞争环境。发挥市场竞争激励创新的根本性作用，营造公平、开放、透明的市场环境，强化竞争政策和产业政策对创新的引导，促进优胜劣汰，增强市场主体创新动力。《若干意见》提出了实行严格的知识产权保护制度，打破制约创新的行业垄断和市场分割，改进新技术新产品新商业模式的准入管理，健全产业技术政策和管理制度，形成要素价格倒逼创新机制五个方面的政策措施。

(2) 建立技术创新市场导向机制。发挥市场对技术研发方向、路线选择和各类创新资源配置的导向作用，调整创新决策和组织模式，强化普惠性政策支持，促进企业真正成为技术创新决策、研发投入、科研组织和成果转化的主体。《若干意见》提出了扩大企业在国家创新决策中话语权，完善企业为主体的产业技术创新机制，提高普惠性财税政策支持力度，健全优先使用创新产品的采购政策等四个方面的政策措施。

(3) 强化金融创新的功能。发挥金融创新对技术创新的助推作用，培育壮大创业投资和资本市场，提高信贷支持创新的灵活性和便利性，形成各类金融工具协同支持创新发展的良好局面。《若干意见》提出了壮大创业投资规模，强化资本市场对技术创新的支持，拓宽技术创新的间接融资渠道等三个方面的政策措施。

(4) 完善成果转化激励政策。强化尊重知识、尊重创新，充分体现智力劳动价值的分配导向，让科技人员在创新活动中得到合理回报，通过成果应用体现创新价值，通过成果转化创造财富。《若干意见》提出了加快下放科技成果使用、处置和收益权，提高科研人员成果转化收益比例，加大科研人员股权激励力度等三个方面的政策措施。

(5) 构建更加高效的科研体系。发挥科学技术研究对创新驱动的引领和支撑作用，遵循规律、强化激励、合理分工、分类改革，增强高等学校、科研院所原始创新能力和转制科研院所的共性技术研发能力。《若干意见》提出了优化对基础研究的支持方式，加大对科研工作的绩效激励力度，改革高等学校和科研院所科研评价制度，深化转制科研院所改革，建立高等学校和科研院所技术转移机制等五个方面的政策措施。

(6) 创新培养、用好和吸引人才机制。围绕建设一支规模宏大、富有创新精神、敢于承担风险的创新型人才队伍，按照创新规律培养和吸引人才，按照市场规律让人才自由流动，实现人尽其才、才尽其用、用有所成。《若干意见》提出了构建创新型人才培养模式，建立健全科研人才双向流动机制，实行更具竞争力的人才吸引制度等三个方面的政策措施。

(7) 推动形成深度融合的开放创新局面。坚持引进来与走出去相结合，以更加主动的姿态融入全球创新网络，以更加开阔的胸怀吸纳全球创新资源，以更加积极的策略推动技术和标准输出，在更高层次上构建开放创新机制。《若干意见》提出了鼓励创新要素跨境流动，优化境外创新投资管理制度，扩大科技计划对外开放等三个方面的政策措施。

(8) 加强创新政策统筹协调。更好发挥政府推进创新的作用。改革科技管理体制，加强创新政策评估督查与绩效评价，形成职责明晰、积极作为、协调有力、长效管用的创新治理体系。《若干意见》提出了加强创新政策的统筹，完善创新驱动导向评价体系，改革科技管理体制，推进全面创新改革试验等四个方面的政策措施。

第九篇

金融、财会与税收

技术经纪是一项为技术交易的洽谈、签约、履约等提供全程服务的活动。由于技术交易的特殊性和不确定性，因此要完成技术经纪的过程，必须十分注重技术经纪的前期策划。本篇主要从金融、财会与税收三个角度阐述技术经纪。

技术经纪实质上是技术商品与产品之间的纽带和桥梁，通过特殊的技术经纪推动技术成果的转移和扩散，创造出相应的经济效益和社会效益。因此，技术经纪是一种重要的商事活动形式，也是一个重要的经营活动过程。发展技术经纪业，建立高素质的技术经纪人队伍，是解决这一问题的重要途径。技术经纪业是以技术优势和智力资源为基础的新兴知识产业，作为科技与经济相结合的桥梁和纽带，技术经纪业对加速科技成果商品化、产业化和国际化，促进科技与经济的有效结合，发挥着巨大作用。

随着我国技术贸易的蓬勃发展和科技体制改革的进一步深入，我国的技术经纪业已初步形成，并逐步发展壮大。在这种大环境下，技术经纪需要复合型的经纪人才。技术经纪人必须要具备广博的知识结构。第一类是科技知识，在知识经济即将到来的今天，新技术层出不穷，各种交叉学科或边缘学科不断涌现。第二类是经济知识，主要包括经纪业的基础知识；项目的技术经济分析知识；科技成果转化中的管理知识；技术商品的营销知识；投、融资知识等。第三类是法律知识。

本篇主要介绍金融、国际金融、会计、财务管理、税收等内容。重点是融资与金融市场、汇率与外汇风险、国际结算、会计报表、会计核算、税法和主要税种的法律规定以及违反税法的法律责任等。

第一章　金融基础知识

金融是国民经济又好又快发展的重要支撑，金融体系是国民经济体系最关键的组成部分。因此，技术经纪人了解融资的方式、金融市场的功能和种类以及金融体系的构成等，有利于技术交易活动取得更好的成效。本章主要从金融基础知识——货币、金融机构、金融市场等角度阐述技术经纪。

第一节　货　　币

一、货币的定义

关于货币定义的争论在西方国家已有一百多年的历史。这里从劳动价值学说的角度给出货币的定义：货币是商品，但不是普通的商品，是固定地充当一般等价物的商品。这个定义的特点是从经济范畴相互联系的角度，特别是从货币与普通商品的共性与特性的角度推导出来的。

二、货币的本质

货币就其本质而言，是所有者之间关于交换权的契约，不同形式的货币在本质上是统一的。过去，由于人们对货币的本质认识不清，错误的从不同角度来将货币分为不同的种类。比如，根据货币的商品价值分为债务货币与非债务货币两大类；根据是否约定贵金属的兑换比例分为可兑换货币和不可兑换货币；等等。

从形式上，根据货币的商品价值货币可分为实物货币和形式货币，实物货币本身是一种特殊商品，包含价值量，如羊，贵金属等；而形式货币本身没有价值量，它的价值是契约约定的，只有契约价值。两者形式不同，但是本质上是统一的，即都被约定作为交换媒介，都存在契约价值。货币的购买力决定于货币的契约价值，但实物货币的购买力也会受自身商品价值的影响，通常实物货币的商品价值小于其作为货币的契约价值。

三、货币的职能

货币职能是货币本质的具体体现，是商品交换所赋予的，也是人们运用货币的客观依据。随着商品经济的发展，货币的职能也逐步完善起来。货币在商品经济中执行着五种职能，即价值尺度、流通手段、储藏手段、支付手段及世界货币。

（一）价值尺度

价值尺度是货币在表现商品的价值并测量商品价值量大小的时候所发挥的一种功能。作为价值尺度职能的货币具有以下两个特点：

（1）执行价值尺度职能的货币本身须具有价值；

（2）货币在执行价值尺度职能时，只是观念上的、想象的、思维的货币，不一定要现实的货币。

（二）流通手段

流通手段是货币最重要、最基本的职能。它是指货币在商品流通过程中起媒介作用时所发挥的职能。货币作为流通手段，改变了过去商品交换的运动形式。在货币出现前，商品交换采取物物交换的形式，即 W-W。货币出现后，商品交换分为买和卖两个环节，即 W-G 和 G-W。货币这个媒介的出现，使原来物物交换的许多局限性得到了解决。

但是，作为流通手段的货币必须是现实的货币，而不一定是足值的货币，实际上，它是一种价值符号。因为在这里货币仅是交换的手段，而不是交换的目的，其本身有无十足价值并不重要。

(三) 贮藏手段

货币的贮藏手段职能是指货币退出流通领域，处于静止状态时执行的一种职能。作为贮藏手段的货币必须具有价值，并且必须是现实的货币。这是因为人们贮藏货币的目的是贮藏财富，是为了保值，这就决定了作为财富代表的货币不能是虚幻的和无价值的。执行贮藏手段职能的货币主要是金属货币。

货币发挥贮藏手段职能时，可起到自发地调节货币流通量的作用。当流通规模扩大时，处于贮藏的货币会进入流通领域；当货币需要量减少时，货币又会退出流通领域。当然，这一自发调节货币流通量的作用也是在金属货币流通条件下才能形成。纸币本身没有价值，不能执行贮藏手段职能。但纸币可以积累和储蓄，通过储蓄，也能起到调节社会购买力的作用。

(四) 支付手段

货币的支付手段职能是指货币作为交换价值的独立形态进行单方面转移时所发挥的职能。货币作为支付手段，可以发挥两个作用：一是扩大了商品流通。在商品交易中，人们可以先购买商品，后支付货币，使商品生产和流通突破了现货交易的限制，促进商品经济发展。二是节约现金流通。货币借助其货币支付手段职能，使信用关系得以形成。债权债务到期可以相互抵消和清算，债务人只需支付债务余额，这样可大大减少现金需要量。货币流通规律的公式可以用下式计算：

一定时期内流通中所必需的货币量＝(商品价格总额－赊销商品价格总额＋到期支付总额－相互抵消的支付总额)/货币流通速度

(五) 世界货币

货币在世界市场作为一般等价物发挥作用时，我们称其为世界货币。作为世界货币，必须有十足价值，并且是贵金属块，按其实际重量来发挥职能。实际上，发挥世界货币职能的就是金块、银块。铸币和纸币是国家依靠法律强制发行，只能在国内流通，因此，不能充当世界货币，现在的美元等是国际支付手段和结算手段，称不上世界货币。

第二节 金　　融

金融是货币流通和信用活动以及与之相联系的经济活动的总称。金融就是对现有资源进行重新整合之后，实现价值和利润的等效流通(专业的说法是：实行从储蓄到投资的过程，狭义的可以理解为金融是动态的货币经济学)。金融是人们在不确定环境中进行资源跨期的最优配置决策行为。

金融的本质是价值流通。金融产品的种类有很多，其中主要包括银行、证券、保险、信托等。金融所涉及的学术领域很广，主要包括：会计、财务、投资学、银行学、证券学、保险学、信托学等。

金融的核心是跨时间、跨空间的价值交换，所有涉及到价值或者收入在不同时间、不同空间之间进行配置的交易都是金融交易，金融学就是研究跨时间、跨空间的价值交换为什么会出现、如何发生、怎样发展。

第三节 金融机构

金融机构是从事货币流通和信用活动的组织，包括银行、证券公司、保险公司、信托投资公司和基金管理公司等。同时亦指有关放贷的机构，发放贷款给客户在财务上进行周转的公司，他们的利息相对也较银行为高，但较方便客户借贷，因为不需繁复的文件进行证明。金融机构通常提供接受存款、经纪、交易、承销、咨询和信托当中的一种或多种金融服务。金融机构风险管理主要涉及市场风险、信用风险和其他风险的管理。通常，按照地位和功能的划分，金融机构可以划分为四大类。

一、中央银行

中央银行，是国家最高的货币金融管理组织机构，在各国金融体系中居于主导地位。国家赋予其制定和执行货币政策，对国民经济进行宏观调控，对其他金融机构乃至金融业进行监督管理的权限，地位非常特殊。中国最早的中央银行于1905年8月在北京开业，它是清末官商合办的银行，模仿西方国家中央银行而建立。1928年11月1日，法定中央银行为国家银行，行使中央银行职责。1948年12月1日，中国人民银行在石家庄正式宣告成立。1998年10月，中国人民银行及其分支机构在全国范围内进行改组，撤销中国人民银行省级分行，在全国设立9个跨省、自治区、直辖市的一级分行，重点加强对辖区内金融业的监督管理。

中央银行有三大职能。第一，发行的银行。中央银行有国家以法律形式授予货币的发行权，因此也承担对调节货币供应量、稳定币值的重要责任。独占货币发行权是其最先具有的职能，也是其区别于普通商业银行的根本标志。货币发行权一经国家法律形式授予，中央银行即对保证货币流通的正常与稳定负有责任。第二，银行的银行。中央银行集中保管商业银行的准备金，并对它们发放贷款，充当最后贷款者；作为全国票据的清算中心，对所有金融机构负有监督和管理的责任。我国自中国银监会成立以后，由于职能分拆，这一部分职能事实上已划归银监会负责，中国人民银行则主要负责与货币政策紧密相关的那一部分监管，具体做法还有待在实践中摸索。第三，国家的银行。中央银行是国家货币政策的执行者和干预经济的工具，代表国家执行金融政策，代为管理国家财政收支以及为国家提供各种金融服务。主要表现为代理国库，代理发行政府债券，为政府筹集资金，代表政府参加国际金融组织和国际金融活动，制定和执行货币政策。

二、银行

银行包括政策性银行、商业银行、村镇银行。

政策性银行多由政府创立、参股或保证，不以营利为目的，专门以实施国家产业政策和政府经济意图为目的。在特定业务领域内，直接或间接从事政策性融资活动，充当政府发展经济、促进社会进步和进行宏观经济调节管理的工具。政策性银行与商业银行及其他非银行金融机构相比，有共性的一面，如要控制贷款风险，贷款要还本付息、周转使用等。政策性银行有以下特征：一是政策目标第一，不以营利为根本目的；二是依靠政府信用发债筹集资金，一般不面向公众吸收存款；三是经营重点和范围会随着形势变化及政策需要动态调整；四是不与商业银行竞争，政策性银行有特定的业务范围，它一般服务于那些对国民经济发展、社会稳定具有重要意义，且投资规模大、周期长、经济效益低、资金回收慢的项目领域。从我国当前的客观现实来看，政策性金融机构作为金融体系的重要组成部分，其承担的责任及发挥的作用依然巨大，商业性金融机构并不能完全取代其地位。而且从国际发展经验来看，多数发达国家均有政策性金融机构。可以认为，在较长的时期内，政策性银行在我国仍将存在。

商业银行意为存储银行。商业银行的概念是区分于中央银行和投资银行的，是一个以营利为目的，以多种金融负债筹集资金，多种金融资产为经营对象，具有信用创造功能的金融机构。一般的商业银行没有货币的发行权，传统商业银行的业务主要集中在经营存款和贷款（放款）业务，即以较低的利率借入存款，以较高的利率放出贷款，存贷款之间的利差就是商业银行的主要利润。商业银行的主要业务范围包括吸收公众、企业及机构的存款、发放贷款、票据贴现及中间业务等。它是储蓄机构而不是投资机构。

村镇银行是指经中国银行业监督管理委员会依据有关法律、法规批准，由境内外金融机构、境内非金融机构企业法人、境内自然人出资，在农村地区设立的主要为当地农民、农业和农村经济发展提供金融服务的银行业金融机构。村镇银行不同于银行的分支机构，属一级法人机构。

三、非银行金融机构

非银行金融机构指经一行三会（中国人民银行、证监会、银监会、保监会）批准成立的，一般包括公募基金、私募基金、典当行、担保公司、小额信贷公司等。这类机构放贷灵活、手续便捷，符合中小企业资金快速融资的要求。

非银行金融机构具体是指除商业银行和专业银行以外的所有金融机构。主要包括公募基金、私募基金、信托、证券、保险、融资租赁等机构以及财务公司等。非存款性金融机构包括金融控股公司，公募基金，养老基金，保险公司，证券公司，小额信贷公司等。

四、在中国境内开办的外资、侨资、中外合资金融机构

侨资外资金融机构在中国设立常驻代表机构及其派出机构的申请，经中国人民银行批准后，申请单位应依照中华人民共和国工商行政管理部门和公安部门的有关规定，持批准证书到所在地的工商行政管理部门和公安部门办理登记手续和居留手续。中国人民银行批准设立常驻代表机构及其派出机构的有效期限为三年，如要延长，须在到期之日三十天前，由常驻代表机构的代表向中国人民银行递交一份由其总管理机构董事长或总经理签署的延长驻在期申请书，经中国人民银行审核批准后，可再顺延三年，延期次数不限。

侨资外资金融机构获准在中国设立的常驻代表机构及其派出机构，应持登记证到所在地的中国银行开立账户，并须遵守中华人民共和国的外汇管理条例。侨资外资金融机构在北京的常驻代表机构要改变名称、更换首席代表、代表、迁移办公地址；派出机构要改变名称和更换代表；在中国经济特区的常驻代表机构要改变名称、更换首席代表，都须事先报中国人民银行批准。派出机构要迁移办公地址，须经中国人民银行的当地分行批准。设在中国经济特区的常驻代表机构要更换代表和迁移办公地址，须经中国人民银行的当地分行批准。

第四节 金融市场

一、金融市场的含义

所谓金融市场就是通过各种交易方式，促使金融工具在供求双方之间达成交易，实现资金融通的场所。广义的金融市场涵盖直接融资与间接融资领域，即包括存款、贷款、信托、租赁、保险、票据抵押与贴现、股票债券买卖等全部金融活动。狭义的金融市场是指直接融资市场。一般指以同业拆借、票据和有价证券为交易对象的融资活动。

金融市场又称为资金市场，包括货币市场和资本市场，是资金融通市场。所谓资金融通，是指经济运行过程中，资金供求双方运用各种金融工具调节资金盈余的活动，是所有金融交易活动的

总称。在金融市场上交易的是各种金融工具，如股票、债券、储蓄存单等。资金融通简称为融资，一般分为直接融资和间接融资两种。直接融资是资金供求双方直接进行资金融通的活动，也就是资金需求者直接通过金融市场向社会上有资金盈余的机构和个人筹资；间接融资则是指通过银行所进行的资金融通活动，也就是资金需求者采取向银行等金融中介机构申请贷款的方式筹资。

二、金融市场的功能

金融市场不仅提供了筹措资金的场所，而且还具有其他的一些功能：

(1) 有利于提高社会资金使用效率。开放金融市场能有效地从社会各个角落中吸收游资和闲散资金，形成根据货币供求状况在各部门、各地区之间重新分配资金的机制。另外，在资金市场上，资金在追逐利益中自由流动，因而必然流向经济效益高的部门。资金在市场上的融通，也有利于发挥资金的规模效益，而且资金融通能及时满足商品生产和商品流通变化的需要，有效地促进全社会生产要素的合理配置。

(2) 为经济活动提供信息。金融市场上的资金供求状况所决定的利率水平是整个社会资金供求适应状况最灵敏的指示器，而通过股票和债券在市场上价格的变动，可以预测企业经营活动的效果和利润水平。所以，利率和证券价格的变动就是预测经济发展趋势最好的指标，可以为经济活动提供重要的指示性信息。

(3) 使广大投资者达到分散风险、获取较高投资收益率的目标。人们的投资渠道单一，可能会存在较高的风险，如果有一个发达的金融市场，就使得投资者可以进行有效的投资组合而达到降低投资风险的目的。投资者还可以通过承担高风险，而取得风险溢价。

(4) 有利于全国统一市场的形成和发育。金融市场是现代市场体系中最活跃、最有渗透力的因素。它是商品交易和生产要素交换的媒介，使资金在部门间、地区间、经济单位间流动，因而也是打破封闭、分割，促进全国统一市场形成和发展的有力工具。

三、金融市场的构成要素

一个完整的金融市场一般要具备如下四个要素：

(1) 交易对象。金融市场的交易对象是货币资金，交易的目的是为了实现货币资金的转移。

(2) 交易主体。即金融市场的参加者。

(3) 交易工具。金融市场的交易工具，又叫金融工具或融资工具。它是证明债权债务关系并据以进行货币资金交易的合法凭证。

(4) 交易价格。金融市场的货币资金交易只是交易对象使用权的转移，所以交易价格是利率。货币资金交易价格一方面取决于社会资金平均盈利率，另一方面取决于货币资金供求状况。

四、金融市场的种类

按照不同的标准，金融市场可以进行多种分类。

(一) 按照金融资产的偿还期限来划分

按照金融资产的偿还期限来划分，金融市场可以分为货币市场和资本市场。

1. 货币市场

货币市场又称短期资金市场，是 1 年期以内短期信用工具的发行与转让市场的总括。货币市场的交易对象是短期(1 年以内)的票据和有价证券。一般具有“准货币”的性质，流动性强，安全性高，收益较资本市场交易对象低。交易者主要是商业银行、中央银行、大公司、财政部和其他政府机构，以及保险公司、基金等机构投资者。

2. 资本市场

资本市场又称中长期资金市场。指偿还期在 1 年以上的有价证券的发行和交易的场所。交易对象一般是较长期(1 年以上)的有价证券,如股票、债券等。资本市场的特点是期限长、风险大、流动性低、收益高。参与者主要是个人、企业、金融机构和政府。

(二) 按照金融资产交易的性质和层次来划分

按照金融资产交易的性质和层次来划分,金融市场可以分为发行市场和流通市场。

1. 证券发行市场

证券发行市场,也称初级市场或一级市场,是国家各级政府或公司向最初购买者出售新发行的债券或股票等证券进行筹资的金融市场。在一级市场上协助销售证券的最重要的金融机构是投资银行,销售方法是代售或包销。

2. 流通市场

流通市场又称二级市场,是已发行的证券在投资者中间流通或转让的市场。它又分为两种,一种是场内市场即证券交易所;另一种是场外市场,它无固定场所,交易商们通过计算机、电话或传真等通讯手段向与他们联系并愿意接受他们报价的任何人买卖证券。场外市场的竞争性强,与有组织的交易所市场并无太大的差别。

(三) 按照金融交易的交割期限标准不同划分

依据金融交易的交割期限标准不同,金融市场可分为现货市场与期货市场。

在现货市场上,一般在成交后 1～3 日内立即付款交割。

在期货市场上,一般在成交后合约所规定的日期如几周、几个月之后进行交割。证券、外汇、黄金等市场较多采用期货交易的形式。

五、金融市场的主体

金融市场的主体又叫金融市场的交易主体,即金融市场的交易者。参与金融市场的机构或个人,可以是资金的供给者,或者是资金的需求者,或者是以双重身份出现。如果从参与交易的动机来看,则可以更进一步将交易主体细分为投资者(投机者)、筹资者、套期保值者、套利者、调控和监管者等。金融市场的主体大政包括政府部门、工商企业、居民个人与家庭、存款性金融机构、非存款性金融机构等。

(一) 企业在金融市场上的重要地位

企业是金融市场的主体,企业是一个国家经济活动的中心,因而也决定了企业是金融市场运行的基础。从法律形态看,企业主要有三种组织形式:独资企业、合伙企业、有限责任公司、股份有限公司。

(二) 政府在金融市场上的双重身份

政府除了是金融市场上最大的资金需求者和交易的主体之外,还是重要的监管者和协调者,因而在金融市场上的身份是双重的。

政府对金融市场的监管虽然主要是授权给监管机构,如中央银行、财政部门,但也经常自己出面向金融市场施加压力。另一方面,还通过财政政策施加影响,国债管理和国债交易就是在金融市场上同中央银行的货币政策协调配合发生作用的。

(三) 金融机构在金融市场上的特殊地位

一般来说,专门从事各种金融活动的组织,均称金融机构。本章所指金融机构是资金余缺双方进行金融交易的中介人,又是资金的供给者与需求者,这类金融机构包括创造存款货币的商业银行、创造货币能力较低或无创造货币能力的银行及其他一些非银行中介机构。

(四) 机构投资者在金融市场上的作用与方式

机构投资者是指在金融市场上从事交易的一些大的机构,诸如保险公司、投资信托公司以及养老金基金等。这些机构是金融市场上重要的投资者，不仅身份特殊，而且作用巨大。

（五）家庭在金融市场中的地位和作用

家庭部门又称个人部门，在任何国家和地区，家庭部门都是金融市场上最重要的资金供给者，是金融工具的主要认购者和投资者。一般情况下，家庭部门的收入总是大于支出，原因不外节俭和预防不测。家庭部门正是因为投资的分散性和多样化特征，才使金融市场具有了广泛的参与性和积聚长期资金的功能。可以这样说，如果没有家庭部门作为主体，金融市场便缺乏迷人的魅力，在国民经济中的重要性也要大打折扣。

案例分析

中国工商银行在2006年上市之初仅排全球第五左右。随后几年的快速发展，2013年7月22日，中国工商银行在胡润国有品牌榜中以2 460亿元的品牌价值排行第二位；2015年3月26日，中国工商银行公布2014年度经营状况，其2014年实现净利润2 763亿元，再度成为最赚钱银行；2016年7月20日，中国工商银行在《财富》世界500强排名中，位居第15位。中国工商银行能够取得这些成绩与其进行持续的技术经济是密不可分的。为了更好地分析中国工商银行的技术经济创新行为，本部分将以中国工商银行为研究对象，通过对该案例的深入剖析以揭示信息技术快速发展的背景下，中国工商银行的创新发展思路，从而总结这一背景下我国商业银行的创新经验和应当遵循的技术经济创新思路。

第一，工商银行的产品或服务创新。产品或服务的技术经济创新是工商银行保持行业领先地位、获得竞争优势和高收益的根本保障。根据相关资料的统计，近几年工商银行为了进一步满足客户需求，以寻求获得更多的利润增长点，其总部研发的新金融产品就达到69项之多。工商银行还利用技术经济创新针对大学生客户群体，打造量身定做的金融服务。为大学生提供的较有代表性的金融服务项目包括校园一卡通、校园内快捷支付功能等。

第二，工商银行的组织管理创新。工商银行的快速发展与其本身较为完善的治理结构密不可分。首先，注重培养领导干部和公司员工的创新意识。工商银行积极鼓励各层管理者，尤其是通过技术经济的逐步进步建立创新基金，对于那些有突出贡献的创新管理者或员工给予奖励。其次，工商银行通过先进的网络技术加大对各层管理者或员工的培训来提升自身的职业素养，以便更好地参与银行的日常管理、更好地服务于客户。另外，工商银行正在积极尝试和探索组织结构扁平化的方案。结构扁平化有助于去集权化、减少审批环节，从而极大地提高运营效率。

第三，工商银行的服务系统创新。基于工商银行技术经济的进步和信息科技的力量，工商银行建立其强大的、高度集中的电子化、信息化服务系统，是国内商业银行领域的佼佼者。截至2016年年末，中国工商银行已经具备了超强的业务处理系统，物理网点16 429家，自助银行29 385家，物理网点和自助银行共同保障用户的信息安全。工商银行还自主研发出国内首个核心业务处理系统CB2000，实现了以客户为中心的业务处理模式。这些技术经济进步带来的服务系统的自主创新为工商银行提升服务质量和服务效率奠定了坚实的基础。

第二章 国际金融

技术经纪中必然涉及国际金融相关知识。本章主要从国际汇兑、国际收支、国际融资、国际结算、国际信用的角度阐述技术经纪。

在国际技术贸易中，必然会涉及国际金融的相关知识。因此，技术经纪人在从事国际技术贸易时，应了解和熟悉外汇与汇率、外汇风险与防范、国际融资方式以及国际结算等理论知识和运作要求。

第一节 国际汇兑

一、国际汇兑概念

国际汇兑是由国际间的经济交往引起的通过各国货币之间的买卖进行的货币兑换。外汇一般指充当国际支付手段、国际流通手段和购买手段的外国货币以及外币支付凭证。

金银成为货币后，作为国际支付的主要手段是贵金属。票据出现后，作为信用工具也可用来办理国际支付。汇率是以一国货币表示的另一国货币的价格。实行金本位制时，各国货币汇率波动不大，处于相对稳定状态。1929—1933 年经济危机后，金本位制彻底崩溃，从此开始了不能兑换黄金的纸币制度。由于通货膨胀长期存在，纸币不断贬值，各国汇率不稳定的状态日趋严重。第二次世界大战后，主要资本主义国家建立了以美元为中心的布雷顿森林体系，美元与黄金挂钩，各国货币与美元挂钩，据以订出各国货币的固定汇率。固定汇率制对战后世界经济的发展起到了积极的作用。1973 年，以美元为中心的固定汇率制完全解体，各国纷纷实行浮动汇率制。此后，由于不再有固定汇率制的限制，汇率波动频繁，波幅较大，对各国的对外贸易影响极大。为此，世界各国均对本国汇率的动态实行某种程度的控制或干预。

外汇管制是一个国家为维护本国经济权益和改善国际收支，对本国与外国的国际汇兑、国际结算等实施的限制和管理。当代几乎所有国家都不同程度地实行有利于本国的外汇制度，只是方式、方法和具体内容有所不同而已。

二、国际汇兑风险

从事涉外贸易、投资和借贷活动，不可避免地会在国际范围内收付大量外汇或拥有以外币表示的资产和债权债务。汇率的波动将会给外汇持有者或使用者的未来现金流带来不确定性，有可能会导致巨大的损失。所以说外汇风险，即汇率风险，是指在不同币种货币的相互兑换或折算中，因汇率在一定时间内发生始料未及的变动，致使有关国际金融主体实际收益与预期收益或实际成本与预期成本发生背离，从而蒙受经济损失的可能性。

第二节 国际收支

国际收支是由一个国家对外经济、政治、文化等各方面往来活动而引起的。生产社会化与国际分工的发展,使得各国之间的贸易日益增多,国际交往日益密切,从而在国际间产生了货币债权债务关系,这种关系必须在一定日期内进行清算与结算,从而产生了国际间的货币收支。国际间的货币收支及其他以货币记录的经济交易共同构成了国际收支的主要内容。

国际收支的概念是随着国际经济交易发展的变化而变化的。资本原始积累时期,主要的国际经济交易是对外贸易,因而早期的国际收支概念是指一国一定时期的对外贸易差额。金本位货币制度崩溃后,演化为狭义的国际收支概念。二战后,国际经济交易的内容和范围进一步增加与扩大,发展为被各国普遍接受的广义的国际收支。狭义的国际收支指一国一定时期的外汇收支;广义的国际收支指一国一定时期内全部国际经济交易的货币价值总和。

(一) 国际收支不平衡的分类

国际收支不平衡是绝对的、经常的,而平衡则是相对的、偶然的。国际收支不平衡主要可以分为以下五类。

(1) 周期性不平衡,由于国际间各国所处的阶段不同而造成的不平衡。经济周期一般包括四个阶段:危机—萧条—复苏—繁荣。当一国处于繁荣阶段,而贸易伙伴国处于衰退阶段,易造成本国的贸易收支赤字。由于各国经济都会经历繁荣和衰退的交替,就有周期性,两国的国际收支也会交替的出现顺差和逆差。只要经济周期不太长,程度不太深,这种失衡就是短期的、较轻微的。

(2) 结构性不平衡,由于国际市场对本国的出口和进口的需求条件发生变化,本国贸易结构无法进行调整所导致的国际收支不平衡。如果本国产品的供需结构不能满足国际市场产品供需结构的变化,如不考虑资本项目,将会导致本国国际收支的长期不均衡。

(3) 货币性不平衡,由于一国的价格水平、成本、汇率、利率等货币性因素而造成的国际收支不平衡。例如,一个国家货币发行不当,或其他因素引起的物价上涨,生产成本上升,本国产品竞争力下降,导致出口下降,进口上升;或者利率下降导致资本外流增加,内流减少,使一国国际收支处于逆差状态。

(4) 收入性不平衡,由于一国国民收入相对快速增长,导致进口增长超过出口增长而引起的国际收支失衡。各国处于经济周期的不同阶段和不同的经济增长率会导致收入水平不同,进而影响进出口需求。如一国的经济增长率相对较高,人们收入较高,进口需求增加,国际收支会产生逆差。

(5) 季节性和偶然性不平衡,由于季节变化或突发事件所造成的国际收支不平衡。如由于气候原因造成一国粮食减产,出口减少,进口增加。

(二) 国际收支调节政策的措施

国际收支调节政策,当出现赤字时,可以采取以下措施:

(1) 外汇缓冲政策,指一国利用官方储备的变动或临时向外筹措资金来抵消超额外汇供给或需求,这种方法可以融通一次性或季节性的国际收支赤字。该政策受到储备规模的影响,只适于规模较小的短期的国际收支赤字。

(2) 财政货币政策,出现赤字时,可以采取紧缩性的财政政策。该政策可以降低商品和劳务的支出,从而降低进口;调整国内商品与国外商品的价格比,促进出口;提高国内利率,改善资本账户的状况。其局限性在于改善国际收支往往以牺牲国内经济为代价。紧缩性的财政货币政策可以从三个渠道来影响国际收支:①收入效应;②利率效;③相对价格效应。

(3) 汇率政策,利用汇率变动消除国际收支赤字。主要取决于以下条件:

① 进出口需求弹性之和是否符合马歇尔—勒纳条件;

② 本国是否有剩余的生产能力可以利用,以便增加出口商品的生产能力;

③ 贬值带来的本国贸易商品和非贸易商品的相对价格优势能否维持一段时间,汇率贬值引起的通货膨胀能否为社会接受;

④ 直接管制，包括外汇管制和贸易政策管制，管制是否引起贸易伙伴国的报复。

第三节 国际融资

国际融资是指在国际金融市场上，运用各种金融手段，通过各种相应的金融机构而进行的资金融通。随着国际资本流动速度的加快、资金需求的增加，国际融资逐步成为融资的重要手段之一。

根据是否借助金融中介机构，国际融资的方式可以划分为国际直接融资方式和国际间接融资方式。所谓国际直接融资方式是指不用借助于国际金融中介机构而实现的资本在国际间的转移。而国际间接融资方式则需要借助于国际金融机构才能实现资本在国际间的转移。

一、国际直接融资方式

(一) 实体融资

一般是指投资方和受资方双方利用各自的优势而实现一个资本组合，共同建立一个经济实体或完成某些项目。这里所说的资本组合，不仅是有形资本，如资金、资本货物，还包括无形资本，如技术专利、管理经验等。这种实体融资的方式有合资经营、合作经营、外商独资经营等方式。

(二) 国际债券融资

国际债券即发行国外债券，是指一国政府及其所属机构、企业、私人公司、银行或国际金融机构等在国际债券市场上以外国货币为面值发行的债券。国际债券主要分为欧洲债券和外国债券两种。欧洲债券是在欧洲货币市场上发行的、以市场所在国以外的货币为标示的债券。如在伦敦市场上发行美元债券就属于一种欧洲债券。

(三) 国际股票融资

国际股票融资即在境外通过发行股票的方式融资，是指企业通过直接或间接途径向国际投资者发行股票并在国内外交易所上市。

国际股票融资具有如下特点：①永久性；②主动性；③高效性。

(四) 海外投资基金融资

海外投资基金融资的作用在于使社会闲散的资金聚合起来，并在一个较长的期间内维系在一起，这对融资者来说相当有益。此外，稳健经营是投资基金的一般投资策略，因而投资基金对资本市场的稳定和发展也相当有益。

海外投资基金融资具有如下特点：

(1) 海外投资基金的共同特点是，以开放型为主，且上市销售，并追求成长性。这就有利于具有持续赢利能力和高成长潜力的企业获得资金，得到快速的发展。

(2) 投资基金方不能够参与被投资企业的经营管理。这就避免了投融资双方利益失衡，融资方资产流失及丧失控股权等弊端。

二、国际间接融资方式

(一) 国外商业银行贷款

国外商业银行贷款是指从国外一般商业银行借入自由外汇。按其期限的长短不同分为短期贷款和中长期贷款。短期贷款是指企业为了满足对流动资本的需求或为了支付进口商品的货款而借入资金的一种银行信贷。

(二) 国际银团贷款

由一家金融机构牵头、多家国外金融机构参加的、组成结构严谨的贷款银行，联合向某借款人提供较大金额的长期贷款，通常称为国际银团贷款(亦称辛迪加贷款)。国际银团贷款现已成为国际上筹集巨额中长期资金的主要形式。这种贷款主要是各国中央或地方政府、中央银行、官方金融机构、开发银行、进出口银行和跨国公司等用来购买成套设备、飞机和轮船等大型的设备。

(三) 外国政府贷款

外国政府贷款是由贷款国用国家预算资金直接与借款国发生的信贷关系，其多数为政府间的双边援助贷款，少数为多边援助贷款，它是国家资本输出的一种形式。

(四) 国际金融组织贷款

国际金融组织贷款是由一些国家的政府共同投资组建并共同管理的国际金融机构提供的贷款，旨在帮助成员国开发资源、发展经济和平衡国际收支。其贷款发放对象主要有以下三个方面：对发展中国家提供以发展基础产业为主的中长期贷款；对低收入的贫困国家提供开发项目以及文教建设方面的长期贷款；对发展中国家的私人企业提供小额中长期贷款。

第四节　国际结算

国际结算是指国际间办理货币收支调拨，以结清不同国家中两个当事人之间的交易活动的行为。它主要包括支付方式、支付条件和结算方法等。

国际结算方式主要有汇款信用证和托收方式。根据进口业务和出口业务，汇款又分国外汇入汇款和汇出国外汇款；信用证又分出口信用证和进口信用证；托收又分出口托收和进口代收。

(1) 出口托收(Export Collection)：银行受出口商委托，以出口商提交的债权凭证和商业票据，通过其国外代理行或海外分行向进口商收取款项以实现资金划拨的业务。出口托收有付款交单(D/P)和承兑交单(D/A)两种形式。

(2) 进口代收(Inward Collection)：银行接受国外代理行或联行委托，按照代理行或联行的指示向进口商收取进口款项，并向进口商交付有关商业单据。进口代收可分为付款交单(D/P)和承兑交单(D/A)两种方式。

(3) 托收(Collection)：出口人在货物装运后，开具以进口方为付款人的汇票(随附或不随附货运单据)，委托出口地银行通过它在进口地的分行或代理行代出口人收取货款的一种结算方式。托收属于商业信用，采用的是逆汇法。

托收属于商业信用，银行办理托收业务时，既没有检查货运单据正确与否或是否完整的义务，也没有承担付款人必须付款的责任。托收虽然是通过银行办理，但银行只是作为出口人的受托人行事，并没有承担付款的责任，进口人不付款与银行无关。出口人向进口人收取货款靠的仍是进口人的商业信用。

(4) 信用证(Letter of Credit, L/C)：开证银行应申请人(买方)的要求并按其指示向受益人开立的载有一定金额的、在一定的期限内凭符合规定的单据付款的书面保证文件。信用证是国际贸易中最主要、最常用的支付方式。

信用证方式有三个特点：

① 信用证是一项自足文件(self-sufficient instrument)。信用证不依附于买卖合同，银行在审单时强调的是信用证与基础贸易相分离的书面形式上的认证。

② 信用证方式是纯单据业务(pure documentary transaction)。信用证是凭单付款，不以货物为准。只要单据相符，开证行就应无条件付款。

③ 开证银行负首要付款责任(primary liabilities for payment)。信用证是一种银行信用，它是

银行的一种担保文件，开证银行对支付有首要付款的责任。

国际结算是一项技术性很强的国际金融业务，且涉及许多复杂的社会、经济问题。社会制度不同、经济发展水平相异的国家或国家集团，对国际结算方式的要求和选择，经常发生各种矛盾和冲突。各国都力争采用对本国最为有利的结算方式。

第五节 国际信用

国际信用同国际金融市场关系密切。国际金融市场是国际信用赖以发展的重要条件，国际信用的扩大反过来又推动国际金融市场的发展。国际金融市场按资金借贷时间长短可分为两个市场，一是货币市场，即国际短期资金借贷市场；二是资本市场，即国际中长期资金借贷市场。国际金融市场中规模最大的是欧洲货币市场，这个市场上的借贷资本是不受各国法令条例管理的欧洲货币。在欧洲货币市场中占主要地位的是欧洲美元，其次是欧洲马克，此外还有亚洲美元市场。欧洲货币市场是巨额国际资金的供求集散中心，它和由其延伸出来的其他众多国际金融市场及离岸金融市场，将世界各地的金融活动都纳入庞大的金融网络，使借贷资金的国际化有了更深入的发展。

国际信用是国际货币资金的借贷行为。最早的票据结算就是国际上货币资金借贷行为的开始，经过几个世纪的发展，现代国际金融领域内的各种活动几乎都同国际信用有着紧密联系。没有国际借贷资金不息的周转运动，国际经济、贸易往来就无法顺利进行。

（一）贸易信用

贸易信用是以各种形式与对外贸易业务联系在一起的信用。信用的提供以外贸合同的签订为条件，它只能用于为合同规定的商品交易供应资金。贸易信用形式可以分为商品赊销、预付货款、补偿贸易以及贸易票据。商品赊销是一种先付货后收款的销售方式。预付货款是一种先付款后交货的销售形式，一般是用于生产周期长的产品，购买者向生产者酌量预付一部分货款或定金。补偿贸易是指买方在信贷的基础上，约定在一定期限内，用产品或劳务等偿还的一种贸易方式。贸易票据是通过票据来实现贸易信用的一种形式。

（二）金融信用

金融信用按其期限可分为短期信贷、中期信贷和长期信贷。不同国家的出口商与进口商相互提供的商业信用，通常是短期的，但在市场竞争剧烈的情况下，这种信用往往也具有长期的性质。此外，商业银行对进口商和出口商提供的信用大多也是短期的。中期和长期信用基本上用于购买工业装备或支付技术援助等。第二次世界大战前，动员长期资金多采用发行债券的方式，第二次世界大战后，这种方式的作用降低了，而银行信用和政府间信用的作用则提高了。

（三）贷款人区分

国际信用还可按贷款人分为：由私营企业、银行、经纪人等提供的私人信用，由政府直接提供或通过国营的信贷机构提供的国家信用，以及国际金融组织与区域性金融组织的信用。

第二次世界大战后，资本主义国际信用领域逐步发展，国际间的借贷行为主要由对外贸易信用和为资本输出服务的国际长期信用所构成。对外贸易信用，有商业信用和银行信用两种形式。

（四）商业信用

商业信用发生于下列情况：预付款信用，出口信用的一种方式，进口商向外国出口商预付的货款，将来由出口商供货偿还；公司信用，进口信用的一种方式，进口商从外国出口商方面以商品形态获得的信用，然后定期清偿债务。

(五) 银行信用

第一,银行对出口商提供的短期信用。如商品抵押贷款或商品凭证抵押贷款。即在商品运到指定地点,等待推销的过程中,以商品或商品凭证为抵押取得国外银行的贷款。

第二,由卖方(出口方)银行提供给出口商的中长期信贷,称为卖方信贷。这与大型成套设备及技术的出口密切相关。出口商(卖方)以分期付款和赊销的方式将主要机器或成套设备卖给进口商,然后根据协议由进口商分期偿付货款。由于出口商要在全部交货若干年后才能陆续收回全部货款,因此为保持企业正常经营,往往需向当地银行借取这种信贷。

第三,银行对进口商提供的信用。又分为:①承兑信用,即当出口商提供商业信用给进口商时,出口商往往要求由银行承兑票据。在这种情况下,进口商必须先取得银行方面承兑出口商汇票的同意。这样,出口商就不再向进口商提出汇票,而是向进口商委托的银行提出汇票,并由银行在汇票规定的期限内兑付汇票。②票据贴现,如果出口商在汇票到期前需要现款,可以将已经进口商或其银行承兑的汇票拿到银行中去贴现。③买方信贷,即卖方(出口方)银行提供给买方企业(进口方)或买方银行的中长期信贷。

货币经纪的发展离不开市场的培养以及配套体系的建设。一个新行业的建立总会打破原有的一些行业习惯或者惯例,这需要给市场参与者一段接受新事物、建立新习惯的时间。由于我国市场参与者还相对较少,四大银行占了主导地位,而四大银行的业务通常通过自己的交易员和系统去寻找交易对手,或使用国际资讯提供商的交易系统进行交易,几乎不找货币经纪商提供服务。小银行或其他金融机构需要买卖货币或拆借资金,直接找四大行就可以完成交易,没有习惯找货币经纪公司。因此,我国货币经纪业的市场培育就显得格外艰难。

针对目前货币经纪商的生存空间受制于市场现状的问题,建议我国政府要进一步推进利率及汇率市场化改革,扩大人民币汇率浮动范围,深化货币市场金融创新。因为随着利率、汇率的衍生产品相继开发并投入市场,货币市场交易品种将更多更复杂,以往一对一的交易模式将不能满足复杂的货币经纪市场的需求,这时候市场对货币经纪公司的需求就会增加。另外,市场配套体系的建设也应加强。建立市场信用体系是一个成熟市场至关重要的一环,不仅对货币经纪业有举足轻重的作用,对其他金融业乃至社会生活方方面面都大有裨益。我国政府应加大力度建立我国的市场信用体系,完善信用采集、信用等级评定、信用信息查询、信用修复等制度。同时,考虑到信用市场的建立完善需要一个较长的时间,货币经纪公司可以先行建立一套自己的客户信用档案,将客户信用与佣金收入同样作为评定 VIP 的标准之一,对那些信用记录好、交易量大的客户,可以享受佣金折扣等多方面的优惠,而信用记录差的客户,货币经纪公司应谨慎为其提供服务。

第三章 财会基础知识

规范会计职能有助于提高技术经纪的效益。本章主要从会计基础知识、会计核算、财务管理、会计违法责任角度阐述技术经纪。

规范会计职能和提高财务管理水平，是技术经纪人和技术经纪组织提高技术经纪效益和发展技术经纪事业的基础性工作。因此，技术经纪人要了解和掌握会计基础知识，了解和熟悉会计核算、财务管理的基本要求与基本方法。

第一节 会计知识

会计是随着社会生产的发展和经济管理的要求而产生并发展起来的。最初表现为人类对经济活动的计量与记录行为。随着社会经济的不断发展，会计作为生产经营过程的附带职能，逐步演变成为具有自己独立的职能，会计核算的内容、方法等也发生了很大变化，逐步发展成为一门独立的学科。

一、会计的含义

会计是以货币为主要计量单位，运用专门的方法，核算和监督一个单位经济活动的一种经济管理工作。会计是以货币为主要的计量单位，以凭证为主要的依据，借助于专门的技术方法，对一定单位的资金运动进行全面、综合、连续、系统的核算与监督，向有关方面提供会计信息、参与经营管理，旨在提高经济效益的一种经济管理活动。会计的古义是集会议事。我国从周代就有了专设的会计官职，掌管赋税收入、钱银支出等财务工作，进行月计、岁会。每月零星盘算为“计”，一年总盘算为“会”，两者合在一起即成“会计”。

二、会计的分类

(一) 按核算主体及目的的不同划分

按核算主体及目的不同可分为预算会计和财务会计。预算会计是以实现公共职能为目的，以公共资产为核算对象，以公共事务为核算依据，以公共业务成果为主要考核指标，其具有“公共性”“非营利性”“财政性”的特点。是适用于各级政府部门、行政单位和各类非营利组织的会计体系。财务会计是以营利为目的的经济实体为核算对象，反映企业的财务状况、经营成果和现金流量，为改善企业内部管理和提高经济效益服务。是适用于各类企业及营业性组织的会计体系。

(二) 按会计报告的对象不同划分

按报告的对象不同，会计可分为财务会计和管理会计。财务会计是编制财务报表，为企业内部和外部用户提供信息。财务会计的信息是提供广泛的用户，其重点在于报告财务状况和营运状况，主要是对外部提供参考。管理会计主要是对企业的管理层提供信息，作为企业内部各部门进行决策的依据，没有标准的模式、不受会计准则的控制。

三、会计基础知识

(一) 会计对象

会计对象是指会计所核算和监督的内容，即会计工作的客体。由于会计需要以货币为主要计量单位，对一定会计主体的经济活动进行核算和监督，因而会计并不能核算和监督社会再生产过程中的所有经济活动。凡是特定主体能够以货币表现的经济活动，都是会计核算和监督的内容，也就是会计的对象。以货币表现的经济活动通常又称为价值运动或资金运动。由于单位的组织形式和经济活动的内容不同，所以不同单位的会计对象均有不同的特点。

（二）会计要素

会计要素是指会计对象是由哪些部分所构成的，即按照交易或事项的经济特征所作的基本分类。也是指对会计对象按经济性质所作的基本分类，是会计核算和监督的具体对象和内容，是构成会计对象具体内容的主要因素，也是构成会计报表的基本要素。会计要素分为反映企业财务状况的会计要素和反映企业经营成果的会计要素。中国《企业会计准则》将会计要素界定为六个，即资产、负债、所有者权益、收入、费用和利润。

（三）会计科目

为明确会计科目之间的相互关系，充分理解会计科目的性质和作用，进而更加科学规范的设置会计科目，以便更好地进行会计核算和会计监督，有必要对会计科目按一定的标准进行分类。对会计科目进行分类的标准主要有三个：一是会计科目核算的归属分类；二是会计科目核算信息的详略程度；三是会计科目的经济用途。

本节主要介绍按其归属的会计要素分类：

(1) 资产类科目：按资产的流动性分为反映流动资产的科目和反映非流动资产的科目。

(2) 负债类科目：按负债的偿还期限分为反映流动负债的科目和反映长期负债的科目。

(3) 共同类科目：共同类科目的特点是需要从其期末余额所在方向界定其性质。

(4) 所有者权益类科目：按权益的形成和性质可分为反映资本的科目和反映留存收益的科目。

(5) 成本类科目：包括“生产成本”“劳务成本”“制造费用”等科目。

(6) 损益类科目：分为收入性科目和费用支出性科目。收入性科目包括“主营业务收入”“其他业务收入”“投资收益”“营业外收入”等科目。费用支出性科目包括“主营业务成本”“其他业务成本”“营业税金及附加”“其他业务支出”“销售费用”“管理费用”“财务费用”“所得税费用”等科目。

（四）会计等式

任何企业要从事生产经营活动，必定有一定数量的资产。而每一项资产，如果一分为二地看，就不难发现，一方面，任何资产只不过是经济资源的一种实际存在或表现形式，或为机器设备，或为现金、银行存款等。另一方面，这些资产都是按照一定的渠道进入企业的，或由投资者投入，或通过银行借入等，即必定有其提供者，显然，一般人们不会无偿地将经济资源（即资产）让渡出去。也就是说，企业中任何资产都有其相应的权益要求，谁提供了资产谁就对资产拥有索偿权，这种索偿权在会计上称为权益。这样就形成了最初的会计等式：

$$资产=权益$$

这一等式表明，会计等式之所以成立就是因为资产和权益是同一事物的两个方面：一方面是归企业所有的一系列财产（资产）；另一方面是对这些财产的一系列所有权（权益）。而且，由于权益要求表明资产的来源，而全部来源又必与全部资产相等，所以全部资产必须等于全部权益。而权益通常分为两种：一是以投资者的身份向企业投入资产而形成的权益，称为所有者权益；二是以债权人的身份向企业提供资产而形成的权益，称为债权人权益或负债。这样，上述等式又可表达成：

$$资产=负债+所有者权益$$

会计等式是指表明各会计要素之间基本关系的恒等式，也称会计平衡公式。它是设置账户、复式记账和设计资产负债表的理论依据。如,资产=负债+所有者权益,利润=收入-费用。

(五) 借贷记账法

借贷记账法是以“借”“贷”作为记账符号的一种复式记账法。其基本原理包括记账符号、账户结构、记账规则和试算平衡方法。

(1) 记账符号:借、贷。

(2) 账户结构:将所有账户的左方定为“借”方,右方定为“贷”方,并用一方登记增加数,一方登记减少数。其中,资产类、成本类和损益支出类账户用借方登记增加数,贷方登记减少数,期末余额在借方;负债类、所有者权益类和损益收入类账户用贷方登记增加数,借方登记减少数,期末余额在贷方。

(3) 记账规则:有借必有贷,借贷必相等。

(4) 试算平衡:在借贷记账法下,进行试算平衡的方法是通过编制总分类账户余额试算平衡表或总分类账户本期发生额试算平衡表来实现的。

期末余额=期初余额+本期增加发生额—本期减少发生额

资产类:期末借方余额=期初借方余额+本期借方发生额—本期贷方发生额

负债、所有者权益类:

期末贷方余额=期初贷方余额+本期贷方发生额—本期借方发生额

(六) 会计分录

会计分录按反映一项经济业务的会计科目,以货币为计量单位,借助记账符号,分别记录其增加或减少数量变化。会计分录可分为简单会计分录和复合会计分录。简单会计分录是由一个借方账户与一个贷方账户所组成的会计分录,复合会计分录是由一个借方账户与几个贷方账户或一个贷方账户与几个借方账户所组成的会计分录。

会计分录包含三个要素:账户名称、借贷方向和记账金额。

(七) 会计报表

会计报表是随着商业社会对会计信息披露程度要求越来越高而不断发展的。主要有:资产负债表,利润表,现金流量表,股东权益变动表和财务报表附注。

1. 资产负债表

资产负债表是总括地反映会计主体在特定日期(如年末、季末、月末)财务状况的报表。

2. 利润表

利润表也称收益表、损益表,它是总括反映企业在某一会计期间(如年度、季度、月份)内经营及其分配(或弥补)情况的一种会计报表。

3. 现金流量表

现金流量表是财务报表的三个基本报告之一,所表达的是在一固定期间(通常是每月或每季)内,一家机构的现金(包含银行存款)的增减变动情形。

4. 股东权益表达表

所有者权益变动表亦称股东权益变动表,是反映构成所有者权益的各组成部分当期增减变动情况的报表。所有者权益变动表应当全面反映一定时期所有者权益变动的情况。

5. 财务报表附注

财务报表附注是对资产负债表、利润表、现金流量表和所有者权益变动表等报表中列示项目的文字描述或明细资料,以及对未能在这些报表中列示项目的说明等。可以使报表使用者全面了解企业的财务状况、经营成果和现金流量。

四、会计核算

会计核算是指以货币为计量单位，运用专门的会计方法，对生产经营活动或者预算执行过程及其结果进行连续、系统、全面地记录、计算、分析，定期编制并提供财务会计报告和其他一系列内部管理所需的会计资料，为做出经营决策和宏观经济管理提供依据的一项会计活动。会计核算是会计工作的核心和重点，也是会计的基本职能之一。

（一）会计核算的基本前提

会计核算的基本前提包括会计主体、持续经营、会计分期、货币计量。会计核算对象的确定、会计方法的选择、会计数据的收集等，都以会计核算的基本前提为依据。

1. 会计主体

会计主体是指会计工作为其服务的特定单位或组织。在会计主体前提下，会计核算应当以企业发生的各项交易或事项为对象，记录和反映企业本身的各项生产经营活动。

2. 持续经营

持续经营是指会计主体的生产经营活动在可预见的未来将延续下去。企业是否持续经营，在于会计原则、会计方法的选择上的差别。

3. 会计分期

会计分期是指将会计主体持续不断的经济活动分割为一定的期间。在会计分期前提下，会计核算应当划分为会计期间，分期结算账目和编制财务会计报告。会计期间分为年度、半年度、季度和月度。

4. 货币计量

货币计量是指会计主体在会计核算过程中采用货币作为计量单位，记录、反映会计主体的经营情况。

（二）会计核算的一般原则

为了规范企业的会计核算行为，提高会计信息质量，企业会计制度规定了会计核算的一般原则。

1. 客观性原则

客观性原则要求企业的会计核算以实际发生的交易或事项为依据，如实反映企业的财务状况、经营成果和现金流量。

2. 实质重于形式原则

实质重于形式原则要求企业按照交易或事项的经济实质进行会计核算，而不应当仅按照它们的法律形式作为会计核算的依据。

3. 相关性原则

相关性原则要求企业提供的会计信息能够反映企业的财务状况、经营成果和现金流量，以满足会计信息使用者的需要。

4. 一贯性原则

一贯性原则要求企业的会计核算方法前后各期保持一致，不得随意变更。

5. 可比性原则

可比性原则要求企业的会计核算按照规定的会计方法进行，会计指标应当口径一致、相互可比。

6. 及时性原则

及时性原则要求企业的会计核算及时进行，不得提前或延后。

7. 明晰性原则

明晰性原则要求企业的会计核算和编制的财务会计报告清晰明了，便于理解和利用。

8. 权责发生制原则

权责发生制原则要求：凡是当期已经实现的收入和已经发生或应当负担的费用，不论款项是否收付，都应当作为当期的收入或费用；凡是不属于当期的收入和费用，即使款项已经在当期收付，也不应当作为当期的收入和费用。

9. 配比原则

配比原则要求企业在进行会计核算时，收入与其成本、费用相互配比，同一会计期间的各项收入和与其相关的成本、费用，应当在该会计期间内确认。

10. 历史成本原则

历史成本原则要求企业的各项财产在取得时按照实际成本计量。

11. 划分收益性支出与资本性支出原则

划分收益性支出与资本性支出原则要求企业在进行会计核算时，合理划分收益性支出与资本性支出的界限。凡支出的效益仅及于本年度（或一个营业周期）的，应当作为收益性支出；凡支出效益及于几个会计年度（或几个营业周期）的，应当作为资本性支出。

12. 谨慎性原则

谨慎性原则要求企业在进行会计核算时，不得多计资产或收益、少计负债或费用，并不得设置秘密准备。

13. 重要性原则

重要性原则要求企业在会计核算过程中对交易或事项应当区别其重要程度，采用不同的核算方式。

（三）涉及技术转移相关的会计处理

1. 技术转移——无形资产出租会计处理

对于专利实施许可和非专利技术的许可使用，即将无形资产的使用权让渡给他人并收取租金的，在会计上我们称为无形资产的出租。

无论是采用《企业会计制度》还是《企业会计准则》的企业，会计处理方法基本一致。以执行《企业会计准则》的企业为例，企业将所拥有的无形资产的使用权让渡给他人，并收取租金，属于与企业日常活动相关的其他经营活动取得的收入，在满足收入准则规定的确认标准的情况下，应确认相关的收入及成本。

出租无形资产时，取得的租金收入，借记“银行存款”等科目，贷记“其他业务收入”等科目；摊销出租无形资产的成本并发生与转让有关的各种费用支出时，借记“其他业务成本”科目，贷记“累计摊销”科目。

2. 技术转移——无形资产出售会计处理

对于专利所有权转让、专利申请权转让以及非专利技术转让权转让的，在会计上我们称为无形资产的出售。

无论是采用《企业会计制度》还是《企业会计准则》的企业，会计处理方法基本一致。以执行《企业会计准则》的企业为例，企业将无形资产出售，表明企业放弃无形资产的所有权。《无形资产准则》规定，企业出售无形资产时，应将所取得的价款与该无形资产账面价值的差额作为资产处置利得或损失，计入当期损益。

出售无形资产时，应按实际收到的金额，借记“银行存款”等科目；按已摊销的累计摊销额，借记“累计摊销”科目；原已计提减值准备的，借记“无形资产减值准备”科目；按应支付的相关税费，贷记“应交税费”等科目；按其账面余额，贷记“无形资产”科目，按其差额，贷记“营业外收入——处置非流动资产利得”科目或借记“营业外支出——处置非流动资产损失”科目。

第二节 财务管理知识

一、财务管理的概念

在企业的生产经营过程中，资金的实质是再生产过程中运动着的价值。企业的生产经营过程，一方面表现为实物商品的运动过程，另一方面表现为资金的运动过程或资金运动，即财务活动。表面上看，资金运动是钱和物的增减变动，实际上钱和物的增减变动都离不开人与人之间的经济利益关系，即财务关系。

概括地说，财务管理是基于企业再生产过程中客观存在的财务活动和财务关系而产生的，是企业组织财务活动、处理与各方面财务关系的一项经济管理工作。

二、财务活动

财务活动是以现金收支为主的企业资金收支活动的总称，包括企业筹资引起的财务活动，企业投资引起的财务活动，企业经营引起的财务活动，企业分配引起的财务活动。企业筹集的资金包括所有者投入的资金和借入资金两类，前者称为所有者权益，后者称为负债。通过各种渠道筹集资金之后，按照生产经营的实际需要运营资金。企业在生产经营过程中取得的利润，在缴纳企业所得税后，按照法规及企业章程进行分配。

财务活动与企业生产经营活动的其他方面有着密切的联系，一方面，财务活动是生产经营活动其他方面的前提和保证，主要表现在：只有筹集一定的经营资金，生产经营其他方面才能得以进行；只有资金周转顺畅，生产经营活动才能顺畅。另一方面，财务活动是生产经营活动其他方面的集中体现，表现在：只有产品规格、品种对路、质量有保证、营销工作得力，资金才能及时收回并顺利周转；只有合理组织生产经营、严格管理、责任明确，成本才能降低，利润目标才能实现。

(一) 筹资活动

筹资活动是指企业作为筹资活动的主体根据其生产经营、对外投资和调整资本结构等需要，通过筹资渠道和金融市场，运用筹资方式，经济有效地筹措和集中资本的活动。筹资活动，是指令企业资本及债务规模和构成发生变化的活动。筹资活动产生的现金流量主要包括吸收投资、发行股票、分配利润、发行债券、偿还债务等流入和流出的现金和现金等价物。

(二) 经营活动

经营活动是根据企业的资源状况和所处的市场竞争环境，对企业长期发展进行战略性规划和部署制定企业的远景目标和方针的战略层次活动，解决企业发展方向、发展战略问题，具有全局性和长远性。经营活动产生的现金流主要记录了企业在销售商品、提供劳务、购买商品、接受劳务、支付税收等活动的现金流动情况，反映了企业自身的造血功能，是所有财务报表中最重要的指标之一。

(三) 投资活动

投资活动是指企业长期资产的购建和不包括在现金等价物范围的投资及其处置活动。长期资产是指固定资产、无形资产、在建工程、其他资产等持有期限在一年或一个营业周期以上的资产。这里所讲的投资活动，既包括实物资产投资，也包括金融资产投资。这里之所以将“包括在现金等价物范围内的投资”排除在外，是因为已经将包括在现金等价物范围内的投资视同现金。不同企业由于行业特点不同，对投资活动的认定也存在差异。

投资活动现金流量是指企业长期资产的购建和不包括现金等价物范围在内的投资及其处置活动产生的现金流量。投资活动必须符合企业的发展战略。针对投资活动的现金流量分析主要从以下两方面入手：

(1) 投资活动现金流量小于或等于零。这种情形不能武断地认为是好还是坏，应该观察这个特征是否符合企业的发展阶段，是否与企业的发展战略和发展方向相一致，才能进一步做出判断，应关注投资活动的现金流出量与企业投资计划的吻合程度。

(2) 投资活动现金流量大于零。这种情形可能出于两种原因：一是企业投资回收的资金大于投资的现金流出，二是由于企业迫于资金压力，处理在用的固定资产或者持有的长期投资等。分析时应加以区分，找到真正的原因。

三、财务管理方法

财务管理方法可分为定性方法和定量方法两大类型。所谓定性方法，是指依靠个人主观经验、逻辑思维和直观材料进行分析、判断，开展管理活动的方法。定量方法，是指依据财务信息和其他有关经济信息，运用一定的数量方法或借助于数学模型进行计算，从而求得管理方式、措施的方法。这两种方法在财务管理过程中都不可缺少、不可偏废。但长期以来，我们偏重于采用定性方法，忽视了定量方法。其实，定量方法和定性方法一起构成财务方法体系，在这个体系中，定量方法占据了重要地位。而且随着经济体制改革的深入进行，企业财权逐步扩大，企业环境的不断改善，财务管理定量方法必将得到进一步的应用和推广。

企业为了有效地组织、指挥、监督和控制财务活动，并处理好因财务活动而发生的各种经济关系，就需要运用一系列科学的财务管理方法，通常包括财务预测、财务决策、财务预算、财务控制、财务分析等，这些相互配合、相互联系的方法构成了一个完整的财务管理方法体系。

(1) 财务预测是指根据活动的历史资料，考虑现实的条件和今后的要求，对企业未来时期的财务收支活动进行全面的分析，并做出各种不同预计和推断的过程。它是财务管理的基础。财务预测的主要内容有筹资预测、投资收益预测、成本预测、收入预测和利润预测等。财务预测所采用的具体方法主要有属于定性预测的判断分析法和属于定量预测的时间序列法、因果分析法和税率分析法。

(2) 财务决策是指在财务预测的基础上，对不同方案的财务数据进行分析比较，全面权衡利弊，从中选择最优方案的过程。它是财务管理的核心。财务决策的主要内容有筹资决策、投资决策、成本费用决策、收入决策和利润决策等。财务决策所采用的具体方法主要有概率决策法、平均报酬率法、净现值法、现值指数法、内含报酬率法等。

(3) 财务预算是指以财务决策的结果为依据，对企业生产经营活动的各个方面进行规划的过程。它是组织和控制企业财务活动的依据。财务预算的主要内容有筹资预算、投资预算、成本费用预算、销售收入预算和利润预算等。财务预算所采用的具体方法主要有平衡法、定率法、定额法、比例法、弹性计划法和前期实绩推算法等。

(4) 财务控制是指以财务预算和财务制度为依据，对财务活动脱离规定目标的偏差实施干预和校正的过程。通过财务控制以确保财务预算的完成。财务控制的内容主要有筹资控制、投资控制、货币资金收支控制、成本费用控制和利润控制。财务控制所采用的具体方法主要有计划控制法、制度控制法、定额控制法等。

(5) 财务分析是指以会计信息和财务预算为依据，对一定期间的财务活动过程及其结果进行分析和评价的过程。财务分析是指财务管理的重要步骤和方法，通过财务分析，可以掌握财务活动的规律，为以后进行财务预测和制定财务预算提供资料。财务分析的内容主要有偿债能力分析、营运能力分析、获利能力分析和综合财务分析等。财务分析所采用的具体方法有比较分析法、比率分析法、平衡分析法、因素分析法等。

四、货币的时间价值

从量的规定性来看,货币的时间价值是没有风险和没有通货膨胀下的社会平均资金利润率。在计量货币时间价值时,风险报酬和通货膨胀因素不应该包括在内。货币的时间价值是指货币经过一定时间的投资和再投资所增加的价值。货币的时间价值不产生于生产与制造领域,产生于社会资金的流通领域。

例如,存入银行 1 000 元,定期一年,让银行代你运用,到期银行付给你 1 025 元,这 25 元就是银行使用这 1 000 元的报酬,即利息。在实际工作中,把利息与原货币金额的百分率,即 2.5%,称作利率。

这里,我们必须弄清楚“终值”和“现值”两个概念。“终值”就是“本利和”;现值就是“本金”。在财务管理中,有关资金时间价值的指标有:单利、复利、年金及资金时间价值的应用等。

(一) 单利的终值与现值

只就本金计算利息,设 S 代表终值,P 代表现值,I 代表利息,i 代表利率,n 代表期数,则终值计算公式为

$$S = P + I = P + P \times i \times n = P \times (1 + i \times n)$$

单利现值的计算和单利终值计算是互逆的,称为折现。其计算公式为

$$P = S/(1 + i \times n)$$

(二) 复利的终值与现值

在一定期间(如一年)按一定利率将本金所生利息加入本金再计利息,即“利滚利”,它既涉及本金上的利息,也涉及到利上所生利息。

复利的终值是指一定量的本金按复利计算若干期后的本利和,即

$$S = p \times (1 + i)^n = P(F/P,\ I,\ n)$$

复利的现值相当于原始本金,它是指今后某一段时间收到或付出的一笔款项,按折现率所计算的现在时点价值。其计算公式为

$$P = S/\ (1 + i)^n = F(P/F,\ i,\ n)$$

(三) 普通年金

每隔一定相同时期等额收付的系列款项,如保险费、养老金、折旧、零存整取或整存零取储蓄等。根据年金每次收付发生的时点不同,年金可分为普通年金、即付年金、递延年金、永续年金等。实际最常使用的是普通年金。现简单介绍普通年金的终值与现值。

年金终值是一定时期内每期期末收付款项的复利终值之和。如已知年金 A,求年终值 F,其计算公式为

$$F = A \times \sum_{t=0}^{n-1} (1 + i)^t$$

年金现值是一定时期内每期期末收付款项的复利现值之和。其计算公式为

$$A = F \times \sum_{t=1}^{n} \frac{1}{(1 + i)^t}$$

(四) 预付年金

预付年金也称先付年金、即付年金，它是在每期期初等额的系列收款、付款的年金。是指从第一期起，在一定时期内每期期初等额收付的系列款项。

预付年金终值公式　$F = A[(F/A, i, n+1) - 1] = A(F/A, i, n) \times (1+i)$

预付年金现值公式　$P = A[(P/A, i, n-1) + 1] = A(P/A, i, n) \times (1+i)$

(五) 递延年金

递延年金又称"延期年金"，是指在最初若干期没有收付款项的情况下，后面若干期等额的系列收付款项。它是普通年金的特殊形式。

递延年金终值公式

$$F = A \times (F/A, i, n)$$

其中，n 为 A 的个数。

(六) 永续年金

永续年金是指无限期的收入或支出相等金额的年金，也称永久年金。它是普通年金的一种特殊形式，永续年金期限趋于无限，没有终止时间，也没有终止值，只有现值。

永续年金终值公式，现值＝年金额/折现率＝A/i

$$终值 = \infty$$

上述公式中有关年金终值或现值求和部分，可通过年金现值和终值表查得。

以上说明了有关资金时间价值主要指标的计算方法，这些计算方法是运用资金时间价值的基础。掌握了这些基本的计算方法，在企业财务管理中就可以根据实际情况加以具体运作。

五、现金流量管理

对现金流量的概念，一直有所争论。我国修订的《企业会计准则——现金流量表》是这样定义现金及现金流量的：现金包括现金及现金等价物。这里的现金是指企业的库存现金以及可以随时用于支取的存款。不能随时支取的定期存款不应作为现金；提前通知金融机构便可以支取的定期存款则应包括在现金范围之内。现金等价物是指企业持有的期限短、流动性强、易于转化为已知金额的现金、价值变动风险很小的短期投资。实体自由现金流量是企业全部投资人拥有的现金流量总和，包括股东和债权人。实体自由现金流量也是企业全部投资人拥有的现金流量总和，包括股东和债权人。

比较认同的现金流量管理理论体系构成主要包括三大内容：现金流量管理的基本理论、现金流量管理的应用理论以及特殊行业或特殊业务现金流量管理理论。

(1) 现金流量管理的基本理论。该理论研究现金流量管理目标、管理原则、管理假设、管理环境等，是现金流量管理理论体系的基础。

(2) 现金流量管理的应用理论。该理论可以划分为现金流量预测、决策、计划、控制、报告和分析理论，它们相互联系，组成一个有机整体。该理论把现金流量管理的基本理论运用到实践中，来解决现实问题。

(3) 特殊行业或特殊业务现金流量管理理论。现金流量管理的环境不是一成不变的，而处于经常变动状态，同时也是充满风险的。因此，任何一个企业都可能面临一些特殊的或并不常见的经济业务，如兼并、重组等。

六、技术转移的财务管理特点

(一) 财务管理的重点不同

与传统的工业企业相比，涉及技术转移的高新技术企业财务管理重点发生转移。传统企业的产品在技术和质量方面的差异不大，工业企业的同质化，使得成本高低成为决定一个企业生存和发展的重要因素之一。

涉及技术转移的高新技术企业更注重与实施产品差异化、最优化。旨在发挥高新技术企业在研发方面的优势，知识经营作为全新的管理模式，在企业不断知识化的进程中，智力将成为新的资本形式，对知识资产的管理越来越重要。充分的资金支持和快速的知识创新将克服人才资源的高成本和销售研究高费用的劣势。为了降低涉及技术转移的高新技术企业成本，应该采取充分积极的激励机制，使高、精、尖的技术人员成为企业的股东，参与剩余价值的分配，降低企业的成本。

（二）筹资渠道不同

传统的工业企业拥有大量的厂房和机器设备，在资本的流动性和投资风险等方面都满足商业银行资金经营所要求的安全性和流动性的需要。所以取得银行贷款比较容易。

而涉及技术转移的高新技术企业则不然。它们在规模上一般比较小，资本流动性差，投资风险很难满足商业银行资金经营所要求的安全性和流动性的要求。因此，商业银行对高新技术企业的贷款格外谨慎，涉及技术转移的高新技术企业只能从银行取得很小一部分的贷款，而这部分贷款很难满足资金的需要。所以高新技术企业的投资主体应力求多元化，分散投资风险。高新技术企业应面向社会发行股票筹资或各种基金投资，开拓风险共担、收益共享的良性筹资渠道。

（三）投资方式不同

传统的工业企业的投资方式主要是有形资产投资，而在涉及技术转移的高新技术企业中，生产出来的产品技术含量都很高。这就需要一批懂技术又有经验的员工。如果这些员工认真努力的工作创造出企业需要的技术，那么对企业的发展有直接的好处，也为企业今后的发展奠定了基础，所以这些员工的表现直接决定着企业的发展。我们需要一些高、精、尖的人才成为企业的投资者，这与企业的利益息息相关。

国家规定在高新技术企业中，无形资产的比例可以达到35%，这说明无形资产在高新技术企业具有很大的比重。在无形资产中技术投资占有相当大的比重，因为拥有先进的技术企业既可以节省时间又可以少走弯路，使企业在激烈竞争的市场环境中立于不败之地。

第三节　会计违法责任

《中华人民共和国会计法》(以下简称《会计法》)主要规定了两种责任形式：一是行政责任；二是刑事责任。

行政责任是行政法律关系主体在国家行政管理活动中因违反了行政法律规范，不履行行政上的义务而产生的责任。《会计法》规定的行政责任的形式又有两种：行政处罚和行政处分。行政处罚主要分为六种，即警告，罚款，没收违法所得、没收非法财物，责令停产停业，暂扣或者吊销许可证、暂扣或者吊销执照，行政拘留。行政处分的形式有警告、记过、记大过、降级、撤职、开除。

刑事责任是指犯罪行为应当承担的法律责任，即对犯罪分子依照刑事法律的规定追究的法律责任。刑事责任与行政责任不同之处在于：一是追究的违法行为不同，追究行政责任的是一般违法行为，追究刑事责任的是犯罪行为；二是追究责任的机关不同，追究行政责任由国家特定的行政机关依照有关法律的规定决定，追究刑事责任只能由司法机关依照《刑法》的规定决定；三是承担法律责任的后果不同，追究刑事责任是最严厉的制裁，可以判处死刑，比追究行政责任严厉得多。

《财政违法行为处罚处分条例》(以下简称《条例》)在2004年11月5日国务院第69次常务会议通过，自2005年2月1日起施行。它是在总结1987年国务院颁布的《国务院关于违反财政法规处罚的暂行规定》(以下简称《处罚规定》)实施以来的经验基础上修订形成的。以下介绍《条例》中规定的违法行为表现及相应的处罚。

(一) 违反国家财政收入管理规定的行为

1. 违反国家财政收入管理规定的行为表现

(1) 违反规定设立财政收入项目;

(2) 违反规定擅自改变财政收入项目的范围、标准、对象和期限;

(3) 对已明令取消、暂停执行或者降低标准的财政收入项目,仍然依照原定项目、标准征收或者变换名称征收;

(4) 缓收、不收财政收入;

(5) 擅自将预算收入转为预算外收入;

(6) 其他违反国家财政收入管理规定的行为。

2. 关于违反国家财政收入管理规定的行为处罚

财政收入执收单位及其工作人员有违反国家财政收入管理规定的行为之一的,责令改正,补收应当收取的财政收入,限期退还违法所得。对单位给予警告或者通报批评。对直接负责的主管人员和其他直接责任人员给予警告、记过或者记大过处分;情节严重的,给予降级或者撤职处分。

《中华人民共和国税收征收管理法》等法律、行政法规另有规定的,依照其规定给予行政处分。

(二) 违反国家财政收入上缴规定的行为

1. 违反国家财政收入上缴规定的行为表现

(1) 隐瞒应当上缴的财政收入;

(2) 滞留、截留、挪用应当上缴的财政收入;

(3) 坐支应当上缴的财政收入;

(4) 不依照规定的财政收入预算级次、预算科目入库;

(5) 违反规定退付国库库款或者财政专户资金;

(6) 其他违反国家财政收入上缴规定的行为。

2. 关于违反国家财政收入上缴规定的行为处罚

财政收入执收单位及其工作人员有违反国家财政收入上缴规定的行为之一的,责令改正,调整有关会计账目,收缴应当上缴的财政收入,限期退还违法所得。对单位给予警告或者通报批评。对直接负责的主管人员和其他直接责任人员给予记大过处分;情节较重的,给予降级或者撤职处分;情节严重的,给予开除处分。

《中华人民共和国税收征收管理法》《中华人民共和国预算法》等法律、行政法规另有规定的,依照其规定给予行政处分。

(三) 违反国家有关上解、下拨财政资金规定的行为

1. 违反国家有关上解、下拨财政资金规定的行为表现

(1) 延解、占压应当上解的财政收入;

(2) 不依照预算或者用款计划核拨财政资金;

(3) 违反规定收纳、划分、留解、退付国库库款或者财政专户资金;

(4) 将应当纳入国库核算的财政收入放在财政专户核算;

(5) 擅自动用国库库款或者财政专户资金;

(6) 其他违反国家有关上解、下拨财政资金规定的行为。

2. 关于违反国家有关上解、下拨财政资金规定的行为处罚

财政部门、国库机构及其工作人员有违反国家有关上解、下拨财政资金规定的行为之一的,责

令改正，限期退还违法所得。对单位给予警告或者通报批评。对直接负责的主管人员和其他直接责任人员给予记过或者记大过处分；情节较重的，给予降级或者撤职处分；情节严重的，给予开除处分。

(四) 违反规定使用、骗取财政资金的行为

1. 违反规定使用、骗取财政资金的行为表现

(1) 以虚报、冒领等手段骗取财政资金；

(2) 截留、挪用财政资金；

(3) 滞留应当下拨的财政资金；

(4) 违反规定扩大开支范围，提高开支标准；

(5) 其他违反规定使用、骗取财政资金的行为。

2. 关于违反规定使用、骗取财政资金的行为处罚

国家机关及其工作人员有下列违反规定使用、骗取财政资金的行为之一的，责令改正，调整有关会计账目，追回有关财政资金，限期退还违法所得。对单位给予警告或者通报批评。对直接负责的主管人员和其他直接责任人员给予记大过处分；情节较重的，给予降级或者撤职处分；情节严重的，给予开除处分。

■ 案例分析

四川某公司设立以来，秉承集团公司四十年航空发动机整机的生产经验、近二十年生产外贸航空技术产品的技术成果及营销网络，其产品的产品性能和质量水平完全达到了国际同类产品的先进水平，是目前国内同行业中产品品种最多、规格系列最全的生产厂家(其中许多零部件是国内独家生产)之一，也是承接国际厂商航空技术产品最多的生产企业之一，现已发展成为国家航空制造业出口创汇的大型骨干企业。

公司董事会认识到，改制之后，本着对股东负责的态度，必须用好募集资金。而在越来越繁杂市场环境下，要用好股东的资金，企业经营管理的决策质量必须提高，这就要求财务分析的质量必须大大提高，传统的内部财务分析的管理方式方法必须加以改革。经过调研发现公司财务存在以下不足：(1)财务分析工作的管理体制存在一定的混乱状况，财务分析管理权责不明确；(2)财务分析工作的基础工作有待完善，各分厂的原始记录管理与填报方式、指标的口径有待统一；(3)分析工具急待确定。在上述调研工作的基础上，某公司财务部门利用技术经济的创新，开始着手进行财务分析制度的建立和完善，进行了一系列的流程优化工作，使企业财务分析工作大有起色。

某公司在财务分析的信息存储环境方面改进，针对财务分析流程的特点，在企业改制之后清晰明确了对财务信息存储环境方面的管理制度。对于会计报表，对外报表按上级主管部门要求报送报表以及为金融部门提供对外报表。对于会计报表的管理，企业必须按照《会计基础工作规范》要求，使会计报表能准确反映企业的财务状况，严禁弄虚作假，虚盈实亏或虚亏实盈。任何人不得篡改或授意、指使、强令他人篡改会计报表的有关数字，保证会计报表信息的真实性。对于财务分析信息处理环境方面的改进，在理清企业财务成本数据采集及核算体系的基础上，公司财务部于改制后安排专人来负责企业财务分析工作环节的完善，并建立起一套较为实用的财务分析指标体系和分析性报表，共计十张。

对企业财务分析信息化建设而言，简单的硬件或软件引进、阵痛性的财务管理业务流程重组或许能解决阶段性问题，而经过逐步融合磨炼的信息化将使企业财务管理达到一个全新境界。

第四章 税收相关知识

依法纳税是公民的基本义务。本章主要从税收及税法基本概述、我国主要税种的基本法律规定、税收征收管理角度阐述技术经纪。

税收是国家和地方取得财政收入的主要形式。依法纳税是公民的基本义务。因此,技术经纪人必须了解和熟悉我国现行税法的一系列与技术经纪相关的法律规定和违反税法的法律责任,从而保证包括技术中介方在内的技术交易主体在法律规定的范围内从事自己的活动。

税收的强制性是指税收是国家以社会管理者的身份,凭借政权力量,依据政治权力,通过颁布法律或政令来进行强制征收。负有纳税义务的社会集团和社会成员,都必须遵守国家强制性的税收法令,在国家税法规定的限度内,纳税人必须依法纳税,否则就要受到法律的制裁,这是税收具有法律地位的体现。强制性特征体现在两个方面:一方面税收分配关系的建立具有强制性,即税收征收完全是凭借国家拥有的政治权力;另一方面是税收的征收过程具有强制性,即如果出现了税务违法行为,国家可以依法进行处罚。

税收的无偿性是指通过征税,社会集团和社会成员的一部分收入转归国家所有,国家不向纳税人支付任何报酬或代价。税收这种无偿性是与国家凭借政治权力进行收入分配的本质相联系的。无偿性体现在两个方面:一方面是指政府获得税收收入后无需向纳税人直接支付任何报酬;另一方面是指政府征得的税收收入不再直接返还给纳税人。税收无偿性是税收的本质体现,它反映的是一种社会产品所有权、支配权的单方面转移关系,而不是等价交换关系。税收的无偿性是区分税收收入和其他财政收入形式的重要特征。

税收的固定性是指税收是按照国家法令规定的标准征收的,即纳税人、课税对象、税目、税率、计价办法和期限等,都是税收法令预先规定了的,有一个比较稳定的试用期间,是一种固定的连续收入。对于税收预先规定的标准,征税和纳税双方都必须共同遵守,非经国家法令修订或调整,征纳双方都不得违背或改变这个固定的比例或数额以及其他制度规定。

税收的三个基本特征是统一的整体。其中,强制性是实现税收无偿征收的强有力保证,无偿性是税收本质的体现,固定性是强制性和无偿性的必然要求。

第一节 税收及税法概述

一、税收的概念

税收是以实现国家公共财政职能为目的,基于政治权力和法律规定,由政府专门机构向居民和非居民就其财产或特定行为实施强制、非罚与不直接偿还的金钱或实物课征,是国家最主要的一种财政收入形式。国家取得财政收入的方法有很多种,如税收、发行货币、发行国债、收费、罚没等,而税收则由政府征收,取自于民、用之于民。税收具有无偿性、强制性和固定性的形式特征。税收三性是一个完整的体系,它们相辅相成、缺一不可。

税收是国家为了实现其职能取得财政收人的一种方式。从最简单、最直观的现象看,税收首先是国家的一种财政收入，或者说是国家取得财政收入的一种方式。历史上不同国家取得财政收入曾经有过多种方式，如奴隶制国家的王室土地收入；封建制国家的官产收入、特权收入、专卖收入；资本主义国家的债务收发行纸币收入；社会主义国家的国营企业利润收入等。税收同这些收入一样是财政收入的一种方式，而且是古今中外自有国家以来各个社会普遍采用的一种方式，在各个社会的国家财政收入中，税收都占有重要的地位。

国家征税的依据是国家的政治权力。国家取得任何一种财政收入，总要凭借国家的某种权力。例如，王室土地收入、官产收入、国营企业利润收入等，凭借国家是土地和其他生产资料的所有者；特权收入，凭借国家是山林、水流、矿藏等自然资源拥有者，向被征服的氏族或国家收取贡物或战争赔款，凭借国家是胜利者和征服者……。国家的权力，归根结底不外两种，即财产权力和政治权力。马克思指出："在我们面前有两种权力：一种是财产权力，也就是所有者的权力，另一种是政治权力，即国家的权力。"国家取得各种财政收入，所凭借的不是财力，就是政治权力。国家征收捐税，所凭借的不是财产权力，而是政治权力。

税收是社会再生产过程中的一个分配范畴，体现着一定的分配关系。税收作为一种财政收入，在社会再生产的总过程中，是一个分配范畴。社会再生产是生产、分配、交换、消费的统一体，分配是把社会产品和国民收入分为不同的份额，并决定各个份额归谁占有的一个环节。税收就是这个环节上的一种分配形式，因为国家征收捐税就是把一部分社会产品和国民收入从其他社会成员手中，强制地转变为国家所有，归国家使用。征税的过程，就是一部分社会产品和国民收入从其他社会成员手中转变为国家所有的分配过程。

二、税收的分类

根据不同的标准，可以对税收进行不同的分类。如根据征税对象的不同，可以将税收分为以下五大类：

(1) 流转税。流转税是根据商品或者非商品的流转额为征税对象的一种税，主要包括增值税、消费税、营业税(自 2016 年 5 月 1 日起全国全面营改增)等。

(2) 所得税。所得税是以纳税人的所得额或者收益额为征税对象的一种税，主要包括企业所得税、个人所得税等。

(3) 资源税。资源税是国家对在我国境内从事资源开发、利用的单位和个人，就其资源生产和开发条件的差异而形成的级差收入征收的一种税，主要包括资源税、城镇土地使用税等。

(4) 财产税。财产税是以纳税人所拥有或者支配的某些财产为征税对象的一种税，主要包括房产税、车船使用税等。

(5) 行为税。行为税是以某些特定行为为征税对象的一种税，主要包括印花税、契税等。

三、税法的概念

税法是调整国家通过税务机关与纳税人之间产生的，是无偿征收一定货币或者实物的税收征纳关系的法律规范的总称。

税法是国家取得财政收入的重要保障，是国家税务机关对纳税人征税的法律依据，也是纳税人履行纳税义务的基本准则。国家通过制定税法，对各种税收关系进行调整，解决在税收征纳过程中产生的利益冲突，以保障税收职能充分有效地实现，同时也给税收关系中的各方主体维护自身的合法权益提供法律依据。

为了加强国家对国民经济进行宏观经济调控，保障国家财政收入的稳定增长，我国制定和颁布了一系列有关税收方面的法律、法规和规章。其中由全国人大及全国人大常委会制定的税收法律主要有：《中华人民共和国个人所得税法》(以下简称《个人所得税法》)，《中华人民共和国外商投资企业和外国企业所得税法》(该法已废止,以下简称《外商投资企业和外国企业所得税法》)、《中华人民共和国税收征收管理法》(以下简称《税收征收管理法》),为了贯彻党的十六届三中全会关于“统一各类企业税收制度”的精神,结合我国经济社会发展的新情况,我国对外商投资企业和外国企业所得税、企业所得税进行“两税”合并,对内资企业和外商投资企业实行统一的企业所得税法,于 2007 年 3 月召开的第十届全国人民代表大会第五次会议上审议通过了新的《中华人民共和国企业所得税法》,并于 2017 年 2 月 24 日第十二届全国人民代表大会常务委员会第二十六次会议通过了修正。

由全国人大及全国人大常委会授权国务院或者国务院根据行政立法权限制定的有关税收方面的规范性文件主要有:《中华人民共和国城市维护建设税暂行条例》、《中华人民共和国进出口关税条例》(以下简称《关税条例》)、《中华人民共和国房产税暂行条例》《中华人民共和国车船使用税暂行条例》《中华人民共和国印花税暂行条例》《中华人民共和国城镇土地使用税暂行条例》《中华人民共和国外商投资企业和外国企业所得税法实施细则》《中华人民共和国税收征收管理法实施细则》《中华人民共和国增值税暂行条例》(以下简称《增值税暂行条例》)、《中华人民共和国消费税暂行条例》(以下简称《消费税暂行条例》)、《中华人民共和国营业税暂行条例》(以下简称《营业税暂行条例》)、《中华人民共和国企业所得税暂行条例》(以下简称《企业所得税暂行条例》)、《中华人民共和国土地增值税暂行条例》(以下简称《土地增值税暂行条例》)、《中华人民共和国资源税暂行条例》《中华人民共和国个人所得税法实施条例》《中华人民共和国契税暂行条例》等。

由国务院税务主管部门制定的税收部门规章主要有:《中华人民共和国印花税暂行条例施行细则》《中华人民共和国增值税暂行条例实施细则》《中华人民共和国消费税暂行条例实施细则》和《中华人民共和国营业税暂行条例实施细则》《中华人民共和国资源税暂行条例实施细则》《中华人民共和国企业所得税暂行条例实施细则》《中华人民共和国土地增值税暂行条例实施细则》《中华人民共和国契税暂行条例细则》等。

经国务院批准,自 2016 年 5 月 1 日起,在全国范围内全面推开营业税改征增值税(以下称营改增)试点,建筑业、房地产业、金融业、生活服务业等全部营业税纳税人,纳入试点范围,由缴纳营业税改为缴纳增值税。

四、我国税法的种类

我国《宪法》规定,中华人民共和国公民有依照法律纳税的义务。

我国全国人民代表大会及其常委会制定并发表的税收法律是税法中的主体形式,地位和效力仅次于宪法。《中华人民共和国立法法》第八条规定,税收基本制度,只能由全国人民代表大会及其常务委员会制定法律。税收法律在中华人民共和国主权范围内普遍适用,具有仅次于宪法的法律效力。目前,由全国人民代表大会及其常务委员会制定的税收实体法律有:《中华人民共和国个人所得税法》(以下简称《个人所得税法》),《中华人民共和国企业所得税法》(以下简称《企业所得税法》),《中华人民共和国车船税法》(以下简称《车船税法》);税收程序法律有:《中华人民共和国税收征收管理法》(以下简称《税收征管法》)。

国务院根据宪法、法律和全国人民大表大会及其常务委员会的授权制定和发布的各种税收法律实施条例、细则以及各种税收的暂行条例、征收办法等属于税收行政法规形式。效力和地位低于税收法律,高于地方性税收的法规和部门规章。

国务院职能部门制定的税收规章是对税收法律及法规的补充说明和具体化。根据税收法律、法规的规定,地方人大及其授权的地方政府和有关的职能部门可以结合本地方实际情况,制定和颁布适用于本地方税收的法规和规章。

总的来说，宪法的效力和地位大于法律，法律的效力和地位大于行政法规，行政法规的效力和地位大于规章。

我国的税收实体法体系可以分为：流转税类，包括增值税、消费税、关税；所得税类，包括企业所得税、个人所得税，财产和行为税类，包括房产税、车船税、印花税、契税；资源税类，包括资源税、土地增值税和城镇土地使用税；特定目的税类，包括城市维护建设税、车辆购置税、耕地占用税、烟叶税、船舶吨税。

五、税法的构成要素

税法构成要素，又称课税要素，是指各种单行税法具有的共同基本要素的总称。这一概念包含以下基本含义：一是税法要素既包括实体性的，也包括程序性的；二是税法要素是所有完善的单行税法都共同具备的，仅为某一税法所单独具有而非普遍性的内容，不构成税法要素，如扣缴义务人。

我国税法的构成要素主要包括以下九方面：

(1) 纳税人。纳税人又称纳税主体，是指税法规定的直接负有纳税义务的社会组织和个人。这是指税法规定的直接负有纳税义务的自然人、法人或其他组织。纳税人应当与负税人进行区别，负税人是经济学中的概念，即税收的实际负担者，而纳税人是法律用语，即依法缴纳税收的人。税法只规定纳税人，不规定负税人。二者有时可能相同，有时不尽相同，如个人所得税的纳税人与负税人是相同的，而增值税的纳税人与负税人就不一定一致。

(2) 征税对象。征税对象又称征税客体，是指对什么征税。征税对象按其性质的不同，通常划分为流转额、所得额、财产、资源及行为五大类。

(3) 税率。税率是指应纳税额与征税对象之间的比例或者征收额度。它是计算应纳税额的主要尺度，是税法中的核心要素。我国现行税法采用的税率有比例税率、累进税率和定额税率三种。

(4) 纳税环节。纳税环节是指税法规定的应税商品在从生产到消费的流转过程中应缴纳税款的环节。

(5) 纳税期限。纳税期限是指税法规定的纳税人应当缴纳税款的期限。纳税期限是衡量征纳双方是否按时行使征税权力和履行纳税义务的尺度。纳税期限一般分为按次征收和按期征收两种。

(6) 纳税地点。纳税地点是指缴纳税款的场所。纳税地点一般为纳税人的住所地，也有规定在营业地、财产所在地或特定行为发生地的。

(7) 税收优惠。税收优惠是指税法对某些特定的纳税人或征税对象给予的一种免除规定，它包括减免税、税收抵免等多种形式。税收优惠按照优惠目的通常可以分为照顾性和鼓励性两种；按照优惠范围可以分为区域性和产业性两种。

(8) 税务争议。税务争议是指税务机关与税务管理相对人之间因确认或实施税收法律关系而产生的纠纷。解决税务争议主要通过税务行政复议和税务行政诉讼两种方式，并且一般要以税务管理相对人缴纳税款为前提。在税务争议期间，税务机关的决定不停止执行。

(9) 税收法律责任。法律责任是指违反税法规定的行为人应当承担的法律后果，它体现了税收的强制性和税法的严肃性。

第二节　我国现行主要税种的基本法律规定

目前我国现行税种较多，这里仅介绍与技术经纪活动有关的几个主要税种的基本法律规定。

一、关于增值税的基本法律规定

根据2017年11月19日《国务院关于废止〈中华人民共和国营业税暂行条例〉和修改〈中华人民共和国增值税暂行条例〉的决定》，在中华人民共和国境内销售货物或者加工、修理修配劳务（以下简称劳务），销售服务、无形资产、不动产以及进口货物的单位和个人，为增值税的纳税人，应当依照本条例缴纳增值税。

增值税纳税义务发生时间分为两种：第一，发生应税销售行为，为收讫销售款项或者取得索取销售款项凭据的当天；先开具发票的，为开具发票的当天。第二，进口货物，为报关进口的当天。增值税扣缴义务发生时间为纳税人增值税纳税义务发生的当天。

增值税税率分为17%，11%，6%以及零税率：

(1) 纳税人销售货物、劳务、有形动产租赁服务或者进口货物，除下列(2)，(4)，(5)另有规定外，税率为17%。

(2) 纳税人销售交通运输、邮政、基础电信、建筑、不动产租赁服务，销售不动产，转让土地使用权，销售或者进口下列货物，税率为11%：①粮食等农产品、食用植物油、食用盐；②自来水、暖气、冷气、热水、煤气、石油液化气、天然气、二甲醚、沼气、居民用煤炭制品；③图书、报纸、杂志、音像制品、电子出版物；④饲料、化肥、农药、农机、农膜；⑤国务院规定的其他货物。

(3) 纳税人销售服务、无形资产，除(1)，(2)，(5)另有规定外，税率为6%。

(4) 纳税人出口货物，税率为零；但是，国务院另有规定的除外。

(5) 境内单位和个人跨境销售国务院规定范围内的服务、无形资产，税率为零。

下列七个项目免征增值税：

(1) 农业生产者销售的自产农产品；

(2) 避孕药品和用具；

(3) 古旧图书；

(4) 直接用于科学研究、科学试验和教学的进口仪器、设备；

(5) 外国政府、国际组织无偿援助的进口物资和设备；

(6) 由残疾人的组织直接进口供残疾人专用的物品；

(7) 销售的自己使用过的物品。

除前款规定外，增值税的免税、减税项目由国务院规定。任何地区、部门均不得规定免税、减税项目。

纳税人兼营免税、减税项目的，应当分别核算免税、减税项目的销售额；未分别核算销售额的，不得免税、减税。纳税人销售额未达到国务院财政、税务主管部门规定的增值税起征点的，免征增值税；达到起征点的，依照本条例规定全额计算缴纳增值税。

中华人民共和国境外的单位或者个人在境内销售劳务，在境内未设有经营机构的，以其境内代理人为扣缴义务人；在境内没有代理人的，以购买方为扣缴义务人。

增值税纳税地点具体可以细分为四类：

(1) 固定业户应当向其机构所在地的主管税务机关申报纳税。总机构和分支机构不在同一县(市)的，应当分别向各自所在地的主管税务机关申报纳税；经国务院财政、税务主管部门或者其授权的财政、税务机关批准，可以由总机构汇总向总机构所在地的主管税务机关申报纳税。

(2) 固定业户到外县(市)销售货物或者劳务，应当向其机构所在地的主管税务机关报告外出经营事项，并向其机构所在地的主管税务机关申报纳税；未报告的，应当向销售地或者劳务发生地的主管税务机关申报纳税；未向销售地或者劳务发生地的主管税务机关申报纳税的，由其机构所在地的主管税务机关补征税款。

(3) 非固定业户销售货物或者劳务,应当向销售地或者劳务发生地的主管税务机关申报纳税;未向销售地或者劳务发生地的主管税务机关申报纳税的,由其机构所在地或者居住地的主管税务机关补征税款。

(4) 进口货物,应当向报关地海关申报纳税。扣缴义务人应当向其机构所在地或者居住地的主管税务机关申报缴纳其扣缴的税款。

增值税的纳税期限分别为1日、3日、5日、10日、15日、1个月或者1个季度。纳税人的具体纳税期限,由主管税务机关根据纳税人应纳税额的大小分别核定;不能按照固定期限纳税的,可以按次纳税。纳税人以1个月或者1个季度为1个纳税期的,自期满之日起15日内申报纳税;以1日、3日、5日、10日或者15日为1个纳税期的,自期满之日起5日内预缴税款,于次月1日起15日内申报纳税并结清上月应纳税款。扣缴义务人解缴税款的期限,依照前两款规定执行。

纳税人进口货物,应当自海关填发海关进口增值税专用缴款书之日起15日内缴纳税款。

纳税人出口货物适用退(免)税规定的,应当向海关办理出口手续,凭出口报关单等有关凭证,在规定的出口退(免)税申报期内按月向主管税务机关申报办理该项出口货物的退(免)税;境内单位和个人跨境销售服务和无形资产适用退(免)税规定的,应当按期向主管税务机关申报办理退(免)税。具体办法由国务院财政、税务主管部门制定。出口货物办理退税后发生退货或者退关的,纳税人应当依法补缴已退的税款。

二、关于企业所得税的基本法律规定

(一) 企业所得税概述

在中国境内,企业和其他取得收入的组织(以下统称企业)为企业所得税的纳税人,依照本法的规定缴纳企业所得税。个人独资企业、合伙企业不适用企业所得税法。定义中的企业分为居民企业和非居民企业。居民企业是指依法在中国境内成立,或者依照外国(地区)法律成立但实际管理机构在中国境内的企业。居民企业应当就其来源于中国境内、境外的所得缴纳企业所得税。非居民企业是指依照外国(地区)法律成立且实际管理机构不在中国境内,但在中国境内设立机构、场所的,或者在中国境内未设立机构、场所,但有来源于中国境内所得的企业。非居民企业在中国境内设立机构、场所的,应当就其所设机构、场所取得的来源于中国境内的所得,以及发生在中国境外但与其所设机构、场所有实际联系的所得,缴纳企业所得税。非居民企业在中国境内未设立机构、场所的,或者虽设立机构、场所但取得的所得与其所设机构、场所没有实际联系的,应当就其来源于中国境内的所得缴纳企业所得税。企业所得税的税率大致有25%和20%两类。

(二) 企业所得税优惠政策

根据《企业所得税法》规定,国家对重点扶持和鼓励发展的产业和项目,给予企业所得税优惠。

(1) 规定企业的下列收入为免税收入:

① 国债利息收入;

② 符合条件的居民企业之间的股息、红利等权益性投资收益;

③ 在中国境内设立机构、场所的非居民企业从居民企业取得与该机构、场所有实际联系的股息、红利等权益性投资收益;

④ 符合条件的非营利组织的收入。

(2) 企业的下列所得,可以免征、减征企业所得税:

① 从事农、林、牧、渔业项目的所得;

② 从事国家重点扶持的公共基础设施项目投资经营的所得;

③ 从事符合条件的环境保护、节能节水项目的所得；

④ 符合条件的技术转让所得；

⑤ 非居民企业在中国境内未设立机构、场所，或者虽设立机构、场所但取得的所得与其所设机构、场所没有实际联系，来源于中国境内的所得。

(3) 符合条件的小型微利企业，减按20%的税率征收企业所得税；国家需要重点扶持的高新技术企业，减按15%的税率征收企业所得税。

(4) 民族自治地方的自治机关对本民族自治地方的企业应缴纳的企业所得税中属于地方分享的部分，报经省、自治区、直辖市人民政府批准，可以减征或者免征。

(5) 企业的下列支出，可以在计算应纳税所得额时加计扣除：

① 开发新技术、新产品、新工艺发生的研究开发费用；

② 安置残疾人员及国家鼓励安置的其他就业人员所支付的工资。

(6) 创业投资企业从事国家需要重点扶持和鼓励的创业投资，可以按投资额的一定比例抵扣应纳税所得额。

(7) 企业的固定资产由于技术进步等原因，确需加速折旧的，可以缩短折旧年限或者采取加速折旧的方法。

(8) 企业综合利用资源，生产符合国家产业政策规定的产品所取得的收入，可以在计算应纳税所得额时减计收入。

(9) 企业购置用于环境保护、节能节水、安全生产等专用设备的投资额，可以按一定比例实行税额抵免。

(10) 软件及集成电路产业企业所得税优惠政策根据《关于进一步鼓励软件产业和集成电路产业发展企业所得税政策的通知》(财税〔2012〕27号)执行。

(11) 中国境内新办的集成电路设计企业和符合条件的软件企业，经认定后，在2017年12月31日前自获利年度起计算优惠期，第一年至第二年免征企业所得税，第三年至第五年按照25%的法定税率减半征收企业所得税，并享受至期满为止。

(12) 国家规划布局内的重点软件企业和集成电路设计企业，如当年未享受免税优惠的，可减按10%的税率征收企业所得税。

(13) 符合条件的软件企业按照《财政部、国家税务总局关于软件产品增值税政策的通知》(财税〔2011〕100号)规定取得的即征即退增值税款，由企业专项用于软件产品研发和扩大再生产并单独进行核算，可以作为不征税收入，在计算应纳税所得额时从收入总额中减除。

(14) 集成电路设计企业和符合条件软件企业的职工培训费用，应单独进行核算并按实际发生额在计算应纳税所得额时扣除。

(15) 企业外购的软件，凡符合固定资产或无形资产确认条件的，可以按照固定资产或无形资产进行核算，其折旧或摊销年限可以适当缩短，最短可为2年(含)。

(16) 西部大开发的税收优惠适用范围：

① 鼓励类及优势产业的项目进口自用设备免征关税；

② 鼓励类的企业其主营业务收入占总收入70%以上的，减按15%的税率；

③ 2010年12月31日前新办交通、电力、水利、邮政、广播电视企业，自开始生产经营之日起，所得税两免三减半。

(17) 原优惠税率过渡方法

自2008年1月1日起，原享受低税率优惠政策的企业，在新税法施行后5年内逐步过渡到法定税率。其中，享受企业所得税15%税率的企业，2008年按18%税率执行，2009年按20%税率执行,2010 年按 22%税率执行,2011 年按 24%税率执行,2012 年按 25%税率执行;原执行 24%税率的企业,2008 年起按 25%税率执行。

原享受企业所得税“两免三减半”“五免五减半”等定期减免税优惠的企业,新税法施行后继续按原税收法律、行政法规及相关档规定的优惠办法及年限享受至期满为止,但因未获利而尚未享受税收优惠的,其优惠期限从 2008 年度起计算。

享受上述过渡优惠政策的企业,是指 2007 年 3 月 16 日以前经工商等登记管理机关登记设立的企业。

(三) 高新技术企业的企业所得税优惠政策

1. 高新技术企业的认定

高新技术企业认定须同时满足以下条件:

(1) 在中国境内(不含港、澳、台地区)注册的企业,近三年内通过自主研发、受让、受赠、并购等方式,或通过 5 年以上的独占许可方式,对其主要产品(服务)的核心技术拥有自主知识产权;

(2) 产品(服务)属于“国家重点支持的高新技术领域”规定的范围;

(3) 具有大学专科以上学历的科技人员占企业当年职工总数的 30%以上,其中研发人员占企业当年职工总数的 10%以上;

(4) 企业为获得科学技术(不包括人文、社会科学)新知识,创造性运用科学技术新知识,或实质性改进技术、产品(服务)而持续进行了研究开发活动,且近三个会计年度的研究开发费用总额占销售收入总额的比例符合如下要求:

① 最近一年销售收入小于 5 000 万元的企业,比例不低于 6%;

② 最近一年销售收入在 5 000 万元至 20 000 万元的企业,比例不低于 4%;

③ 最近一年销售收入在 20 000 万元以上的企业,比例不低于 3%。

其中,企业在中国境内发生的研究开发费用总额占全部研究开发费用总额的比例不低于 60%。企业注册成立时间不足三年的,按实际经营年限计算;

(5) 高新技术产品(服务)收入占企业当年总收入的 60%以上;

(6) 企业研究开发组织管理水平、科技成果转化能力、自主知识产权数量、销售与总资产成长性等指标符合《高新技术企业认定管理工作指引》(另行制定)的要求。

2. 高新技术企业的所得税优惠政策

企业所得税法第 27 条第 4 项规定,符合条件的技术转让所得,可以免征、减征企业所得税。企业所得税法实施条例第九十条规定,符合条件的技术转让所得免征、减征企业所得税,是指一个纳税年度内,居民企业技术转让所得不超过 500 万元的部分,免征企业所得税;超过 500 万元的部分,减半征收企业所得税。根据《国家税务总局关于技术转让所得减免企业所得税有关问题的通知》(国税函〔2009〕212 号)规定,享受减免企业所得税优惠的技术转让应符合以下条件:①享受优惠的技术转让主体是企业所得税法规定的居民企业;②技术转让属于财政部、国家税务总局规定的范围;③境内技术转让经省级以上科技部门认定;④向境外转让技术经省级以上商务部门认定;⑤国务院税务主管部门规定的其他条件。

三、关于消费税的基本法律规定

《中华人民共和国消费税暂行条例实施细则(2008 年修正本)》经财政部部务会议和国家税务总局局务会议审议通过,自 2009 年 1 月 1 日起施行。

消费税的纳税人是我国境内生产、委托加工、零售和进口《中华人民共和国消费税暂行条例》规定的应税消费品的单位和个人。具体包括:在我国境内生产、委托加工、零售和进口应税消费品的国有企业、集体企业、私有企业、股份制企业、其他企业、行政单位、事业单位、军事单位、社会团体和其他单位、个体经营者及其他个人。根据《国务院关于外商投资企业和外国企业适用增值税、消费税、营业税等税收暂行条例有关问题的通知》规定，在我国境内生产、委托加工、零售和进口应税消费品的外商投资企业和外国企业，也是消费税的纳税人。

消费税是国家为体现消费政策，对生产、委托加工、零售和进口的应税消费品征收的一种税。消费税是对在中国境内从事生产和进口税法规定的应税消费品的单位和个人征收的一种流转税，是对特定的消费品和消费行为在特定的环节征收的一种间接税。我国消费税税目和税率表如表9-1所示。

表 9-1　　我国消费税税目和税率表

税目	税率
一、烟	
1. 卷烟	
工业	
(1) 甲类卷烟(调拨价70元(不含增值税)/条以上(含70元))(生产或进口环节)	56%+0.003元/支
(2) 乙类卷烟(调拨价70元(不含增值税)/条以下(含70元))(生产或进口环节)	36%+0.003元/支
(3) 商业批发	11%+0.005元/支
2. 雪茄烟	36%
3. 烟丝	30%
二、酒及酒精	
1. 白酒	20%+0.5元/500克(500毫升)
2. 黄酒	240元/吨
3. 啤酒	
(1) 甲类啤酒	250元/吨
(2) 乙类啤酒	220元/吨
4. 其他酒	10%
三、高档化妆品	15%
四、贵重首饰及珠宝玉石	
1. 金银首饰、铂金首饰和钻石及钻石饰品	5%
2. 其他贵重首饰和珠宝玉石	10%
五、鞭炮、烟火	15%
六、成品油	
1. 汽油	1.52元/升
2. 石脑油	1.52元/升

（续表）

税目	税率
3. 溶剂油	1.52元/升
4. 润滑油	1.52元/升
5. 柴油	1.20元/升
6. 燃料油	1.20元/升
七、摩托车	
1. 气缸容量(排气量,下同)250毫升	3%
2. 气缸容量在250毫升(不含)以上	10%
八、小汽车	
1. 乘用车	
(1) 气缸容量(排气量,下同)1.0升(含1.0升)以下	1%
(2) 气缸容量在1.0升以上至1.5升(含1.5升)	3%
(3) 气缸容量在1.5升以上至2.0升(含2.0升)	5%
(4) 气缸容量在2.0升以上至2.5升(含2.5升)	9%
(5) 气缸容量在2.5升以上至3.0升(含3.0升)	12%
(6) 气缸容量在3.0升以上至4.0升(含4.0升)	25%
(7) 气缸容量在4.0升以上	40%
2. 中轻型商用客车	5%
3. 超豪华汽车	10%
九、高尔夫球及球具	10%
十、高档手表	20%
十一、游艇	10%
十二、木制一次性筷子	5%
十三、实木地板	5%
十四、铅蓄电池	4%
十五、涂料	4%

四、关于个人所得税的基本法律规定

(一) 个人所得税

缴纳个人所得税是收入达到缴纳标准的公民应尽的义务。个人所得税率是个人所得税税额与应纳税所得额之间的比例。个人所得税率是由国家相应的法律法规规定的,根据个人的收入计算。2011年6月30日,第十一届全国人大常委会第二十一次会议表决通过了个税法修正案,将个税免征额提高到3 500元,适用超额累进税率为3%至45%,自2011年9月1日起实施。

2016年2月,国家税务总局发布《国家税务总局关于3项个人所得税事项取消审批实施后续管理的公告》,明确了取消促进科技成果转化暂不征收个人所得税、个人取得股票期权或认购股票等取得折扣或补贴收入个人所得纳税有困难、对律师事务所征收方式核准等3项审批事项的后续管理，简化手续、优化服务，进一步鼓励科研创新，减轻扣缴义务人和纳税人的办税负担。

(二)个人所得税优惠政策

1. 法定免税项目

按照现行《中华人民共和国》个人所得税法(2011年修正本)的规定，个人取得的下列所得免予缴纳个人所得税：

(1) 省级人民政府、国务院部委、中国人民解放军军以上单位，以及外国组织、国际组织颁发的科学、教育、技术、文化、卫生、体育、环境保护等方面的奖金。

(2) 国债和国家发行的金融债券利息。即个人持有中华人民共和国财政部发行的债券和经国务院批准发行的金融债券而取得的利息所得。

(3) 按照国家统一规定发给的补贴、津贴。即按照国务院规定发给的政府特殊津贴和国务院规定免税的补贴、津贴。

(4) 福利费、抚恤金、救济金。

(5) 保险赔款。

(6) 军人的转业费、复员费。

(7) 按照国家统一规定发给干部、职工的安家费、退职费、退休工资、离休工资、离休生活补助费。

(8) 按照中国有关法律规定应当免税的各国驻华使馆、领事馆的外交代表、领事官员和其他人员的所得。

(9) 中国政府参加的国际公约，签订的协议中规定免税的所得。

(10) 经国务院财政部门批准免税的所得。这是一个概括性项目，主要是针对税法执行中可能出现的一些确需免税的情况而定的。

2. 其他免税项目

(1) 教育储蓄存款利息以及国家财政部门确定的其他专项储蓄存款或者储蓄性专项基金存款利息。

(2) 乡、镇以上人民政府或者经县以上人民政府主管部门批准成立的见义勇为基金会或者类似组织发给见义勇为者的奖金和奖品。

(3) 中国科学院和中国工程院院士津贴、资深院士津贴。

(4) 企业和个人按照国家或者地方政府规定的比例提取并向指定的金融机构为个人缴付的住房公积金、基本医疗保险费、基本养老保险费、失业保险费，免征个人所得税；超过规定比例缴付的部分，应当并入个人当期工资、薪金所得计税。

3. 暂免征税项目

(1) 符合国家规定的外籍专家(如联合国组织直接派往我国工作的专家，根据世界银行专项贷款协议由世界银行直接派往我国工作的专家等)的工资、薪金所得。

(2) 外籍个人的某些所得(包括以非现金形式或者实报实销形式取得的住房补贴、伙食补贴、搬迁费、洗衣费；按照合理标准取得的出差补贴；取得的探亲费、语言训练费、子女教育费等；从外商投资企业取得的股息、红利等项目)。

(3) 个人举报、协查各种违法、犯罪行为获得的奖金。

(4) 个人按照规定办理代扣代缴税款手续取得的手续费。

(5) 个人转让自用5年以上并且是唯一的家庭生活用房取得的所得。

(6) 已经达到离休、退休年龄，由于工作需要而留任的享受政府特殊津贴的专家、学者，在其缓办离休、退休期间取得的工资、薪金所得。

(7) 股票转让所得。

(8) 科研机构、高等学校转化职务科技成果,以股份、出资比例等股权形式给予个人的奖励。

(9) 个人购买社会福利有奖募捐奖券和体育彩票,一次中奖不超过1万元的中奖所得。

(10) 集体所有制企业改为股份合作制企业时职工个人以股份形式取得的拥有所有权的企业量化资产。

(11) 军队干部取得的军人职业津贴、军队设立的艰苦地区补助、专业性补助、基层军官岗位津贴、伙食补贴。

(12) 自2008年10月9日起,对储蓄存款利息所得、个人投资者证券交易结算资金利息所得,暂免征收个人所得税。

4. 不征税项目

(1) 独生子女补贴;

(2) 执行公务员工资制度未纳入基本工资总额的补贴、津贴差额和家属成员的副食品补贴;

(3) 托儿补助费;

(4) 差旅费津贴、误餐补贴;

(5) 个体工商户或个人专营种植业、养殖业、捕捞业取得的收入,其经营项目属于农业税、牧业税征税范围,并已征收了农业税、牧业税的;

(6) 股份制企业以股票溢价发行收入所形成的资本公积金转增个人股本时,个人取得的转增股本,不作为个人所得,不征收个人所得税。

5. 减税项目

纳税人有下列情形的,经批准可以减征个人所得税:

(1) 残疾、孤老人员和烈属的所得,经主管地税机关批准,可在两年内减半征收个人所得税;

(2) 个人因严重自然灾害造成重大损失的,经主管地税机关批准,可在一年内减半征收个人所得税,减征幅度为50%~80%;

(3) 对稿酬所得可以减征30%;

(4) 其他经国务院财政部门批准减税的。

(三) 技术转移相关的个人所得税税收优惠

从2015年10月1日起在全国范围内,有限合伙制创投企业采取股权投资方式投资于未上市中小高新技术企业2年以上,该创投企业的法人合伙人可按投资额的70%抵扣应纳税所得额。从2016年1月1日起在全国范围内,中小高新技术企业以未分配利润、盈余和资本公积向个人股东转增股本,高新技术企业转化科技成果给予本企业相关技术人员的股权奖励,个人股东和技术人员可在5年内分期缴纳个人所得税。

■ 案例分析

A公司为股份有限公司。经营范围主要有生产、销售调味品、饮料;收购、销售农副产品。其注册资本6 000万元,员工约1 000人。该企业的负责人是化工技术人员出身,比较重视技术研发,企业在同行业中属技术较先进企业,产品附加值较高。A公司成立当年即实现盈利,2009年营业收入1.83亿元,税后净利润接近3 000万元,并成功申请了多项拥有自主知识产权的专利。企业制定了在2011年度实现销售收入和税后净利润比2009年翻倍,然后上市进行资本运作的战略目标。

2011年,A公司向政府部门提交了上市申请,成为排队上市企业,同时聘请某会计师事务所为其提供税务咨询,制定高新技术企业税收筹划方案。具体方案如下:(1)针对高新技术企业认定的审查要求评估A公司条件。按照相关高新技术企业的法律法规,A公司全部达不到审核要求的比例,如果按照目前的资料上报,资格认定审查必定不能通过。(2)针对不达标项目重新编制申报材料。①按照《高新技术企业认定管理工作指引》的解释,企业科技人员是指在企业从事研发活动和其他技术活动的,累计实际工作时间在183天以上的人员,包括:直接科技人员及科技辅助人员。A公司可以认为公司所有部门都为研发工作的开展提供了协助,所有人员都参与了公司的科技辅助工作。由此,可以将公司全部部门中的大专以上学历职工都作为科技辅助人员,统计到科技人员中。②《高新技术企业认定管理工作指引》对于企业总人数并没有进行解释,但是对于研究开发人数的统计明确解释主要统计企业的全时工作人员,可以通过企业是否签订了劳动合同来鉴别,对于兼职或临时聘用人员,全年须在企业累计工作183天以上。A公司可以参考这种统计方法,自行选择一年里职工人数最少的12月人数作为统计基数,再将销售部门驻扎在各个销售点的每天工作6小时(非8小时工作制)的促销员工当做临时工或钟点工从职工总人数统计中剔除,将本年新入职的工作时间未满183天的员工从职工总人数统计中剔除,大量减少企业职工总人数。经过以上三方面调整计算,A公司职工总数712人,其中具有大学专科以上学历的科技人员214人,占职工总数30.06%;研究开发人员72人,占职工总数10.11%。③补充账务资料,在部分原材料领用单上加盖"研发领用"字样印章;在车间工时纪录上手工备注"研发"字样;在工资单上将部分职工手工备注为研发人员、科技人员,将部分销售人员手工备注为临时工、钟点工。

按照以上办法重新统计和处理后,五项不达标指标可以全部变为达标,A公司只需要修改上报的资料,不需要再投入其他整改成本。

第三节　税收征收管理

《中华人民共和国税收征收管理法》是为了加强税收征收管理,规范税收征收和缴纳行为,保障国家税收收入,保护纳税人的合法权益,促进经济和社会发展而制定的法律。

《中华人民共和国税收征收管理法》由第九届全国人民代表大会常务委员会第二十一次会议于1992年09月04日通过,自1993年01月01日起施行。现行版本为2015年4月24日第十二届全国人民代表大会常务委员会第十四次会议修正。

一、税务管理

税务管理是指税务机关在办理税务登记、账簿和凭证管理、纳税申报过程中所进行的监督和检查活动。税务管理主要包括税务登记、账簿和凭证管理、纳税申报等方面的内容。

根据《税收征收管理法》规定,企业,企业在外地设立的分支机构和从事生产、经营的场所,个体工商户和从事生产、经营的事业单位(以下统称从事生产、经营的纳税人)自领取营业执照之日起30日内,持有关证件,向税务机关申报办理税务登记。税务机关应当自收到申报之日起30日内审核并发给税务登记证件。

从事生产、经营的纳税人,税务登记内容发生变化的,自工商行政管理机关办理变更登记之日起30日内或者在向工商行政管理机关申请办理注销登记之前,持有关证件向税务机关申报办理变更或者注销税务登记。从事生产、经营的纳税人应当按照国家有关规定,持税务登记证件,在银行或者其他金融机构开立基本存款账户和其他存款账户,并将其全部账号向税务机关报告。银行和其他金融机构应当在从事生产、经营的纳税人的账户中登录税务登记证件号码,并在税务登记证件中登录从事生产、经营的纳税人的账户账号。税务机关依法查询从事生产、经营的纳税人开立账户的情况时,有关银行和其他金融机构应当予以协助。纳税人按照国务院税务主管部门的规定使用税务登记证件。税务登记证件不得转借、涂改、损毁、买卖或者伪造。

纳税人必须依照法律、行政法规规定或者税务机关依照法律、行政法规的规定确定的申报期限、申报内容如实办理纳税申报，报送纳税申报表、财务会计报表以及税务机关根据实际需要要求纳税人报送的其他纳税资料。扣缴义务人必须依照法律、行政法规规定或者税务机关依照法律、行政法规的规定确定的申报期限、申报内容如实报送代扣代缴、代收代缴税款报告表以及税务机关根据实际需要要求扣缴义务人报送的其他有关资料。

二、税款征收

税务机关依照法律、行政法规的规定征收税款，不得违反法律、行政法规的规定开征、停征、多征、少征、提前征收、延缓征收或者摊派税款。农业税应纳税额按照法律、行政法规的规定核定。除税务机关、税务人员以及经税务机关依照法律、行政法规委托的单位和人员外，任何单位和个人不得进行税款征收活动。扣缴义务人依照法律、行政法规的规定履行代扣、代收税款的义务。对法律、行政法规没有规定负有代扣、代收税款义务的单位和个人，税务机关不得要求其履行代扣、代收税款义务。扣缴义务人依法履行代扣、代收税款义务时，纳税人不得拒绝。纳税人拒绝的，扣缴义务人应当及时报告税务机关处理。税务机关按照规定付给扣缴义务人代扣、代收手续费。纳税人、扣缴义务人按照法律、行政法规规定或者税务机关依照法律、行政法规的规定确定的期限，缴纳或者解缴税款。

纳税人因有特殊困难，不能按期缴纳税款的，经省、自治区、直辖市国家税务局、地方税务局批准，可以延期缴纳税款，但是最长不得超过三个月。纳税人未按照规定期限缴纳税款的，扣缴义务人未按照规定期限解缴税款的，税务机关除责令限期缴纳外，从滞纳税款之日起，按日加收滞纳税款万分之五的滞纳金。纳税人可以依照法律、行政法规的规定书面申请减税、免税。

三、税务检查

税务机关有权进行下列税务检查：(1)检查纳税人的账簿、记账凭证、报表和有关资料，检查扣缴义务人代扣代缴、代收代缴税款账簿、记账凭证和有关资料；(2)到纳税人的生产、经营场所和货物存放地检查纳税人应纳税的商品、货物或者其他财产，检查扣缴义务人与代扣代缴、代收代缴税款有关的经营情况；(3)责成纳税人、扣缴义务人提供与纳税或者代扣代缴、代收代缴税款有关的文件、证明材料和有关资料；(4)询问纳税人、扣缴义务人与纳税或者代扣代缴、代收代缴税款有关的问题和情况；(5)到车站、码头、机场、邮政企业及其分支机构检查纳税人托运、邮寄应纳税商品、货物或者其他财产的有关单据、凭证和有关资料；(6)经县级以上税务局(分局)局长批准，凭全国统一格式的检查存款账户许可证明，查询从事生产、经营的纳税人、扣缴义务人在银行或者其他金融机构的存款账户。税务机关在调查税收违法案件时，经设区的市、自治州以上税务局(分局)局长批准，可以查询案件涉嫌人员的储蓄存款。税务机关查询所获得的资料，不得用于税收以外的用途。

税务机关对从事生产、经营的纳税人以前纳税期的纳税情况依法进行税务检查时，发现纳税人有逃避纳税义务行为，并有明显的转移、隐匿其应纳税的商品、货物以及其他财产或者应纳税的收入迹象的，可以按照《税收征收管理法》规定的批准权限采取税收保全措施或者强制执行措施。纳税人、扣缴义务人必须接受税务机关依法进行的税务检查，如实反映情况，提供有关资料，不得拒绝、隐瞒。税务机关依法进行税务检查时，有权向有关单位和个人调查纳税人、扣缴义务人和其他当事人与纳税或者代扣代缴、代收代缴税款有关的情况，有关单位和个人有义务向税务机关如实提供有关资料及证明材料。税务机关调查税务违法案件时，对与案件有关的情况和资料，可以记录、录音、录像、照相和复制。税务机关派出的人员进行税务检查时，应当出示税务检查证和税务检查通知书，并有责任为被检查人保守秘密；未出示税务检查证和税务检查通知书的，被检查人有权拒绝检查。

四、法律责任

税收违法违纪行为处分规定

第一条 为了加强税收征收管理，惩处税收违法违纪行为，促进税收法律法规的贯彻实施，根据《中华人民共和国税收征收管理法》、《中华人民共和国行政监察法》、《中华人民共和国公务员法》、《行政机关公务员处分条例》及其他有关法律、行政法规，制定本规定。

第二条 有税收违法违纪行为的单位，其负有责任的领导人员和直接责任人员，以及有税收违法违纪行为的个人，应当承担纪律责任。属于下列人员的（以下统称有关责任人员），由任免机关或者监察机关按照管理权限依法给予处分：

（1）行政机关公务员；

（2）法律、法规授权的具有公共事务管理职能的组织中从事公务的人员；

（3）行政机关依法委托从事公共事务管理活动的组织中从事公务的人员；

（4）企业、事业单位、社会团体中由行政机关任命的人员。

法律、行政法规、国务院决定和国务院监察机关、国务院人力资源社会保障部门制定的处分规章对税收违法违纪行为的处分另有规定的，从其规定。

第三条 税务机关及税务人员有下列行为之一的，对有关责任人员，给予警告或者记过处分；情节较重的，给予记大过或者降级处分；情节严重的，给予撤职处分：

（1）违反法定权限、条件和程序办理开业税务登记、变更税务登记或者注销税务登记的；

（2）违反规定发放、收缴税控专用设备的；

（3）违反规定开具完税凭证、罚没凭证的；

（4）违反法定程序为纳税人办理减税、免税、退税手续的。

第四条 税务机关及税务人员有下列行为之一的，对有关责任人员，给予记过或者记大过处分；情节较重的，给予降级或者撤职处分；情节严重的，给予开除处分：

（1）违反规定发售、保管、代开增值税专用发票以及其他发票，致使国家税收遭受损失或者造成其他不良影响的；

（2）违反规定核定应纳税额、调整税收定额，导致纳税人税负水平明显不合理的。

第五条 税务机关及税务人员有下列行为之一的，对有关责任人员，给予警告或者记过处分；情节较重的，给予记大过或者降级处分；情节严重的，给予撤职处分：

（1）违反规定采取税收保全、强制执行措施的；

（2）查封、扣押纳税人个人及其所扶养家属维持生活必需的住房和用品的。

第六条 税务机关及税务人员有下列行为之一的，对有关责任人员，给予记过或者记大过处分；情节较重的，给予降级或者撤职处分；情节严重的，给予开除处分：

（1）对管辖范围内的税收违法行为，发现后不予处理或者故意拖延查处，致使国家税收遭受损失的；

（2）徇私舞弊或者玩忽职守，不征或者少征应征税款，致使国家税收遭受损失的。

第七条 税务机关及税务人员违反规定要求纳税人、扣缴义务人委托税务代理，或者为其指定税务代理机构的，对有关责任人员，给予记过或者记大过处分；情节较重的，给予降级或者撤职处分；情节严重的，给予开除处分。

第八条 税务机关领导干部的近亲属在本人管辖的业务范围内从事与税收业务相关的中介活动，经劝阻其近亲属拒不退出或者本人不服从工作调整的，给予记过或者记大过处分；情节较重的，给予降级或者撤职处分；情节严重的，给予开除处分。

第九条 税务人员有下列行为之一的，对有关责任人员，给予记过或者记大过处分；情节较重的，给予降级或者撤职处分；情节严重的，给予开除处分：

（1）在履行职务过程中侵害公民、法人或者其他组织合法权益的；

（2）滥用职权，故意刁难纳税人、扣缴义务人的；

（3）对控告、检举税收违法违纪行为的纳税人、扣缴义务人以及其他检举人进行打击报复的。

第十条 税务机关及税务人员有下列行为之一的，对有关责任人员，给予记过或者记大过处分；情节较重的，给予降级或者撤职处分；情节严重的，给予开除处分：

（1）索取、接受或者以借为名占用纳税人、扣缴义务人财物的；

（2）以明显低于市场的价格向管辖范围内纳税人购买物品的；

（3）以明显高于市场的价格向管辖范围内纳税人出售物品的；

（4）利用职权向纳税人介绍经营业务，谋取不正当利益的；

（5）违反规定要求纳税人购买、使用指定的税控装置的。

第十一条 税务机关私分、挪用、截留、非法占有税款、滞纳金、罚款或者查封、扣押的财物以及纳税担保财物的，对有关责任人员，给予记大过处分；情节较重的，给予降级或者撤职处分；情节严重的，给予开除处分。

第十二条 税务机关及税务人员有下列行为之一的，对有关责任人员，给予记过或者记大过处分；情节较重的，给予降级或者撤职处分；情节严重的，给予开除处分：

（1）隐匿、毁损、伪造、变造税收违法案件证据的；

（2）提供虚假税务协查函件的；

（3）出具虚假涉税证明的。

题　库

一、不定项选择

1. 根据《国家创新驱动发展战略纲要》的“三步走”战略目标，我国2020年的目标包括(　　)。

A. 进入创新型国家行列　　B. 建成世界科技创新强国

C. 基本建成中国特色国家创新体系　　D. 发展驱动力实现根本转换

2. 部署实施创新驱动发展战略要推动发展动力系统的转变，除了发展方式从以规模扩张为主导的粗放式增长向以质量效益为主导的可持续发展转变和发展要素从传统要素主导发展向创新要素主导发展转变外，还有(　　)。

A. 创新能力从“跟踪、并行、领跑”并存、“跟踪”为主向“并行”“领跑”为主转变

B. 资源配置从以研发环节为主向产业链、创新链、资金链统筹配置转变

C. 创新群体从以科技人员的小众为主向小众与大众创新创业互动转变

D. 产业分工从价值链中低端向价值链中高端转变

3. 各国的创新体系具有(　　)等共同特征。

A. 适应性　　B. 灵活性　　C. 合作性　　D. 联系性

4.《国务院关于加快科技服务业发展的若干意见》(国发〔2014〕49号)指出，鼓励技术转移机构创新服务模式，为企业提供(　　)的技术转移集成服务，促进科技成果加速转移转化。

A. 全链条　　B. 跨领域　　C. 跨区域　　D. 全过程

5. 2016年7月28日，国务院印发《“十三五”国家科技创新规划》，指出要建立统一开放的技术交易市场体系，引导技术交易机构向(　　)方向发展。

A. 专业化　　B. 高端化　　C. 市场化　　D. 国际化

6. 科技中介服务机构的主要形式包括(　　)。

A. 科技企业孵化器　　B. 科技咨询和评估机构　　C. 技术交易机构　　D. 创业投资服务机构

7. 成果转移服务是中介服务机构直接介入科技成果转化的实施过程，为科技资源的有效流动和合理配置提供服务，属于这一类型的科技中介服务机构包括(　　)。

A. 技术信息咨询服务中心　　B. 技术交易所　　C. 科技风险投资咨询公司　　D. 知识产权评估中心

8. 按技术商品的性质，可将技术市场分为(　　)。

A. 软件技术市场　　B. 硬件技术市场　　C. 各专业技术市场　　D. 技术劳务市场

9. 网上技术市场与传统的技术交易方式有很大不同，表现为(　　)。

A. 交易过程电子化　　B. 交易市场虚拟化　　C. 交易对象特定化　　D. 交易高效化

10. 技术经纪人的义务包括(　　)。

A. 在核准登记的技术经纪范围内从事技术经纪活动　　B. 不得进行技术垄断和妨碍技术进步的非法活动

C. 不得以自己的名义向外转让他人技术　　D. 对服务对象忠实守信，保守其技术秘密

11. 技术经纪人的业务范围横跨科技、经济两大领域诸多学科，因此应了解和掌握(　　)。

A. 科学工程知识　　B. 经济知识　　C. 市场知识　　D. 法律知识

12. 优秀的技术经纪人必须具有科学家的头脑、企业家的胆识、社会活动家的能力和超乎常人的勤奋和毅力，在实际工作中，应具备(　　)等基本能力。

A. 经营能力　　B. 组织能力　　C. 协调能力　　D. 解决问题的综合能力

13. 技术经纪人的权利，是指法律赋予其能够做出或者不能做出一定行为，以及要求他人相应做出或不能做出一定行为的责任，包括(　　)。

A. 对委托者和他们的当事人进行选择

B. 收取技术经纪服务的活动经费和合理的技术经纪服务报酬

C. 要求对风险责任做出合理的规定

D. 享有其他经纪人所应享有的一般权利

14. 专业技术经纪机构具有的典型特点包括(　　)。

A. 非盈利目的，其技术经纪作用不具有市场经济体制的规律特点

B. 更多地代表了技术持有人的利益和态度

C. 具有企事业法人资格，或者具有社团法人资格

D. 较多地代表企业和当地的利益

15. 专业技术经纪机构的主要职能主要有(　　)。

A. 组织技术成果的二次开发(商品化、产业化)　B. 提供法律顾问、市场调查等咨询服务

C. 监督协调技术合同的全面履行，调解技术合同纠纷　D. 组织各种技术交易活动

16. 我国现行的主要知识产权法律法规包括(　　)。

A.《专利法》　B.《商标法》　C.《著作权法》　D.《反不正当竞争法》

17. 根据我国《专利法》的规定，发明专利权人享有的专利权内容包括(　　)。

A. 制造权　B. 使用权　C. 许诺销售权　D. 销售权

18. 下面关于注册商标专用权的说法，正确的是(　　)。

A. 注册商标不得连续三年停止使用

B. 使用注册商标可以标明©或注等注册标记

C. 经过核准注册后，注册商标可以永远享有专用权，不需履行任何手续

D. 在中国核准注册的商标，只在中国受商标法的保护

19. 我国著作权法中，著作权与下列哪一项系同一概念(　　)。

A. 作者权　B. 出版权　C. 版权　D. 专有权

20. 李某于 2005 年 9 月调动工作，2006 年 7 月完成了其原单位分配的发明任务，该发明属于(　　)。

A. 职务发明　B. 非职务发明　C. 委托发明　D. 共同发明

21. 两个以上的发明创造完成人分别就同样的发明创造在中国申请专利的，专利权授予(　　)。

A. 最先提出申请的人　B. 最先完成发明的人　C. 所有的申请人　D. 所有的发明人

22. 根据我国著作权法规定，下列客体中不适用著作权法的是(　　)。

A. 口述故事　B. 法律、法规　C. 政府文件　D. 时事新闻

23. 根据我国专利法规定，授予专利权的发明应当具有(　　)。

A. 实用性　B. 新颖性　C. 创造性　D. 美观性

24. 可以作为注册商标申请人的有(　　)。

A. 中国公民　B. 中国法人(如宝钢)　C. 外国公民　D. 外国法人(如美国雅虎公司)

25. 张某经过努力完成一篇科研学术论文，依我国著作权法的规定(　　)。

A. 张某只有在其论文发表后才能享有著作权　B. 张某的论文不论是否发表都能享有著作权

C. 张某的论文须经登记后才能享有著作权　D. 张某的论文须加注版权标记后才能享有著作权

26. 我国专利法明确规定，对实用新型和外观设计专利申请进行(　　)。

A. 实质审查　B. 形式审查　C. 形式审查和实质审查　D. 形式审查或实质审查

27. 甲委托乙开发一种新产品，未明确约定该产品的专利申请权的归属。当该产品被开发完成后，在我国其专利申请权应当归属于(　　)。

A. 甲　B. 甲和乙共有　C. 乙　D. 国家

28. 下列各项中，我国专利法规定不授予专利权的有(　　)。

A. 动物和植物新品种　B. 智力活动的规则和方法

C. 疾病的诊断和治疗方法　D. 科学发现

29. 甲公司指派其研究人员乙和丙共同研究开发一项技术，该技术开发完成后，甲公司决定就该项技术申请专利。在填写专利申请文件时，"发明人"一栏应当填写(　　)。

A. 甲公司的名称　B. 乙或者丙的姓名

C. 甲公司的名称和乙与丙的姓名　D. 乙和丙的姓名

30. 下列关于驰名商标的说法，正确的是(　　)。

A. 只能由人民法院认定　B. 只能由商标局认定

C. 人民法院或商标局都可以认定　D. 必须由人民法院和商标局联合认定

31. 技术合同中，违反哪一项不可以单方面解除该技术合同(　　)。

A. 合同实施中有一方违反了合同内容　B. 合同进行中发生不可抗力

C. 合同中报价有失公平　　D. 合同标的已经被他人公开

32. 甲单位接受乙单位的委托，完成了一项“PM2.5快速检测仪”的研究开发工作。在签订委托开发合同无约定的情况下，对完成的该开发成果的专利申请权问题应该如何确定：(　　)。

A. 专利申请权应属于两单位共同拥有　　B. 专利申请权应属于乙单位

C. 专利申请权应属于甲单位　　D. 专利申请权归两单位先提出专利申请者

33. 技术合同发生争议时，当事人可以通过(　　)或诉讼办法解决。

A. 和解　　B. 调解　　C. 仲裁　　D. 协商

34. 在专利实施许可合同中，被许可方有权在合同约定的时间和地域范围内按合同约定的使用方式实施该专利，与此同时作为许可方的专利权人不仅自己可以实施该专利，而且可以再许可第三人实施。该实施许可的方式是(　　)。

A. 独占许可　　B. 普通许可　　C. 排他许可　　D. 分许可

35. 技术秘密是指不为公众知悉，能为权利人带来(　　)，具有实用性并经权利人采取保密措施的技术信息。

A. 社会效益　　B. 权利义务　　C. 法律责任　　D. 经济利益

36. 甲公司与乙公司订立一书面合同，甲公司签字盖章后邮寄给乙公司签字盖章，该合同的成立时间为(　　)。

A. 甲公司与乙公司口头协商一致时　　B. 甲公司签字盖章时

C. 甲公司签字盖章后交付邮寄时　　D. 乙公司签字盖章时

37. 甲、乙、丙三方合作开发一项发明创造，合同中未约定权属问题。完成后，甲、乙要求申请专利，但丙不同意，则(　　)。

A. 甲、乙不能去申请专利

B. 甲、乙可以去申请专利，被授予专利权后，归甲、乙共有

C. 甲、乙可以去申请专利，被授予专利权后，归甲、乙、丙共同享有

D. 丙应当把专利申请权转让给甲、乙

38. 某电力企业与某研究所订立了一份节能灯具技术转让合同，合同未约定后续技术成果的分享办法。一年后，该研究所对原有技术进行改造，研制出高效节能灯具。对于该项技术，某工厂享有何种权利(　　)。

A. 某工厂可以有偿使用该项技术　　B. 某工厂可以无偿使用该项技术

C. 某工厂对该项技术有优先受让权　　D. 某工厂对该项技术无任何权利

39. 甲公司是一家专门从事手机生产的企业，为了提升公司的管理水平，计划采用电子化管理模式，于是委托乙计算机软件公司为其设计一套财务管理体系软件，双方就有关具体事宜达成了一致。甲公司与乙公司签订的合同是(　　)。

A. 技术转让合同　　B. 技术开发合同　　C. 技术咨询合同　　D. 技术服务合同

40. 下列选项中，属于有效的技术合同是(　　)。

A. 非法垄断技术的合同　　B. 妨碍技术进步的合同

C. 侵害他人技术成果的合同　　D. 促进生产力发展的合同

41. 下列哪些主体可以成为技术合同的主体(　　)。

A. 自然人　　B. 事业单位法人　　C. 外国企业　　D. 其他组织

42. 合作技术开发合同的成果归属原则是，有约定的按约定，没有约定的应归属于(　　)。

A. 委托方　　B. 研究方　　C. 委托方和研究方　　D. 都不属于

43. 下列选项中，属于技术服务合同的是(　　)。

A. 技术咨询合同　　B. 技术中介合同　　C. 技术委托开发合同　　D. 技术培训合同

44. 某高新企业与某高校，订立了技术开发合同，合同约定，开发经费为10万元整，乙方违约金为开发经费的10%。合同开始履行过程中，高新企业因故违约，给高校造成了1.5万元的实际损失，问高新企业应支付给高校(　　)损失费。

A. 10万元　　B. 11.5万元　　C. 1.5万元　　D. 2.5万元

45. 合同的附件是合同的组成部分，具有(　　)法律效力。

A. 较低的　　B. 更高的　　C. 同等的　　D. 优先的

46. 表明我国资产评估制度基本建立的事件是(　　)。

A. 1995年我国建立了注册资产评估师制度

B. 1991年11月国务院颁布了国有资产评估管理办法的第91号令

C. 20世纪80年代末我国有了资产评估活动

D. 20世纪90年代初建立了注册会计师制度

47. (　　)处于资产评估准则体系最上层。

A. 资产评估具体准则　B. 资产评估指南　C. 资产评估指导意见　D. 资产评估基本准则

48. 下列属于资产评估一般原则的是(　　)。

A. 独立性原则　B. 科学性原则　C. 合法原则　D. 贡献原则

49. 下列属于资产评估经济技术原则的是(　　)。

A. 公平性原则　B. 真实性原则　C. 替代原则　D. 贡献原则

50. 运用市场法进行评估应该选择的参照物是(　　)。

A. 一个　B. 二个　C. 三个　D. 三个或者三个以上

51. 构成资产重置成本的耗费应该是(　　)。

A. 加权平均成本　B. 个别成本　C. 实际成本　D. 社会平均成本

52. 以下是资产评估的特定目的(　　)。

A. 评估出委估资产的公允价值　B. 整体资产出售

C. 企业兼并　D. 部分资产买卖

53. 资产评估的假设有(　　)。

A. 交易假设　B. 公开市场假设　C. 使用假设　D. 清算假设

54. 资产评估的价值类型有(　　)。

A. 市场价值类型　B. 非市场价值类型　C. 公允价值类型　D. 公平价值类型

55. 无形资产按其有无法律保护分(　　)。

A. 可确指的无形资产　B. 不可确指的无形资产　C. 法定无形资产　D. 无法律保护的无形资产

56. 专利资产包括(　　)。

A. 发明专利　B. 实用新型专利　C. 外观设计专利　D. 专有技术

57. 无形资产的特征(　　)。

A. 不具有实物形态　B. 它是一项长期资产

C. 它创造的价值具有不确定性　D. 无形资产的可分性

58. 无形资产的价值类型有(　　)。

A. 摊销价值　B. 投资价值　C. 转让价值　D. 抵押价值

59. 影响无形资产价值的有(　　)。

A. 取得成本　B. 机会成本　C. 无形资产的外部环境　D. 无形资产本身的情况

60. 在下列无形资产中可确指的无形资产是(　　)。

A. 专利权　B. 商标权　C. 商誉　D. 土地使用权

61. 技术所有者从自身的市场竞争的需要,通常要对拥有的技术进行转让的时间进行充分的考虑,以维持竞争优势。技术所有者最愿意在下列哪一产品周期进行技术转让(　　)。

A. 创新阶段　B. 发展阶段　C. 成熟阶段　D. 衰退阶段

62. 我国海关根据世界贸易组织有关的规则,对进出口贸易实行知识产权海关保护,下列那一项内容不在该制度的范围内(　　)。

A. 商标　B. 专利　C. 著作权　D. 技术秘密

63. 下列哪一种方式不属于技术贸易的范畴(　　)。

A. 单一的专利权的转让　B. 单一的商标权的转让　C. 专有技术的转让　D. 商业秘密的转让

64. 在国际技术转让中,从性质上来看,跨国公司转让的技术(　　)是技术转让市场中最主要的形式。

A. 转让尚未使用但准备使用的技术　B. 转让尚未使用也不准备使用的技术

C. 转让正在使用且会继续使用的技术　D. 转让正在使用但即将放弃使用的技术

65. 对于有多个技术供应方报价的技术,如果报价的方法不一致,引进方为了能够比较各种报价之间的差异,可以采用下列哪一种方法(　　)。

A. 直观比价法　B. 类比法　C. 经济效益评价法　D. 以上方法都正确

66. 限制类技术进口的审查分为贸易审查和技术审查,就贸易审查而言,下列哪些属于审查的内容(　　)。

A. 是否符合我国对外贸易政策,有利于经济贸易的技术合作的开发

B. 是否符合我国的对外承诺

C. 是否对建立或加快建立国内特定产业造成不利的影响

D. 以上都是

67. 限制类技术进口的审查分为贸易审查和技术审查，就技术审查而言，下列哪项不属于审查的内容（　　）。

A. 是否危及国家安全，社会公共利益或者公共道德

B. 是否危害人的健康安全和动植物生命或健康

C. 是否属于成熟技术和/或实验室技术

D. 是否破坏环境

68. 在技术贸易的限制性商业行为中，要求被许可方将取得的技术做出的改进转让给许可方，而许可方无需支付费用和承担任何义务。这种不合理的限制性商业行为属于（　　）。

A. 单方面的回授条款　B. 独家经营条款　C. 限制研究条款　D. 限制使用技术条款

69. 在技术贸易中技术输出方在向引进方转让技术的同时，同意在协议有效期内不再向该地区的其他潜在用户转让技术，但输出方自己仍然保留使用的权利。这种安排属于（　　）。

A. 普通许可协议　B. 排他许可协议　C. 独占许可协议　D. 交叉许可

70. 下列经济行为中，含有技术贸易的是（　　）。

A. 工业产权的转让或许可　B. 技术服务及合作生产与设计

C. 国际工程承包及国际直接投资　D. 以上均是

71. 下列哪一项不是国际技术市场的组成部分（　　）。

A. 技术交易双方及中介　B. 技术交易的对象　C. 技术交易条件　D. 技术交易市场环境

72. 目前国际技术贸易的作价方法中，采用最为常见的方式是（　　）。

A. 一次总付　B. 一次总算分期付款　C. 提成　D. 入门费加提成

73. 技术贸易合同中的序文，也称“鉴于条款”。以下针对序文条款表述错误的是（　　）。

A. 序文主要内容是双方当事人做出某些法律上的保证

B. 确认技术的有效性和合法性

C. 仲裁机构或法院可以依据此条款判定双方责任

D. 如果序文条款与合同其他条款不一致，以序文条款为准

74. 如果向我国境内企业转让技术的国外企业在中国境内没有营业机构的，有关技术转让税收表述正确的是（　　）。

A. 我国技术进口企业为了简化手续，可以和外商在合同中签订所谓的“包税条款”

B. 由国外的技术供应方向我国税务机构申报纳税

C. 由我国境内技术引进企业申报纳税

D. 由我国境内技术引进企业作为纳税代缴人申报纳税

75. 技术引进方在估算引进技术的价格的时候，通常有一个大致的范围，从理论上来说，引进技术的最高的可能接受的价格是（　　）。

A. 引进方自身开发技术的成本　B. 引进技术后可能的新增利润

C. 引进技术后可能降低的成本　D. 以上表述都不正确

76. 下面哪一项不是技术商品与一般商品的区别表现（　　）。

A. 生产过程不同　B. 价值确定不同　C. 可使用性不同　D. 售后服务不同

77. 下列哪些不是技术商品消费的特征（　　）。

A. 使用价值具有延伸性　B. 使用价值具有间接性　C. 使用价值具有不确定性　D. 使用价值的无形性

78. 技术经纪人提供的服务不包括（　　）。

A. 为购买的新技术的使用方案提供咨询　B. 为技术商品的变革提供服务

C. 为新产品和改进产品的营销提供服务　D. 为技术商品消费过程中的有关事务提供服务

79. 商品的消费就是实现商品的（　　）。

A. 价值　B. 使用价值　C. 功能　D. 成本

80. 市场营销的出发点是（　　）。

A. 市场规律　B. 企业的利益诉求　C. 人类的需要与欲望　D. 经济发展的需要

81. 市场营销的核心是（　　）。

A. 交换　B. 利润　C. 人类的需求和欲望　D. 市场规律

82. 技术产品出让方的促销战略不包括（　　）。

A. 营业推广和宣传　B. 渠道战略　C. 人员促销　D. 公共关系

83. 下列哪一项是全程技术经纪活动的首要环节(　　)。

A. 签订技术商品合同　B. 技术商品开发　C. 确定技术经纪人　D. 确定技术营销战略

84. 技术转让的直接费用是(　　)。

A. 技术供方在转让前、转让中需垫付的费用　B. 转让技术的研发费用

C. 技术使用费　D. 营销费用

85. 技术商品出让方的形象战略不包括(　　)。

A. 确立市场地位　B. 确立公司地位　C. 确定产品的成本　D. 确立产品地位

86. 技术商品范畴不包括(　　)。

A. 知识产权(专利权、商标、计算机软件等)

B. 专有技术(指可以转让、可以传授的,公众不易得到且未获专利的技术)

C. 技术商品研发

D. 技术性服务

87. 技术商品出让方的促销策略和手段不包括(　　)。

A. 公共关系　B. 人员促销　C. 建立分销渠道　D. 营业推广和宣传

88. 下列哪一项是商品生产和消费之间的中间环节(　　)。

A. 经纪　B. 促销　C. 分销　D. 流通

89. 技术商品的价格高低很大程度上取决于(　　)。

A. 技术商品使用价值　B. 技术的预期获利能力　C. 技术商品的研发成本　D. 技术商品的价值

90. 浮动定价策略的目的是(　　)。

A. 防止了供方漫天要价,也消除了受方的后顾之忧　B. 实现技术的预期获利能力

C. 实现技术商品的成本　D. 实现技术商品的价值

91. 技术商品使用价值的特殊性主要表现在哪些方面(　　)。

A. 复杂性　B. 增值性　C. 扩张性　D. 共享性

92. 市场营销的基本策略"4P"包括(　　)。

A. 产品策略(Product)　B. 定价策略(Price)　C. 渠道策略(Place)　D. 促销策略(Promotion)

93. 影响技术商品定价的因素主要有(　　)。

A. 技术因素　B. 环境因素　C. 人员因素　D. 税收政策

94. 在技术商品营销中可以采取的定价策略(　　)。

A. 成本效益定价策略　B. 协商定价策略　C. 分期定价策略　D. 浮动定价策略

95. 我国技术商品营销存在的问题包括(　　)。

A. 营销观念创新不够

B. 对市场环境的不确定性把握不够

C. 自有营销网络不健全,渠道过长

D. 市场营销部门组织结构不理想,营销人员的专业营销素质欠缺

96. 技术营销的特殊性表现在(　　)。

A. 技术营销具有相对保密性　B. 技术商品在交易过程中经常涉及技术的权益

C. 技术商品的交易具有多样性的特点　D. 技术商品的交易具有风险性

97. 技术商品出让方的营销战略包括(　　)。

A. 优化组合战略　B. 形象战略

C. 渠道与互联网并重的战略　D. 创新战略

98. 技术商品受让方的竞争战略包括(　　)。

A. 总成本领先战略　B. 最优成本战略　C. 差别化战略　D. 聚焦战略

99. 技术商品流通中的技术经纪职能包括(　　)。

A. 以信息作为促进流通的主要手段　B. 对同一成果的多次转让作合理的安排

C. 为技术商品的研发和促销提供咨询服务　D. 以双向交易和形式保持市场主体的地位

100. 技术价格的构成包括(　　)。

A. 机会成本　　B. 对技术受方所获新增利润的分成
C. 沉入成本　　D. 技术转让的直接费用

101. 科学技术对法的影响主要表现在以下哪些方面(　　)。
A. 科学技术影响法的内容　　B. 科学技术影响法的表现形式和传播方式
C. 科学技术影响法的调整范围　　D. 科学技术影响法的创制体制、过程和方法

102. 法对科技活动的作用主要表现在以下哪些方面(　　)。
A. 法调节科技成果应用中产生的利益关系
B. 法协调科学技术与人的冲突关系
C. 法确认和保障科技活动主体的科学研究、发明创造的自由
D. 法组织和协调科技活动

103. 下列属于法律的是(　　)。
A.《中华人民共和国科学技术进步法》　　B.《中华人民共和国促进科技成果转化法》
C.《国家科学技术奖励条例》　　D.《上海市科学技术进步条例》

104. 下列哪些文件的制定、修改和废止,适用《中华人民共和国立法法》(　　)。
A.《上海市促进科技成果转化条例》
B. 上海市人民政府办公厅印发的《关于进一步促进科技成果转移转化的实施意见》
C. 科技部印发的《科学技术评价办法》
D. 上海市人民政府印发的《上海市促进高新技术成果转化的若干规定》

105. 下列说法错误的是(　　)。
A. 部门规章的效力低于法律、行政法规,高于地方性法规。
B. 部门规章之间、部门规章与地方政府规章之间具有同等效力,在各自的权限范围内施行
C. 部门规章之间对同一事项的规定不一致时,由国务院裁决。
D. 部门规章与地方政府规章之间对同一事项的规定不一致时,由全国人大常委会裁决。

106.《科学技术进步法》规定的主要原则包括(　　)。
A. 推动科学技术为经济建设和社会发展服务的原则　　B. 保障科学技术研究开发的自由的原则
C. 科学决策的原则　　D. 以人为本的原则

107. 根据《国家科学技术奖励条例》的规定,国务院设立下列国家科学技术奖(　　)。
A. 国家最高科学技术奖　　B. 国家自然科学奖
C. 国家技术发明奖　　D. 中华人民共和国国际科学技术合作奖

108. 根据《科学技术进步法》的规定,国家鼓励企业开展以下哪些活动(　　)。
A. 设立内部科学技术研究开发机构
B. 同其他企业或者科学技术研究开发机构、高等学校联合建立科学技术研究开发机构,或者以委托等方式开展科学技术研究开发
C. 培养、吸引和使用科学技术人员
D. 同科学技术研究开发机构、高等学校、职业院校或者培训机构联合培养专业技术人才和高技能人才,吸引高等学校毕业生到企业工作

109. 根据《科学技术进步法》的规定,企业可以享受以下哪些税收优惠政策(　　)。
A. 企业开发新技术、新产品、新工艺发生的研究开发费用可以按照国家有关规定,税前列支并加计扣除
B. 企业科学技术研究开发仪器、设备可以加速折旧
C. 从事高新技术产品研究开发、生产的企业,包括高新技术企业、软件企业、集成电路设计与生产企业等
D. 投资于中小型高新技术企业的创业投资企业

110. 利用财政性资金设立的科学技术研究开发机构应当建立(　　)的现代院所制度,实行院长或者所长负责制。
A. 职责明确　　B. 评价科学　　C. 开放有序　　D. 管理规范

111. 根据《科技进步法》第 44 条的规定,科研机构应当履行以下哪些义务(　　)。
A. 应当按照章程的规定开展科学技术研究开发活动
B. 不得在科学技术活动中弄虚作假,不得参加、支持迷信活动
C. 开展科学技术研究开发活动,应当为国家目标和社会公共利益服务

D. 应当向公众开放普及科学技术的场馆或者设施，开展科学技术普及活动

112. 根据《科技进步法》的规定，科技人员享有以下哪些权利（　　）。

A. 有依法创办科学技术社会团体的权利　　B. 有依法参加科学技术社会团体的权利

C. 接受继续教育的权利　　D. 言论自由的权利

113.《促进科技成果转化法》规定的科技成果主要是指（　　）。

A. 基础理论成果　　B. 应用技术成果　　C. 软科学研究成果　　D. 人文社会科学成果

114.《促进科技成果转化法》规定，科技成果转化，是指为提高生产力水平而对科技成果所进行的（　　）直至形成新技术、新工艺、新材料、新产品，发展新产业等活动。

A. 后续试验　　B. 开发　　C. 应用　　D. 推广

115. 根据《促进科技成果转化法》的规定，国家设立的研究开发机构、高等院校对其持有的科技成果，应当通过（　　）。等方式确定价格。

A. 协议定价　　B. 在技术交易市场挂牌交易

C. 拍卖　　D. 询价

116. 根据《促进科技成果转化法》的规定，采用以下哪些定价方式定价的，需要在本单位公示（　　）。

A. 协议定价　　B. 在技术交易市场挂牌交易

C. 拍卖　　D. 询价

117.《促进科技成果转化法》规定，国有企业、事业单位对完成、转化职务科技成果做出重要贡献的人员给予奖励和报酬的支出计入当年本单位工资总额，但不受当年本单位工资总额限制、不纳入本单位工资总额基数。以下说法正确的是（　　）。

A. 给予科技人员的奖励和报酬的支出属于科技人员的工资、薪金，按照工资、薪金渠道进行发放

B. 科技人员获得的奖励和报酬，应当按照《个人所得税法》的规定缴纳个人所得税

C. 科技人员获得的奖励和报酬，应当按照《社会保险法》的规定缴纳社会保险金

D. 单位给予科技人员的奖励和报酬，不占用本单位工资总额或工资总额基数的指标

118. 科学技术普及活动是采取公众易于理解、接受、参与的方式，（　　）的活动。

A. 普及科学技术知识　　B. 倡导科学方法　　C. 传播科学思想　　D. 弘扬科学精神

119. 根据《科普法》规定，科普是（　　），是社会主义物质文明和精神文明建设的重要内容。

A. 公益事业　　B. 营利性活动

C. 可以进行营利性活动的公益事业　　D. 兼有公益性的营利性活动

120. 下列说法正确的是（　　）。

A. 科学技术协会是科普工作的主要社会力量　　B. 公民有参与科普活动的权利

C. 社会力量兴办科普事业可以按照市场机制运行　　D. 科普是全社会的共同任务

121. 下列关于科技政策正确的说法是（　　）。

A. 科技政策包括科学政策、技术政策、创新政策，三者之间是紧密联系的

B. 科学政策和技术政策的手段都包含在创新政策的手段中

C. 技术政策是关注技术和产业发展的政策

D. 以上说法都不对

122. 以下哪些行业可以适用企业研发费用税前加计扣除政策（　　）。

A. 烟草制造业　　B. 制造业　　C. 住宿和餐饮业　　D. 租赁和商务服务业

123. 根据《财政部、国家税务总局关于将国家自主创新示范区有关税收试点政策推广到全国范围实施的通知》（财税〔2015〕116 号）的规定，自 2015 年 10 月 1 日起，全国范围内的居民企业转让 5 年以上非独占许可使用权取得的技术转让所得，纳入享受企业所得税优惠的技术转让所得范围。其中的技术包括（　　）。

A. 计算机软件著作权

B. 集成电路布图设计专有权

C. 生物医药新品种

D. 法律授予独占权的发明、实用新型以及非简单改变产品图案和形状的外观设计

124. 根据《中共中央国务院关于深化体制机制改革加快实施创新驱动发展战略的若干意见》（中发〔2015〕8 号）的规定，下列说法正确的是（　　）。

A. 发挥市场竞争激励创新的根本性作用

B. 发挥市场对技术研发方向、路线选择和各类创新资源配置的导向作用

C. 发挥金融创新对技术创新的助推作用

D. 发挥科学技术研究对创新驱动的引领和支撑作用

125.《中共中央国务院关于深化体制机制改革加快实施创新驱动发展战略的若干意见》(中发(2015)8号)提出，改革科技管理体制，加强创新政策评估督查与绩效评价，形成(　　)的创新治理体系。

A. 职责明晰　　B. 积极作为　　C. 协调有力　　D. 长效管用

126. 货币的职能可分为(　　)。

A. 价值尺度　　B. 流通手段　　C. 支付手段　　D. 储藏手段

127. (　　)是国家最高的货币金融管理组织机构，在各国金融体系中居于主导地位。

A. 中央银行　　B. 商业银行　　C. 政策银行　　D. 信用社

128. 中央银行三大职能分别为(　　)。

A. 发行的银行　　B. 银行的银行　　C. 人民的银行　　D. 国家的银行

129. 国际收支不平衡的分类(　　)。

A. 周期性不平衡　　B. 收入性不平衡　　C. 信息不平衡　　D. 结构性不平衡

130. (　　)是指会计所核算和监督的内容，即会计工作的客体。

A. 会计对象　　B. 会计要素　　C. 会计科目　　D. 会计假设

131. 资产类科目为(　　)。

A. 固定资产　　B. 应收账款　　C. 应付账款　　D. 预收账款

132. 所有者权益类科目为(　　)。

A. 应交税费　　B. 实收资本　　C. 资本公积　　D. 未分配利润

133. 会计分录包含的要素为(　　)。

A. 账户名称　　B. 借贷方向　　C. 记账金额　　D. 会计要素

134. 会计核算的基本前提(　　)。

A. 会计主体　　B. 持续经营　　C. 会计分期　　D. 货币计量

135. (　　)是指企业长期资产的购建和不包括在现金等价物范围的投资及其处置活动。

A. 经营活动　　B. 投资活动　　C. 筹资活动　　D. 管理活动

136. 根据征税对象的不同，可以将税收分为(　　)。

A. 流转税　　B. 所得税　　C. 资源税　　D. 财产税

137. 经国务院批准，自2016年5月1日起，在全国范围内全面推开营业税改征增值税试点，(　　)纳入试点范围，由缴纳营业税改为缴纳增值税。

A. 建筑业　　B. 生活服务业　　C. 金融业　　D. 房地产业

138. 增值税一般纳税人适用的税率有(　　)。

A. 4%　　B. 17%　　C. 11%　　D. 6%

139. 根据《增值税暂行条例》规定，下列项目免征增值税(　　)。

A. 图书　　B. 农业生产者销售的自产农业产品

C. 直接用于科学研究、科学试验和教学进口仪器、设备　　D. 外国企业援助的进口物资和设备

140. 个人所得税不征税项目(　　)。

A. 独生子女补贴

B. 差旅费津贴

C. 误餐补贴

D. 执行公务员工资制度未纳入基本工资总额的补贴、津贴差额和家属成员的副食品补贴

二、判断题

1. 当前，传统意义上的基础研究、应用研究、技术开发和产业化边界日趋模糊，强化科技创新全链条一体化发展的要求越来越高。(　　)

2. 2016年5月，党中央、国务院印发了《国家创新驱动发展战略纲要》，加快实施创新驱动发展战略，提出了“三步走”的战略目标。(　　)

3. 部署实施创新驱动发展战略要促进科技创新和体制机制创新的双轮驱动。(　　)

4. 国家创新体系是指由一个国家的公共和私有部门组成的组织和制度网络,其活动是为了创造、扩散和使用新的知识和技术。 ( )

5. 现代服务业是科技服务业的重要组成部分。 ( )

6.《国务院关于加快科技服务业发展的若干意见》(国发〔2014〕49号)指出,到2020年,我国科技服务业产业规模要达到8万亿元。 ( )

7. 我国科技部《关于大力发展科技中介机构的意见》中指出,面向社会开展技术扩散、成果转化、科技评估、创新资源配置、创新决策和管理咨询等专业化服务的科技中介机构,属于知识密集型服务业。 ( )

8. 科技服务中介机构属非政府机构。 ( )

9. 目前社会上多功能跨类型的科技服务中介机构尚比较少见。 ( )

10. 技术经纪作为技术市场的重要活动,伴随着技术市场的形成和发展,活动日趋频繁,规模不断扩大。 ( )

11. 技术市场由技术市场的主体和技术市场的客体两个要素构成。 ( )

12. 利用网上技术市场开展技术交易,有助于使科技与经济的结合更加紧密。 ( )

13. 技术商品的交易不同于一般商品的买卖。 ( )

14. 由于技术交易的特殊性和不确定性,使技术经纪活动既需要知识、经验、信息和技巧的支撑,又使该工作显得极其复杂。 ( )

15. 技术经纪人可以是公民,也可以是法人和其他经济组织。 ( )

16. 知识产权具有时间性,因此,所有的知识产权都有一定的法定保护期限。 ( )

17. 知识产权的取得均应依法履行一定的手续,包括申请、审查、注册、登记等。 ( )

18. 充分公开其发明创造的内容是专利申请人获得专利授权的前提,也是专利权人应尽的义务之一。 ( )

19. 驰名商标只能由商标局认定。 ( )

20. 作者独立创作的作品即使与他人作品类同,依然可以依法享有著作权。 ( )

21. 知识产权是依一国法律而取得的权利,因此,仅在其依法产生的地域内有效。 ( )

22. 自主完成的创新成果即享有自主知识产权。 ( )

23. 为个人学习、研究或者欣赏,使用他人已经发表的作品的行为,属于我国著作权法规定的合理使用情形,不构成著作权侵权。 ( )

24. 我国专利法实行的是先发明原则,即两个以上的申请人分别就同样的发明创造申请专利的,专利权授予最先发明的人。 ( )

25. 商标需要经过核准注册,才可以享有商标专用权。 ( )

26. 知识产权具有专有性,因此,知识产权权利人行使其知识产权不应受任何限制。 ( )

27. 知识产权与货物贸易和服务贸易一起构成WTO的三大支柱。 ( )

28. 我国专利法明确规定,对实用新型和外观设计专利申请只进行形式审查。 ( )

29. 销售盗版作品构成著作权侵权,购买盗版作品同样构成著作权侵权。 ( )

30. 商标侵权等于商标假冒。 ( )

31. 技术开发合同应当采用书面形式,而技术服务合同则不必采用书面形式。 ( )

32.《专利法》规定,转让专利权,当事人应当订立书面合同,并向国务院专利行政部门登记,由国务院专利行政部门予以公告。专利权的转让自合同签订之日起生效。 ( )

33. 技术合同中约定的技术秘密保密期限可以是无限期的。 ( )

34. 订立技术合同,应当有利于科学技术的进步,加速科学技术成果的转化、应用、推广,并一定要保护好成果拥有者对技术的垄断权。 ( )

35.《合同法》中技术合同的主体,只可以是我国的自然人、法人和其他组织,不可以是外国的个人、企业和其他组织。 ( )

36. 法人或者其他组织订立技术合同转让职务技术合同时,职务技术成果的完成人享有以同等条件优先受让的权利。 ( )

37. 创新性就是《合同法》第330条所指的"新技术、新产品、新工艺或者新材料及其系统",是指当事人在订立技术和同时已经掌握的产品、工艺、材料及其系统等技术方案。 ( )

38.《专利法实施细则》第15条的规定,专利权人与他人订立的专利实施许可合同,应当自合同生效之日起半年内向国务院专利行政部门备案。 ( )

39. 就经济分析、法律咨询、社会发展项目的论证、评价和调整所订立的合同为技术咨询合同。 ( )

40. 合同当事人就合同发生争议时，一般由当事人内部协商解决纠纷；如果协商不成，可以通过诉讼与仲裁两种方式解决。 ( )

41. 就描绘复印图纸、翻译资料、摄影摄像等所订立的合同不是技术服务合同。 ( )

42. 中介人对造成委托人与第三人之间技术合同无效或者被撤销没有过错，且该技术合同无效或者被撤销不影响有关中介条款或者技术中介合同继续有效的，中介人仍有权利按照约定收取从事中介活动的费用和报酬。 ( )

43. 技术合同报酬的支付方式由当事人约定，可以采取一次总算、一次总付或者一次总算、分期支付，也可以采取提成支付或者提成支付附加预付入门费的方式。 ( )

44. 在订立技术合同中，委托开发完成的技术秘密成果的使用权、转让权以及利益的分配办法归双方共有。 ( )

45. 当作为技术开发合同标的技术已经由他人公开，致使技术开发合同的履行没有意义，当事人可以解除合同。

( )

46. 资产评估是一项社会经济活动。 ( )

47. 公正、公平是资产评估活动的出发点。 ( )

48. 资产评估的结果是一项具有强制执行法律意见。 ( )

49. 同一资产在不同的假设前提下的评估结果基本一致。 ( )

50. 资产评估结果的价值类型直接受制于评估的特定目的。 ( )

51. 资产评估的特定目的是为了评估出委估资产的公允价值。 ( )

52. 收益现值是指为了获得该项无形资产以取得预定收益所支付的钱款。 ( )

53. 折现率与资本化率是有本质区别的。 ( )

54. 为了减少工作量，在采用市场法进行评估时，可以采用一个案例进行评估。 ( )

55. 采用成本法进行评估时，其实体性贬值与会计的折旧是一致的。 ( )

56. 无形资产单独可以获得收益，因此就可以评估。 ( )

57. 只要是商标就是无形资产，就有价值。 ( )

58. 商誉就是品牌，都是无形资产。 ( )

59. 发明专利的保护期限是 10 年，实用新型的专利保护期限是 5 年。 ( )

60. 发明专利权是不可确指的无形资产。 ( )

61. 我国对技术进出口进行分类管理，实行许可证和登记证制度，所有技术的进出口合同的生效都以获得许可证和登记证的日期为准。 ( )

62. 根据国际生产折衷理论，跨国公司采用技术转让进入国际市场的前提条件是具有区位优势，但是缺乏内部化优势；否则，跨国公司将采用出口或者跨国投资的方式进入东道国市场。 ( )

63. 已经获得许可证或登记证的技术进出口合同，如果合同的内容发生变更的，则应重新办理申请手续。 ( )

64. 技术贸易涉及的问题非常复杂，因此参与技术贸易合同谈判组建的班子中应该包括技术、商务、法律以及财务等各方面的人员。 ( )

65. 在确定引进技术的价格等因素时，如果有多个可供选择的技术供应方，可以采用所谓的“类比法”来评估比较有关的可供技术。 ( )

66. 我国对技术贸易出口合同实行许可证和登记证管理制度，当事人在获取商务主管部门颁发的许可证和登记证之前还应通过科技主管部门的技术敏感性审核。 ( )

67. 所谓“限制性商业惯例”是指有关企业利用市场垄断优势，滥用市场的支配力量，限制竞争、妨碍技术进步等一切行为。 ( )

68. 在对外经济贸易活动中，我国强调平等互利。因此，针对技术改进和技术发展，有关权利归属、技术改进和发展信息的提供及其作价，应当由双方协商确定。 ( )

69. 技术研发费用在性质上是一种“沉入成本”，由于沉入成本对决策不产生影响，所以，在技术作价过程中研发费用仅作为参考，而并非是技术作价的主要因素。 ( )

70. 技术贸易合同中通常有一个“定义条款”。该条款的主要作用是为了明确有关的含义，消除双方的误解。因此，定义条款中的相关措辞必须严谨规范，符合相关学科的学术规范。 ( )

71. 专有技术转让或许可谈判过程中，为了便利技术的引进方了解相关技术的一些细节，技术输出方为了保证相关保密技术的安全性，通常会主动要求与技术引进方签署“技术试用协议”。 ( )

72. 根据我国相关法律法规，限制类技术的进出口应当先申请技术进口(出口)意向书，没有取得意向书的技术项目，任何单位和个人不得对外进行实质性谈判或做出具有法律效力的承诺。 ( )

73. 处于实验室阶段的技术，国家鼓励首先在国内开发，转变为产业化技术后再出口。国内暂不具备条件转化应用的，在国家利益不受损害以及取得相关知识产权有效保护后方可出口。 ( )

74. 技术引进方对引进技术的考核应当予以足够的重视，以维护自身的利益。通常考核与验收条款应当包括考核的时间和地点、考核人员的组成、考核的标准和方法。另外，考核的次数也应当加以明确。 ( )

75. 在技术贸易的作价中，有所谓的一次总付，或者一次总算分期付款的方式。这种方式适用于尖端技术，以防止技术输出方在今后交易过程过多干预引进方的经营过程，阻碍引进方技术成果的吸收和转化的效果。 ( )

76. 技术商品与一般商品没有区别。 ( )

77. 技术商品是有形的。 ( )

78. 技术商品本质上是知识，由于知识的非物质性，它具有不同于一般商品的内涵。 ( )

79. 市场营销是一个传送系统，给人们送来标准的生活所需要的一切。因此，美国经济学家保尔·马苏把市场营销定义为"市场营销是传送生活标准给社会"。 ( )

80. 大多数市场都不是单一的，可以根据不同要求可以加以细分。但是，因为技术商品具有特殊性，所以其市场不能再进行细分。 ( )

81. 社会再分工的出现和研发活动的独立化，是技术商品形成的另一个重要条件。 ( )

82. 技术商品主要是脑力劳动创造出来的成果，是以信息状态存在的。 ( )

83. 商品的消费就是实现商品的使用价值和其他价值。 ( )

84. 技术商品的促销策略是以广告为主、以人员促销为辅。 ( )

85. 技术的价格确定不以其使用价值为基础，而往往决定于其价值。 ( )

86. 沉入成本是指转让技术的研发费用。 ( )

87. 利润分成是指技术输出方和技术引进方共同分享实施该技术带来的新增利润，称为 LSLP。 ( )

88. 提成率的用公式表示为：$提成率=\frac{提成垂价}{提成费}\times 100\%$。 ( )

89. 在将来，技术商品网络营销占有的市场份额将越来越大。 ( )

90. 技术商品有偿转让的多次性是技术商品的一个重要特征，也是技术交易洽谈中经常遇到的分歧点。 ( )

91. 信息流通是技术商品流通的重要形式。 ( )

92. 企业营销战略是企业市场营销管理思想的综合体现，又是企业市场营销决策的基础。 ( )

93. 技术营销不是综合性的商业活动，它只包括技术的研制计划、定价、销售、服务和促销等内容。 ( )

94. 制定正确的企业市场营销战略，是研究和制定正确市场营销决策的出发点。 ( )

95. 企业的技术战略和技术商品营销战略的关系是，后者决定前者。 ( )

96. 沉入成本是指转让技术的研发费用。 ( )

97. 技术受方的利润一般可由引进技术后生产的产品、产量、销售额、成本及产品寿命期等预测计算。 ( )

98. 信息流通是技术商品流通的重要形式。 ( )

99. 营销的核心概念：需要(needs)，人类生而俱来的要求；欲望(wants)，对具体对象的向往；需求(demands)，愿意并有能力来实现的愿望。 ( )

100. 在技术商品的交易过程中，买方和卖方不宜采取利益共享、风险共担的方式。 ( )

101. 科学技术影响法律调整机制。 ( )

102. 法不应限制科学技术的负面效应。 ( )

103. 法律、行政法规、地方性法规、自治条例和单行条例的制定、修改和废止，适用《中华人民共和国立法法》。 ( )

104. 《中共上海市委、上海市人民政府关于加快建设具有全球影响力的科技创新中心的意见》的制定、修改和废止，适用《中华人民共和国立法法》。 ( )

105. 地方性法规的效力低于法律和行政法规，高于部门规定、本级和下级地方政府规章。 ( )

106. "自主创新、重点跨越、支撑发展、引领未来"是《国家中长期科学和技术发展规划纲要(2006—2020)》确立的科学技术工作指导方针。 ( )

107. 根据《国家科学技术奖励条例》的规定，重大工程类项目的国家科学技术进步奖仅授予组织。 ( )

108. 利用财政性资金资助所形成的知识产权向境外的组织或者个人转让或者许可境外的组织或者个人独占实施的，

应当经项目管理机构批准。法律、行政法规对批准机构另有规定的，依照其规定。 ( )

109. 县级以上人民政府及其有关部门制定的与产业发展相关的科学技术计划，应当体现产业发展的需求。 ( )

110. 利用财政性资金设立的科学技术研究开发机构，可以建立有利于科学技术资源共享的机制，以便实现科学技术资源的有效利用。 ( )

111. 科研机构应当向公众开放普及科学技术的场馆或者设施，开展科学技术普及活动。 ( )

112. 职务科技成果可以归单位，也可以归科研人员。 ( )

113. 高校科技人员面向企业开展技术开发、技术咨询、技术服务、技术培训等横向合作活动，是高校科技成果转化的重要形式，其管理应依据合同法和科技成果转化法。 ( )

114. 国家设立的研究开发机构、高等院校对其持有的科技成果，可以自主决定转让、许可或者作价投资。 ( )

115. 国家设立的研究开发机构、高等院校所取得的具有实用价值的职务科技成果，科技成果完成人和参加人在不变更职务科技成果权属的前提下，可以根据与本单位的协议进行转化并享有协议约定的权益。 ( )

116.《促进科技成果转化法》对科技成果的定价是否需要先评估没有做出规定，就可以不做评估了。 ( )

117. 国家设立的研究开发机构、高等院校转化科技成果所获得的收入全部留归本单位。 ( )

118. 我国是全世界第一个为普及科学技术专门制定法律的国家。 ( )

119.《科普法》规定，国家支持社会力量兴办科普事业。这表明，社会力量可以营利的方式举办科普事业。 ( )

120. 科普的内容既包含了科学与技术，也包含了精神文明建设的内容。 ( )

121. 由于科学、技术以及创新在目标上存在差异，使得科学政策、技术政策、创新政策也存在一定的差异。 ( )

122. 企业开展多媒体软件、动漫游戏软件开发，数字动漫、游戏设计制作等创意设计活动所发生的费用，可以享受研发费用税前加计扣除政策。 ( )

123. 注册成立三年以上的企业才可以申请高新企业认定。 ( )

124. 加快实施创新驱动发展战略，就是要使市场在资源配置中起决定性作用和更好发挥政府作用。 ( )

125. 完善成果转化激励政策就是要强化尊重知识、尊重创新，充分体现智力劳动价值的分配导向，让科技人员在创新活动中得到合理回报。 ( )

126. 技术经纪是一项为技术交易的洽谈、签约、履约等提供全程服务的活动。 ( )

127. 中央银行，是国家最高的货币金融管理组织机构，在各国金融体系中居于主导地位。 ( )

128. 按照金融资产交易的性质和层次来划分，可以分为发行市场和流通市场。 ( )

129. 会计是以货币为主要计量单位，运用专门的方法，核算和监督一个单位经济活动的一种经济管理工作。 ( )

130. 会计的对象是指会计所核算和监督的内容，即会计工作的客体。 ( )

131. 记账法是以“借”“贷”作为记账符号的一种复式记账法，其基本原理包括记账符号、账户结构、记账规则和试算平衡方法。 ( )

132. 资产负债表是总括地反映会计主体在特定日期经营成果的报表。 ( )

133. 利润表也称收益表、损益表，它是总括反映企业在某一会计期间财务状况的一种会计报表。 ( )

134. 权责发生制原则要求，凡是当期已经实现的收入和已经发生或应当负担的费用，不论款项是否收付，都应当作为当期的收入或费用；凡是不属于当期的收入和费用，即使款项已经在当期收付，也不应当作为当期的收入和费用。 ( )

135. 税收的强制性是指通过征税，社会集团和社会成员的一部分收入转归国家所有，国家不向纳税人支付任何报酬或代价。 ( )

136. 所得税是以纳税人的所得额或者收益额为征税对象的一种税，主要包括企业所得税、个人所得税等。 ( )

137. 增值税是以从事销售或进口货物、提供加工、修理修配劳务和应税服务的单位和个人取得的增值额为计税依据而征收的一种税。增值税是价内税。 ( )

138. 教育储蓄存款利息以及国家财政部门确定的其他专项储蓄存款或者储蓄性专项基金存款利息免征个人所得税。 ( )

139. 除税务机关、税务人员以及经税务机关依照法律、行政法规委托的单位和人员外，任何单位和个人不得进行税款征收活动。 ( )

140. 财产税是根据商品或者非商品的流转额为征税对象的一种税。 ( )

三、思考题

1. 我国创新驱动发展战略的“三步走”目标是什么？

2. 技术经纪与一般经纪服务有哪些显著区别？

3. 技术经纪人与技术中介人、技术代理人有哪些共同点，又有哪些区别？
4. 什么是知识产权？它有哪些主要特征？
5. 如何判定商业秘密侵权？权利人应采到哪些保密措施？
6. 侵犯商标权的表现形式有哪些？
7. 技术合同的特征和类型？
8. 委托开发合同和合作开发合同的区别？
9. 签订技术合同的基本原则？
10. 资产评估是在何种情况下产生和发展的？我国的资产评估又是在哪种情况下得到社会的认可的？
11. 资产评估分别与会计和审计的哪些区别？
12. 无形资产评估一般采用什么方法，为什么？
13. 指出我国技术引进的基本程序。
14. 按照我国的法律规定，对技术进出口有哪些政策性措施和规定？
15. 技术的作价应当考虑哪些因素？
16. 简述科技成果转化的几种操作方式。
17. 简述国家对科技成果转化的支撑条件。
18. 简述科学技术被列入国家科学技术秘密的范围。
19. 简述法律对科技活动的作用。
20. 简述我国金融市场的基本构成。
21. 简述会计核算的基本环节以及应遵循的会计原则。
22. 简述关于企业所得税的基本法律规定。

题库答案

一、不定项选择

1. A、C　2. A、B、C、D　3. A、B、C、D　4. B、C、D　5. A、C、D　6. A、B、C、D
7. B　8. A、B、D　9. A、B、C、D　10. A、B、C、D　11. A、B、C、D　12. A、B、C、D
13. A、B、C、D　14. C　15. A、B、C、D　16. A、B、C、D　17. A、B、C、D　18. A、B、D
19. C　20. A　21. A　22. B、C、D　23. A、B、C　24. A、B、C、D
25. B　26. B　27. C　28. A、B、C、D　29. D　30. C
31. A　32. C　33. A、B、C　34. B　35. D　36. D
37. A　38. D　39. B　40. D　41. A、B、C、D　42. C
43. B、D　44. C　45. C　46. B　47. D　48. A、B
49. C、D　50. D　51. D　52. B、C、D　53. A、B、C、D　54. A、B
55. C、D　56. A、B、C、D　57. A、B、C　58. A、B、C、D　59. A、B、C、D　60. A、B、C、D
61. C　62. D　63. B　64. C　65. A　66. D
67. C　68. A　69. B　70. D　71. D　72. D
73. D　74. D　75. A　76. C　77. D　78. B
79. B　80. C　81. A　82. B　83. B　84. A
85. C　86. C　87. C　88. D　89. B　90. A
91. A、B、C、D　92. A、B、C、D　93. A、B、D　94. B、C、D　95. A、B、C、D　96. A、B、C、D
97. A、B、C、D　98. A、B、C、D　99. A、B、D　100. A、B、C、D　101. A、B、C、D　102. A、B、C、D
103. A、B　104. A　105. A、D　106. A、B、C　107. A、B、C、D　108. A、B、C、D
109. A、B、C、D　110. A、B、C、D　111. A、B　112. A、B、C　113. B　114. A、B、C、D
115. A、B、C　116. A、B、C　117. A、B、C、D　118. A、B、C、D　119. A　120. A、B、C、D
121. A、B、C　122. B　123. A、B、C、D　124. A、B、C、D　125. A、B、C、D　126. A、B、C、D
127. A　128. A、B、D　129. A、B、C　130. A　131. A、B　132. B、C、D
133. A、B、C　134. A、B、C、D　135. B　136. A、B、C、D　137. A、B、C、D　138. B、C、D
139. B、C　140. A、B、C、D

二、判断题

1. √　2. √　3. √　4. √　5. ×　6. √　7. √　8. √　9. ×　10. √　11. ×　12. √　13. √　14. √
15. √　16. ×　17. ×　18. √　19. ×　20. √　21. √　22. ×　23. √　24. ×　25. √　26. ×　27. √
28. √　29. ×　30. ×　31. ×　32. ×　33. √　34. ×　35. ×　36. √　37. ×　38. ×　39. ×　40. √
41. √　42. √　43. √　44. ×　45. √　46. √　47. √　48. ×　49. ×　50. √　51. ×　52. √　53. ×
54. ×　55. ×　56. ×　57. ×　58. ×　59. √　60. ×　61. ×　62. √　63. √　64. √　65. ×　66. √
67. √　68. ×　69. √　70. ×　71. ×　72. √　73. √　74. √　75. ×　76. ×　77. ×　78. √　79. √
80. ×　81. √　82. √　83. ×　84. ×　85. ×　86. √　87. √　88. ×　89. √　90. √　91. √　92. √
93. ×　94. √　95. ×　96. √　97. √　98. √　99. √　100. ×　101. √　102. ×　103. √　104. ×
105. ×　106. √　107. √　108. √　109. √　110. ×　111. ×　112. ×　113. √　114. √　115. √　116. ×
117. √　118. √　119. ×　120. √　121. √　122. √　123. ×　124. √　125. √　126. √　127. √　128. √
129. √　130. √　131. √　132. ×　133. ×　134. √　135. ×　136. √　137. ×　138. √　139. √　140. ×

三、思考题

（略）

参考文献

[1] 姜玉峰.技术经纪人培训教材[M].上海:上海科技出版社,2007.
[2] 肖学文.经纪人基础知识[M].北京:经济管理出版社,1994.
[3] 李凡,张育人,章兵.经纪人业务手册[M].北京:中国政法大学出版社,1993.
[4] 陶鑫良,袁真富.知识产权法总论[M].北京:知识产权出版社,2005.
[5] 许春明.知识产权基础[M].2版.上海:上海社会科学院出版社,2014.
[6] 王迁.知识产权法教程[M].3版.北京:中国人民大学出版社,2011.
[7] 吴汉东.知识产权法[M].5版.北京:法律出版社,2014.
[8] 夏春阳.技术经纪实训教程[M].南京:东南大学出版社,2015.
[9] 王伟程.技术合同与技术权益——签订技术合同之规范[M].北京:知识产权出版社,2012.
[10] 陈向东.国际技术转移的理论与实践[M].北京:北京航空航天大学出版社,2008.
[11] 李虹.国际技术贸易[M].大连:东北财经大学出版社,2005.
[12] 姚钟华.际技术贸易操典[M].广东:广东经济出版社,2002.
[13] 王真.高新技术市场营销策略[M].北京:经济科学出版社,1999.
[14] 吴寿仁.科技成果转化操作实务[M].上海:上海科学普及出版社,2016.
[15] 孟添.经纪人执业基础[M].上海:上海大学出版社,2013.
[16] 陈企华.新经纪人必读全书[M].北京:中国纺织出版社,2004.
[17] 李德忠.新编经纪人概论[M].成都:西南财经大学出版社,2013.
[18] 傅正华.我国技术转移的理论与实践[M].北京:中国经济出版社,2007.
[19] 孙邦清.技术合同实务[M].北京:知识产权出版社,2005.
[21] 张士运.技术转移体系建设理论与实践[M].北京:中国经济出版社,2014.
[22] 法律出版社法规中心.中华人民共和国合同法律法规全书[M].北京:中国法制出版社,2012.
[23] 中国资产评估协会.资产评估准则——基本准则[M].北京:经济科学出版社,2010.
[24] 世界知识产权组织.技术贸易手册[M].北京:中国财政经济出版社,1979.
[25] 齐建国.技术经济学发展综述[J].数量经济技术经济研究,1997(08):65-70.
[26] 傅家骥.技术经济学科发展前沿问题探讨[J].科技与产业,2004,4(01):18-20.
[27] 胡怡建,田志伟.我国"营改增"的财政经济效应[J].税务研究,2014(01):38-43.
[28] 占国定."营改增"对财政收入的影响[J].市场周刊,2016(01):68-69.
[29] 成晓建. 技术转移离不开技术经纪人　他们是怎样被培养出来的[J].华东科技,2016(01):58-61.
[30] 廖雪莲.我国高技术企业市场营销战略研究[D].武汉:武汉大学硕士学位论文,2005.
[31] 芮明杰.试论高科技产品营销的内涵[J].财经研究,1999(01):17-21.
[32] 万良杰,张小琴.高技术产品市场营销策略[J].武汉汽车工业大学学报,2000(03):93-96.
[33] 杜青.高技术产品市场营销对策研究[J].产业与科技论坛,2013(23):15-16.
[34] 彭学兵.技术商品的营销策略探析[J].江苏商论,2005(12):66-67.
[35] 黄建华,陈伟达.技术商品及其在市场中的实现[J].北方经贸,2002(04):45-47.
[36] 李先江.论现代高技术企业的市场营销管理[J].现代商贸工业,2009(02):124-125.
[37] 科技部火炬中心.中国技术市场三十周年发展报告(上册)[R].2014.
[38] 科技部火炬中心.中国技术市场三十周年发展报告(下册)[R].2014.
[39] 杨跃承.从七个方面推动我国技术市场创新发展[N]..科技日报,2017-07-02.

[40] 吴伟,王浣尘,陈明义.技术商品转让方的价格策略[J].上海交通大学学报,2003(04):582-584.
[41] 李志军.透视英国技术集团的技术转移[J].新经济导刊,2003(11):76-80.
[42] 谢阳群,魏建良.国外网上技术市场运行模式研究[J].商业研究,2007(02):1-6.
[43] 黄顺武.跨国公司技术转移对我国技术进步的效应分析[J].投资研究,2004(04):27-30.
[44] 梁剑.技术合同之交易成本分析[J].现代财经,2009(11):49-53.
[45] 杨贺.技术产权交易市场运行机制研究[J].中国高新技术企业,2014(30):9-10.
[46] 和金生,姜秀莲,汪晓华.技术中介机构运行模式探讨[J].天津大学学报:社会科学版,2001(04):350-355.
[47] 王建华.关于我国技术经纪业发展对策的思考[J].引进与咨询,2003(10):5-7.
[48] 颜廷标.实施创新驱动发展战略[N].人民日报,2013-01-15.
[49] 王本东.对我国技术经纪人才发展现状的思考与建议[J].科技进步与对策,2005(04):151-153.
[50] 吴启运.我国职业技术经纪人队伍现状与建设[J].高科技与产业化,2008(06):93-94.